证　书

彭定安 同志：

　　为了表彰您为发展我国 社会科学 事业做出的突出贡献，特决定从一九九一年十月起发给政府特殊津贴并颁发证书。

政府特殊津贴第(91)921179 号　　　　一九九一年十月一日

◆ 政府特殊津贴证书

◆ 在矗立于巴黎街头的罗丹著名作品《巴尔扎克》塑像前留影（1988年，巴黎）

◆ 查阅资料（1992 年，省政府干休所住宅书房）

◆ 与张玉珠同志合影（2003年）

◆ 接受媒体采访（2013年，碧桂园太阳城住宅书房）

◆ 新《中国现代文学大系·杂文卷》编选组同人合影于广东从化温泉疗养院。前排左一为著名编辑家、三联书店编审戴文葆，左二为著名杂文家、评论家、《人民日报》编审蓝翎；后排左二为著名诗人、人民文学出版社编审牛汉（1984年）

◆ 作者工作照（1992年，省政府干休所住宅书房）

◆ 作者与跳舞的美国印第安人合影（1998年于伊利诺伊州百年小镇纪念活动上摄）

10

创作心理学（上）

彭定安文集

彭定安/著

东北大学出版社

·沈阳·

图书在版编目（CIP）数据

彭定安文集. 10，创作心理学 / 彭定安著. — 沈阳：
东北大学出版社，2021.8
　　ISBN 978-7-5517-2352-7

　　Ⅰ. ①彭… Ⅱ. ①彭… Ⅲ. ①社会科学—文集②创作
心理—研究 Ⅳ. ①C53②I04

中国版本图书馆 CIP 数据核字（2020）第 030477 号

出 版 者：东北大学出版社
　　　　　地址：沈阳市和平区文化路三号巷 11 号
　　　　　邮编：110819
　　　　　电话：024-83687331（市场部）　83680267（社务部）
　　　　　传真：024-83680180（市场部）　83687332（社务部）
　　　　　网址：http://www.neupress.com
　　　　　E-mail：neuph@neupress.com
印 刷 者：辽宁一诺广告印务有限公司
发 行 者：东北大学出版社
幅面尺寸：170 mm × 240 mm
插　　页：4
印　　张：40.5
字　　数：655 千字
出版时间：2021 年 8 月第 1 版
印刷时间：2021 年 8 月第 1 次印刷
责任编辑：项　阳
责任校对：孙德海　汪彤彤
封面设计：潘正一
责任出版：唐敏志

ISBN 978-7-5517-2352-7　　　　　　　　　　总定价：180.00 元

出版说明

　　这是第一部（到目前为止仍然是唯一一部）关于创作心理的专著。它不仅论述创作心理本身，而且论述了创作心理产生的基因和机制以及作家在创作过程中创作心理发挥作用的状况和机制。为此，本书创立了创作心理的一系列理论范畴和命题，如"人生三觉醒""作家的'生活学'""创作心态'十佳'""创作'十魔'"等。本书首次出版后，安徽师范大学即用作教材，作者亦在辽宁大学开设了专题讲座。《文艺报》曾有评论指出，它是"艺术心理学这门我国的新兴学科趋于成熟的标志之一"。

彭定安

2021年8月

奉献一支金蔷薇（代前言）

有这样一个动人的故事：一个远征异国的老兵沙梅，接受了上司的临终委托——把他的小女儿苏珊娜带回祖国，交给一个亲人。他们越海而归。在单调枯燥的海上生活中，小姑娘要她的保护人讲述故事以消除寂寞。海天辽阔，举目茫茫，只有这位不高明的讲故事者贫乏的讲述，慰藉那孤寂的幼小心灵。他所能讲的一切平凡无味的事情他都讲了，仍然填不满那幼弱空虚的心灵。于是他讲了祖母给他讲过的"金蔷薇"的故事。这个金蔷薇能给人带来欢乐，带来友谊，带来幸福。从此，小姑娘沉思默念、驰骋玄想，追逐寻觅那梦中的金蔷薇。

他们到达了目的地，老兵把小姑娘交给了她的亲人——一个冷漠庸俗恶作的老妪。她对这突然飘来的"孤雁"很不好。在痛苦孤寂的生活中，小姑娘时时思念那海上的金蔷薇之梦，期待着一枝金蔷薇的来临。老兵闻知，非常失悔自己把姑娘送进了苦难中。然而有何法呢？爱，无能养活幼小的生命。许多年后，当老兵已经成为一个老朽不堪、靠收集垃圾为生的老翁时，一次在一座桥上，他看见一个依栏而立的女郎，忧寂惆怅，不能自己。他想，她一定有着什么难言的心思。忽然，女郎回首，他们互相认出了：她惊讶，这位拯救过自己、自己常思念的老人，仍在人间。他喜不自禁：啊，姑娘长大了，美丽娇艳，亭亭玉立。相问之下，他知道，她失恋了，她在等待她的意中人，他抛开她走了。老人把女郎领回自己家中，在破陋的斗室内，他们重提金蔷薇的梦。在这想象的梦中，她幸福地进入真正的梦乡。老人凝视这睡美人安详甜美的姿态，心里渐渐生起要给她幸福、要为她制造一枝金蔷薇的决心。当女郎从梦中醒来后，她感到在休息中不仅驱散了疲劳，而且使自己从苦痛哀伤中振作起来了。她于是要走，去寻找离去的恋人，去寻找幸福。老人无限惆怅、无可奈何地送走了她；但在心中留下了她美丽的身影，并唤醒了他潜藏在心里几十年的爱，他决心实现自己的心愿。他从一家首饰作坊的垃圾中收集粉尘。每天都收集来大批垃圾，极细心极认真极艰苦地从中淘洗出极少极少的一点点金粉。他每天如此。许多年过去，他把金粉尘集中起来，打造了一朵金蔷薇花。他寻找姑娘，要送给她，实现自己的心愿，也要让她实现自己的心愿。但是，茫茫人海，人海茫茫，何处寻何处找？他不知道她在何处。他终于疲惫地走完了自己艰难的人生之路，只有一枝金蔷薇在他的身旁。它能带给人幸福。然而没有人来取它。[1]……

记述这个动人故事的是一位老作家，他在自己的杂记中写下这个故事，然后写道：

> 每一个刹那，每一个偶然投来的字眼和流盼，每一个深邃的或者戏谑的思想，人类心灵的每一个细微的跳动，同样，还有白杨的飞絮，或映在静夜水塘中的一点星光——都是金粉的微粒。

> 我们，文学工作者，用几十年的时间来寻觅它们——这些无数的细沙，不知不觉地给自己收集着，熔成合金，然后再用这种合金来锻成自己的金蔷薇——中篇小说、长篇小说或长诗。

> 沙梅的金蔷薇我觉得有几分像我们的创作活动。奇怪的是，没有一个人花过劳力去探索过，是怎样从这些珍贵的尘土中，产生出移山倒海般的文学的洪流来的。

> 但是，恰如这个老清洁工的金蔷薇是为了预祝苏珊娜幸福而做的一样，我们的作品是为了预祝大地的美丽，为幸福、欢乐、自由而战斗的号召，人类心胸的开阔以及理智的力量战胜黑暗，如同永世不没的太阳一般光辉灿烂。[2]

这位作家借这个关于爱与幸福的故事，来说明文学创作的真谛。他说，文学创作的目的，有如老清洁工打造一枝金蔷薇给苏珊娜，是为了给大地美丽、给人类幸福。而这文学的金蔷薇（作品），则是依靠像老清洁工那样的虔诚与坚韧的精神，像他收集金粉尘那样，去收集生活的

---

[1] 这个故事取自苏联作家康·帕乌斯托夫斯基的《金蔷薇：关于作家劳动的札记》（李时译），上海文艺出版社1959年版。这里是凭记忆转述，与原文或许有出入，但大意不差。因为仅取其意，未求细节之真，而只照记忆叙述，以存个人领会之真。

[2] 康·帕乌斯托夫斯基：《金蔷薇》，李时译，上海文艺出版社，1959，第11页。

"金粉微粒"——"每一个偶然投来的字眼和流盼","每一个深邃的或者戏谑的思想","人类心灵的每一个细微的跳动",以及"白杨的飞絮","映在静夜水塘中的一点星光",等等。

他所阐述的是创作的目的和创作素材的收集：要有沙梅那样奉献的心和诚挚的爱，要像沙梅收集金粉那样注视生活中的每一刹那、聚集每一屑粉尘。

我在这里想要借取一点因由，生发一点心意：作家的创作心理，也是像沙梅收集金粉一样，从生活中，从人世的尘嚣中，从自然的变幻中，吸取一点一滴的成果后形成的，当然，要经过由不自觉到自觉的过程。长年累月，才形成了一个作家的创作心理亦即创作能力的"金蔷薇"。他的内心的驱动力，就像沙梅对苏珊娜那样持久深沉真挚的爱和祝福，就是献给社会、献给人民、献给人类的爱和祝福。

然而，如何来收集，如何来积累，如何来培养这创作心理的"金蔷薇"？如何使这枝"金蔷薇"美丽、芳香、鲜艳，而且具有独特色彩呢？又如何使这枝"金蔷薇"充分地发挥它的作用，而不致于是一朵谎花，或者令人惋惜地凋萎了？——这些，便是我想要在这本书中探讨的，想要做出一定答案的。我想说明，什么是培养创作心理的"金粉"，这些"金粉"是怎样存在于"生活的作坊"之中，我们可以怎样去收集它，又怎样凝聚、烘烧、锤炼而使之成为创作心理的"金蔷薇"。

这也算是我对于我心目中的"苏珊娜"——作家和爱好文学意欲成为作家的人们——的一点心愿，一个奉献。

我也曾收集在这种学说的领域中的"金粉"，意欲锻造成一枝创作心理学的"金蔷薇"。

这也是一个愿望、一点心意、一个梦想。我深知不是金蔷薇，甚至不是蔷薇，但我愿奉献，像一棵小草。愿在草丛中，将有真的蔷薇出现。

目录

上

001　第一章　走进意识的绿色丛林

002　一、创作实践和创作理论表现

003　二、人类潜能与创造力迸发

008　三、作家：能够培养吗？

011　四、催发你的艺术再觉醒吧！

013　五、从创造学到创作心理学

014　六、创作心理的三个过程、三个层面

021　第二章　创造的世界与世界的创造

022　一、创造：一个轮廓性的描述

023　二、什么是创造力？

028　三、创造力结构和它的动力系统

035　**第一编　通向作家之路：创作心理**
　　　　　形成、发展与特质

037　第三章　人（作家）怎样步入人世

053　第四章　文学觉醒：曙光期到来，
　　　　　它的发展历史与意义

053　一、通向作家之路的入口：人生三觉醒

082　二、人生三觉醒与审美心理形成

096　三、情绪—个性—人格雏形

099　第五章　心理能力成长：艺术思维和
　　　　　艺术素质培育与发展

099 一、心理复合体的建构及其发展历程
　　　（作家审美心理功能的培育与初习）

156 二、创作心理形成的基础：各项心理能力
　　　的综合发展

159 三、意象的生成与功能

163 四、创作心理的内构造

172 五、活动：有机地、主动地塑造聪明才智的
　　　世界

177 六、人格与创作心理结构的初步形成

179 第六章　预备作家的"生活学"

180 一、生活的主体性（世界Ⅰ）与作家的
　　　主体性（世界Ⅱ）

181 二、生活（客体）对作家（主体）的入侵

187 三、主体（作家）对客体（生活）的内化

191 四、心理"相似块"形成与"情结"萌生

204 五、生活："社会生态"与"历史生态"

207 六、生活的依存与记忆之钳

210 第七章　预备作家的艺术习得

210 一、艺术蕴含 ——→ 审美态度

222 二、艺术感觉锻炼与艺术思维形成：创作
　　　心理成型

225 三、创作个性的形成与功能

233 四、坚持"自我"，发展"自我"

237 第二编　创作心理建构与创造动力
　　　　　系统

239 第八章　创作心理的"四大家族"

239 一、"自我"家族

255 二、"意识"家族

264 三、"感情"家族

279 四、"记忆"家族

291 第九章 创作心理：建构因素和动力系统

298 第十章 作家的"黄金储备"

298 一、生活信息与艺术信息的储存

300 二、一般心理能量和创作心理能量的储存

301 三、审美渴求的积聚

303 四、艺术创造思维能量的积蓄

304 五、情感积累

下

307 第十一章 走向创作的创作心理

307 一、文学的四个世界与作家的主体性

319 二、创作心理的最初体现：运行方式与
构思过程

324 三、"构思学"（文学构思的心理学）

355 第三编 在创作的"沙场"上搏击

357 第十二章 创作心理运行的总体过程与
机制

358 一、创作心理运行过程的基本性质和总体
态势

361 二、创作力激发的三个因素

364 三、创作心理的总体活动与"三要素"
活动形态

376 第十三章 印象——→意象——→形象

383 第十四章 有机结合、首尾相接的
"三怪圈"

385 一、情感—理智怪圈

391 二、意识—潜意识怪圈

397 三、精确（清晰）—模糊怪圈

408　第十五章　创造的心智活动过程

425　第四编　在创作王国里飞翔

427　第十六章　创作"十魔"
428　一、"魔Ⅰ"：创作冲动
434　二、"魔Ⅱ"：情绪记忆与情绪激起
440　三、"魔Ⅲ"：想象
459　四、"魔Ⅳ"：直觉思维与灵感思维
497　五、"魔Ⅴ"：潜意识与梦
517　六、"魔Ⅵ"：忧患意识
521　七、"魔Ⅶ"：悲剧心理
527　八、"魔Ⅷ"："两面神思维"
531　九、"魔Ⅸ"：模糊意念
537　十、"魔Ⅹ"：语言——言语
545　第十七章　创作心态"十佳"
545　一、创作心态"一佳"："创作冲动"爆发
　　　　状态
547　二、创作心态"二佳"："强迫状态"
552　三、创作心态"三佳"：超越感
555　四、创作心态"四佳"：契合感
557　五、创作心态"五佳"：自由感
565　六、创作心态"六佳"：孤独感
577　七、创作心态"七佳"：灵感流星迸射
583　八、创作心态"八佳"：无意识状态
585　九、创作心态"九佳"：迷狂状态
591　十、创作心态"十佳"："顶峰经验"

601　第五编　创作心理运行踪迹

603　第十八章　创作活动的"三相"过程
603　一、创作的双重变换过程

605 二、在两种心理活动张力场中的创造过程

609 三、创作过程中的张力效应

613 第十九章 作家的"心理溶液"与作品的
        "静的属性"

618 第二十章 从作品"三态"到创作心理
        （逆推）

618 一、"空筐结构"

621 二、"三意"（意象、意蕴、意境）

622 三、朦胧美

623 第二十一章 创作的"工艺规程"

626 附编 健康的一般心理品质：创作心理
        发挥作用的基础

630 结束语 愿你建设一个高质量的创作心理

第一章　走进意识的绿色丛林

　　创作心理，像一片绿色的丛林，充满了勃勃生机，显露着生命的欢欣、腾跃和力量，组合着众多的意识群落，像绿色丛林中的植物群落，互生互长，也互克互制。在创作心理这个丛林里，就像在南国辽阔的绿色丛林里一样，绿荫蔽日、鸟语花香、生意盎然。自然的丛林，奉献众多自然果实；创作心理的丛林，开放着各种艺术的鲜花。

　　了解和培植一片绿色的丛林，我们能够更好更多而且更长久地收获果实；了解而且养育创作心理，我们能够更多更好而且更长久地收获艺术的花朵。

　　我们这是向意识丛林的深入。

　　这种深入，使文学研究进入作家内省经验的层次，进入作家的心灵深处。寻觅这片心理意识结构的内在奥秘，使作家更深刻地了解自己，更准确地把握自己，更清醒地认识自己，更好地发掘自己的创作潜能。因此，就能更好地总结创作经验，更好、更准确和更科学地评估作品，也能更准确、更科学地探索作家的成长道路和培养作家的方法。

　　对于作家来说，审视和剖析自己的心灵、自己的心理意识结构和自己的艺术思维、创作心理，是一件"知己"的工作；使自己进入文学创作的自觉的意识领域，进而实现从自在向自由王国的飞跃。这"知己"，既是作为作家对于作家这个从事灵魂塑造工作的智力和创造集团的了解（即对于作家群落的集体创造意识的了解），也是对于每一个灵魂塑造者个体创造意识的了解。也就是既知大"己"，又知小"己"。同时，这又是"知彼"的工作。因为，这种"知己"的工作，可以使作家更好地了解创作的本质、创作的规律和创作的众多系统的结构，可以使作家更好地了解自己的艺术素质和优势，从而去把握和处理更符合创作规律需要的，也是自己最适合处理的题材、体裁、人物、事件与整体艺术构思。

知己知彼，百战不殆。

因此，对于创作心理的研究，是探索一个作家的诞生机制和规律，因而也是探讨如何将一个"非作家"培养成作家；同时，自然也会涉及如何把一个作家培养成更自觉的创造者，成为更高层次的作家。

一、创作实践和创作理论表现

创作心理研究，是对文学创作规律的探索，向作家的内省经验的深化。但这种深化又不是唯心地发展的，它在探索的过程中充分估计到人的心理机能、心理活动的客观原因，对人的心理活动作生理学、社会学、人类学、文化人类学等方面的研究。因此，这种研究同时又使文学创作规律研究的范围扩大了，涉及自然科学与社会科学的广泛研究领域。而且，由于这种原因，创作心理研究，也就不限于回答文学创作规律方面的问题，如"创作是怎样发生、怎样进行的""在创作中作家的心理活动是一种什么状况""怎样创作才能成功""那些失败的创作是因为违背了什么规律"，而且，还可以回答这样一些问题：

（1）作家是可以培养的吗？如果可以，该怎样培养呢？

（2）人的创造力是可以培养的吗？如果可以，该怎样培养呢？

（3）创造力的构成因素是什么？它是一种什么样的结构？能否找出一个创造动力系统的模式？

（4）作家的创作心理是由哪些因素构成的？它是一种什么样的结构？文学创作的动力系统是一种什么样的结构？

（5）一个作家的创作心理形成之后，就是恒定不变的吗？如果是流变的，原因是什么？能够自我控制和调整吗？

（6）一个"预备作家"怎样培养自己的创造力？一个已成为作家的人，怎样不断提高自己的创造力？

在文学创作心理学研究中，必然会涉及这些问题，也会做出一定的回答。但是，这只是一种科学研究，一种从学理上推断出的一些答案，它却不是"创作药方"——依据它的"指示"就能一定造就作家或保证作家的创作成功。如果是这样，那就不是科学了。任何教科书都不能保证教出某一学科的专家，医药书籍也不能保证直接治好任何患者的病症。这里不可忽视的是：传授者的中介作用，也包括接受者自己的中介作用，而更为重要的是接受者在创造实践中的主观能动作用。没有后者，一切皆空。尤其在创造学这个领域中，个体的主观力量和能动作用更是不可忽视的。

创作心理在创作过程中，起着关键的、决定性的作用。生活无疑是创作的基础，客观世界一切现象是文学作品的源泉，但是这个基础只能是作为素材而进入文学创作的过程。在这个过程中，它受到作家创作心理的种种加工；经过处理，并且在处理过程中，被作家的心理赋予性格、外貌、感情和思绪，赋予灵魂，这是作家在客观事实的基础上所创造的第二世界、第二自然，就是源泉吧。这清泉绿水，也只有经过作家创作心理的加工酶化酿制，才能成为艺术的醇香美酒。

然而，作家的创作心理是一个简陋而平庸的加工器，客观生活在这里只是经过一般的、粗糙的过滤，就物化为语言符号的组织体（作品）了。它将是一杯淡如白水的薄酒。

那么，创作心理的构成如何，就是很重要的了。它的构成不是一蹴而就的，也不是一成不变的，它是一个过程、一个动态的建构。弄清这个结构的形成过程、构成因素、发展轨迹，弄清它们的活动机制与活动规律，以及弄清它们发生作用的状况，对于作家和愿意成为作家的人们是有价值、有意义的。根据对这些问题的研究，人们可以更高地认识自我，理解、掌握和使用自己的创作能力，张扬自己独特的创作个性，发挥自己的优势，树立恰当的创作意识。

因此，研究创作心理学，探寻创作心理的成因、结构、特征、活动机制与规律，就是创作实践的理论表现、理论概括。实践同理论是两相结合的。

不过，文学创作是一种创造活动。我们为了探明其规律，在进入创作实践之前，首先还需探讨创造的一般规律。

二、人类潜能与创造力进发

创造力是人类长期发展进化的产物。人类在几百万年的发展史中，特别是在几千年的文明发展史中，不断进化，不断发展自己的本质力量，不断改变自己的品性。在这个长期的过程中，一方面客观地运用自己的本质力量，改造自然、改变自然；另一方面，又在改造自然和改变自然的过程中，不断改造和改变自己的自然。"历史是人的真正的自然史"；"不仅五官感觉，而且所谓精神感觉、实践感觉（意志、爱等），一句话，人的感觉、感觉的人性，都只是由于它的对象的存在，由于人化的自然界，才产生出来的。五官感觉的形成是以往全部世界历史的产物"。[1]人类就是这样在自己创造历史的过程中，既产生了人化的自然，又产生了自身的自然，即五官的感觉、全部的感觉器官和感觉能力，以及在这些感觉器官和感觉能力基础上产生的创造能力。人类的全部世界历史，创造了全部的自然发展史和人性的发展史。这里还有一个更深更高的发展层次，一个互为因果、互相推动的辩证地发展的历史：人的实践创造了人化的自然，这个自然又创造了人的更高的、更丰富的感觉能力、一切人的能力和更丰富的人性。后者，便又在更高层次上去创造人化的自然，而它又会返回作用于人的感觉能力和一切能力，从而推动人性的新的发展。所以马克思指出：

> 我们看到，工业的历史和工业的已经产生的对象性的存在，是一本打开了的关于人的本质力量的书，是感性地摆在我们面前的人的心理学。[2]

工业这种人类本质力量更高层次的客观地展开的产物，不仅表现了人的伟大深刻的创造力，而且作为人的"对象性的存在"，进一步"刺激"、启动、促进人的本质力量的成长、发展、丰富化，也使人的创造力进一步提高，使人性得到发展。因此，较之以往的全部历史，工业是人的新的"对象性的存在"，同时也是记载了关于人的本质力量、人的创造力的一本客观存在的打开了的"书"。费尔巴哈把自己的认识论叫作"心理学"，意思是人类的全部认识的发展和认识能力，从人的主观方面来看，就是人如何认识客观、反映客观，就是人的心理学。马克思也在这个意义上，指出了工业的历史，作为人类创造世界、改造自己、发展自身能力的客观表现，也在客观上感性地体现了人的心理能力发展

---

① 马克思：《1844年经济学哲学手稿》，载《马克思恩格斯全集》第42卷，中共中央马克思恩格斯列宁斯大林著作编译局译，人民出版社，1979，第169、126页。

② 同上书，第127页。

史，因而是感性地摆在我们面前的人的心理学。

这里不仅论证了人的感觉能力和创造能力、人的心理能力发展历史的规律——一种唯物地、辩证地发展的历史，而且对于我们来说更重要和更"切题"的是，它还证明了：人的心理能力（它综合了人已经拥有的全部感觉能力和认识能力）、人的创造力，是随着人的实践的发展，随着人的实践所改造了的客观世界的发展而不断成长、不断改变、不断发展的。这种发展是层垒式地进行的，即先达到一定的程度、一定的水平、一定的阶梯、一定的层次。这些"本质力量"作为一种历史的积淀、前人创造业绩的历史成果，累积在人的本质中，成为人性的一部分、人的能力的基础；然后，又在这个水平、阶梯、层次、基础上向上发展。

这些，都会作为人的能力，人的心理，沉淀、凝聚、结晶而成为人的本质。

我们在这里所表述的是人类的本质力量、人的创造力，其中包括艺术创造力的种系（系统）发育过程。这种发育过程的成果，作为集体无意识存在于每个民族成员的身上和心里，但却是作为一种遗传本性、一种潜力存在的。

这种历史积淀，这种集体无意识，这种本性、潜力，在个体身上具有存在的必然性，但却不一定具有实现的必然性。它还必须同每个成员的个体发育史结合。在种系发育史和个体发育的交叉点上，才会得到集体无意识的体现、本性的表现和创造潜力的发掘与实现。

马克思曾经指出，"人是一个特殊的个体"，"一个现实的、单个的社会存在物"，但是，"同样地他也是总体、观念的总体、被思考和被感知的社会的主体的自为存在"。①这里，马克思把人作了"个体"和"总体"的划分。两者自然是统一的，但是又有区别。就他们的本质力量来说，就他们的创造力来说，"总体"具有种系的全部能力，在"个体"上作为人的本质的共性，以潜力的形态，以集体无意识和天性、本能的形态存在着；对于"个体来说，存在一个将这种可能性变成现实性的问题，存在一个把潜力部分地和全部地发掘出来的问题"。（事实上不可能

---

① 马克思：《1844年经济学哲学手稿》，载《马克思恩格斯全集》第42卷，中共中央马克思恩格斯列宁斯大林著作编译局译，人民出版社，1979，第123页。

全部发掘出来，只在理论上存在这样的"命题"。）马克思在论及私有制和人的异化时，曾经说到"私有制使我们变得如此愚蠢而片面"。这就是说，人的本能和创造力，会由于私有制的压抑和摧残，而至消失，人因此变得愚蠢和片面。——这里的"人"当然首先是指劳动人民；但是，也包括资产阶级，因为，他们被财产腐蚀，其人性也改变了，也是一种片面的发展和片面的人。马克思举例说，"人同世界的任何一种人的关系——视觉、听觉、嗅觉、味觉、触觉、思维、直观、感觉、愿望、活动、爱，——总之，他的个体的一切器官"，只能"通过自己同对象的关系而占有对象"；这是"人的现实性的实现"，既是人的"能动"，又是人的"受动"。正因为有的人不能以自己的"个体的一切器官"去同对象发生关系，从而占有对象，因此他就在这些不能占有对象的方面（部分），既失去"能动"，又失去"受动"，从而失去自己在这方面的能力的"现实性的实现"，也就是这部分潜力沉睡着，不能被唤醒，不能挖掘出来，未曾被启动。所以马克思在上述引文的附注中指出："因此，正象①人的本质规定和活动是多种多样的一样，人的现实性也是多种多样的。"②这就是说，由于人的实践方面受到限制，活动方面受到阻遏，因此他的"本质规定"和他的"人的现实性"也受到限制和阻遏。由于各人受到限制和阻遏的方面不同，所以本质规定性和能力的表现也就各不相同，从而表现出人间各色人等、各种职业和地位的人的"现实性"的多种多样。从审美的角度来说，"对于没有音乐感的耳朵来说，最美的音乐也毫无意义"，对于没有"能感受形式美的眼睛"的人来说，最美的画幅也不能激起欣赏的欢悦；"忧心忡忡的穷人甚至对最美丽的景色都没有什么感觉；贩卖矿物的商人只看到矿物的商业价值，而看不到矿物的美和特性"。③人的审美的潜能就这样被遏制了、压抑了，沉睡于人体之中。

被称为"第三思潮"的马斯洛心理学④，从心理学的角度论述过这

---

① 象，现在写作"像"。下同。——编者注

② 马克思：《1844年经济学哲学手稿》，载《马克思恩格斯全集》第42卷，中共中央马克思恩格斯列宁斯大林著作编译局译，人民出版社，1979，第124页。

③ 同上书，第126页。

④ 美国著名心理学家亚伯拉罕·马斯洛（A. H. Maslow, 1908—1970）的人本主义心理学是美国崛起的新的心理学派，冲击着当代西方的心理学体系，形成了心理学中的"第三思潮"。

彭定安文集⑩ 创作心理学（上）

种人的潜力的存在和发掘这种潜力求得人的"自我实现"的需要的满足。"马斯洛博士关于人类动机的普遍理论的一个很重要的方面，就是相信人类具有大量尚未加以利用的潜力。他相信，所有的或几乎所有的婴儿，生而具有心理发展的潜力和需要。"[1]"每个人身上都有这些伟大的潜力，但却又很难加以测量。我们无法测出一个人将来可能有多高，只知道他现在有多高。我们无法知道在最好的条件下他会变得多聪明，只知道在目前的实际情况下他确有多聪明。"[2]但是，马斯洛认为，通过对占全人类总数不足百分之一的精英、杰出人物进行研究，我们可以知道，人确实存在潜力和这种潜力究竟为何物。因此，"马斯洛相信绝大多数人都有创造、自发、关心别人、好奇、不断成长、爱别人和被人爱的能力，以及自我实现者身上所具有的其他一切特点。"[3]

　　人的一般创造力和艺术创造力（包括文学创造力），也是作为一种人的潜力，存在于每个人的身体之中的。当然，这种存在的数量和质量，即平常所说的天赋，是有一定的差别的[4]，但是，这种审美的能力和创造美的能力，是普遍地存在的。只是有的人，由于在自己的经历中，有机会有条件去"通过自己同对象的关系而占有对象"，从而使自己的这部分本质规定性和本质力量得以实现，使自己的这种潜力得以启动和发掘出来；有的则相反。这种启动和发掘的"工作"，最重要的是在幼年和童年时期进行，或者说，这种"总体"的种系的发育所留下的积淀，在个体身上得以启动和发掘，最好的发生期在幼年和童年时代。中外许多艺术大师，都是在幼年或童年时期，由于种种原因和机遇，其潜存的人类普遍存在的艺术良知被启动和发掘了，为他们以后的发展奠定了基础。

　　因此，我们在个体发育史中，看到集体、种系发育成果的具体存在，看到历史文化积淀的个体表现，看到总体基础在个体上的表露。这里表现出必然（种系潜能）通过偶然（个体表现）来体现的规律。偶然

---

[1]　弗兰克·戈布尔：《第三思潮：马斯洛心理学》，吕明、陈红雯译，上海译文出版社，1987，第58页。

[2]　同上书，第59页。

[3]　同上。

[4]　马斯洛关于人的概念并没有排除人从出生时起就有遗传上的差异这一可能性，然而他却认为人的潜力还是存在的。

性也还表现在一个具体"个体"在生长过程中许多偶然的条件、偶然的事件，偶然地影响了他们的发展。

这是作家可以培养和作家成长规律之存在的最一般的说明和论证。这个论证的意义在于：我们借此看到，第一，一个作家的出现和成长，不是偶然的现象，不是突然的现象，它从人类文化学和人的本质方面，是可以找到基本因素成长的基础规律的；第二，我们从此可以走向研究、了解、剖析、破译、掌握一个作家成长道路的探索，进入个体发育和内省经验的领域，从而更好地总结作家的成长道路和创作经验，进而可以更好地总结文学创作的规律，并由此更好地评断文学创作的成败得失，更科学地开展文学评论与文学研究；第三，对于已经成为作家的人来说，也还可以从中去体察自己成长的道路，自己的艺术创造潜力被启动、发掘的过程、条件和经验，从而更好地认识和发挥自己才能的特征（亦即掌握和发挥自己的艺术个性），而且更重要的是，可以进而懂得如何根据自身的特点、优点，去促进自己的艺术再觉醒，从而去攀登新的艺术高峰。

这就是文学创作心理学研究的必要性和意义之所在。它可以使我们从不自觉（作家作为主体的自我认识的不自觉和评论家、研究者以及接受者作为客体在认识作家上的不自觉）转向自觉，由处于偶然因素、偶然条件和偶然机遇的支配状态走向自觉和自由发展的状态。

从另一方面讲，我们也看到如何对待种系发育的历史积淀、如何发掘集体无意识的宝藏、如何启动自身存在的创造潜力，在不同的人面前有不同的表现，因此会有不同的结果。在这里，勤奋和惰性，是对立的两极，是在主观上的优劣不同表现和成败的关键。许多大师都说"天才出自勤奋"，是具有科学依据的，并非一种感情的描述。在客观方面，环境如何、条件怎样、周围的人（亲人、朋友、同学、师长等）和氛围如何，都具有重要的意义。

三、作家：能够培养吗？

这里，实际上提出了两个相关联的问题：一是，作家的成长是有规律可寻的吗？二是，作家是能够培养的吗？

在介绍了创造潜能发掘的一般规律之后，我们对这个问题的回答应该是肯定的。不过，具体到人的文学创作能力发掘和培养的问题，还应该更具体地探讨和说明。

那么，事实如何呢？在理论上我们应该如何看待这两个问题呢？

事实上，每个作家都不是偶然成长的，都不是突然出现的。他们都有一个成长、发展的过程。在这个过程中，他们接受环境的培育，学习各种知识，积累各种生活经验，特别是积累储存自己的艺术感受，形成自己的艺术思维与创作心理。这一切累积到一定程度，受到某种客观事物的触发，或者受到自己内在驱动力的推动，产生了创作冲动，发而为文，一举成功，或者久练成功，成为作家。但是，也有另一种情况：在受到创作冲动的撞击之后，发而为文，受挫失败，从此辍笔；也有的是起初发表几篇，或者几篇成功后迅即"江郎才尽"难以为继；或者起首就不景气，勉强问世，久而无趣，客观舆论和自我感受都是同一结论："不是这块料，算了吧。"

这种情况说明了什么？它告诉我们，那些成功者，那些在创作上起初成功后更发展，思想与艺术成就都达到一定高度的作家，在成为作家之前，是经过一段学习——锻炼——感受——积累——储存的阶段的，这实际上便是一个在生活的学校里、在"没有校园的艺术学校"里学习、培养的过程，只是，这种过程是一个不自觉的过程而已。（有些立志当作家的人，在此之前，有意识地学习，培养自己的文学创作能力，这是一定程度的自觉的培养。）至于那些失败者——一开始就失败或以后失败的人，便是缺乏这种培养过程，或者是这种培养工作做得还不够，储备不够，创造力成长得不够。

这不是说明作家的成长是有规律的，作家是可以培养的吗？只是这种规律我们还没有很好地去研究和掌握，没有揭示其中的奥妙。因此，无论是自我培养还是客观培养，都不能在更深层次的自觉性上进行。

创作心理学所要解决的，就正是这种作家成长的规律，作家进行文学创作的内心奥秘和规律。

我们在前文说到的人类的潜能，就包括艺术创造力的潜能。对于潜能的发掘，自然也包括对于艺术创造潜能的发掘。人类自从产生分工之后，便造成了一个伟大的创造力量，即分工专门从事某种劳作和职业的人，便把人类身上这项潜在的能力充分调动起来，积极发挥了它的作用，这就不但使这项潜能得到彻底的发掘（像人们对于矿藏的挖掘一样），而且使这项人类能力得到发展、提高，产生了新的力量，达到新的水平。经过长久的积累和流传，稳定下来成为人的本质能力的一部分。这种能力通过遗传，会在人的种系发育中成为一种恒定能力，作为人的本能流传下来。艺术创造的才能也同样经历着这样的发展史。

但是，分工也使人的全面发展受到阻碍，使人的发展产生了片面性：有些人得以发展某一种才能，某些人则发展了另外一些或一种才能。人成了片面发展的人。这是人类的分工产生的消极结果。私有制产生之后，随着生产的发展、社会的发展，人类的分工越来越细，人的本质力量的发展也就越来越带有片面性。仅就艺术创造领域来说，绝大多数人艺术创造的潜能都被压抑了，只有少数人才能得到发挥的机遇和条件。他们就是那些作家、艺术家。这是私有制社会长期发展所产生的人的异化现象。私有制被消灭之后，随着人类社会的高度发展，随着社会生产力的高度发展，分工将会被消灭，人的异化现象将会被消灭，人的片面性的发展也就不存在了。那时，正如马克思所说，就没有了艺术家与非艺术家的区别，而只有从事某项劳动的不同，而且一个人可以既是一个学者、工程师，又是一个画家或音乐家，他已是一个全面发展的人，上午从事一种劳作，下午又从事另一种劳作。

这种历史的发展和对于未来的科学预测告诉我们，每个人身上都存在着人类种系发展积淀的各种才能、各种潜力。在个体发育中，只要具有客观的和主观的条件，能够得到开掘的机会，那么，人的某项潜能就会被发掘出来，得到运用、发挥和发展，而使他成为此项劳作和创造方面的能人、杰出人才以至天才。

对于作家、艺术家来说，也是如此。

问题就在于符合规律的培养——自觉的培养和不自觉的培养，环境的自发的培育和人的自觉的修养，别人的自觉或不自觉的培养和自己的自觉或不自觉的自我培养。这是一个极其复杂、极为奥妙的过程，许多是隐蔽的、不可见的、不知不觉的。

我们这是在理论上的一种论证。这种论证是符合人类发展和社会发展的历史的，也符合人的潜能和人的创造力发掘的原理。

但是，在实践上却存在着差异，不是人人如此。就是说，在遗传方面，人们受到不同的对待。由于历史发展的原因，由于种种客观的和主观的条件的作用，有的人在遗传上或者产生变异，或者发生差异，人们的某些天赋的不同和同一天赋的不同质量（水平）差异是确实存在的。无论是哪一派生物学家、遗传学家和心理学家，都承认这一点。因此，我们就得出一个限制性的前提：不是每一个人都可以培养成作家，更不是每一个人都可以培养成同一水平的作家。

　　总的答案自然是这样的：（1）作家是可以培养的，因为每一个人都具有这种潜能；（2）这种潜伏的能量的存在是有差异的，天赋不同；（3）具有此种天赋的人，如果不加培养，也不能得到发展，会使天赋付之东流；（4）培养，会使人发现、发掘、发挥自身的潜能；（5）历史上多数人不能得到各种相应的条件来发掘自己的艺术潜能，埋没了许许多多艺术人才；（6）培养必须按照客观规律行事，否则就会事倍功半或事与愿违。

　　创作心理研究，就是要揭示和探索这方面的规律，使发现和培养作家、艺术家的工作从盲目走向自觉，从无规律到有规律，从事倍功半到事半功倍。当然，这同时也是对一个想成为作家的人提供如何取得自我实现之效的基本路数。

四、催发你的艺术再觉醒吧！

　　"我已经是一个作家，还需要培养吗？还需要了解这种规律吗？"回答是肯定的。因为你还需要提高，你还想要百尺竿头更进一步。"欲穷千里目，更上一层楼。"这攀登更高层次的阶梯，便是创作心理研究。这也可说是创作心理学的重要功能和社会效应之一。

　　每一个人在自己的一生中都要经历艺术的觉醒和再觉醒。不过，对于普通人来说，这种艺术经历，也许是不太明显、不太突出；也许是春风吹皱池水，略泛涟漪，微不足道且转瞬即逝。无论何种情况，在他的生命史中都没有什么特别重要的意义。如果从提高全民族文化素质的角度来考察这个问题，我们自然需要注意这种情况，努力去改善它，使人们都有不断发生的、明显突出的艺术再觉醒过程，使对艺术的欣赏及其效果成为社会前进中的一个重要因素。——这属于美育的范围，是我们当前一项迫切的但还没有普遍引起注意的问题。

　　我们这里要谈的是作家、艺术家的艺术觉醒与再觉醒。每位作家在成为作家之前，都必然经历一个艺术觉醒的时期。这是他成为作家、艺术家的一个根本标志（关于这个问题，我们在后面将会详细阐述）。而艺术觉醒的标志，则是一位作家、艺术家的艺术思维和创作心理的形成。当一个人形成了自己的艺术思维和艺术创作的心理、意识结构时，他便具备了进行创作的条件，便是一个具备了必备条件的预备作家了。当他开始创作和写出了作品并发表了的时候，他就可以说是一位作家了。——不过需要达到数量和质量指标，需要等待社会的承认。

作家的创作心理、意识结构，既不是一蹴而就，又不是一成不变的，而是动态的、流变的，始终处于建构的过程中。在人生的道路上，他经历着时代、民族、家庭、个人的风风雨雨；在艺术的征途上，他不断获得新的刺激、新的审美经验、新的艺术灌输和影响。前者会促使他产生新的思想与价值观，后者会促使他产生新的艺术观和新的艺术觉醒。前者和后者交互影响，则促成了一个艺术家的艺术变法：新的艺术风格产生，新的艺术作品诞生，向新的艺术高峰攀登。

艺术再觉醒，是作家、艺术家攀登新的艺术高峰的基础。许多大师们都一再地发生这种变化，因而也不断地迈向新的成就的巅峰①。

创作心理研究，就是要通过对这方面的种种规律的探索和掌握，来促成作家新的艺术思维和新的创作心理意识的发生，促成新的艺术再觉醒的出现，从而使他的文学作品达到新的高度。在这项研究中，要探索创作心理的产生、发展和建构，探索创作心理的运行机制、创作动力系统及其建构、创作心理"临战"状态的活动机制，以及创作心理的横向、顺向、逆向的探索（这些构成了本书的主要内容，我们将在后面各编、各章中详细阐述和探讨）。这将帮助作家、艺术家了解自身的创作心理状况、创造力结构，从而明确己身之长短，以扬长避短，又明确自己的努力方向，以针锋相对地催发自己的艺术再觉醒的出现，获得新的创造动力和创作能力，最后达到新的艺术高度，实现艺术精进的目的。

---

① 作为一个艺术创造的整体，我国在新时期的文学十年中，经历了一次巨大的民族艺术再觉醒。作家、艺术家们在这个种系发展中，也经历了各自的个体的艺术再觉醒。这使得文学艺术创作中新的艺术品格、新的艺术高度得以出现。无论是民族还是个人，这种事实都证明了艺术再觉醒对于达到新的艺术高度所具有的意义。

五、从创造学到创作心理学

创造学，是一门新兴的然而越来越受到重视的学科。它探讨人的创造能力的因素和构成，确定人的创造能力系统，探讨创造过程中人的心理活动机制和规律，研究直觉、灵感、无意识等在创造过程中的种种作用，深入它们的"不可知"领域，深入它们的"奥妙"，揭开它们的神秘的外衣，寻找其中的规律。

如果把创造学或创造力研究看作一个系统，那么文学创作心理学便是其中的一个子系统。创造学中的基本规律、基本范畴和命题，都涵盖了创作心理学；创作心理的规律，是以创造学的基本规律为基础、为依归的。创作心理的活动规律并没有越出创造学的基本规律。个性中反映着共性。当然，作为文学创作心理，其与科学技术的创造心理相比，是有其特殊性的，是有其思维、意识和心理活动的特殊状况、特殊规律的。我们的探讨，是在创造学的基础上，充分估计到文学创作心理的特点，以其特殊现象为对象来进行的。

创作心理研究是对作家的内省经验的深入，但这种纵向的深入以两个横向拓展为背景，是在这两个横向拓展与纵向深入的交叉融汇之处来向纵深发展的。这两个横向拓展是：

（1）人的心理的发展和建构，是以人的包容历史发展在内，又以历史积淀的现实体现为主体的整体把握，即以人的现时性的历史、社会、文化结晶，人的社会地位和阶层性为背景，来展开探索的。历史唯物主义对于人类社会历史的把握，和"人在本质上是社会关系的总和"这个基本规定性，是我们探讨人的心理意识结构、探讨人的心灵的理论依据和基础。在这里，横向的历时性与共时性的展开，与纵向的个体的心灵的深入，其交叉处便是我们对创作心理探讨的范围和理论天地。

（2）对于人的全面创造力探讨的横向展开，是创作心理研究的具体理论基础和学科理论天地，是前述"大天下"中的"小天地"。对于创作心理的纵向深入，同这种对于系统的横向展开，两者交叉融汇，便是文学创作心理学风光旖旎的处所。

我们将探讨共性基础上的个性、种系发育范围内的个体发育规律，将探讨两者的矛盾统一、互反互补的状况，探讨个体发育过程中对于种系潜能的启动和发掘；探讨基础的特殊表现和总体内涵的具体外观；探讨必然和偶然的关系，必然如何通过偶然来表现和偶然以必然的补充形态出现。我们将发现创作心理极为复杂、多维多元和不断流变的形态结构和品质，以及它的运行规律。我们将从"外"而"内"地去探索这个心灵的奥秘。

六、创作心理的三个过程、三个层面

创作心理，这是人的心灵的一片风光旖旎之地，是一片充满生命力的绿色的意识丛林。人的思维，在这里培育着艺术的蓓蕾；人的意识，在这里孕育着艳丽的艺术花朵；人的情感，在这里浇灌着艳丽的艺术花朵；人的记忆，在这里复印而且重新组合生活中的美的信息，使之成为艺术家独具色彩的新花。而直觉、无意识、灵感等人类心灵里的奥秘，更在这里使用"魔术"、发挥神通，上演一幕幕难以捉摸的艺术幻想剧。我们走进这片天地、这片丛林，就是要深入进去，寻"魔"觅"神"，找出一些规律或一些可供参考的规律性现象。

创作心理研究应该有三个阶段、三个过程、三个层面。一是作家创作心理的发生、形成、结构和它的特质；二是作家创作时的心理活动，包括创作冲动、创作构思、创作时的各种心理活动；三是作家的心理品质——他在创作时的心理承受力，他的一般心理活动和心理能力。这三个部分是有机地结合在一起的，它们互相渗透、互相影响，互为条件和基础。第一项主要探讨一位作家是怎样诞生的——他在怎样的环境中形成了自己的创作心理；它决定了第二项——他怎样创作；它也受到第三项"自己的心理品质"的影响，如何促进或妨碍创作能力的发挥。但是，在作家的具体创作过程中，他的创作心理也会在实践中不断发生变化，重新建构，改变原来的结构以至形成新的结构；他的一般心理品质也会受到考验，同时引起变化。而后两项的变化，自然也要给予第一项影响。这是一个作家在外界刺激和自身活动过程中，心理不断发生内化和自我调节的过程，是一个发展的历程。它使得作家创作产生发展与变化。

一般创作心理学理论，往往侧重于（甚至仅仅限于）前文所说的第二项研究，即作家创作时的心理活动研究。这不仅导致一定程度上的局限性，而且有些问题往往难于阐释透彻；因为创作时的心理并非无源之水、无本之木，它是历史地形成的，又是一个既成的结构，是带着历时性特质，又具有现时性表现的。只有把两者结合起来，才能更好地探索创作心理的活动机制和作用状况，更好地探索作家的成长规律和创作规律。至于作家的一般心理品质，不仅是创作心理的基础，而且影响其已经形成的创作心理发挥作用的状态，自然也是不可忽视的[①]。

文学不只是由现实与作家两极构成，而是由四个世界有机地组成的，是一个大系统。它面对着一个客观世界（世界Ⅰ），这是它的基础、认识对象、反映和加工的客观存在。文学具有一个创作主体——作家（世界Ⅱ），这是世界Ⅰ的"主人"，把握并处理这个客观世界中自己所感兴趣和所了解的一切。作家创造活动的结果便是作品。这是第三世界（世界Ⅲ），它是世界Ⅰ与世界Ⅱ结合的产物，是作家心灵的外射与客观世界的内化的结果。作品的接受者、欣赏者、评断者即读者，是第四个世界（世界Ⅳ），它是一个群体结构，是一个复杂的、丰富的、流变的世界；它具有历时性又具有共时性，它对世界Ⅲ进行加工，进行再创造；它是被动的接受，但又是主动的化为己有，它是世界Ⅲ的最后实现。面对这个再创造者、审判者，作家是不可轻视的。

在文学领域中，在文学这个由四极世界构成的大系统中，世界Ⅱ（即作家）居于主体的地位。他是这个"文学世界"得以繁荣兴旺的决定环节；但他自身又是另三个世界的作用对象，是另三个子系统牵制、影响的一个子系统。他所受其他子系统影响的凝聚点，就是作家的艺术思维和创作心理。

作家的创作心理是一个多元交叉结构的心理复合体。了解一下这个心理复合体的建构状况，对于了解作家的艺术思维是十分必要的。

① 曾见一些创作心理学的研究论著，或者将一些心理学的规范、命题、术语加以引用，然后用文学艺术的事实去填充理论框架。心理学与文艺学是"两张皮"，这虽然有助于在文艺学领域中应用一些心理分析，但于艺术心理学仍不免隔一层。或者，对于艺术心理、创作心理、欣赏心理作文艺性描述，生动活泼，引人入胜，也论证了一些规律性现象，揭示了有关领域的部分本质和规律，但理性的分析和理论的论证究嫌不足。或者，还有的论著，列举诸多事实，说明了创作心理活动的存在与作用、活动的领域与成就，并且以诸多"性"来进行描述。这充分证明了所要证明的东西的存在和它的品性，说明了其"然"，然而未更深地揭其"所以然"，且只就创作时的心理活动而言，未免以偏概全。

人的心理是他的"生活世界"（包含这个"世界"中的一切内涵）的内化。作家的心理是他的全部"生活世界"的凝聚。经历过什么样的生活，便会形成什么样的心理状况。创作心理则是在这个一般心理基础上产生和发展起来的。古往今来许多文学大师，都经历着大师所独有的，与时代、历史、民族的命运深刻相通的个人生活史，有一个大师式的"生活世界"。这就形成了、决定了他们的特殊的、博大精深的心理结构和创作心理。他的创作的冲动与动机，创作的主旨、思想与艺术的总体构思，特殊的审美情趣，都决定于这个已成的心理格局。这不仅决定了他的创作的艺术特色，而且决定了作品的水平。作家有时不得不（自愿地或不自愿地、自觉地或不自觉地）去创作与自己的创作心理不是完全一致甚至完全不一致的作品。这时他必然失败。只有当作家的创作心理与所加工的对象完全契合时，创作才能获得成功。这是千古不悖之理①。

创作心理的这三个过程、三个层面具有一定的结构，这个结构决定了它的形成、发展的途径和性质，好比一条奔腾飞升的游龙。它不是随心所欲地生长和活动的，而是在一定的范畴中和一定的条件下腾跃的。首先，每个人都具有一般的心理状态、心理能力，构成了他的特定的思维特点、情感特色、意识规范，他的特殊的人格与个性。这是他的"自我形象"和"自我特质"。这个"自我"决定了他的创作心理的基本方面、基本特色，这个一般人的"自我"是作为作家的"自我"的基础。其次，从创造心理学的角度来看，在创造的领域中，在这个"一般心

① 我国当代文坛活跃着一批特殊的作家。他们在1957年风暴的影响下，走进"大墙"、远谪边塞、蛰居荒原，过着一种特殊的、不同命运的人们（包括同行）不曾也不可能过的生活。他们主观上停止了作家的生活，而真正实在地过着自己的生活，沉入这个生活世界里了。当他们重返文坛时，过往的生活在他们的心理上留下了深深的刻痕，形成了他们特殊的创作心理，构成了他们丰富的艺术思维。重新握笔，心旌飘摇，生活跳跃于他们的眼前、心里、笔下，一切都是活的，一切都发自内心，一切都是心灵的外射。因为那一切都在往日里自然地内化于他们的心理建构之中了。马克思说："个人的真正精神财富完全取决于他的现实关系的财富。"（《马克思恩格斯全集》第3卷第42页）他们过去的现实关系（那是严酷的，但却是丰富的）是他们的痛苦的财富，现在却是他们欢欣的精神财富。他们的创作心理，同他们所面对的、使用的、加工的材料是完全契合的。就他们的经历来讲，这是"不正常的材料"；但就他们的艺术创造来讲，都是"合理的收获"。他们的创作实践表明了创作心理形成的轨迹，也证明了创作心理与艺术思维的威力。

理"和"创作心理"之间，还有一个中介、一个过渡阶段和一个"区域基础"，这就是创造心理，它包括科学的、技术的以及其他一切的创造在内。只有具有这种创造心理能力、具有一般创造力的人，才会具有文学创作能力、文学创作心理水平。这是一种母系统与子系统之间的关系，是一种"大河流水小河满"的关系；反过来说也可以：具有文学创作能力的人、具有文学创作心理水平的人，也就是具有创造力的人。当然，两者是有区别的。一般决定个别，个别反映一般。个性之中表现了共性，但共性不会全部包含个性。这便是它们两者之间的关系。这样，我们看到三者之间的发展程序和结构关系是：

一般心理──→创作心理──→文学创作心理。

如果我们只就文学创作心理来说，它又具有几个"三层次"的发展序列和有序结构。首先，从文学创作心理的形成、发展、活动过程来说，它经历着三个阶段和三个层次的发展系列，这就是：其一，文学创作心理的诞生、形成、发展时期。其二，创作心理的成型期。在第一阶段和层次，一个人在自己的生活经历和各类活动中，逐渐形成自己的创作心理；在第二阶段和层次，经过客观条件的作用和他自身的心理活动，形成不断累积的流变的创作心理能力，形成了一个独具特色的形态，正式成型了。这是一个心理格局、心理定势，是一个心理学上的"相似块"①，它决定了今后发展的轨迹，也是从事创作的主体特质和心灵基础。其三，创作心理的活动期。开始创作了，创作心理投入工作，发挥能量、产生作用，各种心理机制都运行起来并且产生效应、结出果实。这是创作心理的表现期、实现期，也是考验期、结果期。它们的发展程序和结构关系是：

创作心理形成期──→创作心理成型期──→创作心理活动期。

我们可以称其为创作心理的第一层次的三阶段。

创作心理第二层次的三阶段是：

（1）一般文学创作心理。这是一个已成心理定势的成型的创作心理。它是一种能力、能量，也是一种活跃着的、总要寻求着表现和实现机会的"意志"、"情感"、"意识"和"愿望"。当它遇到可抒发的时机，便"发而为文"而进入下一阶段。

---

① "相似块"，贮存在人的大脑中的知识单元。详见后文。

（2）临战（写作）期心理活动。这是创作心理活动期的具体表现，一位作家的全部创作心理的能力和能量都表现出来、释放出来了，他的创作心理的特质也发挥作用、表现出来了。成败决定于此时的"作战"表现。

（3）创作实践时的心理活动。在这一阶段，创作心理处于积极的活跃状态，引导着作家的写作方向、语句选择和故事发展。这是创作心理的实践和实现过程。

这一阶段、层次的发展顺序和有序结构可以表示为：

一般文学创作心理→临战（写作）期心理活动→创作实践时的心理活动。

第三个"三层次"，即创作心理活动期的三层次结构。它们是：

（1）酝酿构思期。主要的心理活动集中于作品内容、情节、结构、人物形象、语言的酝酿。

（2）创作冲动期。酝酿成熟，心理能量积蓄已足，成为一股力量在心中激荡，造成急欲冲决而出之势。

（3）艺术表达期，即写作期、表达期，一切付诸实施，心理能量迸发出来，发而为文。

在发而为文的具体写作期，即具体的艺术表达期，创作心理的具体活动又可分为三个活动时期：

（1）在写作时期，诸种心理能力，即感觉、知觉、表象、意象、情绪、情感、思维、意识等，都活跃起来，发挥自己的能量和作用，并且齐心协力，共同发挥作用。

（2）在这种各方面齐心努力的工作中，重要的和基本的一环是调动记忆的积极性，打开记忆库进行检索，提取储存的各种信息和资料，并把它们进行组合和排列，为自己的创作意图服务。

（3）进入第三阶段即创作的重要程序：想象。想象在注意的"监护"和使用下，发挥它的能量，进行种种围绕创作意图和创作蓝图的想象活动。在这个过程中，联想发挥着重要作用，它是想象的一个重要方面、重要手段；在想象活跃着的时候，由于其他条件的配合，还会产生灵感；在心理活动中还会产生思维。它们的综合作用，便会产生种种心理现象等待表达。

将上面所述列为一个系统总表[①]，见图1-1。

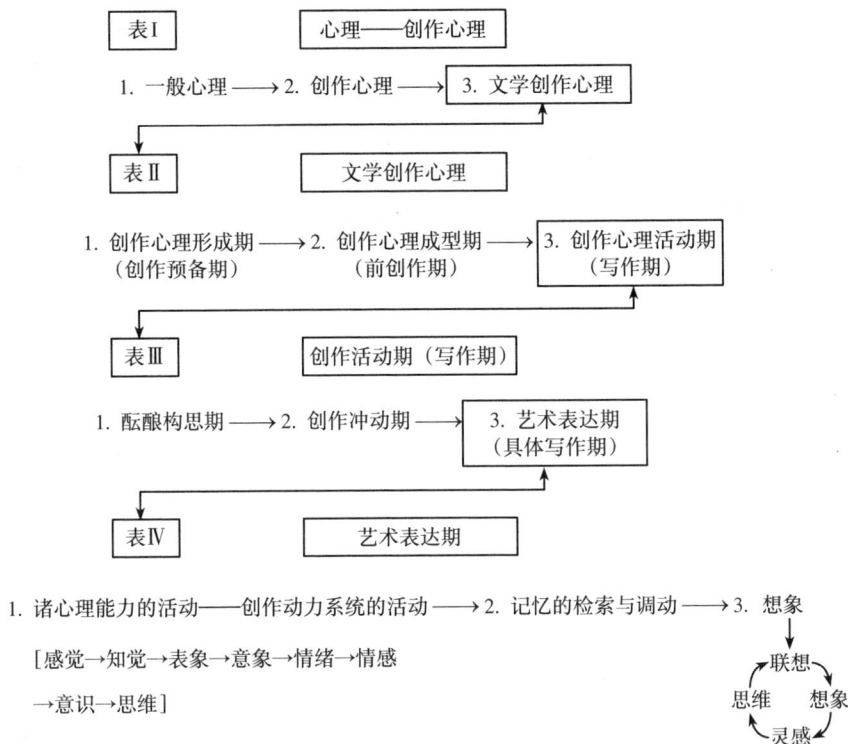

| 表 I | 心理——创作心理 |

1. 一般心理 ——→ 2. 创作心理 ——→ 3. 文学创作心理

| 表 II | 文学创作心理 |

1. 创作心理形成期 ——→ 2. 创作心理成型期 ——→ 3. 创作心理活动期
　（创作预备期）　　　　　（前创作期）　　　　　　（写作期）

| 表 III | 创作活动期（写作期） |

1. 酝酿构思期 ——→ 2. 创作冲动期 ——→ 3. 艺术表达期
　　　　　　　　　　　　　　　　　　　（具体写作期）

| 表 IV | 艺术表达期 |

1. 诸心理能力的活动——创作动力系统的活动 ——→ 2. 记忆的检索与调动 ——→ 3. 想象

［感觉→知觉→表象→意象→情绪→情感
→意识→思维］

　　　联想
思维　　　想象
　　　灵感

图1-1　创作心理总体示意图

在本书中，我们对三者都进行分别研讨，作个性的追溯和剖析，寻求它们各自的特质、作用范围和作用的力度。不过，这三者总是完整地体现在、熔铸在一位作家身上的，它们是浑然一体的心理结构。因此，在叙述和阐释中，我们不仅注意到它们彼此间的互相渗透与联系，而且适当地照顾到它们的延续性。

在创作心理中，心理内涵和活动机制是通过许多心理现象与心理能力来体现的，诸如感觉、知觉、印象、意象、记忆、想象、灵感等。这些几乎在前述的三项心理中都会涉及，不可避免地要通过它们来阐事说理。为了避免重复，也为了理论的简明和突出，我们只在第二项（文学创作心理）中阐述这些心理现象、心理活动，而在另两项中只作本章必不可少的叙述，并且作各具特点的说明。这样做，也许还能使这些心理

---

① 本书包含了一定数量的图表，有的取自参考书刊，有的为自制或仿制、改制，目的是帮助读者形象地了解内容。本书并无以怪图吸引人之意，凡图均尽可能做到形象地提示内容。这样做，于揭示和简化内容还是有用的，因而是必要的。

现象与活动得到多侧面的论述，从而使人们更清晰地看到它们的"形影"，使它们的"内心"更易为人们所理解。为了道理路径清晰起见，我们又在最后作了一个综述，概括地、简明地归纳了诸项因素的本质特征和作用。也许并非画蛇添足。

我们面对着复杂的课题。这是一次艰苦的跋涉，一次若明若暗中的探索。让我们一同踏上道路，透视作家的心灵，寻求理解与规律，期望着能有所收获吧。

第二章　创造的世界与世界的创造

我们在进入自己的专业的、特殊的课题之前，在走入那充满生机的文学创作的绿色意识丛林之前，有必要先对它的基础、它的母体作一个鸟瞰式的了解，作一番共性的考察。前者是后者母体上的一个躯体，是创造世界中的一片天地——也许是最美的天地之一，是创造力这个绿色丛林中的一处百花园。

创造，这是人类特有的美好的世界，这里蕴含着人类智力、技巧、一般能力，特别是心理能力的伟大能量。在这个世界里，有许多令人惊讶不止的"谜"；在这个世界里，有许多未知的"黑箱"，它对人们具有巨大的吸引力和迷惑力。人类正是因为拥有这个创造的世界，才有了世界的创造，世界的繁花似锦、丰富多彩的内容和面貌。创造世界的存在本身，就是世界的一个创造。

长期以来，人类在自己的实践中取得了各种创造的伟大成果和创造力这个伟大成果。但是，人类长期以来却把自己这种创造的成果和创造力都赋予神明，用神灵的、神秘的力量来解释自身所拥有的力量。直到20世纪初，从美国开始，才把注意力真正转向人自身，开展了创造力研究（Creativity Research）。到40年代，便形成了一个全国性的广泛的创造学研究热潮。从50年代到60年代，这个热潮波及全球。进入80年代未曾衰竭，而且随着科技革命时期的到来，随着人类对自然、社会、人体的了解和研究越来越深入，对创造力的研究也就更为发展，更有成就，也更有兴趣了。秘密在不断地被揭破或摆到了揭破的位置上，规律逐渐地被摸索到或者走向找出规律的道路。创造力被人类从神明的手里夺回来了，把它从天上拉到了人间。

一、创造：一个轮廓性的描述

对创造力问题的回答，首先要求回答什么是创造这个问题。创造，这是一个无法下定义、涵盖极为广泛的词语和术语。倒是人们日常使用时那种心领神会的理解可作参考。不过，为了研究的需要、方便和确定研究的范畴，我们不妨多角度地对它加以描述，这对于了解它的本质不会是无益的。

首先，我们可以明确，创造涉及极广泛、复杂的方面。一方面，它涉及人的活动的诸多方面，涉及人与自然、人与社会的关系和人际关系，涉及人的自然属性、自然本质和人的社会属性、社会本质，涉及人与自然、与社会的历史、现状和各种事物的发展水平，还涉及人的种系发展和个体发展。而且，我们远未列举周全的这些方面，每一部分都是一个大系统，其中包含着众多子系统。由此可见创造的复杂程度和它所涉及的方面之广泛。

另一方面，创造又是一个过程，即具有纵向的历史演进程序。从宏观和种系发展来说，它是人类在改造客观世界的同时又改造自己的过程中，不断发展自己的创造能力的历史演进过程。从微观和个体发育来说，这又是一个生物个体和社会成员努力发掘种系潜能、实现创造力开发的过程；同时，还包括一个创造者如何从动机发生到创造冲动再到提出课题，最后创造成功的全部过程。

由此可知，在创造的过程中，需要人们充分发挥智力因素和技能因素的作用，需要人们充分利用环境的有利条件，也需要排除环境的障碍。

创造又是一个人的心理活动过程和心理能力的运行、活动过程。在这个过程中，人们需要发挥一般心理能力，更需要发挥特殊的心理能力的作用。这种作用有两个方面：一方面是创造心理能力的发挥；另一方面是一般心理能力的发挥。

这样，我们又提出了新的问题，即在发挥创造力进行创造之前，需要对创造力进行培养和训练，这包括两个方面：一是创造心理能力培养；二是创造技能训练。

创造，还是诸种能力组合后所产生的结果。人类所具有的各种能力，在一定的需要下进行一种特殊的组合，产生了创造力，它的发挥和活动便产生了创造的结果。

以上，我们对创造的总体"形象"作了一个轮廓性的描述，从中可以看到和体察到创造的本质和品性，虽然我们还没有做出明确的揭示和概括。

必须明确，这些对创造的一般性描述，完全适用于艺术创造（其中包括文学创作）。无论从创造的总体来讲，还是从创造的特殊运行机制和规律来讲，都是如此。文学创作活动，同样受到这些有关创造的总体性和规律的制约。我们关于创作心理学的探索，也是在这个总体制约机制的范围内进行的。因此，一般地了解一下这个"总体"是十分必要的。

现在，我们还要简约地描述一下创造力。创造同创造力是不可分的，在基本方面它们是同一个东西，至少它们是有机地结合在一起的。它们是一个事物的两个方面、两个过程、两个阶段。那么，我们在了解创造的基础上，如何来理解创造力呢？

二、什么是创造力？

创造力是"创造所需要的个人知识和技巧的总和"[①]。这个定义比较概括地说明了创造力是什么，但是又过于笼统。如果我们把构成创造力的要素排列一下，并且探究一下它们的结构关系，那么我们对于创造力的了解就比较明确了。

但是，在进行这一步工作之前，我们有必要对什么是创造力作一番了解。对于创造力，自古至今有许多人进行过思考、研究，也进行过阐述或给出定义。这些，应该说都反映了人类对于自身这种特殊能量的一种认识和了解，它们随着历史和科学的发展而不断深化、不断提高。刘武、吴明泰在《创造力工程》[②]一书中，把对于创造力的阐述分为三类，各类见解或定义都有一定的道理，因为都从一个特定的角度对创造力作了描述，给予了对其本质的规定。这三种类型是：

---

① ［美］R.L.贝利：《工程师的创造力训练》，刘武、唐锡庭、吴明泰等译，北京现代管理学院出版社，1986，第18页。

② 刘武、吴明泰：《创造力工程》，北京现代管理学院出版社，1986。

（一）强调创造过程的定义

这类定义，都把创造当作人的一种行为过程、一种实践活动来看，从人在这种过程中所表现出来的意志、能力、活动性质、行为特点的角度来描述创造力，揭示其本质。行为主义心理学创始人、美国著名心理学家约翰·华生在他的《行为主义》一书中写道：

> 新事物是如何产生的呢？人们常常自然而然地提出一个问题就是：诗歌和漂亮的文章一类作品是如何创作出来的呢？对这个问题的回答是，它们的产生是通过遣词造句、变换文字直至想出一个新的模式为止。

这里，华生对于文艺创作过程的描述过于简单、过于表面化；不过，他拿文艺作品的创造为例，来阐明创造是一种过程，这个观点是鲜明的、说清楚了的。

美国著名创造心理学家托兰斯在《教育百科全书》（1971年版）中，对于创造力是这样说的：

> （创造力是）对问题、缺陷、知识上的空白、失落的要素和不协调等变得敏感起来；认识到困难；寻求解法；提出猜想或假设；反复检验这些假设（并可能做出修改），最后将结果表达出来的过程。

托兰斯的定义，描述了创造的全过程：对问题的敏感——对困难的认识——寻求解决问题的办法——提出猜想、假设——检验、修改——表达。这确实比较全面地（在过程方面）把创造力的表现描述了一番。

此外，格式塔心理学家韦特海默认为，创造力（和洞见）是在思考者抓住问题的本质及其同最终解法的关系时闪现出来的。人工智能专家纽厄尔和西蒙则认为，"创造性活动显然是一种特殊的解题活动，其特征是新颖性、特异性和持久性以及问题表述的难度。"韦特海默的描述，突出了创造力出现的时间和契机以及出现的方式。他的简短的表述中，突出了出现的时间：在抓住了问题的本质和获得最终解法的时候；突出了出现的契机：抓住了两者的关系——从了解本质进到获得最终解法（两者的依存、直接证明关系）；也突出了出现方式：闪电式出现——突然出现，一闪而出也会一闪而过。应当说，韦特海默抓住的是创造力出现过程中的关键时刻，也指出了它的作为"过程"的特点。纽厄尔和西蒙之所说，主要是评价了创造力的几个特征。

综上所述，这类关于创造力的定义，都是把创造力看作一个实践的过程，都是从人的活动过程中所表现的能力、特点和效应来规定创造力的。它的特点是体现了创造力的动态表现，注意到人的行动、实践的意义，这是有价值的。

（二）强调个性的定义

美国著名心理学家J.P.吉尔福特从人的个性的角度提出了创造力的定义。他指出：

> 从狭义上说，创造力是指创造者最富特色的能力。……换句话说，心理学家的问题是创造者个性的问题……我时常把一个人的个性定义为他独具的品质模式。品质是一个人区别于他人的较为持久的方式。心理学家对操作中表现出来的品质或称行为品质格外感兴趣。行为品质属于能力倾向、兴趣、态度和气质的范畴……（1950年在美国心理学年会上的开幕词）

吉尔福特的定义可以说使人们对创造心理的认识深入了一步，他把创造力和个人的品质、能力联系起来了，特别是同人的个性心理品质，同人的兴趣、态度、气质联系起来了。刘武、吴明泰在其书中指出，这种创造性的个性心理品质主要的方面有：（1）主动、好奇；（2）敏锐的洞察力；（3）变通性；（4）疑问性；（5）独创性；（6）独立性；（7）自信心；（8）坚持力；（9）想象力；（10）严密性；（11）幽默感；（12）勇气；（13）流畅的表达。这13条都可以说是创造力所必不可少的。但其中最重要的是（1）(2)(5)(6)(7)(8)(9)等7条。

从个性方面来追溯创造力的本质和能量，使得这种研究从"一般"深入到"个别"，从种系具体到个体，从"过程"描述（说明创造力是什么）前进到从"个性"来剖析创造力的构成（说明为什么创造力能够产生）。这种研究对于揭示创造力的本质以及如何培养创造力，都是很有意义的。

（三）强调作品的定义

这种定义把创造性作品作为创造力的明显标志来标识创造力。综合各家之所说，创造性作品主要特征有：

（1）新颖性。包含世界新颖性（绝对新颖性）、国内新颖性、地区新颖性、团体和家庭新颖性以及个人新颖性（主观新颖性）。

（2）独特性。不与任何一项已有作品雷同。

（3）适宜性。具有社会、经济、科学、技术、艺术和道德等方面的价值，反映或适应客观现实，能够满足人类的某种需要。

（4）转换力。具有强烈的感染力。迫使人们从新的角度观察事物并且从中发现未曾注意的新东西。

（5）凝聚力。它是人类知识和智慧的结晶，具有深邃的内容和丰富的功能。①

这第三类定义从创造力的结果——作品——来规范创造力，可以说是从结果逆推原因，从物化形态的作品来剖析产生的条件，从客观到主观的研究。它的可靠性是突出的，因为事实已经存在了；但需要考虑它的概括性和普遍适应性。

前面三种类型的定义，从过程、结果和主体能力三个方面来描述和阐释了创造力的本质和特征，它们各自从一个角度深入对象、揭示了对象的内涵。综合起来，它们比较全面地研究了创造力。刘武、吴明泰"吸取这三类定义的合理的内容"，提出了他们自己的看法："笔者认为，创造力是正常人在科学技术、文学艺术等各类创造性活动中形成和表现出来的多种积极心理特征的总和，它决定了作品、成果的水平和数量。"②

---

① 刘武、吴明泰：《创造力工程》，北京现代管理学院出版社，1986，第15~17页。

② 作者刘武、吴明泰在《创造力工程》第17~18页中指出，这个定义包含了以下几层意思：

a. 创造力是每个正常人都具有的，不是个别天才人物所独有的神秘之物。

b. 创造力是在创造性活动中形成的，先天的某种禀赋为创造力的形成提供了前题，而后天的环境、教育和主观努力对于创造力的形成和提高有重大影响。

c. 只有在特定的创造性活动中，创造力才会充分表现出来，即使是具有很强的创造力的人也不会在任何活动中都表现出创造性品质。

d. 创造力是指有利于实现活动目标的积极的心理特征，无能、迟钝、保守、悲观等消极表现不属于创造力的范畴。

e. 创造力是技能、能力等智力因素和动机、意志、情感等非智力因素的总和，决不仅仅是指创造才能，智力因素和非智力因素是互相影响、相辅相成的。离开哪一方面都难以达到很高的创造水平。

f. 创造力水平主要是通过作品或成果的新颖性、独创性、适应性等特征来体现的。

这个定义确实包含了过程、心理品质和结果三个方面，综合了、吸取了上述三类定义的合理内容。只是失之简约。我以为，应当将创造力的基本品性如敏锐的观察力、灵敏的感受力、活跃而丰富的想象力、特异的思维能力以及勇气、自信心和坚持力等列出并加以强调，比如取这样的表达方式：

创造力是正常人在科学技术、文学艺术等各类创造性活动中形成和表现出来的多种积极的心理特征的总和，其中包含明敏的观察力、敏锐的感受力、活跃而丰富的想象力、特异的思维能力以及勇气、自信心和坚持力等。在适当环境和必备的条件下，发挥这些具有特征性心理能力和一般心理能力，创造出不同一般的结果，决定了作品、成果的水平和数量。

这里还必须补充一个方面。1938年，纽约BBDO广告公司副经理A.F.奥斯本在美国当时的研究创造学的热潮中，首创了一种创造性技术：头脑风暴法。这个方法被应用于创造力开发实践，取得巨大成功。何谓"头脑风暴法"？傅世侠、刘武、谢燮正在《创造学研究概观》[①]中指出：

"头脑风暴法"可意译为"智力激励法"。所谓"头脑风暴"，源自精神病学，意指精神病患者神经错乱时无限制地自由联想的心理状态。奥斯本的合作者们，则引用这一术语来命名他所创制的以小组讨论会方式激发集体创造力的方法。

特别值得注意的是，文章指出，奥斯本为这种智力激励法定下了4条原则，它们是：禁止评论性的判断（即禁止批判）；鼓励自由想象（所提设想看起来越荒唐则越有价值）；要求提出一定数量的设想；探索组合和改进已有设想（即巧妙地利用他人的设想而提出更新奇的设想）。

从这两段介绍中，我们可以得到几个重要的启发：第一，创造力还应当包含人的一种主观能力（心理能力）的应用、发挥其"临战状态"。也就是说，如果此种状态不良、欠佳，已具备的能力（潜力）也不能发挥出来，创造力不能实现。第二，这种状态的实现与技巧、技能有关，运用恰当就能激发潜能的实现。第三，与环境、客观条件有关，

---

① 傅世侠、刘武、谢燮正：《创造学研究概观》，《光明日报》1986年7月23日，第3版。

若没有这方面的保证，主体能量也不得发挥。

这样，关于创造力的理解，就更增加了两项：一是主观能力的发挥状态；二是客观情态与形势。它们是创造力的内涵和保证，也是必不可少的。据此，我们在前述补充中，还应增加新的补充，即"具有爆发力"和"在环境情态和形势有利的条件下（有利于自由创造而不是压抑、制约、抵制、抵消等），各种创造心理能力得以发挥并实现爆发"。

三、创造力结构和它的动力系统

创造力由哪些因素构成？可以想见，如果我们尽兴地列举，将会得到一个长长的名单；但这不仅很难穷尽，而且会使真正值得注意的重要因素被忽视或者被冲淡。因此，最重要的是把创造力的基本的、主要的构成因素寻觅和规定出来。当我们这样做时，首先会想到的便是与创造力关系最密切的两项：智力和能力。毫无疑问，智力是创造力的基础和根本因素；而能力则是一种操作和实践的力量，既是智力发生作用——"智力实现"的保证、机制和条件，又是智力的构成部分。能力还包含其他非智力因素，如自信力、坚持力、承受力等，这也是在创造过程中起相当重要作用的创造力水平指标。

但是，值得注意的是，智力与创造虽然具有相关性，却不是呈正比例关系，即不是智商愈高则创造力愈高。相反，却是智商相对高的，未必创造力最高；而相对低者，未必创造力低于前者。"具有高智力的人未必就具有创造力。尽管创造者具有智力，但特别高的智商并不是创造力的先决条件。"[1]盖泽尔（Getzel）和杰克逊（Jackson）对两种类型的学生进行鉴别，得出的结论是：一类智商很高但并不伴随很高的创造力；另一类具有很高的创造力但并不伴随有很高的智力[2]。《创造的秘密》中还提到，许多智力很高的人并没有在创造力方面使自己名扬天下。[3]

总之，我们可以得出结论：智力不等于创造力，虽然两者是相关

---

[1] 阿瑞提：《创造的秘密》，钱岗南译，辽宁人民出版社，1987，第437页。

[2] 同上。

[3] 同上书，第440页。

的。创造力还有别的相关因素，只有它们同智力综合起来，才能保证创造力的高水平发展。

因此，还要列举其他因素。我们还可以列出另一项重要的非智力因素——动机。创造的动机，就是创造力激发的水平状态。若动机激发水平低，就不可能发挥高度的创造性和创造力。动机，包含兴趣、激发、冲动、爆发、自信、坚持等心理能力的发挥状态和水平，也包含这些状态的发挥效应。因此，动机是创造力的重要构成因素。

关于创造力前两项因素即"能力"和"智力"的结构，研究者曾经提出过种种理论见解。其中有英国心理学家斯皮尔曼于1904年提出的"二因素理论"，认为能力是由一般因素G和特殊因素S构成的①。还有汤姆森于1921年提出的"多因素理论"，认为一般智力是由许多独立的结构"联结"（如反射、习惯、习得联想等）组成的②。为了解决这两派之间的对立，提出了许多新的智力结构理论。如卡特尔-雷恩理论提出了智力的四层次结构③；塞斯登则提出了基本能力理论④。美国心理学家吉尔福特又在塞斯登的基础上，提出了"智力结构理论"⑤（1967年）。后来，出现了创造力组成模式，由美国女心理学家阿玛拜尔于1983年提出，把创造力的组成要素纳入一个有机结合的模式之中，把创造力的概念明晰化、具体化了。这个模式如图2-1所示。

---

① 这个理论认为，"在能力结构中，G因素代表个人的心理能力水平，完成任何活动都需要G因素的参加；S因素代表个人的特殊能力，与各种不同的特殊活动有关。"（刘武、吴明泰：《创造力工程》，北京现代管理学院出版社，1986，第19页）

② 这个理论认为，"任何一项工作都需要许多结构"联结"的参与才能完成。它们之间没有什么主从关系。"（同上）

③ "最高层次为一般因素；第二层为先天流畅智力、集中能力和学校文化；第三层是流畅智力、晶化智力、视觉化能力、一般感知速度、一般记忆能力；第四层次是20种基本智力因素。"（同上）

④ 塞斯登认为，"智力是由语词理解、词的流畅性、推理能力、计算能力、空间关系和知觉速度6种相关的基本能力组成。"（同上书，第20页）

⑤ "智力结构由三方面组成，这三个方面是智力活动过程（……），智力活动内容（……），智力活动的产物（……）。这些因素组成120种智力不同的能力。"（同上）

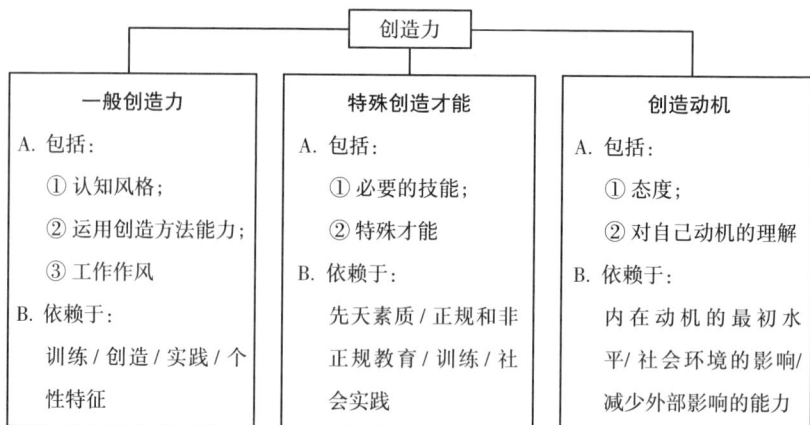

图 2-1　创造力示意图

注：本图采自《创造力工程》，序号为引者所加。

　　事实上，创造力不仅是一种多因素结构，而且这个结构是由主观和客观即人和环境（包括自然界与人类社会）两大部分有机地结合所组成的。创造力自然是人的一种主体素质，在这一根本点上它是一元的（而不是二元的），就是说不能把客观环境（自然界与人类社会）作为一个结构因素外在地和一般地纳入创造力范畴。客观世界（自然界与人类社会）的生成、发展、变化，不能作为人的一种力量来看待。但是，在上述一元论的基础上，我们又不能不把客观世界纳入创造力的规范，但这种纳入不是外在的，而是内在的，即这种客观世界的因素是经过人的吸收、内化之后起作用的，或者是作为主体所接受和反映的客观作用而起作用的；总之，是经过人这个中介（具体地说是人的心理）而起作用的，是"纳入"人体、人的心灵中的人化了的自然。这样，我们便应当肯定创造力的自然与社会两大因素的作用。

　　这里必须特别指出：自然包括人体这个自然物和自然界。我们按此对创造力的本质、内涵和结构进行追溯，就会得出对于创造力的生理、心理、自然、社会与历史、文化的总体考虑和评价。我们不妨称之为创造力生理-社会-心理学。

　　按照阿玛拜尔的模式，我们可以较细一点地对创造力的三部分进行分析：

（一）一般创造力构成

（1）认知风格（认识论）：

① 能打破感觉定势。

② 能打破思维定势。

③ 对心理定势具有三方面的影响：

a. 形成和保持心理定势；

b. 打破既有心理定势；

c. 向新的心理定势转化。

④ 保持思路灵活，不受已有计划的束缚。

⑤ 思维的广阔性。主要是运用"广泛"的范畴思考，在似乎无关的事物之间发现联系和在本是有关的事物中"切断"联系作外射性思考。

⑥ 记忆的准确性。

以上是创造型人才的创造力的本质特征，认知风格属于智力、认识能力范畴，也是认识的品性（风格），包含意志、心性、品质等。

（2）关于创造方法的知识和运用方法的能力（方法论）：

① 一些方法失败，尝试反直觉措施。

② 变熟悉的东西为陌生的东西。

③ 通过个例分析，类比例外情况和利用佯谬来提出问题。

④ 对知识和问题进行重新组合。

⑤ 不断改进方法，吸收新东西，创立新方法。

（3）从事创造性活动的工作风格（实践论）：

① 长时间集中注意力。

② 善于"建设性"遗忘。

③ 乐于努力工作，精力旺盛。

④ 自信心。

⑤ 坚持到底。

认知风格、工作风格与心理品质关系极大，是长期养成的，是发自内心的。在方法上，却可以通过训练而得到提高。

（二）特殊创造力构成

（1）从事特定活动所必需的特殊才能。

（2）必要的专门技能。

（3）创造性的心理结构：

① 观察的敏感性（敏感）；

② 记忆的准确性和保持性（记忆力好）；

③ 思维的广阔性和灵活性（思维能力强）；

④ 独立思考能力（独立性）；

⑤ 创造性想象（想象力丰富、强度高）（想象力）；

⑥ 创新意识①。

（三）创造动机

动机状态——内在动机（内驱力）即由活动者本身的内在性质而不是外在因素所激发的动机，具有激发潜能的作用。

（1）品质因素：兴趣、爱好；对特定活动的基本态度；相对稳定。

（2）状态因素：对特定场合下从事活动的理由的认识；受外部因素的影响；动机的水平状态。

（四）客观环境的态势

（1）方面：历史、时代、民族、阶级、文化、经济、政治、社会风气与心理。

（2）态势：有利于创造和不利于创造，推动力和阻滞力。

（3）转化为创造力的外在因素（外在因素内化的材料、速度、品性等）。

综合前述内容，为了更醒目、更清晰地表达创造力的构成和它的动力系统，我们试作两个图式：一是"创造力结构（动力系统）"表——"创造力树"②；二是"文学创造力宝石"，即创造力自身结构和动力系统。

这种图式自然只是一种示意图，而不是十分精确的、具有机械准确度的图表；而且，它们所标示的只是主要的方面、主要的指标和主要的内涵，而不具有完备性。总之，这只是一个研究性的示意图。

---

① 王极盛：《科学创造心理学》，科学出版社，1986，第17、367页。引用者作了某些调整和补充。

② 本图及"文学创造力宝石"图，均按《工程师的创造力训练》（北京现代管理学院出版社1986年出版）中之"知识之树"图与创造力宝石图仿制，内容均有改变，图式亦稍有变异。

至此，我们已经把关于创造（特别是关于创造力）的研究概貌作了一个简略的描述，这对于我们了解艺术创造力、了解文学创作心理是一个基础。在关于创造力研究的成果中，包含了关于文学创作和文学创作心理学的"基本原理"和基础理论范畴。我们在后面关于文学创作心理学的探讨，是在这个基础上进行的，是这个基础上长出的枝叶和花朵。当然，关于创造力的研究，不可能完全涵盖关于文学创作心理学的研究，后者具有许多独特的内容、特征和不确定性。由于文学艺术创作的特殊性，特别是由于它的更多的依赖直觉、想象、灵感的作用，更高的形象思维的作用强度，以及在它的全部过程中这些带有很大不确定性的心理"活性质子"始终都发生作用，因此文学创作力和文学创作心理学的研究，就具有更为丰富的内容，但也具有更多难点。

　　我们只是在这里开了一个头，后面还有更长、更艰难的跋涉。

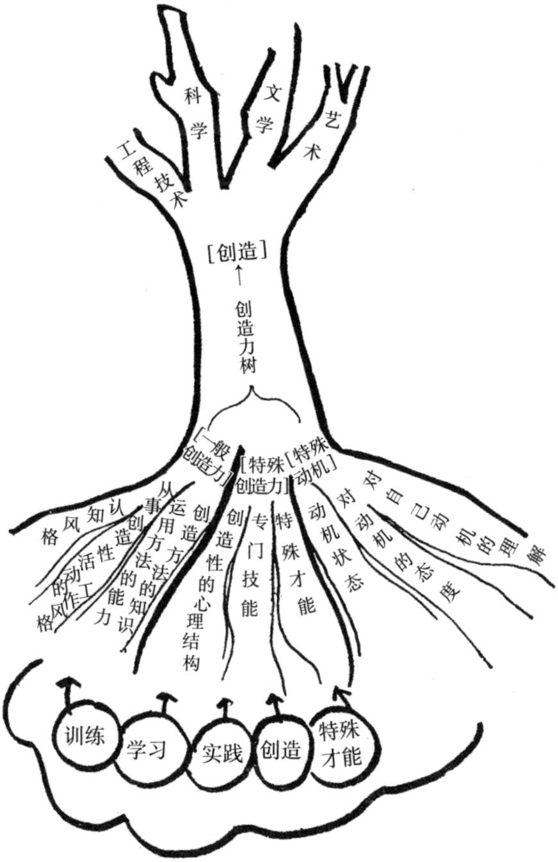

图2-2　创造力树

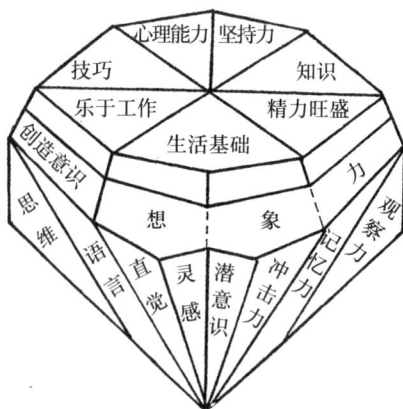

图 2-3　"文学创造力宝石"

第一编

通向作家之路：
创作心理形成、发展与特质

第三章　人（作家）怎样步入人世

一个婴儿呱呱坠地，来到世间，成为天地间的一员了。然而，他却是蒙昧未开、尚未入世。每一个人从来到世间那一天起，就一天天成长。这是一个要历经许多阶段、始终在流变发展、不断在建构的过程，它有规律可寻，但是变化多端、前途难卜，许多人迷迷蒙蒙、浑浑噩噩度过了自己最早的入世阶段，以后虽然脱离蒙昧状态，但仍未能完全进入清醒的境界：成功者，难于说出一个所以然；失败者，未免怨天尤人或自叹天生愚钝。许多作家、艺术家，无论是他们自己还是他们的传记作者，何曾从他步入人世之初的阶段开始，就给予了一定的合理解释？这不是说明了人之初建立自己的意识，形成自己的认知结构、心理格局，是常常处在不自觉状态之中吗？

因此，我们对于创作心理的探索，要从这儿开始，即从人的意识的产生、人的认知和心理活动的产生开始。这不仅因为此乃日后的高级发展的基础，而且一些日后发展的基本规律的特质，在这时也已经产生了。

"思想、观念、意识的生产最初是直接与人们的物质活动，与人们的物质交往，与现实生活的语言交织在一起的。观念、思维、人们的精神交往在这里还是人们物质关系的直接产物。……意识在任何时候都只能是被意识到了的存在，而人们的存在就是他们的实际生活过程。"[①]马克思、恩格斯在这里强调了人们的思想、观念、意识是客观世界、物质生产的产物，从而坚持了唯物论；同时，他们又强调了这个"存在"即客观世界、物质生产，是被人意识到了的。也就是说，人意识到了"存在"，就形成了自己的思维、心理、观念、意识，从而又坚持了辩证

---

① 马克思、恩格斯：《德意志意识形态》，载《马克思恩格斯选集》第1卷，中共中央马克思恩格斯列宁斯大林著作编译局译，人民出版社，1979，第30页。

法，指出了人的主观的能动作用。同时，他们还指出了人们的"存在"就是"他们的实际生活过程"，也就是强调了人们的生活、人的活动，即人的实践过程。人是通过自身的活动、自身的实践来认识、反映存在的。列宁把"客观真实的存在"（即物质）和"人类的意识、感觉、经验等等"（即意识），比作"由一整块钢铁铸成的马克思主义哲学"中不可或缺的两个组成部分。他在《唯物主义和经验批判主义》中说："决不可去掉任何一个基本前提、任何一个重要部分，不然就会离开客观真理"。除了强调主观和客观、主体和客体这样两个方面之外，马克思、恩格斯还特别指出了"存在"中包含的人的"实际生活过程"，也就是强调了人的活动、人的实践，强调了人的全部实际生活（生产、劳动、学习、社会交往、游戏等一切人的生活内容）。正是人的活动、人的实践，包括他们接受客观事物的刺激以及对此所做出的反应，包括他们改造世界的多种活动、这种活动所引起的客观世界的变化以及这种客观世界的变化，引起了主观世界、主观心理的变化。

人是在接触世界、接受客观世界的刺激中来形成自己的心理世界，从而步入人世的。

如果说马克思主义的辩证唯物论、认识论在整体认识论上提出了科学的根本原则，那么，发生认识论则在个体认识的发生与发展上做出了科学的阐释。这恰恰与马克思主义的认识论相衔接，因而也是在生理学和心理学的范畴中补充了马克思主义的认识论。

对于人的这种自我意识、自我世界的形成，发生认识论的创立者让·皮亚杰（Jean Piaget）作了深刻的论述。皮亚杰同样强调了认识的发生、发展，既有客体的作用，又有主体的作用，还有主体的活动作为中介。客体的刺激、信息为主体通过感觉、知觉所接受、反映，形成自己的心理格局，但这一切都不是一个简单的刺激——反应的过程，而是有人的活动的能动作用在内的。没有这种人的活动作中介，刺激与反应之间就好像缺乏通道，也缺乏动力，既不能接通"电路"，也无"路"可通。因此，皮亚杰指出，智力的发展来自三个变量的反应。（1）神经系统的成熟；（2）身体的现实性的经验；（3）社会环境。这三者互相作用、互相促进，才促成了一个初入世的婴儿智力的逐步发展。神经系统是在环境的多种刺激下，并通过对刺激不断做出程度不同的反应而逐渐成熟起来的。在这种成熟过程中，人的多种活动（比如婴儿的各种饮食、游戏、与大人的接触等）所积累的"现实性的经验"，是促进对刺激做出更准确、更深刻、更广泛反应的基础和动力。皮亚杰一再强调认识建构是通过主客体的相互作用而形成的，他在《发生认识论原理》中指出：

> 认识既不是起因于一个有自我意识的主体，也不是起因于业已形成的（从主体的角度来看）会把自己烙印在主体上的客体；认识起因于主客体之间的相互作用。这种作用发生在主体和客体之间的中途，因而既包含着主体又包含着客体。

这里特别应予注意，也对我们很有启发的是，皮亚杰指出了认识的主体（人）并非一开始就是一个"有自我意识的主体"，更不是一个具有完备心理结构、有自我意识的主体；而从主体的角度来说，客体之作用于主体，也不是以"业已形成的"形态自然地刻痕于主体的。这里重要的是两者的相互作用，这种作用发生在主体和客体接触、碰撞（刺激 ⟷ 反应）的过程中。在这个作用的中途，人的活动是重要的关节。正是通过人的活动，才能去接触客体、反映客体、认识客体。也只有通过人的活动，才能在反映之后，使自己原有的认识水平、心理结构经过自我调节，去适应客体的刺激，从而把新的感知、认识吸收进自己的原有心理格局之中，使它充实、丰富、发展、提高。而被认识的客体，也是在人的活动中被体验、感受、认知的，为主体所作用、"加工"的，因此不是一个"天然的""业已形成的""自在的存在"。这种过程是一种同化过程，也是一种内化过程。这种同化和内化过程，类似于人的摄取食物的消化过程及其养育生命的效应。人的智力、认识、心理，也是在这种不断的同化、内化过程中发展、提高的。因此皮亚杰在《发生认识论原理》中指出："思想是内化了的行动。"[1]又说："所以我们的研究需要从活动开始。"

我们每个人所经过的婴儿、幼儿阶段，都要经历这种通过行动去接触、认识、适应客体，并建构自己的认识、心理结构的过程。智力就是在这个过程中发生、发展和提高的。因此，行动、活动是重要的：某一

---

[1] 这句名言同马克思、恩格斯的"意识在任何时候都只能是被意识到了的存在"意思是基本相同的，精神是一致的。

个体活动量大、范围广、方面多，内容丰富、种类繁杂，其刺激量就大，力度也强，信息量也大；而主体所受触动的质量也具有同样性质，因此认识、心理建构也就发展快，智力也发展快。皮亚杰指出："从比较简单的结构到更为复杂的结构，其建构过程则依赖于主体的不断活动。""活动是感知的源泉，是思维发展的基础。"儿童以至婴儿都不是消极地对待环境、对待事物，对待这一切给予他的刺激和信息的；而是主动地作用于客观对象，凭借自己已成的初步心理格局，将外部的信息"资源"积极地进行加工，调节——适应——平衡——建构，一步步地发展自己的认识能力、心理能力，形成逐步升高的心理建构，提高智力水平。而当他的这种已成（但仍在变动中）的心理结构再进行类同于前次的活动时，其各种能力也就都提高了，就会在更高一层的基础上去发展自己了。所以在婴幼儿时期的环境与活动，对于主体的心理与智力的发展是非常重要的。这个时期的基础如果打得好，以后的发展也就好。"在儿童生活中的种种学习，都有一个最适宜的时期。如果不能很好地利用这个时期，可导致后期学习的困难。儿童早期学得的经验，打下未来逻辑思想的整个基础，对于所有儿童都是重要的关头。""有许多事物，儿童能够学习，有很多方法，都能发展儿童广阔而丰富的概念，将为尔后的学习展开新的境界和视野。"①

每一个人——在这里我们侧重说的是一个作家，都是循着这样一种"程式"发育生长，逐渐走入人世的：客观世界——信息——刺激——接受——反应——自我调节——适应——内化——建构——结构（心理）。人们就循着这样一个程式在思维能力、心理能力和智力上逐渐发展。

客观地展开在他的眼前的世界的丰富性，首先引起他的反应以及以后各个环节的活动的丰富性，然后引起他的心理结构的丰富性。同样，客观世界的特殊性也构成了他的自我意识和心理结构的特殊性。当然，主体自身的心理结构的特殊性也形成了他的一个特殊的心理接受器、反应器和信息接受与处理器，它会有选择地去接受所感兴趣的事物和信息，从而越来越发展自己的特殊性。

我们在研究创作心理形成的过程中，探索这种人世初期的心理形成

① 《皮亚杰学说及其发展》，陈孝禅等译，湖南教育出版社，1983，第92–93页。

机制和过程以及特殊心理格局的形成，可以使我们既了解一个作家形成的早期因素及其渊源（这是不应忽视的），又能对于掌握自己的心理特征（特殊心理结构）和创作个性有所裨益。这对于我们研究、认识作家进而体察其作品的心理渊源，对于作家认识自己的特殊心理结构和创作个性，对于培养作家，都是有益处的。

我们把这作为创作心理的探源工作。"黄河之水天上来"，实际上来自巴颜喀拉山麓。创作心理看似天生成，自来无踪迹，但是实际上却源自婴幼时期、童年时期，来自这个时期的环境、生活和主体自身的活动。

我们完全有理由说，那些文学大师在他们的婴幼时期，在神经系统、生活经验和环境三个方面，都经历了不同于一般人的刺激和活动。如果说他们得天独厚，那么这得之于天的"高厚"之处，就在于这三个方面。他们一定是在接受刺激和做出反应方面，有一定程度的特异禀赋；但更重要的是，在襁褓中和整个婴幼时期，他们从环境、从父母和周围的人、从环境的各种事物中接受了丰富繁杂的信息刺激，他们进行了许多或一些特异的活动，留下了许多或一些深深的刻痕。这个阶段为他们今后的心理成长以至于创作心理的成长打下了良好的基础：形成了较好的心理定势。

遗憾的是，我们现在无法去了解这些大师在婴幼时期的活动和环境、他们留下的记忆和刻痕，无论在他们的自述还是他们的传记中，都没有这方面的记载。但是，他们的这种心理能力和心理特征的"源头之水"，是确实存在的。因为若没有这个"初始"，就不会有以后的发展。我们现在能够得到的，唯有托尔斯泰和达·芬奇关于自己婴幼时期记忆的追述。它们可以作为这种"心理的源头之水"存在的佐证。

托尔斯泰在1878年发表的自传材料里这样写道：

> 这些是我最初的回忆，我不能依顺序排列它们，……有些事情，我甚至不知道是发生在我梦里的呢，还是在我清醒的时候发生的。我被捆起来躺着，我想把胳臂伸出来，可是不能够。我尖声哭叫，我的叫声使我自己不快，但是我不能够停止。有一个人——我不记得是谁——俯身在我上面，这些都发生在半黑暗之中。我只知道那时有两个人，我的尖声哭叫感动了她们：她们为我的叫声不

安，可是不照着我要她们做的那样把我解开，于是我哭叫得更响了。在她们看来好像把我捆起来是必需的，可是我知道这是不必要的，而且想给她们证明，就又突然哭叫起来。这样对于我自己是不愉快的，然而又不能制止。我感到了不公正与残酷——不是指人，因为她们可怜我；而是指命运，我可怜我自己。我不知道，也永远不会知道这件事到底是怎样的：或者我那时还是一个吃奶的婴儿，她们把我裹起来，而我挣扎着要把手伸出来；或者我那时已经一岁多了，她们把我裹起来，不让我抓什么伤处；又或者是我把很多不同的印象都搅在这一个回忆里了（好像一个人在梦里所做的一样）。有一件事是实在的，即这是我一生中最早的，也是最强烈的印象。留在我记忆里的，不是我的哭喊，也不是我所受的苦，而是这些印象的复杂与互相矛盾。我渴求自由，这不会伤害任何人，可是，我需要力量，却软弱，而她们却很强壮。

第二个印象，是愉快的。我坐在一个木盆里面，被一种什么东西的新的、愉快的香味所围绕，她们正在用这东西擦我的小身体。大概是放在我的洗澡水里面的麦麸，它所引起的新奇的感觉，唤醒了我。我第一次知道了并且喜爱了我自己的看得见胸上的肋骨的小身体，光滑的黑木盆，我的保姆的裸露的胳臂，冒着热气、打着旋涡的水，以及水的响声，特别是我的手沿着木盆的湿边沿摸过去所感到的光滑的感觉。

以后的回忆，都是我在五岁或六岁时候的。这个时候的记忆很少，并且都是在这房子的范围以内的。直到我五岁的时候，大自然对于我还不存在。我所记得的一切都发生在我的床上或者旁的屋子里。对于我，草地、树叶、天空、太阳，都不存在。这不可能是从来没有人拿过花和树叶子给我玩，也不可能是我从来没有看见过一片草，或者它们从来没有替我遮起过阳光，可是一直到我五六岁大的时候，对于我们所谓的"大自然"我都还没有一点记忆，或者，要看见它，就得与它隔离，而那时候我自己就是"大自然"。

在木盆以后的一个回忆，是关于叶勒米耶夫娜的。"叶勒米耶夫娜"是他们用来吓我们小孩子的名字。……我对于它的记忆是这样的：我躺在床上，和平常一样地感到舒适和快乐。我本来不会记得的，但是突然保姆或者那些照管我的人里面的一个，用一种我听来生疏的声音说了些什么，以后就走开了；这时除了快乐而外，我还感到惊吓了。……这件对我们发生的奇怪事情，使我和我的妹妹又快乐又害怕，我就藏在我的枕头下面；藏起来，又偷偷地看看门，我期待着一种新的、有趣的东西在门后面出现。我们笑，藏起来，又等待。于是有一个人来了，穿戴一身我完全不认识的衣帽，可是我认出了这就是常常和我们在一起的那个人（我不记得是我的保姆呢，还是我的姑姑）。这个人用一种我认得的粗暴的声音说了一些关于坏孩子和关于叶勒米耶夫娜的话。于是我又害怕又喜欢地惊叫起来，事实上我确实惊骇了，然而受了惊吓的我很高兴，还不要那个吓我的人知道我已经认出了她。我们安静了，可是立刻又故意开始悄悄讲话，好让叶勒米耶夫娜回来。

我还有另外一个和这个叶勒米耶夫娜相仿的记忆，……直到现在我总不能解释它。在这个回忆里，主要的人物是我们的德国教师塞奥尔多·伊凡尼奇，可是我确信那时候我还没有做他的学生，所以这件事一定是在我五岁以前发生的。这是我对于塞奥尔多·伊凡尼奇的最早的记忆，并且发生在那早的时候，那时我还不能记住任何人：我不记得我的哥哥，也不记得我的父亲和别的人。①

托尔斯泰在这里追述了他还在襁褓中、在婴儿时期的几段记忆。这些记忆与事实符合的程度不无可疑之处；但是，记忆本身的存在却是无疑的。我们分析一下这些记忆，至少可以得到几点突出的印象：第一，他的记忆之早是惊人的，一般人很少能留下这个时期的记忆；第二，他的记忆力之强，也是突出的；第三，他的这几段记忆，都是形象的记忆；第四，这几段记忆都富有情绪性。这些特点，对于一个作家来说，都是创作才能的最初幼芽。可以想见，在以后的成长过程中，发挥这种记忆力、观察力、感受力的特长，便大有利于他深入世界，掌握世界的面貌；也有利于他感受生活，形成自己的心灵世界。

这里，我们附带说及文艺复兴时期意大利杰出画家列奥纳多·达·

① 艾尔默·莫德：《托尔斯泰传》（第一卷），宋蜀碧、徐迟译，北京十月文艺出版社，1984，第10—12页。

芬奇的故事。在他的科学笔记本上，有一条关于他童年记忆的追述，他写道：

> 看来我是注定了与秃鹫有着如此深的关系；因为我想起了一段很久以前的往事，那时我还在摇篮里，一只秃鹫向我飞了下来，它用翘起的尾巴撞开我的嘴，还用它的尾巴一次次地撞我的嘴唇。[①]

这段记忆的真实性和可靠程度，都有人提出怀疑；但是，这段记忆与童年生活和记忆有关，则是可以肯定的。而这段记忆的形象性也是很突出的。弗洛伊德从这个故事做出了泛性论的艺术创造的分析，是十分偏颇的、不正确的。但是，绘画巨匠的形象记忆的特点，却十分鲜明突出，这与他日后的成长不无重要的联系[②]。

也许我们还可以列举一下歌德的童年记忆。他在《诗与真》中记述了"幼年一桩调皮的故事"。这是他受别人怂恿把家中的陶器，大件小件，一件件地扔出窗外取乐的事件。在讲完这件事后，歌德写道："乱子闹出来了，拿那么些破碎的陶器至少换来一个开心有趣的故事，特别是那个恶作剧的发明者奥克逊施太因家三兄弟一辈子还引为笑乐。"[③]紧接着，歌德又记述了一件幼年的总体性记忆：

> 我们本来跟祖母住在一道，她住在后头外院一间大屋子里，直接靠着过道。我们常常在她的安乐椅旁边玩，她生病的时候，还一直玩到她的床头。我记得她像一个精灵似的一个漂亮、消瘦，老是穿着白色而整齐的衣裳的女人。温柔、和蔼、亲切，是祖母在我的记忆中留下的印象。[④]

---

① 见考狄克斯·阿特兰特的著作《阿特兰特抄本》。转引自《弗洛伊德论美文选》（张唤民、陈伟奇译，裴小龙校），知识出版社 1987 年出版。原书注中指出，"秃鹫"是"鸢"之误。

② 有些研究者怀疑这段记忆的真实性，并且有人推测说，可能是达·芬奇的母亲见到了大鸟（未必定是秃鹫）的来访，并以为这具有预兆的意义。以后她便反复向她的儿子告知此事，使他既保留了这个事件的记忆，又把它当作了亲身经历的记忆。这些推测有一定的道理。不管是何种情况，这总是同达·芬奇的童年记忆有关，而它的内容则是没有变化的。——不同的只是产生记忆的早晚。

③ 歌德：《歌德自传：诗与真（上册）》，刘思慕译，人民文学出版社，1987，第 5 页。

④ 同上。

后面，在《童年的疾病》一节中，歌德写到他在"童年最美好的季节蓦地里生了一场病"。他说："麻疹和水痘——以及其他叫法的儿童的种种磨难——都没有饶过我。人们每一次向我说，现在好了，我永远脱离这种灾难了，但不幸另一种灾难又已暗地里威胁着我，并逼到我的身前。"歌德接着针对这种不幸的童年生活，感慨地写道：

> 这一切增强我的沉思之癖；而且为了摆脱急性子的苦恼，我已经常常勉力忍耐。因此，在我的心目中，斯多噶派以之著称的德性，似乎是最值得效法的，何况基督教的坚忍克己教义又有同样的劝诫呢。①

歌德的这些回忆，虽然没有说明事情发生的确切年月，但是，总在幼年的早期不甚更事的时期，是可以肯定的。我们很难判断和推测这些童年的生活和活动对于他日后成为文学大师所起的作用。不过，可以看到，这些记忆对于他来说是难忘的；对于他的性格形成发生了久远的影响，比如疾病的威胁和逼迫，使他的沉思的癖性得到加强。

我们从以上三位艺术大师的婴幼时期和童年早期的回忆中，纵然未能寻觅到对于他们后来成为文学大师所起作用的蛛丝马迹，却也看到了这种人生早期的生活和活动，确实在潜移默化地影响一个人的意识成长、心理发展和"自我"建立。

当我们离开婴幼时期（以及少不更事的童年早期）之后，进入初识世事的童年时期，我们就能更多地得到这时期记忆的材料了，而对这时期的生活和活动所带来的影响也看得更清楚了，甚至对于成为作家、艺术家的作用，也能更多地寻到其中的发展路径了。

婴幼时期神经与心智如何在环境和生活的刺激、影响下逐渐形成，一般是难于了解和描摹的。不过，童年时期的经验和心灵的反映，却是可以追溯的。不少作家回忆过自己这段人生美好的时期，使我们可以从中获得一定的信息。我们在这里只以几位大师为例，看一看他们在童年曾经受过一些什么"刺激"，在心灵中留下了什么遗痕，从而在他们的一般心理结构和创作心理结构的最初形成阶段起了什么作用，又怎样投影于他们的创作。

---

① 歌德：《歌德自传：诗与真（上册）》，刘思慕译，人民文学出版社，1987，第33页。

鲁迅的幼年和童年生活，如果概略地、撮其要者而言，可以分两方面来说，这可能是影响到他以后的一般心理结构和创作心理的。一方面是他早期的艺术的熏陶和心灵的楔入，另一方面是他的家族的破败给他难忘的深刻印象和心灵上的刻痕。他曾经陶醉于、嬉戏于他家的名叫百草园的后园，与花花草草共度时光，谛听叫天子（云雀）、蟋蟀的鸣叫与低吟，这是大自然的诗、画和音乐；他也喜爱花木，这是受一位族叔的影响，他栽种、侍弄，精心而有条理。由此他也爱图画书，画谱、小说绣像、画纸都是他的珍爱之物，他进而自己描画，画了许多本。他还十分喜爱那民间的化装游行和迎神赛会上的各种神怪人物，最爱的是那活泼的、鬼而人、理而情的活无常。他曾经望着那民间年画《老鼠招亲》出神，并爱那穿红着绿、尖腮细腿像煞读书人的画中的老鼠，还由此进入想象的世界，每到年夜总要去等候那老鼠迎亲的队伍。最值得一提的是，他曾经在夜晚上床就寝时，和兄弟一起"说仙山"，自己编造关于蚂蚁的童话，凭着想象构建一个幻梦中的世界。后来，有一个时期，更发展到表演童话故事了。[1]这些，就像艺术的乳汁，灌注进童年的心灵，培育着爱美的心和感受美的灵性以及想象的心理能力。有些事，鲁迅在以后曾写进他的回忆散文中，表明那在心理上的刻痕是深刻而持久的。周作人甚至认为，那编演童话的童年经历，同鲁迅日后创作历史小说《故事新编》有着渊源关系。[2]

另一个给鲁迅留下深刻印象的，是与这个艺术的世界相对抗的现实的世界：一个破败的封建大家族在腐化沉沦过程中的种种凄苦悲惨的景象。它是那样地蒙上了一层愁云惨雾，又是那样血淋淋地呈现在人的面

---

[1] "有一时期鲁迅早就寝而不即睡，招人共话最普通的是说仙山。这时大抵看些《十洲》《洞冥》等书，有'赤蚁如象'的话，便想象居住山中，有天然楼阁，臣蚁供使令，名阿赤阿黑，能神变，又练玉可以补骨肉，起死回生，似以神仙家为本，而废除道教的封建气，完全童话化以利用厚生为主的理想乡，每晚继续的讲，颇极细微。"

"……可是演童话剧的趣味还是有的，结果是自己来构造，如那大头便是一例。说也奇怪，那平凡现实的几个人，拿来拼凑一下，做成一段妖怪故事，虽然不能说没有《西游》的影响，但整个儿还是童话的空气，在《西游》中也只是有稚气的一二段才可以比拟得上。"（周遐寿：《鲁迅的故家》，上海出版公司，1952，第55页）

[2] 周作人在上引文字之后指出："在乙未年鲁迅是十五岁了，对于童话分子（虽然那时还没有这名目）还很是爱好，后来利用那些题材，写成《故事新编》，正不是无因的事吧。"（同上）

前，呈现在一个才刚步入人世的幼年和童年涉世者的面前，强烈地刺激了他的情感、他的心灵，在他正在形成的心理结构中刻下自己深深的印痕；或者进入潜意识层，积存起来和积淀下来了；或者进入了意识层，成为他的心理结构的一部分，而建构着他的心理定势。①

这些，都显示了鲁迅的个性心理特征和这种特征的性质与渊源。我们前面已经说过，人的心理形成，是受到对他施以种种信息刺激的客观世界影响的，但这种影响又不是自在的、自存的客观存在，它在施行刺激之后，又受到在动态中、在建构中的接受主体的心理结构的适应、自我调节等作用，在筛选后被内化为主体的心理结构素材。因此，作家的最早的个性心理特征，就是受到他的生活环境（包括社会、家庭、家族和大自然）、社会物质生活条件和他的人际关系的影响。在这种综合的刺激、影响、潜移默化中，总有几件或若干件特别突出的事件、方面，或若干个最亲近的或一般关系的人，产生最强的作用力，而留下最深的印痕。

母亲性格的暴虐、俄罗斯乡村风光的优美，是屠格涅夫童年心灵中两种最强的刺激，成为他的心理格局中的两个主要的构成因素，也成为他的创作心理形成的最早的基本因子。由于家族史中的某些不良遗传与影响，更由于自己奇特的经历和不幸的婚姻，屠格涅夫的母亲具有一种

---

① 关于鲁迅家族的败落，这种记载是真实的写照，也是惊心动魄的。它在当时是如何震动和刺激了鲁迅幼年的心灵，是可想而知的。如果说与他年龄相仿的周观五（观鱼）和比他年少的周建人，都这么清晰地记得当年惨景而能作出这样的描述，那么对于比他们更为敏感的鲁迅来说，其刺激之深，其激动程度之烈，而在他心理上所留下的刻痕之难以忘怀和难于平复，就是很自然的了。下面是当事人的一段回忆：

"古老家族的败落，正如鲁迅所说：'颓运方至，变故渐多。'在我的青少年时代，就目睹了愁云惨雾遍被整个家族。姑嫂勃谿，妯娌争吵，婆媳不和，夫妻反目；今天这个上吊，明天那个投河，你吞金子，他吃毒药。加以鸦片进口，大户人家的老爷少爷，本来无所事事，也就以吸鸦片为乐，弄得壮志消磨、形毁骨立，到时还是寻死的一个简便办法——吞鸦片烟膏。……末代子孙吃不上饭的很不少，有的背一身债务，到死也还不清，无怪乎……族叔仲翔对我说：'我们周家的气数尽了，你看，台门里出来的人，一个个像败篷时的钩头黄瓜！'可不是吗，鸦片、疾病、贫困、饥饿，使这些自视不凡的'台门货'一个个都不像人样了！"（周建人：《鲁迅故家的败落》，湖南人民出版社，1984，第18页）

狂悖的天性①。这给家庭和孩子带来不幸，给她的农奴带来灾难与苦痛。屠格涅夫回忆自己的童年时曾说，他因为一个小小的过失，被母亲鞭打了一顿，并且罚他不准吃晚饭，他一个人孤零零地在花园里游荡，"一边带着苦涩的欢乐吞饮从眼里顺着脸颊流入嘴角的带咸味的泪水"。这给他的幼小的心灵留下了创伤，心理上留下了阴影。他也常常亲见母亲残酷地对待农奴。他曾这样回忆被罚流放的两个青年农奴临别时的情景：

> 我母亲当初就坐在这扇窗前。我记得，那时正值夏天，窗户敞开着。那两个人在流放前夕，光着头，走近窗前，来向她辞行。我当时正在那儿，亲眼目睹了这一情景。②

往事就这样深深地嵌入他的幼年记忆中，以致几十年后他再次来到这个窗前，心头便浮起当年的人和事，写了这段回忆文字。

然而，也是这位狂暴的母亲，受过教育，具有细腻的文学趣味。她有时会指问儿子："莱茵河的河水是什么颜色的？"儿子必须这样回答："青葡萄的颜色。"——正是这种锻炼，培养了儿子在童年时就懂得观察和注意自然的风光，注意事物的细微处。

俄罗斯农村风光是迷人的，令人神往的。屠格涅夫对他童年生活的斯帕斯克村十分留恋，终生怀着美好的记忆。也许不仅是自然风光之美吸引了他，令他陶醉，而且由于童年生活的苦恼，更使他在自然的怀抱里得到了安宁、得到了慰藉，因此对大自然和它的美，屠格涅夫更有敏感性，也更有深爱它的"情谊"：

> 在那儿，富有俄罗斯风貌的景色，似乎具有一种神秘的美，使

---

① 屠格涅夫的传记作家写道："这家人属于保尔吉亚种族，性格粗犷，感情放纵。在这个家族的家史中，乱伦、杀人的罪孽层出不穷。屠格涅夫的外祖母患瘫痪症，常年卧病不起，因曾用拐杖打伤侍候她的年轻仆人，然后又把他按倒在枕头底下，使他因窒息致死而声名狼藉。屠格涅夫的母亲继承了这种狂暴的天性。她本人度过了一个异常荒唐的青年时代，在令人生疑的情况下与一位叔叔共同生活过，关系暧昧。""在《初恋》中，屠格涅夫描绘了他父母双方组成的一个家庭：'我父亲，一个还很年轻英俊的男子，出于私利而娶了我母亲。我母亲比他年长十岁。她生活得很凄凉，总是情绪不安，心怀嫉妒，怒气冲人，……至于我父亲，他显得冷漠、持重，总是与她保持着一定的距离。'"（安德烈·莫洛亚：《屠格涅夫传》，江上译，志文出版社，1984，第9-10页）

② 安德烈·莫洛亚：《屠格涅夫传》，江上译，志文出版社，1984，第12页。

熟悉它的游子至死也对它保持着挚爱和惆怅的缅怀之情。屠格涅夫大概永远不会忘记山坡上袅袅升起的雾气，婆娑生姿的桦树、山杨及柳树，还有那收割下来的黑麦和荞麦洋溢在纯净而干燥的空气中的芳香。[①]

正是这两种完全对立的事物，强烈地刺激了幼年时的屠格涅夫，成为他幼小心灵中的一股浊流和一股清泉；然而清泉净化了浊流侵蚀，而浊流的存在更增添了他对清泉的挚爱和强烈深沉的感受力。这是他的心理定势的最初的种子。

德国伟大作家歌德在他的自传中，突出地记述了两件事。它们给他的幼小心灵留下了深深的刻痕：

> 在房子里头，父亲用来装点着前厅的一排罗马铜版风景画最经常地映入我的眼帘。这些画的刺镂出自比拉纳西（1720—1778，威尼斯人，罗马的画家和铜版雕刻师——原注）的几个前辈之手。他们对于建筑艺术和透视画法很内行，他们的刀法是很准确和可珍视的。在这儿，我们天天都看见人民广场、罗马圆形剧场、圣彼得广场、圣彼得教堂的内外景、圣安格罗堡以及其他许多景物。这些建筑给予我深刻的印象。[②]

如果说这是属于绘画和建筑艺术的，那么另一件事便是属于音乐和戏剧的了。歌德的母亲每天总是高兴地弹钢琴为她家的友人——一位意大利语言学家——和她自己的歌唱伴奏。"因此，我尚在没有了解《孤寂、微暗的森林》[③]一曲的内容以前，已很快就会唱它和背诵它了。"[④]诗人这样回忆这段童年生活。这是平日的音乐的熏陶。深深印在诗人幼年脑海中的，还有一次木偶戏的演出：

> 我们空闲的时候差不多常在祖母的身边，……有一回圣诞节的前夜，她的仁慈更是登峰造极。她叫人演一台木偶戏给我们看，这

---

① 安德烈·莫洛亚：《屠格涅夫传》，江上译，志文出版社，1984，第13页。

② 歌德：《歌德自传：诗与真（上册）》，刘思慕译，人民文学出版社，1987，第7页。

③ 这是意大利歌谣诗人麦达斯达西奥（Pietro Metattsio，1698—1782）的脍炙人口的小调的冒头句。——《歌德自传》第8页原注。

④ 同②，第8页。

样，在这个旧房子里便翻出新世界来了。这意想不到的演戏对于幼稚的心灵有很大的吸引力，它特别给我这个男孩子以强烈的印象，留下了深远的影响。①

伟大的俄国作家列夫·托尔斯泰的童年生活是丰富的、富于情趣的，而他的心性也是那么敏感，他最早接受环境和人事的刺激的能力和反应的敏锐，也表明在丰富繁杂地展开在他面前的客观世界和这个世界对他的心理的刺激，帮助了他的心理活动能力的成长。他在小说《童年》中，写下了一段反映他自身感受的深情挚意的话语：

欢乐、欢乐啊，一去不返的童年时代！一个人怎么能不爱惜、不珍视那些日子的回忆呢？这些回忆使我的灵魂苏醒、崇高，并且是我最大的欢乐的源泉。……在童年时代，我们生存的唯一的动机只包括两种最优美的德行——天真的快乐和对于爱的无边的需求——还有什么时候能比童年更好呢？②

他关于幼年和童年生活的记忆开始得那么早，显然早于一般人，而这种最初在心灵上留下的刻痕，又带着奇特的梦幻性质。当他要离开妹妹、保姆和姑姑这些人，离开小床、幔子和枕头，像一个男孩子那样去单独起居时，他竟早熟地感到了悲哀，"诗意地悲哀"。作家在记述这个过程之后写道：

是她（指姑母塔吉安娜），把那件宽大的衣服替我穿上，一面吻我，拥抱我，一面把背后的带子系在我的腰上。我看见她和我一样地感到这是悲哀的，可怕地悲哀，但是又不得不如此。这时我第一次感到人生不是一场游戏，而是一件严肃的事。③

俄国一代文豪、世界文学大师，就是这样，在幼小的时候，就带着"诗意的悲哀"走进了人世——不是身体的人世，而是心灵的人世。他具有非常鲜明的心理特点：敏感，早期进入觉醒状态，对周围世界的各种刺激的广泛接受性，记忆的形象特色和早期记忆的获得。

① 歌德：《歌德自传：诗与真（上册）》，刘思慕译，人民文学出版社，1987，第8页。
② 艾尔默·莫德：《托尔斯泰传》（第一卷），宋蜀碧、徐迟译，北京十月文艺出版社，1984，第20页。
③ 同上书，第13页。

托尔斯泰的这些特点，在前述几位文学大师身上也同样具有。因此，这也就可以看作一个规律性现象。当然，不能说这就决定了他们日后一定会成为伟大的作家，但是，这确实是成为一位伟大作家的最初的基础，是他们的创作心理结构的最初基础。正是在这个基础上，经过日后许多现实生活的锻冶，促成了他们各具个性的创作心理的建立。

他们在这入世的最初日子里，由于环境、生活的不同，他们周围各种人物的不同和他们各自活动的不同，已经留下了他们心灵的不同的遗痕：他们有着不同的家庭，经受了不同生活的锻冶，吸收了不同生活的乳汁，形成了不同的心理素质和心理能力；他们都在心灵里留下了不同生活的记忆和印痕。这些，是一个结果，是他们从出世那天开始便从客观世界接受的物质刺激、物质信息和社会刺激、社会信息，逐步形成的心理；这些，也是一个开端，从此他们开始走上逐步形成一个作家应具有的创作心理的道路。

弗洛伊德认为，在一个人的童年生活经历中，可以寻找到形成他的成年人的人格因素。这是很有道理的。他在解释梦时，曾经指出："梦的生活全然渊源于史前期（一至三岁）的遗迹。"接着他又说：

> 我推断出这样一个公式：在史前期所看到的是梦的缘起；所听到的是幻想的缘起；性方面所体验到的则是精神神经病的成因。[1]

弗洛伊德在这里说明了人的"史前期"（即一至三岁时）的生活遗迹对一个人日后的心理所能留下的影响和它的作用力，这是值得注意和富有启发意义的，也是具有科学性的。而在从三岁以后到十几岁的少年时代，我们姑且称为人的"上古期"，其接受的自然与社会的信息与刺激，当然会更多样、更丰富，也更有影响，留下的刻痕也会更深刻；因此对人的性格形成，对创作心理的形成，也就会具有更大的作用。当然，弗洛伊德在后面接着指出的那三种"缘起"，倒是未必然；但是，我们从中却可以得到启发，并借此推断，人的"史前期"以至"上古期"的"遗迹"，对于他以后的梦、幻想以及记忆、想象等心理能力和心理结构，是一种值得注意的"缘起"，是我们对作家的创作心理进行

---

[1]　E. Jones: *Sigmund Frend, Life and Work*，第391-392页，转引自《书林》1986年第9期赵鑫珊作《弗洛伊德的隐私和他的学说》。

追根溯源工作的起点。

就像滚滚长江、浩瀚的伏尔加河和美丽的莱茵河一样，滥觞于涓涓源头细流水。你看那长江源头，竟是那样细细的、细细的小泉细水。但正是这种不竭的生命之泉，孳乳了长江之源。自然，单凭它不足以成为长江，必须再汇集沿途百江千河才能成就万里大江。然而这最初的源头的力量和"品性"，是一个不可缺少的起点。

对于这个"起点"，我们在前面只作了一个鸟瞰式的探讨，也只能作这样一种描述；因为我们对于人的"史前期"和"上古期"的心理状况同以后的创作心理的关系，还没有更深刻的了解。然而，注意到这个时期的"缘起"作用，是重要的。这也是我们对创作心理进行探讨的"缘起"和起步。从这里开始，我们来进行我们的理论跋涉。让我们迈向下一个领域吧，那里的情景将会更明朗一些。

第四章 文学觉醒：

曙光期到来，它的发展历史与意义

一、通向作家之路的入口：人生三觉醒

我们追溯一位作家的经历，研究那些文学大师的传记，以至回顾我们自身的人生路程，就会发现，每个人都要经历三个方面的觉醒：人生觉醒、艺术觉醒和性觉醒。我把这称为人生三觉醒。这是每个人都会经过的觉醒，又是非同小可的觉醒；它们决定了一个人睁眼昂首打开心扉面对社会，走向人生、走向世界，在生活的大海中搏斗、生长、发展、享受。他一生的思想情感的特质、性格的特征，一生事业的成就大小，都奠基于这三觉醒之上。

人生三觉醒的到来，对于每个人来说都是不可避免的，然而却不是在同样的时间内出现，而只是在大体相若的时期来临。三者到来的时间，也大体相差不远。每个人觉醒的动因、程度、水平、性质，也存在差异。

觉醒之后，由于主观的、客观的种种条件的不同，各人走着自己的道路，有着不同的发展路径、速度、水平、性质，从而决定了各人不同的思想感情、不同的事业、不同的成就。

对于一位作家来说，这是他通向创作之路的入口。如何迈步走向入口，如何走进入口，如何开始自己的行程，很大程度上决定着他今后的发展。

如果说我们对于作家生平的研究是追溯以往的故事，是总结已成的业绩，那么，我们从这种研究中所得到的结论和规律性认识，就是对于未来的指导了。我们的研究和探索，一方面是对已成之局的解析，从而

使人们对于这种成就能够从开始阶段寻觅到种种重要的基因，对之具有明确的认识，而避免陷于盲目性，这可能会有利于掌握自身的特质，实现自我掌握、自我调整与自我控制，而使文学创作进入更自觉的阶段，更好地发挥自己自幼形成的特长、优点，避免在短处下笨功，费力不讨好；另一方面，我们的工作也是对于将成之局和追求目标的一种规律性求索，这将对自我认识和自我设计，对我们对于人才的培养，都起到一定的作用。

当然，我们也期望这种研究可以帮助我们在文学研究与文艺评论中，能够从作家的人生首途中探得渊源，求得最早的回答。

因此，我们对于"人生三觉醒"的研究，虽然以社会历史文化背景为基础，进行社会学、文化学以至文化人类学、哲学人类学的研究，但仅仅是以之为基础而拓展开去、寻迹追溯，却是紧紧地以"创作心理"为中心，作审美心理学的探索。我们这种探索，自然涉及审美心理发生学的范畴，而这个学科的有关知识和命题，也会帮助我们探索，使我们得以在科学性上具有一定的可靠程度。

让我们走向这个入口吧，这是人生的入口处，也是作家的入口处，在这个"门槛"面前，每一个人都具有大体相同的机会、素质和前途，但是，由于环境和自我两大系统的互相制约、影响、渗透，当越过入口之后，差异就产生了、发展了，各自走向自己的道路和归宿。

（一）睁开眼睛看世界：人生觉醒

一个人当成长到一定时期时，往往由于某个事件的刺激，忽然产生了对于人生的一定的看法。他觉醒了，心中暗暗说道：啊，原来人生如此！这种人生觉醒，对于一个人日后的发展影响至巨，往往是他一生发展的基础：确定了他的发展的基本方向、道路和特质。当然，以后的种种经历会扩充、发展、提高他的这种人生觉醒，成为他的世界观、人生观的特殊性，有的会有一些变化；完全改变了初衷者，也不是没有的。

对于一位作家来说，这种人生觉醒是至关重要的，它成为他的创作心理的最初因素，也会决定他的创作心理结构的基本性质、基本方向。

这种觉醒期，一般是在少年时代。它的发生，往往是一种突发的事件、一种重大的震动、巨大的刺激所诱发的。好像能量积蓄到一定程度、酝酿到一定时候，一个震荡或一个冲击，便突然地、雪崩似地发生了。于是它在心灵中留下深深的刻痕，在记忆之阈中留下永葆鲜明印象的印记，成为形成中的心理的特殊素质。

人们都很熟悉鲁迅在《呐喊·自序》中说的这段沉痛的话语：

> 有谁从小康人家而坠入困顿的么，我以为在这途路中，大概可以看见世人的真面目……

他看见世人的真面目了，也就是看见人生的真谛了：他觉醒了。

这觉醒是由于祖父突然入狱，父亲因此卧病，家庭因此突然破落，这一切对于身居长子、长孙之位而又已经到了13岁的少年鲁迅来说，那忧伤、痛苦、悲哀是至巨至深的，那刺激也是至巨至深的。而且，以后的日子更难挨：要为母亲分担家庭的忧愁，要为久卧病榻的父亲延医求药，要关怀两个弱弟的成长；而在这破落途中，社会的冷遇白眼、家族人们的欺寡侮少，更深地刺激了他，使他痛苦而且悲愤。鲁迅在《呐喊·自序》中这样概述了这段人生经历：

> 我有四年多，曾经常常，——几乎是每天，出入于质铺和药店里。年纪可是忘却了，总之是药店的柜台正和我一样高，质铺的是比我高一倍。我从一倍高的柜台外送上衣服或首饰去，在侮蔑里接了钱，再到一样高的柜台上给我久病的父亲去买药。回家之后，又须忙别的事了。因为开方的医生是最有名的，以此所用的药引也奇特：冬天的芦根，经霜三年的甘蔗，蟋蟀要原对的，结子的平地木，……多不是容易办到的东西。

> 然而我的父亲终于日重一日的亡故了。

鲁迅在这里只记述了印象最深的事情，在其他人的回忆录中曾经写到另外的一些细节[①]，这些可能也都给鲁迅留下了深刻的印象。

他就是在13岁的时候，在家庭发生突然变故中，产生了人生觉醒，而从13岁到17岁的四年中，一系列令他痛心疾首的事件接连发生，他的人生觉醒便循着一开始的路，向前走去，向深处发展了。最后他产生了与破落的家族、与旧的人生、与故乡的旧的生活彻底决裂的坚

---

① 在周作人的《鲁迅的故家》《鲁迅小说里的人物》《周作人回忆录》中，在周建人的《鲁迅故家的败落》中，有许多生动、具体的回忆。

定决心。他在《呐喊·自序》中说:

> 我要到 N 进 K 学堂去了,仿佛是想走异路,逃异地,去寻求别样的人们。

他的人生觉醒的触发是在不幸中、在巨大的震荡中发生的,因此,带着哀伤、带着悲痛,带着送走已逝的欢乐岁月的惆怅,也带着忍受眼前艰难折磨的忧伤,还带着为今后前途的渺茫和追求一个朦胧美好理想的疑惧与决心。这些,便构成了少年鲁迅的一种心理格局、心理定势;以后,他便按照自己的这种格局和需要,去捕捉、同化和内化社会人生的信息,形成自己的创作心理建构。这建构,在心理内涵的知、情、意三方面,都留下了它的特点。在对人生与世界的认知上,他看到它的灰色的雾罩,感受到它的悲凉、冷酷;他的情感、情绪是趋同内向型的,是郁悒、深沉、哀伤的;他的意志、欲望是同已有的、旧存的决裂,热切地希冀追求新的环境、新的生活、新的心境。我们可以说,鲁迅创作心理中最突出的特点和为他终身所坚持的、中国知识分子(尤其是杰出的知识分子代表)的核心意识——忧患意识,此时已经牢牢地在他的知觉、情绪、情感、意志之中植根了。这忧患意识同他炽烈地追求理想,追求新的人、新的生活的愿望,是紧密地结合在一起的,是同一个事物的两个方面,只是鲁迅更以忧患意识为显露的、突出的、鲜明的心理特色。

这是他的创作心理最早的进步渊源。

俄国伟大的现实主义作家托尔斯泰却是另一种情形。他的童年是在美丽的俄式庄园里度过的,人生的困苦与艰辛对于他来说是不存在的。在他童稚的心里,充满了温馨和甜蜜。他的心里容易升起关于获得幸福和给人幸福的美好理想。他还在 5 岁的时候,在心里就有着一个关于给人幸福的"绿色的丫枝"的理想:

> 就是他,在我五岁,我的哥哥德米特里六岁,谢尔盖七岁的时候,向我们宣布,说他有一个秘密,只要公开了,所有的人都会幸福:再没有疾病,没有忧虑,没有人会生别人的气,一切人都彼此相爱,并且大家都变成"蚂蚁同胞"了。……他教给我们"蚂蚁同胞"的亲善,可是没有说出主要的秘密——使所有的人都不再遭受

不幸，不再争吵生气，并且永远幸福的方法——他说他把这个秘密写在一根绿色的丫枝上，埋在某一个深谷边沿上的路边了。[①]

从此，托尔斯泰便怀着"关于'蚂蚁同胞'亲爱地彼此相依的这种理想"，这就成为小小的托尔斯泰的心灵的依托。在他的心理结构中，有着这种理想的因素，对于"绿色的丫枝"的向往成为他幼小心理活动的主要内涵。它是这样深深地扎根于他的心里，以至如他自己所说，这个理想"我一直没有改变过"，而在时光的推移中，在思想的提高与成熟过程中，这个儿时的理想逐步地发展与提高了。

> 不过现在不是在两把用围巾遮起的靠手椅下面，而是全人类互相依傍在广阔的苍穹之下。我当时相信有一根绿色的小丫枝，上面写着毁灭人类一切的罪恶而给予他们普遍福利的方法，我现在同样地相信这种真理是存在的，并且会显示给人类，把它所允许的一切给予他们。[②]

这个儿时的记忆是如此深远，这个儿时的理想在他的心理上是如此地牢系着，以至他希望而且也确实在死后埋在那个据说有着那小小绿丫枝的地方。他怀着童稚时候的理想，安睡在童稚时以为埋着他的伟大理想的地方。他因此而心理上觉得安宁。

我们看到，托尔斯泰是怀着一个颇为宏大而又渺茫，然而却是美丽的、崇高的理想而开始了他的最初的人生觉醒的。应该说，他的童年也是迭遭不幸的：9岁时父亲因中风而猝死路途，接着又是祖母的丧亡。当他第一次亲见死亡——祖母的逝去，并在葬仪中听见女客们议论，说他"完全是孤儿了"的时候，他的感觉却是："我记得听她们这样说，我还感到愉快。"[③]这是因为他的童年太美好了：富裕的生活，亲人的爱抚，使他只感受欢乐与幸福，长辈的死亡并不能冲淡这一切。他在《回忆录》里写道：

---

① 托尔斯泰1878年发表的自传材料，转引自艾尔默·莫德：《托尔斯泰传》（第一卷），宋蜀碧、徐迟译，北京十月文艺出版社，1984，第17页。

② 艾尔默·莫德：《托尔斯泰传》（第一卷），宋蜀碧、徐迟译，北京十月文艺出版社，1984，第18页。

③ 同上书，第24页。

在童年时代，我四周的人，从我的父亲到马车夫，我看起来都是非常好的人。这也许是我的纯洁、亲爱的感情，像光明一样，使我只看到人们的最优良的性格（那种性格总是存在的）；……①

托尔斯泰把自己的童年期称为"一直到十四岁的光辉的、天真的、快乐的、诗意的孩童时期"。"他告诉我们，孩童时期的印象，保存在人的记忆里，在灵魂深处生了根，好像种子撒在好的土地中一样，过了很多年以后，它们在上帝的世界里发出它们光辉的、绿色的嫩芽。"②

托尔斯泰自从那么早就播下理想的种子而开始人生觉醒之后，就是在这样一种欢乐的、温情的、幸福的、光辉的物质生活、情感生活和心理状态中，继续他的人生觉醒，它成为一粒伟大的、含量丰富的种子，在很多年以后，在文学的世界里，发出了光辉的、绿色的嫩芽，长成了繁茂枝叶，直至大树婆娑、伟岸挺立。

他同鲁迅是完全不同的。一个在凄苦艰困现实生活中开始自己的人生觉醒，怀着哀怨和愤恨；一个在美丽幽雅的幻想的世界中，萌发自己的人生理想。一个用人生的苦汁浇灌了那最初的人生觉醒之苗，一个用欢乐幸福的甘露养育了童稚的理想的种子。一个在13岁时在人世的大震荡中用眼泪告别童年，一个在14岁时在对人生的美好感受中不无留恋地向童年挥手。这一切在以后是那么深地影响了他们，以至他们的创作心理、艺术思维、艺术世界都是那样的不同。

我们列举中俄两国的两位文学大师作为例证，不仅证明人生觉醒在每个人的一生中必然发生，也说明这发生的大体情形是：在幼年或童年以至少年时代到来，其标志是对世界与人生产生了一种概括的、整体的、抽象化了的看法和见解，它可能是幼稚的、朦胧的、不确定的，却总是带着明确的意念、倾向，它对于一个人日后的思想、情感与心理的发展起着滥觞的、重要的作用，其作用力是深沉的、久远的。

从两位大师的生平中我们可以看到，他们在心理上是极为敏感的，这促成了他们接受客观刺激的敏锐、反应的强烈，因而造成人生觉醒期

---

① 艾尔默·莫德：《托尔斯泰传》（第一卷），宋蜀碧、徐迟译，北京十月文艺出版社，1984，第20页。

② 同上书，第23-24页。

的更早来临，特别是其觉醒的程度比一般人要高要深，所以在当时的显现鲜明而突出，对以后的影响久远而深刻。

朋友，你可曾回顾，你是在何时、在何种情况下，因何事情而产生了人生觉醒，并进入人生觉醒期的呢？追根溯源，从今天到昨天、前天以至更远的时期，进行追溯与回顾，对于了解和掌握今天的创作心理是很有益处的。这从鲁迅、托尔斯泰的情形中看得很明白。

当然，每个人的情况很不相同：有的明确——无论在时间上还是具体情况方面都如此，有的却不很明确；有的是痛苦的经历造成，有的是欢乐的生活使然；有的是身边、家庭的一件事情引起，有的却是由社会的震动而触发；有的充满忧愁哀痛，有的却洋溢着欢乐幸福；有的像一颗幼苗，觉醒之后又得到生活的雨露滋润，日渐发育；有的却遭人世的风雨摧残而致夭折；有的为日后的文化素质所充实而得到发育，有的却被引入邪路长成毒菌杂草……在心理的成长上，人生觉醒是一个最早的也是最重要的觉醒，对于要描绘人生和塑造人的心灵的作家来说尤其如此。因为，这是他睁开眼睛看世界的第一瞥，是他对世界、对人生、对人的第一印象。

你记得自己的这个"第一印象"吗？

这里，我们介绍我国几位当代作家关于他们早期的人生觉醒的叙述。这是他们对于本书作者关于创作心理的调查问卷的答复。它们也能告诉我们有关人生觉醒的故事。

问卷所提的问题是：

您大约在何种年岁上对于人生产生了一种基本的看法，有了一种基本的态度？

幼年 □　　童年 □　　少年 □　　青年 □

您的这种感受（看法）可概括为：_____。

叶楠：[1]

[人生感受]：

对人生产生基本看法，也是17岁。基本态度是，人的生存环境（自然的和社会的）的进步、改善，靠人共同努力去争取。……

---

①　此处按接到复信的先后次序排列。下同。

[促成原因]：

从8岁开始（家乡沦于日军铁蹄之下，父亲被日军活埋），国破家亡。到17岁（1947年），日军虽早已投降，国、家仍处于无望的状态中，特别是精神上，处于被压抑状。

萧乾在答复中说，他的人生觉醒期在青年时代来到，其感受和看法是：

天下一切事在人为。

航鹰：在少年和青年时代觉醒。她的人生感受是：

靠自己；

通过奋斗改变命运。

对于"您的这种态度是由什么原因促成的？"这个问题，她的答复是：

父母离婚。自幼住寄宿学校，15岁初中毕业后弃学工作。幼年时父母各自再婚。8岁时无意中撞见了父亲的婚礼，后来以此写了《红丝带》①。

在天津人民艺术剧院，受一些艺术家成功之路的影响和启发。

鲍昌：

约在上初中一年级时（产生对人生的基本看法）。

[人生感受]：

为社会、为国家、为老百姓做出一些贡献。

"您的这种基本态度是由什么原因促成的？"[具体事件]：

突发事变
- 时代的 ——→ 当时我在沦陷区小学，时代是动乱的；
- 国家的 ——→ 国家、民族处在危亡关头；
- 家庭的 ——→ 已经由小康之家完全破产成为城市贫民；
- 家族的 ——→ 有人接触过解放区和共产党、八路军；
- 个人的 ——→ 上述几个原因，造成我政治上的早熟，还在初中一年级时，就决心报效国家；
- 其　他 ——→ 为老百姓、为社会做些事情。

---

① 据航鹰同志说，在这个婚礼上，她看见新娘头上系着一条红丝带，给她以鲜明的印象，也给予她极深的刺激。

［促成原因］：……一本书：巴金的《家》。

张抗抗：

［人生觉醒期］：青年 ☑

［人生感觉］：

应当追求平等、民主、自由；

我应正直、自立、自尊、自强。

突发事变
- 家庭的 ☑ 少年、青年时代的政治歧视，使我心理压抑，便格外（地）盼望尊重；
- 个人的 ☑ 个人的人、人人平等的社会；
- 其　他 ☐ 我在1972年个人生活发生"故障"，主动提出离婚，决心自强不息。

路翎：

［人生感受］：

少年时，20世纪30年代初，（受）爱国运动和社会的愤恨贪官污吏的影响，认为人生应该正直和有为。

［促成原因］：

突发事变
- 时代的 △ 日本帝国主义侵略和社会的抗日呼吁与进步运
- 国家的 △ 动，有古典文学和抗日的进步社会科学与文学
- …………　　（的影响），国家衰弱落后，社会呼吁进步。
- …………

［具体事件］：生活综合

高尔基的《草原故事》《在人间》等书。

邓刚：

［人生感受］：

对幻想、理想不激动了，对四周的人不轻易佩服也不轻易痛恨了。并渐渐感到生活和人原是那样复杂!

韶华：

［人生感受］：

我的人生态度是：以文学反映社会，推动生活。这是（20世纪）50年代我二十多岁时形成的。

刘绍棠：

[少年时代对人生产生了一种基本看法]。

触发原因是：

"为解开评书艺人的扣子。"

[促成原因]：

[具体事件]：

我在敌后打游击时，读到一本书《鸡的日记》。从那时起，自己写日记，记载有趣的故事——写作从那时开始。那时写作，还不懂得什么是"小说"，也没有理论指导，只是记载有趣的故事。

杨大群：

[人生感受]：

童年时母亲念童谣："小孩小孩快快长，长大当个排连长。穿皮鞋，披大氅，走起路来嘎达嘎达响。"母亲总希望（我）长大当官，后因两个哥哥死于直奉战争（被抓丁），母亲希望我干文差了。

后来读了许多小说，当读懂鲁迅小说时，产生当作家的伟大愿望来了。

徐光耀：

[人生感受]：

人们，不应该受欺压、被侵略；应该反抗，应该联合起来奋斗。

[促成原因]：

突发事变 ⎰ 时代的 ☑ 1937年日本鬼子打到（我的）家乡，生活
　　　　 ⎱ 国家的 ☑ 秩序一下翻个儿了。次年当了八路军，之
　　　　　　　　　　　后加入中国共产党。人生观很快明确起来。
　　　　　　…………
　　　　　　…………

偶然触发 ⎰ 具体事件：
　　　　　　　1935年，我（就读）小学三年级，老师在课堂上
　　　　　讲九一八事变，谈到中国人当了亡国奴的种种凄惨状
　　　　　况。民族仇恨被大大激扬。下课后，就在地上画些人
　　　　　形，当作日本鬼子，拿起砖头来乱砸猛砍。不过人生
　　　　　观之明确，还是入党之后的事了。

叶文玲：

[人生感受]：

不幸的童年，培养了我的同情心和敏感性，这是作家必备的职业素质。

[促成原因]：

突发事变 ⎰ 时代的 ☑ 1957 年，我以优异成绩考上省重点高中。
　　　　 ⎱ 国家的 ☑
　　　　 　 家庭的 ☑ 开学一星期（后）哥哥被打成"右派"，我失学回家，务农。

马加：

[人生感受]：

力争在创作上有所作为，为社会做出贡献。

突发事变 ⎰ 时代的 ☑
　　　　 ⎱ 国家的 ☑
　　　　 　 …………
　　　　 　 …………

刘亚洲：

[人生感受]：

人最好，人也最坏。人最温情，人也最残忍。人最聪明，人也最愚蠢。人可统治一个星球乃至几个星球，但人统治不了自己。

[促成原因]：

突发事变 ⎰ 时代的 ☑ 我 13 岁时，"文化大革命"爆发。
　　　　 ⎱ 国家的 ☑
　　　　 　 …………
　　　　 　 …………

程乃珊：

[人生感受]：

对社会的不安全感，想家，喜欢与自己"小圈子"内（的）人交往，并坚信当时所谓"资产阶级生活方式"和"小资产阶级情调"是一个人正常的生活方式和品味（位），不应该随意扣帽子和加以指责。

[促成原因]：

"具体事件"："文革"。

[偶然触发]：

一些熟知的人的遭遇。

贾平凹：

[人生感受]：

人生艰难，世态炎凉。

[促成原因]：

[突发事变]：在"文革"中家庭的变化。

胡万春：

[人生感受]：

我在少年时代处于旧社会。我受到了马克思主义的影响，这以后才确立了我对人生的基本看法。我希望自己活在世上，能多干一点儿给人类带来光明的事，使人生活得更美好。从二十一二岁开始，我即学习创作了。

[促成原因]：1950年学习了马克思主义关于剩余价值学说。

达理：

[人生感受]：

在这个有缺憾的世界里，尽力使自己活得少一点儿缺憾。

[促成原因]：

生活的坎坷，如1957年父亲被打成"右派"。

梁斌：

[人生感受]：

17岁到19岁，读了瞿秋白同志所著的《社会科学讲义》，还读了《社会科学概论》、《家庭、私有制和国家的起源》、《政治经济学》、《国家与革命》、《唯物史观》、《社会进化史》、《辩证法唯物论》和卢那察尔斯基的《艺术论》。在这个过程中，我对人生有了基本的看法和态度，根据我的感受，可以概括为：人，为了生存，必须参加劳动——脑力劳动和体力劳动。人与人的关系是劳动互助、感情往来、亲朋之情。人的生活，有经济生活、文化生活、美的享受。爱情是人的本能，母爱、父爱、夫妻之爱、兄弟姊妹之爱。——恋爱是夫妻之爱的开始，不能泛滥。有人说："我是作家，我不是战士。"不对的，作家为真理而战，为真善美而战。我的态度就是：为解放自己，并用我的作品参与解放全人类，为共产主义运动战斗终生。目前的建设四个现代化，是共产主义运动的一个阶段。①

莫言：

[人生感受]：

活着不如死去好。之所以活着，是因为我的死会让别人不高兴。

[促成原因]：

千头万绪，难以尽述。

金河：

[人生感受]：

人生是充满艰辛的，但仍然是美好的。人生应该是一个探索、创造的过程。一个人在结束自己生活的时候，应该使人感到缺少了什么，或者说，人应该留下自己的贡献给后来人。为此，人应该积极入世，但又应有出世的本领。

[促成原因]：

突发事变 ┌ 时代的 ☑ "文革"留下的空白需要填补；
│ 国家的 ☑ "四人帮"倒台后国家走向开明；
┤ 家庭的 ☑ 家很穷，读书不多，想对得起父母；
│ 个人的 ☑ 有争强的个性；
└ 其 他 ☑ 老师的引导，朋友的鼓励。

[偶然触发]：教师启发 ☑ 中学语文老师说我有文学天赋。

从以上各位作家的答复中，可以看出几点：作家总是敏感的，人生觉醒的时间较早、年岁较小，许多人在少年时代，也有一些在青年时代的早期；他们往往较早地形成对于人生的比较明确的看法、比较深切的感受，而且具有自己的特点，反映了自身的经历和身世，也反映了时代、国家和社会的面貌，也能用具有家乡特色或颇具哲理的明确语言表达出来。

更值得注意的是，他们的人生觉醒，同时代的精神、国家民族的命

---

① 梁斌同志的答复全文，曾以《我的文学观——致友人书》为题，发表在1987年6月19日《光明日报》上。

运、社会的情状紧密相连，当然也与自身的家庭、经历分不开。前者形成基本的内容，后者赋予特殊的形式和个人的色彩。这表明，作家是时代之子，是社会的产儿，然而又必须透过自身的家世来获得特异的形态和色彩。

这些，成为他们的一般社会心理和文学创作心理的基础。

从这些作家的记叙中还可以看到，几代人的觉醒和成长，都在心理上打上了中国现代历史的深深的印记，也刻下了他们自身家世的痕迹——其中多数是含辛茹苦的。在那段特殊的历史时期，我国社会处于贫困的、苦难的、战争的、混乱的、变革的、革命的情状之中，几个大的历史事件，抗日战争、解放战争和新中国的建立、1957年的风云、"文化大革命"，都在作家们的心理上产生了投影；在他们成长的道路上，在早期便产生了深沉的影响。这些事变、事件，波及具体的家庭，对人们产生了种种影响。而因此，也就培育了他们的心灵，促成了他们的觉醒，形成了他们的创作心理的最初基础。叶楠的父亲被日寇活埋，航鹰的父母离婚，鲍昌的家庭破产和家族中人与共产党、八路军的接触，路翎受日本帝国主义侵略与抗日爱国运动的影响，刘绍棠在打游击中看到《鸡的日记》、"为解开评书艺人的扣子"，杨大群的两个哥哥死于直奉战争和母亲因此希望他不当武官当文差，徐光耀在抗战烽火燃起不久就家乡沦陷和当八路军，叶文玲因哥哥被打成"右派"而受株连失学，刘亚洲13岁接受"文化大革命"的洗礼而注视"人"、思考人，程乃珊在"文革"中震惊于人际关系的险恶，贾平凹在"文革"中遇到家庭变化，胡万春作为工人受马克思主义剩余价值学说的启蒙，达理因父亲被错划"右派"而得到人生体验，以至梁斌读瞿秋白著述和其他社会科学书籍，所有这些，都带着时代的印记，挟着民族的风云，在他们个人的命运中奏响着人民和祖国的命运交响曲。

这些，都反映了作家的人生觉醒的历史、时代、社会、文化的背景和内涵，但也反映了个人遭际在这个大背景下的重大的、不可忽视的、赋予特异色彩的作用。

这些当代老作家和中青年作家的人生觉醒期的到来、内涵和促成因素，反映了一般的规律，告知我们，一位作家最初是如何走进作家之路的入口的。

童年生活对于一位作家来说，不仅是重要的，而且具有某种"选择性"。也就是说，有一种童年生活，对于作家之成为作家是更好、更有利的。海明威①曾经被这样问道：

"一个作家最好的早期训练是什么？"

他的回答很明确：

"不愉快的童年。"②

许多作家都有一个不幸的童年，而且童年的不幸也都往往反映在他们的作品之中。他直接写了不幸的童年，或者他间接地反映了童年的不幸。我们可以列出一个长长的著名作家的名单来证明这个论点。但是，必须说明，这里所说的不幸或不愉快，并不是仅指穷困，虽然首先的和重要的内涵是童年在穷困中度过。那些童年生活可能并不困难甚至富裕的作家，也可能是不幸或不愉快的，比如遭到亲人故去的哀伤打击，至亲至爱的人的不幸（比如父母离异或不和）带来的痛苦经历，以及家庭生活的不愉快（原因有种种，表现各不同），等等。如果说鲁迅、高尔基、马克·吐温、狄更斯等作家是穷困的不幸童年造就了他们，那么托尔斯泰、屠格涅夫以及普希金等人就是非穷困的不幸童年成全了他们。

为什么会是不愉快的童年成为作家最早的训练？这是因为，这种不幸，促使他们更早地睁开眼睛来看世界、看人生，也使他们所受的刺激具有更大的强度、更深的刻痕，铸成他们更敏锐的感觉和感应心灵；同时，还使他们更容易从"白日梦"中去寻求解救、解脱和解答，寻求感情的宣泄和心理的平衡。这些，对于作家都是很需要的，是最好的训练。这些，也因而汇集起来形成了他们的心理品性的基础，构成了他们的创作心理基础。

当然，不能说必须如此，并不是所有作家的童年都是不幸的。他们会有别的条件来弥补这方面的"缺憾"。但是，必须明确指出：童年的不幸，不幸的童年，确实是最早的也是最好的作家训练。

从前面所列举的例证中（包括文学大师和当代作家），我们还可以看到，作为以反映人生、反映自己对人生的感受（包括思想的和感情的）为主要职责的作家，他的人生觉醒的主要内涵和标志，正是对于人

---

① 海明威（1899—1961），美国小说家，早期以"迷惘的一代"的代表著称。他的长篇小说《永别了，武器》（旧译《战地春梦》）、《丧钟为谁而鸣》和中篇小说《老人与海》等都成了现代世界文学名著。

② 海明威：《海明威谈创作》，董衡巽译，生活·读书·新知三联书店，1985，第85页。

生的意义和真谛的体验和认识。这种体验和认识，总是带着个人的生活印痕和情感色彩。而且，特别重要的是，他的创作心理的基本内核也往往就此形成，其特色也就此形成；他今后的创作，也就总是同这个核心不可分离或关系极大，至少是他的重要的、优秀的作品与此有关，比如鲁迅之与寂寞、孤独和不正常的丧亡，托尔斯泰之与人生幸福的追求，屠格涅夫之与俄国自然风光及对农奴制的痛恨，海明威之与海和渔猎，高尔基之与流浪，等等；在我国当代作家中，比如航鹰之与红丝带，杨大群之与战争，程乃珊之与"资产阶级生活"，等等。

在这里，我们事实上还可以捕捉到作家创作才能的信息：生活刻痕之深浅，心理反应之强弱，"事件"本身色彩的鲜明与否，作家感受之深浅，都是既关乎他的创作心理的形成，又形成了他的创作才能的内涵和高低：如果前述各项都是"＋"，那么以后的创作就能取得好的收获。

当少年预备作家带着初获人生觉醒之姿，睁开眼睛开始认真观察、感受和理解世界时，他就跨步迈上创作之路和作家之路了。

我们从中不是可以体察到创作心理形成和作家成长的最早的规律性现象，并有所悟吗？

（二）情朦胧、意朦胧、美朦胧：艺术觉醒

每个人都有他的艺术觉醒期，所不同的是到来的时间有差别，觉醒的程度有差别。所谓艺术觉醒，也可以说是美的觉醒。就是说，"忽然"有一天，在某个时期，对自然、对文学、对艺术发生了一种心灵的感应、情感的交流，对其中的美有了一种感应、一种发自内心的接受、一种动情的反映。他开始认识美、懂得美、爱好美了。这个时期的到来，一般都是在少年时代（有的人早些，在儿童时代就来了；有些人则晚些，要到少年期的末尾、青年期开始时才来到）。在这种觉醒发生之后，对于文学、艺术，对于美，就有一种带着自觉性的接受和欣赏了，人就成为一个带着自觉性的美的接受主体了，是美的主人了。当然，这时还是一个幼稚的、并不深懂的"小主人"，对于美的感受处于一种朦胧的状态；情朦胧，意朦胧，思朦胧，美亦朦胧，说不清道不明，可意会不可言传，觉其有又说不出，知其然而不知其所以然。然而正因为美是处于如此状态，所以既爱之又难言之，像雾中看花、水中望月，山水迷蒙，江山隐隐。而这更增加了初觉醒者对于美的爱、对于美的追求。

当然，由于环境不同、时代不同，家族和家庭的状况不同，所接触到的文学艺术的性质、方面不同，接触的程度也不同，因此，觉醒的程度也是很有差别的。而且，由于以后的各种条件和状况不同，在原有觉醒程度和性质不同的基础上，又会有着不同的发展、不同的变异。有的人会终其一生，觉醒的程度较之最初觉醒时无多大差别，欣赏水平始终停留在原有的基础上；有的人会有提高，而且不断地提高，但是却仅仅停留在欣赏者的领域中，他或者是由于分工的限制、生活的安排而没有去从事文学艺术创作，或者是由于没有机会和兴趣而没能走上艺术创作道路。但是，有的人却在最初觉醒的基础上，逐渐地通过自觉和不自觉的学习，通过种种因素的影响，有一天走上了文学、艺术创作道路。这是他的艺术觉醒起了质的变化的结果，是最初艺术觉醒的延续和发展。

这种艺术觉醒，往往与人生觉醒在大体相同的时期发生，而且在以后的发展过程中，与人生觉醒相伴而行，互相促进、互相渗透、互相交换信息，彼此结合着形成一种心理结构，其感觉、知觉、记忆，其所形成的形象、意象、在欣赏时的想象活动和接受态势，都是两者互相促进和影响的。可以说，艺术觉醒是人生觉醒的一种表现形态、一个体现领域；而人生觉醒则在艺术觉醒下得到促进、触发、酶化，使它具有一种审美形态。于是，人生态度和审美态度、人生理想和审美理想结合在一起了。事实上，它们本就是一体的，是人的心理结构的一个整体，是人的心理复合体的两个方面。

人的心理能力，便在这种两相结合的觉醒中逐步得到发展、得到成长，形成自身的结构。

作家最初的艺术觉醒是很重要的，对于他日后的成长具有决定性的意义。他们的觉醒总是有特色的，觉醒的程度也比一般人深一些。

从一些作家、艺术家的传记来看，他们的艺术觉醒，往往带有这样一些特点：

（1）觉醒得比一般人早，表现出早慧的状态，有的人甚至处于一种被称为天才的状态。有的人在三四岁或五六岁就显露出对艺术的非凡的理解力或者是一种"天才"的感受性；有的人甚至表现出具有创作能力，尤其是音乐家在这方面表现得甚为突出。

（2）他们的艺术觉醒水平高、程度深。许多文学艺术家在童年或少年时代，一经觉醒，就表现出对艺术有一种虽不是很自觉、不是理论化的，但却是自发的、鲜明的规律性理解和掌握（他们的艺术聪慧以至天才状态，也突出地表现在这方面），还表现出一种自发的创作状态。

（3）他们往往表现为一种顿悟状态，好像是"天机"骤得，豁然开朗，便初得其中三昧。这也表现了他们艺术觉醒的深度。有不少作家，往往是由于一幅画、一首诗、一出戏，或者某人的一次影响，而进入这种顿悟状态。

（4）作家的最早艺术觉醒出现后，往往便"一发而不可收"，对文学艺术的爱从此萌生，接触日多，乐此不疲，既有不自觉的赏玩，也有自觉的学习，觉醒的程度日益提高，理解力越来越强，逐渐地在形成着一种创作心理（一般都处在不自觉状态）。

（5）他们的这种觉醒，往往都同环境、同他接近的人所给予的影响有关。这种外力的影响，有时简直带有关键的作用。如果说作家、艺术家具有他们的特殊禀赋，那么这种环境和给予影响的人则是使天赋之才得以成长的泥土，是它们使幼苗成长、开花。我们看一看几位文学大师的情况。

鲁迅最早的艺术觉醒，来自民间艺术的刺激。这里有祖母和小姑母给他讲的民间故事和神话，有民间画纸（年画），有带图画的书如《二十四孝图》和小说绣像等。而带图的《山海经》的获得，大概可以说是促成他的艺术顿悟的主要事件。正是这本充满奇幻诡谲的丰富想象的传说和图画的书，给了鲁迅以艺术熏陶，启发了他的想象力，培养和促进了他的艺术觉醒。

屠格涅夫除了母亲曾经启迪他的艺术感受之外，对其艺术觉醒影响较大的主要是一位家仆。这是他的艺术觉醒的启蒙老师和心灵的挚友。他名叫谢列勃里亚科夫。他酷爱诗歌。他第一个使屠格涅夫对艺术发生兴趣。屠格涅夫在七八岁的时候，在这位家仆的帮助下，爬上家中藏书的橱子里，"偷"出了两本书：《象征与图谱》[①]和《罗西亚达》[②]。从此，他就在自己这位启蒙老师的帮助下走进文学的天地，开始了自己的艺术觉醒。屠格涅夫后来曾经在一部中篇小说中，以"普宁"的名字代表谢列勃里亚科夫，描述了这位家仆如何引领他走进文学的世界，他们曾经如何在艺术觉醒的美感享受中度过那美好时光：

[①] 屠格涅夫在《贵族之家》中曾提到这本书，说书中约有1000幅图画，并附有五种文字所写的说明，内容大都奥妙难懂。（安德烈·莫洛亚：《屠格涅夫传》第12页原注）看来此书类似中国的《山海经》，但内容不同。

[②] 这是一部长诗，描写伊凡四世（伊凡雷帝）攻占喀山的史实。（原注）

我无法表达我当时体会到的那种感情，那时他只要一有适当的时机，就会像童话里的隐士或是仙人那样突然出现在我面前，胳膊肘下夹着一本很沉的大书，伸出一根弯曲的长手指偷偷地招呼我，背着人向我递眼色；他用他的脑袋、眉毛、肩膀，用他的整个身体指着园中隐秘的地方，谁也不会到那里去寻找我们，那里也没有人会找得到我们！瞧，我们神不知鬼不觉地逃了出来……等我们并排坐在一起，等我们把那本书慢慢地打开来，书里就散发出一股刺鼻的霉味和陈腐味儿，但那时的我却觉得那种味道说不出的好闻！……①

　　屠格涅夫在晚年还常常回忆这段生活，回忆这个"气质上原是位热情诗人"的家仆，带领他来到园子里，走进文学天地中的幸福情景：

　　这些树木，这些绿叶，这些高高的青草遮住了我们，把我们跟其余的世界隔了开来。谁也不知道我们置身何处，我们身为何物——我们与诗歌同在，我们心中充满着诗意，我们陶醉在诗中……②

　　少年作家就这样在一个具有诗人气质的仆人的引领下，在文学的世界里徜徉，感受诗歌的美以及世界的美，并且培养着美的心灵和美的感受力，形成着一种审美心理。

　　最早使托尔斯泰产生艺术感觉、促进了他的艺术觉醒的是音乐。这是他在《童年》中所写的一个片段：

　　妈妈弹完了菲尔德的钢琴协奏曲，从圆凳子上站起来，拿了另外一本乐谱，翻开，放在谱架上，把蜡烛移近，整理了衣服之后，又在钢琴前面坐下。……妈妈正在弹的熟悉的乐调让我产生了一种甜蜜的印象，同时使我激动。她在弹贝多芬的悲怆奏鸣曲。虽然我很熟悉这支曲子，里面没有一点东西对于我是新鲜的，可是它仍然使我激动，以致我不能入睡。如果它突然不像我所期待的那样进行了怎么办呢？序曲里那抑制的、庄严的然而激动的主题，就好像害

---

① 博戈斯拉夫斯基：《屠格涅夫》，冀刚等译，上海译文出版社，1983，第13页。

② 同上书，第5页。

怕表示它自己一般，使我呼吸都停止了。乐句越美丽、越复杂，害怕有什么东西会破坏这种美丽的感情就越来越强烈，而当乐句化为谐音的时候，欢愉的感情也就更加强烈。……

在徐缓的乐章中，我昏昏欲睡。这时我的灵魂是宁静的，快乐的，我随时准备微笑，同时我有一个梦，梦到什么光亮的、白色透明的东西。可是C短调的垒句乐章惊醒了我。"他在说什么？他要到什么地方去？他要什么？"这时我希望一切都结束得快一点，更快一点，更快一点；然而当他已经停止了哭泣和恳求的时候，我却还想听他热情的诉苦。①

在音乐的启迪下，托尔斯泰的艺术觉醒发生之后，又转向了文学。他自己说过，他在14岁以前，给他以最大影响的书有：《圣经》中的约瑟的故事，《天方夜谭》中的四十大盗和卡拉萨曼王子的故事，各种民间传说，普希金的《故事集》和他的诗《拿破仑》，以及波戈列斯基的《黑母鸡》（童话）。他还曾特别指出，约瑟的故事对自己的影响是"深刻的"，直到晚年，他还以这个故事为例证来说明那种具有"简短、自然和真诚"这些特点的极高叙述艺术。这足以说明14岁以前艺术觉醒之后所接受的这些艺术滋养，给他留下的影响之悠长久远。

我们在这里较为详细地叙述的三位文学大师的艺术觉醒的状况，给我们提供了一些富有启发意义的共性"范例"：首先，鲁迅从图画中、屠格涅夫从诗歌中、托尔斯泰从音乐中得到最早的触发和启迪，进入艺术的觉醒期；然后，是文学世界的美充实、发展、提高了这种觉醒，并且使他们从此在思想、感情和意志上立下了向文学发展的基础；也许并非偶然地，他们都从仆人那里得到了艺术的哺育，或者说这些仆人自觉或不自觉地起了艺术的中介作用。鲁迅有他的"长妈妈"，屠格涅夫有他的谢列勃里亚科夫，而托尔斯泰则从玛丽亚保姆的琴声中体会了音乐的美。他们也共同地在这种觉醒后的、带着自觉性的

① 艾尔默·莫德在《托尔斯泰传》中指出："《童年》是一个故事，而不是一个自传体的作品，并且托尔斯泰的母亲早在他能欣赏悲怆奏鸣曲以前就逝世了。可是如果我们假定托尔斯泰……这种描写是描写他自己孩童时的感觉，大概是不会错的。而那位真正弹奏这奏鸣曲的太太，或许是托尔斯泰的妹妹的保姆，她很多年以后亲自教玛丽亚弹这个乐曲。"（第22页）

文学欣赏甚至是陶醉中，接受了最早的艺术熏陶和文学训练，培养了文学鉴赏力；而且这一切都在他们敏感的艺术心灵中留下了不同于一般人的更为深刻的痕迹和记忆，直到晚年，他们仍记忆犹新，还深情地回忆，同时，也在他们的一生中，发生着初始的动因和酶化的酵母的巨大而久远的作用。

这里我们还要补叙一点：他们都有自己终生怀恋的故乡，这种故乡之恋，是在他们幼年和童年时就留下了根苗的，而这种对于故乡自然风光的爱好、依恋又往往同他们的艺术觉醒相连。这表现在两方面：一是自然美的雄浑、秀丽、辽阔、幽雅，启迪了他们的艺术觉醒与美感能力；二是他们在这种优美的环境中欣赏文学的美，自然和艺术结合给他们对于自然世界的美和书中的美以相互融合的条件，加深了对两者的美的感受和领会能力。鲁迅有他的百草园和江南水乡的风光，屠格涅夫有他的美丽的乡间庄园，托尔斯泰有他的雅斯纳亚·波利亚纳。这些自然风光，都曾经是这些大师们在幼年时的"良朋益友"，是他们流连忘返、优游嬉戏之地；他们在后来的创作中，都以之为自然背景，以生花之笔描述和再现这些自然风光和自己的感受。

这种艺术觉醒和觉醒之后向文学与艺术的进发，成为作家形成创作心理的关键。如果说人生觉醒是创作心理形成的核心和基础，那么艺术觉醒就是形成创作心理的关键和特征之所在了。艺术觉醒之触发，是带有很大的偶然性的；但是，触发之后，觉醒的性质却决定了以后发展的方向和性质，由此更决定以后创作心理形成的途径和特色。这里，我们举几位我国当代艺术家的事例来阐明这种最初的艺术觉醒的重要性和决定作用。电影表演艺术家白杨自幼跟乳母生活在河北农村，对于北方所多见的白杨树产生了挚爱和感情。白杨在描述了行行白杨挺拔雄伟的形象之后写道："不论坎坷的生活把我推到哪里，在记忆中，北方农村那富有生气的生活，和那些坚强的白杨树，是永远不会褪色的。尽管那时的农村荒凉贫穷，但它给予我的那朴素而又真挚的感情，是极为珍贵的。"[1]这种"白杨之恋"，成为艺术家白杨的性格感情和艺术心理的特征标志。以后是她第一次看到草台班的演出，着迷，模仿，"这不知名的一台戏，对我发生了很大的影响。至今，我忆起这个时期的生活，那

---

[1]　《艺术家的童年》，新蕾出版社，1983，第5页。

滋味就像吃了青橄榄，苦涩过后，自有甘甜。"[1]一位表演艺术家的艺术觉醒，就这样从偶然观看农村草台班的一次演出而触发了，并且决定了她今后的道路。下面是相声大师侯宝林的回忆：

> 一次，正赶上我们对面那户人家盖房。盖房打地基时要砸夯，砸夯时要唱夯歌。一个人站在高处喊，大家拿着夯等着。他唱一句，下一夯；再唱一句，又下一夯，这叫夯歌。夯歌很好听。我的童年时代没看过戏，没听过音乐，就站在门里听人家唱这夯歌。我第一次接触艺术就是听夯歌。……那简单的夯歌竟给我留下了难忘的印象。有时，我能站在门槛里傻傻地听上几个钟头。[2]

这是一位相声大师最初的艺术觉醒，夯歌的动听和他幼时的动情，铸下了他最早的艺术觉醒的基石，并且形成了他的艺术心理和创作心理的基础。以后，便是对童谣的爱好，对各种叫卖的歌唱的喜爱和艺术习得，"这声音很好听，我记得清楚，事隔五十多年了，我没忘记"[3]。这些，就成为他艺术成长的阶梯，并成为他以后的杰出表演的内涵、灵感的渊源。

著名漫画家张乐平回忆说，他母亲是一位剪纸和绣花能手，妈妈的这种艺术创造是他最喜爱的，而且在很小的时候，他就在母亲的指导下给她当助手了。最早的艺术觉醒的根苗就此种下。以后，在小学里得到图画老师的赏识，并且，一次竟由老师提出和指导画出了一幅讽刺曹锟贿选的漫画。从此，一位漫画家就同漫画结下了不解之缘。

这些事例说明，艺术觉醒的触发机制和媒介、性质和特性，极深地影响了作家、艺术家创作心理的形成机制，并且长久地影响着他以后的艺术思维和创作。

你能想起自己最早的艺术觉醒的情景吗？你不妨回顾一下，也作一些分析，以掌握自己艺术思维的启蒙和发展的契机与路径。

我们在这里介绍一些我国当代作家的情况，这些都是他们自己的叙述——对于调查《问卷》的回答：

---

[1] 《艺术家的童年》，新蕾出版社，1983，第6页。
[2] 同上书，第58页。
[3] 同上书，第65页。

叶楠：

我从小没有想到当作家，甚至没有想当任何"家"的愿望。对艺术的觉醒比较迟。21岁读过《静静的顿河》以后，有了朦胧的醒悟。

萧乾：

[觉醒时期]：

幼年☐　童年☐　少年☐　青年✓

[促成原因]：

一张画☐　一本书✓　一个故事☐

航鹰：

[觉醒时期]：

幼年☐　童年☐　少年△　青年✓

[促成原因]：

…… 一本书 《卡尔曼》 ……

…… 其他☐：长期在剧院受艺术氛围的熏陶

鲍昌：

[觉醒时期]：

…… 少年☐：小学三（或）四年级时

[促成原因]：

…… 一本书☐：叶绍钧《稻草人》

张抗抗：

[觉醒时期]：

…… 少年✓

[促成原因]：

…… 其他：✓ 一种朦胧的艺术氛围

路翎：

[觉醒时期]

…… 青年✓ 1937、1938年（十五六岁）

[促成原因]：

…… 一本书✓ 高尔基的书

包玉堂：

［觉醒时期］：

…… 少年 ☑

［促成原因］：

…… 其他 ☑

邓刚：

［觉醒时期］：

…… 青年 $\boxed{18\ \text{岁}}$

［促成原因］：

…… 一本书 ☑

韶华：

［觉醒时期］［促成原因］：

我的艺术觉醒时间很漫长，一面写作，逐步觉醒，现在也很难说完全"觉醒"了。

刘绍棠：

［觉醒时期］：

……童年 ☑

［促成原因］：

…… 其他 ☑ 民间口头文学、戏曲等。

杨大群：

［觉醒时期］：

…… 童年 ☑

［促成原因］：

…… 一张画 ☑ …… 一本书 ☑

徐光耀：

［觉醒时期］：

…… 少年 ☑

［促成原因］：

……其他 ☑

马加：

[觉醒时期]：

······ 少年 ☑

[促成原因]：

······ 其他 一些作品

程乃珊：

[觉醒时期]：

······ 童年 ☑

[促成原因]：

······ 一本书 ☑　······ 一个故事 ☑

······ 一出戏 ☑

贾平凹：

[觉醒时期]：

······ 少年 ☑

······ 一本书 ☑

胡万春：

[觉醒时期]：

······ 青年 ☑

······ 一本书 ☑

达理：

[觉醒时期]：

······ 幼年 ☑

······ 一本书 ☑　《圣经》画册及其他美术画册

梁斌：

[觉醒时期][促成原因]：

谈到艺术的"觉醒"，还是在我读了卢那察尔斯基的《艺术论》之后，读了《家庭、私有制和国家的起源》之后，大概是在十八九岁。

陈　玙：

[觉醒时期][促成原因]：

我在发表第一篇作品前，从没想过要当作家，连做梦也没梦见过。……

1945 年，第一次看见自己写的字变成铅字，真像高考得中一样高兴。当高兴得夜不能寐的时候，我第一次发现了能写东西的自我，我要接着写下去，这就是我的第一次创作觉醒。

金河：

［觉醒时期］［促成原因］：

…… 少年 ☑

…… 一本书 ☑

（三）生命与创造意识的萌动：性觉醒

性觉醒，这是每个人必经的人生阶段，是一个人的生理的必经过程。它比人生觉醒与艺术觉醒更具有必然性，也是每个人都可以感受到的。然而，它的作用、意义和影响却并没有被人明确地认识：它对人们的艺术觉醒与人生觉醒的影响，其作用范围与作用力，更是远远没有被人们看到，更不要说正确地认识了。至于它对于一位作家成长的影响，对于其创作心理的形成和结构的影响，它的作用力，就更是没有被人们注意和认识了。

性觉醒，自然是一个生理现象，是一个人生理发育的必经过程。但是，它对人的心理的成长，以至感情、意志的发展，却都具有重要的影响力。它的"生理—心理"的作用和发展模式，是值得我们注意和研究的。

人一般在青年期达到性成熟的程度，但是，性觉醒的产生却比较早，可以说一般在少年时代就产生（女性比男性要更早一些）。当然，这种觉醒还是朦胧的、无意识的，也是无目标、无目的的。这是生命的本能冲动，是生命力的表现，是一种延续种族、保存人类自身的基本要求的表现。人类永远需要进行两种生产与再生产——人类自身的生产再生产和人类物质生活资料的生产再生产。第一类生产再生产的运行过程的第一程序，就是这种个体的性意识的萌生。因此这也是个体成长和向成熟发展的标志。这是人性的发展和人的觉醒的基本形态和基础。从人类发展的历史来说，它是神圣的、纯洁的。原始人的生殖器崇拜表现了人类最早的纯真的认识和感情。这种感情却被人类尔后的历史发展污染了，加给性意识、性活动以许多肮脏的内容。

但在文明社会，在当今以至永久，当人类个体在少年时代最早从身体中产生性意识、性冲动和性需求时，是纯洁的、精神的、未被污染的。与此同时出现的对于异性的好感、接近的愿望和需要，也同样是纯洁的、精神化的，表现为一种生理—心理的需求。"少年的爱情是纯情感的、精神的，但又不是柏拉图式的。因为第一，它也是在延续世代的本能的基础上产生的；其次，它终究也要导致性的接近。"①这里指出了少年最初性意识出现时的性质、内涵和发展趋势。德国革命家、马克思主义理论家奥古斯特·倍倍尔在他的著名的《妇女和社会主义》一书中曾经说："在人的所有自然需要中，继饮食的需要之后，最强烈的就是性的需要了。延续种属的需要是'生命意志'的最高表现。"从这个意义上讲，性意识属于"生命意志"的最高表现，是人的两个最基本的需要之一，因此就不仅是合理的，而且本应是崇高的。

出于这种纯情感的、精神的和崇高的"生命本能"与"生命意志"的觉醒力的推动，当少年人正处其时，就自然地有一种爱的追求、爱情的渴慕，就像性的机能和器官的逐渐成熟，既表现了又带动着其他器官和生命机能的成熟和活跃一样，性爱感情的觉醒、抬头和活跃，也带动了其他感情的抬头、发展和活跃；性心理也带动了其他心理能力和心理机能的活动。康德指出："对异性的倾慕归根到底仍然是（男女之间）所有其他激情的基础。"黑格尔则说："两性的相互关系客观上是'有生命的自然界的顶点'，因为两性在这种关系中找到了自己类属的统一性。"②因此，瓦西列夫指出：

> 谁能禁止这种奇妙的感情突然出现呢？总有一天男青年会忽然听见在他心底响起的一种最甜蜜、最温柔的音乐。这是青春苏醒了，这是存在的庄严召唤、生机勃勃的人的本质的召唤。这是纯洁的、少年的初恋。③

当人的身体里这种青春苏醒了，存在和人的本质发出了庄严而活泼的、生机勃勃的召唤时，同时也就在心理上苏醒了，对其他感情、激

---

① 瓦西列夫：《情爱论》，赵永穆等译，生活·读书·新知三联书店，1984，第15页。

② 同上书，第17-18页。

③ 同上书，第13页。

情，对生活，同时也对美发出了召唤。他们在心理上总是悠悠然、迷蒙地，然而又是强烈地要求一种温柔的、和谐的、挚爱的感情的抚摸和满足。这时候，他们有的可以从生活中得到这种满足，有的则不一定能得到。但无论在生活中的情况如何，他总能从文学艺术的作品中得到满足，得到寄托和宣泄。

他们也从文学艺术作品的爱情描写中，得到自己内心感情和内在要求的满足；并且从中得到提高，得到启发，得到激励与刺激；同时，也得到净化。（当然，如果是不健康的作品，他就会被污染，甚至走上邪路）所以，性的觉醒会促进艺术的觉醒。一方面，这种觉醒会促使觉醒者到文艺作品中去寻求满足；另一方面，又会使他在更多的接触、更深入的领会、更切身的感受中，进一步加深艺术的觉醒。

同时，性人生觉醒也与此二者相伴生、相结合地向前发展了。因为艺术无疑会启迪情感，而且会启迪认知能力和提高思想，使人提高和加深对人生的理解；性意识的逐渐成熟，也标志着人的全面成长，涉世的深度有所发展，人生体验也就加深了。

性的觉醒、性意识的萌生，还是创造意识和创造力萌发的动因之一，而且是一股强劲的动力。这一点，在青春期表现更为突出。性发育、性兴奋、性紧张，性的追求和满足，带来一系列生理变化和心理变化。情况是热烈的、迫切的、紧张的，总是在寻求出路。社会的、道德的、文化的规范既约束着，又导引着。一般的生理的躁动，逐渐变成一种行动、活动以至创造的动力。一旦行动，又会得到舒泄、转移、替代性满足，并出现升华。"性欲的过强激动找到一个出口，从而对其他方面做出贡献。这使得本来是一种极具危险性的倾向，成为一种能大大提升精神工作效率的因素。从这里我们发现了艺术创作的源泉。"[1]性觉醒，特别是青春期的性紧张，经过转移、替代和升华，成为艺术欣赏的动力和艺术创造的动力。

作家的性意识的觉醒，纵然不能说全部是，至少可以说大多是比一般人来得早、来得深刻和强烈的。这可能同他们的心性一般都更敏锐、感情也较热烈有关。同时，同他们对于艺术的爱好和感受力较强或很强，也是关系密切的。

---

[1] 弗洛伊德：《性爱与文明》，滕守尧译，安徽文艺出版社，1987，第127页。

托尔斯泰少年时，就爱上了他父亲的朋友伊斯连耶夫的9岁的女儿，因为嫉妒她和别人讲话，他的情感冲动到这种程度，竟把她从阳台上推下去，摔得她跛了很久才好。

托尔斯泰这样描述了自己的这种在少年时代来到的情感：

> 我那时差不多十六岁了。……
>
> 在我认为是童年的结束和青年的开始那一段时期，我的梦想是建立在四种感情上的：第一是对"她"，对一个想象中的女人的爱，关于她我总是按照同一的方式去想象，我总是期望着在什么地方遇见她。①

托尔斯泰描述了一个少年性意识觉醒后的共同现象：梦想着接近异性，得到异性的友谊，在想象中"创造"了一个"她"，并且在想象中同她交好，由此得到情感的宣泄、生理的快慰和心理的平衡。有的人，有时是在生活中偶然地或有意物色到一个对象，在想象中同她交往，总是期望和想象同她相遇相处，在想象中出现许多亲昵的行为和情感的交流。当这种情感和心理没有被污染时，它都是纯洁的、高尚的、温情的、精神的。而少年人会在这种精神生活中，发展自己的感情和想象，培养一种心理能力。

屠格涅夫的传记作者正确地写道："在青少年的内心里几乎总是会同时产生精神上的不安和肉体上的欲望。"②他在这本传记中，引述了屠格涅夫自己的回忆：

> 我回想起来，在那时候，女子的形象和爱情的幻影几乎从来没有以明确的轮廓在我的头脑里出现过。但是，我所想和所感受到的一切中隐匿着一种半意识的、富有诗意的预感，某种不可名状的东西，某种无法表达的温柔而女性的东西。③

屠格涅夫从另一角度准确地描写了这种迷蒙、温情的感情状态，它总是存在，又不明确，对象也不确定，是半意识状态而又富有诗意。这

---

① 艾尔默·莫德：《托尔斯泰传》（第一卷），宋蜀碧、徐迟译，北京十月文艺出版社，1984，第33页。

② 安德烈·莫洛亚：《屠格涅夫传》，江上译，志文出版社，1984，第17页。

③ 同上书，第18页。

里，正蕴藏着美的感受、艺术的种子，对于文学家的审美心理的发展、创作心理的形成起着推波助澜的作用。

二、人生三觉醒与审美心理形成

前面，我们阐述了人生三觉醒的性质、作用和意义。这里，我们且将三者的综合作用和它们对审美态度的形成、审美心理的养育，以及对形成中的作家的创作心理所发生的作用，作一个概括的考察。

人在从婴儿到少年时代的成长过程中，经历了人生三觉醒。这三大觉醒是一个统一的过程，是处于一个统一的系统之中的。它们互相渗透、互相影响、互相促进，共同助力人的身心成长，形成人的气质和人格的最初基础。这个基础对于日后的发展具有巨大的作用。有的人成人之后的气质和人格，基本上就是少年儿童时期形成的雏形的扩大和发展、充实和提高。人的早期生活经验、心理经验，具有源头的性质。

（一）早期经验

首先是经历了人生早期的全部心理过程——认识过程、情感过程和意志过程（即知、情、意三过程）。这三个性质有别的过程，也在一个人的环境刺激和内心反应这种主体与客体的辩证发展过程中统一为一个整体。人生觉醒、艺术觉醒和性觉醒都促进了知、情、意的心理活动和心理过程，而知、情、意的心理活动也给人生三觉醒以发展和内容。人就是在这种过程中培养了自己最早的心理能力。作为作家，他的创作心理最早的基础也在这个过程中奠定下来。人生三觉醒 ⟷ 心理三过程，这样一个活动过程和机制，便是创作心理形成的最初内涵与机制。当然，这个时期还处在非自觉状态，还是无特点和个性（在创作范围内）的发展；但是，已经具有一定的趋向性。

其次，与此同时，人的全部心理活动过程都在每个人独特的环境影响和内心反应这个辩证发展过程中不断地重复经历，并使这种能力经受锻炼，感觉—知觉—表象—记忆—注意—想象—思维，这样一系列心理活动和心理能力，对于日后成为一位作家和他所具有的创作个性、能力来说，都是很重要的，尤其是记忆和想象能力。而在孩提时代所受的锻炼和获得的早期经验，则是这些重要能力形成的基础。

人的能力、气质、性格的基础，也在这个时期形成。人的能力包括智能、知识和技能。智能又包括学习能力、记忆能力、观察能力、想象能力、思考能力、判断能力等。这些智能的发展水平，自然对于每一个人的成长与成才都是至关重要的，而对于一位作家的成长来说，尤其要求具有一种特质性的发展，即可以总括为"创作才能"的这种特殊素质的发展。可以说，这些能力对于一位作家来说都是重要的、必不可少的，但它又不是一般性的，而是要求具有艺术的特质，其核心就是形象性，即对于形象的注意、观察、记忆和想象。创作心理的基础能力，就是在儿童或少年期的三大觉醒过程中，在活动过程中，逐步锻炼和形成的。

人的气质"是高级神经活动在人的行动上的表现，是人的相当稳定的个性特点之一"[①]；人的性格"是人的个性特点，即一个人在对待社会、集体，对待自己、家庭，总之，在对人对事的态度和方式上所表现的心理特点"[②]。气质和性格的形成，与人生早期的三觉醒关系极大。从我们前面引述的几位文学大师、当代作家艺术家的儿童少年期生活和三觉醒的状况中，可以看到他们的气质和性格如何受到他们早期经验的影响和塑造。鲁迅生逢危世，惨遭家族衰落、家庭变故，看到世人的真面目，内心怀着对人与人生的悲观的看法和抑郁的心情，总在向往和追求着新的人生。而托尔斯泰，处在那么美好的境遇中，享有亲人的爱抚与关怀。正如他自己所说，他的"纯洁、亲爱的感情"，"像光明一样"，使他"只看到人们的最优良的性格"，他心中充满幸福感和对于人生幸福的信心。而屠格涅夫在狂暴的母亲对自己的暴虐和对农奴的残暴的影响下，从大自然中、从在大自然的怀抱中，由一个家仆的引领而领略文学世界的美的爱抚，以及在对女性与爱情的追求和满足之中得到慰藉和幸福，这就使他的气质和性格中充满对大自然和对爱情的陶醉、爱好以及对农奴的同情。这便成为他日后创作心理的特点和创作上的特色。

在度过了性觉醒的初期阶段之后，一个少年一天天向青春期逼近，其速度简直是以日计程。当青春期悄悄地而又带着越来越明显和强烈的

---

① 陈孝禅编《普通心理学》，湖南人民出版社，1983，第9页。

② 同上。

冲动到来时，正在发育途中的人，便经受着一种青春期性冲动的纷扰以至折磨了。他的情绪与心理总是躁动着，飘忽、不宁、寻觅，而又摸不清楚弄不明白。他总在寻找着，期待着，这时候，往往会发生爱欲性白日梦、爱欲性睡梦等生理现象和心理现象。按照哈夫洛克·埃利斯在《性心理学》中的描述，这种爱欲性白日梦和爱欲性睡梦，都是带着生理上的兴奋的，也都是"编织"着同异性相聚、相亲相爱的"故事"的。当然，这故事是混乱的、简陋的，主要的内涵是同异性的接触。这种生理现象产生了一种心理现象，这就是爱心如梦，总诱发充满青春活力的人发挥想象力，去编织令自己得到满足的故事，从而锻炼了自己的想象力。当然，他还会从关于爱情的描写中得到寄托、满足和情与意的宣泄。而且，在这方面的吸收力也很强。这样，这种青春的躁动便会从对文学艺术作品中关于爱欲、爱情的描写中得到平息与满足；而在这种平息与满足中，他也就学习了文学艺术的种种知识，不断提高了自己的欣赏能力。这种躁动也就成为他学习艺术的动力。特别重要的是，这种裹着青春活力和生命气息的陶醉，往往成为最美好和最佳状态的熏陶、陶冶。一个预备作家也就在这个过程中，逐渐地培养着自己的艺术气质。——当然，这时候，这种气质的培养还是不自觉的、朦胧的、各种内涵浑然一体的，但却是带着身心投入的气韵在生长着。

这里，每个人的这种生命的觉醒虽然是相同的，但是其觉醒程度不同，有强弱之分，各人寻找满足和宣泄的要求的力度也有强弱差别。尤其是，因为在成长过程中的生理发育状况不一样，从婴幼时期就产生了差异的个人品性不同，以及环境影响不同，所以每个人能够接受到的艺术熏陶的数量、质量、性质是不同的，感应力和吸收力也是不同的，于是就造成了感受与感应效果的差异。——未来是否能够成为作家，作家创作心理的滥觞现在能否形成，这时候也就逐渐地由差异而分野、由量的差别渐至质的差异了。出身于艺术之家的子弟，出身于书香门第的后代，或者周围有艺术氛围的浸润，或是有一两个引路人的诱导，往往成为作家成长的条件，便是由于这个原因。我们从许多作家的传记中都可以看到，他们都是或者由于父母的艺术浸染，或者由于环境的影响，或者由于师长的诱导，而在青少年时期接受了前面所说的那种熏陶与陶冶，而为今后的发展打下了基础。

我们前面已经说过，后来成为作家的人，在儿童少年期，往往是性的觉醒来得比较早的，其强烈程度也比较高，其追求满足与宣泄的心情也较迫切；因此，他们对于文学艺术的沉醉也更深，所受的熏染和所起的反应也更强烈。这便是他日后成为作家的基因之一了。

弗洛伊德重视性欲的作用，这不能不说是他的一个创造性贡献。他对"力比多"①的论述是有可取之处的。的确，人的性欲，首先是与生俱来的一种力量本能，它能创造生命、延续种族，使人类得以繁衍而且进化。这里确实蕴藏着人类的生命力和创造力。在性欲中，蕴含着一种创造力。这是应该肯定的。但是，它又确实是一种本能，一种原始的力。当人类组成社会，形成了既有延续性又有时代性、阶级性的道德之后，当人类创造了一些共同的社会道德标准和行为准则以后，当人类创造了共同的文明之后，性欲便被纳入了社会的、法律的、道德的、文化的规范之内，它受到了而且必须受到这些文明规范的束缚，人必须用这些束缚来压抑和导引性欲，不使其泛滥或越轨。这是人类的一大进步，并使人类得以进化，得以在健康的、文明的大道上不断前进。否认性欲的合理性，否认其中蕴含的创造力和创造意识，是不对的、违反自然的。但是，由此而不加"管束"，放任自流、任其泛滥，也是错误的，是违反社会进化原理和科学的。弗洛伊德并未给性欲以放纵的自由。他的失误却在于泛性论，把一切都归之于性欲，夸大了性欲的作用。我们不是要完全抹杀弗氏的"力比多"，不是否认它的存在、它的作用和作用力，而是要限定"力比多"发生作用的范围和作用的力度，给它以科学的位置。日本美学家和文艺理论家厨川白村在《苦闷的象征》中，用人的生命力来代替了性的"力比多"，用生命遭到压抑而至苦闷来解释文艺创作的源泉（包括心理源泉）。鲁迅受到弗氏与厨川氏的影响，也在小说《补天》中，通过女娲的苦闷和创造心理，来表现性欲的萌动如何产生和带动了创造的意识。

性欲是人类与生俱来的蕴含着创造力与创造意识的本能。它是初始的、根本的、原动力性质的创造力，但它又是原始的、粗劣的、简陋的、浅露的。它需要加以约束，用文化来净化和装备，发展成为高尚的性爱，才是人类正当的和可靠的创造力。人们在经历着性的觉醒和萌动

---

① "力比多"（Libido）：弗洛伊德创造的一个专有名词，意指"性生活的本能力"。它被弗氏视为人的本能的生命力，并与性欲不可分。这构成弗氏精神分析学说的基石。

的过程中，因有人生觉醒和艺术觉醒相伴随，又有其他的教育和管束相伴随，所以这种觉醒便不断地被充实、提高、净化，而成为创造力的一种基础因素，心理上的一种突出的动力。这实际上是性欲的升华，是性冲动借创造活动而得宣泄、消减，同时又得以提高、发展，成为艺术创造的可靠的动力之一。

（二）活动

我们应该看到，这个能力、情感、个性的发展过程，绝不是一个人完全被动的、被客观塑造的过程，而是一个主观也对客观做出反映和反馈的过程。在这个过程中，人的活动即实践起了中介的作用，起了决定性的作用。发生认识论的创始者、心理学家皮亚杰把这种过程准确地比喻为消化系统吸收食物的消化活动。

> 皮亚杰理论所描绘的智力成长，表现为一个缓慢的内向演化、发展的过程，而不是一个基本上被动的过程。反之，智力机能被看作生物机能的特殊表现。就实验的原始资料来看，智力的活动过程正如消化系统吸收食物的消化活动的方法一样。因此，思维是一种有组织的能动性，是与环境相互作用的一定的特殊方式的表现。这种连续不断的活动，随着有机体自身的生长发育，根据预定的生物学模式带来了智力的发展。①

这里指出了皮亚杰发生认识论的三个重要观点，这就是：

（1）人的智力（也可包含能力、心理、个性在内）的成长，是一个"缓慢的内向演化、发展的过程，而不是一个基本上被动的过程"。

（2）思维也不是被动的过程，包括思维能力的生长、发展过程和思维着的能力（思维过程），都是如此。思维是一种人的能动的活动。

（3）这种智力和思维、思维能力的发生发展过程，是人的肌体和心理与环境相互作用的结果。

我们把这三个观点引进前面所说的人生三觉醒的过程之中，就能看到，一个人、一位作家在这段早期的人生经历中，在三觉醒的过程中，不是被动地接受刺激、形成思维和思维能力以及发展自己的智力的；而

---

① 《皮亚杰学说及其发展》，陈孝禅等译，湖南教育出版社，1983，第85页。

是通过接受客观世界、社会生活的各种各样的刺激，把"外在世界"内向演化、发展为自己的"内在世界"的。在这个内化过程中，他不断地发挥自己的主观能动作用，对"外在世界"进行了加工、制作以至酶化，创造了一个来自外在世界、既是外在世界又不完全是外在世界的"内在世界"，其中包含着他的思维、思维能力和智力，并且使这一切都带有自己的特异色彩，具有自己的个性。这就是皮亚杰的发生认识论公式

$$S \longrightarrow AT \longrightarrow R$$

的具体实现、"演算"过程。

在这里，S是"外在世界"的刺激。AT是对结构T的同化（即内化）作用。在这个内化过程中，人发挥着他的能动作用，将自己在三觉醒过程中得到的刺激和通过刺激所得到的知觉、表象，经过加工制作而内化为自己的"内在世界"。在这个过程中，既少不了客观世界的刺激，也少不了主观的能动作用。而且，特别值得注意的是人的行动的作用。人在三觉醒过程中，不是完全被动地等待、接受刺激，而是不断地在生长、发育，不断地在生活。这是一个自然的人、一个社会的人在生长的海洋中游动、吸取、获得、改变对象的过程，这是一个行动的过程。因此，皮亚杰提出：

"思想是内化了的行动。"

"思想、观念、意识的生产最初是直接与人们的物质交往、与现实生活的语言交织在一起的。观念、思维、人们的精神交往在这里还是人们物质关系的直接产物。表现在某一民族的政治、法律、道德、宗教、形而上学等的语言中的精神生产也是这样。人们是自己的观念、思想等等的生产者，……意识在任何时候都只能是被意识到了的存在，而人们的存在就是他们的实际生活过程。"①

这段深刻的论述，把人们的思想、观念、意识看作人们的物质交往与精神交往的产物，因此，人是自己的观念、思维、意识的生产者。这样，人的实际生活过程，他从幼小到成长的每一天的日常生活，在生活中接触到的事情、事物、人物以及自然、社会、家族、家庭的一切现

---

① 马克思、恩格斯：《德意志意识形态》（1845—1846），载《马克思恩格斯选集》第1卷，中共中央马克思恩格斯列宁斯大林著作编译局译，人民出版社，1978，第30页。

象，就是他的思维、观念、意识的源泉，而他自己则是加工制作者。他的意识、他的生活、他的存在，都不是原初的、物质的，而是被意识到了的生活、被意识到了的存在。我们可以列成这样的公式：

Ⅰ．意识＝存在（被意识到了的）

Ⅱ．意识（被意识到了的存在）＝存在

（处在存在阶段、等待把握的意识）

前已论及，按照皮亚杰的发生认识论，这种意识、观念、思维，即智力的发展，是由三种变量的反应决定的，即神经系统的成熟、身体的现实性的经验和社会环境的相互作用。三者处在一种函数关系中：神经系统是在人的身体的现实性（按受刺激、作用反应、进行主体活动）的实现并取得经验的过程中逐渐成熟起来的。没有后者，神经系统就只能停滞不前，而人体的现实性的经验，又只有在社会环境的种种刺激下才能取得。如果是一个贫乏的、单调的、停滞的生活环境，信息与刺激均极少或只是单一性的重复，那么身体的活动也少，身体活动的经验也贫乏，因此神经系统也成为一个简单的、低能的接受器和反应器。从另一方面说，如果身体的现实性活动少，或者神经系统不能逐渐发展和成熟，那么不管多么生动、活泼、丰富、多样的社会环境，主体对它仍会听而不闻、视而不见、触而不觉、嗅而无味，即不能成为主体的对象，因此不可能是或者是尚未被意识到的"存在"，也就不能进入意识。同样，这两项（神经系统与身体）之中的任何一项，如果不能"负起责任"或者"负不起责任"，做不出相应的反应，那么其他两项也就无能为力、无从发展了。

对于一个处在人生三觉醒阶段（少年时代）的"未来的作家"来说，这三个变量反应中，有两个来自他的主体：一个是"外在"的身体（五官以及四肢、皮肤等）的反应，另一个是身体的"内在"系统（神经系统，特别是大脑）反应；这两部分的反应能力，自然同他的天赋有关，这是来自遗传和天然的条件，其差异是未可否认的；但是，它们却又不是"天纵之圣"、天然不可违的，这些"自然条件"只有在社会环境发达的条件下，才能发生作用，才能生长，才能发挥出潜在能力。因为只有发达的环境，即自然事物、社会人事及各种信息均为丰富的环境，才能给予主体频繁、丰富、多样、流变的刺激，使之不断接受、不断反应，促进神经系统与身体的现实经验的发展、增长，从而促使人的意识、智力的发展。

在这个发展过程中，人的一般心理能力也就得到发展，在其中，也顺带地、"裹挟"地发展了创作心理，只是它尚未到独立发展的时候。

因此，"未来作家"的生活环境如何，生活状态如何，对于他的将来是十分重要的。这是基础，是起点，是前提。伟大的作家，都是生活于纷繁复杂、丰富多样的社会环境中的，这包括时代、区域、家族、家庭和人际关系，也是有着颇为丰富的生活经历的。这些，成为他的人生三觉醒的素材、推动力，并转化为他的观念、思维、意识和智力，转化（内化）为他的心理内涵和创作心理。

在这个刺激 $\Longleftrightarrow$ 反应的过程中，人的活动（即实践）是关键环节。只有人的行动（即其生活实际中的种种行为）是真实的、具体的物质的中介，有了它才使内与外联接起来、沟通起来，发生互相的作用。

苏联著名心理学家阿·尼·列昂捷夫在他的《活动 意识 个性》一书中引述马克思、恩格斯的论述"人们的存在就是他们的实际生活过程"时指出：

> 但什么是人的生活？这是彼此交织着的活动的总和，更确切地说，就是彼此交替的活动的系统。[1]

这就把人的活动纳入了社会系统，即：人的生活过程，就是在社会大系统中，人们彼此交叉、互相牵制、互相渗透和影响的过程。人就是这样生活的，就是这样在生活中发生关系和发育自身的。列昂捷夫接着指出：

> 在活动中发生着客体向它的主观形态，向映象的转变；同时，在活动中也向实现着活动，向它的客观结果，向它的产品的转变。从这方面来看，活动就表现为在其中实现着"主体—客体"这两极之间相互转变的过程。

活动具有"中间人"的性质，它使主体客体化，又使客体主体化。在人的心理能力的生长过程中，离开了主体的活动，就失去了主客体的这种互相转化，就失去了这种转化所产生的连锁威力，心理能力的生成

---

[1] 阿·尼·列昂捷夫：《活动 意识 个性》，李沂译，上海译文出版社，1980，第51页。

也就不可能了。因此，对于"未来的作家"来说，仅仅有一个繁华、丰富、多样的环境，仅仅能够不断地从客观环境接受形形色色的刺激，还是不够的，这只是具有了一种发展心理能力、意识、智力、思维、观念的可能性。要使这种可能性成为现实，必须通过活动来实现。少年时"未来的作家"在生活过程中的各种活动：流连忘返或沉浸于大自然的美景中，嬉戏游玩于家庭院落、荒原野岭中；旅行、游览、走街串巷；参与人事的活动，同亲朋戚友来往，与同学交游；上学、读书、自学；在知识园地中耕耘；在艺术世界里遨游；在人世的浪涛中泛舟月下或者经受苦难，在人际关系中享受亲情与友爱的抚慰，或者在世态炎凉人情冷暖中搏击；在家庭、家族和社会环境中行动、生长；在故乡、异地、客居中度日，在学校、家庭、社会上同各种人、各种生活场景打交道；……在这种实际生活过程中，在这种自觉不自觉的活动中，人——未来的作家，才得以不自觉地成长，在客观生活和主观活动中被培育着。

这就是我们所说的生活丰富、生活底子厚，有丰富的生活体验。这是未来作家的最早生活储备。

人的活动分为外部的与内部的两部分。"外部的、感性—实践活动，从发生上来说，是人类活动的原始的和基本的形式，这种情况对于心理学具有特殊的意义。"[1]人在生活过程中从一般的、日常的对于客观世界的接触和初级实践，到改变自然界和改造社会的各个层次的从低级到高级的实践活动，都会影响到人的意识、观念、思维和智力的发展、生长，这就是在改造客观世界的过程中改造主观世界。"从发生上来说，外部过程先于内部智慧活动。"[2]人首先是从这种外部活动来接触世界、认识世界的，并"从外到内"地形成自己的内部心理能力。"如所周知，所谓内化指的是一种过渡，由于这种过渡的结果，对付外部物质性对象的外部形式的过程转变为在智慧方面、意识方面进行的过程；在这种情况下，它们经受了特殊的转化——概括化、言语化、简缩化，而最主要的，是能够超出外部活动可能性的界限而进一步发展。如果用皮亚杰的简明说法，这就是'从感觉运动方面向思维'（皮亚杰《行为主

---

① 阿·尼·列昂捷夫：《活动 意识 个性》，李沂译，上海译文出版社，1980，第57页。
② 同上书，第62页。

义的道路》）的过渡。"①在这种内化过程中，在这种从感觉运动向思维的过渡经历中，人的思维能力，人的意识、智慧也发生着变化并得到提高。他的知觉能力，他的概括能力、语言表达能力、抽象能力都得到了发展与提高。

人的内部行动，即内部心理活动，是他的思维活动、想象活动、记忆活动等。它们以实践活动为起源，接受刺激、获得信息、积累资料、得到推动力。活动起来、活跃起来，一方面凭借人类的历史文化积淀，另一方面由于个人在活动中不断提高的一系列心理能力。

"这样，人类活动的经历史是从生活过程中获得对象开始的。后者也就标志着心理反映低级形式的出现——受刺激性（inritabilites）变为感受性（sensibilites），变为'感觉能力'。"②由感觉能力——诸种感觉能力——又更升而为知觉能力、表象能力、想象能力、思维能力、记忆能力等。因此，在引述关于皮亚杰的心理学原理中，特别指出了在"三种变量的反应"之中和过程结束后，经过内化，"随着身体的和社会环境的相互作用被同化到已有的认知结构的范围之内"。这就是认知能力（包括思维能力、想象能力、记忆能力等）的提高，就是"外部世界"的内化、同化，就是"存在"变成了"意识"、变成了智力。

特别需要提出的是，在这个过程之后，人的原有的心理结构也就发生了变化，形成了新的、具有更高水平的同化能力（内化能力）。这是一个新的心理能力和新的心理水平。

人（作家）的心理活动能力，就是这样通过自身的活动（认识世界和改造世界的"大"活动以及吃喝玩乐、起居游戏等日常生活活动），由外到内、由简到繁、循环往复地发展的。在这个刺激 ──→ 内化 ──→ 建构的系统发展过程中，作家形成了自己的心理复合体，形成了自己的个性、思维结构的雏形。其中，特别值得提出、应予重视的是：他的世界观的特殊性质（即特殊的世界观）也具备了一个发展的雏形，具有了特殊的发展趋势；同时，他也形成了自己特殊的审美心理、审美情趣。这是他建造的一个"自己的现实"，即自己的世界。这个世界观的雏形，审美心理的雏形，这个"现实"的"世界"，便成为他的一个特殊

---

① 阿·尼·列昂捷夫：《活动 意识 个性》，李沂译，上海译文出版社，1980，第62页。

② 同上书，第54页。

的接受器，特殊的过滤器，特殊的反应系统，特殊的调整、"运演"、内化的系统及其机制。这些，在今后的活动中，便成为一个基础、一种趋势、一种倾向，决定着主体的活动和内化外界刺激与信息的性质、内容和方式。这也就导致了每个人（作家）今后发展的趋向。有的吸收力强，有的吸收力弱；有的向着科学、政治、社会活动方向发展，有的向着其他业务领域发展；有的则向着艺术家或作家的坦途发展，一步步形成自己的世界观体系、内心世界和心理特征，也就形成了自己特殊的艺术思维和创作心理。

（三）"接受心理"结构

这里，我们还要特别阐明一下艺术接受心理的形成问题。按照接受美学理论，作家（这里我们所论及的是正在成长中的未来作家、预备作家）在欣赏和接受艺术的领域中，即在"世界Ⅳ"中，是接受主体又是创造主体，他会在接受艺术的信息和刺激过程（即欣赏过程）中，对欣赏对象进行加工再创造，同作品的创作者在一起，在作品所提供的条件、信息和艺术品性的基础上，共同来创造作品的第二形态，完成作家、艺术家未完成的艺术创造。在这里，他原有的心理定势、审美心理、接受心理，都成为创造的主干，在再创造过程中发挥作用。因此，原有各方面雏形，也就成为进行再创造的定向、定性、定型器，或叫定向、定性、定型指示器。由此可见，原有基础的性质、特征如何是很重要的，是影响以至决定今后的发展的。

正是在这时，作家开始逐渐地分离，各奔前程。而且越往后，这种差别越大。而各种特质、各种"类型"的作家，也就这样逐步形成了。因此，接受心理如何，接受什么和如何接受，对于一位作家今后的成长是至关重要的。这种接受心理的外在表现，就是所谓趣味，人们按照自己的趣味来选择自己的读物、欣赏对象、审美客体；这种接受心理的内在体现便是吸取，即从读过、看过、欣赏过的对象中吸收什么，并且进一步使之内化，变成自己的内心结构的一部分，成为自己的知识、思维、感情积淀的一部分，由此而完成审美心理——创造心理的建构。它也由此而转化为"接受器""反应器"的一部分。鲁迅的爱好即趣味发展序列如此：民间故事（《猫是老虎的师父》《义妖传》等）——画纸、绣像——图画书（《花镜》《山海经》等）——民间戏曲及化装表演（活无常、社戏，目莲戏如《女吊》《武松打虎》等）——古典小说（《水浒传》《三国志》等）、稗官野史——唐诗（李白、李商隐、李贺等）……这个发展序列中，还应加上对自然风景即故乡山水之美的钟情。这些便是形成他的审美接受心理的基础和内涵，这决定了他今后的发展趋势，也影响了他以后的审美选择、创作心理。

　　"皮亚杰理论所描绘的智力的成长，表现为一个缓慢的内向演化、发展的过程"，"儿童以后种种能力，通过记忆、想象和概念化等，使用符号描述事物，是由早期的感觉、知觉和运动的经验打下基础的。""成人的思维是建立在较早阶段之上的，每个阶段的发展有赖于其前述阶段经验的丰富与机能的发展。"①这些都说明，前期和以后每个时期的基础是非常重要的，其定势也是很重要的，它们决定今后的"上层建筑"的规模和模式、性质和水平、特征和优势。因此，这里就提出了一个学习的课题。要爱学习、能学习和善于学习。这就是积淀的过程，也是自觉地培养自我心理的过程。学习有两种：外在学习和内向学习（即活的学习）。少年儿童往往由于外力的催促、压迫以至恐惧（父母的责罚、留级等）而激发起学习动机，这是被动的，学习起来是枯燥的、勉强的，学习所得也就会是皮毛的、外在的、易于遗忘的。另一种学习却不相同，它是由于内在的需要激起了学习动机。那是一种内驱力、一种心理需要，是受兴趣、爱好的推动而学习，因此学起来有滋味、有热情，学习的结果是记忆很深，与心灵交融。这种学习是"内在的教育，一个人有了爱好，产生了真正的内向学习，就能转化为发展与成长"②。前面谈到的鲁迅、托尔斯泰、屠格涅夫少年期的学习，就是这种内向的学习，其效果最佳。对于作家的培养，在这个时期，培养这种内向的即活的学习是很重要的，对于以后的发展具有重要作用。——当然，这对于任何人，包括成人、作家、已有所成的人，也是具有指导意义的。如何继续自我培养，如何继续提高，如何突破？这种内向的即活的学习是一个重要的环节。

　　至此，我们还需要从接受美学的角度来更进一步阐述，在人生三觉醒期，一个作家（预备作家或称潜在作家）的内向学习即活的学习，对

---

① 《皮亚杰学说及其发展》，陈孝禅等译，湖南教育出版社，1983，第85页。

② 同上书，第89页。

于艺术接受心理结构的形成，特别是对于创作心理结构的形成所具有的重要意义。

艺术接受理论提出了"水平接受"和"垂直接受"的概念。前者体现着时代性，即时代的影响、制约和规范；后者则体现历史性，即历代评价的延续性、规定性和制约性。任何一个作家（潜在作家、预备作家）都受到这两种接受规范的影响。也就是说，每一个预备作家作为一个时代的与历史的接受个体，都在自己的接受心理中，体现着时代的与历史的艺术评价的制约，进而表现出自己的水平接受和垂直接受的特殊性，并在这种接受心理的特殊性的规定下，进行自己独特的水平接受和垂直接受。他所接触到的任何文学艺术作品和审美对象，都经过这种具有个人特质的"水平接受——垂直接受"器的过滤、调整、"运演"，而被内化为自己的文学艺术的和文化的积淀，成为创作心理的结构因素。因此，我们可以说，艺术接受心理是创作心理的基础和前奏，以后则成为组成部分的有机因素，而艺术接受心理结构也就成为创作心理结构的前奏。

苏联学者鲍列夫把艺术接受心理结构分为三个层次：

（1）视觉、听觉和其他感觉在艺术接受过程中的相互作用；

（2）艺术接受的寓意性和联想性（同一定艺术文化的对比、非艺术的联系、生活感受的回忆）；

（3）艺术接受同时空联想的联系（包括对某一文本的现在、过去和将来的接受）。

这是三个相迭的层次，一层比一层更广阔、更深沉。在这三个层次中，有主观和客观、主体外射和主体内受两个方面的活动和内容。首先是在第一层次的视觉、听觉和其他感觉在艺术接受过程中对欣赏对象的感觉观察、认知和探究；在第二层次的艺术接受主体在各个方面、各种水平上的联想，对艺术作品的寓意的体察、品味、了解；在第三层次的对艺术作品在不同时空条件下的不同意义体现、内涵显示的了解、探究和诠释。这是就主体的主观能动的外射作用而言的。其次，则是"逆"方向的活动及其效应，这就是艺术作品对于接受主体的诸感觉器官的刺激、接受刺激后的反应，艺术作品的寓意的显现、透露和暗示，以及艺术作品在不同时空条件下的不同内容的显现和突出表露。在这样的两种形态、三个层次的审美接受过程中，接受主体——预备作家（潜在作家）——的诸感觉器官都在活动，发挥自己独自的作用和互相间的作用，由此便在活动和"工作"过程中逐渐得到锻炼，接受能力和反应能力都得到提高；思维能力、联想能力、想象能力、理解能力等都得到提高，它们在对寓意性内涵的了解、破译过程中，在联想性活动中，在对接受对象（艺术品）的时空联想中，都得到了锻炼和提高。

这一切活动、一切锻炼与提高都汇集起来，提高了审美主体的心理能力。他的视觉、听觉和其他感觉能力，他的知觉能力、联想能力、想象能力、思维能力等诸种心理活动能力都得到了提高。

预备作家在艺术接受中不断地提高艺术接受能力，同时提高了艺术创作能力；逐步改善、提高了自己的艺术审美心理结构，也完善、提高了创作心理结构。

在艺术接受过程中，还有另一种三个层次的接受程序，这主要反映艺术审美主体对艺术品的信息和能量的接受状况和发展层次。在艺术接受过程中，首先是对作品所传达的一种感情、情绪（喜怒哀乐）等的直接感受。这是第一刺激、第一印象，基本上是表层的。接着，进入第二层，便是在整体上对作品的艺术构思的发展逻辑的领会。在阅读欣赏过程中，为了接受而对艺术品的艺术构成作剖析和诠释，并对其中体现的作者构思状况的基础、基本骨骼和发展逻辑作种种分析，并领略其规律和要点。第三层，便是由作品自身扩展开去，作多元、多方面、多角度和多层次的联想。这种联想往往发生通感现象、交叉现象，其中有纷繁复杂、丰富多样的内容，它可以渗透到一切文化领域。

这样的三层次接受，更加明显和深刻地体现了接受过程对于创作心理培养的直接效用。它提高着接受主体的感受能力、对作品的分析能力和对构思的整体把握能力，以及渗透一切文化领域的艺术联想能力。这些能力的提高也同时提高了创造文学作品情绪的能力、构思作品的能力，使作品具有渗透广泛文化领域的联想的丰富性和交叉性。而这些就正是培养和提高了审美主体（预备作家）的创作心理，亦即提高了他的创作能力。

因此，我们看到，在人生三觉醒期，预备作家的广泛的、深度的、多样的活动，自觉的内向学习和形成文化层次较高的艺术接受心理结构是至关重要的。正是在这个过程中，他得以多方面地、广泛地、深刻地接受艺术品的营养，从而同步地提高自己的创作心理发育水平，提高自己的创作能力。

因此我们说，艺术接受心理结构是创作心理结构的基础和前奏，是它的构成因素。

三、情绪—个性—人格雏形

人的能力、气质和个性，构成了他的人格整体。人都是在人生早期形成自己的人格雏形的。事实上，每位作家也都在这个时期形成自己的人格雏形，从而也就形成了自己的创作才能、创作个性（其总体体现就是他的创作心理）的雏形。这也就是他的个性心理特征。早期生活经验就像一个人生活史的"上古史"，它在人的心理上留下的刻痕，便是一个人的个性心理特征。对于作家来说，就是他的创作心理特征的最初模式。

人在自己的早期生活史中，在少年儿童时代，经常处于一种情绪状态。这与他的不成熟和处于发展、生长的过程中有关。情绪在人类发展史上很早就出现了，人类的远古祖先就开始了人的情绪的形成发展史，以后，又随着大脑的发展和社会环境的不断进化而得到分化，并在分化中不断发展。至于人的情绪的个体发展史，在婴儿期就产生了，前语言阶段的婴儿就有情绪[①]表现。此后，又在环境、认知和生理三方面条件的综合的、系统的作用下得到发展，并形成个性。一个人（一位作家）在人生三觉醒期，由于生活史和环境的不同，以及生理上的差异和对刺激的反应不同，而产生不同的情绪状态。

"情绪是体验，又是反应；是冲动，又是行为。它是有机体的一种复合状态，是以特殊方式来表现的心理的东西。"[②]当人在生活早期体验着环境和个人的、家庭生活的种种事件和变故的刺激，并做出自己的反应时，当他对这种刺激和体验在内心形成一种冲动并采取行动时，他既表现了自己的情绪，又培养了自己的情绪，并在这个过程中形成着自己

[①] "情感和情绪都是一种态度的体验，但两者之间也有一些区别。情感是比较稳定的、持久的，情绪则是比较短暂的激动的状态。"（陈孝禅：《普通心理学》，湖南人民出版社，1983，第345页）

[②] 孟昭兰：《情绪心理学·中译本序言》，载斯托曼：《情绪心理学》，张燕云译，辽宁人民出版社，1986，第3页。

最初的人格雏形。汤姆金斯提出了他的"分化情绪理论"。他从完整的人格出发，把生理驱力、情绪、认知和行动统统纳入人格的框架之内。他主张，"人格是由体内平衡、生理需要、情绪、知觉、认知、行动等六个子系统所构成；这些子系统又组合为生理需要、情绪、感情-认知相互作用、感情-认知结构四种动机系统。在这四种动机系统中，很明显，情绪起着核心的作用。"[①]这就是说，在心理活动过程中，在人格形成过程中，起着核心作用的情绪，对于汤姆金斯所列举的六个子系统，都具有影响力和关键的作用。一个人在少年儿童期的情绪状态如何，对于他的属于心理活动机制和人格形成的上述六个子系统都有举足轻重的作用。而他的情绪状态，又取决于 S（环境刺激）$\Longleftrightarrow$ A（心理中介）$\Longleftrightarrow$ R（反应）这样一个心理活动模式。如果我们把人生三觉醒的状态、表现、特质等代入这个"公式"，就能推断一个作家创作心理的最初成因和构成因素，从而追本溯源地了解他的创作心理的状况和特质。

20世纪90年代前后，情绪心理学的研究结果已经证明，人在儿童和少年时期的情绪发展，比过去心理学家们所预料的要早得多。这更提醒我们对于作家创作心理的研究、追索和培养，可以和应该追本溯源于他的少年儿童期。

人在少年儿童时期，经过人生三觉醒，尤其是经过艺术觉醒之后，形成了自己独有的一个审美态度和审美情趣，总体上形成一个艺术接受心理。其要素（感知、想象、情感与理解）都带有自己的特点，它是审美主体的物质条件、社会生活和周围环境等物质的、精神的、客观的条件在主体审美心理上的结晶和反映，它也是审美主体心态化了的刺激 $\Longleftrightarrow$ 反映的认知、情绪和意志的集中表现。这样构成的一个艺术接受心理，像"接受器"一样，从生活中、环境中、社会现象中，以及文学艺术欣赏中，接受各种符合自己需要、适合自己口味的刺激和信息、审美素材和艺术营养，并且做出自己的反应，进行自己的加工。这样日积月累地形成自己的审美心理积淀和创作心理结构。

当然，与此同时，在这样的规模、性质和轨道上，也形成独立的心理格局，它也同样选择其顺我应我适我者而留存，逐渐地通过刺激 $\longrightarrow$

---

① 孟照兰：《情绪心理学·中译本序言》，载斯托曼：《情绪心理学》，张燕云译，辽宁人民出版社，1986，第3页。

反应 ——→ 调整 ——→ 内化 ——→ 心理格局的发展过程，扩展、延伸、调整原有的心理格局，使之发展，进而形成一个作为创作心理的基础和母系统的心理定势。

这个最初的记忆和刻痕，有些作为永不消逝的岁月之波和生活史遗迹，结晶、积淀为心理格局和创作心理内涵。同时，这部分以及其他一些部分，将作为创作的素材留在记忆库里，升华为情绪留在人格框架（包含能力、气质和个性）中，以后会作为早年生活的反馈，反映于作品中，反映于作品的创作素材、艺术气质和主题意识之中。

这是创作心理形成过程的曙光期在人的心理复合体建构中留下的刻痕，它表现为一种早期经验、最初觉醒和流变状态。它体现于个性和人格的雏形上。它还将发展，不会停滞；还将变化，不会凝固；还将提高，不会停留。但雏形有了，趋向定了，格局形成了，有了它最初的心理定势。不过，它的发展变化将受到环境、社会生活和自身条件的制约，从而形成特有的轨迹。

它将如何发展？我们在下面再继续探索。

第五章　心理能力成长：

艺术思维和艺术素质培育与发展

当人由少年步入青年时，他在生理上、知识上和心理上开始成长。其创作心理也同时步入成长期。在这个关键的时期，将形成艺术思维定势，将培养出独有的艺术素质，这是构成创作心理的内核。有的人创作心理在这个时期进入成熟期或基本成熟期；有的人会在这种情况下，产生自己的处女作和早期作品；有的作家由此而一举成名，其出手不凡反映了他的创作心理的成熟程度；有的人则不然，表现得稚拙浅陋，要在实践中才能不断提高自己，发展、充实、提高自己的创作心理。但无论是何种情况，创作心理都在发展过程中。

本章主要阐述一位作家的心理能力怎样从婴幼时期到少年、青年时期不断地成长、发展、提高，怎样建构、成型，以及诸构成因素的性质和作用，等等。如果说第四章具有很大的朦胧性，那么在这一章里，我们将具体地谈论创作心理的诸实质内容了，这将是对创作心理的形成、建构的主要阐述。

创作心理，是人的一种心理复合体，它是处在一个人的一般心理结构的框架之中的，是一般心理结构的内涵之一，也是它的特征部分。这种心理复合体，整体性地体现在一位作家的言谈举止、风度气韵、行为规范之中，这就是"艺术家气质"。它是一位作家创作心理的外在表现。探讨创作心理的形成，也就是探讨这种艺术家气质的培育与发展。

一、心理复合体的建构及其发展历程

（作家审美心理功能的培育与初习）

心理是客观世界的主观反映。这里涉及一个三相结构，即客观世界——人的主观——主观对客观的反映：心理。人通过心理活动来折射外部世界。人的心理活动是变动不居的，因此他对世界的反映、折射也是变化的。"自然界在人的思想中的反映，应当理解为不是'僵死的'，不是'抽象的'，**不是没有运动的，不是没有矛盾的**，而是处在运动的永恒过程中，处在矛盾的产生和解决的永恒过程中的。"①列宁在这里强调了心理对客观反映的变动性、矛盾性和表现为一种运动的过程。在这样一个运动变化过程中，客观事物和人的心理都在相应地发生变化，而人的多种心理能力也就在这种客观 ⟺ 主观交互作用的运动过程中不断分化，形成相对稳定的范畴，越来越有细密的分工，越来越有精致的反应能力，从而形成人类的心理活动的一些基本规范、基本能力，其各项器官的能力也不断分化和提高。

心理发展的高级水平是意识。人的意识是人类的精神花朵，而艺术意识、审美心理则是这精神之花中最艳丽夺目的一朵。

人的心理的发展，就是促进意识的发展、审美心理的发展，就是促进艺术意识的发展。预备作家在这个阶段的发展中，就是要成为一个有意识的人、一个有高水平意识的人，成为一个具有自由意识的人。对一位作家来说，这就是要使自己的心理能力走向成长和成熟，形成完整的、富有活力的、具有创造性的创作心理，也就是培育自己的艺术思维与艺术素质。创作心理是他的心灵的整体，核心是他的艺术思维，而艺术素质则是他的外在表现，即物化和外化为他的人格、风度、气质和行为范式。

创作心理是一个心理复合体，其建构有一个发展历程。在这个发展历程中，有多方面的因素发生作用。探讨这些因素的内涵、它们各自的作用和综合的作用，探讨这些因素的结构，也就是在探讨作家的审美心理功能的培育过程、这种心理功能后天习得的规律，以及这些因素在创作心理最终形成前的阶段性表现与成果。在这一探讨过程中，我们接触和涉及的方面相当宽泛，各种因素的活动机制和效应也相当复杂，总体上，关涉人的主体作用和客观世界的作用以及两者的交互作用和整体效应。

---

① 列宁：《哲学笔记》，载《列宁全集》，中共中央马克思恩格斯列宁斯大林著作编译局译，人民出版社，1959，第208页。

（一）"心理炸弹"：创造潜力开发和创作心理形成

作家创作心理的成长、发展，就是他的自我意识的成长、发展，他的心灵的发展。"人的各种心理能力中差不多都有心灵在发挥作用，因为人的诸心理能力在任何时候都是作为一个整体活动着。"①培育心理能力、创作心理能力，培育心灵，就是培育认识世界、了解世界、将世界"内化"和"按照自己的'图式'来塑造世界"。阿恩海姆在他的《艺术与视知觉》中曾经概述了西莫恩在《论艺术活动》中阐述的观点：

> 用艺术的方式把握生活的能力，并不是少数几个天才的艺术专家特有的，而是属于每一个心智健全的人的，因为大自然给每一个健全的人都赋予了一双眼睛。②

这就是说，"用艺术的方式把握生活的能力"，即具有审美心理能力并能艺术地了解、认识以至表现生活的能力，是每一个心智健全的人都具有的。也就是说，每一个人都可能成为作家、艺术家，都是一个潜在的艺术家或作家。但是，事实上，把审美心理能力发展到具有创作心理的水平，发展到不仅是一个艺术的欣赏者，而且是一个艺术品的创作者甚至是一个高超的艺术家、作家，这却是只有少部分人甚至是极少数人才能达到的水平。这是为什么呢？

这里有一个如何开发人类创造潜能的问题、如何培养人的心理能力和创造能力的问题。美国当代著名逻辑学家、哲学家威廉·莫里斯（Morris Charles William，1901—1979）曾经提出怎样开发我们的人力资源的问题。他说："我们还没有设计出一种比原子弹更有威力的心理炸弹。我们能够用原子分裂来释放巨大的物质力量。我们怎样才能够在我们自己封闭起来的力量内部引起分裂，以便相应地释放出巨大的人力来呢？"③莫里斯希望有一种"心理炸弹"，把人的被封闭的内部力量释放出来。人类的历史文化积淀已经形成和达到的系统发育水平，以潜能的形式存储在每个个体之中。怎样才能把它释放出来呢？什么是"心理

---

① 鲁道夫·阿恩海姆：《艺术与视知觉·引言》，滕守尧、朱疆源译，中国社会科学出版社，1984，第5页。

② 同上书，第7页。

③ 莫里斯：《开放的自我》，上海人民出版社，1986，第3页。

炸弹"呢？事实上，莫里斯在这里有一点儿比喻失当。人的心理能力和创造潜能，并不都是只能释放的既有已存的能量，而只是一种可能存在的能量，它有需要释放的一面，但也有需要培育的一面。好比植物的种子，它的能量不仅需要释放，而且需要培植。这同原子弹的能量释放又是不完全相同的。

那么，什么是这种培育心理能力之"花"的"土壤"、"阳光"和"水分"呢？莫里斯曾提出："环境、体格、社会——这些东西不就是把人装扮起来的衣裳吗？"[①]"地理、遗传和社会为人类创造活动设置条件，为人类创造活动提供它所必须使用的材料，阻碍或提高这种创造活动。"[②]莫里斯在这里实际上提出了三项条件，即：（1）地理＝环境；（2）遗传＝体格；（3）社会。这是正确的。不过，这三项还可以扩大，环境应该是整个自然界，体格应该是人类迄今为止的整个自然史，而社会则包含人类的历史、文化和现实社会。人的心理能力，人的心灵，包括创作心理在内，是在这三项力量的作用下成长、发展的，是在它们的培育下形成的，是它们的内涵内化为人的心理能力、人的心灵了。因此，我们对创作心理成长规律的探究，正如阿恩海姆所说："对于心理学家们来说，这就意味着，对艺术的研究，是对人本身研究的一个必不可少的部分。"[③]

那么，人的心理的成长、创作心理的成长，是怎样在上述三项条件的作用和培育下实现的呢？马克思主义和文化人类学关于人的一般学说与论述，是怎样回答这个问题的呢？

人存在着巨大的潜能。这是亿万年来，特别是近二三百万年以来的人类文化发展史所累积的人类的伟大成果。这种潜能中，创造的能量也是巨大的、重要的和很有意义的，是人类身体里最宝贵的财富。但是，现实中的人类，却仅仅开发了这种潜能的极小部分，而大部分却是沉睡着的。就人类的每个个体来说，差距更大，差异突出。有的人能力得到很好的开发和发挥；而有的人却平平庸庸，无所成就，让身上的潜能随生命逝去了。

按照莫里斯的论述，环境、体格、社会这三项开发潜力的条件，一

---

① 莫里斯：《开放的自我》，上海人民出版社，1986，第5页。

② 同上书，第6页。

③ 同上书，第7页。

方面能够推动人的潜能开发，给予这种开发以种种有利的条件；另一方面，它们也会起到阻碍的作用。在不同的阶级占统治地位的社会中，在不同的社会制度下，这三项条件对不同的阶级、不同的社会阶层，起着或正或反的作用。对于剥削阶级和劳动人民来说，物质生活和精神生活的条件不同，获得教育的机会和条件不同，发挥自己的能力参与实践的机会和条件也不同，这都造成了他们潜能发挥的程度不同。这表现了客观条件对主观能力开发的推动或抑制作用。就人自身来说，他的主观的努力，足以使他开发自己的潜能；但是，他的气质品性中的消极因素，也会使他不能自我开发、自我实现[①]。

这里有一个如何开发人类潜能的问题，有一个如何培养人的心理能力、创造能力的问题。

这样，我们看到人的潜能开发或封闭的两个方面的不同条件。这是人类潜能发挥程度不同的根本原因，也是他们之间成就悬殊的原因。"作为他们自己的创造者，人也是工匠。"[②]但这个工匠，不仅要依靠自己的努力，依靠自我开发、自我实现，而且要在创造自己的过程中依靠和利用环境、遗传和社会。但是，无论是对于自身，还是对于客观（三项条件），要想发挥它们的作用，人都必须通过实践、依靠实践，只有在实践中他才能真正发挥自我的作用和利用三项条件的力量。

马克思、恩格斯说："……那些发展着自己的物质生产和物质交往的人们，在改变自己的这个现实的同时也改变着自己的思维和思维的产物。"[③]人在实践中，在一切活动中改变着现实，这就一方面改变了自己的现实（各种器官和思维以及思维的产物），另一方面又由于客观现实的改变而改变了自己的反映与反应；这也会改变思维和思维的产物。这样，人的潜能就会在这个过程中不断得到发挥和进一步开发。人类在历史发展中形成的能"懂得音乐的耳朵"和"欣赏形式美的眼睛"以及其他艺术能力，也都是在自己的活动中开发出来的。当然，个体天赋的差

---

① 鲁道夫·阿恩海姆：《艺术与视知觉》，滕守尧、朱疆源译，中国社会科学出版社，1984，第6页。

② 莫里斯：《开放的自我》，上海人民出版社，1986，第8页。

③ 马克思、恩格斯：《德意志意识形态》，载《马克思恩格斯选集》第1卷，中共中央马克思恩格斯列宁斯大林著作编译局译，人民出版社，1979，第31页。

异是客观存在①，但是，这种差异也是以一种可能性存在，只有在个体的实践、活动中才能得到实现。因此，我们对于何处能得"心理炸弹"的回答只能是：依靠实践，依靠人自身的活动。如果也用原子弹的力量来自外力撞击使原子裂变而释放能量来作比喻，那么，我们可以说，实践、活动就是一种足以使心理能量、使人的创造潜能这些"原子"裂变的"原子撞击器"。

创作心理的形成也处在这样一个总体理论框架之中。我们只有通过实践、活动，通过利用环境、体格和社会这三项条件的有利的、积极方面的作用，而抑制、防止它们不利的消极的作用，才能合理地、成功地生长、形成和发展。这样一个"主体——→实践、活动——→客观条件——→创作心理形成"的发展过程，并不是在人的一生的某个阶段才发生的。从心理学和文化人类学的研究来看，这个过程，可以说在婴儿时期就开始了，就播下种子了，实践、活动这个撞击器的撞针，就已经在向人的心理撞击了。婴儿时期的活动（包括日常的琐碎的生活活动），活动的方面、内容、性质、速度、频率等，就开始影响一个人今后一生的发展了。在这个"育苗"的阶段，许多不经意的事情或行动，往往成为今后发生消极的或积极的影响的因素。进到童年，这影响在加重、加深，更不要说青年时代了。

我们试图追溯的和试图从中寻觅规律的，就是这个从婴幼时期经过童年和少年时期，直到青年时期，以至以后人生经历的不同时期中，客观三项条件和人自身的实践，包括他自我的积极与消极的心理表现和作用，如何在一个作家的自我意识和自由意识形成中，在创作心理形成中，在创造力开发中，在整个心灵塑造中，在艺术思维与艺术气质培育中，发生作用、产生影响；如何像"心理炸弹"似的，开发创造潜力，建构创作心理。

我们把创作心理和它的外在表现——艺术气质的形成，纳入这个总体框架，就使它既不再是一种盲目的力量，也不再是一种神秘的力量；

---

① 周忠昌编译《创造心理学》，中国青年出版社，1983，第82-83页："今天，否认个人之间存在秉赋上的差异，就像否认地球呈球状一样荒谬。神经形态学用确凿的材料证明，每个人的大脑具有解剖学上的个体差异，特别在微观结构上差异更大。……结构的差异要反映到功能上，这样，个体大脑结构差异类型必然同个体心理差异类型相联系，这里也包括个体智力在高低和特点上的差异。"

既不重复天才说的不可知论，也不重述无因说的取消论。我们在总体理论的观照下，来观察和分析一个具体的和特殊的领域。在这里有许多特异性，也有许多难于解释的成分和尚不明朗的课题，但我们将从总体出发来解剖具体。

（二）创作心理的基础：普通心理

人的心理过程，是一个有序的、有层次的运动且变化的发展过程。在这个过程中，人的各种心理机能发挥着它们各自独立的和互相关联的作用，而各种心理机能又是在身体各种器官发挥作用的基础上，才能发挥作用的。这里表现着心理在生理基础上的作用范围和作用力。但是，在这个作用力和作用范围的领域中，人的心理却能千变万化，成就其极为广阔、深刻、奥秘、精巧的"事业"，从而演化出人类的万千创造，其中包括文学艺术的创造。

感觉器官 ——→ 接受外界刺激 ——→ 脑神经作用 ——→ 各种心理活动：认识、感情、意志。

这可以说是人的心理、意识活动的一个比较完整的生理—心理过程。在这个过程中，经历着极为复杂、多元、多维的迅疾而微妙、奇特的生理—心理作用。这些作用的产生基因、活动机制和各方面的规律，我们人类现在还只能说懂得一些但懂得不多，面前还有许多"黑箱"。我们今天的认识可能具有一部分或相当大的真理性，但肯定还有很多非真理性的方面，有待于我们继续探求。可喜的是，我们现在已经有了自然科学与社会科学相结合而产生的力量，使我们具有了新的眼力和手段，从生理和心理两个方面、从生理与心理的结合上来探求人的心理活动的奥秘。

对于人的一般心理，以至于对于作家创作心理的研究，我们现在也可以和应该这样做了，这使我们的研究可以更可靠一些，更好地建立在科学的基础上。在作家、艺术家的成长上，人们常常归之于所谓艺术家气质，而这种气质又常常归之于天赋。天才，在这个领域中是能够使人感到满意的答复，却又是没有说明什么问题的答复，因而对人是没有多大帮助的。许多被尊崇为天才和被人完全相信为天才的艺术大师们，几乎没有一个不是否认天才的存在的。歌德如此，托尔斯泰、高尔基如此，鲁迅也如此。他们往往都是强调了勤奋和学习对于"天才"出现的意义。这自然是有道理的，也包含着他们切身的体验和个人的经历。他们都是极度勤奋的人、善于学习的人。但这究竟不是完全的和彻底的答复。无论勤奋还是学习，都离不开人的活动，人的活动又离不开他的活动能力和能取得的成效，这成效的大小又决定于他的生理上各种感觉器官的品质和能力，以及在这种生理基础上的各项心理活动的能力。因此，我们在没有正式进入创作心理这一特殊的、属于创造学范畴的心理活动领域之前，就一般心理活动的生理和心理基础作一些基础性的简略介绍，是很必要的。这是我们走上探究之途的基础和踏脚石①。

脑科学发展，脑—意识问题研究，脑—精神互相作用研究，以及创造科学的发展，都为我们提供了比以前更为科学、更为坚实的基础，也提供了更可靠的"踏脚石"。这种研究在近些年来的两个值得注意的、对于我们的探索有直接用处的"力"点是：（1）对人的研究和人的内省经验的研究加强了；（2）神经生理学在功能研究方面，不再局限于一般生理功能研究，而是与心理学研究方法相结合，通过对人的行为研究来探索人脑的心理和意识活动规律。在这里，从心理学的角度来说，属于"顺向"的研究，即依据人脑的物理、化学过程和神经生理活动来探究人的行为及其心理、意识的表现特征；或者是"逆向"研究，即通过对人的心理、意识现象的行为表现，来探究人脑活动的神经基质和生化基础。这样两个方面，都是有益的，对两个方向的研究都是如此。② 因此，我们在这里先就"逆向"范畴来介绍一下人的心理意识活动的神经生理基础，以利于阐述今后需要探讨的心理学范畴的课题。

人的心理活动，有其神经系统的生理机能。这种机能的产生，又依靠神经元的机能。人的神经系统大约有100亿个神经元。它们有多种不同形态，但都有三种共同的结构特征，它的模式如图5-1所示，它的底部有点像中国

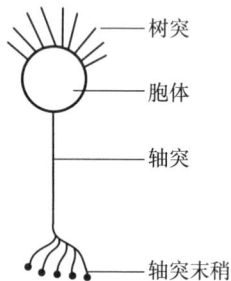

图5-1　神经元结构示意图

①　这项工作本应被纳入创作心理学的范畴之内，但是，目前在创作心理学的论著中，一般均越而过之，直接进入"第二层次"。这不免使初学者不易理解。为了补这一课，也为了创作心理学在我国尚是初创期的需要，本书特分节详述之，但又不是一般地谈心理，而及力图与创作心理的有关问题结合起来阐述。

②　傅士侠：《关于"脑——精神相互作用"的哲学分析（摘要）》，载《辽宁社会科学动态》1982年第17期。

象形文字"马"，上部则类似太阳的图式，而整体形象则好像是树。这就是人体中接受信息的最基本单元（基本构件）。由这样的100亿个单元组成的神经系统，组成一个把信息从身体的某一点传达到另一点的通信体系。人的各种感觉器官——眼、耳、鼻、舌、皮肤等，就是通过神经元把信息传达到脑，被接受而做出反应和发生各种效果的。[①]

　　一个作家在形成自己的创作心理过程中，要做一个有意识的人、一个具有自由意识的人，首先是使自己在感受自然与社会的各种信息的刺激过程中，锻炼、提高和锐化自己的各种心理能力。正是在这个客体产生主体和主体产生客体的过程中，作家培养了自己的各种心理能力，由此而组成他的作为作家创作心理的各种基本因素。我们这里先对诸种心理能力按次序作简略叙述，以阐明这个"基因群"的内容和作用。这就是一位作家在预备过程中的心理能力习得初步。以后，他还要在此基础上继续发展、提高自己的创作心理。我们也还将进一步论述诸种感觉能力、诸种心理能力在创作心理形成过程中的作用、意义和形成规律。

　　让我们从自我意识的产生来开始我们的关于作家意识的滥觞的探索吧。

　　人从什么时候开始有了个体意识？自我意识发展的初始历程的行程标志是哪些行为和意识？

　　心理学研究告诉我们，自我意识是人的个体意识最初的和最基本的要求，它是意识的一个方面、一种形式，而且是人在"人世"上最早需要和最早具有的必备心理能力。一个人若没有迈过这个心理"门槛"，就不可能继续前进。这个"门槛"的第一步就是把自己作为主体从客体区分开来，这是个性特征的重要标志。人类在自己的童年时期这几十万年的发展中才获得这种主体意识，把自己同客体——自然界、动物界——区别开来。但是，现在的人却在个体的童年时代就具有这种主体意识了。这是人类意识区别于动物心理的重要标志之一。小小年纪的幼

---

① "总之，只有两种因素可使神经元把发生情况的信息传给人体：（1）冲动激发频率及高于基本频率的变化量；（2）起反应的神经元种类。神经元组成专门化的集体，这些集体又进而组成神经系统的主体。……神经元的轴突也聚集在一起，呈集束状，像电力系统中的电线一样由身体的一处通向另一处。分布在脑和脊髓内的轴突束称为传导束，在脑和脊髓外的轴突束叫作神经，如视神经就专司在眼和脑之间传递信息。……神经元是神经系统的基本构件。"（伯恩、埃克斯特兰德主编《心理学原理和应用》，韩进之等译，知识出版社，1985，第34-35页）

儿，就可以把自己同动物区分开来了。"区分主体与动作是自我意识产生的起点。"他懂得自己的行动产生的后果，体察到自身的力量了。①"知道自己的名字，把名字理解为自己的信号，这是自我意识的萌芽。"而当掌握了语言中的代名词"我"时，儿童的自我意识就起了一个质的变化，标志着他的自我意识开始发展了。这时，他已经在心理上、意识上明确存在一个"自我"与世界相对而立了，他不断观察、理解这个世界，接受这个世界的刺激并做出依据自己的水平能够做出的反应。一个幼儿在两三岁的时候，便出现了个体意识发展上的明显质变。这是人类个体意识产生的关键年龄。②

一个预备作家，在这个年岁上，就以一个初具自我意识的个体，在自然界和人世间逐渐锻炼、培养自我意识，使之发展，向作家的道路走去了。我们纵然不能说客观的培养（不自觉的）和社会的选择（自发进行的）在幼儿两三岁之前就已经发生了；但我们至少可以和应该看到，从两三岁起，一个人作为未来作家的自我意识和整个心理能力（包括创作心理）的培养工作和社会选择工作，已经确确实实地开始了。③

一个天真活泼的两三岁的幼童站在我们面前，他在一天天发育成长，他的自我意识，他的心理能力，也都在一天天发展。事实上，一位作家的成长历程，在此时期就已经"正式"地但是不自觉地开始了。也可以说，一位作家的创作心理和创作能力的形成史，可以追溯到孩童时期。在这个最初的基础上，他的各种心理能力，随着年岁的增长和活动的开展以及环境的影响而不断发展、成长。他的人生三觉醒的早晚、疾缓和觉醒度的深浅，以及作为作家的"定向"性的强弱，均取决于诸心理能力的发展程度；而诸种心理能力的发展程度，又受到三觉醒诸种指标达到程度的重要影响。这是一个互相制约、互相推移的双向发展过程。我们在这里侧重从诸种心理能力发展的状况、水平及其作用方面，来阐述创作心理的发展、成长过程。在这个过程中，作家作为一个人，

---

① 幼儿在最早具有这种自我意识时，常常拿起一件东西（玩具等）扔到地上。大人捡起来后，他又扔下；再捡起，再扔下。如斯反复，以其为乐。这正是他把主体（我）和动作分开的表现。他是在实现自我。

② 朱智贤、林崇德：《思维发展心理学》，北京师范大学出版社，1986，第417-421页。

③ 事实上，应该承认，人从一出世起就进入了这个从主观来说是自我意识产生、形成的过程，从客观来说是自我意识培养和选择的过程。只是这个时期一切都太模糊，影响不如后来大，也难以弄清，故略而不计了。

有他的一般心理能力的发展，这是他的创作心理发展的基础，也是创作心理结构的基础；而作家作为一个艺术类型的人，又有他的艺术创作心理特别是文学创作心理的发展过程。这是他的一般心理发展基础上的特征与特长。

我们现在就是要分别记叙、阐述诸种心理能力，特别是作为创作心理的共性与个性、基础与特征结合的诸种心理能力的发展状态、水平、作用与意义。

（三）诸心理能力及其审美效应

按照人的心理活动状况和发展水平来分，人的诸种基本心理能力及其发展"顺序"与水平，可以分为以下几种按序发展的层次：

1. 感觉 ——→ 2. 知觉 ——→ 3. 表象 ——→ 4. 注意 ——→ 5. 记忆 ——→ 6. 思维——7. 情感——8. 意志

它们好像是人的"心理"这个"肢体"的四肢五官；也有如一棵枝繁叶茂的花树，它们是枝叶茎干，都有一个独自的和共同的发育生长机制和过程。通过这些"肢体"的发育，"心理"之体、之树才得以成长，得以发育。因此，要了解心理（包括创作心理）的发展机制和过程、功能和能量，就必须了解这些肢体、茎叶的发展过程和状况、各种功能和能量。

现在，我们就先对这些"心理的肢体"分别加以阐述，先分后合。不过，我们的阐述不是一般心理能力的一般性概述，而是同时把诸种心理能力作为创作心理的基本因素来阐述，因此，在探讨过程中，只侧重这些心理能力在创作心理构成中的作用和意义，以及一般心理能力中那些足以构成创作心理的特征部分。

1. 感觉

从一方面说，感觉是人接受外界事物的心理渠道的大门。《列宁选集》第二卷中的《唯物主义和经验批判主义》一文指出："不通过感觉，我们就不能知道实物的任何形式，也不能知道运动的任何形式。"感觉好像一个入口，一切外界事物的形式、运动与本质，只有通过这个入口，才能为人所见、所闻、所了解和掌握，才能为人所有。从另一方面说，也可以把感觉看成一个守门人，如果被它阻挡，那么一切外界事物就不能进入人的主观世界，不能被认知，而被拒于门外了。

感觉需要外界事物的刺激，而且要求一定的刺激强度。没有一定强度的刺激，感觉器官便无从感受，也就不能产生感觉。但人自身的感受能力，也是必不可少的。感觉器官不接受或不能接受，那么刺激（即使是强度够了的刺激）也不能发生作用。"作为心理现象的感觉在缺乏有机体的应答反应或者应答反应不恰当的情况下是不可能的。在这个意义上，不动的眼睛是瞎的，正像不动的手不是认识工具一样。"①这就是我们平常所说的视而不见、听而不闻、触而不觉。这种情况的产生，反映了感觉是神经系统对刺激的反射这种性质。在这个反射过程中，人的感觉器官中的感受器、分析器和传导系统，进行着系列化、整体性的工作。

感觉的这种整体性的工作，反映着感受水平。感觉器官在接受了刺激之后，实际上对外界的信息进行了选择，并在选择的基础上做出了应答性反应——各种类别和程度的反射。在这个反射活动中，感觉器官实际上成为过滤器。反射则成为一种选择。这里，就带有个体的差异和个性的色彩了。

感觉绝不是简单的对于外界刺激的反应。人的大脑对于外来的信息是经过选择和做出自己特有的反应的。感觉器实际上是一个过滤器，也是一个初级的应答器。这应答不仅反映了客观的刺激，而且表现了有机体（人）的主观的反应。感觉的确是人与外界联系的初级形式，它有待于向知觉发展，距离思维自然更"远"。但是，它在接受刺激和做出反应的一瞬间，也会直接表现出有机体的主观作用：选择和应答。感觉之源可以一分为二：一是客观事物的刺激；二是主观的反应。而这第二项，又可再一分为二，即有机体（人）的系统质所含有的共性潜能和有机体（人）个体的潜能开发水平。人在亿万年劳动、实践过程中，培养了自己的感觉能力。在一定的历史时期内，人类的这种感觉能力达到和具有一定的总体水平。但在个体发育上，这种总体能力只是作为潜能存在着，它需要启迪、开发和发掘。经过这一步工作，个体的实际感觉水平才达到（被开发到）一定的水平。这种感觉水平决定了一个人的感觉的敏感度，即外界刺激一来，敏感度就决定了反应所达到的水平：既做

---

① 彼得罗夫斯基主编《普通心理学》，朱智贤等译，人民教育出版社，1981，第253页。

出了个体独有的选择，又对所选择的信息刺激做出一定程度的反映。这就是应答反应的性质和水平的个体性。人类系统质所含的当时人类所达到的共性潜能（共同的敏感度——亦可称为"理论敏感度"）就是通过这种个体性来表现、来实现的。

在这种应答反应中，重要的和可贵的是，具有一种玛克斯·德索称为"审美反射"的反应。他说：

> 当倾听某种歌声时，我们还没有听清其歌词与旋律，便觉得已深受感动了。有些音色会使人立即兴奋或松弛，有时会使人狂怒，有时会像微风一样轻抚我们。它们作为通向作为生动性情感的美感的激发，只在几秒钟对我们起作用。[1]

这几秒的瞬间只是一种感觉的过程。此外我们还可以列举出声音与美感的关联表现，如：高亢的——兴奋；悠扬的——抒情；低沉的——忧伤；缓慢顿挫的——哀痛；等等。颜色也有这种情况，如：红色——欢乐、热烈、革命；绿色——平和、悠闲、雅静；白色——纯洁、轻快、光明；红色——暖；白色——亮；灰色——冷；等等。这种感觉中的审美反射之所以会产生，是因为色彩本身产生了感染力，自然界的声音（天籁）亦有悦耳性，同时，还因为"人在感受到色彩的'冷'和'暖'时，这种冷和暖就有可能不自觉地与某些社会行为和情感模式发生同构——冰冷的事物和色彩使我们畏惧和远离，正如那些性格冷酷无情的人也有孤僻、使人望而生畏的特征；'暖'的事物和场景似乎是在邀请我们去接近它，正如那些热心的人和热烈的欢迎场面也总是强烈地把我们吸引过去"[2]。这种同构性，当然在声音中也可以窥见形影，如高亢声音的激越、高昂，与人们高兴、奋发时的情绪和动作模式具有同构性；悠扬之音的绵长、延续、平舒，同抒发优雅情怀时的情绪动作具有同构性。当然，这里除了这种同构性，还有人类长期社会生活中形成的对于声音、色彩的社会感情的作用；还有人类对于自然声、色、形的感情寄托和事物自身的社会性带

---

① 玛克斯·德索：《美学与艺术理论》，《审美经验》（第3章），转引自滕守尧：《审美心理描述》，中国社会科学出版社，1985，第54~55页。

② 滕守尧：《审美心理描述》，中国社会科学出版社，1985，第57页。

来的审美感受。

因此，我们可以说，感觉虽然是一种初级的心理感受和心理能力，但是它仍然具有自身的丰富性，特别是已经具有初步的"'情感'与'理解'的渗透和参与"，"这种参与是极其直接和迅速的，因而不可能是认识和意识的联想的作用，而是外部物理结构、生理感受结构、社会情感结构三者之间的直接契合。"①

正因为审美反射具有这种性质，所以它在人的感觉中占有值得注意的地位，它的能力和水平，是个体感受水平的重要内涵和指标。

人们为了提高自己的感觉能力，可以通过练习和训练来进行培养。这就是敏感化。"由于分析器的相互作用和练习而产生的感受性提高叫作敏感化。"②"知道了感觉器官感受性变化的规律，就可以利用专门选择的附加刺激物使某个感受器敏感化，即提高其感受性。"③音乐家之于声音与旋律、画家之于形式与颜色、舞蹈家之于动作和形体，以至各种职业的人的某些感觉器官的敏感化现象，证明了敏感化的存在、形成原因和效应。

感觉有多种。在诸种感觉中有一种现象值得特别注意，而且对于意识和认识具有重要的意义，这就是联觉。"联觉是在刺激一个分析器的影响下产生另一分析器所特有的感觉。"④联觉出现于各种不同感觉之中，如视听联觉，这是最常见的：听见某种声音而产生视觉形象。此外，视、嗅、听、触之间也会发生联觉现象。有不少词语反映了联觉现象，如"甜蜜的声音""冷色""暖色""长相很甜"等。

视觉在诸种感觉中，占有重要的地位。人们称视觉的器官眼睛为"心灵的窗子"。对于文学创作心理来说，它具有更为重要的地位，因为作家主要依靠眼睛来观察世界、社会与人，用视觉来"记录"和反映客观。视觉之中，值得特别提出的是视觉后象，就是刺激物的痕迹消逝以后，在视网膜上仍然保持着它的形象。后象的出现，使人们可以把不动的事物在视觉上变成动的（如电影），也可以使人们"见到"已经消逝的影像。歌德曾经描述他的视觉后象：

---

① 滕守尧：《审美心理描述》，中国社会科学出版社，1985，第57页。

② 彼得罗夫斯基主编《普通心理学》，朱智贤等译，人民教育出版社，1981，第265页。

③ 同上书，第266页。

④ 同上。

有一天傍晚，我走进一家旅馆，一位姑娘，高身材，面孔白皙，黑发，穿着鲜红的上衣走进我的房间。我凝视着这位在半暗中站在我前面一段距离的姑娘。当她走开以后，我在我对面光亮的墙上看到一个环绕着光轮的黑面孔，那鲜明形象的衣服在我看来好像是海浪般的绿颜色。[1]

从歌德的记叙中可以看到，后象对于人的感觉能力和水平来说，具有十分重要的作用和意义。

视觉的更重要和更有价值的作用，是它的主动性与创造性。我们前面说到的感觉的应答反应的非消极被动的简单反应，在视觉中表现得尤为突出。美国著名美学家鲁道夫·阿恩海姆在他的名著《艺术与视知觉》中指出：

（通过试验已经证明：）视觉形象永远不是对于感性材料的机械复制，而是对现实的一种创造性把握，它把握到的形象是含有丰富的想象性、创造性、敏锐性的美的形象。[2]

阿恩海姆还指出，人的心灵赋予思想家和艺术家的行为以高贵性，而它会在"视觉中存在着"，"而且在其他的心理能力中存在着"，"人的各种心理能力中差不多都有心灵在发挥作用"，[3] 而人的心灵，是他的文化、艺术以至其他各种素养装备起来的。视觉的创造性、想象性、敏感性的水平高低，与个人的心灵装备有关。阿恩海姆正确地指出："人们发现，当原始经验材料被看作一团无规则排列的刺激物时，观看者就能够按照自己的喜好随意地对它进行排列和处理，这说明，观看完全是一种强行给现实赋予形状和意义的主观性行为。"他还说："观看世界的活动被证明是外部客观事物本身的性质与观看主体的本性之间的相互作用。"[4] 阿恩海姆把这种视觉的创造性，人在观看中的主观能动作用，正确地称作"个人和文化""按照它们自己的

---

[1] 歌德：《色学概论》，转引自彼得罗夫斯基主编《普通心理学》，朱智贤等译，人民教育出版社，1981，第259页。

[2] 鲁道夫·阿恩海姆：《艺术与视知觉·引言》，滕守尧、朱疆源译，中国社会科学出版社，1984，第5页。

[3] 同上。

[4] 同上书，第6页。

'图式'来塑造世界"。①

这样，视觉就成为一种"视觉判断"了。阿恩海姆说，"每一次观看活动就是一次'视觉判断'。……这种判断并不是在眼睛观看完毕之后由理智能力作出来的，它是与'观看'同时发生的，而且是观看活动本身不可分割的一部分。"②阿恩海姆还阐述了"感应生成图样"的视觉现象，指出："在视野之内所存在的事物，并不仅仅是那些落到视网膜上的事物。"③

这里，值得我们注意的是，这些精辟的见解告诉我们，视觉以及整个感觉，不仅不是消极地反映客观事物，而且是积极地去想象和创造事物的。不过，这一切作用都在一瞬间发生，都靠心灵原有的装备、已具的"图式"，"一下子"就强行给现实赋予形状和意义，立刻就按自己的"图式"来做出"判断"和塑造世界。这中间没有经过理智的工作，没有经过思维。整个心灵在这里的作用是与"观看"行为同时发生的。因此，我们可以称之为"内心视觉"（简称"内视"）。它与那种只见到落在视网膜上的事物的"外视"相比，是更高一筹的视觉。但是，它又与"外视"不可分，不仅以"外视"为基础，而且与"外视"同时工作，同时发生作用，是"外视"的补充与优化。

当然，应当指出，就像感觉是"有机体与环境赖以建立心理联系的初级形式"④一样，视觉的这种"赋予"和"塑造"也都还是初步的、初级的。它还须也还会继续向前进，但这是下一程序的心理能力和心理活动的事情了。

不过，虽然是初级形式，但是人的主动作用、心理反映的主观性和积极性，在这里仍然鲜明地反映出来了。当然，这种主动性、主观性和积极性，都绝不是主观自生、随意而为或天生如此的。在这里，根本的原因、关键的环节是人的活动、实践。人的认识过程，是一个物质的实践的过程——人这个物质实体，通过工具等物质活动对物质发生作用。

---

① 鲁道夫·阿恩海姆：《艺术与视知觉·引言》，滕守尧、朱疆源译，中国社会科学出版社，1984，第6页。

② 同上书，第2–3页。

③ 同上。

④ 波果斯洛夫斯基等主编《普通心理学》，魏庆安等译，人民教育出版社，1981，第170页。

这就是说，感觉能力的个体，要实现这种真实性，只有通过这一个体的实践、活动才有可能；感觉是否符合实际状况这种真实性，也只有通过主体自身的实践检验才能证实。马克思指出：

> 只是由于人的本质的客观地展开的丰富性，主体的，人的感性的丰富性，如有音乐感的耳朵、能感受形式美的眼睛，总之，那些能成为人的享受的感觉，即确证自己是人的本质力量的感觉，才一部分发展起来，一部分产生出来。[①]

人的本质力量的客观展开，就是人的实践、活动过程。正是在这个过程中，这个展开过程的丰富性使得人的感觉能力发生起来或产生出来，使得人的感觉的丰富性得以实现。

从以上关于感觉的有关叙述中我们能够看到，在创作心理的形成发展中，有哪些需要予以注意的课题呢？对于一位作家来说，能够受到什么启发呢？

（1）感觉能力、感受性水平是重要的。它是门户，又是守门人，它是与外界联系的初始，没有它或它的能力缺乏，其他心理能力就会受到影响。

（2）感觉是积极的心理反映，它不是机械地、消极地复制对象，它把握到的形象，含有丰富的想象性、创造性和敏锐性。

（3）感受性可以通过练习，实现敏感化。作家的创作心理的基础之一就是感受性的提高。他们应当努力做到敏感化，不断提高敏感化的水平。这是创建和提高创作心理水平和提高创作能力的最初的、最基础的功力。

（4）审美反射是感觉中的重要内涵。对于创作心理的形成来说，它是必备的、重要的。

（5）视觉对于一位作家来说是十分重要的。歌德关于后象的描写，充分反映了视觉敏感化对于一个作家的直接的、重要的意义，尤其是对于提高内视水平更为重要。提高此种能力，实际上就是提高整个心灵水平。

---

① 马克思：《1844年经济学哲学手稿》，载《马克思恩格斯全集》第42卷，中共中央马克思恩格斯列宁斯大林著作编译局译，人民出版社，1979，第126页。

（6）联觉对于作家来说，也是十分需要和十分重要的。联觉的丰富和敏锐，可以使作家的心理活动丰富起来，感觉印象丰富起来。

（7）活动、实践是这一切的根本。作家要尽量多地接受自然、世界、社会、人生的多种刺激，获得更多的信息，使自己的感觉器官敏锐化，使自己的感觉具有强化的主动性、想象性、创造性。正是在这个过程中，作家使客观的刺激被选择了——这是初步的优化；然后又经过"初级处理"而使之进一步优化，成为新的感受水平的资料和基础。

这种日常的、经常的或有意识的活动、实践，就是作家的生活。作家必须生活，必须有意识地去生活，有意识地在生活中去体察、感受，有意识地形成自己的感觉优化机制和体系，有意识地提高自己的感受水平、优化自己的感觉器官，特别是视觉和联觉，并且要有意识地为感觉后的诸心理能力的发挥与实现创造基础条件。

托尔斯泰在论述艺术的感染力时，曾经引用俄国画家勃留柯夫的一句话："艺术就开始于这一点点开始的地方。"[①]托尔斯泰指出："只有当艺术家找到艺术作品由之构成的那些无限小的因素时，才能产生感染力。"那么，怎么才能找到"这一点点"、这"无限小的因素"呢？托尔斯泰回答说："表面地教人去找到这些无限小的因素是根本不可能的：人要找到它们只能凭感觉。"[②]他说：

> 任何教育都无法做到使舞蹈者合上音乐的节拍，使歌唱者或提琴手掌握住音调的无限微妙的分寸，使作画的人从一切可能的线条中画出唯一需要的线条，使诗人找到唯一需要的词的唯一需要的搭配。所有这一切只有感觉才能找得到[③]。

托尔斯泰在这里所说的是高级的艺术感觉了。它是在一般感觉能力的基础上产生的，是一种审美反射；它必须具有雄厚的内心装备，只有这样，它才能凭借感觉自身的能力，一瞬间，不假思索地，达到这种艺术选择的水平。

这种艺术感觉能力是创作心理的基础和重要内涵，也是艺术思维与

---

① 列·谢·维戈茨基：《艺术心理学》，周新译，上海文艺出版社，1985，第42-43页。

② 同上。

③ 见《Л. 托尔斯泰全集》第30卷。转引自列·谢·维戈茨基：《艺术心理学》，上海文艺出版社，1985，第43页。

艺术气质的基础和重要内涵。一个预备作家形成自我意识、培植创作心理，一个作家发展、丰富自己的创作心理，提高自己的艺术思维水平，首先的和重要的就是提高这种审美反射能力和艺术感觉能力。

感觉，是初级的心理活动；但是很重要。

2. 知觉

知觉是一个非常重要的心理能力。它不同于感觉。它不是对于事物个别属性的把握，而是对于事物的多元的、整体性把握。知觉的特点是对对象做整体性把握。这种把握，绝不是通过各种感觉器官所反映的事物的各种感觉要素的简单相加，而是如格式塔心理学所指出的那样，是完形把握，即对事物的整体，"一次性"地、直接地、迅速地、完整地去把握。[1]当然，说它不是感觉因素的复合或简单相加，不是说它不需要感觉基础。事实上，知觉中包含着感觉的成分[2]，感觉是它不可缺少的基础；而知觉则是感觉的深化和发展；两者相区别但又相联系，密不可分，是一个完整的心理活动过程的两个阶段、两个层次，就众多心理活动系列来说，都是密切联系着的、有机地相衔接的活动过程中的环节，但是感觉、知觉这两个环节的关系却更紧密，以至研究者有时把它们合二为一统称"感知"来加以阐述。[3]我们在研讨和观察知觉时，决不能忽视感觉的这种基础作用，不能抹杀感觉的这份功劳。[4]

重要的是注意到知觉的发展、前进、深化和推进下一步心理活动的机制和能力。如果说感觉是人类与外界环境联系和认知世界的初级形

---

[1] "知觉——这是对直接作用于感觉器官的对象和现象的各种不同属性和部分的总和所发生的反映。"（波果斯洛夫斯基等主编《普通心理学》，魏庆安等译，人民教育出版社，1981，第199页）"人脑这种把事物的整体关系都反映出来的心理过程，就是知觉。"（陈孝禅编《普通心理学》，湖南人民出版社，1983，第169页）

[2] "格式塔学派或称完形学派（Configurationism），特别注重经验的组织。他们认为人们的知觉经验，整体先于部分。"（陈孝禅编《普通心理学》，湖南人民出版社，1983，第176页）

[3] "知觉必须以各种形式的感觉的存在为前提，并且同感觉同时进行，但是它不能归结为感觉的总和。知觉依赖于感觉之间的一定关系，……。"（波果斯洛夫斯基等主编《普通心理学》，魏庆安等译，人民教育出版社，1981，第199页）

[4] "知觉不仅包括信息的登记，而且包括信息的解释。'感觉'这个术语有时用于最初的登记过程，而'知觉'则经常用来指解释。由于感觉终止和知觉开始的界限十分难以测定，我们将用'知觉'统指这两个过程。"（伯恩、埃克斯特兰德编《心理学原理和应用》，韩进之等译，知识出版社，1985，第74页）

式，是外在世界进入人的认知世界的入口，是心理活动渠道的大门，那么，知觉就是高一层的形式，是入门之后对世界的整体性的一瞥。它一瞥之下，就对对象具有了一个完形把握，虽然既来不及把诸感觉因素综合起来，也不会对对象去作细部的、具体的把握，但是它确实在整体上把握了对象，形成了对象的完整的但还有待深入反映的映象。这正是知觉在人的认识和意识发展中的意义所在。在知觉阶段，人的主体作用、能动作用得到了进一步的发挥。在这个感知的过程中，人的经验、情绪、情感、理解以至需要都发生作用，它们综合起来组合成主体的定势，形成它心理上的一个已有的"图式"，凭着这个定势和"图式"去感知对象。因此，感知带着主观性，也经过选择，并且凭着已有的经验，受到情绪、情感和需要的影响，去反射客观信息和刺激，去反映、增删以至改造事物的形象。①知觉的这种特性，不仅反映了它的主观性，而且体现了它的创造性。因此，也就显示了它对感觉材料的加工作用②，预示了它对下一阶段的心理活动（想象、记忆、思维等）的积累材料和推进活动的作用。而且，它也体现着主体自身的心理定势、心理"图式"的层次与水平。

人心中的这种"图式"都由哪些因素组成呢？第一是过去的经验。它经过历史的累积，形成一种积淀，以经验的形式组成种种"图式"。第二是理解，对对象的理解。因人而异，因"图式"之不同而异，理解

---

① "知觉不仅依赖于刺激，而且也依赖于感知主体本身。"（彼得罗夫斯基主编《普通心理学》，朱智贤等译，人民教育出版社，1981，第275页）

"知觉是利用信息提出假设和检验假设的主动过程。"（同上书，第276页）

"在知觉某个对象时，过去知觉的痕迹也活动起来。"（同上）

"知觉依赖于主体过去的经验。"（同上书，第277页）

"知觉的内容也决定于人所面临的课题和他活动的动机。"（同上）

"影响知觉内容的重要因素是主体的定势。""情绪可能改变知觉的内容。"（同上）

② 波果斯洛夫斯基等主编的《普通心理学》指出："知觉进行的内容和性质依赖于各个人的定势、经验的差异，兴趣以及个性的一般倾向。众所周知，不同的人对于图画、曲调和电影的知觉都各具特点。常有这样的情况，人对事物的知觉不是它原有的样子，而是他想要看到的样子。"（第208页）

"没有感觉就不可能有知觉。可是知觉除了包含感觉之外，还包含着以表象和知识为形式的过去经验。"（同上书，第200页）

可以主动地、主观地去反射对象的属性和形象。^①第三是情绪和情感。对于对象的爱或恨、热情或冷漠的情感，以及观察、感知事物时的情绪如何——其性质和对事物的关系，都影响到对对象的感知程度和反射的性质、方面、深度等。生存的或者情感的、思维的需要，也会影响到对对象的感知。^②这些综合起来，组成一个心理定势和"图式"，它进行观照，进行选择，进行增或删，作主动的反映，把对象作为初级加工的对象进行迅速的加工之后，内化为自己的东西。这时，便又会形成新的积淀、新的"图式"，补充和续建原有的主体的定势。于是，这新的定势和"图式"又会影响到以后的感知。如此循环往复地发展，就使人的感知能力，以及由此而带动的其他心理能力逐步地发展，形成自己的建构，也形成独特的气质、个性。

所谓把握完形特征，主要是指把握对象的突出的、粗略的结构特征。"大量事实证明，有机体的知觉能力，是随着能够逐渐把握外部事物的突出结构特征而发展起来的。""视知觉不可能是一种从个别到一般的活动过程，相反，视知觉从一开始把握的材料，就是事物的粗略结构特征。"^③理解这一点很重要，因为它表明了这种完形特征的把握具有几个特点，这就是：

（1）它抓住了对象的"结构"这个特征，它不是把握全部细节，也不是分别地掌握感觉所提供的各种"感觉要素"，而是把握住对象的各个部分之间的有序关系，它可能对各个部分并没有全掌握（一般都是没有全掌握），但是它却看见和掌握了由它们建构而成的整体（完形即格式塔）；

---

① "美国的心理学家曾经做过这样一个有趣的试验：当把 chack（字典里没有的字）这个字混在许多家禽的名字中间时，人们就会误把它读成 chick（小鸡）；但当把同一个字放在有关银行事业的语句中时，绝大多数人又会误把它读成 check（支票）。他们在试验中还发现，肚子饿的被试者多半会从一种模糊的形象中看到食物，而肚子饱的人就不会发生这种情形"（滕守尧：《审美心理描述》，中国社会科学出版社，1985，第58页）

② "冈姆布雷奇说过：'一个对象与我们的生存需要联系得愈紧密，我们就愈易于对它认知——这样，我们所持的形式上的对应标准也就越不严格。'（冈姆布雷奇：《艺术形式的起源》）"（鲁道夫·阿恩海姆：《艺术与视知觉》，滕守尧、朱疆源译，中国社会科学出版社，1984，第60页）

③ 鲁道夫·阿恩海姆：《艺术与视知觉》，滕守尧、朱疆源译，中国社会科学出版社，1984，第52-53页。

（2）但这种把握只是抓住了突出的部分，而不是全部和更深层的部分；

（3）因此也只是粗略地了解和了解到粗略的结构。

这样，知觉就既不同于感觉（只是反映了事物的个别属性），又不同于思维，而是两者的中间环节，是一个过渡阶段，是一个中介。它需要"上挂"——感觉，又需要"下联"——以后的各种心理活动；但这又不是理性的活动。许多心理学家将这种知觉的活动称为"无意识推理"或"无意识计算"。对此，阿恩海姆指出，知觉本身除了机械地录制外部世界在感官上打下的印记之外，其他某些在理性思维水平上进行的心理机制也可以在知觉水平上进行。他说："因此，类似概念、判断、逻辑、抽象、推理、计算等字眼，同样也适用于描绘感官的工作。"[①]可见，知觉就是这样处于一个活动的整体系列中。虽然我们单独地来阐述它的性质和作用，但是我们不能孤立地看待它。它的"质"介乎感觉与思维之间。

阿恩海姆还进一步阐明，这种把握事物粗略结构特征所构成的"图式"，"并不是由任何特殊的刺激式样直接提供的"。它只是表明刺激物（对象）的"轮廓进入了知觉过程之中"，而"这一刺激物的大体轮廓，在大脑里唤起的是那种属于一般感觉范畴的特定图式"。阿恩海姆作了一个很恰当的比喻，他说，这时，这个特定的图式，就代替了刺激物来发生作用，"就像科学陈述中一系列概念组成的网络去代替真实的现象一样"。[②]这样，我们面前就摆着两个图式：一个是知觉对刺激物（即对象）的轮廓、完形（或称结构特征）把握之后形成的图式，它是刺激物所产生的，但不是刺激物本身，只是刺激物的替代物，是主体把握了对象之后的产物；另一个是主体原来已经形成的内心图式。现在，这两种图式面对面地"相遇"了，它们的活动就是内心图式对外在图式的选择、判断和行动：合则留，不合则去。但是，这又是有条件的。这条件是：外在图式必须与内心图式有关，有相似、相同、相通之处，否则不为所取，"形同异物"，排斥在外了；但是，又不能完全一样，如果是这

---

① 鲁道夫·阿恩海姆：《艺术与视知觉》，滕守尧、朱疆源译，中国社会科学出版社，1984，第55页。

② 以上引号中文字均见鲁道夫·阿恩海姆：《艺术与视知觉》，滕守尧、朱疆源译，中国社会科学出版社，1984，第53页。

样，内心图式又会对之毫不感兴趣，而将之弃置不顾了。[1]这在现代心理学中被称为"差异原理"。这个原理证明，"人的知觉能力和敏感性不仅与上述诸种因素（指主体的'全部生活经验'中的各种因素——引用者）有关，还与眼前的'图式'与心中熟悉的'图式'之间的差异有关。""只有那些不是与心中的图式完全雷同和完全无关的形式，即与内在图式具有一定差异性的图式，才能引起人的敏锐的知觉。"[2]这里提出了"相似"与"相异"两个方面的条件，因此，我们从另一方面来表述和称谓"差异原理"，也可以将其称作"相似原理"。总之，从两个方面来看，内心的图式和眼前的、外在的图式，已有的图式和现有的图式，这两者的质量和两者之间的关系，决定着知觉的性质、质量和效益。

这种知觉的性质和质量，我们可以称为"眼力"或"悟解能力"。它说明了知觉的主观性和主体的能动作用。人总是用这种知觉"眼力"或"悟解能力"去捕捉、收集、"降服"、吸收它的知觉对象。知觉的内容和倾向对之具有一种依赖性。

知觉照见人。人的知觉能力表现了其"眼力"和"悟解能力"。人凭着这个能力可以主动去掌握、认识世界，这就是观察。这是一种主体有意识、有目的的知觉。它是有意知觉[3]的高度发展的形式。因此是更高、更多地发挥了人的主体作用、主观能动性的知觉，是获取更多、更符合自身需要的知觉，因此也就是对已有的内心图式更好的扩充、增加，对已有经验的增补。人的观察力就是这样形成和发展的。

这里再谈一下审美知觉问题。它与一般知觉自然是相通的，但又有

---

[1] "心理学家舒帕尔·卡格安（Schubel Kagan）在观察儿童的行为时发现，在那些十分熟悉的事物面前，儿童总是表现得心灰意懒、毫无兴趣；而当把那些他们不熟悉的事物放在面前时，他们便显得无动于衷；只有那些与他熟悉的事物有所不同，但又可以看得出与它们有一定联系的事物，才能真正吸引他们。"（滕守尧：《审美心理描述》，中国社会科学出版社，1985，第60页）

[2] 滕守尧：《审美心理描述》，中国社会科学出版社，1985，第60页。

[3] "随意知觉的一个重要形式——观察——是对周围世界对象和现象的有意的、有计划的知觉。"（彼得罗夫斯基主编《普通心理学》，朱智贤等译，人民教育出版社，1981，第288页）

"曾计算过，人眼一天完成大约100000次跳动。设想这些移动是彼此无关的、混乱的、无目的的、没有控制的，在这种情况下观察者很难搞清楚这一堆混乱的印象。他需要指示观察方向的'罗盘'。这种'罗盘'就是观察者面临的课题，观察计划。"（同上书，第289页）

区别。它是在一般知觉基础上发生的，不过具有它自己的特色。它的主要特色是形式结构与情感模式，是两者的契合。

审美知觉的形式结构特征和情感模式是它的基本特征，它表明审美态度中的知觉，不仅像一般知觉那样，从结构形态上去把握对象，而且特别注重这一点，它会更突出而鲜明地形成对象的轮廓性的形式结构和一种附加上自己的兴趣、理解、解释和情绪、情感以及期待的"图式"；而且，在它的把握过程中，灌注了情感，有一种情感模式在起作用，形成"内在情感模式与外在形式结构的契合"①。

从以上关于知觉和审美知觉某些特征的叙述中，我们可以体察到，它们在一个作家艺术家创作心理的形成过程中，在其结构中，占有何等重要的地位。用阿恩海姆的话来说，是一种决定性的作用。这表现在：

（1）感觉只是对于事物个别属性的反映，只是获取了一些个别的信息、个别的材料，主体与环境只是建立了初步的联系，只有知觉才前进了一步，从整体上把握了对象，并运用主体自己的内在经验与期待建立了对象图式，为向下一步发展创造了条件；

（2）知觉的活动性质（与内心图式相关相似又有新经验），使它能够获取新的经验、新的材料和信息，来充实、发展、提高原有的图式，取得心理能力的发展；

（3）对于形式结构的掌握和情感模式的不断发展，都在审美心理方面，充实提高了主体，也就是发展和培育了主体的艺术思维和艺术气质的基础因素和心理因素；

（4）审美知觉的发展，为审美心理和创作心理的下几个环节的发展创造了物质的、艺术的、心理的条件，没有这个环节的发展，后续诸环节就成为"无米之炊"了。

一个预备作家在形成自己的创作心理的过程中，总是不自觉地在形成、发展自己的普通知觉能力和审美知觉能力，锻炼、培养自己的"眼力"和直接达到的、未经思维过程的"悟解能力"，同时也培养、提高着自己的观察力。他在世界的海洋中游泳，在生活的莽原上驰骋，在错综复杂的社会现象和社会事件中接受信息、接受刺激，这都不断地培育着他的知觉能力，包括审美知觉能力。他的生活面越广，经历的事越多、

---

① 滕守尧：《审美心理描述》，中国社会科学出版社，1985，第59页。

越复杂、越跌宕起伏、冲击力越大，震动大、影响深，越有利于知觉能力的发展，越能使他的内心"图式"丰富、复杂，信息含量大、痕迹刻画深。这些，是他的知觉的培训者，也是他的创作心理的培育者。已经成为作家的人，也需要不断提高自己的知觉能力，更新内心的图式，这样，他的"眼力"会越来越敏锐，"悟解能力"和观察力也会越来越强。他的知觉能力就成为他的创作心理形成过程中的开辟"材料"源泉的武器，而知觉所获取的材料和建立的种种图式，就成为原材料的储藏所了。

知觉是重要的；审美知觉能力是宝贵的。

3. 表象

感觉与知觉留下的形象以表象的形式留存下来。表象也可称为心象。由此可见，表象是以感觉和知觉映象为源泉的，也是间接反映事物的。表象（心象）的生成，并不要求对象在眼前。它以感知映象为基础。因此，表象既反映对象的直观映象，又反映对象的概括映象，其中有两者的互相渗透。第一信号系统的信号是表象的起点，同时，又有第二信号系统（口头的或书面的语言符号）参与。[1]

表象的这种对于感觉、知觉的依赖性，决定了它不仅是间接反映事物的，而且决定了它是一种感性形式，总是保持着事物的直觉形象，不过它却比知觉更暗淡、模糊和片断。

表象有个别表象和一般表象之分。前者只反映事物的个别特征，后者则反映相同或类似事物的共同性特征。比如关于个别人和一般人的表象、关于具体某个苹果和关于苹果的表象，就分属于个别表象和一般表象。一般表象概括了几种或更多的对象的共同性特征，因此它不同于感知觉，而带有概括的、理论的、抽象的因素。表象的这种性质，使它"高"于感觉和知觉，又"低"于思维，它是从感知觉过渡到思维的中间环节。

表象的这种既具体又概括的性质和"能力"，使它在人的心理活动中占据颇为重要的地位。因为当对象消失之后，人们无从感觉和知觉，只有靠表象来留存对象的信息了。而且，它还能综合许多相同、类似事

---

[1]　波果斯洛夫斯基等主编《普通心理学》，魏庆安等译，人民教育出版社，1981，第236页。

物的感知觉映象。只因为有了表象，人们才能在对象消失之后，进行以后的、逐级升高的心理活动。它好像是人的心理的摄影机，把对象的形象"拍照"下来留存在心里了。但它又高于摄影，因为它还具有一定的概括能力。

正是因为表象具有这种能力，它才能成为记忆的材料，是记忆的源泉和基础。

根据表象感知的特点，还可以将表象分作视觉、听觉、触觉、嗅觉、味觉等不同的表象。从事不同职业的人，会有不同的表象优势。比如画家之于视觉表象、音乐家之于听觉表象。对于作家来说，对生活的了解，常常是运用了多种多样的表象，但最重要的还是视觉表象。作家对生活的观察，十分重要的是依赖视觉表象。表象更为重要的类别划分是记忆表象和想象表象。记忆表象是感觉、知觉留下的表象的重复，是记忆储存的检索；而想象表象则是在想象中对既有表象的加工改造，从而出现从未有过的表象。

显然，对于作家来说，重要的是新的想象表象。作家在日常生活中会接触各种各样的事物，留下各种各样的表象。这种表象越多，涉及面越广、内容越丰富、品类越多样，对于他的心理能力锻炼和对于创作心理成长便越好。同时，他的记忆储存也就越丰富。所以，所谓作家的"生活丰富"，也就是说他所得到的表象很丰富。至于想象表象的丰富和这种心理能力的强化，对于一位作家来说当然是更为重要的。事实上，形成这种想象表象的过程是对已有事物映象在初级水平上的梳理、"咀嚼"、调整和组合。这已经是对表象的初级加工了。这一步工作，对于下一步的心理活动（比如记忆，尤其是想象）具有重要的作用。

作家在形成自己的创作心理过程中，便要培养、锻炼这种想象表象的能力。许多优秀的作家很早就具有这种想象表象的能力。

4. 联想

联想是一个重要的心理现象，也是一个重要的心理能力。联想的"联"字，表明它是过去与未来的中介。

联想有两方面的含义。一是由一个对象到另一个对象，引起相联系的想象。比如由明月想到故乡，由故乡想到故乡的亲人和山水；由下雨想到河水，由河水想到船与帆，由此想到远去的亲人、想到离别。如果是由词语引起的联想，便会在词语的激发下而去想象与之关联的事物，如"山是眉峰聚""云想衣裳花想容"，便由自然而想到人体和人体的美，读者也就会由山、云、花、月的形象联想到人的眉、衣裳、容貌。

另一种联想，是由于两个现象相关联（经常同时发生或相联系地发生），虽然两者之间没有什么本质的关联，性质也不类似，但仍能产生联系。如巴甫洛夫用狗所做的实验，使狗把进食与灯光或声音相联系，当月光或某个声音出现时，狗便联想到食物，因而引起食欲反射。巴甫洛夫写道："暂时神经联系乃是动物界和我们人类本身最一般的生理现象。而且它同时又是心理学者称之为联想的心理现象，不论它是由结合各种各样的行动和印象而形成的，抑或结合字母、词和思想而形成的。"[①]巴甫洛夫指出，"联想"这个心理现象就是一种暂时的神经联系。这种联系是由各种行动、印象、字母、词和思想建立起来的。这说明联想与人的活动、与人所获得的印象和所掌握的词语都有关联，这些都是建立神经联系和心理联想的"通道"、"中介"或叫"介质"。

巴甫洛夫还说："当形成联系的时候，即形成称作联想的东西的时候，这无疑的就是关于事物的知识，关于外在世界一定关系的知识，但当你下一次利用它的时候，这就叫作理解。也就是说，利用知识，利用所获得的联系，这就是理解。"[②]联想的这种理解功能，体现在三个方面：

（1）作为原有的知识、经验，对新来的刺激引起的联想，表现为基础、定势和导向的作用，它决定理解或不理解的选择结果；如果理解了，它就决定理解的性质、程度和深度。

（2）在外在的、类似联想中，它表现为比喻性的理解；由甲事物引起某种联想，而认识、判断产生刺激的乙事物。

（3）已有的理解能力作为基础，可以相互联系地理解类似、类同和产生相类联想的事物。联想的这种理解功能，对于人的心理能力成长，具有很重要的意义。对于作家、艺术家来说，尤其如此。联想丰富，联

① 巴甫洛夫：《巴甫洛夫选集》，科学出版社，1955，第154页。转引自陈孝禅编《普通心理学》，湖南人民出版社，1983，第241页。

② 同上。

想力高，联想率也高，便是作家创作心理的重要内涵和重要能力；也是培养创作心理的重要功能杠杆。凭借它，作家可以丰富、发展自己的创作心理。

5. 记忆

记忆的重要意义是人们很容易想象到的，然而对于记忆的常识性了解，并不能真正认识心理学上所说的记忆。心理学关于记忆的研究和所取得的成果，使我们对于记忆的机制、记忆的种类和性质、记忆的作用，都有了比常识性了解要深刻得多的理解。

记忆包括四个程序：识记、保持、重现和再认。对象刺激人脑，人脑做出反应并且把这种反应储存下来，形成一种刻痕，这就是记忆。用信息论的原理，可以把记忆列为下列图式（图5-2）。

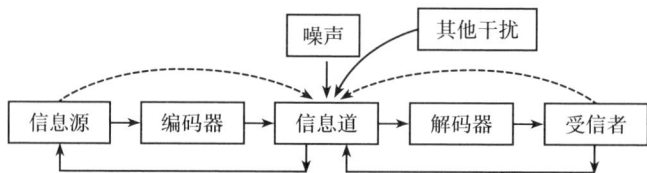

图5-2 记忆结构示意图
（本图采自陈原《社会语言学》）

这个图式反映了信息刺激发出之后在人脑中的反应、反馈过程；而后，我们还可以用另一图式来表示记忆的状况[①]（图5-3）。

---

① 关于记忆的生理机制，可供参考的有两节引文：

"现代研究表明，与记忆有关的脑的部位主要是颞叶和海马。……若以微电流刺激人们的颞叶，能唤起对往事的回忆。……海马与短时记忆、新近记忆有关，但它不是记忆痕迹储存的部位。"（陈孝禅编《普通心理学》，湖南人民出版社，1983，第235页）

"人脑是从感觉器官收取信息的。假如人体外有一个信号源（声音、气味、图象等）向人发出信息，人的五官——视觉、听觉、触觉、味觉、嗅觉器官——得到信息后，进入人脑的临时储存器，在这里停留约6到10秒，然后经过选择，或者要立即反馈，或者进入短期储存器，在这里约莫可储存20秒之久；又经过选择，一部分进入永久储存器——这就是记忆。人脑对所收取的信息加以选择，作出储存或立即作出反馈的决定，而当作出反馈时，又动用短期的或永久的储存器中记忆信息来做比较或索性动用。所有这一过程，都是通过神经元进行的，人脑大约有 10^{10}（即一百亿）个神经元……"（陈原：《社会语言学》，学林出版社，1983，第73页）

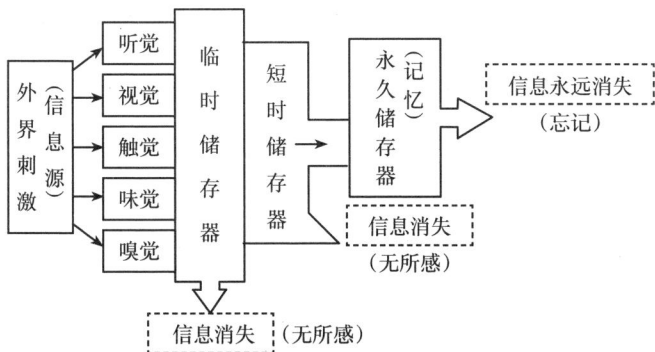

图5-3　记忆运行状态示意图

（本图采自陈原《社会语言学》）

从这两个图式中，我们可以概括地和明了地看见对象所发出的信息如何先经过感觉器，经过过滤、选择，即经过感觉和知觉的活动之后，排除其他信息的干扰或被其他信息所干扰，有的临时储存下来，有的消失；然后又经过一次选择和过滤，再次消失一些信息，又储存一部分信息，进入记忆库。

在这个过程中，人的心理能力进行了两个方面的锻炼和培养，取得了两个方面的收获：第一，锻炼、培养了记忆能力，不断提高识记、保持、重现和再认的能力；第二，锻炼和培养了记忆库的收藏力和收藏率，使得这个信息库的库藏量不断丰富。这种记忆能力和丰富的库藏量，综合而成为一个人高强的记忆心理能力。这是创作心理的重要构成因素。其质量的高低，直接决定创作心理水平的高低。

记忆的重要功能是把人的心理活动同过去、同已有的经验联结起来，也就是使人成长起来。人的心理能力的发展，人的素质的成长，就靠记忆的积累。"离开了记忆过程，任何现实的动作都是不可思议的，因为任何心理活动，即使是最简单的心理活动，都必须以保留它的每一个当前的要素为前提，从而把它与随后的要素'联结起来'。没有这种'联结'的能力，发展是不可能的：人便会'永远处在新生儿的状况'（谢切诺夫）。"①人之所以能够从新生儿一步步地在心理上、在意识上成长起来，就因为有记忆，因为能够运用记忆这个黏合剂把过去和现在联结起来。

每一个人都保持着自己的记忆，不仅保持着人们有关生活、劳动、认识、情感、思想的记忆，而且，特别重要的是，还保持着自己独特的

---

① 彼得罗夫斯基主编《普通心理学》，朱智贤等译，人民教育出版社，1981，第306-307页。

记忆。这种记忆，保存着他自己的独特生活经历和独特生理—心理状况的内蕴，保存着他生平经历的各种"自个儿"的记忆。这种记忆既保存着往日的遗痕，又是形成以后的遗痕的基础。因此，记忆的另一个重要特征就是保证人的个性的统一性和完整性。——记忆的延续，保证了认知、情感、态度的延续。

作家，就是要做一个有独特记忆和独特记忆力的人。他独特的记忆，不仅是他的生活足迹、人生经历的记录，而且是他独特的人格和独特的创作个性的基本因素。保持鲜明的独特的记忆，就是保持鲜明的独特的创作个性的统一性和完整性。一位作家，保持独特的记忆力，也是他的创作心理的基础，是他的创作能力的基础因素。

锻炼和保持并不断提高你的记忆力吧，这是一位预备作家和一位不断前进的作家的"看家本领"之一。

记忆有多种，可以按不同的标准和从不同的角度进行分类。

如果按照记忆持续的时间来分，可以分为三种类型：感觉记忆、短时记忆、长时记忆。如果按照"在活动中占优势的心理积极性的性质"来分，又有另外四种类型：运动记忆、情绪记忆、形象记忆、词—逻辑记忆。而依照"活动的目的的性质"来分，记忆又可分为不随意记忆和随意记忆。

最短的记忆是感觉记忆，只有十几分之若干秒，真可谓一瞬间了；稍长一点儿的是短时记忆；再进一层，就是长时记忆了。美国布恩、埃克斯特兰德主编的《心理学原理和应用》中，用图式来表明三个记忆系统的进展程序和工作状况，以及每个记忆系统的大致内涵，它使我们能够较清晰地了解三个记忆系统的面貌。图式[①]（图5-4）如下：

---

① 关于这个图式，该书作者还有如下说明，对于我们了解和掌握三种记忆很有价值："该图表示三种记忆系统的简明相互关系。新来的信息首先在感觉记忆系统登记。如果这个信息受到注意，就转入或编入短时记忆系统。只要通过背诵（重复它）就可将这个信息保留在短时记忆系统中，并作为反应输出回忆起来。但短时记忆系统容量有限，也许在同一时间内只能装七个信息单位。超过七个，有些老的信息单位就要被新的信息单位排挤。被挤出短时记忆的信息单位有两种结局。它可能干脆被消除（遗忘），就像你初次查到（进入短时记忆）一个电话号码时通常经历的情况一样。另一种情况，你可能对自己说你要记住那个号码，以便日后再用。于是，你或者重复（即背诵）它，或者以某种方式将它编码，譬如按数字—字母码变成一个词，把这个号码保留在短时记忆中。你所作的这种努力会使这个号码进入第三个记忆系统，即长时记忆系统。这样，信息从短时记忆进入长时记忆，以便较长久地储存。"（伯恩、埃克斯特兰德主编《心理学原理和应用》，韩进之等译，知识出版社，1985，第165页）

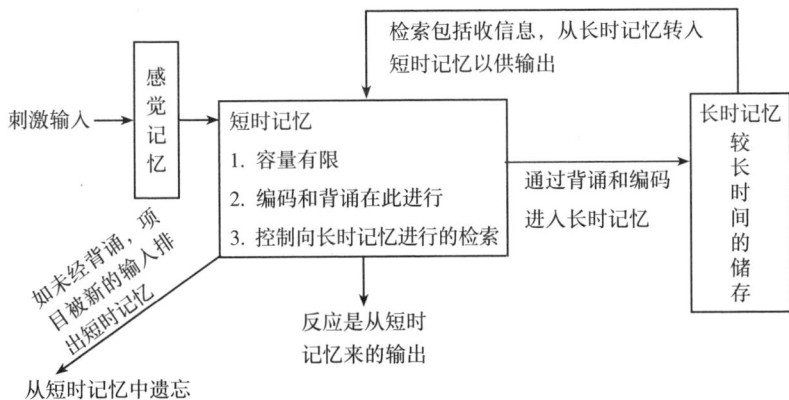

图5-4 三种记忆系统结构示意图

在这三种记忆类型中，最重要的自然是长时记忆，它是记忆的宝库、信息的渊薮。一位作家必须具有长时记忆的高强能力，必须具有长时记忆的丰富记忆库，才能形成高质量的创作心理，才能成为一个能够进行高质量创作的作家。但是，这一点也是相对的，并不是在任何时候、对任何对象的长时记忆都是好的。这里依然存在选择、过滤的积极作用（这一点后面还要谈到）。

在按照活动中占优势的心理积极性的性质来分的四种类型的记忆中，每一种都有一种"心理积极性"占着优势，并相应地体现各种动作和产品的特征。运动记忆占着优势和特征体现的是运动；情绪记忆占着优势和特征体现的是情感；形象记忆占着优势和特征体现的是形象；词一逻辑记忆占优势和特征体现的则是思想。由此可见，这四种记忆类型对于作家来说都是重要的，不可少的。当然，其中还可挑出更为重要、更具有积极意义的记忆种类，这就是情绪记忆和形象记忆。

情绪记忆就是对于情绪、情感的记忆，因此它同时也是一种挟带着、渗透着情绪、情感的记忆。K.C.斯坦尼斯拉夫斯基曾经说过："既然你们在回忆过去一个体验的时候，可以使脸色惨白，或者变红，既然你们害怕回想过去遭到的不幸，那么这就是说你们是有情感记忆的。"[①]情绪、情感的记忆和富有情绪、情感的记忆，对于作家来说自然是十分重要的。正是这种记忆的储存和检索（回忆），往往引起创作冲动，或者供给作家有用的创作素材。储存信息自身的情绪性和记忆自身的情绪性，都使这种记忆具有重要的和宝贵的意义。

① 波果斯洛夫斯基等主编《普通心理学》，魏庆安等译，人民教育出版社，1981，第233页。

情绪记忆可以说是创作心理中的一颗珍珠，是作家心中的一宝。关于它，我们在后面还会专门谈及。

形象记忆，向来是受到作家重视的，它对于创作的重要意义也为一般人所了解。它本是一般人都具有的记忆能力。但是，作家、艺术家则需要这种记忆特别发达。因为它是对于形象的记忆，记忆中蕴含着突出、鲜明的形象性，一切事物、人物都以"形象的"状貌进入记忆库，以备应用。而且，形象记忆并不只是限于视觉、听觉、味觉、嗅觉、触觉的记忆，也同样有形象记忆。它可以再现这些方面的感觉、知觉之所得。

培养创作心理，重要的内容之一就是培养、提高形象记忆能力。这是一位作家必备的心理素质。

词—逻辑记忆是人类所独有的（其他几类记忆的极简单形式，动物也有），因此它在人的记忆系统中处于重要的地位。它一方面要以其他三种类型的记忆为基础；另一方面，它在几种记忆系统中，又居于主导地位，其他记忆系统的发展有赖于它的发展，因为词—逻辑记忆是运用语言来记忆的，在这里第二信号系统起着主要作用，它是富有思想性、理解性的记忆，它能够帮助梳理、整合其他记忆。因此，词—逻辑记忆对于作家创作心理结构也是很重要的。

在记忆系统中，形象记忆与词—逻辑记忆的关系，在尔后的高级心理活动——思维——中，影响到形象思维与逻辑思维的关系。它是这两种思维发展水平和结构关系的重要基础。

随意记忆和不随意记忆表现了人在记忆中的主动性、积极性，同时又表现了潜在的记忆能力。不随意记忆会在不自觉中识记感觉、知觉印象，进入记忆储存系统，成为人的经验，对于人的活动具有巨大的意义；而随意记忆则"服从"人的目的、意图和安排，采取专门的记忆动作（如背诵、默吟、重复等），以记住所要记忆的东西。两种记忆相互衔接和补充，成为人们记忆活动中的两翼，为人的意识、思维服务。

记忆的反面是遗忘，它与记忆紧密相连，两者处于一个统一的心理活动过程之中。人们往往以为遗忘只是起消极作用的。这是对遗忘的误解。有记忆就必须有遗忘，没有遗忘也就没有记忆。当然，遗忘是记忆的丧失，它是一种消极的现象。但是，如果人们只有记忆而没有遗忘，他就将会连记忆也都丧失。因为，要记住每天所遇见的事情、人物，要储存五官每天所接受的信息刺激是不可能做到的，那样信息量过多会储存不了，接受过多会易于疲劳，杂然纷呈，无一遗漏，也就混乱一片，无所谓记忆，最后就会导致记忆的消失。实际上，我们经历的是每时每刻都在进行的记忆——遗忘——记忆这样一个完整的、辩证的、互相衔接、渗透的心理活动过程。善于遗忘的人，才是善于记忆的人。善于记忆的人，也就必然要善于遗忘。人们正是在遗忘的过程中实现记忆的。遗忘也表现了一个人的经验、心理图式和个性，既体现他的心性和素质，也表明他的职业和兴趣。作家不仅记忆具有特点，遗忘也具有与记忆相联系、相结合的特点。事实上，遗忘也就是一种选择。

消极的遗忘有两种：痕迹遗忘和线索遗忘。前者是在回忆时无痕迹可循，它已经消失了；后者则是干扰阻断了记忆，由于线索中断而至检索失败。因此，为了避免这种遗忘，或者为了巩固记忆，就需要加深痕迹，减少或排除干扰（阻碍其他信息的竞争），使线索连贯。

心理学中的一派新的理论提出，只有一种记忆，而不是三种或四种类型的记忆。这种被称为"处理水平理论"的理论，不是以不同的储存位置为基础来衡量和确定记忆的不同程度，而是以对信息的不同水平的处理来确定记忆的程度，即看信息接受者对信息做了多少处理来解释不同程度的记忆。这种理论的可取之处在于，它把记忆主体对刺激的信息处理纳入了记忆的范畴，体现了主体在记忆过程中的活动、主动性与能动作用。它这样来划分对信息的处理水平：

（1）肤浅的处理。"只注意它的显著的外形和容易观察到的特点"，"对刺激的信息进行最低程度的处理"。这是一种感觉记忆，很快就会被忘记，存在的时间很短。

（2）进行一些背诵活动的处理。如果材料具有一定的重要性而又允许的话，就做这样一种水平的处理。结果可使记忆储存保持较长一点的时间。

（3）深刻的处理。假设信息重要，我们有必要永久或较长时间地记住它，便进行这种处理。它的方法和内容主要有：找出新的信息与已知事物的关系，从各方面看信息以发现其重要特征，挖掘信息的深刻语义，等等。[①]

---

① 伯恩、埃克斯特兰德主编《心理学原理和应用》，韩进之等译，知识出版社，1985，第166页。

这种记忆的一元论，虽然是从记忆的性质与分类的角度来说的，却提出了一个重要的事实：人对事实、材料、信息的处理，显示了人的主动性和能动作用。这种对信息的处理水平，已经超过了遗忘的处理水平。遗忘还只是一种选择和过滤（就积极遗忘来说），而这种处理却已经是对信息一定程度的加工了，是向着信息的深层内容和本质进行能动的活动了。

但是，记忆活动中最能表现人的主观能动作用的，还是记忆的这种本质：记忆是一种重建。遗忘和深层处理，还是在不改变信息的状态前提下的加工，是选择、过滤和了解、分析；而重建，却是对信息的整合与改造。心理学家指出，我们的记忆从来不是客观地、原封不动地复印对象或重复信息本身，而是在选择的基础上又加上了变形，这种变形又是富有主观色彩的。就是说，是主体从自己的已有经验、心理定势、注意的角度以至自己的想象出发，来记录对象的。①许多人同时观察同一种事物，接受相同信息的刺激，但所做出的反应却各不相同：不仅侧重点、抓住的特征不一定相同，而且往往赋予对象所没有的状貌和表现，或者对象可能带有或会引起但事实上却没有的现象。②这就是记忆的重建性或叫记忆的重建现象。

记忆的这种性质，很值得我们重视。它告诉我们：凡记忆，就有误解；凡记忆，就有变形；凡记忆，就有记忆主体赋予的东西；凡记忆，就带有一定的创造性，就有加工；凡记忆，就自带主体自身的色彩。这

---

① "记忆可能很少，以对原来的经验丝毫不差的复印为基础。我们在学习和储存信息时，并不是消极地复印，将完美的复印件存档以备检索。相反，在收到信息时，我们积极地理解它（我们学习时进行思考），而可能只把这一信息经过抽象后的一般表象存档，以后如有必要，我们能检索出一般的意思，重建原来的经验。"（同上书，第173页）

　　"我们记忆中并没有贮存谈话或文章逐词逐句的复印作品，我们记忆中只有关于所说或所写的大意或大体的事实。"（同上书，第172页）

② 《心理学原理和应用》中援引了这样的试验。

被试者听了下面两段文字：

1. 约翰正在修理鸟舍钉着钉子的时候，他父亲出来看他，想帮他干活儿。

2. 深夜……那间谍刚好把秘密文件扔进壁炉，因为再过三十秒就太晚了。

　　然后，被试者却认为他们听到了下面这样两段文字：

3. 约翰正用钉锤修理鸟舍时，他的父亲出来看他，想帮他干活儿。

4. 间谍刚好把秘密文件烧掉，因为再过三十秒就太晚了。（第172页）

显然，被试者的记忆中加上了自己的合理想象，添加了原句中没有的东西。

一点，对于作家、艺术家来说特别重要；因为，记忆的这种性质，决定了作家、艺术家的记忆本身，就包含着他对对象的加工、处理、变形和赋形（反映他自身的特点）。因此，作家、艺术家的所谓"生活经验"，实质上一个重要的内涵就是记忆库中的藏品，而这些藏品是已经经过了初步加工的，是经过了前创作阶段的创作处理的了。也许我们不妨说，作家、艺术家就是重建性记忆或记忆的重建性强的人。他们的创作心理的重要内涵之一就是重建性强的记忆心理能量和心理品质。培养这种记忆本领和品质，就是培养创作心理的一个重要方面。出色的作家和古今中外那些文学大师，正是这种重建性记忆强的人。

6. 注意——注意力——兴趣

"注意"这个心理活动和心理现象，很值得我们注意。[①]它相当活跃，积极地参与从感觉到思维的一系列心理活动过程。它可以强化各个心理活动并使它们获得更好的效果。所以，可以说注意是心理过程的催化剂。用乌申斯基的话来说，它又是一扇"门"。"……注意就是那扇门，一切由外部世界进入人的灵魂的东西都通过这扇门，……"[②]注意这扇门开启了，外界信息和事物才能进入人的心理、心灵；它关闭了，一切就都在外面：视而不见、听而不闻、触而不觉、食而无味。所以，注意的两大特征就是：（1）对象的选择性；（2）意识的集中性。首先是对刺激物的选择，它予以接受，便被感知，然后进入相继发生的心理过程；但如果不被注意所获取，成为无关刺激，就不能被接受，不被察觉。选择之后就是意识的集中，这是一种定向性的集中，由此可以得到心理优势和良好效果。"注意——这是心理（意识）对那些于个人具有稳固的或情景意义的一定客体的指向性，是以提高感性的、理性的或运动的积极性水平为目的的心理（意识）的集中。"[③]经过选择和集中，心理便表现为一种觉醒状态。它会导致更高和更好的心理活动效果。

---

① "为了更完善地了解周围环境的变化，洞悉新出现的刺激物，人或动物产生了定向反射（Orientational reflex），来审察周围环境的变化，给予一种独立的特别反应，这就是注意。"（陈孝禅编《普通心理学》，湖南人民出版社，1983，第202页）

② 《乌申斯基全集》第10卷，转引自波果斯洛夫斯基等主编《普通心理学》，魏庆安等译，人民教育出版社，1981，第155页。

③ 彼得罗夫斯基主编《普通心理学》，朱智贤等译，人民教育出版社，1981，第201页。

注意同个性、兴趣、期待、意志都有密切的关系。这些，决定着注意的定向、注意觉醒状态的水平以至心理活动的效果。注意分为有意注意和无意注意两种，也叫随意注意和不随意注意。"随意注意是注意的一种高级形式，它是在劳动的过程中产生的。"马克思写道："除了从事劳动的那些器官紧张之外，在整个劳动时间内还需要有作为注意力表现出来的有目的的意志……"①

可见，注意力同时表现为一种意志力。坚强的意志能够增强注意力，并能促成注意力的稳定性。但是，如果进到无须意志的努力而能进入注意状态并处于相当稳定的层次，那么这种注意就是自动的随意注意（有意注意），它的效果会更为良好。苏联心理学家多勃雷宁采用了"随意后注意"这个术语，它标识了注意的一种高强状态。"人们把最强烈和有效的智力活动与这种形式的注意联系起来。（H.B.斯特拉霍夫）"②这就是说，这种注意是智力的一种活动，是主体性强的表现。

我们需要培养的正是这种随意后注意，它使注意进入一个觉醒水平更高、自觉程度更高和能够获得更好效益的状态。这是一种精神奋发、注意力集中、用志不纷的良好心理状态。我们需要通过主观努力、环境改善、心理能力培养来促使这种注意状态的出现。一个作家的创作心理的形成，这种注意心理能力培养是极为重要的。

兴趣是注意的一个重要动力。只有对某个事物有了浓厚的兴趣，才能产生高度的注意。但兴趣看似随意性很大，事实上却是由人们的许多思想情感内涵所决定的。兴趣本身又有它的原动力。其中，对对象（事物、人、事业、自然界等）的热爱、关切和深刻了解，是产生兴趣的强大动力。由于这些原因而产生了对某些固定事物、固定对象的长久的、稳定的兴趣，从而形成一种动力定型，无论在何种情况下，一般都能产生兴趣，燃起注意的火炬，无论是随意注意或不随意注意都会发生，这种"火炬"照亮了心理之窗，产生强度、深刻度都超乎寻常的感觉、知觉以及其他心理活动。

对于一位预备作家或作家来说，对文学艺术的兴趣（一般都应该是第一位的兴趣）自然是重要的。只有这样，才能产生他的心理活动机制中广泛而深刻的对于文学艺术作品和现象的注意——一种经常的、恒定的、稳态的注意；同时，还有对于从事文学艺术活动的高度的注意。这实际上就是对于文艺修养的注意和对于文艺实践的注意。

因此，注意的能力，便成为作家创作心理的一项重要心理能力。一个心猿意马的人，一个很容易被其他事物吸引、受到环境的一点儿干扰就分散注意力的人，是很难成为作家或很难成为取得较大成就的作家的。古今中外有许多作家都具有注意力非常容易集中、注意力集中之后又不易分散的心理品性，文学史上也流传着不少这类动人的故事。

兴趣的产生是由于有一种需要，但兴趣还不是需要。一般性的、止于好奇的兴趣，有与没有、得到与否，都无大的关系；浅尝辄止，过后即忘，这种浅层低度的兴趣，也能引起一个短暂的或者短时期的、一定程度的注意，但是很容易被分散、很快就会消失。然而，长久的、巩固的、深刻的兴趣，却能够转化为一种需要。这种需要是深沉的，简直是"裹着生命"和渗透着人的生命汁液的需要。这种兴趣——需要，是一种最强大的内驱力，是创造能力的重要心理基础。

作家、艺术家的这种兴趣——需要状态，显得特别重要。仅仅从职业的眼光来看，从事文艺创作与从事科学研究事业类同，要求主体具有更高的"兴趣——需要"水平，其高度要达到一种献身的状态。这是为古今中外的许多事例所证明了的。没有一位大师，没有一位有重大成就的作家、艺术家，不是"兴趣——需要"达到"献身"水平的。这里的"兴趣"自然已经不是一般的生理——心理的能力和状态，而是一种社会文化——心理的能力和状态。其中蕴含着广泛而深刻的历史、社会、文化内容，如历史发展的内容、社会发展的需要、文化发展的诸多因素等，它们都以一种社会思潮、社会心理、时代需要、文化内涵、民族国家的命运以及人民的愿望等形态，单独地或浑然一体地呈现出来，而人格化或个体化地表现在一位作家、艺术家或文化大师身上。它的外显形态和内在动力，表现为单体的"兴趣——需要"形态。[①]

我们只列举但丁、歌德、普希金、高尔基、鲁迅、罗曼·罗兰等中外大师，就可以想见这种状态了。他们都是时代的产儿、民族之子和文

---

① 这一情形，我们在本书"人生三觉醒"中所介绍的我国当代作家的叙述中，可以鲜明地看到。这些作家对于文学的兴趣、需要，都同时代、历史、社会、文化的发展状况有明显的联系。具体地说，同抗日战争、解放战争等的关系甚为密切。

化大师。在他们的心理品质中，都表现出一种激发程度极高和极为深刻的对于文学艺术以至全民族、全人类文化的"兴趣——需要"状态。其中蕴含着极为深厚沉重的历史的、时代的、人类的、民族的思想文化素质。他们能成为大师，做出伟大贡献于本民族和全人类，固然有许多原因，但其中一个重要的原因便是这种"兴趣——需要"状态和由注意、注意力被高度调动而激发的特殊心理品性。

对于作家、艺术家来说，兴趣的广泛也是特别重要的。但这种广泛却不是用志不专的表现，而是以一种志趣为中心广泛吸取其他事物和对象的信息、知识、能量的表现。无论是从培养创作心理、创造能力来说，还是为了获得丰厚的创作素材，这种广泛的兴趣都是十分重要的。这一点，也决定于作家的劳动性质。这是一种在本质上就属于直接的、广泛的社会性的劳动。这种劳动的劳动对象、反映对象和服务（无论自觉或不自觉）对象，都是社会性的，与社会发生直接的、千丝万缕的联系，是社会大系统中一个非常活跃、非常敏感的子系统。这自然决定了从事这种创造性劳动的作家、艺术家必须具有和培养自己的广泛兴趣。

从创作心理角度来说，这是作家必备的一种心理品性。一个兴趣狭窄、对事物淡漠、情感不易激发或激发程度不高的人，是很难成为一位作家的。因为不易为对象所动，对于各类信息的刺激所产生的反应鲁钝、平淡，他就难以培养起自己各种感官的敏锐机能，难于形成各种敏锐的心理品质，也难于形成自己丰富深刻的内心图式（高度机敏的接受器）；因此，他也就难于形成一个创造力很强的丰富深沉的创作心理。同时，狭义地讲，他的"注意"这一心理能力不能很好地发挥作用，其他心理能力也就平平，而难以构成创作心理。其为作家，不也就难了吗!?

7. 思维

思维是心理活动的一个必然的过程，而且是以前诸心理过程活动的必然结果，也是合理收获。它是一个提高，也是一个总聚合。它会在活动过程中，把以前几个心理活动程序的收获来一个提高，来一个总结性反映。因此，它也就是以前诸心理活动阶段水平的检验。思维活动的重要性，从以上几个方面可以看得出来了。但是，思维的最重要的地方还在于，它是人的智力与创造力的核心。人在实践中，在自己的一切活动、劳动和工作中，特别是在创造性的劳动（如科学创造、技术发明和文学艺术创作）中，思维是关键，是核心。思维的活动水平，直接决定了这一切的后果和成就如何。

关于思维，心理学已经有了相当细密的、有成就的研究，学派甚多，各有千秋，都对了解、掌握思维心理的规律做出了自己的贡献。现在高级神经活动研究、脑科学研究、思维科学研究以及系统论、信息论、控制论等横断学科的研究，也都对思维活动的过程、性质、规律有了更全面、更深入的了解。这些方面的成就，给我们的一个重大的启示是：人类越来越掌握自身活动的规律了，特别是对于自身内在的东西——心理的、意识的这些荫蔽的部分，有了比以往更为科学的了解，并且在进一步向前发展。这就使人类能够更好地破除带着神秘观念（甚至是迷信观念）的天赋才能论和才能不可知论，解除那种一无所知、一筹莫展、一切在遗传、一切听天由命的在才能与创造力方面的宿命论。人是可以索解才能与创造力的奥秘的（至少现在已经在开始揭示这个奥秘），能够初步描述一个才能和创造力的结构图式，因此，也就能够懂得如何来培养才能和创造性与创造力了。尤其是对于文学创作这样一种更带神秘色彩的创造性劳动，人们向来的"迷信"成分更多。目前所能做到的一定程度的索解，对于解除这种迷信，特别是对于创作才能的培养与提高，以至努力摸索出培养作家的途径和作家不断提高自己的途径，都有一定的作用。[①]这里，我们只择几个重要问题来谈。

思维的主要特征是它的概括性。它在感觉、知觉、表象、记忆的基础上，发现、探知、揭示事物间规律性的联系和关系[②]，做出概括性、

---

① 我们曾经有一段颇值得回味的历史：讳言才能，尤其是创作才能，甚至发生过对于"创作需要才能"的说法的严峻批判。只要稍微思考一下就可以明白，这个说法并没有什么错误。因为，难道可以说：创作是不需要才能的吗？科学的态度不是否定这个说法，而是科学地研究、探索什么是创作才能，它的构成因素和结构是什么样的。我们现在当然不是说，已经可以列出这种图式或模式来了，更不是说按图照办，就可以培养出作家和使作家步步升高成为杰出的人物了。事情决不是这样的。这里，非认知因素、非恒定因素、非科学因素，偶然性以及模糊性都是始终存在的。我们只是在这些因素之外，探索认真的、恒定的（有些甚至是定量的）、科学的、必然的或带有必然性因素等各种成分，研究这些"项目"的地位、作用和意义。这是既有利于作家培养，又有利于作家提高的；同时，也有利于读者、作家对于艺术作品的欣赏和评析。甚至，也还有利于避免对于"非作家型"（不一定或肯定不能成为作家，但可能成为别的行当的人才甚至是杰出人才）的人的硬性的向作家目标的定向培养（我们过去不是没有这种事情）。

② "思维（thinking）乃是反映事物的一般特性并发现事物间规律性的联系和关系的过程。"（陈孝禅编《普通心理学》，湖南人民出版社，1983，第261页）

理论性的结论，达到认知事物、发展智慧的目的。这也就是从个别到一般、从具体到抽象的工作。"思维是对个别中的一般、偶然中的本质的反映。"①

思维自然具有它的生理基础，即脑和高级神经活动的基础。思维科学的科学性就是建立在这个基础之上的。创作心理学以至一般创造学也是建立在这个基础之上的。中国古语说"心之官则思"，但事实上是"脑之官则思"，脑是思维的器官。如果说"脑是心理的器官"，从这个意义上我们把"心"作心理的解释而不作心脏的解释，那就可以说"心之官则思"了。"心理的东西、意识等等是物质（即物理的东西）的最高产物，是叫作人脑的这样一块特别复杂的物质的机能。"②列宁的这段话指明了思维的物质性、物理性和生理基础。目前脑科学的发展，深入地揭示了脑在思维活动中的活动机制，为我们了解思维的生理基础提供了科学依据，从而也为我们了解思维的心理基础提供了科学依据。

思维也是一种高级神经活动，它的活动是在人的头脑中建立各种事物的联系：把具有各种相关性的事物联系起来，进行思考，或者把共时性或同地域的事物联系起来进行思考，或者把主体自身的各种联想联系起来。因此思维是复杂的联系，是"联想的联想"。

对于创作心理研究来说，重要的是思维的社会性。思维的这种社会本质，表现在几个方面。思维的基本材料是语言。语言是思维的物质外壳，是人类社会的产物，是人的社会性的一个主要标志。语言的社会性必然地带来了思维的社会性。这还是仅就语言的社会属性来说的。如果就语言的内涵、语言作为人际交往的手段和目的来说，以语言为材料的思维的社会性就更为明显了。思维的对象——社会、人物、人际关系等一切社会现象，自然都是社会性的，它带来了思维的强烈的社会本质。人们的思维动机和思维目的，也具有强烈的社会性，这表现了人的思维作为一种社会实践的社会本质。思维的社会性还表现在，解决思维的任务（无论是个体思维的任务，还是社会思维的任务），解决思维的问题和达到思维所要完成的任务，都是既需要凭借社会思维的历史积淀，又需要集体的文化积累的。这更广泛和深刻地表现了思维的社会性。

---

① 波果斯洛夫斯基等主编《普通心理学》，魏庆安等译，人民教育出版社，1981，第242页。
② 列宁：《列宁全集》第14卷，中共中央马克思恩格斯列宁斯大林著作编译局译，人民出版社，1959，第238页。

理解和充分认识思维的社会性，目的在于不致把这个智慧的、核心的形成基础和结构因素，孤立地看作脑与高级神经活动的产物，而忽视了它的社会根源和社会因素；或者，只看到它的前提，即从感觉到表象、记忆的一系列心理程序和心理能力的自然汇聚，而同样忽略了它的社会因素和社会本质的制约。这一点对于作家、艺术家来说特别重要。因为作为社会关系的总和的人——作家，他的社会性，他与社会的关系，无论从创作心理形成来说，还是从创作源泉、创作动力体系和创作功效来说，都是具有十分强烈的社会性的。作家、艺术家的思维，仰赖于社会生活的，服从、服务于社会的（无论自觉或是不自觉地），都比一般人更为直接、更为强烈。从作家的创作心理来说，其形成、发展、成长的过程，也都仰赖于社会，充满了社会内容和社会本质。总之，作家在形成自己的创作心理的过程中，在日后长期的创作生涯中和不断实现自己的人生与艺术再觉醒时，都与社会的演变密不可分，也都要求思维主体自觉地接触社会、深入社会，在社会这个心理的、思维的大海中吸取养料。

当然，对于思维社会性的研究和重视，并不能代替，更不能抹杀对思维自然规律的研究，这是思维作为一种心理现象必然会有的，它与思维的社会性并不矛盾，而是在其中反映着思维的社会性。

思维的过程，基本上是一个分析与综合、抽象与概括、推理与判断的过程。"把感知的现象分解为部分、因素和方面（分析），并确定同一对象或现象内部及不同对象和现象之间的新的、前此人们还不知道的联系和关系（综合）。"[1]在经过不同形式、不同水平的分析综合之后，接续性地进行比较、分类、系统化、概括、抽象和具体化，从而达到思维所要实现的目的。在这样一个思维过程中，不仅表现出思维的概括性，还表现出思维的其他一些特性，如间接性、逻辑性、目的性和向心性、层次和生产性。从这些体现思维不同方面的特性中，表露出思维的诸种本质特征。

思维活动的形态是多种多样的。它没有固定的模式，在多种多样形态中，体现着它的多种多样的本质特征。我们可以列举几种重要的分类[2]：

---

① 波果斯洛夫斯基等主编《普通心理学》，魏庆安等译，人民教育出版社，1981，第252页。

② 本节的分类主要依据朱智贤、林崇德著《思维发展心理学》（北京师范大学出版社1986年第1版），参阅该书第一章第三节《思维的分类》。

（1）根据思维的抽象程度划分。无论是种系发展还是个体发展，思维的发生和发展都经历三个过程、三种形态，即：① 直观动作思维——→② 直观形象思维——→③ 抽象逻辑思维。这三个阶段在人的少年儿童时代表现出一定的年龄特征。[①]必须特别指出的是，这三种类型的思维并不是截然划分的，而是在基本区分的基础上，又存在互相渗透的现象。虽然它们表现出阶段性，但是成年人也同样具有这几种思维，而且每一种类型都可以有本体性的高度发展。从这个意义上说，三种思维是不分高低好坏的，是一律平等的，也是各有所用、各有所长的。

（2）根据实践活动目的性的不同需要分类。① 上升性思维——使个别性认识上升为普遍性认识；② 求解性思维——始终围绕问题展开，通过思维求得问题的解决方式；③决策性或决断性思维——"以规范未来的实验过程和预测其效果为中心内容的思维活动"。

（3）根据思维的智力水平和智力品质分类，可分为再现性思维和创造性思维（关于这一点，下面再详述）。

（4）根据思维的意识性分类，可分为"我向性思维"和现实性思维。

思维的这些分类体现了思维的各种品质和作用。我们可以根据它们的这种性质、用途来了解、掌握、运用思维的心理能力。这里，根据文学创作的特点和作家、艺术家劳动的特殊性质，我们只针对创造性思维和"我向性思维"来具体阐述一下。

"创造性思维最突出的标志是具有社会价值的新颖而独特的特点，所谓创造力，它是运用一切已知信息，产生出某种新颖、独特、有社会或个人价值的产品的能力。"[②]这个关于创造性思维的概括完全适用于文学创作。作家的工作，是一种创造性的思维活动。他的思维，包括艺

---

① 直观动作思维一般是3岁以前的儿童的基本思维形式；直观形象思维主要在学前儿童身上，4～7岁的儿童以最简单的形式产生；学龄儿童，开始发展抽象思维。（彼得罗夫斯基主编《普通心理学》，朱智贤等译，人民教育出版社，1981，第367-368页）

　　在人类发展的历史长河中，人类的思维发展基本上类似儿童思维发展的历程，只是每一段都是很长的历史时期。人类的童年时期只能进行初级的、原始的直观动作思维，以后发展到能够进行形象思维，再后来才能进入逻辑思维的阶段。当然，在这以后，直观行动思维和形象思维的能力仍然保留下来了，但已发展到高级水平并和逻辑思维结合和互相渗透了。（参见拙文《论形象思维早于逻辑思维》，载《江西社会科学》1983年第6期）

② 朱智贤、林崇德：《思维发展心理学》，北京师范大学出版社，1986，第25页。

术思维，其基本品质就是：具有社会价值的新颖而独立的特点，他的劳动（创作）的最后成果，是要运用一切已知的信息（不管是社会整体的还是他个人的）进行创造性的思维加工，产生出新颖的、独特的、有社会或个人价值的产品（文学作品）。他的产品越是利用和储存了更多的信息，越是具有新颖、独特的品质，便越是具有创造性和艺术创造力。

创造性思维是同再现性思维相对而言的。再现性思维是一般的思维，而我们所说的文学艺术作品的再现性和作家艺术家的把客观社会生活再现出来，都不是说思维的再现性，而是指作家的工作和产品（作品）的性质；相反，作家、艺术家要使作品真正在本质上再现社会生活，就必须发挥创造性思维的能力。一方面，只有发挥创造性思维的作用，才能实现这种再现的目的；另一方面，也只有创造性思维才能使这种再现具有创造性，使产品具有新颖、独特的社会和个人价值。因此，人们总是把文学创作同创造性思维联系起来，把作家视为具有创造性思维和创造才能的人。

由此可见，创造性思维对于作家的诞生和发展，对于创作心理的形成和创建，是多么重要了。明确并重视这一点，也是很重要的。这样做，可以使预备作家在自我锻炼和自我发展的过程中，把培养、锻炼、提高自己创造性思维的目标放在首要的地位，并将其作为必备的、基础的和独具特色的要求和目标来努力实现。

在探讨创作心理中的创造性思维因素和作家的创造性思维时，我们有必要再回到前面说到的思维按抽象性来分类的问题。按照这种分类，首先的、初级阶段的和"低水平"的思维是直观行动思维。这是一种直接与物质活动相联系的思维，它要解决的和只能解决的是实践活动方面所面临的问题，思维还没有从行动中区分开来，理论的划分也是以后的事。[1]马克思、恩格斯在《德意志意识形态》中指出："思想、观念、意识的生产最初是直接为人们的物质活动，与人们的物质交往，与现实生

---

[1] 彼得罗夫斯基在其主编的《普通心理学》中说："儿童的思维起初也是在这种实际活动中发展起来的。在先学前期（3岁以前都包括在内）思维基本上是直观动作的。儿童在用双手实际地把当前感知的某种对象拆开、分解开，又重新合并起来、连接起来、联系起来时，他就在分析和综合着被认识的对象。好奇的孩子常常拆毁玩具，正是为了弄清'里面有什么东西'。"（第367页）

活的语言交织在一起的。"①这种思维的特点是与行动黏合在一起，实践活动与思维活动同步进行，也同步而止。直观性和行动性是它的基本品性。以后，思维发展到直观形象思维（或叫具体形象思维），这时虽然还保持思维与实际行动的联系，保留前一类型思维的痕迹，但是，却不那么密切和直接了，它不再依赖面前事物的直接刺激和动作，而借助表象来思考了。之后，便进入抽象逻辑思维阶段。这时已经进到以抽象概念和推论为形式的思维了。

前面已经提到，无论是从种系发展的历史来说，还是从个体发展角度来说，人类思维历史的发展和儿童思维发展历程，都曾经和会要经历这样三个阶段的发展，但是，它们的阶段性却并不妨碍它们在本体范围内的高度发展和它们的平等地位。这一点对于作家的思维来说，具有特别重要的意义。首先，直观行动思维在个体的发展中，向两个方面分化：一是在发展的阶段性上，它表现在思维的成分中比重逐渐减少，直至让位和转化为具体（直观）形象思维；二是可以向高水平的操作思维（实践思维）发展。②"对成人来说，操作思维中有形象思维和抽象逻辑思维成分参加，有过去的知识经验作中介，有明确的自我意识（思维的批判性）的作用。这时的操作思维就不是低级的直观动作思维。它在人类的实践活动中，也具有一定的重要意义。例如，运动员的技能和技巧的掌握，就需要发达的操作思维作为认识基础。"③

作家的思维是形象思维与逻辑思维的结合，但其特点和两者结合的基础，就有这种高级水平的直观行动思维因素，它对于作家的思维特点和艺术思维的形成具有重要的作用。作家在形成自己的创作心理的过程中，更多地使用和培养、发展直观行动思维能力是很有意义的，这对于他日后形象思维能力的发展，会提供基础因素、能力基因和思维习惯。特别是，当他度过童年和少年时代，思维能力发展逐渐摆脱直观行动思

---

① 马克思、恩格斯：《马克思恩格斯选集》第1卷，中共中央马克思恩格斯列宁斯大林著作编译局译，人民出版社，1959，第30页。

② 波果斯洛夫斯基等在主编的《普通心理学》中说："为了弄清楚汽车与马达为什么工作得不协调，司机打开机器盖试试，看马达是否过热。检查一下接触点，如果必要，再把电线头擦干净，在某处紧固一下垫圈，取出发火栓，加点油。这种思维被称为实践的思维，或动作的思维，其特点是，任务是直观的。以具体形式给予的，其解决方式是实际动作。"（第267-268页）

③ 朱智贤、林崇德：《思维发展心理学》，北京师范大学出版社，1986，第21-22页。

维而进入具体（直观）形象思维阶段时，一方面使一部分直观行动思维的成分让位于和转化为直观形象思维；另一方面又将一部分直观行动思维成分向高水平的操作思维发展。这就使他有了不同于一般人的"童心"，能够使思维保有直观性、行动性，但又不停留在儿童思维发展水平，而是高水平的操作（实践）思维。这就形成了作家的创作心理和艺术思维的基因——而且是一种重要的基因。这种思维特色和能力，不仅对于运动员具有意义，而且对于作家，除了一般思维上的作用之外，对于他的创作技能和技巧的掌握，也同样具有重要的意义。比如在创作过程中和修改过程中技能和技巧的运用，常常表现为直观行动性，好像或几乎不假思索地就能写出文字、言语来表达创作的构思和意图，或者修改已写完的草稿，使之更符合构思和意图。

因此，在作家创作心理形成的过程中，在童年、少年时代发展、培育这种直观行动思维能力和在这个年岁之后直至成年时代，保留这种思维能力和习惯，成为自己思维的特色，特别是将它发展到高水平的操作（实践）思维的程度，对于预备作家是很有意义的，是很重要的。就是对于已经成为作家的人，如何继续发展这种思维特色，使之进向更高的发展水平，而且经常运用这种思维手段和思维"威力"，也是同样有意义和同样重要的。这里，我们还要谈一下"我向性思维"的问题和它在创作心理中的地位、作用，以及它对于作家的意义。"我向性思维"一般被看作幼稚的、病态的思维，是幼儿、文化不发达和精神分裂症患者的思维特征，因此是问题思维，是消极的。[1]因为这种思维的意识性极差，"其思维过程，不按照分析、综合、抽象、概括的程序，也不是依靠归纳或演绎得到符合逻辑的结论，而光凭直觉、想象、幻想或白日梦，以我为是，我觉得怎么样便是怎样，没有考虑到客观实际，有时简直找不到任何思维的迹象。因此，它被称为'我向性'（autism）。"[2]

---

① "我向性思维"是弗洛伊德提出来的。儿童的"我向性思维"可以是异常的，也可以是正常的。异常的我向性儿童，是问题儿童。他们对主观与客观混淆不清，智力低下，行为呆板。皮亚杰所说的"自我中心主义"则是正常儿童的思维。皮亚杰的试验中有这样的记录：儿童说"月亮跟我走""我不要天下雨""我还没有午睡，所以还不是下午"，等等，表现了儿童只想到自己，而不顾客观环境和现实。皮亚杰发现，3～7岁儿童在其语言中，自我中心状态占51%～28%。（朱智贤、林崇德：《思维发展心理学》，北京师范大学出版社，1986，第29页）

② 同上书，第28页。

"我向性思维"的这种特点，主要是非逻辑性，自我中心，凭直觉、想象、幻想甚至是白日梦。这对于儿童来说是正常的，是他们幼稚心性的表现和必然的发展阶段，因此有时表现出来的是天真幼稚而又活泼可爱的；对于成年人来说，如果在限定范围内，也会是正常的；如果向极端发展，就进入精神病患者的境地了。这里有几点值得注意。第一，正常的"我向性思维"是现实性思维（对客观真实具有适应性）的开始和基础，当人们在实践中适应客观现实而形成、发展其现实性思维时，其重要内涵和实现的途径之一就是对"我向性思维"的改造，以"我向性思维"为加工对象和材料，经过调整，加强意识性和认识成分，从而发展为现实性思维，即使思维具有适应性。第二，由此可见"我向性思维"与现实性思维是一个思维发展的辩证统一过程，也是思维从幼稚到成熟发展的过程。第三，正常的"我向性思维"也还可以"独立"地向高水平发展。它不是向斜路上、向迷狂状态发展，不是发疯；而是在一定的范围之内，在正常的情况下发挥直觉、想象、幻想的作用。

从以上三点可以看到正常的和高水平的"我向性思维"对于创作心理的形成和对于创作的意义。首先，我们可以推断出，作家在幼年以至童年，往往爱耽于幻想。也就是说，一位作家创作心理的形成，往往得力于幼年、童年时的思维的我向性，爱凭直觉认知和判断事物，爱想象、幻想，甚至进入片断的、暂时的白日梦状态。这一点，我们从许多著名作家的传记中可以看到。第二，在成人之后，作家思维的我向性也是高出于常人的。凭直觉，善想象，爱幻想，有时陷入白日梦，或好像进入白日梦状态。这都是作家的一种思维习惯和特长，也是创作时或酝酿创作时的思维习惯。可以说，如果作家没有这种思维习惯和特长，创作可能是呆板的、无激情的、图式化的。与一般思维的根本区别在于，作家的这种"我向性思维"不像儿童的那样幼稚，那样不知深浅、不懂世事、无知无识，而是发展到高水平的，是包含着对社会、人世，对人和人际关系的了解的，但是却又保持着凭直觉、想象、幻想思维的特征，而使思维具有鲜明强烈的我向性。

另一方面，作家的这种高水平的"我向性思维"不同于精神病患者，表现在：他的这种思维是积极的，是进行创造（创作活动）的活动——构思作品、想象场景、人物活动和各种情节——而不是像精神病患者那样，是为了求得心灵安慰，为了逃避现实，躲进自己的梦里去；

此外，作家的幻想或白日梦是短暂的、流变的，而精神病患者却是僵化在自己的梦中了，彻底地长久以梦为现实。

因此，在创作心理形成过程中，发展"我向性思维"，并使它纳入正轨，向高水平发展，是很重要的。这正是创作心理的特征。一个预备作家在心理方面所要预备的，这是重要的一环。

最后，我们再谈一谈模糊性思维。这个问题，我们在以后还要专门阐述，这里只是说一个大概。模糊性思维是一个客观存在。它存在的依据就是人所认识的对象本身是具有模糊性的，世界上的事物不存在"非此即彼"的情况，边界模糊和性质的模糊都是普遍存在的；社会事物的模糊性更甚于自然界的事物；人类使用的语言很多带有模糊性；人脑的思维活动也带有模糊性。模糊思维还反映了客观事物和人的思维的动态和流变性，反映了模糊——精确的辩证发展过程。

模糊性思维，排除了"二值逻辑"的狭隘性和片面性，而发展为"多值逻辑"；也克服了一般精确性的绝对化弊病；同时，它还是思维与事物的随机性，从而使精确性取得更多的机会和更大的可能性。

模糊性思维的主要特征是：普遍，发散，灵活，简便，准确。[1]我们在日常生活中，在言语中，普遍使用模糊性概念，运用模糊性思维。模糊性思维是发散的。"当一个信息触及大脑皮层的时候立刻引起各种神经回路的扩散，因而形成联想或想象，与储存在头脑里的陈积信息形成联系，经过一系列的模糊性辨别，得出一个接近精确性的结论来。"[2]模糊性思维的灵活性正蕴含于它的模糊性之中，它不必有各项精确的依据，也能适应多种状况。简便性又与灵活性相连，它要求的客观信息条件和主观认知条件都是简单的、不"苛刻"的，因而是简便的。模糊性思维的准确性是高水平的。它能够凭借已知经验、大致信息，快速地、流变地反映事物的大概面貌，对事物做出整体性的把握和判断。这种准确带有高水平的性质。

基于模糊思维的这些性质和特征对于作家创作心理形成的作用，是很明显的。模糊思维的心理状况和对于模糊思维的理解力、认知力，都是创作心理的重要内涵。一个成长中的作家，在形成他的创作心理的过

---

① 吴竤：《模糊性思维探讨》，《江汉论坛》1986年第11期。

② 同上。

程中，会不断地从接触的事件中，从阅读文学作品和欣赏艺术作品的过程中，从语言的学习中，掌握、了解模糊思维的意义和作用、性质和特征。形成自己脱离童年时代幼稚性的模糊思维，进入成熟的、高水平的模糊思维阶段，既锻炼和培养模糊思维的能力和习惯，又运用模糊思维来认识世界、了解世界，积累生活的信息，形成自己独特的心理定势。这样，就不断地在建构一个复合的、多功能的创作心理了。

创作心理，就这样以思维为核心在建构中。

8. 想象

想象是创造的骄子，是文学创作的关键。列宁认为，科学创造不能没有幻想，艺术创造就更不能没有想象了。爱因斯坦甚至说，想象力比知识更重要，因为"想象力概括着世界上的一切，推动着进步，并且是知识进化的源泉"。这些虽然是就科学创造来说的，但同样适用于文学艺术创造，而且在这个领域中，想象居于更为重要的地位。关于想象，我们以后还要与文学创作更紧密地结合着来作专门的阐述，这里只就它的一般性质和规律、一般特征和作用，作以简略的叙述。

马克思曾经论述蜜蜂的精细而有成效的劳动同人的劳动的本质区别，那就是人在劳动开始之时，就在头脑里形成了预想中的劳动成果的形象。这个预想的成品形象，就是凭借想象制造出来的。想象是在人类劳动过程中产生的。人在劳动中总是要进行想象。尤其是进行科学技术、文学艺术的创造，想象更是必不可少的。想象同思维一样，是一项高级认识过程。想象要凭借表象、凭借记忆、凭借思维和知识，因此想象也是一种高级心理活动，它参与这些心理活动并与它们相结合、相渗透，发挥自己的作用。

关于想象活动的生理机制，人类现在有了更进一步的认识。同其他心理过程一样，想象也是大脑两半球皮层的机能。"记忆的生理基础是暂时神经联系的接通及其随后的激活（恢复、解除抑制）"，而想象却相反，"在想象过程中，人生活期间形成的联系似乎会分离（分散）而结合为新的系统"。[①]想象把各组神经细胞的旧联系切断，而又接通其他关系，以新的方式建立起新的联系，产生新的形象。这里肯定有着更深层

---

① 彼得罗夫斯基主编《普通心理学》，朱智贤等译，人民教育出版社，1981，第381页。

彭定安文集 ⑩
创作心理学（上）
146

的脑活动。[①]

想象的需要是由情境不明确、信息不充分和人追求新的目标的要求而产生的。因此，它需要人的主观能动性，需要人跳过某些思维阶段，用想象去补充信息的不足，去使不明确的情境明晰起来，并且构想未来的新形象。这就产生了想象的主动性、有效性、预想性，并由此造成了想象的创造性。想象的这种产生机制，决定了它在创造性劳动中，特别是在科学创造和文学艺术创造中的重要作用和地位。心理学家们这样概括了想象的基本性质和特征："想象是表象的改造并在其基础上形成形象，从而建立新的物质上和精神上有重要价值的东西；想象也是建立存在着的客体的形象，而该客体不是他个人经验中所遇到过的。"[②]这种概述，表明了想象的几个值得注意的基本特点：第一，它不是无源之水、无本之木，它是在已有表象的基础上产生的；第二，想象不是重复表象形象，而是改造它，对其进行重新组合和新的创造，从而形成新的想象形象；第三，想象形象产生了积极效果，即物质上或精神上有价值的新的东西；第四，想象有时也建立已有的客体形象，但这是想象主体本身过去未见过的，对他来说，仍是新的创造；第五，想象是为了补现实之不足，为了达到一个计划中、向往中的目标，由人发挥主体作用而产生的。

彼得罗夫斯基在他的书中提出了这样的命题：在促使活动开始的问题情境中，存在着这一活动的两个超前系统，以及它们两者之间的关系问题，这就是"组织起来的形象（表象）系统和组织起来的概念系统"。他指出，"形象选择的可能性是想象的基础，概念重新组合的可能性是思维的基础。这项工作经常立刻在'两种水平上'进行，因为形象系统与概念系统是密切联系着的"。[③]在这里，形象系统和概念系统的区别和联系、选择和组合，反映了想象和思维的区别和联系，以及它们之间的分工和汇合、交叉。重要的是人的心理活动经常立刻在两种水平

---

① "想象结构的复杂性及其与情绪的联系使我们有根据假设，想象的生理机制不仅位于皮层上，而且位于脑的更深层部位内。近些年的研究证实了这个假设。下丘脑—边缘系统就是脑深层的这种部位，它们与大脑皮层一起参与想象形象的形成并使这些形象参与活动过程（下丘脑—边缘系统就是丘脑及其与古皮层的构成边缘或界限的皮下各区的连接部位，在靠近大脑两半球入口的脑干前部周围）。"（同上书，第381页）

② 波果斯洛夫斯基等主编《普通心理学》，魏庆安等译，人民教育出版社，1981，第276页。

③ 彼得罗夫斯基主编《普通心理学》，朱智贤等译，人民教育出版社，1981，第374页。

上进行。这就为往后的形象思维同逻辑思维的结合建立了前提，打下了基础。想象的重要性由此可见。想象对于创作心理的形成和对于作家创作的作用，也由此可见。

想象有两种状况。一种是因为现实条件的缺乏或主体能力的孱弱，不能取得现实的成果，也无力实现预期计划，现实无所为、未来难创造，乃用想象来"实现"，使自己躲避在想象的情境中。这也是想象，然而是消极的想象。鲁迅笔下的阿Q、果戈理笔下的马尼洛夫、冈察洛夫笔下的奥勃洛莫夫，都带有这样的特点。阿Q终身生活在自己想象的情境中，在精神胜利中求得心理的平衡、情感的寄托。

第二种是可贵的、有意义的和富有创造性的积极想象。积极想象又分为两种：一是再造想象；二是创造想象。再造想象作用有限，因为它是凭借词语、图像等的刺激，依据它们提供的提示、设想、描绘，而"照样"地想象出某种预先设定的情境的。但是，第一，这种被动的想象，也是需要一定的积极态度和相当的想象能力的，否则，虽然人家提供了"葫芦"的样子，仍然不能依样画出"葫芦"来，不能想象出什么生动的情景来。这样的文学艺术欣赏者，在生活中是不少的。第二，更重要的是，这种"依样画葫芦"的想象，仍然需要创造性，也可以发挥创造性。丰富的已有的经验、多方面的知识修养、文学艺术以及美学的知识素养、丰富的想象力以及想象的激发和调动能力，都会使大家同在"依样"的条件下，画出的"葫芦"却大不一样。屠格涅夫笔下的罗亭、托尔斯泰笔下的安娜、鲁迅笔下的阿Q，以及莎士比亚笔下的汉姆雷特、李尔王，巴尔扎克笔下的高老头，在不同层次、不同水平的欣赏者的想象中和想象再造后都是很不相同的，无论内容、状貌和风采都会大不一样。这说明再造想象并不是完全消极的、不能发挥创造性的。

对于一位预备作家来说，在形成创作心理的过程中运用再造想象，当他们阅读、欣赏文学艺术作品的时候，如果能够调动想象的积极性，运用再造想象，复现和再创造作品中描绘的景象、情境、活动，那就是一种积极的、富有收获和创造性的欣赏，从中既得到了审美的愉悦与成果、艺术创作的体验，又锻炼了自己的想象能力。这正是为创作心理形成准备了好的基础和具有特色的能力。

创造想象的重要作用和意义，是不言而喻的。它是比再造想象更高的层次。它无须凭借语言和示意，而是根据自己的需要，根据自己确定的目的和任务，在头脑中独立创造新的形象。这是人的智慧和才能的重要建构因素；人的个性的价值，很大程度上要看在他的心理活动能力中何种想象（再造想象还是创造想象）占优势。创造想象占优势，显然就是更具有创造能力的人。

创造想象是人的心灵的翅膀，凭借它，人们能够发挥创造性，去取得优异的、杰出的成果。许多科学家都强调了想象对于科学发明的积极作用；更多的作家、艺术家颂扬了想象在他们的创作中所发挥的无与伦比的决定性作用。他们所指的自然都是创造想象。

想象也是一种分析综合过程。不过，它所处理的对象是表象。"想象的基本趋向是表象的改造，从而保证最终造成过去从未产生过的新情境模型。""它的实质是表象改造的过程，是在已有形象基础上创造新形象。"①

想象如何来改造表象？它的基本的类型和手段、方式有哪些？我们主要列举如下几种：

（1）黏合。这是最简单的形象综合形式。它只是"外科手术"式地把各种不同形象拼凑在一起。许多童话的形象都是这样黏合成的，如人头鱼身的美人鱼。

（2）夸张。除了对象的增大和缩小，还有变形，即为了突出某一特征，夸张地予以表现；还有各部位数量的改变或位置的变动，如千手佛、三眼神之类。

（3）图案化。采取各种类同元素，对其加以变形、抽象化而成的图案。在文学上，往往表现为类型化。

（4）典型化。这是想象最重要、最有意义的手段。它让表象进行符合自己目的的重新组合，同时会运用夸张、强调等想象手段。

我们在这里讨论的还只是想象的一般性质、特征和运用。目的只是说明它在心理活动过程中所居的地位，它对创作心理形成所能起的作用。我们在培养和发展创作心理的过程中，有意识地注意想象力的培养，是很重要的。因为，它是创作心理的必备因素。它在创作心理中的优势地位，有利于建构一个优秀的创作心理。后面将详论它在创作中的作用。

---

① 彼得罗夫斯基主编《普通心理学》，朱智贤等译，人民教育出版社，1981，第377页。

9. 情感和情绪

这是日常生活中常常使用的两个名词。但是，从心理学来讲，它们却有许多日常生活中的理解所没有包含的内容和意义。了解这些，对于了解创作心理是很有必要的。

对于情感和情绪，有一种最简括的定义："对于事物的直接的态度、体验，叫作情感或情绪。"①它揭示了情感和情绪的基本性质：主体对于客观事物的一种态度和体验。另一种定义，则把对事物的态度和对自己的内心体验分开来说："情绪和情感——这是人对周围现实和对自己独特的个人态度。"②它指明了情感、情绪的主观体验的方面，既表明了它的主观体验性，又点明了它的个体性。第三个定义，作了更广阔和深层的概括："情感——这是人的各种现实的关系，亦即需要的主体与对他有意义的客体的关系在他的头脑中的反映。"③这个定义的优点在于，指明了情感是主客体之间的关系，而且用限定词表明了主体和客体的特定关系（即"需要的"主体和"对他有意义的"客体），而且指明了情感是这种关系在主体头脑中的反映。了解对情感的这种多方面的表述，对于我们体察在文学欣赏和文学创作中居于重要地位的情感是有意义的，我们借此可以了解它的基本品性，注意到它的产生和运行决定于三个环节，即主体（我）、客体（世界）和两者的特定关系。情感的产生和变化不是固定的、千篇一律的，不但带着鲜明的个体性、主观性，而且变异性很大，同一主体和同类或同一客体，当两者处在不同的关系（特定情境）中时，情感是不一样的。

了解情感的这种性质，也有利于我们体察别人的和自己的情感，有利于体验别人作品中的情感和体察与表现自己要写的作品中的情感。

情感作为人对客观事物的态度，表现出一种信号机能。某个事物对人的刺激，引起人的一种态度——喜欢或憎恶或者其他，于是主体便带着感情色彩把映象保存在记忆中。情感的这种信号机能，使记忆映象总是涂上感情的色彩，而不是无特异状态地储存下来。作家的记忆情感性特别强，它们涂上的感情色彩是丰富多样的、五彩斑斓的、鲜明强烈

---

① 陈孝禅编《普通心理学》，湖南人民出版社，1983，第345页。

② 波果洛夫斯基等主编《普通心理学》，魏庆安等译，人民教育出版社，1981，第299页。

③ 彼得罗夫斯基主编《普通心理学》，朱智贤等译，人民教育出版社，1981，第394页。

的。这是一个特点，也是优点。创作心理形成过程中，正需要更多、更富色彩的情感记忆。

情感还执行着调节的机能。它作为人对客观事物的一种态度和体验，决定着人的行为定向，促使他采取某种行动，从事某种活动，表现为持久的或短时的动机，或者以其他多种多样的情感形态来对待。作家、艺术家对于文学、艺术，对于生活，对于社会和各种人物以及大自然的热烈、执着、爱好的情感，是他的创作心理得以形成的条件和基础，也是他的创作的条件和基础。这种情感调节着他的兴趣、爱好、心理状况和行为、活动；使之倾向以至倾注于文学艺术欣赏、创作以及与此有关的一切。①

由于情感的性质，因其在信号机能和调节机能方面的不同情况、不同作用，而分为几种类型。主要的有道德感、理智感（包括幽默感与讽刺）、美感、热情与迷恋等。关于美感，我们后面再详细讨论。这里只说一下热情与迷恋。

热情是一种强烈的情感。"强烈、稳定、持久的情感称为热情。""热情，是人对世界的选择性态度的表现。"② 这是一种强烈的选择，也是一种强烈的表现。强烈不仅表现为现时性的强度上，而且表现为历时性的长久和稳定上。热情是一种动力，推动人们从事高尚的事业，为之献身，为之终身不渝地辛劳服务。文学创作是一个需要热情的事业。作家、艺术家必须是充满热情的人。没有对生活的热情，对社会、人生、人的热情，以及对文学事业的热情，是难以成为作家的。

培养自己热情的心理品性，也是形成创作心理的重要条件。

迷恋是比热情的强度还要高的热情；但是心理学上往往指出，迷恋是不够稳定的、缺乏理智感的。迷恋的这种缺陷确实是存在的，就像热情也有它的消极表现一样。但是，积极的迷恋具有重要作用。对于进步的、崇高的事业的迷恋之情，往往是成功的基础条件和内在原因。古今许多政治家、学者、作家、艺术家及科学家，都表现了自己对事业的迷

---

① "情感的调节职能表现在，稳定的体验能指引和维持我们的行为，排除在道路上所遇到的阻碍。"（波果斯洛夫斯基等主编《普通心理学》，魏庆安等译，人民教育出版社，1981，第300页）

② 波果斯洛夫斯基等主编《普通心理学》，魏庆安等译，人民教育出版社，1981，第314页。

恋之情。

　　情感、热情和迷恋，都会在实际活动中体现为一种情绪状态。人的一切心理活动都具有一种情绪色彩。这种带有情绪色彩的比较长时间的情绪状态，叫作心境。相对稳定的，在一个相对长时间中的心境，对于一个人的工作、学习、劳动会起到很大的作用。作家创作时的这种状况，可以叫作创作心境。这种创作心境是作家的创作心理发挥作用的具体内心环境，对于创作的影响是很大的。作家要有能调节、控制自己创作心境的本领。这也是一种心理品质——一般的心理品质。人们在自己生活的长途中，需要自觉地培养自己这种控制自身的热情、情绪和心境的能力。这也是创作心理的构成因素之一。

　　紧张度强化的心境是一种激情状态。这是一种高度兴奋的状态。它的特征是具有很强的表现力，笼罩着人的整个身心，使他不能自已[1]，心理学家对之作了消极的描述。[2]但是，事实上，在日常生活中，在人们的劳动和工作中，特别是在创造性劳动中，尤其是在文学艺术创作中，激情往往是突出的，甚至是意外的成果获得的原因，往往由于激情的推动和帮助，人们，尤其是作家、艺术家，取得平时达不到的成就。这一点，从彼得罗夫斯基关于激情的描述中可以看到一点儿端倪。他写道："凡是迅速地控制着一个人，像暴风雨般进行的，以意识的显著变化、对行动的意志监督失调（失去自我控制）以及有机体的整个生活活动的变化为特征的情绪过程称之为激情。"[3]这里强调了迅速、暴风雨

---

[1] "激情的生理特征是皮层下中枢失去了大脑皮层的抑制和调节的作用，皮层下中枢占统治地位，使得体验到的激情有明显的外部表现，很难遮掩强烈的愤怒感、绝望感、喜悦感、无穷的悲哀感。"（波果斯洛夫斯基等主编《普通心理学》，魏庆安等译，人民教育出版社，1981，第318页）

[2] "一个人处在激情的状态常常不能意识到他在做什么，他不能控制自己，不能预见到自己反应的结果，完全贯注于自己的激情状态，以至不能很好评价自己所做的事情的性质和意义。"（同上书，第318-319页）

　　　　如果说情绪是精神的波浪，那么，激情就是暴风骤雨。这些状态具有各种不同的互相交替的阶段。一个充满盛怒、惊恐、慌张、狂喜、狂笑、绝望的人，在不同的时刻不是同样地反映世界，以不同的方式表现出自己的体验，在不同的程度上控制自己并调节自己的动作。""每一个人，不仅成人，而且儿童，在激情的第一阶段都能制止住自己。而在随后的阶段，人常常失去意志的监督，发生不可控制的动作和失去理智的行为。"（彼得罗夫斯基主编《普通心理学》，朱智贤等译，人民教育出版社，1981，第411页）

[3] 彼得罗夫斯基主编《普通心理学》，朱智贤等译，人民教育出版社，1981，第410页。

般、意识变化显著、失去自我控制以及机体整个活动变化等。这些显然都带着异常的气势，失去平衡、自控和调节的机制与监督，这不是很容易出乱子吗？不是一种几近疯狂和无理智状态吗？然而，这里却也透露着另一方面的情况。迅速地、非常态地调动了人的内在力量，挣脱了平常的理智与情感、意识与心理的规范，暴风雨般的力量、气势和行动，让人整个儿地变了，变成了"另一个人"。这种情态是超常的，它应该有两种可能：一种是疯癫的、破坏性的；另一种却可以是积极的、创造性的。许多科学家、作家、艺术家（包括演员、画家、音乐家）等正是在这种状态下，创造了他们杰出的作品，达到了他们平时没有达到或达不到的水平。这正是激情之助。正是前述种种异常的、失控的和整个儿变了的情态，给予了他们力量。

问题的症结在于，从生理到心理的状态来看、来描述，激情是那个样子的，但是，人的心理活动总是为历史和社会生活以及文化所"装备"、充实，人的激情总是带着社会内容的，这里有许多制约的因素和定向、导航的机制，它们综合起来发生作用，其中还有无意识的作用，潜在地、隐蔽地、不自觉地规定了、引导了、控制了激情的内涵、行为规范、行动方向和追求的目标。（关于这方面的情况和例证，我们在后面阐述创作机制时，将详细谈到）

因此，激情是值得重视和珍爱的。只有爱得深，才能激起激情。对于作家、艺术家来说，就是要有激情，要能经常激起激情——事业的、献身的、艺术的激情。这种激情的"激发"率应当高，"激发"度应当强，持续时间则应当更久长，激情所及，创造斯成。培养激情，培养性格中的激情因素，培养激情的低度激发点，应该是创作心理形成的一个不可忽视的方面。对于一位作家来说，这方面的各项"指标"达到的完满度，也许正是他的创造力和创作水平的基础指标。

现在，我们来谈一谈美感。这是一个既复杂而目前又没有统一理论的问题。我们不能专门地、详细地来讨论它，而只能从一般心理学角度略一述及，然后讨论一点儿有关审美情感的问题。这是几本心理学教科书中对美感的界定："美感（aesthetic feeling）是对于自然、社会生活和它们在艺术中的反映，富有情感的评价。"[①]"美感是在人感知和创造

---

① 陈孝禅编《普通心理学》，湖南人民出版社，1983，第369页。

美好的东西时发生和发展的。人在感知美好的东西时，就会对极美好的东西产生美感。"①"在社会发展过程中，人获得了不仅根据各种道德准则，而且根据美的概念去感知周围现实的各种现象的能力。这一情况便变成了美感产生的基础。"②这些界定从不同角度、用不同方式描述了美感是在什么情形下产生的，而没有去回答美感的实质是什么的问题。但是可以使我们对美感有一个一般概念，足够在运用这个术语时使用。现在，我们只从情感的角度来讨论美感的问题。

我们在前面所谈论的情感，事实上还都是知觉情感，还没有涉及审美情感。这种情感，不同于在知觉基础上产生的情感，其态度和体验也不同于知觉情感。前述几种定义都表述了审美情感产生的基础和对象特性与体验特性，不过没有从审美活动的角度来阐述。审美情感是一种什么样的情感呢？它是"组成审美经验的诸要素（感知、想象、情感、理解）按一定的比例配合达到一种自由和谐的状态时达到的审美愉快"③。这里有几点标示着审美情感即美感产生的特色，即：（1）审美经验诸要素的存在；（2）它们按一定比例的配合；（3）这种配合达到了自由和谐状态；（4）引起审美的愉悦。

于是，这就提出了对象即认知客体的性质问题。按美学家们的分析，知觉对象有三种性质：第一性质是对象的客观性质，它是不以环境的改变而改变的，它指的是知觉对象的大小、数目等物理性质，我们不妨称之为自然质；第二性质是依存于人的感知而存在的性质（如颜色、声音、味道），它依存于人的感知，带有社会性质，我们不妨称之为社会质；第三性质则是情感性质，它是主体对于客体的感受和联想，是主体根据过去的经验产生联想后赋予客体的，例如见到明亮的色彩而觉欢快，见到灰暗的色彩而生阴郁，听见高亢的声音而亢奋，谛听低沉的音调而消沉等。这种性质我们不妨称之为情感质。④

美感是对于情感质的感受和反映；但是，又不是完全撇开自然质与社会质的。它是以情感质为核心和契机，融合另两种性质，三者在一定比例的配合中达到和谐的程度，从而产生的审美愉悦感。

---

① 波果斯洛夫斯基等主编《普通心理学》，魏庆安等译，人民教育出版社，1981，第313页。
② 彼得罗夫斯基主编《普通心理学》，朱智贤等译，人民教育出版社，1981，第418页。
③ 滕守尧：《审美心理描述》，中国社会科学出版社，1985，第65页。
④ 同上书，第65-66页。

至于为什么会产生情感质则有几种理论，即移情说、客观性质说和结构同形说。移情说认为，"移情是一种积极主动的投射"，是主体"在知觉中把我自己的人格和感情投射到（或转移到）对象当中，与对象融为一体"①，因此它是主体自身的一种活动或是主体对客体的一种态度。客观性质说则正好相反。它认为，审美情感是由客体的自身结构性质决定的，而与主体的联想或移情无关。格式塔学派的结构同形说则持另一种观点，它认为，主体的内在心理结构和客体的外部事物结构上的同形或契合，产生了审美情感。阿恩海姆明确地提出"把'内在的'东西与'外在的'东西联系起来"②，并就此做了详细的论述。他指出："我们必须认识到，那推动我们自己的情感活动起来的力，与那些作用于整个宇宙的普遍性的力，实际上是同一种力。"③这是一种力的根源的同构。他还说："造成表现性的基础是一种力的结构，这种结构之所以会引起我们的兴趣，不仅在于它对那个拥有这种结构的客观事物本身具有意义，而且在于它对一般的物理世界和精神世界均有意义。像上升和下降、统治和服从、软弱和坚强、和谐和混乱、前进和退让等基调，实际上乃是一切存在物的基本存在形式。不论是在我们自己的心灵中，还是在人与人之间的关系中；不论是在人类社会中，还是在自然现象中，都存在着这样一些基调。"④这是内外、主客体的力场的同形同构。⑤阿恩海姆借用乔治·洛克的例证说："例如，当诗人吟诵出'燕子（刀切似的）掠过天空'时，他实际上已经在一把锋利的刀子和一只在天空中迅疾飞过的燕子之间找到了共同点。"⑥这是明显的内外、主客体之间的同形同构。

① 滕守尧：《审美心理描述》，中国社会科学出版社，1985，第67页。

② 鲁道夫·阿恩海姆：《艺术与视知觉》，滕守尧、朱疆源译，中国社会科学出版社，1984，第609页。

③ 同上书，第625页。

④ 同上。

⑤ "阿恩海姆借助于某些格式塔心理学试验得出了这样一个假定：当这些力的结构呈现在眼前时，它们就通过视觉神经系统传到了大脑皮层区域，并在这个区域内形成一种力场，使这个力场的结构与外部事物的力的结构达到同形同构。"（滕守尧：《审美心理描述》，中国社会科学出版社，1985，第70页）

⑥ 布洛克：《笔记（1917—1947）》。转引自鲁道夫·阿恩海姆：《艺术与视知觉》，滕守尧、朱疆源译，中国社会科学出版社，1984，第627页。

我们在这里着重地介绍了审美情感方面的有关论述。我们可以看到，移情说偏重于肯定主体的作用和感受，客观性质说偏重肯定客体自身的性质，它们在各自的领域中申述了各自对象的作用，虽然偏颇，但有一定的意义；而格式塔学派则同时兼顾了主体客体双方，同时还把两者联系起来了。当然，移情的作用、客体自身性质的作用，仍然是不可否认的。我们之所以侧重探讨这方面的问题，是因为考虑到，审美情感的本质、特征和规律，对于我们研究创造心理形成是很有意义的，是具有直接作用的。在创作心理形成过程中，移情的作用、对客体审美情感性质的了解，对于客体的与主体的审美情感的同形同构的了解，都是十分重要的。而且，不仅是了解，而是在生活的、学习的和艺术欣赏的实践中，在一切活动中，体察、品味、主动运用这些审美心理活动，对于形成创作心理是十分重要的。在这种心理活动中，将锻炼移情的心理功能、了解客体审美情感性质的能力，从而提高自己的移情的和掌握客观事物的审美情感性质的能力，让这种能力成为自己心理结构中的具有特征的成分、因素；在面对微风细雨、流水杨柳、风朝月夕这些自然景象，看到青山隐隐、流水悠悠、白云飞舞、雨雪霏霏以及身临各种情境时，能够感受到主观与客观世界的同形同构、和谐统一，从而领略到审美愉悦的情感。这就是培养、锻炼和提高吸收能力、"同化"能力、创作心理水平和创作力水平。

二、创作心理形成的基础：各项心理能力的综合发展

前面我们按照心理活动的"程序"逐级简述了各种心理活动的机制、功能和作用。它们是依次而进的，一环衔接一环，一级更高于一级，这是纵向发展的顺序；但它们又不是绝对地有着高下之分，它们又有各自的水平发展，可以各自在"自我"的范围内发展到较高水平，发挥自己特有的功能，从而区分出各个个体在意识、性格、能力方面的个性和特长。作家就是需要在这中间突出地发展自己的某几个方面的心理功能，形成自己既不同于一般人，又区别于别的作家的独特的创作心理建构。

作家作为一个成长中的人、一个发展着自我意识和人格的人，他要锻炼和发展自己的从感觉、知觉直到思维、情感的一系列心理能力。作

为创作心理的基础，他的这些心理能力都要有异于常人的高度发展。事实上，那些文学大师、优秀的作家都是如此。这在他们的成长过程中也许（甚至肯定）是不自觉的、非有意的、偶然的，然而事情却是这样铸成了，它告知了我们这一规律。

但是，仅仅如此是不够的。作为创作心理，它要求更突出地发展几项心理能力，作为作家应该具备的心理能力。这里，我们可以列举出这样几项：（1）敏锐的感知力；（2）丰富的表象储存；（3）"注意"集中力；（4）记忆的丰富和高"记忆率"；（5）思维能力：直观形象思维能力、创造性思维能力、积极的"我向性思维"和高水平模糊性思维；（6）积极的、创造想象力；（7）情感：丰富的情感、激情和审美情感。

我们列举了七项，这里更为重要的是记忆、思维、想象和情感。这是构成创作心理的主体和关键。我们不妨说，能否形成创作心理的建构，就看这几方面的"构件"是否具备和是否高水平、高质量；而创作心理水平如何以至日后创作能力如何，也决定于这几项心理构件的水平高度。

当然，这几项并不只是单独发挥自身的作用，而是既单独"作战"，又互相配合"作战"，是以一个统一的整体综合发挥作用的。这种整体的形成及其有序结构状况也构成了新的系统、新的能力、新的水平，不同于单个构件的简单相加。

一个成长中的作家，就是在生活中——一种自在的生活中，不自觉地、自然地和偶然地在形成着、发展着自己的各项心理能力，建构着自己的心理复合体，开掘着自己的心理潜能：装配那颗未来的"心理炸弹"。由于生活的培育和个体发展中的种种因素的作用，在普遍发展各项心理能力的过程中，某几项属于创作心理所需要的心理能力发展起来了，走在前面，取得了发展优势，于是便形成一种带特点的心理建构，艺术思维和艺术心理在一般心理格局中形成了。这构成了一个心理定势，它像一颗种子，也像一个过滤器、选择机，它又会在已有的基础上定向定势发展，萌芽抽条，发展起来，并筛选后续来的"生活原料"，按自身的特定需要和兴趣，吸取特需的营养，一步步发展起来。一个定型的创作心理、作家人格就这样先是偶然、后是逐渐带着必然性地建设、发展起来了。

这里需要特别强调的是，在这样一个偶然—必然的发展过程中，艺术的定向性是十分重要的、有决定性的。无论是一般感知、注意、记忆，还是思维、情感、想象，都带着一种艺术的感受性和发育力。在成长过程中，敏感地从生活中、书籍中、各种艺术的和非艺术的活动中感受一种艺术的信息刺激，总是朦胧的，但有时是明晰和自觉地去吸取艺术的汁液，并且吸收力强，消化和内化力也强；尤其是当已经有了初始的艺术觉醒之后，这种吸吮艺术汁液的行动就更带着自觉的成分了，其吸收力也就更强。这种艺术汁液是创作心理发育的最佳营养。当然，作家也会直接从文学艺术作品中去吸取艺术汁液。

在这种时候，初始的艺术觉醒就在日益发展、充实、提高了。而且，由于环境和生活的不同，个体的发育状况不同，在总体的艺术定向中更会有具体的差异，比如偏于文学、音乐、绘画、戏剧、舞蹈等艺术门类的哪一种，甚至偏于这些品种中的哪一种风格、哪一类作品、哪一类作家。这种定向性的发展就更具体、更明确、更细致了。一个具体的创作心理、个性化的创作心理也就这样形成着。

有的作家是在很小的时候（比如少年时代）就有志于当作家。这时，他的这种发展，自我定向培养，就带着更大的自觉性了。不过，这也只是说在发展方向上如此，至于应该如何来培育创作心理，侧重发展什么心理能力以及如何培育，就未必都是那么自觉的了。

然而，自在的生活已经向自觉的生活转化了。

我们在前面讲到过，鲁迅在幼年时，曾经从民间画纸《老鼠迎亲》中受到艺术启发。他曾经与小兄弟们趴在床上演说自编的神仙故事、与小朋友们表演自编的"戏剧"，他曾迷恋过活无常的表演、欣赏过目莲戏（尤其是其中的《武松打虎》），也曾被《女吊》感动。这些都可以说是他少年时代的艺术训练，从中他吸吮了民间的、民族的艺术营养，培育了自己的艺术感觉，储存了最早的艺术表象和记忆，培养了直观形象思维和初级的"我向性思维"以及想象力等，形成了最初的创作心理和艺术思维。

托尔斯泰从音乐和文学中吸取了最初的艺术营养，培育了自己的创作心理的最初因素。屠格涅夫也在对文学的欣赏中培育了自己对文学的爱好、对艺术的沉醉、关于形象的记忆和想象力，这也成为他日后创作心理的发展基础。

三、意象的生成与功能

前面我们所描述的，都是普通心理功能。这些功能对于作家来说，当然都是必要的、重要的。只有在这一系列心理功能成长发展的基础上，作家才能成长为一个健全的人、一个健全的自我，即我们一开始所说的一种有自由意识的人。这也是创作心理的基础、作家的基础；但要形成创作心理，成长为一位真正的作家，仅仅具有这个普通心理功能，无论它们的功能如何健全、高强，胜于一般人，也还是远远不够的。一位作家的创作心理的构成，还必须有更具特质的心理功能，它们不是一般的心理能力，也不是具有一般的功能（自然包含一般功能），而是具有艺术创造所需要的功能。这种心理能力对于文学艺术创造有特别的功效。这种功效，有些我们明了，有些现在还不明了，还只是知其然而不知其所以然。

这里，我们首先谈意象。

美国当代著名心理学家阿瑞提在他的代表作《创造的秘密》①中，对"意象"作了详细的描述和论证。他首先指出，意象与知觉不同，它不依赖外在感官，而"纯粹是一种内心活动的表现"②，是"心灵的意象""心灵的产物"。它不仅可以再现不在场的事物（这是不同于感觉和知觉的），而且能够保留对不在场事物所怀有的情感（比如母亲的形象唤起我对她的爱；爱人的形象出现，勾起对她的美好感情）。这样，意象就成为"一种内在的事物"，"成为外在事物的替代物"；是与"不在场事物"接触的一种方式，是事物的心理呈现与心理存在的一种方式。意象是多种多样的。有多少种感觉，就会产生多少种意象。不过，一般都是以视觉和听觉为主，而多数人以一种方式占优势。（作家往往是以视觉为主）大多数意象都是朦胧、含混、模糊的；但如果做出强烈的、有意识的努力，是可以使意象完整地再现出整个情景的。因为意象是内在心理的体验，因此具有可变性和易变性。这些都是值得注意的意象的固有特性。此外，阿瑞提把意象替代物称为"内在现实的基础"。他指

---

① ［美］阿瑞提：《创造的秘密》，钱岗南译，辽宁人民出版社，1987。

② 这里所指，应是意象形成的第二阶段。在第一阶段，心灵还是要接受外界的信息与刺激的，因此不是纯粹的内心活动。意象生成是要靠外界刺激的。

出："内在现实在人的心理中与外在现实一样重要（而且在某些方面比后者更重要）。"因此，它成为"觉察者或体验者的内心世界的组成部分"。从这个意义上说，意象具有双重的意义和价值：第一，作为外在对象的替代物，意象能够帮助人更好地认识世界、理解世界，当外在对象在眼前消失之后，它仍然留在内心，作为认识和理解的对象存在；第二，意象作为人的主观、人的心灵的产物，它又不是外在对象的原貌，而是经过主体心灵的改造制作的新的东西，即创造物。[①]因此，意象就不仅是创造了一个代用品，而且创造了一个新的形象。意象因此就有了创造的功能。阿瑞提指出："意象不是忠实的再现，而是不完全的复现"，"意象把我们从死板的真实再现中解放出来，并且它引出了新的东西：第一个创造力因素。"这一点特别重要，特别值得注意。它对于创造、对于文学创作具有重要的意义。因为，它是创造的最初的、第一的因素，创造从此滥觞，从此开始萌芽，以后才有发展、扩充、提高的基础。阿瑞提说：

> 意象是拙劣的历史记载，或者是拙劣的档案记录，但是它显示为最初的创造力萌芽。
>
> 意象不仅仅是再现或代替现实的第一个或最初的过程，而且是创造出非现实的第一个或最初的过程。……意象由于并不是忠实地再现现实，因而是一种创新，是新的形成，是一种超越力量，我们要给予极大的关注。

意象，是创造世界的第一声春雷、第一缕闪光，值得我们爱护和重视。

更加应该引起我们注意的是，意象还具有一种品性，这就是：

> 大多数意象很快就和那些在时空上与它接近的其他意象联系在一起。也就是说，它倾向于再现出在空间上与前一个意象刺激物相接近的事物的形象。比如说，我产生了一棵树的意象，这棵树的形

---

① 阿瑞提指出："意象与过去的知觉相关，是对记忆痕迹的加工润饰。"关于意象的这种创造机制，阿瑞提表示还缺乏实际的了解，而只知道它"形成于脑的某些区域"。他说，视知觉发生于布洛德曼皮层第17区距状裂周围的枕叶中，而自发回忆中出现的意象似乎发生在第19区。（阿瑞提：《创造的秘密》，钱岗南译，辽宁人民出版社，1987，第57页）

象就容易使我产生此树所在的树林或花园的意象，产生那个地方的景色的意象，产生和我同游此地的其他人的意象。

意象的这种向相似物和关联物连接、扩展的特性，更增加了它的创造性能，增加了它在创造活动中的作用。

所有以上概述的意象的品性，都对文学创作具有重要的意义。由于它的形象性、活跃性（从感觉、知觉生成，主体加工和同类相连）、初步的创造性和初级创造产品的生成这些特性的作用，意象对于文学创作的意义决不可低估。它特别具有"艺术素质"，或者说，它的特性最适用于艺术创造。它的生成是创作的最初的形象生成，它的扩充、连接、发展是联想的发生，也是想象的初步活动，这都有利于创作的酝酿；它的贮备，就是创作素材（生活素材与人物形象素材）的贮备。它的活动，系列化地接续起来，实质上就是形象思维的初级活动，至少是前形象思维，为以后在创作时的想象活动和形象思维活动创造条件、提供素材、进行准备。由于意象是外在对象的心理呈现和心理存在，所以它也是在总体上形成创作心理的基础。

作家的培养和成长，很重要的一个基础因素，就是意象的生成力和生成量、储备量。这不仅是它的素材基础，而且是它的创造基因和创造力基因。优秀的作家总是从外在事物的刺激中不断产生意象，并进行意象的活跃的组合、接续，又能将它贮存于大脑中，输入信息库。

对意象的抑制是很普遍的。这是因为：（1）心灵产生意象时总是有某些意象具有突出的表现，因而具有优势，而那些不突出的意象就处于劣势，容易消逝，或者不被注意；（2）意象较多时，有些非优势状态的意象会被压抑而进入潜意识。这样两个方面的心理活动不是消极的，而是积极的，这实质上是一种选择机制。"有所弃才能有所取，有所得。寻找途径（或采取某些机制）大量地抑制意象或把它压入到无意识，这对于心灵的发展来说是必要的。"[①]

然而，这些被抑制的意象或被压入无意识的意象，并不是消逝了，也不是完全弃置不可用了。它会在必要时、需要时自发地进入显意识，发挥自己的作用。"我们都不同程度地抑制着自己产生意象的能力，而

---

① 阿瑞提：《创造的秘密》，钱岗南译，辽宁人民出版社，1987，第65页。

在做梦、幻想、醉酒或想创造时重新起着重大的作用。"①这种重大作用，就是当做梦、幻想、醉酒和想创造时，一方面意识的监督放松了，检查也放松了，也就是说意识中的重大的、受到重视的或被迫必须注意的项目一时被遗忘了（由于上述诸种原因）；另一方面，创造的想象、潜意识的活动、被压抑的意象等，又都活跃起来了，自动工作、自发接通"电源"、产生联想。这样，意象储存就活跃起来了，为创造活动、为创作活动服务了。

这种在做梦、幻想、醉酒或创造发动时的意象的活跃，这种潜意识的、自发的、直觉的意象活动，和这种从潜意识中释放出来的"压抑意象"的活跃，对于文学创作都是特别有益的。它们是文学创作之宝。它们是艺术型素材、活动方式和创造内涵。

这也是创作心理在总体活动上的一个方面、一个角落、一种方式。它的活动活跃了创作的心理活动，并能产生连锁效应，为成功的艺术创造开辟道路。

作家创作心理的成长，首先就是意象的积累，意象的生成力、生成率和意象联想力的培养。一个已成为作家的人，提高这方面的能力，对于他提高创作心理水平、提高创造力也是很有必要、很有用处的②。

我国古代文艺理论和美学理论中，累有"意象"一词出现，或直接连用，或中间隔数字而用，其意稍有差异，但是也有基本一致的性质。综观总体，计有"物象""形象""心象""意象"等说法。由于我国传统的思想学术规范向来是文、史、哲不分，这些术语同时在古典哲学与美学、文学论著中出现，其含义相通又各自有其特定含义。在某种意义上说，它们也常常包含心理学上的意义。了解它们在古典文献中的意义界定与蕴含，对于揭示近代美学与文艺学中和文艺心理学中意象的含义颇有益处，特别是对于创作心理中的意象含义的揭示更具有意义。刘勰在《文心雕龙·神思》中说："独照之匠，窥意象而运行：此盖驭文之首术，谋篇之大端。"这里所说的意象，是指内心中的物象，实即表象基础上经主体的心理加工之后所形成的"象"，其意义与"心象"类同。在这个意义上来使用"意象"，那么"物象""形象"就都是外在的

① 阿瑞提：《创造的秘密》，钱岗南译，辽宁人民出版社，1987，第65页。
② 以上凡未注明出处的引号中文字，均见阿瑞提：《创造的秘密》，钱岗南译，辽宁人民出版社，1987，第56-66页。

"象"，与"意象"相对称。在纳入这个命题范畴的这一组概念之中的"意象"，其含义就同我们前面所说的意象基本一致了。

宋代朱熹提到过"立象以尽意"[①]；清代章学诚提到过"有天地自然之象，有人心营构之象"[②]。这里的"象"，都有两层意思：（1）它们不是心中之意象，而是外在之象；（2）这种外在之象，可以立以尽意——表现出来以表达内心的意思、意念（"立象以尽意"）。这是"天地自然之象"以外的"人心营构之象"。在这种命题范畴之中的"象"，也是一种"意象"，但它不是在心灵里的，而是由心灵创造出来、营构出来以表达内心的意象的。

这种内外有别的意象，都具有创作心理学上的意义。但不同的是，一种是存在于心灵中尚未表达出来的意象，一种是人创造"营构"出来以表达内心的意象。这两者是紧密相连的。基础是内在意象。它是初级创造物，是创造产品——文学形象——的基础。

我国古代对于意象的论述，包含着不明晰的心理学上的含义，也包容了明显的创作上的意义。

四、创作心理的内构造

这是一个同外在世界、外在基础相联结、相接续又相对应的另一个世界、另一个基础——内心世界与内在基础。这是一个人的心理、意识的内外世界、主客观表现的完整体的另一个方面，是两相结构系统的另一个子系统。它是由外在世界生成的；但又是自我诞生的，是两者结合而生的。它的生成和发展，是自我意识的生成和发展。

对于一位作家来说，生成和发展这个从内觉到内心世界、内在基础的体系，是十分重要的、必不可少的。这是创作心理的基础，也是它的核心。这个内心世界决定主体对于外在世界的把握、认识和理解，也决定将来如何反映、描绘它。

阿瑞提在《创造的秘密》中，详细地讨论了内觉问题。他指出，内觉是一种无定形认识（amorphous cognition），一种非表现性的认识。就

---

① 朱熹《答何叔京》："《易》以言不尽意，而立象以尽意。"

② 章学诚《文史通义·易教》："有天地自然之象，有人心营构之象。"

是说，内觉是不能用形象、语词、思维或任何动作来表达的一种特殊的认识。因此，它不同于概念这种成熟的认识形式，而是一种非言语的、无意识的（或叫前意识的）认识。它不是成熟的思维水平。它只是"不能详细准确加以分析的体验"，是"无形象认识的实际呈现"。

这是认识的一种不成熟形式，但不是一定低于成熟认识形式的形式，它的这种特性会为它带来自己的优势。阿瑞提指出："内觉是对过去的事物与运动所产生的经验、知觉、记忆和意象的一种原始的组织。"[1]意象既高于这些，但又没有达到意识水平，它把经验等进行了组织，但又受到压制而不能萌发意识，只是产生间接的影响；它超越了意象的阶段，但又不能再现任何类似知觉的形象，所以不易被认识到；它含有情感成分，但又不能发展为明确的情绪感受；它进行了诸心理活动的组织工作，但又不能形成直接的行动，它在认识上比意象有了相当程度的扩展，却既不能在主观上予以察觉，又不能转化为语词的表达而停留在前语词水平。这样，内觉就是非常模糊的、不稳定的、不能告知别人和与人分享的。它确确实实是一种内觉。阿瑞提为此把它定性为"一种在简单的心理活动受到抑制之后所体现出来的情感倾向、行为倾向、思维倾向"[2]。

这样，我们看到，内觉有两个特点：一是消极的，即它是在一种简单的心理活动受到抑制后出现的，抑制是它的条件；二是积极的，即它是几种简单的和复杂的心理活动的组合，具有情感、行为、思维的倾向。但从另一方面说，又可以描述为它是积极的组合却是受抑制的结果；它也是消极地被抑制了，只是一种不明确、不稳定的倾向，但积极地形成了一种动势，要求转化。因此，"内觉是脑的中介结构"，是一种承前启后、承低启高的过渡"领域"。

这个领域宽泛、流变，但很有用处。这种内心感受，往往使人感到一种非言语可以表达、只可意会不可言传的"一种气氛、一种意象、一种不可分解"的"'整体'体验——一种类似于弗洛伊德所说的'无边无际的感受'"，这种感受类似直觉、潜意识、本能。它也是与它们相通

---

① 阿瑞提：《创造的秘密》，钱岗南译，辽宁人民出版社，1987，第69页。

② 同上。

的一种主体的感受、心理状态和潜在的能力。①

由于内觉的这种特性，它同创造力和创造活动的关联，它同艺术创造、审美活动的关联，是很明显和自然的。也许我们可以说，内觉是人的审美本能的一个条件、一个组成部分。内觉带有一定程度的抽象（这是它超越意象和不同于意象的地方），但它又没有达到抽象的程度。②它只是一定程度的抽象的感觉、感受、感情和倾向，是一种"原始的抽象形式"。创造力就往往把这种"原始的抽象形式"改变为具有普遍性的抽象类型，达到一种高层的心理机制。比如一种散乱的、模糊的、抽象的、无定型而又捉摸不定的情感，最后会被用诗歌或戏剧的形式表现出来。③艺术创造正是这样：创作主体的一种莫可言状的、只可意会无法言传的、"剪不断、理还乱"的思想、情绪、情感、感受，一方面强烈，另一方面又很模糊，会推动作家、艺术家去创造，去创作一首诗、一篇散文或一篇小说。而且，往往在这种时候的创作是成功的，富于艺术素质的。原因就在于内觉是发自内心的、冲动性的、强烈的、要求冲决而出的。由此可见内觉同文学创作、同审美活动的密切关系了。

阿瑞提之所以说"从事科学工作或进行逻辑思维的人注重概念而难于觉察内觉，而具有'艺术气质'的人能更多地体验到内觉"④，是因为前者在学习、训练和日常工作的过程中，更多地接受和被要求做到注

---

① 日本禅学大师铃木大拙在《禅与心理分析》中讲了这样一个故事：禅师柳生但马守有一天在花园里欣赏盛放的樱花，他沉湎于默想中。突然，他感到身后有一股杀气，转身一看却无他人，只有平常拿着剑跟随他的侍童。事后，他查问起来，竟是侍童当时心里有一个活动："主人的剑术尽管再好，如果现在我从后面突然袭击他，他恐怕还是不能防卫自己吧。"这念头被但马守觉察到了。铃木大拙解释这"杀气"说："这是一种无法描绘的东西，只能从内在感觉到，是从某个人某种东西发出。某些刀剑充满了杀气，而另一些则令人感到敬畏，或尊敬，或者甚至慈善。这要靠造剑者的性格或气质而定，因为艺术作品反映出艺术家的精神。在日本，刀剑不仅是屠杀的兵器，而（且）是一种艺术品。"（铃木大拙、弗洛姆：《禅与心理分析》，中国民间文艺出版社，1986，第48页）这里所说的"从内在感觉到"，可能就是一种内觉。将故事录于此，以供参考。禅师凭内觉识杀气，艺术家也可能凭内觉感受生活并整体体验它。

② 阿瑞提以举"红"为例：我们看见许多红色的物体之后，能够抽象出"红"这一特性来；但内觉还达不到这个水平，它的抽象是模糊的，特征不能用词语表达出来。（阿瑞提：《创造的秘密》，钱岗南译，辽宁人民出版社，1986，第70-71页）

③ 同上书，第71页。

④ 阿瑞提指出，科学工作者在"处在创造力时期"即正在进行创造活动时，是也能体验内觉的，同他们平常的表现不同。由此亦可见内觉与创造的关系。（同上）

重实在、事实、逻辑推理、抽象思维，因此压抑了内觉能力。而具有艺术气质的人，在同样的活动中，却更多地发展、扩充了内觉，而相对地抑制了注重事实与逻辑的一面。一般地说，人类在自己的童年时期，更为经常使用内觉，这方面的心理能力强，现代儿童也是更能体验内觉的，相反，现代人、成年人却抑制了内觉。但是，具有艺术气质的人却使内觉活跃，并且不断增长，"自我扩充、自我丰富，增添新的范围，即使在高水平的心理活动出现后也是如此"。[①]这就是作家、艺术家之所以被称为"童心永在""不失其赤子之心"的原因。

由此可知，作家要构建、发展、提高自己的创作心理、创作才能，就要发展自己的内觉能力，提高内觉水平，建立一个丰富多彩的内觉世界。

前面说过，内觉是中介结构，是过渡领域，是处在流变状态中的。阿瑞提指出了内觉的五种转变趋向和可能，它们都会成为通向创造力的出发点。其中有两种以上与文学艺术创作有关，于文学艺术创作有助益。[②]这就是转变成情感和转变成梦、幻想、白日梦、遐想等。内觉的这种转变，成为移情、成为直觉与灵感，这当然会成为创作发展的契机、推动力和内涵。在创作活动中，内觉有时会直接变成语言或某种视觉艺术（画或雕塑）。所谓直接，就是从压抑状态、从潜意识中，迅速地、未经意识经营地转变成语言（文学作品）或视觉形象（造型艺术作品）。所以表现为一种"直觉"和"灵感"形态。阿瑞提称这种状态为"主观上觉察不到那些先前的阶段"，这种先前阶段，就是在内觉和"灵感"之间可能有的、很多的中间阶段。[③]

音乐和抽象的视觉艺术是这种中间阶段"最短"、"离内觉认识阶段最近的创造力形式"[④]了。音乐不必直接模仿或简单模拟自然的声音（如溪流与鸟鸣的声音），而"抽象艺术中的色、线、形也许并不是再现

---

① 阿瑞提：《创造的秘密》，钱岗南译，辽宁人民出版社，1986，第72页。

② 内觉的五种变化："①转变成可以传达的符号，也就是转变成各种前概念形态和概念形态（符号一般是语词，但也可能是图形、数字、声音等）；②转变成动作；③转变成更确定的情感；④转变成形象；⑤转变成梦、幻想、白日梦、遐想等等。"（阿瑞提：《创造的秘密》，钱岗南译，辽宁人民出版社，1987，第76页）

③ 同上书，第77页。

④ 同上书，第79页。

任何自然存在的事物，而是企图表现艺术家心中的内觉生活"①。文学、戏剧虽然中间阶段更多一些、"路途"更长一些，但是，也会有这种直接的过渡，跳跃式的艺术获得。阿瑞提在他的著作中列举了尼采写《查拉图什特拉》时的情况、亨利·詹姆斯创作《波音敦的珍藏品》的情况，并指出："剧作家或小说家经常是从内心中蓦地出现一种幻景，随后的剧本就是以这一决定性的景象为中心而构成的。"②在这里，一方面是内觉以无意识状态产生并围绕着这个形象；另一方面则是创作主体对内觉进行一种有形的、外在的、词语的表达③。这种内心蓦然出现的幻景、形象，就是内觉的转变，是创作的"胚芽"或"种子"。亨利·詹姆斯说他的《波音敦的珍藏品》的"最初的胚芽"，像一粒"单一、微小的种子，一粒无意中被邻居的某件事所偶然提示而瞬息出现而又随风飘落的种子"④。这种外在的刺激，触发和激起内觉的活动与转变，使早已贮存于内心的大量素材在内觉水平上重新加以组织，最后终于呈现为某种艺术形式。意识在这中间的工作，往往是自发的、自调整、自整合的，并不为主体所察觉，所以往往表现为直觉和灵感形态。

属于这种内觉创造情况的文学创作，我们还可以举出在本书中多次提到的托尔斯泰创作《哈泽·穆拉特》和《安娜·卡列尼娜》的情形。前者由路旁的一朵牛蒡花而激发了心中以内觉水平存在的素材（关于哈泽·穆拉特的和关于生命、人生意义的；有一部分是属于显意识和概念阶段的）；后者最初激发了作家的一般内觉，后来经过思考，才把处于内觉水平和其他更高水平的素材转变为可用的材料。

---

① 阿瑞提：《创造的秘密》，钱岗南译，辽宁人民出版社，1987，第76页。
　　毕加索1931年1月12日完成了一幅油画《接吻》。这幅画表现的是两个人边接吻边咬牙切齿地打架，两张大嘴和露出的牙齿在画面中占了突出的位置。据毕加索长女玛雅·毕加索介绍，这幅画的创作背景是：当时，毕加索跟玛雅的母亲玛丽-泰雷兹·瓦尔特同居，他的结发妻子奥列加为此几乎发疯。画中突出两张嘴而无其他五官的两个人像就是对当时夫妻关系的抽象表现。另一幅画《绿发女人像》，作于1938年5月。据玛雅说，作画背景是：毕加索此时又结识了苏拉·马尔，于是在马阿尔与瓦尔特两个女人之间受夹击，于是便用两种不同的色彩把两个女人变形地重叠地画在一起了。（濑木慎一：《毕加索为什么这样画——玛雅·毕加索谈父亲的作品》，载《世界博览》1987年第5期）这表现了画家的内觉生活。

② 阿瑞提：《创造的秘密》，钱岗南译，辽宁人民出版社，1987，第80页。

③ 同上。

④ 同上。

总结起来，我们可以归纳为内觉的三相内涵结构：（1）过去的经验（体验、认知、印象、意象、概念等）；（2）当前的无意识情感，即不明确、不稳定的情绪倾向；（3）神经细胞组织或内在心理组织。这三者的结合决定了内觉的蕴含。[①]

这样，内觉并不是无源之水，内觉所带来的创造力（在内觉上表现的创造力）也不是纯天才的产物，它决定于三个相关因素：第一，过去的经验，这就涉及创作主体过去的全部经历（外在的和内在的、宏观的和微观的）、过去的全部积累（生活、情感、形象、审美等的积累）、学习和艺术实践（艺术欣赏与艺术创造）；第二，当前的无意识情感，这涉及对象（刺激物）的形态、刺激能量和刺激力度、当时的时空环境，涉及主体的情感积累（历史的）和情感现状（现时性的）、他的情感类型和强度、他的意象储存与内觉水平等；第三，神经细胞和心理组织的状况，这涉及遗传、生理条件和性质以及与前两项有关的心理素质。在这样的三相结构中，每一相都是具有客观性、实在性和规律性的，不是全部能归于主观、虚玄和随意性的，不是天才的，不是不可知的。因此，它也就是可以探寻规律的，是可控制、可调节的，是可培养、可训练的，是可以通过主体努力去求得预期效果的。一个作家可以在掌握规律的情况下，通过自我努力，去达到内觉水平的提高、内觉贮存的丰富。这也就是提高自己的艺术素质和创作能力。愿你细细品味，自创培养内觉之道。

许多作家都谈到创作时的内视力，谈到作家的内视力的必要和重要。什么是内视力？这就是作家从内部去观看对象，观看自己所虚构的形象，观看意象制造的形象。苏联的H.M.柯斯托马诺娃在1956年进行了一项有趣的试验和研究：她研究双目失明之后成了雕塑家的林娜·波是如何创作的。她要创作一座雕塑品《芭施基尔卡姑娘》，她收养了一个俄罗斯女孩。当构思产生后，她调用了自己的全部视觉经验，选配适合需要的形象；她还让自己的小孩帮忙，找到“适合我的思想的姿势”。这也找到了。于是，“现在应等待我的‘模特儿’的‘出现’。这个‘模特儿’一定会在我睡着之前‘出现’，我会在以后将要雕凿的大小上清楚地

---

① 阿瑞提：《创造的秘密》，钱岗南译，辽宁人民出版社，1987，第82页。

看见它。此时我在思想上用手进行测量，在思想上巩固骨架。"①这是一个特例，最能揭示作家、艺术家的内视力的性质与内涵：不是用眼睛来看，而是用心来看，用感觉、体验来"看"，用思想来"看"，它凭借和调用记忆和视觉经验。我们还可以补充：创作主体还凭借和调用意象与内觉的储存。这种内视，虽然不用视觉，却是形象的，是活跃的、行动的。歌德和巴尔扎克都说过，无论是体验还是想象，都要深入人物的心灵。这种深入要靠自己的心灵。这就是一种内视。作家在整个创作过程中，从构思、酝酿到写作，都不断地运用内视来观察、体验人物的心灵和行为。狄德罗说："有天才的人、诗人、哲学家、画家、音乐家都有一种我不知道是什么的特殊、隐秘、无从规定的心灵品质，缺乏这种品质，也就创作不出极伟大极美的东西来。"②这是一种什么品质呢？狄德罗说，不是想象，不是判断力，不是狂热，不是敏感，也不是趣味。他说，是"头脑和脏腑的某种构造、气质的某种构造"。虽然他没有说出是一种什么构造，但他说这种构造还必须补充两样东西：观察精神和预见性。我们揣摩狄德罗的意思，有可能就是内视力，至少是在这种构造中包含内视力。狄德罗还谈到，拉斐尔、加拉雷绘画中的形象，是从哪里找来的呢？他说："他们是从一个强健的想象力中，从作家中，从云霓中，从火焰燃烧中，从废墟中，从整个国家中吸取最初的形象，然后经过诗意的扩展。"③这里所说的形象的来源是众多的，并不都是人物形象，画家之吸收与扩展，正是一种内视力的作用。这是否足以证明狄德罗所说的艺术家的特殊结构，就是内视力，至少包含内视力呢？歌德提出"内在的感官"，他说："眼睛也许可以称作最清澈的感官，……但是内在的感官比他还更清澈。"他称赞莎士比亚是"完全诉诸我们内在的感官的"，"通过内在的感官，幻想力的形象世界也就活跃起来"。④一个比眼睛还要清澈的"内在感官"、能够使"形象的世界活跃起来"的"内在

① H.M.柯斯托马诺娃：《视分析器损坏者的视觉想象的特点》，转引自尼季伏洛娃：《文艺创作心理学》，魏庆安译，甘肃人民出版社，1984，第34–35页。

② 《论天才》（1772），转引自段宝林编《西方古典作家谈文艺创作》，春风文艺出版社，1980，第111–112页。

③ 《绘画论》，转引自段宝林编《西方古典作家谈文艺创作》，春风文艺出版社，1980，第109页。

④ 《说不尽的莎士比亚》（1813），转引自段宝林编《西方古典作家谈文艺创作》，春风文艺出版社，1980，第159页。

感官"，就是内视力。巴尔扎克则说："或者实在看见了世界，或者在灵魂中自觉地展开它……作家必须看见所有描写的对象。"① 通过"灵魂中自觉地展开"，来"看见所有描写的对象"。这正是一种内视力。

韦勒克、沃伦在《文学理论》中说到作家的一种"逼真意象的能力"，其中提到，"它既不是后意象（after-images），也不是记忆意象（memory-images），但在性质上又是属于可察觉可感知的意象。"② 还提到，据雅恩什（E.Jaensch）的判断，这种能力是艺术家所特有的，它的特征是"将知觉和概念糅合为一"，艺术家凭此能够"感觉到甚至'看到'自己的思想"③。后面，又提到艾略特提出的"视觉意象"，指出这种再现性的意象是"可具有象征性的价值"，"显现了我们无法窥探的感觉的深层"④。还说到，有些小说家，如英国著名作家狄更斯曾经说，他们能够"活生生地看到和听到他们笔下人物的音容"⑤。这是对内视力的最好论证，它是从内部"看见"，来自"感觉的深层"。

从以上几位大师的描述和韦勒克等的论证中，不仅可以看到内视力的存在，而且可以看出这种内视力的内涵，这就是：吸收已有的视觉经验，在看不到对象时离开对象，运用思索，运用内在感官，在灵魂中自觉地展开，使形象的世界活跃起来。这样一种内视力，对于作家的创作心理来说，其重要性是不言而喻的。可以说，离开了内视，缺乏内视力，作家几乎就不能创作；即使进行创作了，也是缺乏内在的东西、发自内心的东西，缺乏内在形象的，因而是干巴巴的、苍白的。

内视力同意象、内觉的关系至为密切，它是这些心理能力的综合，是在它们的基础上整合、发展、充实、提高产生的结果；内视力同观察力、记忆力的关系也至为密切。内视力同诸感觉器官的能量与水平，尤其同视觉的能量与水平的关系也十分紧密，这是它的门户、渠道和条件，它依靠它们而发展自己。自然，内视力在生理上依靠脑神经活动，在心理上同想象力都具有不可分离的彼长我长的关系。总之，内视力是一种综合力，是诸生理—心理能力综合产生的心理能力。

---

① 转引自段宝林编《西方古典作家谈文艺创作》，春风文艺出版社，1980，第317页。
② 韦勒克、沃伦：《文学理论》，刘象愚等译，生活·读书·新知三联书店，1984，第78页。
③ 同上。
④ 同上书，第79页。
⑤ 同上书，第78页。

内视力作为创作心理、创作才能的重要组成部分，理应受到作家的重视。要努力注意培养，逐步提高，使自己具有敏捷锐利的内视力。

内心语言，是指作家在内心里的自言自语。他用这种语言无声无息地"说话"：诉说、记叙，讲述故事、编造情节、描述人物、刻画心理，用这种言语想象、记忆、组合形象。这是一种特殊语言，也是每个作家只能自己使用、不能与人对话的语言。它不组成完整的言语，也不规范化，语序无讲究，语法不遵守。它有时使用形象符号，有时又使用特殊的词语。它是跳跃地行进的，又是平静地流泻的。它显得混乱，然而又有它的为作家所独自掌握的规律和含义。它成段、成块地迅疾行进，然后又如此留存下来，作为一种初步编制过的信码贮存在大脑中。它常以类似这样的形式出现：

柳，燕，湖水，船，某人，风，……春天的繁花，"你几时走？"离别……山，车、舟、船，人流，孤单的背影…… 𓀀 …… 𐎔 …… 𖤍 ……远山……图书……落日……

这些不连贯的词语与符号同在的言语—符号系列，在使用者的心中构成了一幅完整的、发展的、流变的图画。对于他来说，是连贯的、合乎逻辑的、清楚的、完整的。这是一个意识流、言语流，意念系列，它被组成之后，流过意识区域，或者贮存起来了，或者压抑进入潜意识，到需要的时候会整块地出来应命效力。

这种内心语言，需要翻译，需要物化为口头语和文字符号。这是一个从内到外的过程。这个过程在创作时（写作中）来完成。从内心语言到作品语言，这是一个创造过程。在这个创造过程中，内心语言得到发展、提高，它具体化、明确化、规范化了，也拓展了、深化了。它由片断的、零碎的、简略的，变成一个叙述完整故事、刻画人物性格、描述人物心理的言语系统了。

作家内心语言的水平，不仅决定于他的一般的语言水平——对词汇的掌握、对语法的运用、对语感语境的理解与掌握，等等，而且决定于他的生活的"水平"——其经历的丰富和体验的深刻，决定于他的意象、内觉。

意象、内觉、内视力、内心语言，组成一个作家的内心世界的创造力网络。自我意识的成长，创作个性的形成，开创了一个人的自我和作家的自我。作为作家的自我，要有一个丰富的、深邃的、纷繁的感觉世界、感情世界、形象世界、语言世界，这组成了一个内心世界。歌德说，莎士比亚是一个"感受着世界的人"，又是能够"说出他的内心感觉"并且"引导读者意识到世界的人"。这是一位作家的自我的固有秉性和艺术素质。因为"感觉着世界"才能建设一个丰富深邃的内心世界，有了这个内心对于世界的感觉，才能引导读者"意识到世界"。

因此，内心世界及它所包含的意象、内觉、记忆、内视以及其他心理能力和对世界的全面感受，就是一个作家的内在基础。这种内在基础是创作的基础，是创作的特色性的总根基。它同外在世界、外在基础是相对应的，它取自外在世界、外在基础，又对它进行过加工、制作、改造，加进了主体的一切主体性的表达，知、情、意的灌输，变成了一个独具特色的、自己的内心世界。创作，就是在这个内在基础的土壤里，充分发挥内心世界的一切能量，生长出来的艺术之花。

创作一个繁华的内心世界，奠定一个深厚丰实的内在基础，这是创作心理的基本建设与基础设施，也是创作之花的肥土沃壤。

五、活动：有机地、主动地塑造聪明才智的世界

一切心理能力的形成和积累都依靠活动——实践。人的活动是他的意识、心理形成的根本。没有活动，一切都不可能，意识将是空白，心理将是虚空。人的心理只有人的生活才能形成。人的自我意识的发展、成长，靠的就是他的物质生产和物质交往，他的生活实践和社会实践，也就是他的全部活动。他在活动中认识世界、认识社会、认识人，也认识自己，并在这个过程中形成自己的意识，完成自己全部心理机能的发展和形成自己的心理结构。"不应把意识看作被主体所洞察的，可以投射他的映象与概念的一个场所，而应看作由人的活动的运动所产生的一种特殊的内部运动。"[1]人的活动产生意识的过程是复杂的，把它仅仅理解为线性的因果关系、机械的活动——→意识运动过程也是不对的，虽然这么做已经承认了活动——实践的作用。事实上，

---

[1] 阿·尼·列昂捷夫：《活动 意识 个性·作者序言》，李沂译，上海译文出版社，1980，第8-9页。

这是一个"特殊的内部运动"。人的活动所产生的主体对客体（客观世界与人类社会、人以及人际关系等）的认识、对客体的改变和主体对客体改变的过程以及对改变了的客体的认识、了解，都要反映在人的心理中，心理又会对之做出反应，使它内化为自己的心理素质，这样一个外——内——外的辩证发展过程，体现了心理—意识的发展路径。人就是在这样一个过程中发展自我、形成自我，完成一个自我塑造聪明才智的世界的工程和过程。

值得注意的是，这是一个日常的、细微的、由点滴行为组成的、涓滴之微汇成巨流的过程。在从少年到青年的过程中，在青年的生活过程中，接触众多的人和事，与亲人同生活：衣食住行、谈话、相亲或相恶、交流感情、日常来往；与同学、朋友、亲戚交往，上学，游玩，旅游，投亲访友，读书、看戏、欣赏艺术，行船、乘车、坐飞机，从事各种各样的劳动和工作，参观各种各样的地方和人的劳作与生活，等等，都是日常的琐事，未经注意的活动，但是它们都在心理上留下刻痕。其作用有几个方面：

（1）多种多样、多维多层次的刺激。引起各种心理机能的反应、感应，知觉、表象、注意、记忆、想象、情感、思维，都相继地或单独地或综合地调动起来，发生作用，做出反应；这锻炼和促进了各种器官的发展，培养各项心理能力。

（2）这些刺激，经过主体心理的内化活动，而不断丰富主体的心理结构，使它不断增加信息储存，越来越丰富，也越来越增加层次。

（3）这些心理能力和资料的积淀，形成了一个个性化的心理定势和心理建构。

（4）这一定势和完形建构又以它的定向性去向世界索我所需，继续定向地发展自己、丰富自己。这是一个主体通过活动主动地塑造自己的聪明才智的过程。

人的活动是一种社会活动，人的意识一开始就是社会的产物。人在社会中生活，人作为社会关系的总和，他的心理—意识是趋于社会化的。社会化的发展——它包容着历史、时代、民族以至家族、家庭和大小环境等各方面的、多种多样的、广泛而深刻的内涵——在基调上决定了心理的内涵，使意识打上历史的、时代的、民族的、阶级的和家庭的印记（甚至还会有地域性的印记，比如北方的、南方的，山区的、水乡的，城市的、农村的，等等）。这决定了心理的基本倾向和色调。"他们成为什么样的人，这由他们的活动来决定，而活动则是由活动方式和活动的组织形式的发展所达到的水平所制约的。"[①]一个人、一位作家，在什么时代、什么社会、什么环境中活动，就会形成什么样的意识，成为什么样的人，形成什么样的创作心理。中国"五四"时期的作家，形成了他们共同的打上了时代烙印和阶级意识印记的创作心理和美学理想、艺术思维；20世纪50年代的中国新一代作家，又有他们不同于"五四"时期的作家们的美学理想和创作心理，艺术思维中的政治因素成为他们的重大特色。

20世纪70—80年代勃兴的一代作家，有着全新的创作心理、艺术思维和美学理想，他们的旗帜上写着既不同于"五四"时期的也不同于50年代的他们的先辈们的口号。他们对于艺术的探索和对政治的表面上的冷漠是空前的，他们的优点和缺欠也尽在其中。这一代又一代人的差异和变化，绝不是起于个人的心灵，而是决定于时代、社会、历史和文化。

但是，在每一个个体身上，意识的发展，在纵向上既不会重演意识产生的社会历史过程，在横向上也不会集纳社会化的全面进程。"他的意识也是他在对象世界中活动的产物。"[②]"在人们身上，文化被人格化、个体化了。"[③]每一个人，是一个具体的世界。这个世界的基本色调、原型、模式是由历史、时代、社会、文化"命定"地确定了的；但是，他在现时的崛起和发展，留着过往的烙印，又有着自己生长的路径，他是个体的发育，在个性中寓着共性，但共性不能囊括他的个性。

一个作家的创作心理就在这样的轨迹中逐渐形成。在度过人生三觉醒时期之后，他睁开观察世界和人生的眼睛，体察着自己的内心世界，感受着自我意识的发展，有意识地塑造自己的聪明才智的世界，自觉和不自觉地发展着自己心理的诸能力中具有艺术含义和意蕴的某几项心理机能，综合地、整体地形成、建构自己的创作心理，向成为一个作家的目标前进。

---

① 阿·尼·列昂捷夫：《活动　意识　个性》，李沂译，上海译文出版社，1980，第4页。
② 同上书，第122页。
③ 同上。

马克思说过，"人是最名副其实的……（社会动物）"①，"不仅是一种合群的动物，而且是只有在社会中才能独立的动物。"②马克思在这里把人的社会性和个体性联系起来了，而且指明这种合群的社会的动物（人），只有在社会中才能独立。这就是说，人是社会的，又是独立的，不过，只有在社会中他才能独立；也只有他独立了，才能体现他的社会性。社会性寓于独立性之中。维戈茨基在名著《艺术心理学》中就曾提出这个课题："最大的困难就是研究艺术问题时如何区分社会心理学和个体心理学的问题。"③他在自己的著作中很好地研究和阐释了这个问题。他指出："社会学的研究本身如果没有心理学研究的补充，它就永远发掘不了意识形态的最直接的原因——社会人的心理。"④他还指出，历史唯物主义哲学决不把人的心理作为最终原因去解释事物，但是，这种学说同样决不排斥对人的心理的研究。他正确地阐明："人的心理是经济关系和社会政治制度借以建立这种或那种意识形态的中介机制。"所以他说："只有个体的（即经验的和实验的）心理学才能成为马克思主义的心理学。"他还完全肯定弗洛伊德的说法："个人心理学从一开始就同时是社会心理学。"⑤所有这些论述都在说明一点：人的心理是社会的，是由社会、历史、时代、文化所决定的；但是，同时又必须是个人的。前者只有通过后者才能表现，而后者比前者丰富、具体、生动，是人格化的、个性化的。因此，我们在探讨个人的自我意识成长、个人的聪明才智的世界形成、个性和人格形成，以至创作心理形成，都是具有个体性的，是由个人的生活（广义的生活，即包含他的身世、全部自幼生长的经历、环境、人际关系以及一切生活细节在内）的内涵所决定的。他的艺术思维的个性、创作心理的个性皆取决于此。当我们总结一个作家的成长道路，理清他的创作心理的来龙去脉时，只有从这儿入手才成。

---

① 亚里士多德：《政治学》，第1卷第1章。——原注
② 马克思：《1857—1858年经济学手稿·导言》，载《马克思恩格斯全集》第12卷，中共中央马克思恩格斯列宁斯大林著作编译局译，人民出版社，1978，第734页。
③ 列·谢·维戈茨基：《艺术心理学》，周新译，上海文艺出版社，1985，第11页。
④ 同上书，第10页。
⑤ 弗洛伊德：《群众心理学和人类"自我"的分析》，转引自维戈茨基《艺术心理学》，周新译，上海文艺出版社，1985，第15页。

这样，我们便看到一个内向演化的过程，一个由生活到意识——思想——心理的内化过程。我们再次想起发生认识论的创建者皮亚杰的名言："思想是内化了的行动。"由此我们也能领悟到：心理发展，创作心理成长，需要活动的多方面、多种类、多色彩和多变异，活动的领域越宽广，活动的层次越深沉，活动的收获越是多样，便越能形成一个丰富的创作心理。阿·尼·列昂捷夫还提出了"意识域"的概念[①]，我们就是要不断扩大自己的意识域，这样，就能为良好的、富于创造性的创作心理打下一个良好的基础，准备充足的资料。为此，就要进行广泛的活动，扩大"活动域"。

至此，我们还要特别提一下知识对于创作心理形成的意义和作用。创作心理属于创造心理的范畴，它的创造性与知识分不开，知识是它的力量的源泉，是它飞翔的翅膀；作为以反映社会生活为主要职志的文学，又是以关于社会、世界、人生、自然的知识为依靠的：这两方面决定了知识是创作心理的基础之一。关于生活的知识，对于人类各种知识的了解，高层次的知识架构和特殊的知识结构，这都是创作心理建构的优异条件。

知识是一个多维结构体，不仅可以划分出许多知识领域，而且，从文学创作来说，还可以细分出许多具体的知识领域（部门、方面）。这种知识内化为心理结构的因素、创作心理的"血肉之躯"，又是一种"心理溶液"。它融合于创作心理之中，弥漫于心理活动的各个领域，从而能够形成艺术的结晶。托尔斯泰关于俄罗斯贵族生活的知识、关于俄罗斯农民（特别是农奴制改革后的俄国农民）的知识，成为他创作不朽小说的动机之一和成功的源泉；屠格涅夫对于俄国贵族地主的了解、对于虚无主义者的了解，也成为他创作《贵族之家》《罗亭》等小说的知识基础，——也同样表现于创作动机和素材两方面。巴尔扎克对于法国贵族和新兴资产阶级的了解、契诃夫对于俄国小市民的了解，都成为他们各自创作独具色彩的杰出作品的知识源泉。鲁迅关于中国20世纪初农民生活的知识，关于中国当时社会的知识和历史知识，也成为他创作《阿Q正传》和其他短篇小说的知识

---

① 阿·尼·列昂捷夫在《活动 意识 个性》中，提出了"意识域"的问题，指出："'意识域'（或者与'注意域'相同）可能更狭窄、更集中，或者更广阔、更分散，它可能更加稳定或不大稳定，波动起伏。"（第7页）

基础。

　　有三点需要说明：第一，他们的这种知识是广博深厚的，是他们作为文化大师的主要因素，这不仅有生活知识，而且包括历史、哲学、美学、教育、政治、经济、社会等各种知识；第二，这种知识不是外在的，而是渗透于他们的心理结构之中，成为它的组成因素了；第三，这些知识成为他们创作动机的内涵，促成了他们的创作。

　　对于一位成长中的作家来说，不仅要登上知识的初阶，走进知识殿堂的入口，而且要使这些知识嵌入、渗入自己的创作心理之中。事实上，每位作家在成为作家之前，都有一段获得某一方面的丰富知识并借此建构自己的创作心理的过程。

六、人格与创作心理结构的初步形成

　　在经过人生三觉醒和觉醒后的发展，经过在生活历程中前述诸种心理能力的发展、成长，经过整个生活活动的内化——心理化和知识的装备，一个人的个性和人格已经初步地但却是稳固地形成了。[①]一个具有"内心的自我"和"外延的自我"相统一而形成的人格，产生了、稳定了；一个社会系统质被个性化、人格化了的"自我"，屹然而立。自我意识形成了，心理定势形成了，由于有特质的（艺术型的）发展，创作心理也进入形成阶段。这个时候，人格与艺术家气质有机地组合在一起。一个预备作家的心理的个别差异即个性差异形成了，他的那些包含在"人格"中的性格、兴趣、能力、审美情趣、行为习惯等，都显露出与众不同和艺术型表现。按照一般情形而言，一个成长中的预备作家，这时候总是形象的感觉、知觉能力较强，表象生成力强，形象记忆和情绪记忆力强，储存也丰富，观察的兴趣浓，观察力也强。此外，在思维、情感方面也都表现出独有的特点，例如愿意对生活、对人生进行思考并形成自己的思想、见解；思维的习惯形成和思维的特征显露，如形

---

① "人格是人的特点的一种组织。人格也是一种心理现象，人有表现于外的、给人印象的特点，也有外部未必显露的、可以间接测得和验证的特点。这些稳定而异于他人的特质模式，给人的行为以一定的倾向性，它表现了一个由表及里的包括心身在内的真实的个人，即人格。"（陈仲庚、张雨新编《人格心理学》，辽宁人民出版社，1986，第3页）

　　"个性指一个人在生活实践中所形成的个别心理特征的总和……它既是稳固的，又是可变的。"（陈孝禅编《普通心理学》，湖南人民出版社，1983，第473-474页）

象思维活跃、"我向性思维"时常出现；情感的易于激发和表现热烈；对于文学艺术的突出爱好和经常接触，以及对于艺术的思考，对于美的追寻和思考，人生理想、艺术理想和美学理想的形成等，都聚拢来，形成整体的结构。当然，这是一般的列举，既不能完全包括这个时期的种种心理特征，也不是说每一个体都具有这些典型表现，一般都只是有某几种现象出现，或者还有此处所列之外的其他表现（这种情况因人而异、千差万别，也许可以说是一人一样，这正表明了生活的复杂性、人的复杂性和创作心理的复杂性）。有些作家——差不多占多数，并不是从小就立志当作家，因此没有自觉地来培养这些能力，但他们肯定有几项"指标"达到了。他们的情况可以"反证"创作心理的形成要有一定的内涵和特征，这是创作才能的特殊要求。

总之，这时候创作心理结构已经基本形成了，也有了一定的创作才能，也产生了一定的艺术思维。总体上，形成了作家的气质和人格。一个未来的作家出现在面前。

迎接他的成长吧，但我们还要继续探测其中的发展轨迹。

第六章　预备作家的"生活学"

现在，我们来探讨创作心理的生活基础。作家必须了解生活，掌握大量的生活信息素材。但是，这不是在成为作家之后去收集、积累的，虽然这时仍要积累生活素材；主要的是在作家"预备期"储备的。这一时期的生活积累虽然在以后会成为创作的素材，但其主要作用和意义还在于凝聚、结晶成为创作心理，是形成创作心理的基础。成长中的作家，过一种什么样的生活，就会有什么样的创作心理；正在形成中的创作心理是什么样的，就会过什么样的生活，或者说就会怎样去理解生活、掌握生活、内化生活。这就是一个预备作家的"生活学"。

一个预备作家每天过着自己的"自在的生活"，有的就在这种生活中不自觉地成长为作家，有的则在这种生活中自觉地向着作家的目标培养自己。至于一个已经成为作家的人，则过着"双重生活"——普通人的"自在生活"和作家的"自为生活"（自觉意识到为创作而过的生活）。但两者是相通的。自在生活中有些有益、有用的部分会进入作家的自为生活；自为生活中也有着大量的普通生活。但是，不管是何种作家，不管是作家的何种生活，都有一个如何把握生活、如何使生活的脚步成为有助于创作即成为创作源泉的印痕的问题。这里，"生活学"就是重要的了。

屠格涅夫在他的文学生涯即将在如他所说"公众对我逐渐冷淡的情形下"收场时，犹满怀热情地给青年作家写道：

> 我想从我们共同的导师歌德的话说起："把手伸到人类生活的深处去罢！每个人都在生活，但熟悉生活的并不多，您若能抓住它，您就会感到乐趣。"①

---

① 屠格涅夫：《文学回忆录》，蒋路译，文化生活出版社，1949，第136-137页。

歌德称赞莎士比亚是"不容易找到的""感受着世界的人"，也是一个"不容易找到的""说出他的内心感觉"的人。[①]这就指明了所谓"伸手""抓住"生活，就是要"感受着世界"，并且在内心中深刻地感觉到这个世界，最后又能说出这种内心感受来。作家的"生活学"，就是研究、揭示作家为什么必须抓住生活、感受生活，以及如何来做到这一点。如果不能达到这种要求，那么作家的创作心理就不能形成。

一、生活的主体性（世界Ⅰ）与作家的主体性（世界Ⅱ）

在创作心理形成过程中，我们面对着两个研究对象和两个对象的主体性，以及他们的交叉渗透。这便是：（1）客观世界——广义的生活。对于人这个认识主体和生活主体来说，它是对象，是客体；但是，在人面前，这个对象和客体又有自己的主体性，又是一个独立自主的客观存在，不以人的意志为转移地向着永恒流去。这是一个世界（我们称它为世界Ⅰ）。（2）人——作家，自然是一个主体。对于自身来说，他是一个自在自为的主体；对于客观世界来说，他是认识的主体。他自有他的主体性。这是一个主体的、主观的世界，一个心灵的、意识的、心理的世界（我们称它为世界Ⅱ）。问题在于，这两个世界不但不是互相隔绝的，不是互不侵犯的，而且是互相联系、互相渗透、互相侵入的，年年如此，天天如此，时时如此。世界Ⅰ与世界Ⅱ总在纠葛中。它们是亲人，是眷属，然而又是路人，甚至是仇敌（但有时又是真挚的朋友和亲密的战友）。在这中间，它们是互为主客体的。正是这两个世界的相抵相牾、相近相远、相生相克的运动，正是这种作用力的"场"，构成了、促成了和规范了创作心理。这就是作家的"生活学"[②]，这就是客观世界（生活）同作家的心灵互相作用的"场"。"场就是一个互相作用的区域。卡夫卡用"场"概念来解释环境和行为的关系。场的效应是向四周扩散的。整个'场'被命名为心理—物理场。完形心理学家认为，

---

① 《说不尽的莎士比亚》（1813），转引自段宝林编《西方古典作家谈文艺创作》，春风文艺出版社，1980，第159页。

② 苏联著名作家和文艺理论家康·帕乌斯托夫斯基在《面向秋野·生活的激流（关于库普林散文的札记）》中，提出"库普林的'生活学'"这个说法。此处借用这个提法并扩大其含义与范围，加以使用。《面向秋野》，张铁夫译，湖南文艺出版社1985年出版。

人本身就是一个'场'。"①对于作家"生活学"的探讨来说，就是要把人和人的心理作为一个"场"来分析。作用于这个"场"中的两个基本的力就是"生活"与"作家"（心理）。②

二、生活（客体）对作家（主体）的入侵

生活对于作家来说不是静止的，也不是完全被动的，它不是一个无所作为的、静止的、只等认识和反映的对象、客体。它也有它的主体性，而且对认识主体（作家）有一种入侵的态势和行动。阿恩海姆在论及视知觉的时候曾经说道："我们万万不能把刺激想象成是把一静止的式样极其温和地打印在一种被动的媒质上面，刺激实质上就是用某种冲

---

① "十九世纪末至二十世纪初，对于电磁现象进行研究以后，'场'就成为物理学中一个重要的概念。格式塔心理学依据了现代物理学中的这一新概念来反对冯特的要素论。物理学家使用'场'这个词常常有三种不同的含义：（1）指空间一点的场值；（2）指所有场值的集合；（3）指空间中某一区域，在这个区域里，场是有量值的。"（朱狄：《当代西方美学》，人民出版社，1984，第12页）

　　本书使用了"场"这个概念，并将其作为本书的基本范畴和命题之一。本书在使用时，更多的含义近似于上述含义的第（2）种，但注意其动态和运动状况以及作用于"场"的两种"力"之间的关系。

② 鲁道夫·阿恩海姆在《艺术与视知觉》中指出："按照格式塔心理学家们的试验，大脑视皮层本身就是一个电化学力场。这些电化学力在这儿自由地相互作用着，并没有受到像在那些互相隔离的视网膜接受器中所受到的那种限制。在这个视皮层区域中，任何一个点受到的刺激都会立即扩展到临近的区域中去。"（第10页）他接着举了由韦太默所做的运动幻觉的试验：在暗室内，让两个光点在极短时间内相继放光，结果受试者报告说看到一个光点向另一个位置移动。"韦太默认为，在大脑视皮层中，局部刺激点与局部刺激点之间的相互作用是一种力的相互作用。"（第10页）鲁道夫·阿恩海姆据此接着指出："因此，我们可以把观察者体验到的这些'力'看作活跃在大脑视中心的那些生理力的心理对应物，或者就是这些生理力本身。"

　　从以上这些我们可以看到：第一，鲁道夫·阿恩海姆主要是从视觉角度来探讨问题的；第二，他强调了"力"和"场"物理的和生理的属性；第三，他指出了生理力的心理对应产物。我们在本书讨论"生活"与"作家"两种力的活动和互相作用时，没有涉及这种"力"的物理的反应和根据，对于生理的反应也未强调，虽然这一点在人（作家）身上是肯定存在的。我们强调和侧重阐明的是心理对应物的生成，是由此而出现和发展的创作心理的建构。这一点，我们没有做韦太默式的生理—心理试验，但是，我们却有作家们的实证——他们的生活经历和这种经历所产生的作品，从中我们看到、体察到和品味到他们的从生活到心理的创作心理的生成过程及两种"力"的作用和力场的存在。

力在一块顽强抗拒的媒质上面猛刺一针的活动。这实质上是一场战斗，由入侵力量造成的冲击遭受到生理的反抗，它们挺身出来极力去消灭入侵者，或者至少要把这些入侵的力转变成为最简单的式样。这两种互相对抗的力相互较量之后所产生的结果，就是最后生成的知觉对象。"①我们可以把这种对视知觉的描述，借用于整个心理状态的生成描述。它们是一体的、相通的。的确，生活作为一种刺激物，对于作家的生理、心理（我们在这里主要是谈心理）和心灵，绝不是"静止式样"的"极其温和地打印"；作家的心理与心灵，也绝不是"一种被动的媒质"，生活的刺激确实是一种"冲力"、一种"猛刺"。而接受者的作家的心理、心灵，也是"一种顽强抗拒的媒质"，冲刺与顽抗相拒也确实形成一场战斗：一面是"冲击"和"入侵"，一面是"对抗"和"消灭"（对方）。这两种互相对抗的力量经过较量之后，产生了一种结果："知觉对象"——就视觉的局部的情况来说是如此；而就整个心理和心灵来说，则是一种格局的形成、一种心理定势的形成；就作家来说，则是一种创作心理的形成。

作家与一般人相比，都具有突出的、特别的生活经历，也就是经受了特别的生活刺激。生活曾经入侵他们，冲击他们，猛刺他们，留下的刻痕是深刻的。这种入侵和刺激之猛烈与深沉，一是生活本身如此，其力度与强度都是"高水平"的；二是作家敏锐的心性在主观感受上感觉其力度与强度是"高水平"的；也有时，前者本来就是"高水平"的，后者敏锐的心性更为之加码，提高了它的水平，使刺激更猛、更深。生活中，平凡的、日常的、并无特异的事件是多数的，人们常常就这么平平凡凡、普普通通、平平庸庸地度过了许多岁月；但是，有许多这样的日常情况、平凡琐事却往往对某位作家形成了特殊的刺激和冲力，成为一种留下了抵抗和刻痕的入侵。这是因人而异的。作家们便是在这种入侵中、在自己的抵抗中，记住了从自己面前掠过的"飞逝的生活"②，

---

① 鲁道夫·阿恩海姆：《艺术与视知觉》，滕守尧、朱疆源译，中国社会科学出版社，1984，第573页。

② "必须记住'飞逝的生活'的许多准确而又精细的特点，……"（康·帕乌斯托夫斯基：《面向秋野》，张铁夫译，湖南文艺出版社，1985，第166页）

并且"提高了"那种"日常生活素材"①——心理素材，逐步形成自己的创作心理。

应该说，日常的生活，特别是那些突发事件、不情愿发生的变故，在作家创作心理生成过程中，常常是被感受到或被认为是重大的、难忘的、意外的，当时在它面前惊呆了，睁着惊恐的、疑惧的、惶惑的双眼望着它，心里嘀咕着："这是怎么回事!？为什么会这样!？为什么要这样!？生活就是如此吗?""啊，生活!？……"这样，便确实是一种入侵、一种冲击、一种猛刺了；尤其是后一种情况，更是如此。由于事情是这样的，所以主体确实要进行抵抗，要消灭入侵者。较量的结果是失败了；他永世难忘，深深地刻印在心里，成为心理（创作心理）的刻痕，带着生活的表象、形象的记忆和情绪（事情本身，包括活动于其中的诸多人众的情绪性和自己当时的情绪反应、事后的情绪记忆）的记忆。至于那些真正的日常细微琐事，或被看作如此的生活状况，没有构成入侵、冲击的性质，或者这种入侵、冲击未被觉察，未遭抵抗，就随着岁月消逝了。

鲁迅说过，他要写的小说，就是那些难以忘却的、已逝的、往事催促的那些事、那些人、那往日的啃噬过自己的心的寂寞和痛苦。阿桂的凄凉悲苦愚昧麻木的生活和这种生活中的阿桂；子京的累试失败而妄信家中埋有白银以及雇人发掘，直至最后自焚自尽；台门周家的没落和没落台门的"街痞""破脚骨"的行为乖张、思想堕落、命运凄惨；乡下看坟妇人的儿子被狼叼去和她的命运；等等。这都是鲁迅的家事，是他的童年、少年时代自在的生活，这种生活（包括生活中的人和事，特别是人的命运）对于他来说，是不情愿的、意外的，是使他惊讶、震动、思索和难忘的，也是震惊了他的心、深入他的心灵的。这是一种真正的入侵和冲击、猛刺，于是进入他的心理格局。他这时并没有想要当作家，也没有创作的欲望；但这些与人相关的命运、形象、场景、情绪进入心理定势，生成知觉对象，成为观察力的培养液、记忆的内涵和思维与情感的材料。它们自发地组成了一种尚无明确自我意识的创作心理建构。

---

① "为了深入库普林'提高了的'那种日常生活素材……"（康·帕乌斯托夫斯基：《面向秋野》，张铁夫译，湖南文艺出版社，1985，第166页）

我们可以从郭沫若、茅盾、巴金、沈从文这些著名作家的生活经历中看到同样的情形，发现同样的心理和心灵成长、发展的轨迹。不同的是他们的经历，他们的身世，他们的从入侵到抵抗到心理生成的不同具体路径和个性特征。比如，茅盾在1927年大革命前后的生活经历是一次极深的入侵，他的反应也是强烈的。在创作三部曲《蚀》之前，尚未确定要当作家之前的沈雁冰的心里，这些还只是隐然存在的、尚待提高的"日常生活素材"，但确实已经成为他的心理——创作心理——的内涵和特色。当巴金在成都李府的宅邸里度过自己的幼年、童年、少年和青年的一段时光的时候，当他亲见自己的大哥和兄弟们的生活，在大家庭——封建家族——中度过他的苦闷、痛苦、激愤的生活的时候，尤其是亲见姐姐妹妹命运变幻的时候，生活确实是向他猛烈地冲击和入侵的，他内心的反映和反应也是强烈的。这些在当时自然都是他的自在的生活。但是，又有它的一定的自为性。这就是他抵抗，与之较量，但生活照自己的"意志"（这是社会制度具体的、外在的表现）行事，发生、发展，他因此愤慨、痛苦、仇恨、诅咒，这都内化于心，成为他的心理的因素、创作心理的构件。沈从文少年、青年时代在湘西凤凰生活，作为一种自在生活，从湘西的自然风光、风土人情、文化结构，到众多人（从统治者到各色人众）的脸相与命运，到他自己的不幸的、奇诡的、坎坷的生活道路，以至他自己内心的感受和反应，在成为创作素材之前，都是一种生活的入侵和猛刺，入于他的心理，形成知觉对象和记忆的内涵与素质。这种心理定势将必然决定他日后的艺术思维和创作心理，决定他日后的创作：写什么和怎么写。

叶文玲在谈到她的《心香》时说道："因为从小生长在江南水乡的村镇，我对那生我养我的、腴美似膏的土壤一往情深而无法忘怀。因为自己原是乡下人，几十年来接触和熟悉的也都是荆钗布衣的小人物，所以他们的悲欢忧乐丝丝缕缕都牵动着我的心扉，使我难排难解，缅思无尽。和另外几篇作品一样，《心香》发自家乡的土地，'燃'着它后，总算还了我多年的一笔心头债。"①这里，作家说到从小到大几十年的生活如何入侵到她的心灵，使她"难排难解，缅思无尽"，成了"一笔心头债"。这是地道的入侵和猛刺。她用了一个"燃"字。事情正是这样，

---

① 彭华生、钱光培编《新时期作家谈创作》，人民文学出版社，1983，第78页。

这种入侵，会使被猛刺的"媒质"（作家的心理）不仅反抗，而且被点燃，烧灼心，烧灼灵魂，成为心头的债。正是这种前期"自在生活"时的生活的点燃心灵（形成创作心理的内涵），才促成了后来创作时的"自为生活"的点燃素材之"媒"的结果。作家在此文后面还说道："作品是作家感情的结晶。也许由于自身经历的原因，我在认识和看待社会时，举目所及，往往总是一眼触到那些不为人所器重或被冷落、侮慢的小人物，并且较易发现这些'抹布一样的小人物'的发光的心灵。"[1]作家在这里具体点明了创作心理重要构成因素之一的感情，如何在自在的生活中，如何在生活的无意的入侵中，嵌入了她的心理结构，并且成为她的心理定势、思维定势：同情小人物并看见他们发光的心灵。

古华说，他的《芙蓉镇》"是我从小就熟悉，成年之后就构思设想的"。[2]这位作家简要地说明生活从小入侵和刻入心灵，以后纳入构思，表明了"生活——→创作心理——→创作"的相续又相区别的发展关系与路径。刘心武谈到他的《班主任》时说："我在中学担任过十几年的班主任。对'四人帮'破坏教育战线的累累罪行，我有切肤之痛，心怀深仇大恨。""许多我教过的学生浮现在我的眼前，使我失眠，令我深思。"[3]这里，作家提及了生活和生活的入侵，入侵引起他的感情的狂澜（深仇大恨）和深沉的思索。他的眼前还浮现出学生的模样，并为之失眠。形象——感情——思维，这些心理的对应，都在入侵的生活刺激之后发生了。在他创作之前，这便是创作心理的体现。[4]

中国有一批这样的作家，他们在1957年的风云之后，离开了城市，远走边塞，置身农村，甚至走进大墙，流落乡里。他们放下了笔，告别了创作生涯，艰苦度日，挣扎为生。他们不再是去体验生活，访问对象、搜集素材、寻找情节、追溯主题，而是真正地走进了生活，并且让生活不断地真正侵袭自己。他们这时再也没有想到过写作。生活冲击和猛刺他们，他们忍受或反抗这种侵扰。二十多年的岁月如此度过，在他们的心理中留下了种种刻痕，表象、记忆、情感思维都泛化于这种生

---

① 彭华生、钱光培编《新时期作家谈创作》，人民文学出版社，1983，第80页。

② 同上书，第218页。

③ 同上书，第3页。

④ 几乎可以说每一位作家都有着这种"模式"的经历，这种从生活到创作心理到创作的过程。这里仅"信手"摘抄数例，以为证明，恕不能多加引证。

活的汁液之中。当新生活来临，他们恢复了自己的职业习惯，重新拿起了笔。过往的生活，重建了他们的创作心理，形成了他们新的艺术思维。他们把过去二十多年的生活凝聚成新的艺术构思和新的艺术形象，获得了前所未有的成就。从生活来说，这是一种不正常的播种；但是，从艺术创作来说，这却是正常的收获。当年他们过着那种应属"自在"的生活，并不曾想到创作，但生活侵入了他们的心理——心灵，进入了心理的深层次。现在，那"自在"的生活化作了"自为"的生活，成了创作的素材。这是作家"生活学"的特例，却反映了创作心理的一般性原则。

中国还有一批"知青作家"。他们不同于那些"五七作家"，不曾有历史的包袱，而有着现实的痛苦。他们与"五七作家"们当年一样青春年少，或者更年轻，但经历却有比他们更曲折多样之处，他们的心灵遭受生活的侵入更迅猛，梦的破碎似乎更严重。当新的生活来临时，经过一段时间酝酿，一批人忽然拿起了笔，带着深思，带着激情，带着探寻和追溯，抒写他们心中的积蓄。一鸣（集体的鸣）惊人，给文坛带来新的声音、新的内容、新的形式、新的艺思与文心。这是另一种不正常的播种和正常的收获。他们今天的创作心理、艺术思维，都得之于昨天的生活的入侵和他们心灵的反应。王安忆有言："我觉得，有时候写东西，就好像生活长期积累以后，这段生活总是存在心里，突然之间，它会起一种变化，会闪烁起来，也不知这算不算灵感。"[①]长期积累的生活，"总是存在心里"——但不是原样存在，而是以表象，带情感，化作了加工过的记忆，再造于自己的心里，形成了心理建构，在那个"突然"来到之前，在"变化"发生之前，"闪烁"还暂时沉寂。在这一切发生之前，生活就以内化了的心理存在着，等待那一声"灵感"的到来。阿城则说，很长的下乡插队的经历，给他最大的影响是"使我产生了一种写作状态"。他说："我写作不大靠灵感，而是靠状态。就像跑马比赛一样，一声枪响好像是灵感，但跑得快不快，还要靠运动员的比赛状态。灵感只能启动写作，但成万字地写下去，就要看作家的状态如何。"[②]他所说的"状态"，除了其他内涵之外，主要是指一种"工作状

---

① 《感受·理解·表达》，彭华生、钱光培编《新时期作家谈创作》，人民文学出版社，1983，第130页。
② 见《文学报》1987年3月19日。

态""竞技状态"，但隐在地也是一种心理状态。正是长期的插队生活入侵、冲击、猛刺，形成了他的这种隐在的心理状态，也就是创作心理。它在作家写作时，成为其"状态"的内涵之一。

三、主体（作家）对客体（生活）的内化

阿恩海姆在论述知觉时指出："实质上一切知觉活动都是能动的活动。"他还说："按照这一道理，仅仅把视觉经验描写为对物体的某些静止性质（如距离、角度或波长）的把握显然是不够的。"①这种知觉的能动性，完全适用于整个心理活动。它的能动，就是前面所说的主体对于外部刺激、入侵的反抗和战斗。作家对于前来入侵的生活，一方面在实际物质生活上会采取对应、适应的活动，以求生存，这就是他的生活实际、生活方式；另一方面，又会在心理生活中进行一番反抗和战斗，最后形成一种心理反应，达到阿恩海姆所说的一种"相互对抗的力达到的暂时平衡或动态平衡"。②这就是我们平常所说的生活的感受、生活之所得或生活的积累。只不过我们这么说时，忽视了心理反应和心理结果，而这对于一个作家的生成来说，是基本的条件，是至关重要的。

荣恩说，艺术家"他是一个具有高度感受力的'人'"③。桑塔耶那说得更详细，他说："完全来自客观方面的印象是没有的，事物之所以会给我们留下印象，只有当他们和观察者的感受力发生接触并由此获得进入脑海和心灵大门的手段时方能产生。"④作家要以一个具有高度感受力的人去观察和感受，并经过反抗和战斗，使印象——客观事物——进入脑海和心灵，生活才不算白白地入侵，他自己才算是没有白白地"生活"一场。

巴甫洛夫把人分为三种类型：艺术型、思维型和中间型。他从生

---

① 鲁道夫·阿恩海姆：《艺术与视知觉》，滕守尧、朱疆源译，中国社会科学出版社，1984，第573页。

② 同上。

③ 融恩（即"荣恩"，亦有译"荣格"的，本书引用时，几种译法皆有，均按原译引用）《心理学与文学》。转引自朱狄：《当代西方美学》，人民出版社，1984，第33页。

④ 桑塔耶那：《审美范畴的易变性》，载《哲学评论》1925年第34卷，第130页。转引自朱狄：《当代西方美学》，人民出版社，1984，第40页。

理—心理学角度作这种划分的依据是第一信号系统和第二信号系统的相互作用。艺术型的特征是第一信号系统和对现实的完整的感知占优势。作家自然应该是属于艺术型的人。[1]不过，我们应当明确：这种类型的形成，固然有着遗传的因素即天赋的素质的作用，但是，主要的却是在现实生活中，融汇着历史、时代、社会、文化的作用而形成的。即使是天赋优厚，也必须具有后天的强大因素的作用，才能从可能性变为现实性。不过，同时又必须指出，这种客体的"外力"作用，又需要主体的内在感受，才能发生和发挥作用。内与外、主体与客体是互相结合着的。

鲁迅是极具感受力的人，他的心理品质的最大特征之一就是心性敏锐，对事物的感受热烈、深切。他对于自身家庭的中落感受是极为深切的，他对于封建家族制度下的人的扭曲的心性和扭曲乖张的人际关系的感受也是深切的，痛恶之情溢于心胸。[2]所以一旦成长，便抱着决绝的态度要离开故乡绍兴，要去寻找别样的人。后来，他对水师学堂和路矿学堂的失望，由此而及于对戊戌维新的失望，以后对文艺启蒙运动之发动的失败以至对于辛亥革命的失望，他的痛苦和寂寞都是极度深沉的，感触与感受、思索与追寻也都是热切而深沉的。他曾经反抗和战斗，由此而产生了心理对应物，一并作为情绪记忆，积淀于心理之库中，成为他的创作心理的组成部分。

托尔斯泰也是一个极度敏感的、感受力极强的人。苏联尼季伏洛娃说，"他的神经系统感觉区的特殊反应性，说明他天赋的感受能力"，"他的超人的感受能力和现实对他的第一信号系统的直接影响力是令人惊讶的。"[3]托尔斯泰对童年时代保有鲜明的印象，他对于生活、对于事物的感知总是十分完整、鲜明，并且富有情绪色彩，"托尔斯泰的记忆具有完整性和鲜明性的特点"。托尔斯泰的感受性和感受力还表现在，他易于动情甚至是激动，并且总是乐于采取积极的行动。即使是面对自

---

① 这种类型的划分只能是一种大体的区分，事实上，中间型、亚型或混含型都是大量存在的。在生活中，各种类型都有。就作家来说，总体上说应属于艺术型，但同时又具有思维型特质的也为数不少。

② 鲁迅的这种感应，自然也不全然是天赋秉性所致。家庭变故的突发和迭起，刺激当然非同一般，他又正值初识人生之时（16岁），又身为长子长孙，助母理事，分亲之忧，白眼冷遇、人情冷暖、世态炎凉之感也就更深切。这也促成了他的敏锐的心性。

③ 尼季伏洛娃：《文艺创作心理学》，魏庆安译，甘肃人民出版社，1984，第100页。

然景色、山水风光，他也会激动不已。在提到俄国南方大自然时，他写道："它过分地使我激动。"甚至还说："在孔采夫，去那里的路上的自然风光使我高兴得掉泪。"[①]尼季伏洛娃指出，托尔斯泰的这种易于动情和动情得"既广泛，又热烈"，促使他对现实的感知具有完整性、具体性和鲜明性。这是自然的，因为动情，所以记得清、记得牢，记得具体、鲜明。托尔斯泰还具有"出众的积极性"：对农民生活的贫苦的痛切感受，使他终身努力要改善农民的地位。"他对塞瓦斯特波尔战争的鲜明印象和强烈体验，驱使他做出一系列积极的行动：他写了改组军队的报告，出版士兵杂志，创作士兵歌曲，等等。他一旦体验到自己的'弱点'，最后便拟出他应当如何行动和生活的计划，而且他总能完成他的大部分计划。"[②]关于塞瓦斯特波尔，我们当然还不能忘记托尔斯泰后来写了关于塞城保卫战的小说，以至《战争与和平》长篇巨著的创作。这可以说是早期心理的后期效应了。[③]

作家的这种对于生活的感受和它的心理化，往往最后形成一种形念[④]和意象的结晶，它既是情感的，又是思维的。这便成为创作心理的思维质，也成为艺术思维的基本特质。鲁迅在这方面最后形成的是他对于中国国民性的形念和意象，甚至具体化、形象化、意念化为一个活生生的"阿Q的影像"，还形成了他对于辛亥革命在中国城乡（主要是乡村）的意念化和形象化的总体认知。托尔斯泰形成了他对于俄国农奴制

---

① 见《列·托尔斯泰全集》第48卷，第13页。转引自尼季伏洛娃：《文艺创作心理学》，魏庆安译，甘肃人民出版社，1984，第100页。

② 尼季伏洛娃：《文艺创作心理学》，魏庆安译，甘肃人民出版社，1984，第105页。

③ 尼季伏洛娃在她的《文艺创作心理学》中指出："捷普洛夫学派的学者们根据大量实验材料，提出了关于神经系统特性的局部性学说。他们指出，在大脑皮层的不同区域，……捷普洛夫在大量而成功地研究了神经系统特性的艺术能力之后确认，强烈的感受性是以神经过程的特殊反应性为基础的，这种反应也是艺术能力得以发展的先天条件之一。因此我们可以假定，托尔斯泰的特别强烈的感受性可以用他的神经过程，特别是他大脑感觉区的先天反应性加以说明。""大脑皮层的积极性和人的易于动情都依赖于网状结构和丘脑下部的活动。"（尼季伏洛娃：《文艺创作心理学》，魏庆安译，甘肃人民出版社，1984，第105-106页）这里说明了感受性强和易于动情的生理基础和天赋因素。这自然有科学依据。托尔斯泰在这方面的天赋也是不可否认的。但是，这种生理基础也是可以后天培养的，如果活动量多质高，刺激增多，大脑皮层的活动能力也会增强。而天赋如无后天生活的发展，也无用。

④ 形念，即形象观念，与理念对称。形念借助形象或图形等感性形式的外壳来概括事物；它不用语言揭示事物的特征，而只将它蕴含于其中。这是形象思维的基础和因素。

度和贵族生活的深沉理念，然而又充满形象、人物、事件和他自己的情感。卡夫卡对于第一次世界大战后资本主义世界的总体感受和他自己的具体生活的感受，使他写下了这样的心理和认识的结晶："战争打开了混乱的闸门，人类存在的支柱垮了。""我们正在毫无希望地没落下去。……客观价值和个人的价值的相互关系已不再发挥作用。我们不是生活在一个崩溃的世界里，而是生活在一个困惑的世界里……""我生活在一个寒气逼人的世界里……现在穿得最暖和的就数那些披着羊皮的狼，……""不仅布拉格——全世界都是悲剧性的，……"①卡夫卡在《卡夫卡日记》里记录了他的失眠、噩梦、烦恼与自责，还穿插一些作品片段的雏形。这些，便都是他的心理对于世界、社会、人生和自己个人生活的感受与形念、意象的结晶，也就是他的创作心理的形态与内涵。这自然都和卡夫卡的特殊的、个性化的感受性和感受力分不开。这些感受和结晶，必然形成他的作品的这种特殊的内容（以及这种内容和心理所决定的作品的形式）："他的代表作，无论是长篇《审判》《城堡》，还是中短篇《判决》《变形记》《在流放地》《乡村医生》《绝食艺人》等，都把人逼进一个凄惶迷茫的梦魇世界。""似乎悬在半空，既不能着地，又不能起飞。又仿佛在焦虑和绝望中沿着一道没门的墙永远地走下去——但永远也进不了房子。""人退化成虫，猿变成了人，艺人以绝食为生，狗在从事自我探索，精密的杀人机器正在显示其最后的威力，阴森森的法院和城堡以其神秘莫测控制着人们。何等令人战栗的文学！"②这种令人战栗的文学，是因为令人战栗的生活侵入了卡夫卡的心灵，他的心灵又做出了令人战栗的反应的形念与意象的结晶。

这就是主体在接受了客体（世界、生活）的入侵之后，做出自己的反映，然后内化为自己的心理，并以形念、意象的形态留在心灵之中。这就成为他的创作心理的内涵、结构和特质。不同的或类似的或完全相同的生活，经过主体心灵的不同折射之后，形成了不同的心理素质，表现为不同的创作素材。这就成为未来作家的创作个性的基础，成为未来作品的基本素质。

创作心理就这样在生活中逐渐累积。

---

① 《卡夫卡谈话录》（G. 扬努克）。转引自钱满素：《艺术家的洞察力》，《读书》1983年第7期。
② 钱满素：《艺术家的洞察力》，《读书》1983年第7期。

四、心理"相似块"形成与"情结"萌生

生活对人的入侵，决不会是毫无影响的；人对生活的感受和反应，也总是有着积极的成果。这些，总起来说，对于一个成长中的作家、一个作家的成长中的创作心理，最重要、最有意义和最具特征的，要算心理中的"相似块"①和"情结"②的形成了。它们是一个人的个性、人格的心理之"根"；独具特质的心理相似块和情结，也就是作家之成为作家和成为"这一个"作家的"根"。

（一）"相似块"

相似性作用，是人的思维和心理发展中的重要机能。凭借它，人们才能发展思维、认识和各种心理能力。相似，是事物和思维发展过程中同和变异的辩证发展。因为有"同"的一面，所以才能够有继承。但是，如果只有"同"而没有变异，就不能发展，而只是原地踏步了，因此需要有变异。变异就是变迁和发展。人的思维和心理的发展，在对客

---

① 相似与"相似块"："客观世界发展过程中相似现象（同与变异）经常会反映到人们的大脑中来。所以人们总是在自觉或不自觉地按相似的规律不断地去认识世界和改造世界。""客观事物发展过程中存在着同和变异，因为只有同才能有所继承；只有变异，事物才能往前发展。所以相似不等于相同，相似就是客观事物的存在的同与变异矛盾的统一。""人们在学习和实践活动中积累起来并贮存在大脑中的知识单元，我们称为'相似块'。人们在认识外部世界的过程中，常常要依赖它的存在。人们大脑中存贮的相似块不是静止的，它一方面和感觉器官输入的信息相互联系、相互作用，又能和其他'相似块'相互作用、相互联系，就如频谱分析仪中的相干、相关作用一样，也会结成一种新的相干、相关的'相似块'来。"（张光鉴：《相似论》。载钱学森主编《关于思维科学》，上海人民出版社，1986，第375、378、379页）

② "情结"（complexes）是荣格提出来的一个概念。其意义是："个人无意识有一种重要而又有趣的特性，那就是一组一组的心理内容可以聚集在一起，形成一簇心理丛，荣格称之为情结。荣格认为，无意识中一定有成组的彼此联结的情感、思想和记忆（情结），任何接触到这一情结的语词都将引起一种延迟性反应。对这些情结的进一步研究表明：它们就像完整人格中的一个个彼此分离的小人格一样。它们是自主的，有自己的驱力，而且可以强有力到控制我们的思想和行为。"（霍尔、诺德贝：《荣格心理学入门》，冯川译，生活·读书·新知三联书店，1987。此处摘自《读书·书摘》，《读书》1987年第4期）

本书引入了"情结"这一概念，其基础义即为此处所阐述者，然而本书在使用时，增加和扩大了这个概念的含义，即借用这一词语（术语）来表达和概括那种在人的心理活动中经常地、有时是隐蔽地起作用的情感、思维、意念因素。

观世界的接触中，接受各种刺激，因为有相同的，所以能够共振、共鸣，而被吸收，有量的增加；同时，又有异，但因为是同中之异，所以也能被吸收，因而又会有质的变异和提高。在总体上就是有同有变异，是"相似"。就主客观两方面来说，是两者具有相似性；就认识主体的单方面来说，是具有"相似块"。它是由人在生活经历中，在学习和实践中逐渐积淀在心理中的知识单元、心理组合、潜意识丛组成的。

由于主体的内心具有"相似块"，所以能够不断按相似原理，吸收相似的信息、知识、体验，而不断发展并变异心理状况。而且，客观对象也只有同主体的"相似块"具有相似性，两者产生了共振、共鸣、和谐统一，才能产生美的感受。

作家的心理具有特殊性质与功能。在他们的大脑中贮存的不仅有人类共有的种种知识单元，即种种"相似块"；而且有特殊的"相似块"，这就是他们对于事物、人物、环境的形象的、情绪的、细节的、外貌的品质和表现，具有敏感性、感受的深刻度和在整体上的把握。这些形成的特殊的"相似块"，就是作家的心理特征。在原有的心理"相似块"的基础上，会不断从生活中接受相似刺激，而不断扩充、增加。这是一个基础、一个格局、一种定势，凭借着这种"块"，主体去吸收、捕捉、接纳相似现象和信息。这样，靠着这种相似功能，不断定向、定性地发展自己的各种心理功能和心理构造。对于一个成长中的作家来说，开始形成一个"初级的""低水平的"艺术型（或略偏于艺术型的）"块"，以后便"滚雪球"似的逐渐扩大、增加、增强这种"块"，而向定型化发展。在这个发展过程中，记忆和记忆组成的信息单元——"块"，发生着重要的作用。许多作家、艺术家，不是从心理学角度，而是从实际的体验中体察到和表达了这种现象。海明威说，作家必须观察，开始时是有意识地去观察，想到怎样它才会有用；"但是后来他所看到的每一件事情都进入了他知道或者曾经看到的事物的庞大储藏室了。"[1]这里的"储藏室"就是"块"。作家所申述的基本上都是一个感知、认识主体，如何从生活中捕捉与他的身世、经历、情感、思维（这些都分别组成若干或许多"块"）相一致、相近、相似的现象，作为"资料""因素""原料"，吸收、内化为自己的心理建构因素。这种相似效应的产生，增强和加速了

---

① 海明威：《海明威谈创作》，董衡巽编选，生活·读书·新知三联书店，1985，第50页。

一个人的心理发展和个性、人格、自我意识形成。我们不妨试用一种图像（图6-1）来形象化地表示。

什么样的出身、经历、兴趣、爱好，便形成什么样的"相似块"，以后又在此基础上去发展这个相似块，并形成个性和人格。但必须指出的是，这种"相似块"并不是命定的、完全自发的，而是可以由人的主观加以控制的。问题只在于要有这种自觉性。在我们的叙述中，客观地说明创作心理发展到这个"程序"时，由于生活的入侵和

图6-1 心理相似块与自我意识形成示意图

心理的对应发展，已经明显地、突出地、具有个性特征地形成了"相似块"，并在"相似块"的相似功能作用下，日益稳定地发展，形成一种心理定势和一种创作心理格局了。如果作为研究来说，我们还可以：（1）努力设法控制、"指导"自己的"相似块"的形成，让它按自己的希望形成和发展；（2）对于已成之局，可以加以改造以至重建。——当然是要按照客观规律去办。至于实践中如何做，就各有"门道"了。

俄国伟大的作家托尔斯泰是这方面的一个杰出的典范。他一直有计划地发展自己的智力系统、心理能力。他的作为、做法和伟大成就，对于我们不仅具有典范的意义，而且提供了一个一般性的实证：创作心理是怎样运用主观努力去形成的？艺术思维（其习惯和内涵）、创作兴趣、艺术家气质，可以如何来培养？托尔斯泰的自我引导、自我培养，具有极高的自觉性和明确的目的性，也采取了许多有效的方法。归纳起来，大致有如下几点：

（1）明确的事业目标和艺术型定向培养。如寻求某种充满生活意义的事业，艺术本能的塑造，揭示人的精神世界和道德原则，揭示"人应当怎样生活"的真谛，文学信仰的明确（为什么写作、为谁写作和如何写作），等等。

（2）对于符合这种要求的特殊心理能力的培养。如对现实生活的接触和对现实的强烈兴趣，动情地与它"拥抱"（包括自然风光），增强自己对于这一切的感受性（客观上培养了神经系统感觉区的特殊反应性），不断努力捕捉自己的思想感情的活动和内容（"思想来到了，……那就取出本子，坐到桌边，不到有始有终地干完就不起身"），对自己经

历的一切进行分析，既掌握了自我，自觉地形成"相似块"，又有目的、有计划地发展了自我；不断地深窥自己"心理生活的隐秘运动"，还极其专心地在自己身上探索人类精神生活的秘密（这是一位作家重要的、关键性的工作，也符合他自定的奋斗目标）；顽强而自觉地发展自己的记忆、思维、自我分析和想象力（这对于创作心理的形成是至关重要的）；不断地通过写日记、回忆锻炼自己用语言来"复印"生活的能力，培养和锻炼了写作技巧；如此等等。

（3）不断进行自己的"生活素描"（写日记，详尽地、有分析地记述自己的生活和精神发展的历程），形成自己的文字记载的"素材库"；同时，还有自己的"记忆拷贝"，把自己注意过的特别鲜明的印象和思想努力保存在记忆中。

（4）凭借这些，强化了自己的观察力、感受力、记忆力和表达力；强化了自己的各项心理能力；培养了写作能力，掌握词语的能力。

（5）严格地、有意识地培养、提高自己的思想、道德水平，丰富自己的精神世界，加强品德修养。①这是一般人格的形成，也是创作心理

---

① 尼季伏洛娃在《文艺创作心理学》中，以专章（第二章）篇幅，根据托尔斯泰的传记材料，论述了"写作倾向的形成"问题。这里的"写作倾向"，意指从事写作的倾向、从事文学工作的倾向，包含着创作心理的形成、一般心理中的文学性因素的形成问题等。这一章详细介绍和评述了托尔斯泰的创作心理形成过程、他自己努力的自我培养情况。该书指出："写作倾向，是使一个作家之所以成为作家、使他有别于他人的东西，它是复杂的心理形成物。""它是在比较长的时期中形成的，是个性的稳定的心理特点。"她写道，托尔斯泰能保持他童年时代的鲜明印象，他以极其集中的注意力观察他周围大自然的奥妙生机是怎样发生的，大自然的美妙使他激动得流泪。我们从托尔斯泰身上看到一种完整而鲜明的感知类型。他有意识地发展自己的智力，写《每日事务记事簿》，逐天逐小时用记号来记录预定要做的事情的完成情况。他为自己制订出了这样的行为规范："……使肉体的需要完全接受意志的支配。""（二）使回忆能力服从于意志，并按下列规则进行培养：记住你所找到的全部思想，然后再记录下来，每天晚上把全部思想复习一下。……（三）使智力或推理能力服从意志，并按下列规则培养：（1）给任何一个概念下定义……（2）不论以怎样的形式获得新思想，始终要注意到思想的进程，注意到思维的方法如何。练习：教学和争论。""思想表达的方法。这方面的规则是：（1）在找到完全切合前后文的句子之前不把它写出来。练习：下定义和作诗。"他在日记中开拓进行自我教育的天地，进行心理分析，进行了用词语来再现生活的初次尝试。他力图捕捉自己的思想感情的内容，并用语词形象地来表达，他形成着重要的习惯：经常而敏锐地、孜孜不倦地观察生活和观察自己，并且同时练习词语的表达。他发展着将成为顺利从事写作的基础的一切能力和技巧，在他决定从事写作之前很久，他就形成了一种对现实的体验和态度，一种作家式的态度。（陆一帆：《文艺心理学》，江苏人民出版社，1985，第106-119页）托尔斯泰就是这样地自我培养，使自己的创作心理得以形成并向作家发展。

的形成，有意识地培养成为一个作家的能力，特别是创作心理和文学创作能力。一个并没有立志成为作家的人，自然不会自觉地像托尔斯泰这样来培养自己；但是，在不自觉中他仍然会这样来发展自己的创作心理，为今后的创作进行储备和准备。不同的，只是在众多的项目中，形成的项目不完全一样，形成的"相似块"的数量、品种、特质、质量不完全一样。当知道这种规律之后，我们可以更好地、更自觉地来培养自己的创作心理。

（二）"情结"

现在，我们来进一步谈谈比"相似块"处于"更高层次"和"更重要地位"的"情结"。说到情结，人们常常想到弗洛伊德和他的学生荣格。弗氏著名的俄狄浦斯情结，是人们十分熟悉的。他用这一"情结说"来涵盖一切人和文艺作品，荣格则观察到许多病人的情结。他们都强调，"不是人支配着情结，而是情结支配着人"。从他们的论述看，情结包含着，也可以说突出的意义是感情深处的结缔和症结，是情感病灶，是病态，是赶不走、摆不脱、隐隐中存在暗中袭来的感情魔障。[①] 这里，真理与灼见同谬误与偏见混合在一起。弗氏和他的大弟子确实发现了人类情感—心理中的一大隐秘，它对人的潜在的影响至大，它常常暗中支配人们的行为，是人们心中的妖与鬼、隐形的上帝。它确实有时与隐秘的性的欲望或性意识、性根源有关，也常常是病的症状，是人的情感的结晶的症结。许多（也许几乎全部）精神病患者都有自己的情结，这造成了他们心灵的迷狂。一旦解开情结，豁然而释，神志便恢复正常。如此等等，都是正确的。但是，真理不要说已经过了头，就是仅仅再向前迈一步，就越过了真理的边缘而进入谬误。弗洛伊德用性欲解释一切，让泛性论笼罩自己的学说整体，为其核心、为其贯穿线，这倒真的成为他的学术上的一个情结。荣格则以病人来囊括正常人，也难免走向谬误。正常人也并非没有弗氏所说的情结，荣格的病人症状也会在正常人中存在（当然程度会有不同），而正常人与病人也是流变的，可以互相"变位"；在文学家、艺术家中，在他们的一些作品中，也会有

① "当我们说某人具有情结的时候，我们的意思是说他执意地沉溺于某种东西而不能自拔。用流行的话来说，他有一种'瘾'。一种强有力的情结很容易被他人注意到，尽管他本人可能并不能意识到这一点。"（《读书·书摘》，《读书》1987年第四期）

为弗氏情结所擒，在创作中为其所支配、在作品中有所流露甚至为其左右者，他们之中也会有的人神经不十分正常以至曾经是或后来成为精神病患者的。但是，这一切都是部分而不是整体，是"有所"而不是"所有"，以偏概全，难免失误。当然，在科学上也许无论哪位伟大的科学家，都不能说他所发现的真理会全部、永远是真理，更不能说他的表述会全部是真理。弗洛伊德与荣格亦然。他们的确发现了而且很好地阐发了人的心理与情感中一个重大的内在奥秘，他们用之于解释人的心理、解释文学艺术创作、治疗病人，收到一定的效果，自有其不可磨灭的贡献。但是他们的阐释未免偏颇。我们不能以偏概全，完全否定他们的成就，拒绝吸收他们学说的有用之处；我们的任务是取其精华、用其所长、避其所短，以至改造和发展。

首先，我们应该承认，人们在自己的经历中，由于种种原因，——比如，某个突发事变，某种深刻的刺激，生活中某种给予影响至深的事或某个给予影响至深的人，在童年时种下的某种难忘的印刻①，或者在少年、青年时代留下的同样的遗痕，更多的是在生活中长期的、经常的、不断重复的、影响其物质生活和感情生活的人和事，等等，在生活的入侵中，在心理的反抗和内化过程中，旋涡滚滚、波澜迭起，时静时动、时起时伏，去而复来、欲忘不能、欲舍难弃、藕断丝连、流连忘返、又恨又爱，欲得难能、欲失反得、久而久之、反而复之，吸吮、渗

---

① "印刻"（imprinting）指早熟动物（如鸡、鸭等）的一种特殊依恋现象。印刻表现为刚出生的幼小动物对它第一次看到的活动着的目标的接近反应和追随反应。例如，雏鸭出生后追随它看到的第一个活动目标，一般为母亲。……雏鸭孵出两天之后，印刻即不再出现。……印刻是幼小动物依附成年动物的一种适应方式，在动物生长中是一种十分重要的习性。"（斯托曼：《情绪心理学》，张燕云译，辽宁人民出版社，1986，第411页）这里借用这一术语，既沿用其原有含义，又附加社会性内容，表示除人亦有之的印刻之外，还有社会生活在人的童年以至少年时的印刻性影响。在《情绪心理学》中，在"第七章 情绪发展"的"第四节 结论"中，这也被作为一种可能性提出："人类情绪发展可能同样取决于最初的家庭依恋。或许在人类水平上也存在着同样的关键期，印刻形式甚至也能发生。这些观点并不拥有直接的证据，但是很显然，那些内化是人类情绪发展必不可少的一部分的人们依赖于早期母婴互相作用的性质来作出解释。……此外，有关婴儿早期对人和处所的依恋的观点，对于心理学家（如鲍拜尔）的富有影响的理论来说，是至关重要的。"（第305页）这里人类对亲人与环境的依恋情绪和它的受剥夺而产生的后果，肯定了在人类水平上的印刻形式的发生。这些，对于我们也颇有启发。我们在"人类水平上"和社会性范围内的申述，扩大了印刻的内涵，也使其含义不局限于本注开始时所阐明的含义。

透、凝聚、结晶、升华，终于形成情感上、心理上、思维上的一个不能去、不可解的"结"。"我们谈论一个人时说他有一种自卑情结，一种与性欲有关的情结，一种与金钱有关的情结，一种'年青一代'的情结或与其他一切事物有关的情结。"①这是一组一组的心理内容组成的一簇心理丛，它就像一个人的完整人格中的小人格一样，有自己的驱力、自己的强制力，它会控制一个人的思想和行为。有时是不自觉地听命于它而不自知，有时是极力想要改变它而不能，只能无能为力地听从了它的指挥。"情结"的力量是很大的。

但是，关于情结，有几点必须辨明。第一，并非总与性欲有关，而且往往多数与性欲无关；第二，并非都是病态，一是其性质非病态，二是其强度未过正常的、合理的界限；第三，它们并不总在几个固定的情感模式之中，并非只有某几项情结，而是因人因事而异的；第四，这种情结，是生活的产物，是人的活动的产物，是心理的产物，是情感的结晶，生活有多么复杂多样，人的个性有多么千姿百态，情结也就有多么复杂多样、千姿百态。这样，情结就不是病人才有、治病才用的命题和范畴了。它也许可以说是人皆有之的，至少是人皆可能有之的了。

不过，如果说人皆有情结，或者说绝大多数人都有情结的话，那么，其性质也是各个不同的，其强度、明晰度和作用力也是不相同的。作家、艺术家至少有三点异于常人：（1）他们一般都有情结，没有情结是极少数的、个别的；（2）他们的情结的强度、明晰度、作用力都高于常人；（3）他们的情结差不多都要转化为创作心理的一部分，物化于、寄托于、升华为作品。

由于情结是生活的结晶，因此，生活越是丰富、经历越是曲折，情结的"结"也越有可能形成。而且，一般总是生活中的不幸、痛苦、艰难和震撼心灵的人和事，能够形成情结。可以说，生活中的劫难更易成为心理上的情结。对于作家来说这是"相似块"中之"块"，是"块"中的灵犀，有了它才能更利于文学创作。它是创作心理中的诀窍。古今中外许多作家、艺术家都有他们的心理的情结、创作的诀窍。鲁迅从家族的败落、家庭的崩溃感受到国家的兴衰，从18岁来到南京就痛苦于祖国之零落式微，到日本留学又深感异邦弱国、沉沦游学的苦痛，而他以辛亥革命时期的精神界之战士的思想高度，试图发动新文艺运动和思

---

① 霍尔、诺德贝：《荣格心理学入门》，冯川译，生活·读书·新知三联书店，1987，第36页。

想启蒙运动，遭到失败，如人生人之境而无人应答且无人反对，他陷入深深的痛苦与寂寞。"寄意寒星荃不察，我以我血荐轩辕"。寄情述怀，无限惆怅。以后，辛亥革命胜利，民国成立，但为时不久，旧相败露，他又寂寞难耐。"朋友云散尽，余亦等轻尘。""五四"风云，全国奋起，曾几何时，又即分化。"两间余一卒，荷戟独彷徨。"……事实上，这种寂寞一直伴随着鲁迅，直到逝世。"寂寞情结"正是鲁迅创作心理的特色之一。但这不是个人的寂寞，其中包含着深深的历史、民族、时代、人民命运的内容和意蕴。鲁迅的许多作品，那些在思想上、艺术上都是鲁迅作品中的上乘之作，往往都蕴含着这种"寂寞情结"：小说如《狂人日记》《孤独者》《在酒楼上》，以至《孔乙己》（这是鲁迅自己最满意的小说作品之一）、《伤逝》如此；散文诗如《过客》《影的告别》等《野草》中的篇札，以及杂文《写在〈坟〉后面》等亦如此。"爱情—不幸的婚姻情结"，在鲁迅的创作心理中也具有不可忽视的作用，它除了在个别的、少数的文章中有比较直接的投射之外，主要的是折射和潜藏于他的创作心境中，成为一种酵母和心理汁液。此外，郭沫若、郁达夫、茅盾、巴金、沈从文、丁玲、萧红也都各有他们的情结，这些情结在他们的创作心理中占有重要地位，影响了他们的创作，形成了他们的创作特色，赋予了他们的作品以艺术—情感—激情的素质，从而获得成功。

托尔斯泰可以说有两大情结："命运"情结和"爱情——不幸的婚姻"情结；歌德的"爱情"情结是很突出的；罗曼·罗兰的"矛盾—均衡"情结，酿就了他的《约翰·克利斯朵夫》；加缪——"荒谬"情结；毛姆——"流放"情结；海明威——"苦斗"情结；卡夫卡的情结是"死亡"，如此等等。

对于创作心理来说，对于作家、艺术家来说，情结的重要意义还在于它是一种创造的因素、一种创造的内驱力，"它们可能而且往往就是灵感和动力的源泉"。这里有两点值得指出：第一，正如荣格后来发现并作了纠正的：情结并不总是消极的，并不总是人的调节机制中的障碍；第二，作为情结的积极方面，其中有一部分更不仅是一般地具有积极因素，而且是创造性的因素，是创造的动力；对于作家、艺术家来说，它还是动力、灵感和创造力的源泉。为什么会是这样的呢？因为情结一经形成，就在情感上、心理上成为一种症结、一种隐形力量，消极的情结会导致人的扯不断挣不脱的扭结和纠缠，解不开的冤孽魔障，从而使人陷入精神分裂的困境，成为癔病患者、痴情人、心理障碍病患者①。但如是积极的，那么，那执着、那缠绕、那迷狂、那沉浸、那陶醉、那痴情、那激情，那献身的热忱，那不达目的誓不罢休的内在的、

---

① 这是消极的心理情结造成的心理障碍者的三个实际例证，可供一阅。
"最近，我曾三次到北京石景山区，采访一位对病人进行心理治疗的大夫钟友彬。
病例之一：病人是一个受过高等教育的男性工程师。他多年来有着一种让人极为厌恶的'毛病'：见了某些妇女，他就要暴露自己的性器官。为此，他挨斗、挨揍，受到降级处分，并因'屡教不改'被拘留直到判刑。可这一切并不能使他'改邪归正'，他被释放后，恶习仍难以去除。他在去找钟大夫以前，已成为一个人人避而远之的'流氓'。他恨自己，骂自己，曾以头撞墙想一死了之；甚至恳求管教人员给他做切除手术，以求彻底解脱。病人第一次来就诊时，精神已到崩溃边缘；他承认，越是怕出事，他越是控制不住自己。钟大夫确诊这是一种叫作暴露症的精神方面的病，属于性变态。通过和病人交谈，钟大夫逐渐了解了对方的生活经历、性格特征以至内心世界，终于找到了病因。患者是一个在农村长大的独生子，从小备受宠爱，直到很大还和妈妈一起睡觉。农村孩子夏天大多赤裸全身，受到长辈们愚昧的、低级趣味的所谓爱抚和逗乐，这就养成了这个孩子的不正常心理。更不幸的是，1957年他被错划为'右派'后，婚姻问题一直无法解决。掌握了这些情况后，钟大夫给他分析病情。通过半年多的治疗——主要是同钟大夫交谈，病就彻底痊愈了。现在他已结婚，还有了一个胖娃娃；工作上也很有成绩，已被提为高级工程师。这是幼年种下的孽根长大后爆发的例子。
病例之二：这是童年留下的病根，形成情结，长大后由别的事情诱发而至转移体现：'一个名牌大学的研究生，得了恐癌症，哪怕被蚊子咬个小包，也会日夜发愁，担心癌变。最后只好休学。后来，钟大夫打开了他的心扉：这是一个在苦难家庭中长大的孩子。父母本来感情不好，父亲又被划成"右派"，全家返回原籍。他出生在三年困难时期，他的童年是在贫困、饥饿、忧患和父母暴烈的吵闹中度过的。他没有感受过爱，不知道什么是无忧无虑。他从小就有察言观色保护自己的小心眼，这就使他形成了自卑内向但又争强好胜、想赢得别人喜欢的畸形性格。童年深重的精神创伤，在心灵上埋伏着不安全感的潜意识，伤痕一经诱发，就会以其他形式释放。他来到城里上大学，由于不适应新的环境，强烈的自卑和不安全感又出现了，他感到了压抑和孤独。当他读了一篇防癌的科普文章时，不安全感转移到对癌症的恐惧上。医生为他分析病因，请来另一位怕日光灯爆炸的病人，让他们各自谈病情，他们互相都觉得对方可笑，这时再为他们分析病因，就容易接受了。后来，钟大夫接到他的来信，说已经恢复正常生活了。'
病例之三：这是成年之后，遇刺激而形成的情结：患者女性，'文革'中受到冲击。从1967年起，她说起话来常常要反复几遍，怕别人听不清引起误解。以后发展到给丈夫留个字条也要反复检查，怕写出有政治错误的话来，晚上睡觉要关门多次；买东西时要检查纸币的正反面，看是否有字迹，最后竟发展到不敢接近纸笔，不敢走近放纸笔的桌子；做饭时扔掉的鸡蛋壳拣回多次，怕在上面无意中划上字迹。领导曾多次向她表示信任，要她放心，均无用。她已完全不能工作了，曾服用抗精神病药物数年，1980年开始接受心理治疗，并逐渐停服各种药品。在和医生第二次见面后，情绪稍轻松，她共来诊7次，之后病情迅速好转，终于恢复了工作。1983年医生访问她时，病人自诉症状消失，想起以前的恐惧觉得可笑。"
（朱盯：《三访心理治疗大夫钟友彬》，《新观察》1987年第四期）

往往不自觉无意识的，如荣格所形容的"残酷的激情"，会如鲁迅的话所说的"纠缠如毒蛇，执着如怨鬼，二六时中，没有已时者有望"，这力量自然是强大的、热烈的、持久的、深沉的。它一方面，用之于事业，用之于文学创作，自然是一种难于消磨、一往无前的力量；另一方面，那情结本身的内容，也推动人去创造、去追求、去求索。这都归结为一种创造的推动力和内驱力。

同时，更为重要的是，情结是情感化的、心理化的，是人生的重大问题和意蕴的化身，因此更有利于灵感的产生，更适宜于文学艺术的表现。因此，也就成为创作心理的重要内涵、艺术思维的重要结构因素和创作成功的重要因缘了。

在创作心理形成的过程中，在作家的"生活学"中，情结的形成是关键的、根本的一环。它与前述诸心理能力为机制的关系、与"生活学"中的诸项内容的关系，不是隔绝的，不是各行其是的，而是紧密相连的，是前面种种能力、机制、生活经历发展的自然的和必然的结果，是水到渠成的过程。前有因，后有果。从这点出发，我们可以注意两点：（1）一位正在形成自己的创作心理的预备作家，应该和可以仔细地来鉴别、分析、体察自己的心理发展过程，辨析是否有情结形成、又是什么样的情结。于此可以认识自己、掌握自己，引导自己的发展。——托尔斯泰不是那样自觉地发展和建设了自己的智力世界和创作心理、艺术思维吗？（2）一位作家，也不妨回顾、分析一下自己的情结是否形成和存在，它的性质如何，它在自己的创作中如何表现，如何发生作用，在自己的作品中如何体现——显露的和隐藏的。如果说一位心理医生——比如弗洛伊德和荣格以及现代许多心理医生能够分析、诊断和解除一个由于消极情结纠缠而发生的精神病患，那么，一位成长中的作家和一位作家，就应该能摸清、剖析自己的心理，了解情结之所在、之所属，从而运用它，发挥它的作用；改造它，引导它向有利于自己、有利于创作，向符合自己之所愿的方向发展。

你愿意试一试吗？让我们试一试吧！

这里，我们还要提出一点：作家往往有一些共同性的情结——自然是大同小异，在情感模式上是相同的，但是，内涵上却各不相同，情结的具体表现也因人而异。因为引起情结的生活波涛和刺激是一人一个样的。这些共性情结，至少可以列举如下几种：

1."童年苦难情结"

海明威说，一位作家最好的早期训练是"不愉快的童年"[1]。这是很有道理而且概括了许多作家的一个共同现象：不少作家有着童年的苦难，而且这种苦难对于他们成为作家和对于他们的创作，都发生了重大的影响；不少作家直接地或间接地把这种苦难写入了作品。童年的苦难刻痕深、影响大，尤其对于心灵的刺激深沉，令人久久不能忘。不能说凡有童年苦难的人都能成为作家，或者说凡是作家都有苦难的童年，但一个不可否认的事实是，童年经历了苦难生活而又形成了情结的作家是相当多的。[2]许多作家幼年失怙，有的失去父爱，有的父母双无，寄养他人家；有的作家幼年或童年家庭遭灾，父母陷入困境或苦难，有的父母不和，有的父母偏爱（作家往往是不受宠爱者）。因为童年正是印刻的关键期，所以容易形成情结；而且，这种"剥夺"（感情剥夺和依恋剥夺）也是造成儿童心理发展障碍的重要原因。这些都是具有心理学依据的。[3]

2."孤独情结"

由于生活的种种条件和变故、家庭的状况以及个体生活的状况影响，许多作家在童年、少年时代，或至青年时代，都曾经体验过孤独的

---

[1] 海明威：《海明威谈创作》，董衡巽编选，生活·读书·新知三联书店，1985，第85页。

[2] "童年苦难"反而成为创作心理的成长和创作的有利条件，这有点像蚌珠的形成，以及"狗宝""牛黄"的形成，却是因祸得福，由病态形成宝物。

[3] "剥夺"（Deprivation），"在心理学里，被用于描述有生机体必需的生存条件的丧失。例如在动物实验中，经常利用食物剥夺或摄水剥夺的方法，……在儿童中，像本书剥夺一节中所阐述的，剥夺被用来表示婴儿与成人，尤其是与母亲的人为分离，指儿童丧失了正常的受到母亲的喂养、照料和爱抚，以及正常的母—婴交往的生活条件，称为感情剥夺或依恋剥夺。感情剥夺使儿童在感情依恋上失去安全感，导致儿童感情受损。这在情绪上表现出抑郁、淡漠或敌意。剥夺对儿童情绪的发展，以及对整个儿童心理的发展都是不利的。"（斯托曼：《情绪心理学》，张燕云译，辽宁人民出版社，1986，第411—412页）

《情绪心理学》在解释"关键期"（Critical Period）时指出，这是指某些方面发展的最为敏感的时期，现在已经进行的关键期研究涉及发展、早期经验和印刻这三个方面。发展方面，儿童语言发展有一个敏感期。值得注意的是，这种关键期（敏感期）过后即不再出现。书中指出，在儿童发展的"早期经验"方面，值得注意的情况是，"在儿童社会化的发展中，早期婴儿与母亲之间建立良好的依恋关系有一个关键期。如果三岁以前与母亲的具体依恋关系没有建立，那么在以后是不能弥补的，而且，如果婴儿在早期没有建立依恋安全感，那么对他的感情和人格发展的影响也是不能去掉的。"（第412页）

情绪。有的就是与前述的童年遭遇相连，而造成了"孤独情结"。孤独不仅是生活上的，更主要的是心理上的。它把人引向好沉静、多思索、喜想象、爱幻想的倾向。这种孤独因为感情上的需要不得满足，更造成重感情、易动感情的情感类型心理，也常常引起对文学艺术的爱好和欣赏力；文艺作品本身也常常是孤独感的培养基（因为许多作品中的人物——那些超凡出众的人物，常常是孤独的）。这样便更助长了孤独感，甚至导引进入自觉状态。这些，作为情结的内涵，恰好都是有利于创作心理成长和有利于创作的。

3. "情爱情结"

作家总是多情而敏感、在心理和情感上早熟的。许多作家在少年时代甚至童年时代，就有爱恋的情愫甚至暗中爱上了某一个人或真的恋爱了（比如托尔斯泰与屠格涅夫）。这种早恋，或幸或不幸，其情感经验

（接上页）《情绪心理学》中还指出："在整个近二十五年中，许多研究都比较了在公共机构中长大的儿童和在普通家庭条件下长大的儿童的发展，……普遍的主张是，与幸运的儿童相比较时，公共机构中长大的儿童在智力上往往受到损害，情绪单调，甚至达到表现出'儿童孤独性忧郁'的程度。"（第275页）"在这方面经常提出的病因学论点强调在父母（特别是母亲）与孩子之间的社会—情绪纽带受到破坏的不良作用。……例如，谢弗证实了他称之为'婴儿过度依赖性'现象。这些婴儿偶然被带离开他们的家庭，并在不同的一段时间后又返回家中。如果婴儿在七个月以前离开家庭，他们就会是抑郁地、'焦虑地'注视着每件事情。与此相似，亚罗提出，他研究的婴儿在六个月时有86%的人在与母亲持久分离后表现出明显的情绪障碍。鲍尔拜做了进一步的研究，并提出，如果在头一年生活的后半期体验到分离，那么反应在几个小时中就会出现。……鲍尔拜强调说，孩子在这种情境中从父母那里受到情绪上的伤害，因而父亲回来时，对他们会是抱有敌意的。"（第275-276页）书中还提出："通常婴儿体验到的永久性分离是寄养造成的。斯科特提出，寄养的恶果更多地是来自旧关系的破坏而不是新关系的开始。他根据对动物研究的大量证据认为，一旦原始的社会关系已经发展——在婴儿大约到七个月左右，那么，对陌生人就存在着恐惧反应。反过来提高了对寄养的更强烈反应的可能性。因而寄养最好在这个年龄以前开始。根据斯科特的观点，如果情况不是如此，适应不良的'情绪损害'就会产生。"（第276页）。

这些实验和论述，阐明了童年期甚至婴儿期的剥夺和失落对于一个人的性格和心理的影响是深刻而久远的。对于许多作家来说，在童年还不是一般的寄养，而是寄人篱下，在这种生活中所受到的情感损伤，远超出仅仅离开父母，造成依恋剥夺，而且更有恐惧、压抑、冷遇感等消极情绪产生和心理障碍产生。这里，我们很自然会想起鲁迅、高尔基、夏洛蒂·勃朗特、托尔斯泰（他幼年失母，失父）等的童年，以及他们的这段经历与创作心理和创作的关系。

都对后来心理的成长和发展有深远的影响；当然，这种幼稚的爱恋，往往都是不结果的鲜花，是镜花水月。而正因为如此，给人的依恋之情更深，并因此而造成情结。在以后的生活中，这种情结还会不断生发、增长，在创作心理成长和创作上发挥着重要的作用。

4. "艺术情结"

这里把对艺术的爱好作为一种情结来看待。因为，第一，作家、艺术家往往是由于一种偶然的机会，由于一个人、一本书、一幅画、一部戏剧或者一句话而引起了对于艺术的至情爱好，他由此而喜爱艺术，从中得到无限慰藉，也仰慕作家、艺术家，进而更对这种劳动和事业热爱至深。这种情况像是一见倾心，像是电闪雷击，一触而通，心有灵犀。第二，这不是一般的喜好，而是乐此不疲、非此莫属、心向往之、舍生忘死，这是一种"以心相许"，一种献身、一种"瘾"，因此成为一种情结。没有对于艺术无"艺术情结"者而成为优秀的作家、艺术家的。——当然，不是有此情结者皆可成为作家、艺术家，因为还需要其他条件。

5. "创作情结"

对艺术的至情爱好，还不是一种单纯的对艺术的喜爱，它还包含对创造尤其是艺术创造的一种至情爱好。这种爱好往往是超越功利的，与名誉、金钱无关（当然不排除在实际社会中与它们的关系和这种关系入侵主体而引起的心理、情感及思想上的变化，但无妨于它的基本性质）。这种情结往往与孤独中欣赏艺术得到心的寄托、情的宣泄时，油然而生的对于艺术创作的仰慕感、神圣感、充实感、力量感有关。这种生活促成了这种情结的萌生。当然还与其他许多因素有关，例如对于其他创造性工作的感应等。

以上列举了五种情结。这种作家、艺术家共同的情结，对于创作心理的形成来说是关键性的，它们是创作心理构成之宝。在生活中，作家就是要形成这种情结中的某几种或一种，才能建构一个好的创作心理[1]。

---

① 这里仅就所见所感写出此段，提出作家共同性情结的存在这个见解，例证是很多的，此处无法一一列举，但从作家传记中可以看到。这种共性情结是否存在？是否只有这几种？这里仅提出自己的看法，和作家们共同讨论。

五、生活："社会生态"与"历史生态"

如果我们前面所有谈到的，都还只是局限于"个人的生活"，对其他即使有所关涉也归之于个人生活的话，那么，现在我们就该进入生活的社会性与历史性、民族性了。生活，是一个共时性的概念、一个共时性过程，它容纳了众多内容和方面；但同时，它涵盖着历时性的一切，历史流贯和暂停于现实之内、生活之中。人的生活——心理，离不开这个共时性与历时性的内容的宏观控制。这是一个"网"；命运之网，谁也无法逃避。这不是不幸，而是幸运；这不是偶然，而是必然。这是"社会生态""历史生态"的交叉，决定了生活学的生态学，决定了人的心理与自我的发展基因和宏观模式。一位成长中的作家，是在这个天地广阔、内容深厚的社会——历史模式中生长发展的。不过，他在这个模式中灌注了自己独有的特质，形成一个特色独具的自我、一个特色独具的创作心理。

"社会生态"包含着众多社会因素，形成一个"社会群落"：民族、地区、阶级、家族、家庭，时代、社会，亲人、朋友、周围人——一句话，社会关系的总和。人在本质上是社会关系的总和。一位成长中的作家受着这个"群落"的遮护、蔽荫、侵袭、滋润、渗透、熏染、培育，抚育与摧折、慈爱与冷漠、招引与拒斥、怜惜与忽视，爱与恨、友与仇、生与死、真理与谬误、聚合与离异、人与兽、智与愚、美与丑、贤与不肖、风和日丽与狂风暴雨、青山绿水与山陵丘壑、战争与和平、动乱与平静、欣欣向荣与生离死别，爱的欢欣、恨的冲激、怒的鼓噪、愁的折磨、哀怨的伤怀、欢乐的幸福以及酸甜苦辣咸淡麻涩，……，这一切，每日每时地、不断地，带着冲击力、渗透力、亲和力、融汇力，混合地、整体地扑面而来，进入生活、进入心灵，来培育、规定、形成一个人的心理和个性。谁人有如此力量，能逃避这种社会生态的力量？他必须在这具体而又抽象、瞬间而又永恒、公开而又隐蔽、抽象而又具体的一切"人间相"中存活、成长、发展。这是"社会生态"的"空气"、"阳光"、"雨露"和"土壤"，决定了一个人成长的"向"与"性"。当然，这一切，这宏观的"社会生态"都是通过人的家庭和身世、经历来实现的。一代又一代作家，包括那些大师们在内，谁脱离了这个"社会生态"而生长？他们得力于这个"社会生态"，是时代、社会助他们生长。我们想一想俄国19世纪末到20世纪初的批判现实主义文学群星，从罗蒙诺索夫、普希金到托尔斯泰、契诃夫、高尔基，他们固然有各自的具体条件和个人非凡的才能，但无一能够脱离俄国这个时期的社会现实：农奴制度的崩溃与挣扎和资本主义带着繁荣与血污的发展。正是这个现实的"社会生态"助力了他们的发展。他们的创作心理的基础是在这个现实基础上形成的。再想一想我们从五四运动鲁迅这一代到20世纪30年代以至50年代、70年代、80年代，一辈又一辈成长起来的作家，他们相同的和不同的创作心理，不都是时代—社会这个大"生态环境"决定其基础的吗？

培养自己的创作心理、体认自己创作心理的成长机制，就要注意研究、体察这种"社会生态"。

"历史生态"作为历时性因素在当代发挥作用。这是历史的、民族的、人类的和人性的"根"，谁也逃脱不了它的影响与控制。荣格采用了"集体无意识"的术语。[1]按照荣格的理论，"从个体出生的那一天起，集体无意识的内容就给个人的行为提供了一套预先形成的模式。'一个人出生后将要进入的那个世界的形式，作为一种心灵的虚象（virtual image），已经先天地被他具备了。'[2]这种心灵的虚象和与之相对应的客观事物融为一体，由此而成为意识中的实实在在的东西。"[3]他举例说，如果在集体无意识中存在一个"母亲"的心灵虚象，那么在现实生活中，它就会在婴儿对母亲的知觉和反应中迅速地体现出来。"这样，

---

[1] "自原始时代以来，人类世代代普遍性的心理经验长期积累，'沉淀'在每一个人无意识深处。其内容不是个人的，而是集体的、普遍的，是历史在'种族记忆'中的投影，因而叫集体无意识。"（张隆溪：《二十世纪西方文论述评》，生活·读书·新知三联书店，1986，第59页）。

"人的心理是通过进化而预先确定了的，个人因而同往昔联结在一起，不仅与自己的童年的往昔，更重要的是与种族的往昔相联结，甚至那以前，还与有机界进化的漫长过程联结在一起。""集体无意识是一个储藏所，它储藏着所有那些通常被荣格称为原始意象（Primordial Images）的潜在的意象。""从个体出生的那一天起，集体无意识的内容就给个人的行为提供了一套预先形成的模式。"（霍尔、诺德贝：《荣格心理学入门》，冯川译，生活·读书·新知三联书店，1987，第40、41、43页）本书采用了荣格的"集体无意识"的理论，但不完全局限于他为这一概念所限定的范围，而将历史、民族、社会的文化积淀纳入这一概念中。

[2] 《荣格文集》卷七，第188页。

[3] 霍尔、诺德贝：《荣格心理学入门》，冯川译，生活·读书·新知三联书店，1987，第43页。

集体无意识的内容就决定了知觉和行为的选择性。"这就是说，进化和遗传，会使人类亿万年生存发展中形成的种种品性，生理的和心理的，会以原始意象的形态潜存于每一个人的身上，成为他对世界的把握和反应的选择标准和"指令"。他总是"采取与自己的祖先同样的方式来把握世界和做出反应"。比如人对蛇、对黑暗、对死亡的恐惧，都是一种无须后天经验就存在的先天倾向。前者只能加强后者而不是产生后者。荣格把集体无意识的内容称为原型（arc-hetypes）①。荣格说："人生中有多少典型情境就有多少原型，这些经验由于不断重复而被深深地镂刻在我们的心理结构之中。"②我们每个人的心理中都有这种原型潜在着，它决定着我们的心理结构的基础形态和内涵。

但是，我们必须补充的是，事实上，这种"原型"并不是单纯或只限于人类种族记忆的投影，一般普遍性心理经验的沉淀和积累。人类各个地区、各个种族、各个民族以至各个社会历史发展阶段中，都分别地、相对独立地积淀了各自的、许多集体无意识，通过遗传、后天习得和环境熏染而进入个体无意识和个体心理中。其过程、形态、内容，也不是凝固地规范化成若干个"原型"。这些具体的、具有特性的和非全人类性的历史积淀，常常是以文化—心理的形态继承下来，影响一代又一代人，影响个体的成长。③中国作家创作心理的成长都和这种民族文化——心理结构、民族审美意识审美态度与理想以及文学艺术欣赏心理等方面的集体无意识分不开。

荣格还提出了一个重要的论点，这就是：人们在后天所经历的和体验的东西越多，那些潜在的原始意象得到显现的机会也就越多。也就是说，个体的经历和体验，是集体无意识的个体体现的条件和中介。"原型不同于人生中经历过的若干往事所留下的记忆表象，不能被看作在心中已充分形成的明晰的画面。母亲原型并不等于母亲本人的照片或某一

---

① "原型这个词的意思是最初的模式，所有与之类似的事物都摹仿这一模式。"（霍尔、诺德贝：《荣格心理学入门》，冯川译，生活·读书·新知三联书店，1987，第44页）

② 霍尔、诺德贝：《荣格心理学入门》，冯川译，生活·读书·新知三联书店，1987，第44页。

③ 中国人决不会出现幼儿钢琴的、提琴的天才演奏家，除非有特殊家庭的培养，但也不会像莫扎特等音乐家那样，很小就会作西洋乐曲。同样，西方幼儿中也不会"自发"生长一个二胡演奏家，其对于中国古体诗的掌握、能力（欣赏和写作）也决不如中国儿童。审美心理整体差别也反映了民族审美心理的积淀和"遗传密码"的差别。

女人的照片，它更像是一张必须通过后天经验来显影的照相底片。"①这个比喻很确切。底片必须显影。个人丰富多样的经历和体验，良好的教育和多方面的学习，就是这种生活中的显影工作，它提供了"原型"、社会历史民族的文化积淀得以在个体身上体现的条件、环境和机会，或者从主体方面来说，他为自己身上得以体现集体无意识和民族文化积淀创造了条件、环境和机会。这就是他的自我培养、自我发展和自我意识的形成与成长。一个作家的创作心理，正是在这样一种创造条件、环境、机会以便用集体无意识、民族文化积淀来充实、装备自己，和在自己身上体现和闪射集体无意识、民族文化积淀光芒的过程中，成长起来的。

"社会生态"与"历史生态"，这是创作心理成长发展的宏观的、长久的、历史的因素发生作用的"场"。这是一个很重要的大范围的"场"，也是在大的方面决定创作心理的内在力与外在力的结合（合力）的"场"。但它们是通过个体的"生活"这一"区域""渠道"来实现、来发挥作用的。因此，它也就是预备作家和既成作家的"生活学"中的重要内容。

六、生活的依存与记忆之钳

当生活在这一相当长的时期中，不断锻造创作心理的时候，心理也不断地形成各种"心理溶液"，它相继结晶成各种心理"块"，包括"情结"，包括使集体无意识得以体现的个人意识。就是在这些里面凝聚着生活的种种信息；生活储存在如海明威所说的"庞大储藏室"里了。这是创作心理的基础和内涵，一旦创作劳动开始，它们便又是素材。作为心理内涵和创作素材，它们都被记忆储存着，等待检索和提取。这些记忆，有的很容易检索、提取；有的"隐藏很深"，主体也没有明确意识到它的存在，仅在遇到某种触发或灵感火花时，或者是在梦中它们会突然冒出，产生奇特的作用。这都是创作心理的宝贵的矿藏。

现在，我们只着重谈一个问题，就是"执着"（fixed）②。这是一种

---

① 霍尔、诺德贝：《荣格心理学入门》，冯川译，生活·读书·新知三联书店，1987，第45页。
② 弗洛伊德：《精神分析引论》，高觉敷译，商务印书馆，1984，第214页。

特殊的心理现象，为许多人所共有，更是作家、艺术家的一个突出的特点。他们总是"执着于过去生活的某一个时期"[①]，弗氏认为这是一种未能忘怀于过去的某一段时光或事件的心理状态。他从泛性欲论出发，把这种心理现象的产生归因于性，认为多产生于儿时以至哺乳期。这是不能同意的。事实上，从许多作家、艺术家的传记材料看，这种"执着"的造成，往往是由于生活（事件、人事、环境、时代、事变等）对人的刺激至深，形成了创伤、创痕或刻痕。弗洛伊德说："一种经验如果在一个很短暂的时期内，使心灵受一种最高度的刺激，以至不能用正常的方法谋求适应，从而心灵的有效能力的分配受到永久的扰乱，我们便称这种经验为创伤的"，"常在梦里召回其创伤所有产生的情境。"[②]这种描述倒是很恰当的。不过，我们认为，这种创伤在人的一生中，尤其是在幼年、童年、青年时代最易造成，造成之后也最难忘怀、最难缓解，而成为一种永久的扰乱。而且，我们不妨把这种创伤分为三个递进的层次：创伤——→创痕——→刻痕。它们一个比一个更深沉、更难磨灭，也更具扰乱力。它具有永久记忆的属性。对于作家来说，这种创伤较多，刻度也深，扰乱也剧烈，往往成为他们心头的不安全情绪的基础。而且，他们的这种永久性记忆总是充满表象、满含情绪的，人物行动、环境状况、情节发展，常常是栩栩如生、历久弥新。由于这种情况，作家总是跃跃欲试，一吐为快。这一方面是受到这种创伤的推动，另一方面是心理"执着"的作用，写出后就得到缓解、求得适应。当形诸笔墨时，以符号（文字或其他符号）物化时，激动不已，想象飞扬，灵感爆发，心绪振奋，使"生活的真实"得到发展。这从创作动机、熟悉素材，酝酿久长、思索深度以及想象、灵感的出现等方面来说，都是创作的一种最佳状态。因此作品往往获得成功。许多作家在这种被"执着"催动下，写出了自己的处女作，常常一举成功。而且有的人此后再也写不出超出这个第一部作品水平的作品了。这都是"执着"与非"执着"的差距所致。

由此可见"执着"对于创作心理、对于创作的重要性了。

优良的创作心理，应是这种"执着""创伤"多的创作心理。

---

① 弗洛伊德：《精神分析引论》，高觉敷译，商务印书馆，1984，第216页。

② 同上。

综上所述，我们描述和阐释了在经历人生三觉醒之后，一位预备作家、成长中的作家，在生活的历程行进中，内心的精神历程也同步地、相对应地行进着，并且形成心理的整体，形成创作心理的种种因素，在生活和心理的运行中逐渐建构着创作心理。

这是创作心理在生活中形成、发展、建构的一幅大致的图景，从中我们也看到了它的性质、特征、最佳构成因素和基本构成因素以及有序结构的状况。事实告诉我们，这是一个动态的过程：一个生活的过程，一个心理的过程，一个生活 ⟷ 心理双向运动的过程。这里有着生活的主体性和接受性，也有着人的主体性和感受性，有着两者的互侵、交叉、渗透和融汇，有着人的实践活动的中介作用，有着心理的种种关键性的结蒂、结晶和结节——"块"——"情结"——"执着"——"创痕"：创作心理就是这样建构着、建构成的。

艺术思维的雏形以至基本形态，也在这期间同步形成了。

第七章　预备作家的艺术习得

一位作家的创作心理，离开了后天的艺术习得，是不可能形成的。生活，铸就一个创作心理的生活的和心理的基础；艺术，则培育一颗艺术型的心灵，一个艺术化的心理。两者的结合，才是一个完整的艺术心理、创作心理。

一、艺术蕴含——→ 审美态度

在艺术习得的过程中，我们面对着生活（世界Ⅰ）、作家（世界Ⅱ）之外的第三个世界：文学艺术作品（世界Ⅲ）。它同世界Ⅰ、世界Ⅱ处在错综复杂、融会贯通的状态中，千丝万缕、血肉相连。我们现在只是从艺术习得的角度，探索它同世界Ⅱ的关系：世界Ⅱ如何掌握、获得世界Ⅲ；世界Ⅲ如何侵入、养育世界Ⅱ。

文学艺术作品是一个被人创造、自成体系的世界——第二自然。这个世界对于欣赏者来说，不仅是美好的、诱人的，而且是有益的、有用的。然而它又是一个"坚果"，并非浅尝能得其真滋味的。这里有一个主体（人）把握客体（作品）的过程。这个过程是复杂的，不仅需要理解而且需要创造。茵加登提出了四层次说。①按照这个理论，欣赏主体

---

① 茵加登的四个层次是：第一层次是语音层。文学作品是一个固定的典型的语言结构，这是作品保持其同一性的原因，凭此作品可以传递相同的意义。第二层次是意义单元层。这是由词的意义所构成的层次。有意义的句子和句子系列把处于一种具体环境中的客体展现出来，形成一个有机的、有意义的统一体。意义具有语言的审美价值之外的审美价值。作家、艺术家通过意向性把内容"借给"意义，而欣赏者则把这种意义纳入自己的实际经验之中。第三层次是被再现事物的客体层。这是作品所要体现的物象的层次，它是第二层次的句型结构产生的。它要求审美主体具备鉴赏能力和理解能力，否则就不能实现。第四层次是图式化层次。"按照茵加登的看法，一个由艺术作品的内在结构所建

需要对客体形成的世界（即作品所创造的"另一个世界"）逐层次地
——由语言层到意义层再到被再现事物的客体层最后到图式化层次——
了解、把握，并且用自己的能力、经验和想象去填补、充实、发展，进
行自己的再创造。茵加登提出了"主动"阅读和"被动"阅读的区别：
一个是被动地理解；另一个是主动地创造，用自己的经验、生活感受、
情感、智力、能力去填补和充实作品所提供的框架和图式。这里有两点
值得我们注意。第一，作品不是创作者单方面、一次性、完全地、凭着
虚空的唯我境界创造成功的，这个"另外的世界"不是一个自在的世
界，它需作者之外的"他者"（欣赏者）来共同创造，才能成为一个完
整的和完成的世界；第二，"他者"（欣赏者）固然要发挥自己的主动
性、创造性和积极参与精神，但是，他又不是凭空来进行这一切的，他
不能脱离作品本身提供的基础。"这种填补是有条件的：第一，不能超
越出原文所规定的结构界限；第二，必须与语义层次保持一致；第三，
观众经验的参与不超过结构所表明的或由整个情景所表明的范围。"①

　　这种从两方面来强调和理解艺术创造与艺术欣赏的共同创造活动，
对于我们关于创作心理形成的研究来说，重要的地方在于：我们如何在
欣赏—创造艺术作品的过程中，发展了自己、壮大了自己，建设了新的
自我，特别是在艺术上塑造自身，创建一个艺术的自我。结构主义者从
茵加登的理论中引申出这样的意义：一部文学艺术作品的实际的创造过
程是两个阶段，即：（1）作家、艺术家为了公众，为了社会而创造出艺
术作品来；（2）公众即结构主义者所说的"他者"，再凭借自己的经验
能力予以补充，进行第二阶段创造。这样，文学艺术作品就不再是单方
面由作者决定的，而是要有"他者"的积极参与。"作者"（作家和艺术
家）和"他者"（欣赏者）之间存在一种相互衔接、相互推动和帮助的

　　（接上页）立起来的'另外的世界'，它需要一整套特定的主观过程，这是读者、表
演者或观众在客体化的过程中所要完成的事情。这一过程要求这些人的积极参与，把他
们的全部经验、能力都汇合在一起，按照有意识的型式进行意向性的综合活动。""鉴赏
者的态度、情感和评价都是作品的共同作者。"作品的呈现只是一种框架和图式，其中
有许多不定点、含糊不清的区域要求鉴赏者来填补和充实。（朱狄：《当代西方美学》，
人民出版社，1984，第472-474页）

①　朱狄：《当代西方美学》，人民出版社，1984，第474页。"结构主义者认为，'艺术绝不是
在虚空的唯我论境界中被创造的，而总是在某种社会环境中，总是为了公众，为了社会被
创造出来的。这并不就意味着在艺术家与公众之间存在着一种不变的、基本的共时性关
系，它只是强调这样一种事实，即在艺术创造过程中，公众，也就是'他者'，总是以某
种方式在那里。……一件艺术品不再单方面地依赖于它的创作者。"（第474-475页）

共同创造关系，这是艺术创造的一个完整的过程。这里表述和强调了欣赏者的"接受——创造"过程的作用。那么，作为创造过程的第二主体、作者之外的"他者"，欣赏者是怎样来接受和创造的呢？其过程和机制如何？科林伍德在他的《艺术原理》中把这种过程描述为"重建过程"。他说："表演者制造出来的、观众所听到的那种音响，其本身根本不是音乐，它们只是一种手段。假如观众听时有理解力的话（否则不行），他们凭借这些音响可以把存在于作曲家头脑中的那个想象的乐曲为自己重新建立起来。"①他指出，我无论是听讲演还是听音乐，都是凭借自己的努力"在自己头脑中，把它们重新建立起来"②。所以，科林伍德说："真正的艺术的作品，不是看见的，也不是听到的，而是想象中的某种东西。"③又说："我们所倾听的音乐并不是听到的声音，而是由听者的想象力用各种方式加以修补过的那种声音，其他艺术也是如此。"④欣赏艺术，或者说"他者"对"作者"创造的"另一个世界"的理解、把握和创造，是一个用想象来重建自己的新世界的过程。这里的想象，首先是两个方面：第一，根据作者所提供的条件和创造的图式，想象作者在创造作品时所想象的、所试图创造的世界景象；第二，想象自己所创造的一个由前一世界所引起、在其基础上产生的世界。这是一个整体的艺术世界。其次，在局部的、分部的、分品类方面，还有着众多的想象，如对于人物、对于场景、对于环境、对于情节等的想象。这种想象一方面是对于作者意图描绘的图式的想象，另一方面是"他者"自己的补充、发展性的想象。如果说这是两个部分、两个层次的想象（当然，它们是紧密相连的），那么，应该说在这两部分、两层次中，都有两种性质的想象：一是凭依作品文本所进行的追溯性想象；二是凭借作品而产生的重建性的创造想象。

这样，我们看到欣赏艺术的过程就是一个非常丰富、非常积极主动和富有创造性的过程了。我们至少可以列举出如下几个方面来：

（1）调动自己已有的经验。用自己以往的全部心理经验来体察作品

---

① 科林伍德：《艺术原理》，王至元、陈华中译，中国社会科学出版社，1985，第143页。所以科林伍德不无尖刻地说："有一类人去音乐会，于票房价值是有好处的，而于音乐却是有坏处的，因为他们只是从音响中获得快感。"（第145页）
② 同上书，第144页。
③ 同上书，第146页。
④ 同上书，第147页。

中所表现的作家的经验，进行认同、吸收和内化的活动。

（2）调动自己已有的全部生活储备，用这种生活储备去印证、体察作品中所反映、描绘的生活，进行评断和认同活动，从而丰富了自己的生活经验——化间接生活为直接生活。

（3）调动已有的全部知识，对作品的世界中的各种知识因素进行分析、权衡、吸收，从而增广加深自己的知识库藏。

（4）调动已有的艺术经验，对于作品中所有的艺术因素（形象思维与逻辑思维的运用，典型的创造、艺术技巧的运用、语言的运用、艺术风格的创造……）进行考察、欣赏，从而吸收、内化为符合自己需要的成分，扩大艺术视野、增强艺术修养、增广艺术知识、提高艺术技巧。

（5）调动想象力，对作品这个"另外的世界"进行有客观依据又有自己独创的想象，创造一个既是作品的又非完全作品的新的艺术世界。

在这整个欣赏、接受过程中，都要运用想象、思索、表象、记忆等心理手段和心理活动，要对作品的生活和艺术素材进行主动积极的、创造性的加工。这是欣赏过程与创造过程的结合，生活接受与艺术接受同步进行的过程，也是感情与思维、实际与心理结合融汇的过程。在这样一个过程中，一般可分为三个阶段，有四种欣赏类型和四个欣赏层次，它们是：

（1）感受阶段。基本上是对于作品的各层次和整体世界的初步感受，带着整体性、感受性、模糊性，但是融理性于感性、寓历史于现实、积局部于整体、隐生活于心理，虽是凭借审美直觉活动去感受，但潜藏着直觉思维的灵机。

（2）理解阶段。对于整体性感受进行思索和体认，思索所感受的一切（从生活到心理、从思想到艺术、从直觉到思维、从具体到一般），进行分析、解剖、比较、推理、判断和艺术解析，然后对其作理性的评价和改造。

（3）接受阶段。经过上述两个阶段，自觉或不自觉地吸收作品中的一切为自己所爱、所需、所了解的东西。这种接受是有选择的，是自己心理中的"块"按相似性原则接受和内化的过程。

这三个阶段是一种基本性质的划分，而不是截然割断的，是互相联系、互相渗透的。它基本上按照这样四个层次发展：（作品的）外部特

征的综合 —→ 外部特征的分析 —→ 内在特征的综合 —→ 内在特征的分析。这四个层次，同时也标志着四种欣赏类型和水平。最佳类型和最高水平，自然应该是将这四个方面综合起来，作整体性的接受。在这个过程中，同时进行的正是心理活动的诸项目（感觉、知觉、表象、情感、注意、记忆、思维等）的分析—综合过程。

这里，我们还需要从作品的艺术魅力角度，对艺术接受作总体考察与分析。

文学作品的艺术魅力，是作品的思想性、艺术性的综合体现，是它的美感动力系统。它产生于作品的思想、情感、生活、艺术等方面的美的素质和这种美的整体性，它是多种社会功能、艺术功能和心理功能的综合影响力，而不是作品的某些局部的单一功能的作用力所产生的。而欣赏者也是把它作为一个整体来接受的。这里，刺激 —→ 调整 —→ 改造 —→ 反映 —→ 内化的过程也是整体性的。主体在艺术欣赏过程中，会得到多方面的学习和锻炼，会有许多方面的收获。首先是培养、锻炼了想象力，整个欣赏过程中贯穿着想象；其次，也培养、锻炼了鉴赏力、创造力；第三，培养、锻炼了观察力。这是就欣赏活动本身来讲的效应和收获，即仅就欣赏活动进行中主体发挥创造作用时，所进行的活动和多种活动所取的效应。同时，在阅读、欣赏文艺作品的过程中，还通过作品本身，向作者学习到上述诸种能力。这是主体向客体（作品和作者）学习到的。在这个过程中，欣赏主体还能学习到思想、生活、艺术、技巧等方面的经验和能力，包括各种知识、艺术表现力，特别是语言的感受力和运用能力。总之，这种艺术习得的过程，培养了欣赏主体的审美态度，培养了他的审美情趣、审美感知能力、审美风格和审美理想。

这里，审美态度——审美注意的形成是特别重要的。对于成长中的创作心理来说，这是最重要的、最宝贵的总体收获。德国心理学家 W. 冯特认为存在一种特殊的"审美的情感"。法国美学家 E. 苏里奥说："什么是审美鉴赏？它就是运用知觉对包含在知觉中的知觉对象进行审美的判断。……这个定义将使审美鉴赏和其他逻辑的、实用的、经济的、道德的评价区别开来。"[①]苏珊·朗格说得更为明确："艺术方面的

---

① E. 苏里奥：《为审美鉴赏科学研究所提供的一般方法论》，《美学与艺术批评杂志》1955
年9月号。转引自朱狄：《当代西方美学》，人民出版社，1984，第258页。

行家，……总是立即就能感觉到审美经验是和其他任何经验不同的。对艺术作品的态度是特殊的，对它的反应完全是种独特的情感。"①梅尔文·雷德则提出了审美兴趣与审美注意的问题，他举了实际的例证来阐述他的观点。②他用几种具体的情况，来划分了审美注意和其他兴趣之间的区别。这界线是很分明的。它说明确实存在一种审美的注意。这种审美知觉、审美的基本情感、审美兴趣和审美注意，总体性地构成一种审美态度。这是一种很重要的"态度"③。

因为，只有在主体（预备作家）真正形成了这种审美态度时，他才真正成为一个美学意义上的审美主体，并以这样一个主体的特立独行的姿态和心性，去对待、观赏、剖析、把握和获得审美对象——审美世界的事物和世界事物中的美。这样，他才能真正去获取美。他的心灵才是一个美的心灵和能够创获美的心灵。对世界、对艺术、对文学，他

---

① E. 苏里奥：《为审美鉴赏科学研究所提供的一般方法论》，《美学与艺术批评杂志》1955年9月号。转引自朱狄：《当代西方美学》，人民出版社，1984，第258页。

② 梅尔文·雷德在《想象的认识方式》（《美学与艺术批评杂志》1974年冬季号）中说："注意的状态也就是观赏者是否去注意到对象的内部特质和关系，而不仅仅是去注意对象的外部特质和关系。一个人去注视波斯地毯，如果他在想'这值多少钱'，那么他的兴趣是在经济方面；如果他思考'它是怎样制造出来的'，那么他的兴趣是在认识方面；如果他问自己，'假如这条地毯归我所有，它能提高我的社会地位吗?'那么他的兴趣是在想摆阔。所有这些问题都是与对象本身无关的外部关系问题。但如果观赏者不为那样的一些问题去分散其注意力，而专心致志于毯子本身的视觉形象，如果他仅仅是在一种鉴赏的方式中去评价地毯的色彩和图案形式，那么他的兴趣就是审美的。"（朱狄：《当代西方美学》，人民出版社，1984，第259页）

③ 对于是否确有一种"审美态度"存在，在美学界仍然存在争议。有人对此持否定态度，"理由是如果人们的注意力只是大同小异，而又恒定不变的话，那么所谓的特殊注意力的存在就只是一种空洞的假设"。（朱狄：《当代西方美学》，人民出版社，1984，第259-260页）这实际上是以注意力的大同小异来否定了它们之间性质上的根本性区别。事实上，审美态度除了对于对象的性质和评价不同之外，其注意的方面和方式也有特点。文森特·托马斯说："当我们用审美方式看待事物时，我们的注意力总是朝着刺激物的外观，我们不是从实践角度去注意这种外观，也不关心刺激物本身。"（朱狄：《当代西方美学》，人民出版社，1984，第262页）托马斯所说的情况，在审美活动中是经常出现的。

当然，托马斯由此而认为"外观"和"刺激物"具有本质的区别：一个是现象学对象；一个是本体论对象。审美方式只注意前者，而非审美方式只注意后者，把现象与本体（本质）完全割裂开来，也是不对的。我们所说的审美态度，不是这种只注意对象的现象而不及于本质的注意，而是把两者统一起来的注意。透过现象掌握本质，本质通过现象来显现，现象是现象化的本质，如此等等都是马克思主义对于现象与本质并无原则区别的基本看法。因此，我们赞同审美态度这个命题。

有了一个敏感的心性，一个吸取美的乳汁和一切营养的心理状态。因为有了这样一种审美态度，所以他才能以一个审美主体的姿态去获取一切美，从而培养自己的独特审美情趣、美学理想。他的创作心理也就在这一过程中真正成型，他的人格也才被赋予艺术品质，而他的创作倾向和创作个性也同时形成了。

如果说，艺术觉醒还只是一位成长中的作家的第一步迈进，从此时起他睁开眼，艺术地来看世界，但还只能是模糊地、朦胧地感受，那么，现在，当形成了完整的审美态度时，他就是一个在艺术上完全成熟、完全清醒、完全获得主体性的审美主体了。

审美态度的形成，是创作心理在艺术习得过程中的最基本、最重要的创获，它的形成最终标志着区别于其他心理的创作心理的形成。大功告成：创作心理形成了，艺术思维形成了，一个作家的"自我"诞生了。

这样，在艺术觉醒之后，经过生活锻炼和艺术习得，艺术觉醒起了质的变化，主体具有了明确的、自觉的艺术意识，于是便"不同凡响"了。他总是习惯于用艺术的眼光去看，用艺术的耳朵去听，用艺术的思维去"知"，用艺术的心去感受。（当然，同时也用别的态度，比如实用的态度等去看、去听、去知、去感受，彼此并不排斥，而是互相促进和渗透）于是就见人之所未见，感人之所未感，知人之所未知，其特点是重形象感知、重形象思维，形象的感觉与知觉、形象的掌握与表象的记忆、形象信息的储存，等等。这既是创作心理的形成与建构过程，又是创作的准备过程：心理的与生活的、素材的与技巧的、思想的与艺术的、集体无意识的与个体无意识的。

在这个过程中，也就同时形成了作家的种种不同的"相"：创作心理类型和作家的个性也在此时形成了。这种心理和创作个性，也形成为若干"块"，它成为继续发展心理和创作个性的基础，并且由于点滴的、个别的、局部的、变异的产生和积累，使得这种个性循着自己特有的轨迹向前发展。

成长起来了，作家！成长吧，作家！是生活"亏待"了你，又是"生活"优待了你；是艺术"选中"了你，又是艺术被你选中；艺术陶冶了你，你又获得了艺术；是你的心理从生活与艺术获得营养、接受锻冶而成为特殊状态，也是你的心理的特殊状态攫取了生活与艺术中的一切于你有用、为你所爱的"事物"。一个作家的"自我"，一个作家的内心人格，一个作家的心理复合体，一个作家的个性——人的个性和创作心理的个性，就这样诞生了。

他的心理将决定他怎样生活，他的生活又将决定他的心理如何发展。生活没有结束，心理的发展也不会结束。迎接未来吧！

这里，我们且看一看已经成为作家的人们的情况。这是我国当代几位作家就艺术觉醒与再觉醒、创作意识和创作心理等问题，对问卷调查的答复。

叶楠：

［创作意识与创作心理］

形成创作意识和创作心理，是在20世纪60年代。在读过的很多文艺作品中，竟独钟爱唐诗宋词和屠格涅夫、普希金、帕乌斯托夫斯基的作品。特别是帕乌斯托夫斯基的《金蔷薇》令我倾倒。

［人生与艺术再觉醒］

艺术的再觉醒，是近几年的事。只是对过去产生了动摇。也许文学是另一个样子，我没想好。只是有一点，我觉悟了。文学表达的内涵是（应该是）作家个人以为的生活内在的规律，而不是外在的某种支配思想框定的什么。文学对于人的影响，应该是长远的，而不是贴近的；是对心灵的撼动，而不是表层的。文学是时代的，又超时代；是民族的，又是人类的。表现一定时空，又超越时空，才是优秀作品。我仍在思考。

萧乾：

我开始写小说是作为一种半工半读的方式。

航鹰：

［创作意识与创作心理］

1960年我去天津工艺美术学院进修，写了第一篇小说，未发表。

在此之前，中学时代写过诗，参加学生会演。因作文成绩优秀常受老师表扬，使我总想尝试写点儿什么。

［人生与艺术再觉醒］

"文革"中期，我发奋写剧本，发现自己应搞艺术。我天生富于同情心、人情味儿，主张人道主义，追求真善美。后来，这些成为我的作品的基调。

鲍昌：

[创作意识与创作心理]

产生文学创作冲动是在小学四年级，写了一篇散文《冬夜》，被当时北平市教育局办的小学生刊物刊登了。

当时没有更深入的艺术理解，只是想描写一下冬夜北平小巷的风景，其中有对冰心、许地山散文的模仿性质。

[人生与艺术再觉醒]

1946年高中未毕业（就）来到晋察冀解放区，在华北联大文艺学院学习一年，学到了《在延安文艺座谈会上的讲话》和周扬编的《马克思主义与文艺》，觉醒到文艺创作要为革命斗争服务，立即产生了这种文艺思想的狂热。

张抗抗：

[创作意识与创作心理]

1978年思想解放运动之中，开始对文学的真实性有了一种基本认识。我开始寻找"自我"、寻找个性，力求在作品中真实地反映生活，表现我所能体验、所能感知的人的精神痛苦、精神追求，以及与外部世界的冲突。在艺术风格上，尚无明显追求，按自己的本分，力求清新自然，重视抒情和哲理。

[人生与艺术再觉醒]

大约在1982年以后，对自己以前的创作有了不满。由对人生的态度和对人本身的认识引发，从乐观走向冷峻，从注意表现人与社会的冲突开始转向人自身。在艺术方法上，即从过去的"现实主义"进入到"心理现实主义"，并非简单地模仿外来的创作手法，而是企图理解各种新潮作品的哲学内涵，并消化成我自己的东西。我渴望表现人真实的心理世界，在创作上越来越忌讳各种人为的因素（如情节与议论）。这一段时间思想与艺术的"变法"，主要体现在长篇小说《隐形伴侣》上。

路翎：

[创作意识与创作心理]

大约在1938—1940年16～18岁时，我在社会的进步思想和苏联文学的影响下，想描写社会生活，反映和体现社会各类人物及其心理，反映和体现反对黑暗、趋向光明的人物性格及其进展，我注意人物的各形态及其时代心理，我着眼于现实主义的、有感情的艺术风格。

[人生与艺术再觉醒]

我对人生与艺术是随着（对）艺术与理论的认识而逐渐地推进一些想法和意识的。社会进展和社会理论的思维的变动发展使我争取着发展。

邓刚：

[创作意识与创作心理]

我开始（时）对创作是（抱着）一种"很有意思"的心理，真正踏上创作道路后，却觉得"有意思"不行或不够了。但我始终是被"有意思"的心理把握和推动。当我逐渐体验和看清生活的坚实性，这种"有意思"几乎从创作内容中全部失去（撤掉），而仅仅成为一种叙述方式（风格）。

[人生与艺术再觉醒]

我对人生与艺术的再觉醒，是在有过一段创作经历后，进入中国作协文讲所学习时发生的。我几乎像从水下钻出水面那样摆脱政治和政策的思维套子；而站在哲学高度思索人生。我觉得文学不再是对生活补充感情和热情（美化、想象），却是一种冷静的透视。作品不应该摆出给读者当教师的架子，而是同读者一起思索。另外，我对文学艺术形式越来越感到极大的兴趣。《迷人的海》在思想上几乎是老调重弹，它之所以受到如此重视，其实是表现手段（可圈可点）。我们可能畏惧于西方现代主义文学，不敢从从容容地谈形式，实际上形式给内容带来的光辉会使作品达到一种质变。

韶华：

[创作意识与创作心理]

我的创作意识、创作心理，也是逐渐形成的。每写一部作品，都提高一步，有一种新的追求。到写作《过渡年代》才觉得日臻成熟，就是反映社会、推动生活。要写出具有时代特征和鲜明个性的人物，作品特别是长篇作品，追求史诗般的价值和规模。

[人生与艺术再觉醒]

我现在还不能说对人生与艺术有了"再觉醒"。

刘绍棠：

[创作意识与创作心理]

15岁（1951年）开始自觉地扬长避短，只写自己的家乡，于是很快地形成自己的艺术特色。

[人生与艺术再觉醒]

1979年倡导乡土文学，建立自己的创作理论体系。

杨大群：

[创作意识与创作心理]

童年（时）对过年贴的画大感兴趣，后来读了唱本、故事小说等，就感到在脑子里这些故事、人物会出现。我爱讲故事，这样每次讲都要编进去（一）些事，有时编的部分在脑子里活跃。老想把编的故事记下来；但在当时却没有生活体验，没有文字表现能力。我是喜欢民族风格的，我从《关东演义》之后，在努力搞雅俗共赏的尝试。

[人生与艺术再觉醒]

在写《关东演义》之后，我感到写得不过瘾；因为对通俗文学的写人物我感到不过瘾。为了改进，我用一年时间写了雅文学《黑泪》《白血》《蓝骨》；但写完之后，我感到雅不能过多地追求外国（风格），应向民族靠拢、探索、追求、改造。我用一个月时间写了《黑龙江传》。在这部作品完成后，我好像从朦胧中明白过来。我过去和现在所写的东西，大多是追求一个核。现在才明白我追求的核是"民气"，我是写民族之气的。有了这个核，才能更自觉地写作品的哲理，不然是瞎写了。

徐光耀：

[创作意识与创作心理]

1942—1943年，敌后抗日根据地的斗争处于极端残酷的状态中，大批同志被杀被捕，斗争之惨烈可谓空前。当时我在游击队中，经常目睹同志们抛头颅洒热血，感动非凡。当然，个人也处在危险中。这时，曾多次与左右情谊深者相约：我辈不管谁先死，后死者要写文追悼他们，以不负平生相交。由此，渐生用文艺形式表现这些先烈们英勇壮烈事迹的强烈愿望。

[人生与艺术再觉醒]

谈到"变法"，有这样一些意愿是近年的事。由于过去的路子走得太狭隘，写的东西比较单薄浅显。近几年来，对人生、对艺术的理解深化了，也希望创作上能适应这种深化。于是更多地注意到西方的各种流派及现实主义以外的各种方法。然而，这是个很复杂的问题。在我国一度很流行的"新"观点，我不能真心去佩服它们。我以为，我应在自己的基础上开拓创新，才是正路。

马加：

[创作意识与创作心理]

从九一八事变后，（受）日本压迫，（过）流亡生活，产生一种创作的意识。艺术追求是到延安后，受托尔斯泰的影响，有了明确的目标。

追求的目标：要完整地反映现实。

[人生与艺术再觉醒]

从延安文艺座谈会后，回东北以后，参加土改，感到需要深入生活、深入群众，汲取营养，创造自己的创作风格，开始新的追求。

刘亚洲：

[创作意识与创作心理]

我大约是在写《黄植诚少校》之后，才形成自己的创作意识。我时刻把人放在首位，把最复杂的人放在首位。我不写太长的东西，也不写太长的句子。我不轻易放过任何一句话。我相信文学对社会是有用的，但用处并非大得像有些人特别是有些作家形容的那样。

[人生与艺术再觉醒]

至少在现在我并未感到自己"发生了"人生与艺术的再觉醒。我期待着这种再觉醒在某一天早晨来到。

程乃珊：

[创作意识与创作心理]

小时候玩"过家家"，觉得空泛得很，就有意识地在"过家家"游戏中穿插一些情节。后来根据这些情节，自编自画了一套连环画。

胡万春：

[创作意识与创作心理]

1951年，我读了高尔基的三部曲：《童年》《在人间》《我的大学》。我想，我的生活经历与高尔基（的）十分相似，他文化水平也很低，为什么他能成为作家，我就不能？于是我就开始萌发了写小说的想法。

[人生与艺术再觉醒]

我在1952年发表小说，1956年即发表荣获国际文学奖的《骨肉》（1957年得奖）。此时我27岁，对文学有了高层次的追求，要求自己有独特风格，艺术上要有含蓄的、精湛的技巧，能反映社会上的带有深刻性的问题。我在创作上获得了巨大成就，多种作品获奖。我在文学上的再次觉醒，是在"文革"以后，我对我们这个社会有更深层次的认识，感到改革是我们社会主义发挥优越性的出路。

达理：

[创作意识与创作心理]

中学时代即常有创作的冲动。那是一个革命的年代，常使青年人热血沸腾，自以为处于世界革命中心，应以天下为己任。因此艺术都是政治化的。而通过大量阅读中外名著，又深深被另一种陌生的感情萦绕着。那时的心理状态，实际上是一种混合物。

[人生与艺术再觉醒]

几年来改革中所经历的一切，使我们有一种新的觉醒。希望最多，失望也最多，更产生了一种从未有过的忧患意识，这些都很充分地表现在我的各篇创作中。

梁斌：

[创作意识与创作心理]

文学的责任，在于美化生活，给人以力量，给人以知识，提高人的素质。也有娱乐作用，叫人看了文学作品以后感到的是艺术享受，这是最好的娱乐。幽默和趣味，也是群众所需要的。写个故事，叫人看了以后捧腹大笑，也是好的。但是，在文学中写性欲、性行为，会牵着群众的鼻子背离"四化"建设，背离社会道德。写拙劣的恋爱小说，会导致恋爱至上；但我不反对小说和戏曲中出现恋爱的故事和情节，因为这是人生的一部分。

[人生与艺术再觉醒]

我的人生观与艺术观，没有所谓"再觉醒"，我是六十年一贯制。我的思想和艺术观没有经过所谓"变法"，……

以上各位作家的回答，用自己亲身的经历（生活经历和思想、艺术经历），用事实，对创作心理与创作意识的形成问题，对艺术的觉醒与再觉醒问题作了阐释。这是现身说法，为我们的理论探讨提供了实证材料。

二、艺术感觉锻炼与艺术思维形成：创作心理成型

至此，我们可以说，一位成长中的作家，其创作心理已经成型了。

这范型是什么样的？总括地说，就是艺术感觉的锻炼成长和艺术思维的形成：一个艺术型心理成型了。

这就是，他始终或经常处于一种心理状态，他是这样一种类型的人：艺术地去感觉、感受，艺术地去思维，用艺术之眼观察世界与人生，用艺术之心去感受世界、社会、人生。这是一种才能、一种才华。谁更好，谁更高？就看他这艺术之眼与心的辽阔和深邃的程度如何。"艺术家的才华本身，是一种比其他人更尖锐更深刻地了解生活过程的才能，是感觉到和看到其他人还没有发觉的事物的才能。对现实生活的印象做出激动而深刻的反应，透过外表深入现象和事件，了解这些现象和事件的直到那时还没有弄清楚的特点——这是真正的艺术才华的固有特性。"[1]这里大体概括了艺术才能（艺术感觉能力和艺术思维能力的总称）的主要方面。首先是一种思想的才能。"创作天才的力量常常是同伟大思想的力量紧密结合起来的。"[2]但这是一种特殊的思想的才能，不同于一般人，不同于理论家、科学家的思想才能，这是一种"感觉——表象——思维"的思想才能。一般思想才能自然也包含前两项以至其他共同应有的心理能力；但是，作家的思想才能中"感觉"和"表象"更强，与思想紧密相连，且始终伴随。因此是一种艺术思维。但它的思维度、思想性丝毫不减弱，相反，倒应该是更尖锐、更深刻，更能把握生活的过程；思维中又裹挟着感觉，他能感觉（有时甚至是直觉）到和看到别人没有或不能感觉到和看到的事物。其次是情感性。这与理论家、科学家等是不同的，他们对生活、对事物自然也要有、也会有感情，但是他们并不始终如此，也不那么强烈。作家需要热烈，而科学家、理论家需要冷静（有时不得不抑制感情）。作家对事物、对人、对生活的情感度高，而且强烈，伴随始终，保持到创作完成阶段。他对生活的印象总是要"做出激动而深刻的反应"，而且透过外表作深入了解——这中间又包含着一种思维，不过，是情感思维——情绪思维；失却了情感与情绪，也就会失去艺术感觉与艺术思维，失去了作家（至少不是好的艺术感觉与艺术思维，不是好的作家）。

最后，一种艺术慧眼识得深、识得透，见人之所未见、识人之所未

---

① 赫拉普钦科：《作家的创作个性和文学的发展》，满涛等译，上海译文出版社，1982，第5页。

② 同上书，1982，第12页。

识。这也是一种思想才能，但它往往以直觉、感觉、知觉的形式出现，"一眼识透""一眼看穿"；总是能够抓住人家在生活中并未抓住的现象。这是艺术眼光的主要特征。

我们还可以从另一个角度来考虑创作心理个性化的规定性。这就是"社会系统"和"心理系统"两个方面。在第一系统中，包括对社会、世界、人生的看法和态度，对它们的了解程度和吸收程度（掌握的数量与质量），对时代与社会审美需要的了解、掌握和态度；对社会系统各种事物的艺术思考与体现的能力、特色和程度；等等。"时代的审美要求（作家总是这样或者那样地确定对它的态度）在作家创作个性的形成中所起的重要作用是不容置疑的。"[1]时代与社会的审美需要必然影响到作家创作个性的形成，而作家对于这种影响的选择、吸收程度和态度（即主观反应），就是创作心理与创作个性的内涵。"因此，创作个性——这就是包括其十分重要的社会、心理特点的作家个人，就是他对世界的看法和艺术的体现；创作个性——这就是包括其对待社会的审美要求的态度，包括其针对读者大众、针对那些他为之写作文学作品的人们而发的内心呼吁的语言艺术家的个人。"[2]把对世界的看法、态度和艺术体现提出来，把为了读者大众而写作的积极性和针对他们的需要而写作的创作动机包含在内，这都体现了对于社会与人生的态度，是创作心理、创作个性的社会系统质的内容。

在第二系统即心理系统中，重要的是总以一种艺术心理或叫心理素质中的艺术型（或对艺术具有功用的）机制与能力，来对待和反映生活中的一切。这里，重要的方面有：艺术知觉的经常运用和能力优势，直觉优势——高水平直觉能力，无意识的内心活动；情感激发优势和激情的"燃点"低；等等。赫伯特·李德说，艺术家的主要作用"在于能使心理的最深境界的本能活动具体化"。[3]这种具体化的过程，就是运用和发挥直觉、艺术知觉、无意识、情感等的过程。作家的心理系统具有它的特点，而每个作家又有他自己的特点。这就是个性化。

社会系统和心理系统的综合，形成了个性化的艺术感觉与艺术思

---

① 赫拉普钦科：《作家的创作个性和文学的发展》，满涛等译，上海译文出版社，1982，第94页。
② 同上。
③ 同上书，第2页。

维。由此，艺术感觉的触须不断地延长和扩展，伸向生活，伸向社会和人生，把社会信息和审美信息转移给心理与记忆；艺术思维则对这些素材进行不间断的、深邃的、反复的思索、评断，酝酿着思想的汁液和形象的倩影。这构成整体化的心理溶液，等待着结晶的时机——这就是创作心理已经成型，心理溶液已经或接近饱和了；——它期待着创作活动的到来。

三、创作个性的形成与功能

在创作心理成型的基础上，在人格定型的基础上，一位作家的创作个性也就产生了。当然，这还只是一个雏形、一个势能，是潜在的，它只有在开始创作之后才能真正地显现出来。但是，它确实形成了，定性了。

我们需要探讨一下它的构成和功能。

作家在逐渐形成创作心理的过程中，会自然地形成他的创作个性的雏形。这个雏形，同作家的人格一同成长，彼此影响、互相渗透。但是，创作个性在这个发展过程中，却又具有相对独立性，与人格的发展既一致又有差异之处。如果我们把人格、个性称为"意识的自我"的话，那么创作个性就可以称为"创作的自我"。意识的自我，自然会在某些基础方面影响和决定创作的自我；但是，却不能完全决定它。同样，创作的自我既在许多重要方面取自意识的自我，又给予重大影响于意识的自我；但与它并不完全相等，甚至于在某些方面、在一定的时候，会与意识的自我相逆相悖。这是创作个性的特点，也是优点。这一点决定于文学艺术的特性。

创作个性同创作心理是一脉相承的。创作个性是创作心理的集中的、特质性的、典型的表现，是创作心理的人格化表现；也可以说，创作个性是创作心理与人格（个性）的交叉。创作个性以从创作心理和人格（个性）中取得的特征性因素来组成自身，同时又向两者输入自己的信息。创作个性的形成，是创作心理发展成熟的标志，也是人格发展定型的标志。一位预备作家已经基本形成了，就需要创作个性的基本确立。当然，创作个性确立之后，还只是一个潜在的势能，还要在创作过程中表现出来，体现在具体的作品中。而且，创作个性也不是一次成型即告结束的，不是凝固的，而是要在创作主体的发展过程中不断发展、提高，不断演变的。这种演变，对于各个作家来说不尽相同。

创作个性，就是作家的审美个性，是作家特殊的"内在尺度"。作家正是以这种审美个性而各自区别开来，每人有自己特殊的存在标志和独有的风采。他们把这种标志与风采寄寓、渗透、刻印在自己的作品中和人物形象上，赋予作品特殊思想和艺术内容。这就是创作个性的具体表现。①作家的"内在尺度"成为他的审美选择机制的主要枢纽。凭借它，作家选择、消化、把握生活（对象），并进一步反映、塑造生活和人物形象。这正是作家的创作个性的具体表现和验证。

（一）创作个性形成的必然性与必要性

一个人只有形成了创作个性，才能算是为从事文学创作、为成为一位作家做好了基础的、必备的准备工作。而当一位预备作家在自觉或不自觉的过程中形成自己的创作心理时，创作个性也就自然地结晶而成了。因为，创作心理和人格在各自形成的过程中，必然地互相渗透、互相影响，交叉融会，而产生创作的个性。

创作个性的必然形成，还由于预备作家在形成过程中，必然培养起自己的审美情趣、审美理想，培养起一种特殊的审美态度；也会形成自己特殊的世界观、人生观，对生活的特殊态度。这些，凝聚而成他的捕捉生活素材和审美信息的特殊的心理之"钳"；同时，也聚合而成他的特殊的酶化生活的心理溶液和加工生活的加工器。这些则大体上构成一位预备作家的创作个性的基础。

在这个过程中，创作个性的形成是十分必要的；因为只有形成了创作个性，一位预备作家才算真正完成了自己的基础预备工作，才算在向作家成长的道路上完成了最初的路程，才能迈步更向前进，走上创作之路。也有一种缺乏个性的作家，他们虽然具备了创作的基础条件，虽然写出了一些作品，但是他们缺乏充分的特色，缺乏自己的个性。这是因为，他们在形成过程中，没有使自己的创作个性得到充分的发育，尤其

---

① 杜书瀛：《两个"尺度"与文学创作——创作主体与创作客体的功能》，《文学评论》1987年第5期。该文中说："作家也正是以他的这种审美个性作为他存在的标记，他把这种标记刻印在他所创造的一切艺术形象上。"

是没有使创作个性的特质和特色得到充分的发育。

因此，在创作心理形成过程中，在人格形成过程中，充分发展创作个性是十分重要的。

（二）人的个性与创作个性

个性是人的能力、气质与性格（人格）的总称与总和。性格以自我为内涵，而以外部行为范式为外延。性格也为一个人的气质所贯注。创作个性自然要以个性为基础，但是它们又有着内涵与外延上的重大差别。文学创作是作家的创作行为，这是他的社会行为的一个重要方面，在这个行为中自然会表现出他的一般性格（人格），但主要的是表现他的创作性格（创作个性）。这里面有着人的性格所不包含的内容。比如，他的全部审美情趣、审美态度和审美理想，他的创作的能力系统，他的创作技巧，他对生活的独特看法和独特的形象概括与评价，等等。总之，构成创作个性的主要因素，不包括在个性之中。当然，创作个性中的这些因素，也不会同个性（人格）中的主体因素相悖。因为它们是在同一个"自我"的"根"上长出的心理之花。一个热情似火的作家，决不会写出冷峻的作品；同样，一个冷静、性格深沉的作家，也决不会创作出一种外在艺术素质是热烈火爆的作品。我们只要想一想鲁迅与郭沫若、茅盾与巴金这两对作家在性格上的差异和作品中所表现的创作个性的差异，就可以明了这个道理了。

然而，值得注意的是，创作个性确实有时会表现出同人的一般个性不相一致甚至相悖的情况。一位作家，可以写出同自己的一般个性不一致的作品。这是因为，第一，作家所创造出的人物，在作家的笔下诞生之后，就像一个婴儿诞生之后一样，有了自己的个性、思想、情感、性格的发展逻辑，他们的主体性（人物形象的主体性）就会形成不以作家的意志为转移的发展轨迹，他们可能做出作家的个性所不喜欢、不赞同的行为来。就像巴尔扎克笔下的资产阶级人物、屠格涅夫笔下的新时代的产儿如巴扎洛夫等人那样，他们的个性不为巴尔扎克和屠格涅夫所赞同，是同他的世界观、人生观、社会观相抵牾的；但是，作家的笔下，却不得不违背自己的个性，赋予作品中人物性格光彩。这是作家的创作个性的胜利。

第二，作家是全盘地、如实地、具体地呈现生活原貌的（不管采用何种创作方法都是如此，不同的只是他们的呈现内容与方式），这是一位作家创作个性的基础和核心。这也是由文学艺术的基本性质所决定的。因此，也就决定了创作个性的表现（作品的实现）同一般个性的表现（行为方式）产生不一致的基础。生活的原貌中，完全可能有同作家的个性中的自我、气质和人格不相一致的人物和事件。在一部内容丰富的作品中，人物形象纷呈、人物性格各异，作家在塑造这些性格典型的过程中，因与自己的性格的逆差及顺应的情况和程度不同，而会有各不相同的态度；但是，这并不妨碍作家的创作个性在其中发生作用，使作家笔下的人物栩栩如生，按照自己的命运在"生活"和行动。作家不能够生杀予夺，一意孤行。——如果他这么做，人物也就死了，成为他的个性的傀儡而不能为读者所信服和接受了。一部《战争与和平》，人物众多、性格各异，托尔斯泰对他们的态度是各不相同的。他喜爱比尔、保尔康斯基公爵、娜塔莎，但这并不妨碍他去描绘其他众多人物。曹雪芹在贾宝玉、林黛玉身上倾注了他的全部的爱，但这也不能阻止他去描写其他那些人。

还有更重要的是，生活原貌中所饱含的内容，呈现出种种生活的真谛和"原汁"，无论作家自觉与否、爱憎如何，都表现出来，呈现给读者，由他们去决定弃取，而无关乎作家的一般个性。

（三）生活中的"我"、作家的"我"与作品中的"我"

如果我们把人格（性格）称作"我"，那么我们就可以说，这是生活中的"我"，此外还有"作家的'我'"（即创作个性）和"作品中的'我'"（即创作个性在作品中的实现）。这三个"我"既有联系，又有区别；相一致，有时又相悖离。一个具有坚强的、稳定的、成熟的创作个性的作家，即"作家的'我'"个性强，是会克服、抑制或背离"生活中的'我'"（也许我们不妨称为"自我的我""非作家的'我'"）的内涵与行为，而贯彻创作个性于整个创作过程之中，在"作品中的'我'"中充分地体现出来。这就是创作的成功，创作心理的胜利，创作个性的胜利。

这里涉及一个作家"创作的个性"觉醒水平问题。一位成熟的、优秀的作家，应该具有较高的"创作个性"觉醒水平。他懂得自己，并且懂得应该和如何坚持自己。

（四）创作个性的内涵与建构

创作个性不同于人的一般个性。个性是人的能力、气质与性格（即人格）的总称和总和。个性以一个人完整的和具有特征的自我为内涵，而以他的行为模式为外在体现。但创作个性，则是以人的自我的艺术性特征那一部分为主要构建基础，它的表现形式（外在体现）为人的（作家的）创作活动、创作行为。当然，这种创作个性会受到一般个性的影响、浸润甚至以其为一般心理基础；而创作活动、创作行为则是一位作家的社会活动与社会行为的重要方面，对于一位专业作家来说，这是他的基本的和主要的方面。但是，创作个性，作为非一般人都有的（必备的）个性内涵，作为一位作家创作活动的主要特征基因，终究是一种特殊的个性，一种只表现在创作活动中的特殊个性，它不是在任何时候、任何活动领域和任何活动方式中都体现出来的，都是作为行动基础和行为特征的。因此，它必然会有特殊的构成因素和特殊建构状态。

构成创作个性的第一个基本内涵，自然是他对生活的基本看法和基本评价。一位作家的创作个性的独特性，就建立在这种对生活的基本看法和评价上。作家之为作家，较之一般人有两个特征性表现：他的心理建构中，有明确的对生活的一种基本看法和评价。一般人自然也会有这种总体性的对生活的基本看法和评价，但是有的人却没有，即使不是终其一生都没有，也是在相当长的时期中没有或者在活到相当大的年岁上才产生；然而，即使有了基本看法和评价，也不一定那么明确清晰，未必形成一种概括的表述。作家则不然。他们在最早的人生觉醒时期，就会形成这种对生活的明确的基本看法和评价，而且会凝练出自己独特的总体概括。我们在前引我国当代作家关于自己人生觉醒状况的表述（见第四章"一、通向作家之路的入口：人生三觉醒"），便是证明。

第二个特征性表现，就是这种对生活的基本看法和表现，成为他的创作心理的基本构成因素，成为他的创作的基本指导思想和作品的基本主旨。这成为贯穿于他的创作心理、创作活动的基本因素、基本线索和基本特色，它总是会在作家的作品中或隐或显地体现出来。因此，也就成为作家创作个性的基本因素。

作家的这种对生活的看法和评价的独特性，是由环境、教育和他的经历与活动所决定的；但这种独特性主要不是表现在观念概括和理论表述上，不是表现在认识领域中和认识论上，而是表现在心理上，表现为一种心理素质，把理念心理化了，变成一种"心理溶液"了。屠格涅夫对俄国农奴制的痛恨和基本看法，在创作心理和创作个性上的心理表现，是一种无比的怨愤、深刻的仇恨，是对以自己的母亲为代表的农奴主的心理怨恨，以及对农奴的心理上的亲近、同情和想要为他们呼号的心理要求；高尔基对于俄国旧制度崩溃前的社会的理念认识，化为心理上对于生活残酷的愤恨，在心理上对这种残酷敏感、易受激动、产生种种联想和深刻的思索，是一种心理能量要求释放：要讲出这一切生活的不幸来，甚至在复述已有的故事时，也按自己的理解、情感和心理要求加以改变，以一泄心头之火。鲁迅对中国旧社会制度的痛恨、对中国人生辛苦的不满和对"人吃人"制度的总体认识与概括，也都心理化了，变成了他的心理中的痛苦、辛酸、寂寞。这些压迫他的心理使他难忍难耐，未能忘却的记忆总在心中萦绕。所以他创作起来一发而不可收。

作家的可贵之处，作家之成为作家，主要的还不是他对于生活总体的独特的基本看法和评价，而是他的这种理念形成之后，又"返璞归真"，成为"心理的"了，心理化了，变成一种"心理溶液"了。这正是作家的特点，是他的心理特点，即他的创作个性之所在了。

因此，创作个性中的这种心理化了的对生活的基本看法和评价，就成为作家对生活的一种把握，一种独特的联系。它既表现于观点上，又表现在行动——创作实践上；既是一种观念形态，又会凝集于一种实物形态（作品）上。法国作家和批评家贝尔纳·庞戈说，"新小说"学派的观点认为：

> 世界恰好不再是不偏不倚的、隐姓匿名的、一般的现实；它是围绕着作家的见解组织起来的，而且归根到底，它正在变成一个不是大家都能认识的现实世界，而是变成一个根据主观法则安排成的独特世界。在这个世界中，一切事物、一切地点、一切人彼此都存在着相互关系，它们用各种各样的方式来象征同一个摆脱不掉的概念。说实在的，这不是小说家所看见的那个世界，这是他所需要

的、对他来说同时既是可能的又是必要的一个世界。①

这段议论的可取之处在于，指出了作家在创作中所反映的世界，不是他所看见的那个世界，即不是原样的世界或者说世界的原样，而是以作家的见解——我们所说的对于生活的基本看法与评价——为线索和核心组织起来的世界，是一个根据主观法则——其一是对生活的基本看法与评价，其二是创作的原则、方法——安排成的独特的世界。这就是作家根据自己的创作个性创造的第二个世界（我们所说的"世界Ⅲ"）。只要不否定现实生活的第一性和基础因素，即"世界Ⅰ"的基因作用，不把主观作用夸大为随心所欲的制造，那么这一论述是比较确切地表述了作家创作个性中的对生活的基本看法与评价如何"组织世界"和创造了独特世界的。这正是创作个性构成的基本因素之一的重要作用的表现。

创作个性的第二个基石式的重要建构因素，就是作家的审美态度、审美情趣和美学理想。如果我们把前一点看作社会心理，或者更准确一点称为含审美素质的社会心理，那么这第二个基石便是审美心理或称含社会因素的审美心理了。这两个基石构成了作家创作个性的主要内涵。

作家的审美态度，在创作个性中有两个方面的表现：总体上的对于生活、对于现实世界的一种审美的态度和在审美过程中所表现出来的独具特色的态度。由此，也决定了他的审美情趣。这两方面，使得作家不仅对现实采取审美的态度，而且采取的是一种特殊的、只属于他自己的一种审美态度。托尔斯泰对于俄国贵族社交生活的注目和描绘，屠格涅夫对于俄国草原风光和乡野风情的喜爱和描绘，鲁迅对于中国江南水乡景色的稔熟和化入作品，高尔基之于流浪生活、海明威之于海、卡夫卡之于死亡、茅盾之于中国江南民族资产阶级的性格与命运、巴金之于封建大家族，等等，都是各位作家自己的一种特殊审美"取景"，反映了他们各不相同的审美态度和情趣，并产生了他们独特的创作个性。

审美理想则属于更高的层次，具有更深远的意义。正是这种理想，产生了作家对于生活的特殊艺术概括、特殊艺术典型。堂·吉诃德、

① 引自《欧洲作家联盟理事会会议速记报告》，1963年第4分册。转引自赫拉普钦科：《作家的创作个性和文学的发展》，满涛等译，上海译文出版社，1982，第75页。

唐·璜、浮士德、达姬雅娜与奥涅金、彼尔和安德莱、安娜和列文、巴扎洛夫、科斯尼尔特科夫……这样一批文学形象，都凝聚着作家的审美理想，是作家的审美理想同现实生活相结合的产物。

在审美领域中，作家受到时代的社会审美心理（审美时尚）的影响，和他自己对于这种影响的态度，二者经过内化后产生的个性化体现，也是创作个性的重要内涵。每一位作家都生活于一种特定的时代文化环境之中，它的审美时尚不断地影响、冲击或潜移默化地作用于作家，作家对此也会做出自己特有的反应，并且按自己的审美心理定势和心理"块"的需求和特性去吸收、改建，内化为自己特有的审美个性。它既与当时的社会审美心理分不开，又有自己的特色。

创作个性的第三个构成因素，是作家独特的"黄金储备"，即他的生活积累、情感积累、形象积累及思想积累。这储备的积累，成为他的创作个性重要的特质性内涵。他的取材的特点、人物形象思想性格的特色、描绘的生活景象与自然风光、环境氛围的特殊风采，以及语言的特色，等等，都由这种积累的性质和特色所决定。

这种积累包括性质相连又有差异的两个方面：一个是外在地存在的生活实体——各种生活事件、生活情景、各种人物、各种情感、思想以至自然风光；另一个是这一切"外在"内化和精神化之后所形成的审美观念、美学理想的结晶。

创作个性的第四个构成因素，是作为生活储备、创作素材而存在的那些"外在"资料同创作个性的内在接近和融合。只有在这两者实现内在结合直至融合之后，客观的资料才能成为"主观的世界"的产物，成为有作家个人特色的作品"大厦"的"建筑材料"。这是内外结合、主客结合、心理与实体的结合，它能够产生艺术的"花"与"蜜"。

如何来表达这一切，其方式、方法、技巧，是创作个性的第五个构成因素。这是实现的因素、关键的因素，作家的艺术特色、艺术风格，他的思想与美学成就，皆决定于此。

（五）创作个性的心理表现

上述创作个性的内涵，都会作为一种心理事实——心理活动、心理能力、心理形态和心理要求——表现出来。这是创作心理的组成部分，也是创作心理的特征表现。

创作个性的心理表现，首先是由于诸感觉器官的性质与能力的特点所带来的心理能力的不同性质和特点。普遍地说，作家的视觉器官是比较发达的，就像音乐家的听觉具有优势一样。但是，作家的视觉感受显然仍不同于画家的视觉感受——一个更偏重形态表现与结构，另一个则更偏重于内在素质的追索，显然最终感受都是把握事物的本质。在听觉、嗅觉、味觉、触觉等方面，每位作家的优势和特长也都是各不相同的。这是因为他们同外界接触和感受力的不同，但更为重要的是通过感觉器官进入心理结构中的诸种不同。每位作家的感觉、知觉的感受、反应与内化的内容和性质都不同，特别是由此而形成的意象、内觉、记忆、潜意识、直觉都各不相同，形成的心理"块"也都各不相同。这样，他们认识世界、把握世界的能力和"视角"就各不相同，创作基础也不相同。在此基础上，创作个性也就各异。

由此也导致第二个创作个性的划分标志和内涵（即各人的创作才能）的差异。创作才能的结构和动力系统，前已述及。它的组成成分不同、结构方式不同、各种能力的结构比不同，将引起创作才能系统的不同，创作个性的迥异也就是必然的了。

第三个创作个性的心理表现，是作家各不相同的个性化的情感、思想、意志。这表现为世界观、人生观的不同，也表现在日常的生活细节和行为之中，决定了作家对生活的选择，对人物的取舍，对事件、场景、环境、景物的不同兴趣和态度。这既成为作家创作个性的成因，又是他们创作个性的表现。

四、坚持"自我"，发展"自我"

一个具有独特的、自己的本"相"的艺术"自我"，具有独特艺术感觉与艺术思维的创作心理，在本章叙述过的诸多条件和基础上诞生了，已经成型了。我们将何以对待这个"自我"？

　　　世界变幻莫测，我也变幻莫测，
　　　我只有个名字叫作我，
　　　叫作我的其实非只我一个，
　　　我的众多是我们，

我是活的——变幻莫测。①

扎博洛斯基的这几句诗，描述了"我的""我们"性即集体与社会决定因素，又提出了"个人恒定性"这个疑问：自我、个性是恒定的，还是变幻莫测的？海涅写道："要知道，每一个人都是一个与他同生共死的完整世界，每一座墓碑下都有一部这个世界的历史。"这两句话正好注释了马克思所说的"在本质上，人是社会关系的总和"的论定。事实上，这个命题回答了几个问题，它既说明了人的个性的社会性、客观性、集体性（"社会关系的总和"），又说明了人的个性的单一性、主观性和个体性（"人"的本质）；它既说明了人的个性的恒定性（由社会决定），又说明了个性的变异性（社会是变异的）。"个人的社会历史范式和文化范式随着社会经济发展水平和具体社会的特点而变化、而多种多样，但是，人的'自我'始终都是个体特性与普遍特性的合金。'自我'的内容和价值同个体在生命活动中选择、肯定和实行的社会道德观念与原则是分不开的。"②一个作家的"自我"、一个自我意识到的作家，既经一个相当时期的社会生活的熔铸和艺术习得的陶冶，既经自我有特色的独自发展，就已经经受了社会关系的制约，在特定的社会历史范式和文化范式中成长了，定型化了，已经组成了一个个体特性与普遍特性的混合自我。这是确定的，也是恒定的；但又是变幻的，因为社会发展，人生发展，自身也在发展，但这变幻并不是莫测的，而是可测可控的。莫里斯说得好："身体在其中成为自我的世界也总是社会世界。……身体成为文化里面而且仅仅是文化里面的自我。这种文化给予自我以深刻影响，为自我本身的进一步创造提供材料。人的自我不可还原和不可逃避地既是生物的自我又是社会的自我——它是生物—社会自我。"③自我的世界随着社会、文化的发展而发展，也随着生物的自我的变化而变化。作家的自我也必然循着这样的轨迹前进着。

作家既已形成了自己的创作心理和创作个性，就该坚持自己。只是，这个自己又是随着社会、文化、历史的前进而前进的。

"当我走开时我注意到第一批春天的征兆已经来临。第一批蓓蕾。

①　转引自科恩：《自我论》，佟景韩译，生活·读书·新知三联书店，1986，第237页。

②　同上书，第234页。

③　莫里斯：《开放的自我》，定扬译，上海人民出版社，1965，第35页。

第一批归来的鸟儿。春光无限好……"①让我们借用它来结束我们关于创作心理生长、发展和建构的探索吧，如我们前面所说，"说到此处"，创作心理已经成型了，"第一批春天的征兆已经来临"，"第一批蓓蕾"绽开了，"第一批鸟儿"飞来了，创作的春光无限好！

已经成型的创作心理整装待发，一旦启动，它就投入创造活动的战场了。迎接这个时日的到来吧，我们将进一步看到蓓蕾如何开放成艳丽的花朵，鸟儿如何飞翔，春光如何美好。

---

① 莫里斯：《开放的自我》，定扬译，上海人民出版社，1965，第152页。这是该书结尾的几句话。

第二编
创作心理建构与创造动力系统

创作心理是在一般心理基础上产生的；但它又不同于一般心理，而是相对独立甚至"游离"于一般心理之外，若即若离、交叉渗透，但它始终是别有天地，别有一番景象。我们在第一编叙述和论证了它的形成、发展和成型的过程，现在，我们需要专门探讨一下它的特殊的建构因素和特殊的建构，探讨一下在这种建构基础上产生的创造力的动力系统。这样，我们对创作心理的认识就深入一步了，就更具体化了。

第八章　创作心理的"四大家族"

现在，我们可以专门就创作心理本身的特点，来谈它的建构因素了。我们假定的一个前提是：创作心理的形成过程已经结束了，它已经成型了。就建设期、成长期这个阶段来说，动态的过程暂告一段落，我们可以和应该就已经成型的"模式"来分析一下它的最具特征的建构因素了。那些一般心理活动、心理能力和创造心理的一般性特征和能力，都暂时"割断联系"，不予论及，而只提出作为创作心理最具特征的几个因素来探讨。当然，它们与我们暂时"回避"的那些一般性能力、活动，都是紧密联系、息息相关的。我们这里不是否认这一点，而是为了方便和鲜明、突出起见，只谈特殊部分。这个特殊部分，概括起来，我们可以称之为创作心理的"四大家族"①。它们是：(1)"自我"家族；(2)"意识"家族；(3)"情感"家族；(4)"记忆"家族。我们分别来叙述。

一、"自我"家族

每个人都有三个"自我"：本我、自我、超我。②这是一个"自我"的完整体系，缺一不可，三位一体，各有其性，各司其职。而且，三者互相依存、互相"转化"、互相联系。如图8-1所示，这里有一个总体

---

① 这种相关而不可分、相区分而又结成一体的几种心理活动机制和能力，有的称为"心理丛"。它比较形象，我们这里且命名为"家族"，意思是相同的，只是为了更醒目和强化它们的力量形象。

② 这里借用了弗洛伊德关于自我的三个术语，并且也引进了他关于"本我""自我""超我"的一些含义，但本书一方面将弗氏的"泛性欲主义"(pansexualism)摒弃了，另一方面，把社会、历史、文化的含义输入了，即将这些作为自我本质的内涵因素来看待了。

的"自我"和分体的"自我"。"自我"是由三个分体组成的一个总体，它是由"客体—主体—主客体交互作用"这样一个三相结构的"外部"（仅对"自我"意识来说是外部，或可称"非自我"）力量所铸就的（我们在后面将会说到它的唯物的基础和辩证的形成机制），它们总是以一个整体的形态整体地发生作用；但是，三个组成部分又会独自发挥它们的

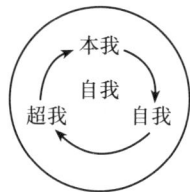

图8-1 三相"自我"示意图

作用，然而要以另两部分为条件、为中介。我们不打算也不可能在本书中展开关于自我的讨论①，而只是在创作心理学的范围内、在作家和创作活动的范围内来作有特殊意义的探讨。不过，在进入具体的探讨之前，我们无论如何都需要对一般"自我"问题阐明一个总体观点，从而把我们关于艺术性"自我"的探讨放置在一个共同的、正确的理论基础上。

关于"自我"的形成基因，说法很多，往往都各有其合理的部分。我们综合起来，可以说，它决定于客观因素（历史、社会、文化、种族、民族、阶级、家庭、朋友），决定于环境，决定于生活。但这样说是不够的。因为如果仅有这一极的、唯物地决定的方面，那么一个时代、一个社会、一种文化、一个阶级就只能产生一种类型的"自我"了；而事实上，普天之下，人人皆有一个"自我"，同一家庭的兄弟姊妹都有着迥然不同的"自我"。这就证明还有另外的因素。这个因素就是"自我"自身：他对上述一切接受刺激、适应、调整、反应、内化和同化，这才形成了个体性、自我性。千差万别，由此而起。这是必然中的偶然，是补充必然性和必然性通过它发挥作用的偶然。然而，仅仅有这样主客体两个方面，仍然不能充分地说明问题。还有重要的一方面，就是人的活动——实践。人的个性、自我性，还需要在集体的和个体的活动中来塑造。活动，不仅是中介，而且是动力。自我并非完全内在的，虽然就其完成形态和存在形态看来，似乎完全是内在的、"独我"的，但就其发展过程和客观存在方式来看，却是对话性的，即"我与你"的关系和形态。马克思、恩格斯同意费尔巴哈关于人的"自我"在

① 专门研究"自我"的著作，在国外（包括前苏联在内）已经非常多，而且文化学、文化人类学和社会学著作中也常常不可避免地谈到人。把这些著作计入，有关论著就更多了，这是可以写许多本大型专著的。

交往中和通过交往形成的观点。①

　　但是，"马克思坚决反对把'自我'的起源归结为直接人际交往。在现实的人际交往过程中，并不是单纯作为偶然的个体出现，而是作为'人这个物种的表现形式'，亦即作为社会的化身出现。'特殊的人格'的本质不是人的胡子、血液、抽象的肉体的本性，而是人的社会特质……"②这就把"我与你"的单纯、单向关系，扩展丰富为社会结构的关系，使这种关系起了质的变化，也使"自我"形成的社会机制起了质的变化。同时，"马克思认为，人们的相互作用是具体的，是在共同活动过程中实现的，而在共同活动中，对象性活动即劳动起着主导的作用。"③由此，又把劳动——活动——引入了"自我"形成的社会机制中。人由于创造了劳动产品，而"把自己客体化于他所创造的物中，从而有可能把自己作为活动者同自己活动的产品和结果区别开来。由此才有'自我'与'我的'概念分化和自我认识的必要性"④。马克思指出，"个体是社会存在物"，"也是社会生活的表现和确证"，"人的个体生活和类生活并不是各不相同的，尽管个体生活的存在方式必然是类生活的较为特殊的或者较为普遍的方式"⑤。这样，马克思主义的"自我"理论，便不仅使个体——类——社会连成一体，而且阐明了它们彼此之间的关系；而重要的是，由此也就把社会、历史、时代、文化，把生产方式（包含着人际关系）引入"自我"理论了，也把社会实践引入这个理论了。"自我"不是抽象的"我与我"或"我"，也不是简单的"我与你"，而是复杂的、系统性的、具有结构意义的"我与社会—与实践—与历史—与文化"的关系了。这是一个复杂的但可知的和具有规律性的"自我"。在这种复杂的内外关系结构中，人的个体的自然差异性被社会差异性所补充、所制约和规定，社会差异性也为自然差异性所补

---

① "……人起初是以别人来反观自己的。名叫彼得的人把自己当作人，只是由于他把名叫保罗的人看作是和自己相同的。"（《马克思恩格斯全集》第23卷，第67页。转引自科恩：《自我论》，佟景韩译，生活·读书·新知三联书店，1986，第34-35页）

② 《马克思恩格斯全集》第1卷，第270页。转引自科恩：《自我论》，佟景韩译，生活·读书·新知三联书店，1986，第35页。

③ 同上。

④ 同上。

⑤ 参阅《马克思恩格斯全集》第42卷，第122-123页。转引自科恩：《自我论》，佟景韩译，生活·读书·新知三联书店，1986，第36页。

充。"对个体差异的意义、社会价值和个人价值的认识以及如此相关的个体自律化，我们称之为个人化。"①这种个人化的过程，经历了这样的发展阶段：自然个体 —— "偶然个体"（马克思语） —— 社会个体 —— 阶层个性（或阶级个体） —— 个人。与各个阶段相适应，各有一定的自我意识类型②。各阶段的自我类型意识，带着历史的痕迹，带着人类发展留下的阶段性足迹，"自然个体"是在人还是单纯的自然物时代才有，而当人组成了最早的"社会"即从事共同劳动生产的集体时，就有了"社会个体"、"阶层个体"或"阶级"个体，自然只在阶级社会出现后才能有，而资本主义社会的出现则促进了人的自我性的发现和提高；③共产主义的到来则是人的全面发展，它以个人良好方面的发展为前提。这些时代性、历史性的足迹，都会刻印在人的心理之中。"自我"是以"自我意识"形态在个人中存在的这些"历史足迹"的载体，而这种负载着"历史足迹"的"自我意识"又是"自我"的内容。④

但是，"自我"最重要的不是这种"给定性"，人的最重要的品性是实践——从劳动开始、以劳动为先导的生产实践、社会实践和其他一切实践，人在劳动中体现了、发挥了自己的主观能动性，改造了自然、改造了世界，创造了世界上的新事物，创造了新的世界，从而也改造了自己、改造了世界。因此也就丰富了"自我"，并且在被"给定"、受制约、被塑造之外，更有了自身的创造，"自我"不仅由"进入"它的东西所规定，而且为"出自"它的东西所规定。"进入"它的有生理心理素质、社会条件和教育等，而"出自"它的则有它本身的创造积极性和为它的创造性活动所创造的东西。⑤就是说，"出自"的那

---

① 科恩：《自我论》，佟景韩译，生活·读书·新知三联书店，1986，第58页。

② 同上。

③ "列宁写道，资本主义萌芽意味着'个人感的提高'。"（同上书，第146页）"世界的'私向化'和对个人'内在'因素的肯定"，是欧洲文艺复兴的收获。（同上书，第161页）

④ "斯皮尔金认为'自我'既是自我意识的载体，又是自我意识的要素。（参见斯皮尔金、A. T.：《意识与自我意识》，莫斯科，1972.7)"（同上书，第13页）

⑤ "研究人和社会的各门科学已经习惯于首先分析可以用客观方法描述和解释的客观现实。然而，人的'自我'尽管有它的客观'给定性'，而且这种'给定性'甚至比任何物质对象都难改变，但它毕竟又是一种特殊的主观现实。人的'自我'的本质不仅是由制约它和'进入'它的东西（心理生理素质、社会条件和教育等）规定，而且还由'出自'它的东西、它的创造积极性所创造的东西规定。"（同上书，第8页）

种主体的创造精神和创造力量，同创造出来的新的世界，都会成为塑造"自我"的因素和条件。前者作为一种主观能量、一种精神，会作用于外部世界，从而它本身和由它所产生的创造性劳动会改变"自我"；后者，作为新创造世界的新事物和新创造的世界，又会回返"进入"，来改变自我。①

这样，我们可以拟定一个"自我"的结构模型（图8-2），以此来标明"自我"的主要结构因素的方面和"自我"体现形态的主要方面。

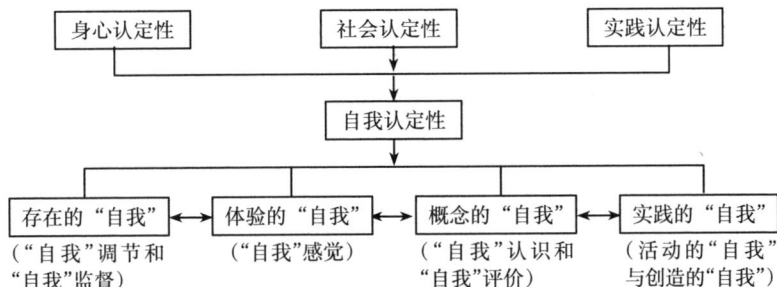

图8-2 "自我"的结构模型

（注：本图基本采自科恩《自我论》第44页，但增加了"实践认定性"和"实践的
　　'自我'"两栏。另外，还根据该书内容，在四类"自我"之下加了注。）

"自我"是一个"极多重的世界"，是"一个小小的星空"②。上面的图式自然远远不能完全和明晰地表示出这个世界和星空的极端丰富和复杂的面貌，而只是大体列出了重要的方面。事实上，每一个方面又可以细细地剖析、分述，那也都是一个个具体的世界、一个个小小的星空。现在，为了清晰起见，我们在前面所提供的共同性基础上，具体分述"自我"三个层次、三个方面的状况和结构关系。

"本我"，也不妨视为"本原的我"，即"自我"的原始状态。但它

---

① 社会学家和心理学家已着手从内部研究人的活动本质，在个人身上更多地看到"寻找"，而不是"给定性"。优先研究的是这样一些问题和范畴：选择、责任、冒险、克服和经历危机状态、自我实现、生命世界和个人意义等。（科恩：《自我论》，佟景韩译，生活·读书·新知三联书店，1986，第9页）

② 赫塞说："实际上任何'自我'，即使是最幼稚的，都不是统一性，而是一个极多重的世界，一个小小的星空，一团混沌的形态层次状况，遗传性和可能性。"（赫塞：《赫塞选集》。转引自科恩：《自我论》，佟景韩译，生活·读书·新知三联书店，1986，第213页）

不是虚空，不是"一张白纸"，它已经被"写"上了许多东西：有许多遗传密码和"记忆"密码，这些都是一种储存、一种"影写"，只有在"掘藏"或叫"挖掘""发掘"的时候，在"显影"的情况下，才会出现、才会显现。"储存"和"记忆"的都有些什么呢？有哪几个方面向这个初来人世的个体赋予了储存和记忆呢？我们可以列举这几个方面：

（1）人类性——人的远古的记忆和人性的种种积淀，以遗传的方式留传下来。这种遗传有几种情况：一种是动物性的本能形式的遗传，比如食、色二性就是；另一种是人类性的本能形式的遗传，比如即使是食、色二性的要求，人类的要求也不同于动物的要求，食性（对食物的选择和吃法）不同，性要求和性意识也大不同于动物。此外，人类性的遗传密码和方面是很多的，如情感、思维、意识，对于死亡与生的意识和宗教信仰等，人还天生地对于黑暗、对于蛇（一种动物形式）、对于孤独（一种环境和人际关系）具有恐惧感，人类还有一种劳动的天性和创造的天性，这些都会作为一种人类性，作为人的远古意识和远古记忆，存在于每一个来到人世的个体身上。

（2）应该承认，长期在某一个固定地区的共同生产、劳动、生活（即习性），还会以民族性（区别于一般人类性）的形态，把一些稳固的生理、心理素质，用遗传方式或以"记忆"方式反映在民族个体（成员）身上，比如种族生理、心理和本性上的种种差别等。科恩在《自我论》中指出了欧洲人和东方人的一种明显的区别：对于消极的、稳定的、隐退的生活和心理的不同态度。他说："在欧洲文化中，像茨维塔耶娃在流亡诗中表现的这种情绪[1]，一般产生于苦闷绝望的关系而大多为时短暂。而在东方，由于暗哑时期往往长达百年，文化形成了处世标准上的退避反应：退避生命本身（自杀），退避社会生活（出家），退避社会生活引起的苦恼、绝望（直观"无为"）。印度哲学家经常重复这个思想：最伟大的人物都是终生默默无闻的，

---

[1] 茨维塔耶娃的流亡诗中写道："也许，最好的胜利／——对时间和对向往，／就是做一个过客，不留痕迹，／做一个过客，不留影子／在四面的墙壁……／也许，就是以退／为进？从镜面泯没？就像莱蒙托夫在高加索／周游，不惊动岩石沟壑。"（《茨维塔耶娃诗集》，2卷本，莫斯科，1980，第1卷，第245页。转引自科恩：《自我论》，佟景韩译，生活·读书·新知三联书店，1986，第86—87页）

这不是偶然的。"①

（3）这里自然还涉及文化范式问题。不同的文化传统，遗传给本文化圈中的每个新来到（新世界）的成员以相同的文化—心理结构。"文化的镜子就是历史。"②在历史这面镜子中照见了不同的文化如何形成和形成了什么样的特点、特质，它决定了不同民族、不同国家的人民和不同文化体系的成员们有着不同的"本我"。一个美国人和一个中国人，从呱呱坠地时开始，就已经被赋予了一个民族性的"自我"了。

当然，这种不同的民族造成的心理范式和文化范式，只表示了范式的不同，而不存在高低之别（当然不排除某些方面的高低之分，但非总体性的，也不是绝对的）。它们是多层次、多形态和多方面的，高低优劣在不同层次上交错，多种形态在不同情况下表现出高低优劣的不同质。但是，这种民族范式有时在某些方面表现出某种优势来，这种情况是有的。

"本我"的这些"储存""记忆"以本能、生物—物理性、心理特征、潜意识等形态存在于个体之中。因此说，"个性不只是心理学的对象，而且也是哲学、社会、历史认识的对象"。"个性以自然的、生物学的特点的方面，又是人类学、人体学和遗传学的对象"。③

此外，我们还可以列举出社会学、文化人类学等的研究。所有这些学科的研究，为从不同方面、以不同方式解答"本我"的性质、内涵、存在方式和作用提供了科学的依据。

"本我"的这些"遗传储存"、"远古记忆"和"历史信息"，都只是一种可能性、一种潜能，它需要开发。这有几种情况：一种是必然实现的基本的、基础的本能，它在每个个体身上都是能够实现的，如一些基本的人性本能和初级心理素质。另一种是需要"中等"开发水平，才会

---

① 科恩：《自我论》，佟景韩译，生活·读书·新知三联书店，1986，第87页。

科恩在《自我论》中还提供了这样的材料："对比十一个不同民族（美国人、法国人、德国人、英裔和法裔加拿大人、土耳其人、黎巴嫩人和班图人等等）的六岁、九岁和十四岁孩子的调查材料，对于'你是谁?''你还希望做什么人?''你对自己还有什么想法?'这几个问题，日本孩子的回答同其他孩子相差悬殊，他们使用自我特征描述的用语最少，而这同他们的智力发展水平完全没有联系。"（同上书，第92页）

② 科恩：《自我论》，佟景韩译，生活·读书·新知三联书店，1986，第93页。

③ 阿·尼·列昂捷夫：《活动　意识　个性》，李沂译，上海译文出版社，1980，第114页。

被发掘、被检查和被破译的储存、记忆和信息，如一些高智能、高心理水平的能力等。第三种是由于种种特殊原因而被启迪了的"本我"基因，它给予人特殊的智慧、能力、活动机能。最后，也是由于特殊的开发，会出现一种特殊的"本我"能力，如创造性、情感特点和思维特点、性格的特异表现等。这往往是具有特异才能的人的一种"本色"。它是基础、潜能、自发力，具有先天性和非理性。

"本我"对于作家、对于创作心理有着重要的意义和作用。作家的"本我"的"储存"和"记忆"的显现部分和显现方面，往往有特异之处，比如在心理能力的储存方面，表象力、想象力、形象思维、语言能力、创造力等，都有比一般人更高的潜能。这可视为一种艺术天赋。

"自我"，是对于"本我"的开发。它依靠后天客观的培养、环境的影响、主体的活动和同代人的"协助"。这里，教育、"协助"和活动，是重要的三项指标体系。恩斯特·卡西尔指出："人的突出的特征，人的与众不同的标志，既不是他的形而上学的本性，也不是他的物理本性，而是人的劳作（work）。正是这种劳作，正是这种人类活动的体系，规定和划定了'人性'的圆圈。语言、神话、宗教、艺术、科学、历史，都是这个圆的组成部分和各个扇面。"[1]卡西尔把劳作和人性联系起来，并强调了劳作对规定和划定人性的作用。这是很对的。正是这种劳作，用马克思主义的术语来表达就是劳动、生产以及人类的一切实践活动，决定了人性的生成，包括开发"本我"的潜能和培养新的能力。这里值得注意的是，卡西尔所列的划定人性圆圈的各个扇面中，包括艺术劳作。这就是说，第一，艺术劳作是人性的展开和划定的一种劳作；第二，艺术劳作的成果——艺术作品，也是划定人性的扇面之一。由此可见，阅读、欣赏文学艺术作品（即艺术劳作的产品）和从事文学艺术的创作，都既是人性的展开，又是培养人性的一个方面：两者相合均是形成人性圆圈的扇面。因此，欣赏艺术和从事文艺创作就是启迪"自我"潜能的一个方面了。当然，这方面的启迪和以这种方式的启迪，都会为"自我"的艺术型产生、发展创造可能性和有益条件。

---

[1] 恩斯特·卡西尔：《人论》，甘阳译，上海译文出版社，1985，第6页。

环境（包括空间和人及其结构形态）和教育，对于"本我"的开发和"自我"的形成，都有着重要的作用。天赋在这里获得实现的可能性和实现程度的系数。天赋大显身手，要在这里取得"通行证"和"许可证"。不过，这些"身外之物"又只有同"身内之物"结合，特别是形成一种动态结构，才能真正实现。在这方面，个体、主体却又有着主动权。阿尔波特说："个人身上的心理物理系统的动态结构。这决定他适应环境的独特方式。"埃森克则说："个人的性格、气质、智能和体格等比较稳固而持久的结构。这决定其特有的适应环境的方式。"①从这个意义上说，"自我"的开发，也同时是一种"整个自身的全面开发"。

"本我"的开发依靠活动的性质和水平。活动（劳作）既是向外开发，又是向内开发，是"自我"适应环境，又是"自我"改变环境。"个人正如文化一样是一个系统，这个系统在其整个发展期间一方面不断适应外部环境和内部环境，同时又比较有目的地、积极地改变环境，使环境适应自己的、已被意识到的需要。"②

这样，我们面前有三个系统决定着"本我"的开发亦即"自我"的建立，这就是：遗传决定的成分、社会养成的成分、独立取得的成分。这三个系统不是孤立地、分别地起作用的，而是互相渗透、互相影响地发挥作用。比如遗传的成分，会依后两个成分的条件优劣而得到不同程度的开发；同样，社会养成和独立取得，都受到遗传因素的牵制；社会养成与独立取得互相牵制，而独立取得离不开遗传和社会养成两方面的条件。同时，"这三者的比例关系对于不同的个体、不同的活动种类和不同的社会历史环境来说也各迥然不同"③。可以说，不同的历史发展阶段中，遗传和后两项的比例是不同的：社会阶段越高的层次，后两项因素的比例越大，作用也越大；而且独立取得的因素也越大。

受到三种因素决定的"本我"开发性质和水平，决定了"自我"的规定性，它的特质、才能和倾向性都由于这种开发的不同而不同。艺术

---

① 转引自伯恩、埃克斯特兰德主编《心理学原理和应用》，韩进之等译，知识出版社，1985，第413页。

② 科恩：《自我论》，佟景韩译，生活·读书·新知三联书店，1986，第252页。

③ 同上。

的"自我"是由于艺术性地对"本我"开发而形成的。"本我"的开发是动态的，不是静止的；是不断发展的，而不是一次完成的。"自我"以后还要继续不断开发"本我"，使它的潜能得以实现，使它的"影相"得以显现。应该特别提出的是，在这个开发、"显影"过程中，"自我"是开掘的导引、"工具"和"显影"的"药剂"，它的性质、水平决定了以后的继续开发和"显影"的性质与水平。

作家的"本我"客观开发和"自我"对它的主观开发，都带有很大的特点。这个特点的形成，同前述三个系统的状况都有密切的关系，是由它们决定的。他的"进入"和"出自"都有很大的不同，其特征部分，就是我们在第一编中所说到的那些方面。总起来说，从"自我"特点的形成来说，最重要的是创造的"自我"意识和文学创作的"自我"意识。一种创造的积极性、创造的内心需要（动机）和创造力的养成、创造性思维的种种特点，是前者的必需；后者，则表现为两点：（1）创作的"自我"意识——"我要创作"（需要）、"我想创作"（兴趣）、"我为了×××要创作"（动机），这表现为一种创作的需要和内驱力；（2）我将如何创作——"我要写什么、怎么写"（内心设计和想象），"我将运用什么来写"，"写完之后我将会如何（比如，解脱、轻松、自慰……）"，这表现为一种动力状态、能力发挥和自我实现。

这就成为一个艺术型的"自我"、一个自觉的作家了。这时，创作心理已经"自我"化了，"自我"已经"升"到"创作"的位格了。此时的"自我"往往表现出一种艺术型、创作型的特点：注意观察生活，注意事情的情节和形象活跃于知觉与记忆之中，对人的关心，想象的常常迸发——编撰故事，设想、想象人物的命运，内心言语的出现，等等。有人开始写详细的日记来记述这些见闻和感受，有人则写笔记、速写或故事。这就是心理活动的物化了。

"自我"的这种开发和形成，与年龄的关系很大，表现出与年龄区段有一种函数关系。幼年的刻痕和童年、少年时代的深刻记忆，往往影响到人的一生：让他带着这种记忆进入青年时代和成年时代，影响个性的形成，或者存入潜意识，或者在日后的时光中（甚至是老年和晚年）忽然早年的记忆跃出，不自觉地影响人的行动。许多文学大师在幼年、童年和少年时代都有过某几次非凡的、给予了深刻刺激的经历，有着一些难忘的回忆，留下了深深的刻痕，影响他们的人生道路、事业选择和创作心理与作品。鲁迅、高尔基如此，歌德、托尔斯泰也如此，罗曼·罗兰和契诃夫也是这样。尼采关于他在童年时父亲去世和钟声的描述，绘声绘色、有情有意，特别动人，而且影响了他一生的事业与思想。俄国伟大的爱国主义者和民主主义革命家赫尔岑，出生后正遇上俄国击败拿破仑的伟大事件。在此之后，数年之间卫国战争中的英雄事迹在全俄国流传，小赫尔岑从保姆和农奴口中不断听到这些传说，保卫祖国的英雄故事成了小赫尔岑幼年的"摇篮曲"和童年的"童话"，这培养了他的思想情操，奠定了他一生思想与事业的最早的基础，儿时的记忆成了他日后思想、心理的种子和养料。

奥地利著名心理学家 A.阿德勒（Alfred Adler）从小生活不愉快，母亲宠爱哥哥，哥哥身强体壮，而阿德勒驼背行动不便，由此产生了自卑心理。5 岁时，他患了一场病，差点儿送命，病愈后他决心当医生。以后，克服儿童时代产生的对于死亡的恐惧就成为他生活的目标，而他的许多心理学上的观点，都可以从他童年时代的记忆中找到痕迹（比如他的儿童普遍存在自卑感和自卑也能使人奋发从而得到补偿的理论，他的关于不仅过去的经验而且更有对于未来的希望，能使人类做出积极的行动和观点，都与他的童年生活和记忆有关）。伯恩和埃克斯特兰德在《心理学原理和应用》中举了一个生活的例子[①]，它说明了几方面问题：（1）婴儿对接受外界包括环境和周围人的影响；（2）这些照顾婴儿的

---

① "婴儿几乎完全不能脱离他人，周围有人他就特别高兴，这些人满足他对食物的需要、逗他玩、使他欢乐等等。由于这类事情不断出现，照顾婴儿的人总是健康愉快乐观就变成了二级强化物（……）。作为二级强化物，这些人本身就成为目标物体，孩子愿意跟他们在一起，而要求这些人对他好、喜爱他、照顾他，孩子就会做一些旨在赢得赞许和喜悦的事情。……那么孩子就会产生一种强烈的需要，以博得大人的赞许。

"孩子有了某种经验，在他往后的日子里，……就会倾向于按某种方式行事。……从这些不同的环境中，每个孩子学得了一套不同的先后轻重次序。每个孩子把人的需要发展到各种不同的程度和强度，并带着自己的心理需要层次进入成年。就是这种不同需要的强度差别在很大程度上说明了成人个性上的差别，说明为什么有人是雄心勃勃志在必得的斗士，有人是随和内向的和平主义者。"（伯恩、埃克斯特兰德主编《心理学原理和应用》，韩进之等译，知识出版社，1985，第272–273页）

人，便成为给予刺激和影响儿童心理成长的"二级强化物"；（3）这个"二级强化物"的影响力是很大的，造成个人的性格趋向；（4）影响直到成年后仍在起作用，既深且远。

这里有几点值得提出：第一，按照马斯洛的需要层次理论，最初的三个层次是"生理需要""安全和安全感需要""爱和从属需要"。从心理学来讲，这三种需要都带有最初的、先天的、生物的需要性质，一般在婴儿、幼儿和童年阶段存在并表现突出。因此，这三种需要的满足和实现程度，对于人的心理影响是很大的。如果遇有"剥夺"，即会造成不良影响；而且，由此还造成这三项需要和以后其他需要的产生强度及需求广度，这是"次生"影响。第二，人实际上是与同时代人包括长辈、同辈和晚辈三代人一起成长的，他的需要的产生和需要的性质，常常打上同时代人、周围人的影响的深深的烙印。这是"二级强化物"的力量所在。

阿德勒在《自卑与超越》中，特别写了《早期的记忆》一章，他指出："早期的回忆是特别重要的。"他说："首先，它们显示出生活样式的根源，及其最简单的表现方式。"他举了许多例证来说明，在叙述自己第一个记忆的人时，就透露了他的生活根源和方式以及他的心理痕迹。①所以，他指出："各种记忆中最富有启发性的，是他开始叙述其故事的方式，他能够记起的最早事件。第一件记忆能表现出个人的基本人生观，他的态度的雏形。"②

① 他举例说，如果一个人回忆童年时开头说"因为我的妹妹……"，那么，"我们可以断定，这个人曾经在她的影响之下感受良深。这位妹妹在他的发展上曾经投下一层阴影。"如果一个女孩子说"当我三岁的时候，我的父亲……"，那么，"一开始，她的父亲就出现了。我们可以假设：这个女孩子对她父亲的兴趣远过于她母亲。"阿德勒指出："从儿童时代起便记下的许多事情，必定和个人的主要兴趣非常相近，假使我们知道他的主要兴趣，我们也能知道他的目标和生活样式，……我们在其中还能看出儿童和父母，以及家庭中其他成员之间的关系。至于记忆的正确与否，倒是没有什么多大关系的。他们最大的价值在于他们代表了个人的判断：'即使是在儿童时代，我就是这样的一个人了。'或：'在儿童时代，我便已经发现世界是这个样子了。'"（阿德勒：《自卑与超越》，黄光国译，志文出版社，1971，第67–71页）

② 同上书，第67页。

对于作家、艺术家来说，常常都有自己童年时代的第一个记忆。[1]
这个记忆都是"触目惊心"或"终生难忘"或"记忆犹新"或"魂牵
梦萦"的，或者是其他各种各样的情况，但都是刻痕深刻、永志难忘
的，而且往往都同他对世界、对人生的看法有关。这些，正是作家的
特点。至于上述两项中的第一项，他们往往是不愉快、不满足、不幸
者居多。也许是因为不幸、不满足总是刻痕深刻、令人难忘吧。但的
确，正如海明威所说，作家最早的训练是"不快乐的童年"，童年的
不满足、不幸倒成为对作家的一种训练了。正如阿德勒所指出的，促
使人们采取某种行动、产生某种目标的，是对未来的希望，而不只是
过去的经验（当然，更不是像弗洛伊德所说的那样，是有关性的记
忆）。幼年、童年的不满足、不幸倒使他们产生了阿德勒所说的"自
我的理想"。

就第二项来说，那同时代人的"二级强化物"，其作用是巨大的、
深远的，是作家之所以成为作家的重要因素。比如鲁迅与他的远房叔祖
（是他告诉鲁迅有一本带图的《山海经》，还借给他图书）的关系，托尔
斯泰与他的哥哥（是他告诉了托尔斯泰那个"绿色的丫枝"的故事和理
想）、与他的远房姑母，歌德与他挚爱的妹妹，赫尔岑与他的两个法国
家庭教师、堂兄阿列克赛、亲戚库庆娜（正是这些人，塑造了赫尔岑最

---

[1] 卓别林在他的自传中，一开始就写到童年时代的一个星期天，他从外面回到家里，看
到屋子里一反往常，没有收拾，母亲无精打采地坐在那儿望着窗外，屋里气氛抑郁。母
亲"面孔消瘦，形容憔悴，眼睛里露出了一个人熬受着痛苦时的神情。一种无法形容的
悲哀控制了我"。母亲赶小卓别林到小朋友麦卡西家里去玩，"你快去吧"。小卓别林怀
着负疚的心情，看着母亲可怜地留在顶楼里，走了。"但是当时压根儿没有想到，在此
后不多几天，一件可怖的噩运就要降落在她身上了。"在此《序幕》之后才开始进入传
记正文，写道："我于一八八九年四月十六日晚上八时，出生于沃尔沃斯区的东街
……"卓别林的《自传》如此写法，可见童年时的这个星期日发生的事情对他的刻痕是
何等深刻，他的"第一记忆"和叙述方式表明了这段经历对他的生活、思想和事业的久
远深刻的影响。

早的思想性格的基因）①。

作家、艺术家童年的记忆以至往后的记忆，往往闪耀着活生生的人物形象，音容笑貌宛若重现。这常与他们的"二级强化物"的强大活跃有关，也与他们感应的灵敏有关。这一点也正是创作心理的重要内涵。往往是属于"二级强化物"的人物形象生动突出、令人难忘，而催动了创作动机，促使作家去从事创作。

青年期是一个更为重要的发展时期。真正的、富有重大价值和影响一生的对"本我"的开发和"自我"的生长、发展，都在这个时期。如果说幼年、童年、少年期，基本上或者说许多对"本我"的开发和"自我"的发展还是自发性的，是生物、物理、生理性的，是潜意识的，那么在青年时期，无论开发还是发展，都是更加自觉的了，社会—心理性也大大增加了，环境—人的影响也更大和更带自觉性的了，教育和训练的作用也增大，而且"自我"的自觉开发的情形也加强了。"自我"在自觉地和迅速地个性化、自我化、显意识化。科恩指出："如果说童年期的自我意识变化看似平缓而渐进的，那么，过渡年龄期即青少年时代则向来被认为是一个突变、'再生'和新质生成的时代，而最主要的还是发现个人'自我'的时代。"②科恩称青少年时代是"寻找自我"的时代，而一般也都在青年时代寻找到了自我——发现了、建设了和稳定了"自

---

① "家中给他请来了两位家庭教师。一位是法国人，年老的布梭。他是1789年法国资产阶级革命的见证人和参加者，是资产阶级民主派雅各宾党的成员。他不遗余力地给赫尔岑灌输自由民主的思想。他称赞赫尔岑，说赫尔岑有着非常高尚的情操。他曾经对赫尔岑说，法国人民决意把勾结外敌、叛卖祖国的专制暴君路易十六送上断头台，如果他当时还在罗伯斯庇尔所领导的国民议会中的话，他一定也赞成这个判决。另一位教师是年轻的普罗托波波夫，他是医科大学生，是一个非常热情的诗歌爱好者。他经常把当时视为违禁品的政治诗抄给赫尔岑看或者给他背诵。赫尔岑的堂兄阿列克赛，是一个醉心于化学研究的人，笃信无神论和唯物论，而且善于激发赫尔岑对自然科学的兴趣。赫尔岑的亲戚库庆娜，是一个热情、精力充沛而又博学的年轻姑娘。她来赫尔岑家里长期做客时，经常给赫尔岑讲述古希腊罗马的英雄故事，勉励赫尔岑，预言他将有非凡的前途与荣誉。赫尔岑说，"她支持了我心中的政治思想。"

当库庆娜离开雅科甫列夫大家时，赫尔岑曾写信给她说："又是孤独，又是书本，只有书本作我的伴侣。"[《外国著名文学艺术家》合订本（一），商务印书馆，1985，第190-191页]

② 科恩：《自我论》，佟景韩译，生活·读书·新知三联书店，1986，第291页。

我"①。因此，这也是一个重要的、关键的、奠定最后基础的"自我"建设期。

在这个重要的建设期，朋友、环境和知识是开发和建设的主要条件：影响和决定"自我"的发展方向、兴趣趋向、需要和目标体系，决定最后的造型。②因此，这个时期的择友和朋友（包括亲人、邻居、同学，等等）的性质和质量，环境的文化素质，知识获取的条件（受教育的条件和教育性质）和性质、水平，是具有决定性意义的。所以，创作心理之是否形成，一个人是否能够成为一位作家，这个时期的朋友、环境和知识的获取，是否都带有艺术的倾向性，是否有种艺术的导引性和态势，是重要的、关键性的。"自我"觉醒、"自我意识"中的艺术意识，决定于此时。

在作家中，许多人都经历了自己的"狂飙突进"时期。这是一个心理危机时期，也是"自我"的突击进发期。有的人在危机期垮了，被击倒了，则不能进入"狂飙突进"期。在"狂飙突进"期，常常是先进入青少年转换、过渡期的"常规危机"或叫"认定危机"，然后通过几种不同类型、不同方式和层次的转变，克服危机、度过危机，取得心理发展和"自我"成长。在这一时期，主体有时产生自杀念头，甚至以自杀行为来克服危机和实现"自我发现"，这是一种非常尖锐的形式。作家、艺术家中，有不少人经历过这个阶段，这说明他们总是危机深刻、心性敏感的，也反映他们的生活不平静，给予了更多更重的刺激。他们是比较典型地进入"狂飙突进"期的，而且其形式往往比这种类型的一般人还要更激烈，内心的激动程度也更热烈、更深沉。这不仅反映了他们过去的经验、现时的感受，而且预示和奠定了未来的前景。他们的"自我"在青春期得到了深度开发，而且正

---

① 一些心理学研究结果表明：12～14岁为少年期，这是多种困难出现的顶峰期。在这个时期，自我观察意向、怕羞心理和自我中心主义有所加强，"自我"形象的稳定性、一般自尊心下降，对某些品质的自我评价发生根本性变化。15岁后即过渡到青少年阶段，自尊心重又提高，怕羞心理减弱，自我评价变得较为稳定。（科恩：《自我论》，佟景韩译，生活·读书·新知三联书店，1986，第296-297页）

② 青春期时对于朋友的信赖加强，而对父母的依恋减弱。"在青春期，父母的影响逐渐减弱，而部分地被十几岁孩子们之间逐渐增长的影响所代替。十几岁的孩子强烈地需要自己的同龄伙伴和他交朋友、喜欢他甚至爱他。"（伯恩、埃克斯特兰德主编《心理学原理和应用》，韩进之等译，知识出版社，1985，第343页）

是艺术型的开发。

这种有特色的、突出的青春期"自我"开发，是创作心理形成、成型和"艺术度"高低的重要环节。一位作家的诞生，是这种环境和自我的内外双向运动的产物。①

"自我"就经过这样的开发期、狂飙期而确定起来。一个"自我"的形象树立起来了。作家创作心理的核心和基础也确立了。

"自我"确立之后，就是一个活动的主体（一个理性的实体也还有部分非理性存在，但不是主要的），一个独具特色的活动的个性。它是主体，是独立的自我意识，人的行为主要是由它来执行主宰职责的。但是，"自我"却离不开"本我"，它需要"本我"的支援，需要"本我"的基础作用。没有"本我"，"自我"就难免贫弱、苍白、平庸；因为在"本我"之中蕴藏着远古的意识、早年的遗痕、多年的情结、旧时的记忆，还有无意识的和非理性的神力。所有这些，既有已经开发的，在"本我"等进入"自我"的东西，还有更多尚待开发的潜能。当然，如果没有"自我"，"本我"也无以表现，无从发挥自己的作用；没有"自我"的诱引和"调遣"，"本我"也只能潜伏着，无处出力。

至于"**超我**"，是"自我"在成长、学习和接受各种训练中习得的结果，是升华和结晶，它处在最高的文化层次和道德层次，它是理性的指导和理性的监督。它是"掌握""自我"的。无疑，"超我"并不是像弗洛伊德所说的那种"守门人"，由它来确定允许什么东西由"本我"进入"自我"；因为"本我"并不是像弗氏所说的那种可怕的本能、犯罪渊薮和性的偷袭者，它只是存在着无意识、非理性的成分，存在着过去的刻痕、往昔的记忆和情结。对于"自我"来说，有可用、无用之分，有适合与不适合之别，有明晰与朦胧之差，还有已经加工和未经加工的不同；但是并不总是存在好与坏、善与恶的鸿沟。而且"本我"的"原质"，也只有在进入"自我"而未被监督却肆意而行时，才是错误、罪过的因素。它并非"原罪个体"，它有些像水与火，为祸为福，就在

---

① 当然，这里不是说，必须经过自杀阶段，才能成为作家，而是说明在"狂飙突进"期的这种激起的强烈和矛盾的突出以及情感型人物反应的强烈，是作家的特色、心理特点。事实上，自杀的心理状态，与社会根源、时代背景有关，在不同制度和文化背景下，并非都以自杀为尖锐形式。

"自我"的运用之妙了。包括性意识在内，其情形不就是如此吗？"超我"发挥它的"监护"作用，有时难免与"自我"矛盾，但是它们并不总是矛盾的。矛盾也不总是对"自我"不利。"超我"对"自我"的"监护"有积极作用和消极作用两种。这种作用的定性也是辩证的、变异的，不是固定的，同一种作用在不同的事物和活动中可以是消极的，也可以是积极的。

对于作家来说，"自我"当然是重要的，这是他的创作心理的主体、核心，是他的创作活动的主要支柱和决定特质与特色的主要依据。但是，"本我"不仅是重要的，而且在作家身上，它处于区别于其他人心理状况的依据者的重要地位。创作心理中，"本我"中的远古意识、早年遗痕、往日记忆和情结、无意识等都处于重要地位，没有它们也就没有创作心理，没有作家。"超我"对于创作，有时是积极的作用，有时是消极的作用。当它的监护和导引作用用在排除、防止"本我"放肆和"自我"失控时，它是积极的；但是，当它用在阻碍、影响了正当的、艺术素质的、无意识、情结以至部分非理性发挥作用时，它就是消极的了。

"超我"的社会性极强，理性极强。社会意识、社会审美心理和审美理想，社会思潮和发展趋势，影响和决定着它的性质和趋向，发挥作用的力度和在"自我家族"中的地位。

"自我"家族的性质、三者的比例和结构状态，影响了创作心理的性质、状态和机制。"自我"的稳定和独立自主，"本我"的"体丰精壮"和经常的、有益的、符合艺术需要支援和辅助，以及"超我"的适当的监护：这是一个优良的、艺术型创作心理的最佳结构状态。

二、"意识"家族

我们所说的意识家族是：潜意识、前意识、意识[1]。它们是三位一体的，是一个"家族"里共同一体的三个分支，既有区别，又密不可分。它们有共同的职司，又有不同的能量。我们不能也无须将它分出高

---

[1] 本书谈论的意识运用的是这种"三梯级式"，而不用"无意识"；但有时引用他人言论或照顾上下文，不得不用"无意识"。总之，无意识，即潜意识、下意识。

下优劣，但我们一定要分清它们各自不同的性能，充分发挥它们各自的作用。它们的关系也是如此。

　　潜意识确如弗洛伊德所说："心理过程主要是潜意识的，至于意识的心理过程则仅仅是整个心灵的分离的部分和动作。"[①]潜意识确实有如海里的冰山，而意识只不过是露出水面的一小部分山顶。在人类的潜意识中，就像"本我"一样，潜存着人类的人性、民族性、区域性、家族的遗传密码和远的、稳定的信息，潜存着远古的意识、早年的记忆、往昔的刻痕……，"自我"是潜意识的本体，潜意识是它的"形态""躯壳"。因此，潜意识是复杂的、丰富的、流变的；同时，它还不断吸收和储存现时的刺激和记忆、未来的需要和目标，而不仅仅是如弗洛伊德所说的那样只是过去的经验。[②]弗洛伊德认为无意识（潜意识）的来源是：（1）已被遗忘的童年时的印象（他错误地把这定为儿童性欲）；（2）与生俱来的本能；（3）把现代人和史前时代祖先联系起来的回忆。这三个方面确是潜意识的来源，但不能接受的是弗洛伊德用泛性论解释它们的内涵。事实上，这三方面的内涵是丰富复杂的，就像它的"生成物"社会生活和人类历史一样丰富复杂。此外，还有几个方面，也是潜意识的根源：一是人的现时的生活、活动，也不断地进入潜意识领域；二是现时的生活、活动，当时还会"勾起"并未苏醒的前述三项潜意识的记忆和刻痕；三是文化——后天习得的文化——形成的素养，形成人的文化素质，也进入潜意识领域。因此，弗洛伊德所说的三项是一个基础，在此之外还有上述三个方面的内容，它们不自觉、无意识地进入潜意识领域，有的与"基础"融合，有的则独自存在。从以上情况可见：（1）潜意识不是凝固的、静态的、一次完成的存在，而是流动的、变化的和不断形成中的存在；（2）不是完全非理性的，而是有非理性的，也有理性的；（3）它与前意识、意识之间，有着有机的联系，而不是断然隔绝的，它们之间进行着信息和能量的渗透与交换；（4）它们一方面具有层次性，即存在"潜意识——前意

图8-3　意识结构示意图

------

① 弗洛伊德：《爱情心理学》，林克明译，作家出版社，1986，第3页。

② "因此，'无意识'，仅是指很久以前发生的事体改造成的印象、感觉、情绪。它们还没有来得及进入意识，便很快沉入或存储在意识阈限下的记忆仓库中。"（滕守尧：《审美心理描述》，中国社会科学出版社，1985，第397页）

识——意识"这样一个发展的层次和顺序；但是，它们又有各自独立的水平发展，可以自己发展到高度水平，同时，也自然地会带动其他方面①。有的人具有较高的"潜意识水平"。作家、艺术家就属于这样一种人。

潜意识的个体性、自我性，主要来自个体的生活经历，如我们在前面谈论"本我"时一样，是遗传、环境、活动，是自然系统、社会系统、实践系统，决定了潜意识的性质和内容。一个作家的潜意识，是他的童年、少年、青年时代的生活所决定和形成的，潜意识的"冰山"是它的以往全部生活经过"自我"过滤后的凝聚和结晶，也是往昔生活形成的全部"心理溶液"的凝聚和结晶。与常人不同的生活经历和感受，造成了与常人不同的"心理溶液"，它们则形成了与常人不同的潜意识的结晶体。而与其他作家、艺术家不同的、更具特殊性的生活经历、感受和"心理溶液"，便又形成更为具体独特的潜意识，从而形成了不同的创作心理与艺术思维。

潜意识露出"海"平面，进入意识，要经过前意识阶段。前意识是潜意识与意识之间的过渡阶段，也是两者的中介②。它具有介质的形态③：有时候，是意识发出"指令"，通过前意识，"通知"潜意识进入意识，"投入"行动；但有时候，潜意识未经意识的通告和允准，便经前意识而进入意识领域。意识的部分内容和信息沉入潜意识时，也经过前意识这个中介。从这个意义上说，"前意识"也可称"意识后"了。但从"区域性"和"意识流"的发展程序讲，它还是前意识。前意识是

---

① "这样一来，意识便成了一个由深到浅、由下至上的多层次结构，即由意识、前意识（即可以通过'自由联想'的手段诱使其进入意识的意识）和无意识构成的结构。但是这种结构又不是一种像三层楼房那样的静态结构，因为它的三层之间并没有清楚的划分，而是犬牙交错、互相渗透、流动变化。因此，是一种动态的结构。"（滕守尧：《审美心理描述》，中国社会科学出版社，1985，第399页）这里所概述的弗洛伊德的"层次、动态结构论"是正确的、可以接受的。当然，这里所说的只是一种结构模式而不关乎内容。不过，这种模式却反映了内容的性质和活动方式。

② 苏联的列夫丘克在《精神分析学说和艺术创作》中说："心理一经产生，并不永远总是该种静态的本质。它经历着一系列的发展阶段。由此可以断言，心理的意识水平没有穷尽心理本身。心理——这是一个发展过程，这一思想是提出存在着心理发展的前意识阶段问题的先决条件。"（第44页）

③ "弗洛伊德区分了两种不同的无意识，即'前意识'（foreconscious）和'无意识主体'（unconscious prober）。"（霍尔：《弗洛伊德心理学入门》，陈维正译，商务印书馆，1985，第47页）弗氏仍然把前意识归入无意识之内，但前意识的中介性质决定它不在无意识之内。

一个居于潜意识与意识之间的过渡区、中介区。弗洛伊德把无意识分为不同的级别，"处于末端的无意识记忆永远不能成为意识，因为它们没有同语言相联系，而处于顶端的无意识记忆则属于那类一时想不起来但又随时可能冲口而出的东西。"[①]霍尔很好地描述了这种从前意识进入意识的活动机制和情形：

> 一个人可以想到或回忆起许多事情，就在于心理能具有可以重新分布的流动性。知觉交流就像一个雷达装置，能在迅速扫描世界时拍摄大量的照片。当知觉系统发现需要的对象时，或者意识到外界中潜在的危险时，就把注意力集中在这一对象或危险上。这时，观念和记忆从前意识中被唤出，帮助人调整自己以适应所面临的情况。[②]

这里所描述的还是一种消极应付和适应的情形。事实上，意识还表现为一种更积极的选择、"提取"和转换。"人生活在无数种声响和画面面前，他之所以对其中大部分声响和画面听而不闻、视而不见，而仅仅集中于与自己的意图和目的有关系的那几种，就是知觉的无意识选择的结果。"[③]这种"知觉的无意识"正是一种意识的自动化行为，而行为之后选择的结果，就是从"外在"进入前意识或意识之中了。这是一种"对外行为"。同样的情形也发生在"对内行为上"，就是意识从前意识特别是从潜意识中（通过前意识）选择和"提取"需要的信息和其他存储。如果说，对外存在一种扫描和拍照的话，那么对内也存在一种意识对于潜意识的存储的扫描和"提取"。

意识之所以能够进行选择和舍弃，"乃是理性进行了长期了解、深刻静思的结果，是知识和理性融合其中以至变成知觉本能和自动想象的结果"[④]。

潜意识、前意识和意识就这样"三位一体"、分工合作地进行活动，为"自我"服务。它们并不是矛盾的对立双方，而是矛盾的统一

① 霍尔：《弗洛伊德心理学入门》，陈维正译，商务印书馆，1985，第47页。

② 同上。

③ 滕守尧：《审美心理描述》，中国社会科学出版社，1985，第430页。

④ 同上书，第431页。此处原文是指无意识状态中的选择，但我认为，意识状态也是如此，而且可说是更加如此，因此这里引入"知觉本能"和"自动想象"两个概念。

体。"无意识的心理现象并不与意识矛盾，与意识发生斗争，它乃是意识的低级水平，它和意识构成一个结构的整体。"①这里指出意识和潜意识处在一个结构的整体中，是正确的，说明了两者并不是鸿沟两隔，也不是争斗两极；但是，仅指出两者的高低层次这一面还不够。事实上，无意识（潜意识）在发生作用上，有时是居于意识之上的；至少是在一定时候、一定领域中高于意识，特别是在创造活动中，又尤其是在文学艺术创造中，潜意识的作用更是不可忽视，能起到意识所不可企及的作用。同时，潜意识的本体性高度发展，又可以是高于意识的。无意识（潜意识）的这种本能和活动机制，在文学创作中居于重要的地位。它一方面有时会把"成熟的"、需要的能量"释放"出来，进入意识领域，说明它是低级水平的意识，进入、提升到意识水平了；但是，另一方面，有时候，意识却被潜意识支配，潜意识处于一种隐蔽的、主动的、牵制的地位，使行动在无意识中发生，而"自我"并无知觉，只有经过心理分析，才能摸清来龙去脉。（这种情况在日常生活中常常会出现在人们的行动中。在这种情况中，潜意识恰又在地位上、作用上居于"高层次"之上了）苏联卓有贡献的著名心理学家乌兹纳捷把这种现象称为心理的某种"内在状态"。他认为，这种状态"绝不能称之为是有意识的"，但它又是"表现为十分有效力的"，"指导和规定着我们的意识的内容"。②他称这种状态为一种超意识的心理过程、一种心理定势③。乌兹纳捷还指出，这种状态虽然不是意识的状态，但却是具有某种意识内容的独特的意向"，这是"整个主体的

---

① 列夫丘克：《精神分析学说和艺术创作》，吴泽林译，北京师范大学出版社，1986，第46页。

② 同上书，第45页。

③ 乌兹纳捷通过自己的试验证明，人在无意识中接受的刺激和反应，会在意识中造成错觉，说明"某种内心状态"在无意识中指导和规定意识的内容。他举了这样一个例子：受试者被导入深度催眠状态，然后放大小不同的两个球在他手上，让他说出哪个大、哪个小。然后，引出催眠状态，再把相同的两个球放在手上让他区分大小，在这种分别考察试验中，受试者仍然表现出通常的定势错觉：认为其中一个球大些。因此，乌兹纳捷认为，人在催眠状态中接受的经验给人以巨大的影响。值得提出的是：乌兹纳捷的试验中错觉的出现概率达到百分之九十至百分之百。乌兹纳捷称这种"内心状态"为一种超意识的心理过程、心理定势（同上）。

主观定势"。①这些，说明了无意识现象的能动性、机动性，说明意识和无意识经常处在动态的相互联系中，无意识在这个动态结构中并不总是处于被动的、低层次的地位。我们可以说，在这种动态联系中，无意识（潜意识）常常"时高时低"地变化着自己的地位。就是说，在有目的、有意识的活动中，意识起着主要的、自觉的作用，潜意识则起着次要的作用；而在无意识的活动中，无意识起着主要的、能动的和定势的作用；而在一般动机和目的下的活动，有时潜意识也可以起主要作用。但即使是在第一种情况下，潜意识也不是无足轻重的，虽然是次要的，却是重要的，起着给予行为特色的作用，有如盐之于味、微量元素之于生命一样。

这里所说的潜意识的"内在状态""主观定势"和前面所说的意识的"知觉本能""自动想象"，说明意识和无意识之间互相渗透、互相作用，形成一种意识的、"自我"的活动机制和活动结构。

对于创作心理形成和作家创作来说，潜意识具有重要的特殊的作用。弗洛伊德和荣格对此都作过许多论述。但弗氏过于强调无意识（潜意识）的作用，特别是他的泛性论过于夸大性意识在创作中的作用，他以此对达·芬奇的《蒙娜丽莎》、索福克勒斯的《俄狄浦斯王》和莎士比亚的《汉姆雷特》的解释，显然是错误的。荣格部分地纠正了其师的错误，把"集体无意识"引入他的"无意识与创作"理论中，使无意识在艺术创作中的作用、地位问题，向科学的解释靠近了一大步；但是，仍然没有更好地来阐明这个难题。

我们从前面说到的意识与无意识之间的互渗互帮的动态联系中，已经看到了它在创造活动中所能发挥的重要作用。在创造活动（包括文学艺术创作）中，意识的"知觉本能"和"自动想象"或者潜意识的"内在状态"和"主观定势"，都是一种无意识状态中的活动——一种潜意识在内部的、隐蔽的、自动的活动。"艺术家或学者提出一定的创造任务，这便成为使脑力和体力都积极活动起来，处于最高度紧张状态的动因，也就创造了克服无意识和意识之间的界限的可能性。"②这就是说，

---

① 列夫丘克：《精神分析学说和艺术创作》，吴泽林译，北京师范大学出版社，1986，第45-46页。

② 同上书，第46页。

在文学艺术这种创造性活动中，由于脑力和体力的高度紧张，意识和潜意识都积极活动起来，或者发挥"知觉本能"和"自动想象"的作用，或者发挥"内在状态"和"主观定势"的作用，使创作发生一种在无意中取得意外成就的效果。

这种无意识即潜意识活跃的状态，往往同灵感、直觉、想象这些艺术创作中的"骄子"的活动紧密相连；因为它们都是在潜意识活动状态中出现的，它们自身也表现出潜意识活动的性质。"直觉乃是一种由无意识的活动性、能动性造成的状态"，"这种能力表现为在心理的无意识和意识两个水平相互作用下的一种飞跃。"[①]当意识和无意识都在积极活动，发挥"知觉本能"、"自动想象"和"主观定势"的作用时，直觉往往就能出现，使创作获得成功。幻想和梦境（昼梦或夜梦），也总是和无意识相连，是一种无意识状态的表现；而幻想和梦想在艺术创作中是起着很重要的作用的，它们往往使创作成为一种顺畅的、愉快的、不知不觉中取得成就的活动。

灵感状态，也是无意识地出现的。无论是酝酿中、出现时还是消逝时，都是如此。

弗洛伊德强调无意识在艺术创作动机方面的作用，他把它视为一种原动力，认为作家、艺术家总是为了摆脱过去的心理刻痕的重负，从艺术创作中获得转移、升华和补偿，转而去从事文学艺术品的创造，而这一切都是在无意识状态中实现的。而且，他还把这种心理刻痕归之于性意识。他用"恋母情结"来解释文学艺术的经典作品，就是如此。但是，事实上，无意识在文学艺术创作上虽然有时表现为动机的基因，但是，第一，并不总是如此；第二，更不都是性意识使然。无意识在创作动机上的作用，确实有时表现为创作主体的某种心理、情感，特别是难忘的心理挫伤、情结，在内心起到催化的作用，也存在转移、升华的情况和对于心理补偿的期望；但是，这一切更经常的是在意识状态中，而不是无意识的，只是有的时候，有一种潜在的意识使然，在主体感觉上并不明确和清醒。这种无意识也总是一种"知觉本能"、"自动想象"和"主观定势"的表现和作用，而不是主体全然无知的、毫无内在感知的

---

① 列夫丘克：《精神分析学说和艺术创作》，吴泽林译，北京师范大学出版社，1986，第48-49页。

纯粹无意识。因此，更准确的标示术语还是潜意识。这些，都是一种"本能"化了的知识、经验、情感，因此只能是一种潜存的意识状态。总之，无意识（潜意识）在创作动机中是有表现、有作用的，而且往往是创作动机中存在潜在的意识作用时，能够导致创作上的顺畅和成功。这是因为，社会因素促成的创作动机，如果同这种深层的心理结构契合，调动了知觉本能、自动想象，使"本能"化了的创作能力中的某些因素（如知识、经验、情感等）潜在地投入了创作活动，那么就不仅是脑力和体力都高度紧张起来、活跃起来，而且想象、直觉、灵感这些心理现象和机能也都一齐活跃起来了。

因此，无意识（潜意识）在创作中具有重要的、关键性的作用。这一点，我们在后面还要专门讨论。这里只需着重说明：在意识家族中，潜意识是人类目前了解得最少的，对于它的活动机制和作用方式、范围都还不能做出十分科学的说明，但是，对于它在意识活动、心理活动中的作用和作用力，尤其是在创造性活动中，又特别是在文学艺术创作中的特殊作用和作用力，人们现在已引起重视了，认真研究了，也取得了较有进展的结果。在这一点上，弗洛伊德最早提出的无意识问题，是功不可没的；他的学生荣格对他的偏颇性错误的纠正和把社会历史内涵引入集体无意识，也是功不可没的。

我们曾经对于无意识的研究，对于无意识在创造活动特别是文学艺术创作中的功用持否定的态度，并且疏于研究，这对于我们不能不说是一种损失。苏联学术界对于自己在这方面的损失已经做出反省，[①]而且已经开展了许多研究，也取得了可观的成绩。[②]我们在这方面也有必要做出自己的努力。

现在可以肯定，像弗洛伊德那样过高地估计无意识作用，是不科学

---

① 苏联学者指出，"苏联大量学术著作都确认：'对无意识理论、对分析无意识的方法缺乏研究，给心理学范围内外的一系列当代最重要的科学、思想流派的发展带来了阻遏性的影响。'"（列夫丘克：《精神分析学说和艺术创作》，吴泽林译，北京师范大学出版社，1986，第42页）

② 20世纪50年代末开始，苏联学术界对于无意识的本质和它在人的活动中的地位、作用问题进行了严肃的科学探讨。"50年代末和60年代初，这也是某些术语得以准确化的时期，是一系列著作者的概念形成的时期。这些概念正如我们将要表明的，在今天理解无意识心理活动时还要继续使用。这导致了一些苏联研究者之间饶有兴味的、在理论上颇为重要的对话。"（同上）

的（但弗氏在20世纪20年代后，在自己的理论中，降低了无意识的地位）；像西方现代主义的有些人那样，也把艺术创作看作一种摆脱行为，看作纯粹由无意识支配的行为，甚至靠服迷幻药来使自己进入白日梦和迷狂状态，从而得到灵感、直觉和想象的飞翔，也是走入邪路。但是，循着对无意识（潜意识）进行科学的探讨，循着寻找它的生物的、物理的、心理的、社会的、历史的、文化的根源这条道路前进，发挥自然科学和社会科学各种学科和交叉学科、新兴学科的共同作用①，人类是能够日益接近完全揭示无意识底蕴的目标的。在向这个目标前进的途中，每个阶段的成果，都会帮助我们进一步认识无意识（潜意识）的本质和在人的活动中的作用，并为人的创造性活动、为文学艺术创作更好地服务。

不是把无意识作为神秘的、不可究诘的东西，也不是把它放在无足轻重的地位，而是把它看作人的心理活动最高形式的特征，科学地研究它如何与人类的心理早期发展阶段联系起来，从发生学和研究人类早期经验的角度来研究无意识（包括人类的无意识发展阶段和意识产生的过程研究），从儿童心理发生、发展的历程来研究，以及将无意识放在人的活动中受过去经验的牵制和对未来需要的预感中来研究，这些都会给无意识（潜意识）研究带来美好的前景。

潜意识具有巨大的能量，对于人的行动影响很大、很深，然而往往不为人们所觉察。但它的作用确实存在，有的已经可以经过分析，找到它的机制了。"无意识代表真正的心灵。"对于这个代表着心灵的无意识，人类很早就觉察了，古人对其也有所涉及，但不能做出科学解释，直到近代才开始出现真正的"无意识"概念，以后，许多自然科学家、哲学家对它作了各种描述和评价。他们的这些论述，对于无意识的领域、性质和作用都作了各有特点的描述，一些论点和描述是颇为可取的：莱布尼茨的"微知觉的集合"的说法，把无意识的蕴藏的特点和集合而成知觉的性质揭示出来了；卡洛斯指出"无意识区域"是理解意识特征的钥匙，揭示了无意识与意识之间的有机联系和隐与显的关系，特别说明了对无意识的了解足以理解意识并且是"理解之钥匙"，这更突

---

① 我们至少可以列举出这样一些学科，对于研究（无意识）能够发生作用：生物学、物理学、心理学、文化学、人类学、文化人类学、语言学、脑科学、高级神经活动研究、创造学、美学、艺术学、文学等。

出了无意识的性质和作用；尼采指出了意识和无意识之间"表面"与"基础"的关系，"断续孤立"的表现同内在的"连续性过程"的关系，以及"情感、思想活动的顺序和系列的征兆"和"潜在的基础活动"的关系。这种关系的描述，用恰切的比喻揭示了这种关系的实质。尼采还指出，"有意识的动机"是"表面现象"，而"自身的本能和外部条件之间的冲突"则是隐存的内在心理。尼采所说的"本能和条件"的冲突，较深地揭示了无意识的性质。约翰·瑞希特则描述了无意识领域的广阔性和我们对其还了解得极不够的状况。这些描述和阐释，对于我们认识无意识的性质和作用，都是很有意义、受益良多的。他们的不足和缺陷是：对于无意识还只限于现象和表现的描述，并且是作为一种恒定的、无本源的、无定型结构的心理现象来论述的，缺乏更多的实证材料和对它所反映的无意识活动机制的科学分析。有的则作了神秘化的夸大表述，好像无意识像当年的非洲大陆那样神秘，而且伸展到无限远的地方。但是，吸取合理的内核和有用的思想资料，对于我们认识无意识的性质和在人的活动中的作用是有益处的。我们今天的认识，不能完全脱离这些以往的思想资料来建立。

我们在探讨无意识的作用时，主要应抓住两条基本的线索：一个是无意识的研究是建立在人的深层心理结构的认识之上的；另一个是，这个深层结构同人的属性有关，即：人既属于自然界，又是社会动物，所以既同自然的物质结构、特性分不开，又同社会的结构、特性分不开。人的自然、社会、历史、文化的历久的积淀，是无意识的内涵、性质形成和运行机制与规律的基本构架，无意识即使是孙行者也跳不出这个"如来佛的掌心"。

我们在这个"如来佛的掌心"中来研究、认识无意识（潜意识），研究、认识意识家族，就能更好地掌握它们的本质、活动机制和活动规律，从而更好地掌握它们在文学创作中的作用。

创作心理正是以潜意识和意识家族为重要因素而构建起来的。

三、"感情"家族

作家和艺术家是情感丰富、热烈而且细腻的人。作家、艺术家若没有这种情感，便不能成为作家或者不足以称为作家；文学作品若不具备此种情感，就不能成为艺术作品或者不足以成为优秀作品。这应该说是属于常识范围的事情。但是，这个至关重要而又属于常识范围的作家和作品的情感问题，却有不少重要内容不为人们所了解，因此没有引起足够的重视。这里，不仅有理应重视的、人们常常谈及的作家和艺术家应具有的情感型和情感特色的问题，而且存在一个"艺术家的情感发生发展的规律"和"作品的情感性与情感特征"问题。

我们这里所说的情感问题，是心理学上的一个范畴，是人的一种心理功能和心理特质。当然，任何科学术语虽然都有它的特定含义，但是也总与日常用语的含义相联系，只不过前者的意义更宽广和更深刻，更具有科学性。心理学把情感看作一种人的态度，即个人在自己的活动中遇到对象的刺激，引起一定的反应，并且确定一种态度。它表现为情感。因此，情感不是凭空产生的，而是在认识和活动中产生的，产生之后又影响人的行动。这样，情感就成为人的认识和活动的一种标志，它反映了人对客观现实的态度和将可能采取的行动。它赋予人的认识和行动一种色彩，不仅强化了主体的态度，而且推动着主体的行动。所谓作家、艺术家的情感丰富，也就是说，他们是在情感的天地中浮沉，而客观现实也会在他们的情感中沉浮。作家、艺术家的情感世界，是他们对客观世界的情感的反映，而客观世界又是他们情感世界的客观基础。

人对客观世界的这种态度和行动趋向表现为几种层次，这就是情感——情绪——情操，它们组成了作家、艺术家的一个"感情家族"。它的三个成员在出现的顺序上和持续的时间上以及作用的范围和力度上，分出了层次性。但是，同其他一些心理活动和机能的层次划分一样，感情家族的这三个成员在发展上除了层次性的一面之外，还有它们的水平发展状况，它们在各自的范围中也可以发展到高水平。因此，这个家族的成员之间的关系，如图8-4所示。

它们也是"三位一体"的，互相渗透、互相联系、互相影响，因此也互相过渡。这里，有必要对这三个家族成员的性质作一个基本的定性解释。不过，这只能是一种基本的，而且是按照我们自己的见解的阐释。因为，关于情感、情绪的性质和关系，现在在心理学上尚无完全一致的意见。有的心

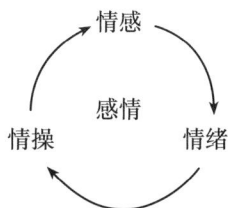

图8-4 感情三相结构示意图

理学家认为情感即情绪、情绪亦情感，是无须分也不能分的。但大家知道，在日常用语中，在使用和表达情感与心理状态上是有区别的。我们在日常生活中常常是这样认定和使用的：情感是比较"重大"的、深沉的内心体验、心态与认知的表现；而情绪则是比较短暂的、表面化的、未经更多思考的一种心态和行为表现。概括起来可有几个方面：（1）情感是较长一个时期的体验和态度，而情绪则是比较短暂时间内的表现；（2）情感的认知性强一些，而情绪的感觉性强一些，一个经过一定的思考，而另一个则是"一触即发"的表现，未经更多的思索；（3）情感的内心体验性和内在态度的表现性较强，而情绪则更多地表现为反应和行动；（4）日常生活中常常把情绪作为情感的一种外在表现来看待。《简明牛津英语词典》给"情绪"的界定是"一种不同于认知或意志的精神上的情感或感情"[1]。显然，这里是把情绪作为情感或感情的一种表现，而且强调它的非认知性和非意志状态，即无意识。

但是，从另一方面看，情绪又"大"于情感，情绪作为人的一种心理状态和行动驱力，又影响着人的情感。当人的情绪处于良好状态时，情感也是愉快的，对事物怀着友善美好的情感；相反，如果情绪不佳，则往往对事物也缺乏良好的情感。情绪影响和牵制人的情感状态，这也是常有的事情。不过在总体上，还是情感"长"于"高"于情绪。

至于感情（affection），则是情感与情绪的总称，用以说明、标志人的一种总体情感状态和情感性质。它本身没有单独的含义。

情操，则是更长久、更稳定、更高层次的情感状态。它的认知性更强，表现了人们的理想、信念和道德观念与规范。它的行动性也很强，不是一般的情感状态，而是指导和规定一个人的一般的和特殊的行动、素日和突发事件时的行动。因此可以说，"情感的复杂化、习惯化、系统化就是情操。"[2]它是一个人的思想、道德、文化素养在心理素质方面的体现，它自然是一种情感和情绪的长期积累，量变之后引起的质变，但它形成之后，又会在总体上决定人的情感和情绪。一个具有爱国爱民高尚情操的人，对于日常的、个人的小事，对于功名利禄，在情感上往

---

① 斯托曼：《情绪心理学》，张燕云译，辽宁人民出版社，1986，第1页。
② 陈孝禅编《普通心理学》，湖南人民出版社，1983，第345页。

往都是淡泊的，因此在生活中遇有这方面的挫折、不愉快的事情，情感平稳、情绪正常，不为所动；反之，则会情感汹涌、情绪不安。两种不同的情操决定了情感、情绪的基本素质，以及将采取的态度。所以，情操是长期的教育、锻炼、修养的结果①，是长期的情绪状态和行为规范日积月累、水到渠成地形成的。一旦形成某种情操，就是不易改变的了。

情感和情绪都有主要的两个方面，即属于质的方面的愉快和不愉快，属于量的方面的强度高低。愉快和不愉快的情绪，影响到人对于客观事物的态度和行动；强度的高低则决定人们的态度是强化的还是微弱的。这自然也就影响人的行动是有力的还是无力的，是持久的还是短暂的。情操则更多地是在道德、文化方面表现其质地的高低，而不属于愉快与否的范畴；至于强度，也影响到情操的高下和态度、行动的力度。

这样，情绪、情感、情操，就构成了人的"感情家族"。这个家族囊括了人的总体的和平常的、局部的和特殊的情感状态。

我们首先需要简要地述说一下人类的"感情族类"，以便了解人类的情感种类和情感层次。人和动物都有情绪②，但是人和动物情绪有本质的区别。即使是作为动物的一般情感，人的本能和第一信号系统同动物的本能和第一信号系统都有原则的区别。虽然如此，我们仍然可以把人的一般情感作为最低的基本情感档次。它虽然部分地带有动物性，保存着人类的远古本能，但仍是人类情感的一部分。第二个层次就是人类情感。作为社会动物的人，在社会生活中，在自己的社会性实践中，必然形成自己的社会的情感和派生人类的许多其他情感。在人类情感中，自然又可以分出许多类别，如生活情感、政治情感、社会情感、集团情感、个人情感、审美情感等。当然，这些情感的分类都是日常性质的，而并非心理学的分类，但对心理学又不是没有意义的。这里，这样极简略地述说一下人类的情感族类，目的只在于往后在论述审美情绪、情感

---

① 陈孝禅在《普通心理学》中说："情操的活动，是受教育熏陶的结果。德育、智育、体育培养人的个性全面发展因而对于真与假、善与恶、美与丑，对于是非曲直有所判断，随之而来的是固定的、准确的、合乎道德规范的情绪。这就是情操了。"（第364页）

② "无论是人，还是动物都有情绪。但是，像我们把人的第一信号系统的活动和动物的第一信号的机构区分开来一样，也必须把人的情绪和动物的情绪区分开来。"（波果斯洛夫斯基等主编《普通心理学》，魏庆安等译，人民教育出版社，1981，第302页）我们能够在动物园的动物身上或家畜身上看到动物们的情绪表现。

和感情家族时，我们可以把它们放在一个感情的总体背景下来分析和探讨。我们在本书中主要探讨审美情感问题。

其次，我们要一般性地讨论一下作家、艺术家的感情天地，这是他们心理活动的重要领域，也是他们受到各种影响的重要方面。感情天地是人的天地，尤其是艺术的天地。作家、艺术家在这个天地中培育着自己的创作心理的重要因素。

所谓作家、艺术家的感情天地，有三个主要的方面。

第一个方面，是作家、艺术家感知对象的情感（情感对象和对象的情感因素）。情感应该说是主观的，是主体的一种感受和态度，但是，就某个个体来说，除他自己之外，一切都是他的对象，而这些对象中的一个主要部分——人，都是有感情的，他们的感受和态度（即情感）对某个感知个体来说就是对象。因此，就某一个体来说，外界一切都是他的第一个感情天地。这是他的对象的情感（客观的情感）。在这片天地里，最主要、最活跃、最有意义的自然是人的情感。这是一个感情的海洋，有各种各样人的各种各样的感情，有各种不同时期、不同地方、不同人的不同的感情，有不同人的不同的感情表达方式，还有人与人之间千姿百态的感情的交流、碰撞和冲击。作家、艺术家在这个感情的海洋里遨游，一方面感知、认识、了解这人世间的各种感情样式和内涵，领略其意义和作用；另一方面，又接受这些感情的刺激和影响，并且做出自己的反应，形成自己的感受。在这一活动中，主体一方面见识人世情感的丰富多彩，另一方面形成自己的感情世界。也就是一方面掌握人世间"情天恨海"的内容，另一方面形成自我丰富深沉的感情世界。这两个方面，都是一位作家、艺术家创作心理的重要内涵。感情含量单薄的心理是难以成为创作心理的，至少不能是优等的创作心理。凡是有成就的作家，都是从小到大经历过感情风浪的，有的甚至经历了感情之海里的大风大浪、惊涛骇浪的洗礼；而许多作家都是以自己的感情经历为创作背景的，有的甚至以这种经历中的大事件、刺激最深的一幕为主要素材写成作品。这在文学史上是不乏例证的。（事实上，我们不妨说，凡是作家都如此；甚至可以说，没有见过感情世面的人难成作家）除了人的情感之外，就是世间各种事件、各种事物的情感性和情感因素了。人间万事，纷纭复杂，其间充满着人的情感纠葛——情生情死情恩情爱情怨情仇。人世是一个情的海洋，这也是作家、艺术家的一个庞大丰富的感知对象。就是自然事物、自然现象，如青山绿水、桃红柳绿，风和日丽、雷电雨雪，也都包含着一种情感因素。自然事物与自然现象固然是没有感情的，但是它们与人的情感同构，于是对于人来说具有情感因素。青山隐隐、绿水悠悠，令人优游流连、心旷神怡，因为事物与心理的平缓舒展、幽静邈远，契合同构，清风明月、细雨微风燕子斜，是一种境界；雷电交加、山雨欲来风满楼，又是一种境界。它也与人的类似的情感处于同构契合的状态。此外，如梅花的枯枝挺拔、芙蓉的雍容华贵、兰花的清幽柔顺，也都与人的某种类似情感契合同构。这是另一种情感世界，它也同样辽阔、丰富、深邃和变化多端。它也同样是作用于人的感情世界的一个外在感情世界。

作家、艺术家就是在这个人世的与自然的感情世界面前经受感情的培育的。

第二个方面，是作家、艺术家对于前一项（即客观的感情世界）的感知和感受，是主观的感情世界。它是对于客观感情世界的感知、接受、内化和反应。主体一方面是感知，另一方面是反应。由此而引起感情的激荡和波涛，并留下种种影响和痕迹，从而形成自己的感情世界的内涵。除了这种客观的情感感应和对客观世界的情感的感应之外，作家和艺术家还有从自己的生活和活动中所感受、所激起的情感。这两个方面，形成和构成作家、艺术家的情感生活，而后一方面则影响和决定主体对于客观情感世界的感应方式和选择。

第三个方面，是作家、艺术家在表现前两项情感时的感情状态。一个是表现这种外在世界的情感和内心世界的情感的真假、对错的各种情状；另一个是在表现时主体自身的情感动态，是愉快还是痛苦，是悲凉还是凄怆，是欢乐还是哀伤，等等。这是作家，艺术家的特殊的情感表现和情感天地。

作家、艺术家的感情家族，就是在这样一个三极结构的感情天地中形成的。这个感情家族的壮大发展，它的性质和维度，它的各方面的强烈度，都取决于这三个方面。就第一项来说，取决于接触的宽度与深度；就第二项讲，取决于感知的深度和反应的强度；就第三项讲，取决于情感的充沛与真挚。所谓创作心理的形成，一个重要的和具有特色的就是使感情家族的成员们都能茁壮地成长，形成一个情感丰富、深邃的家族。

关于感情家族，我们还要着重讨论两个问题：一个是"生活感情"和"审美感情"；另一个是情绪。这两者在感情家族中居于非常重要的地位，前者是总体性的，后者则是家族一个成员的问题。

　　人都有生活感情。它是日常的、功利的、世俗的、实在的。人不能没有生活感情。生活感情决定一个人的生活的基本态度，它是人的生活的情感表现。但是，对于作家、艺术家来说，最重要的、关键性的是审美感情。审美感情人皆有之，但对于作家、艺术家来说特别重要。他们应该是审美感情敏锐而丰富的人，应该是感情的"唤醒"或"激活"很容易、"燃点"低的人。"审美感情又不是艺术家和欣赏者在日常生活中的喜怒哀乐等感情，而是一种超然于世的、与形式揭示的'终极的实在'融为一体的特殊感情，仅仅诉诸模仿、再现、记叙、写实等手段不能唤起这种感情。"①这里的关键，第一在于观照对象时的"超然于世"的感情和对于形式的意味的感受。这并不排斥日常生活中喜怒哀乐的感情，而只是"排除"了这种感情的"世俗"性，让它抽象化，退隐到心理背景中去了，使"生活感情"感情化了。这也使有意味的形式除了实物形象的再现、模仿和逼真之外，更有别的意味、别的蕴藏。"剪柳春风似剪刀""云想衣裳花想容"也都是"生活感情"的提炼与升华，但描写者与欣赏者都越出了生活感情的藩篱，而观照着客观事物本身的美和对于生活的美的描摹，并且，这里的形式（包含语言的形象和音韵、表现力、语境等）也含着深深的意蕴，是一种有意味的形式。由此，作家和艺术家都进入审美感情的领域了。贝尔说："再现往往是艺术家低能的标志，一位低能的艺术家创造不出哪怕是一丁点儿能够唤起审美感情的形式，就必定求助于生活感情；要唤起生活感情，就必定使用再现手段。"又说："每见到一幅画，他们就本能地将其形式与他们生活于其中的世界联系起来，……他们本来可以随艺术的溪流进入审美经验的新世界，结果却来了个急转弯，径自回到充满人生利害的世界来了。"②贝尔强调了"生活感情"和"审美感情"的对立，也许有些不太恰当，但他表明了两者的界限，审美感情总是不像生活感情随时和立即同"充满人生利害的世界"的日常喜怒哀乐关联起来，而阻断了"随艺术的溪

①　滕守尧：《审美心理描述》，中国社会科学出版社，1985，第412页。
②　贝尔：《艺术》，周金怀、马钟元译，中国文艺联合出版公司，1984，第18页。转引自
　　滕守尧：《审美心理描述》，中国社会科学出版社，1985，第412页。

流进入审美经验的新世界"的途径。这里所指的应是同一己的、直接功利关系相连的日常生活感情，而不排除作品中所表现的感情同主体感情世界的一般内涵相沟通。那是一种不直接关联日常生活的感情总体。作家、艺术家作为欣赏者，需要运用这种审美感情去接受生活和艺术，这在他们形成创作心理的成长过程中是重要的，因为只有这样，才是我们前面说过的一种艺术习得。他们作为创作者，当然更需要有这种审美感情，才能创造出不是贝尔所反对的那种模仿、再现、记叙、写实①，而进入贝尔所说的另一种境界，即"以心灵的特有的自然倾向组织一个有机整体的活动"，"艺术家的心灵被一个真实的情感意象所占有，他又有能力把它保留在那里和把它翻译出来"，"形式与情感意象之间"互相符合②。也就是说，通过心灵的组织，从客观对象体验到一种感情意象，又通过心灵把它凝聚于作品之上，达到形式与情感意象的完全一致。这种境界，自然只有用审美情感去对待事物时才会发生。事实上，心灵的经营就是从物象之中，通过审美感的酝酿、制造，形成一个感情意象，然后又赋予形式表达出来。审美感情式的表现，只有用审美感去观察、体认生活，才能得到基础、资料和灵感。

因此，创作心理的形成、作家的成长，就有一个情感积累的过程和要求。这种积累，一方面是多在感情的海洋里遨游，在我们前面所说的三种情感天地中多感染、感受、感奋，吸收大量的感情资料；另一方面，更为重要的是，在这种感情生活、感情经历中，能够感受、体认、移情、抽象和升华，形成一种情感模式、情感结构，其中融汇着主体自身的情感和感受，又为主体赋予了一种形式，并且具有主体独特的感情概括。美国符号学美学家苏珊·朗格称之为"情感概念"。她在《艺术问题》中说，这是"由高度灵敏的非理性意识从现实的情景、事件中抽象出来的情感……一种超越个人的、普遍的象征性和逻辑性很强的情感"。这也可以说是一种情感性的"知觉本能"，凭着它，作家和艺术家会从对象的形态、动势、内涵中体认那些与自身情感契合的感情，又会

---

① 贝尔所说的模仿、再现等，是指那种缺乏认知与情感的单纯对外形的如实描摹，它只见形式、外壳，而没有内涵，没有主体的理和情，因此是死的躯壳，是匠人的复制。如果是经过心灵的塑造，那么无论是外形的像与不像，都是有意义的、感人的。

② 贝尔：《艺术》，周金怀、马钟元译，中国文艺联合出版公司，1984，第230页，转引自滕守尧：《审美心理描述》，中国社会科学出版社，1985，第413页。

抽象出某种情感模式来形成自己的象征性、逻辑性很强的"情感概念"。仁者乐山、智者乐水，见青山而思稳定庄重，睹流水而念活跃流丽；从人生的生老病死、灾祸异变中而体认出种种抽象的人生情感，等等，便都是这种日常情感、生活情感的"情感化的概念"形成。这是又一种情感积累，也可以说是一种更高层次的情感积累，它凝聚情感化的理性、智慧，又赋予了情感的总体把握。滕守尧在《审美心理描述》中概括了艺术家通过感受和抽象，形成"情感概念"的几种方式："……对于那些创造热情很高的艺术家来说，他们却时时有意识地去培养自己这些情感的感受，有时是在脱离俗念的平静状态中直接'内视'它们；有时是先将它们移向某种具体事物的形体中（移我情），然后再在直视外物的形态、节奏、变化中体验它们，这就是中国古人说的'志在高山，志在流水'的含义。"①作家、艺术家在长期的生活和活动过程中，各自形成自己不同的总体"情感概念""情感意象"，有的慷慨悲歌、粗犷高亢，有的柔情蜜意、细腻幽微，有的深沉而又广袤、至远而又切近，有的忧患意识强，有的抑郁多伤感，如此等等，各有千秋，独具特色。这也就决定了创作心理的情感特色和将来作品的情感色彩。"情感概念"和"情感意象"是创作心理的基础内涵。它在感情家族中是重要的"核心分子"、活动分子。

一位作家的形成过程，就包含这种"情感资料""情感概念""情感意象"的积累，创作心理也在这个过程中形成。作家，只有不断地增加自己的一般情感积累，即心理库中储存大量的情感素材，包括对象的情感（人的情感）和情感性（自然界）的素材和自己对于这一切的情感体验；不断地增加自己的情感概念，即在情感生活中形成、抽象、升华而成的"情感概念"；不断地积累自己的情感意象。只有在积累了这三个方面的情感素材之后，才能形成合格的或优秀的创作心理，才能成为作家品性、艺术家气质。

创作心理必须在情感的素质生长中成长。

最后，我们需要谈一谈作为感情家族的"情绪"的性质和特殊作用力。

情绪，对于作家来说，具有静态的和动态的特殊重要意义。

---

① 滕守尧：《审美心理描述》，中国社会科学出版社，1985，第433页。

"情绪是精神的总模式，即一种概括化的和极为复杂的整体。"在这一点上，情绪具有一种"弥漫性"，它散漫于人的整个心理过程，散漫于整个身心。这是因为，人的情感产生之后，如果达到相当的强度，或者不断受到同样的刺激，就会"蒸馏"为一种情绪散漫开去。它在不知不觉中影响人的心理和活动、态度和选择。情绪的这种性质，使它在人的活动中居于一种不可忽视的地位。

情绪虽然如此，但仍然和认知的关系密切，只是它受认知的影响和支配是比较隐蔽的、间接的和曲折的，而且它的影响力往往与其他因素同起作用，有时又时断时续。"认知对情绪即使不具有决定性的作用，也具有十分重要的作用。"①这一理论观点是正确的和颇有意义的，虽然现在仍有争论。②我们在生活中常常能够体察到的人的情绪的波动是同他对于世界、社会、人生和某个具体对象的认知有着密切关系的，情绪常常受到认知的控制、影响或渗透。一个深沉热烈的爱国主义者，常常为国家民族的命运的升沉变化而调整自己的情绪；一个个人主义者只从个人的得失领域获得自己的情绪变化的依据，一个感情至上主义者和理性很强的人，在爱情得失上的情绪反映是绝不相同的。"盖尔露恩还提出，人类情绪中包含着不断增加的认知因素。"③这一点可以理解为，一种情绪在发展或维持的过程中，认知的因素会不断增加；还可作另一种解释，即整个人类，随着文化的发展，在情绪中越来越增加了认知因素。应该说，这两种解释都是通的，我们在现实生活中是可以体察到的。至少我们可以说，在作家、艺术家的情绪中，会包含和应该包含着不断增加的认知因素。

情绪认知因素的存在和增长，同情绪的后天习得性有密切联系。这种后天习得，在童年、幼年以至婴儿时期的情绪影响，在长大以后的遗痕表现，如有的人在婴儿时期由于各种生活中的不幸而吸苦饮痛，或者

---

① 斯托曼：《情绪心理学》，张燕云译，辽宁人民出版社，1986，第177页。

② 斯托曼在《情绪心理学》第四章"认知和情绪"的"结论"中，介绍了沙赫特的类型的探讨这个论点，但他认为"要确定对情绪的认知探讨是否有价值是个困难问题"，因为这种设想"有时是难于直接验证的"。他肯定了沙赫特用药物，瓦林斯用人体像和拉札勒斯用紧张所做的研究。不过，这些研究都应属于情绪生理学的范畴，而当进入社会心理学领域时，这种认知在情绪中的作用和地位是比较容易看得出来的，问题是要去取得实验材料的确证。

③ 同①，第122页。

幼年、童年时遇过挫折或"剥夺"，待其长大后便表现为心绪的抑郁型。当然，后天的习得还表现为以后的生活境遇、教育和社会影响。"希尔曼关于情绪出自对世界的符号知觉的观点中有一个含义，即情绪中有些部分必然是习得的，这就是社会的各种复杂关系。"[①]希尔曼还指出，"情绪的符号表象"上的变化，"是从过去生活经历的各个阶段而来的"。希尔曼指出的正是：第一，情绪中有些成分（不是全部）是后天习得的；第二，这种习得的渊源是社会的各种复杂关系，也就是说，社会关系的种种复杂性影响了情绪的升沉变化；第三，情绪还从过去各个阶段的生活中得来。

这样，我们看到了情绪的可塑性和可控性、变异性和给定性：这都是客观现实对情绪主体的作用。这也就告诉我们，情绪是可以用后天的培养教育来施加影响的；也是可以因社会生活的变化而变化的。

但是，情绪的这种后天习得性和认知因素的作用，以及可塑、可控等性质，同它的无意识性并不矛盾。普拉奇克认为，"一个人可能具有一种情绪而并未意识到它"[②]。希尔曼认为，情绪中的先天部分是无意识的[③]，并指出："情绪中的意识和无意识的系统必然同时地工作着。"[④]情绪的这种无意识不仅体现在先天部分的心理痕迹，就是后天习得部分也同样会有无意识的表现。许多人在自己的情感生活中，常常会发生为某情绪所侵袭或干扰甚至为其左右自己的行动，但是，却不明白"所为何来"、原因何在。这正是表明了情绪的无意识部分。情绪确是由意识和无意识同时左右的。

不过，情绪的这种无意识表现，也常常是"情感概念"、"情感—知觉本能"和"情感意象"的"工作"表现。

艾夫里尔等人提出了一种理论：情绪的三个子系统的复杂的反应系统，"这三个子系统是：（1）刺激性质。他们指出，一种刺激能受到它所引起的反应的影响。因此，一种情绪反应可能成为一种刺激，增加了情绪的品性。（2）评价子系统。大脑对输入的刺激加以评价，

---

① 斯托曼：《情绪心理学》，张燕云译，辽宁人民出版社，1986，第200页。

② 同上书，第65页。

③ "情绪中必然有些部分也是先天的，因为，相互关联的符号也有它们的无意识的方面。"（同上书，第200页）

④ 同上书，第202页。

最初的评价把这个刺激归纳为一个单一的概念，如恐惧，随之而来的第二个评价是一种应付的机制。（3）反应。艾夫里尔等人提出，情绪反应可以被分为认知的、表情的和工具性的，它们彼此之间只有很小的相关。"[1]这对情绪的发展运行机制作了系统的分析。值得注意的是他所说的，一种刺激受到某种反应，于是又变成一种刺激。这实际上是情绪在受刺激中的反复、刺激，形成"刺激 —— 反应 ——（重复）刺激"，成为一种次生刺激。这是一种自我强化。在第二个子系统中，大脑对刺激的评价，反映出人的知识、智力、情感积累等对情绪反映的重大影响。这些对于我们掌握情绪的性质和发展，都有着重要的意义。

情绪的上述种种性质，决定了情绪的重要作用。斯坦利-琼斯说得好："人们早已知道，人类行为的主要决定因素是情绪，当情绪和理智相互争夺对意志的控制权时，往往是情绪获胜。"[2]这个理论尤其适用于那些意志薄弱的人，而对一般人来说情绪同理智的矛盾和终于掌握了对意志的控制权这种情况，也是比较普遍的。这原因往往在于情绪常常是无意识的、"弥漫性"的。更重要的是，它的根源是深层心理结构中的因素造成的，有着长远的、先天的、后天深刻刺激的因缘，所以它在潜移默化中掌握着人的意志。理智常常属于"超我"，情绪常常属于"自我"以至"本我"，所以"超我者疏"，而"亲我者兴"，情绪往往占了上风。这种情况对于作家艺术家的创作来说，倒更是有利的，因为创作总是情绪性的，理智自然是重要的因素，会发挥定向定质的作用；但是，在创作中，它也是情绪化以后，作为情绪的认知因素出现时，才是更有利于创作的。

这里，又再次涉及情绪的无意识部分和情绪作为"精神总体"的作用问题。在这方面，希尔曼的一个基本观点是："情绪永远比单独的意识体系受到更高的重视。"[3]这个观点是可取的。情绪之所以应该比单

---

① 斯托曼：《情绪心理学》，张燕云译，辽宁人民出版社，1986，第165页。

② 同上书，第120页。《情绪心理学》作者斯托曼对斯坦利-琼斯的这个说法是持保留态度的。他在书中说："很难说这种评价对于情绪生理学或实际的情绪研究有何助益。"斯坦利-琼斯的说法，即使缺乏生理学上的实验依据，但从社会的角度看，实际上是存在的，因而是可取的。

③ 同上书，第204页。

独的意识体系受到更高的重视，就因为有着无意识部分，而这部分就像无意识本身一样有着强大的"后盾"："冰山"的水下部分。基于这个观点，希尔曼认为，"每种情绪具有：它自己的行为模式和体验性质，这永远是对整个精神的总态度；它自己的分布在人体基地上的能量强度；它自己的符号刺激。这种刺激部分是意识的，部分并不表现为意识……"①希尔曼指出的情绪，是对精神的总体态度和它的符号刺激存在无意识部分，是有价值的。它对情绪的能量强度也是给予了注意的。这也应给予注意。

情绪的这种总体性作用对人所造成的心理状态，就是心境②。专门对心境作过概念上和实验上研究的诺利斯等人，对心境作了一种描述，他们认为，心境会把"整个人"都"卷入"其中；"心境的主要作用是监视或控制行为"，但是，心境的决定因素却常常是"模糊的和不可知的"③。诺利斯还认为，"一般说来情绪比心境更为短暂"，"当两者都被卷入一些行为和体验中的时候"，"情绪是突发性的，而心境则是持续的稳定状态"。因此，他指出："在这个意义上，情绪被看作更为强烈和更有爆炸性，而心境则不太强烈并更易于检验。"④吸收诺利斯的这些观点，并综合关于心境的种种学说，可以概括心境和情绪的区别是：（1）在时间上情绪比较短暂，而心境则比较长；（2）在度量上，情绪较强而带爆炸性，心境则比较平缓但具有持久性；（3）在性质上，情绪比较明确而心境较模糊；（4）在意识状态方面，情绪也有部分的无意识状况，但心境的无意识性则更重；（5）情绪也会弥漫整个身心，但心境把"整个人"卷入的程度更深，情绪也起到监视和控制的作用，但更多的是表现为

---

① 斯托曼：《情绪心理学》，张燕云译，辽宁人民出版社，1986，第204页。对于希尔曼的这一论点，《情绪心理学》的作者也是未置可否的。他以让希尔曼总述自己的观点的方式，结束了对希尔曼的"情绪的现象学"方面的理论的评述。但本书作者同意希尔曼的这个论点。

② 斯托曼指出，心境是"有关情绪的内部和外部线索的"，就是说它把情绪的内外关系进行了整合。斯托曼还说，心境是对这种内部外部线索的最后一系列的研究。（同上书，第153-154页）

③ "诺利斯认为'整个人'都会卷入心境之中。他还提示尽管心境的主要作用是监视或控制行为，它的决定因素常常是模糊的和不可知的。"（同上书，第154页）

④ 同上。

爆发性的态度和行为，而不如心境的监视和控制作用强。所有这些，我们在日常生活中对人们的情绪和心境作分析时，都可以体验到。

在对情绪和心境了解的基础上，我们可以阐释创作心境的问题。作家、艺术家的创作心境是一个值得研究的领域。一般地说，作家、艺术家都是在某种心境下创作的，也可以说总是在创作中形成某种心境。根据前面所说的关于心境的种种性质和作用，可以了解到创作心境对于创作活动所能起到的作用：它是稳定的、持久的情绪，它往往是无意识的，它又是比较模糊、难于检验的；但是，它却把作家、艺术家"整个人"都卷入，起到潜在的监视或控制作用。至于创作心境的形成，其根源与情绪是一致的，它有先天的因素、后天的习得、社会生活的影响，也有个体以往的心理遗痕、经验和当时的生活影响。因此，在创作心理形成过程中，作家、艺术家也在形成一种创作心境，但它不是现在进行的心境，而是一种潜在的心境、一种心境素质、一种预备心境，它会在创作行动开始时，因创作活动的特点，而采取自己的具体表现形态；但是它的基础却是早已准备好了的。

你想要了解自己将会形成什么样的创作心境吗？你想了解自己为什么会形成和表现出这种心境而不是别样的创作心境吗？那么，追溯一下自己的一般心理和创作心理形成的过程吧，回顾一下它们的经历吧，从中就会寻找到集体无意识的、远古的和早年的记忆，从幼年到成长时期的重要心理刻痕等人性的、民族的、阶级的、社会的、个人的，以及先天的和后天习得的种种原因、种种因素。掌握和分析这些，就能循迹而掌握和控制自己的创作心境，使它更好地创造一种有利的、有效的创作的主观条件，使自己处在一种与创作要求、创作目标相契合和足以推动创作的良好创作心境，一种创作心境的最佳状态。

在感情家族中，情操是最高的层次。"情感的复杂化、习惯化、系统化就是情操。"[1]情操不仅如此，它还是情感的理论化、理性化、抽象化，它把情感、情绪都提到了一个更高的层次。它在人的行动中，不仅是一种自发的潜在力量，更是一种自觉的监视与控制的力量，是

---

① 陈孝禅编《普通心理学》，湖南人民出版社，1983，第345页。

一种信仰、信念，一种操守。因此，它在人的感情家族中居于灵魂的地位。

情操更多地表现为一种道德和理念活动；但不同于观念和思维的地方在于，它是更情感化的，它是从情感渠道发展和提炼出来的。作家、艺术家的情操，决定了他们的作品的情操。情操是由情感、情绪、心境等提炼、升华而成的，它一经形成，便作为感情家族成员们的核心和监护者，指导和决定它们的具体行动。在提炼情操的过程中，认知、理论、思维起着重要的作用，它们将感情家族诸成员提供的素材、基础进行加温、加料、加工，让情感与理智结合，让情感理性化，并赋予理论、道德、信仰的成分。这样，情操就在理性之火的焙烧下蒸馏、升华而成了。

作家和艺术家的情操是千姿百态、各有千秋的。一种固定的划分，如崇高与卑下、远大与近视、伟大与渺小，这种在几个信仰、信念领域中的道德评价，并不能囊括丰富多样的情操品类。因为，情操固然有如上诸种性质的分别，但是，也有的并不能归属某一方，而是涉及人的感情的更广泛的领域，在道德层次、文化层次、情感层次、审美层次上都可以有它的立足之处，而不关涉其他。即使是属于崇高与卑下等几个规范之内，也仍然有千种雄姿百类英气的具体表现形态和不同内涵。岳飞与文天祥，固然属于同一情操范畴，但也有细微的区别，尤其不同于同为爱国英豪的辛弃疾与陆游；同为与人民的心迹相通的伟大诗人杜甫、李白、白居易，其情操的差异是很大的，——不是在尊卑之间的差异，而是在情操品类上的分别。

因此，一个有出息有成就的作家，重要的固然是要锤炼自己崇高、尊贵的情操，但是却不必也不应只按照古今某个仁人志士、英雄伟人的模式去铸造自己的情操，而是要吸取众家哲人之长，学其精神，依照自己的心理、思想形成过程和特质，来具体地锻炼铸造自己独具特色的高尚、优美的情操。这也就是形成创作心理的核心和灵魂。——但是，一刻也不要忘记，这灵魂应该是情感化、情绪化的，它会化为创作心境、创作意识。

"感情家族"是一个热烈的家族，它是创作的引火剂、加热剂和催化剂，使自己的创作心理中的这个家族的每个成员都得到成长、发展，使它们丰厚、活跃、热烈，那么从这个意义上来讲，创作心理就是一个具有热力和创造力的心理结构了。而使这个家族具有自己独具特色、居于高品类的地位，那么你的创作心理也就独具特色了，也就可以居于高品类的范畴了。燃起情感之火，它总是照亮创作心理和文学创作的火炬。

四、"记忆"家族

记忆对于一般人的心理能力和智力的作用是不言而喻的；记忆对于创作心理的重要性，也可以凭想象而得知，因此是不必多说的。至于从心理学上来认识记忆在心理活动中的一般机制、记忆的作用，我们在前面也已经作了一般性的叙述了。这里，我们把记忆单独拿出来，作为创作心理结构中最具特质的部分——创作心理"四大家族"的一个成员——来谈，它有什么具体作用和一般意义呢？我们又将阐述哪些问题呢？我们不打算叙述关于记忆的一般性问题，而只提出这样几个范畴和命题来探讨：记忆的三个阶段；记忆的三个层次、三种类型；记忆"三杰"，即形象记忆、情绪记忆与作为一种重建的记忆和长时记忆；记忆与遗忘。我们凭常理可以推知记忆对于作家、艺术家的重要意义；但是，他们应该怎样建设自己创作心理中的"记忆"宝库呢？应该建设"记忆家族"中的哪些具有特色的内容呢？下面所谈，就是为了回答这些问题的。

首先是关于记忆的整体过程问题。心理学对于记忆进行心理分析，明确了记忆的机制，把它分为三个阶段、三个组成部分：储存、保持和检索。第一是把外界信息进行储存，然后是保持住，在回忆之前一直保留着储存的信息，是保持阶段的任务；检索是为了把储存的信息"提取"出来（回忆）而进行的工作。在第一阶段，重要的是能够多储存；在第二阶段，关键是能够保持住；第三阶段紧要的是检索能够实现。这三个阶段是紧密结合的整体过程，如果都能完成任务，特别是完成前述各阶段的关键性任务，就完成了记忆的任务，也就是记忆力好、记忆力强的表现。

问题在于，如何达到这种目的？伯恩·埃克斯特兰德在《心理学原理和应用》中提供了一些可供采取的步骤。他提出的是：（1）"尽量加强原初学习这一记忆中最重要的变因。材料第一次学习时学得愈

好，也就愈不容易忘记。"（因此，加强原初学习的强度，提高第一次接触时的记忆水平是重要的）（2）"在学习过程中使用视觉表象和其他编码技术。根据要保持的信息，构思奇怪而有趣的形象。"（就是对对象在视觉中的表象给予强化，深印于脑中，同时，对对象进行特殊编码，如抓住其自身的特征，抓住它与环境的某种特殊联系、它与记忆中其他表象的类比等）（3）"回到'犯罪'现场。也就是说，在回忆的时候，恢复学习时的环境和线索。至少要设法使回忆的环境和学习的环境相似。"（这就是身临其境，记忆复现，即重复原初刺激，以便追忆）（4）"设法在原初学习的时候给自己提供检索线索。选择那些你知道在回忆时将会有用的检索线索。"（在记忆时寻找现场线索，作为正在学习的材料的"挂钉"或"记忆钩"）（5）反复记忆材料。（复述，背诵）（6）"不要吃药熬夜多学。吃了药，就可能不得不承担状态依从带来的缺点。"（不采用强迫依从的勉力记忆方式，以免带来副作用）①

这些当然都是技术性记忆方法，使用起来是能有效果的，但适用范围有一定限制。更高一层的记忆方式是理解记忆，在整体上、精神上把握了对象，掌握了它的规律，从而进入储存系统，细节方面可能遗漏。不能复现原形，但总体上是符合对象特征和本质的。中国古人提倡的"得鱼忘筌，得意忘言"，是对这种记忆方法得其神韵的概括。

创作心理形成的过程，也是一个自发或自觉地锻炼、提高记忆能力的过程，同时还是一个加大储存信息量和提高保持能力的阶段。信息储存量大、保持力强，是创作心理的基础条件。未有这方面量少质差而能形成创作心理者。这正是作家异于常人的地方。一个有意成为作家的人，常常在创作心理形成过程中有意识地、努力地加大信息储存量，提高保持能力。这就是强化自己的记忆力，也是培育创作心理。

其次需要谈的是记忆的种类。这一点我们在前面已经谈过了。这里，只就创作心理的特殊需要和特征性表现，着重探讨形象记忆、情绪

---

① 伯恩、埃克斯特兰德主编《心理学原理和应用》，韩进之等译，知识出版社，1985，第180-181页。

记忆和长时记忆的问题。

形象记忆是对自然和社会的种种景象，包括形、声、味（气味）、味（味道）等，由人的视、听、嗅、味、触等感觉器官分管。但对于作家、艺术家来说，主要是视觉和听觉，其中尤以视觉为最重要。鲁道夫·阿恩海姆在《艺术与视知觉》中，对视觉的性质、功能、作用给予了高度的评价，并作了详尽的、多方面的论证。虽然这里以造型艺术为主要对象，但是，对于文学也是适用的。因为作家对于世界的观察和记忆，主要凭借视觉。形象记忆可以说主要的是指表象记忆；而表象记忆的主要依据是视觉形象的摄取。

视觉摄取对象，有几个主要的特点，这就是：（1）整体性。一是视觉对对象（哪怕对象是两条线）的把握，总是整体的把握；二是主体在运用视觉把握对象时，它的心理活动是作为一个整体（即整体地）活动的。阿恩海姆说："在视觉感受中，任何一条画在纸上的线条，抑或是用一块泥巴捏成的一种最简单的形式，都像是抛入池塘中的石头，它打乱了平静，使空间活动起来，因此，观看就是对于活动的知觉。"[1]这就是说，对象的活动是整体地投入空间的，就像一块泥巴捏成的一个"形象"或一块石头投入池塘里整体进入空间一样；而同时，主体的观看也是整体的，是把知觉调动起来的一种活动。（2）视觉有一种"感应生成图样"的能力[2]，"在视野之内所存在的事物，并不仅仅是那些落到视网膜上的事物"。[3]视觉的这种能力使视野所及，不仅是对象既成的完整形象，而且可以补足、补充以至发展对象的缺失部分、固有的缺陷和可予发展的部分。这与视觉的前一特点是相联结的。在这一点上，表现了视觉的主动

---

[1]　鲁道夫·阿恩海姆：《艺术与视知觉》，滕守尧、朱疆源译，中国社会科学出版社，1984，第9页。

[2]　阿恩海姆举例说，在一个右上方有一黑圆点的正方形中，看不见标志中心点的事物，但是感知中有一个看不见的中心点，"我们不妨把这个中心点看作是'感应'出来的（就像感应生电一样）。他还说，我们听一部乐曲，也可以凭"感应"而"听"出某一偏离了规则的节拍。（同上书，第3-4页）

[3]　同上书，第3页。

性、积极性和创造性。（3）视觉总是一种判断①，而且这种"视觉判断"是与"观看"活动同时发生的，是观看活动本身的一项自体本能②。视觉之所以能与观看活动同步地做出这种"视觉判断"，当然同它的活动本质分不开（观看就要与其他事物比较，通过观看事物与周围背景之间的关系来确定它的位置、大小、亮度、颜色，等等）；也同视觉活动调动了知觉，是一种心理整体活动分不开。（4）视知觉一开始就把握对象的特征，把对象最鲜明的、突出的、具有特色的部分抓住，并以此概括对象。这种"视觉概括"，往往成为主体描述对象或对对象做出"视觉判断"的主要依据。③（5）视觉具有高度的选择性，这是它在抓住特征时的必然结果；但选择性更表现在是否投以注意的一瞥这个首先的行动上。"它不仅对那些能吸引它的事物进行选择，而且对看到的任何一种事物进行选择"；"这种类似于无形的'手指'一样的视觉，在周围的空间中移动着，哪儿有事物存在，它就进入哪里，一旦发现事物之后，它就触动它们、捕捉它们，扫描它们的表面，寻找它们的边界，探究它们的质地。"④

综合上述五点，我们可以说，视觉活动是一种积极的、主动的、创造性的活动，它不是简单地复印对象，像照相一样把对象"拍照"下来，而是会概括它、选择它，对它做出判断，是对对象的一种选择性的、特征性的创造和想象的活动。阿恩海姆甚至还说，我们的视觉分析系统会进一步发展，发展到"可以唤起能够'透视'事物的那些潜在能

彭定安文集（上）
创作心理学 10

---

① 阿恩海姆举例论证说："当一件事物出现在我们眼前时，我们马上就能够判断它的大小，这是经过比较，如与一粒盐或一座山比较而作出的判断；房间里的一本书，也是经过同房中其他物体的位置相比较而确定其位置的。"阿恩海姆说："总之，没有一件事物是孤立存在或单独存在的。看到一件事物，就意味着给这件事物在整体中分配一个位置：它在空间的位置，它在那些用来度量大小、亮度、距离的仪器的刻度盘上的位置，等等。"因此，"每一次观看活动就是一次'视觉判断'。"（同上书，第2页）

② 《艺术与视知觉》："这种判断并不是在眼睛观看完毕之后由理智能力作出来的，它是与'观看'同时发生的，而且是观看活动本身不可分割的一个部分。"（第2-3页）

③ 如艺术家，尤其是漫画家作人像画时，总是抓住或夸大其特征部分。我们在生活中，对一个陌生人，一见之下，也是立即能抓住特征：胖子、高个子、大鼻子等。儿童更常以此标示对象，如叫"高个子叔叔"等。

④ 鲁道夫·阿恩海姆：《艺术与视知觉》，滕守尧、朱疆源译，中国社会科学出版社，1984，第48-49页。

力。而这些潜在能力的发挥，又有帮助我们弄清那些不能够分析的事物的本质"①。这自然是一种更高的视觉能力，表现出人的一种高度的眼力——能够把握对象和透视对象的能力。因此，从总体上和本质上来说，视觉活动不是一种简单的观看活动，而是一种主体和客体互相作用、互相"生成"的一种积极的双向活动。阿恩海姆引用柏拉图在《蒂迈欧》中的描述说，这是从外部物体发出光线，产生刺激，刺激便沿着这条光线的"桥梁"到达人的眼睛，然后又从眼睛到达心灵。阿恩海姆说，柏拉图的这种描述所表现的"原始光学当然已经过时"，但是它所阐明的心理经验却仍然有价值。②阿恩海姆引用艾略特的诗句来描述这种双向过程："眼中发出的无形的光芒与她相遇了，/那是因为/她的脸蛋像玫瑰花一样的红润。"③这就是主体的眼光与对象的红润的脸蛋的双向作用与双向运动。这是一种"外部客观事物本身的性质与观看主体的本性之间的相互作用"④。

形象记忆，就是建立在这种视觉活动的基础之上的。视觉的活跃，摄象多样而且质量高，那么，形象记忆的"资本"也就多，质量也就可以高了。不过，这种视觉摄象准备，也是一种创造性活动。它不仅要求视觉活动的积极，而且要求在整体性地把握对象时，能够在更高的唤醒（激活）的水平上，以更高层次的主体的认知整体地去把握对象。这就对主体自身的原有准备和水平提出了要求。

在这个准备和水平的基础上，才能产生更多、更好的"感应生存图样"，视野才是辽阔而高质量的；由此也能做出更高更深的"视觉判断"，同时，把握对象特征的水平和视觉的选择，也都决定视觉摄象的水平。这些，都要求主体的一种良好的准备、良好的智能素质和心理素质。这里，不仅是眼睛对世界的反映，而且是眼力对世界的塑造。同时，当然也不仅是形象记忆对世界的反映和形象储存，而且是形象记忆对世界的一种塑造后的储存。

---

① 鲁道夫·阿恩海姆：《艺术与视知觉》，滕守尧、朱疆源译，中国社会科学出版社，1984，第3页。

② 同上书，第49页。

③ 艾略特：《四个四重奏》，漓江出版社，1985，第4页。转引自鲁道夫·阿恩海姆：《艺术与视知觉》，滕守尧、朱疆源译，中国社会科学出版社，1984，第49页。

④ 鲁道夫·阿恩海姆：《艺术与视知觉》，滕守尧、朱疆源译，中国社会科学出版社，1984，第6页。

因此，作家、艺术家的创作心理的形成和培育，在记忆这一心理功能上来说，就不仅仅是一般地提高记忆能力的问题，而且要首先提高自己的视觉的主动性、积极性、想象性和创造性，使视觉既能充分地又有选择地接受对象的刺激，还能对之做出补充、判断和想象，创造不完全同于客观物体的，比原型更高、更好、更完整、更符合自己需要的表象，并且送入记忆库中储存着，等待检索、提取和使用。

现在，我们来探讨情绪记忆的问题。这是作家、艺术家记忆家族中更为重要的一个成员。情绪记忆和情感记忆，在心理学和艺术心理学的著作中，往往是不加区分的①。但我们在此处则将二者略加区分，即情绪记忆是更普遍、更经常发生的，因为情绪比情感更外露、更具有面部和外形的表现。因此，对于情绪的记忆，更为普遍和经常。

我们认为，情绪记忆应当有两个方面的含义：一方面，它是对于体验过的情绪的记忆；另一方面，它是对于对象的情绪表现的记忆和带着情绪的记忆（记忆的情绪性）。体验过的情绪的记忆，使人重温过去发生的事件、见过的事物的印象和当时由此引起的情绪，并产生一种心境或对眼前事物、景象的态度和选择。因此，情绪记忆是"作为激起动作的信号或是作为制止那些过去曾引起反感的动作的信号而表现出来的"②。这表现为情绪的经验性和对行为的监视与控制。我们对于痛苦经历中情绪的记忆，使我们采取回避重蹈覆辙的行动，而欢快的情绪的记忆，则成为激起我们从事相同活动的信号。由此也产生我们对于别人的各类情感的共鸣，包括对于现实生活中的人事活动的共鸣和对艺术作品中的人物命运的情感共鸣。因此，情绪记忆也就成为我们心理中的一种"情绪相似块"，它使我们与生活中发生的情绪事件或艺术作品中的情绪活动沟通相连，成为我们了解生活、体验生活和欣赏艺术作品，进行真正的审美活动的动力、信号和催化剂，成为一种"由己及彼"的情感桥梁。

还有一种情绪记忆，是我们对于客观世界中的事件、人物命运中

---

① 彼得罗夫斯基主编的《普通心理学》只讲情绪记忆，但波果斯洛夫斯基等主编的《普通心理学》则把情绪记忆与情感记忆作为一种记忆形态来谈；列·谢·维戈茨基的《艺术心理学》对情绪与情感不加分别，混合着使用。

② 彼得罗夫斯基主编《普通心理学》，朱智贤等译，人民教育出版社，1981，第316页。

的情绪性（如暴乱事件中的惊恐，战争中的愤怒、仇恨与悲欢离合，爱情故事中的欢乐与悲伤或其他情绪）的记忆和对对象自身的情绪的记忆（如对暴怒的人、极度悲伤的人、沉浸于情爱中的人的情感、情绪的记忆，自身对事件、人物记忆本身的情绪性，如怀着哀痛的记忆或裹着欢乐的记忆，以及想起来就莫可名状的记忆等）。这些记忆中都有事件、表象、人物命运、场面景象，是事实性的，或为运动记忆，或为词—逻辑记忆，或为其他任何种类的记忆；但是，都含着情绪性，都带情绪因素，为情绪所灌注、弥漫、包裹和渗透，因而成为一种情绪记忆。

这两种情绪记忆，对于创作心理的形成具有重要意义，是不言而喻的。艺术作品是情感的产物，是表现情感的，是充满情感的，也要求能够打动别人的情感。因此，无论作为创作者，还是作为欣赏者，都要求情感的丰富。而为此就要具有丰富的、多样的、生动的情绪记忆为基础，否则，无论创作还是欣赏，就都是无米之炊了。在创作心理的形成过程中，就是要积累大量的情绪记忆素材，培养情绪记忆的能力，使心理素质具有情绪记忆的内涵。

情绪记忆对于创作心理的重要性还在于，情绪有一个突出的特点：与幻想、想象相联系。当对象已经消失，而观照对象时的情绪仍然保留着时，便表现了情绪的无对象性，而演变成一种类似表象的情绪表现：幻想和想象中出现对象。见到狮虎猛兽时的惊恐情绪，不仅离开时情绪仍在，而且过后很久想起来仍有一种惊恐的感觉；与情人分别很久，见面时的欢欣情绪仍能在心中涌起，并得重温的欢快：这些，便都是情绪记忆中幻想与想象的作用。因此，维戈茨基指出："情绪和幻想之间存在着无疑的联系"，"情绪不单纯是在我们机体的面部表情、体态表情、分泌和身体的反应中表现出来，而且需要借助幻想来表现"。[1]他说，对于这一点，"所谓的无对象情绪就是……最好的证明"[2]。维戈茨基还指出了心理学上公认的观点："几乎所有当代的心理学家都会赞同这一规律，……，即任何情绪都受想象操纵，并表现为一系列仿佛是第二表现的幻想的表象和映象。我们有很大的理由可以说，情绪除了外围的作用

---

① 列·谢·维戈茨基：《艺术心理学》，周新译，上海文艺出版社，1985，第274-275页。

② 同上书，第275页。

外，还有它的中枢的作用，这里说的正应该是后者。"①情绪的中枢作用，就是主体的能动作用。情绪受中枢的调节，——主要是幻想和想象，因此，情绪的记忆就是发挥中枢的幻想与想象的作用，提高它们的唤醒（激起）水平，加强其活动机能。显然，这对于创作心理的形成是极有助益的。

维戈茨基在他们的著作中，还特别分析了在外部表现的阻滞和内部缓解中情绪所起的作用。艺术作品中的情绪所引起的不是外部的情绪动作，而是"外部表现阻滞，是内心的激动；这是因为情绪已经在大脑皮层中得到缓解了"。他说，艺术情感和一般情感的区别就在于，这种同一的情感，在艺术情感中较之在一般情感中，已经"被大大加强的幻想活动所缓解"了。②他特别指出，这正是艺术情感（情绪）的特点："正是外部表现的阻滞，才是艺术情绪保有其非凡力量的突出特征。我们完全可以说明，艺术是中枢情绪或主要在大脑皮层得到缓解的情绪。艺术情绪本质上是智慧的情绪。它并不表现在紧握拳头和颤抖上，它主要是在幻想的映象中得到缓解。"③他还引用了狄德罗的话说：演员流的是真眼泪，但他的眼泪是从大脑中流出来的。

艺术的这种情绪特点，赋予艺术的情绪记忆极高的品格。这种情绪记忆，是经过大脑皮层缓解的，是不表现于外部表情，而体现于内心的，是思索性的（"大脑流出的眼泪"），是智慧的情绪。

对于创作心理来说，更为重要的是这种艺术情绪和对于这种艺术情绪的记忆，以及怀着艺术情绪的各种记忆。

情绪记忆之外的另一个重要记忆，就是作为一种重建的记忆。记忆绝不是复制对象的一切，也不是被动接受刺激，做出反应。记忆是一种重建。这是记忆的一个十分宝贵的品格。在这种重建的过程中，有几个值得注意的环节和特点。首先，既然叫作重建，自然是有根据的。这个"本"即拷贝原件，就是对象本身。要重建，首先是准确地把握对象的特征，不走形。其次，在重建的过程中，主体的心理图式、定势是起决定作用的。如何重建、重建成什么样式，都取决于主体在客观形象基础上的加工程度和加工水平。主体的文化层次、内心图式的水平，在这里

---

① 列·谢·维戈茨基：《艺术心理学》，周新译，上海文艺出版社，1985，第275页。

② 同上，第277页。

③ 同上书，第278页。

起决定的作用。最后，重要的是，在重建时，我们必须将对象提供的信息重新编码，并且要对它与周围环境的关系也进行编码，以便记忆。我们看见了一件事物，目睹了一件事物的经过，或者观赏了一幅画、阅读了一本书，我们要储存在记忆库里，便要"复述"它们。这种"复述"就是一种重建，一种自我编码。在这个过程中，主体会根据自己的整体把握和特征领会，根据自己的视觉判断和视觉概括，根据情绪缓解等心理活动来复述对象。这是一种带着主观色彩的对大意、大体内容的叙述。而且，还会增加经过幻想、想象活动的补遗、补充和发展，以至于进行一定的创造。这种重建是一种主体的创造。但这创造又是以对象原型为基础的。我们储存到记忆库里的记忆，就是这种重建性的记忆。说记忆是一种重建，或说作为一种重建的记忆，是一种带着想象与幻想的创造。

记忆的这种重建性，自然会有各种不同水平的发展：一般人常常是一般水平的重建；低能者是一种不完全的重建，而精神病患者则是一种错乱颠倒的重建；但是，一个高智力的人、一个有着丰富生活经历的人，或者一个有着高水平心理能力的人，包括作家、艺术家在内，他们的重建应该是高水平的。作家、艺术家更应该是：记忆的重建性很强，重建的水平高。常常见到这种情形：作家很善于复述故事，他能够在原型的基础上"添枝加叶""添油加醋"，生动详尽地复述故事。在这之前，他是经过了一种重建的记忆的。在他把事件输入记忆库的时候，已经对信息作了重新编码，重建了记忆编码。

重建的记忆是创作心理的重要因素。这是记忆力强的质量表现：不仅多，而且是经过主体加工的。记忆的重建方面，应当成为创建创作心理的重要方面。提高创作心理的水平，就要提高记忆的重建方面的水平。①

最后，我们不免饶有兴味地来探讨一下作为积极因素的遗忘问题。遗忘一般被看作消极的心理现象，因为失去记忆了，而记忆是宝贵的。但这是一种片面的和糊涂的观念。因为人不可能、不应该也不必要记住

---

① 关于记忆的重建方面的问题，心理学还正在研究中，有许多生理的、心理的奥秘有待研究和揭示。"记忆心理学家现在才开始系统地探索记忆的重建方面。"（伯恩、埃克斯特兰德主编《心理学原理和应用》，韩进之等译，知识出版社，1985，第173页）但是，作为重建的记忆，其在创作心理中的作用是确定无疑的。

一切东西。要记忆，就要有遗忘。"有所不为，才能有所为。"只有遗忘一些东西，才能记住一些东西。遗忘，就是选择性记忆的表现；但是，这种选择和遗忘，有被动的和主动的、自发的和自觉的、有意识的和无意识的之别。我们要努力做到的是主动的、自觉的、有意识的遗忘，也就是记忆。两者在方向上不同，但在结果上相同。这实际上也是一方面排斥、一方面输入的辩证过程。

创作心理在这方面的要求是：建立一种定向性遗忘，也就是确定了某些方面是习惯和必然遗忘的，从另一方面说，也就是明确另几方面是习惯和必然要记住的。作家和艺术家创作心理的特点、个性，就是在这种遗忘——记忆的过程中，逐渐积累和形成起来的。

伯恩·埃克斯特兰德在《心理学原理和应用》中，介绍了最新的记忆理论中的几种理论：巩固理论、衰退理论和干扰理论[①]。它们使我们对记忆与遗忘的机制有了进一步的理解。根据巩固理论，我们可以注意在学习结束和巩固过程完成之间的时间里，使"记忆电路"巩固，以至很难破坏，从而被储存在长时记忆里。根据衰退理论，对于要记忆的东西，我们可以防止储存信息因"磨损"而致衰退的过程发生；而对于要遗忘的东西，则可以有意使记忆储存的过程受到破坏，从而从记忆中消除。这就发生了一种"记忆"与"遗忘"新陈代谢的过程。干扰理论研究了检索或检索过程中所受到的干扰，干扰导致遗忘的产生。

这几种关于记忆的理论研究，对于我们进一步了解、掌握记忆与

[①] "巩固理论"：

"这个理论假定每一项经验都建立某种痕迹。这种痕迹可以看作是在脑中形成一个小型电路，它以某种方式对已验进行编码。……三个电路必须'巩固'，经验才能永久储存。"（伯恩·埃克斯特兰德主编《心理学原理和应用》，韩进之等译，知识出版社，1985，第167页）

"衰退理论"：

"衰退理论假设有一种过程，使储存的信息随时间而'磨损'或衰退。按照这一理论的某些说法，一种新陈代谢或其他生物过程会产生这方面的衰退和最终的遗忘。"（同上书，第168页）

"干扰理论"：

"这种理论主要论及记忆的第三方面，即检索或检索过程中所受到的干扰。干扰理论主要探讨以前学到的不同信息项目之间的某些相互作用。回忆不起某一项信息项目被归因于其他的、通常是相似的储存信息的影响。"（同上书，第168-169页）

遗忘的机制很有用处。因此，对于我们培育记忆力这个创作心理的重要因素，也是很有用处的。

我们把形象记忆、情绪记忆和作为重建的记忆（包括重建前的选择、重建过程中和重建之后的遗忘），称为创作心理中的"记忆三杰"。因为它们在创作心理建构中，在今后的创作中，都是具有杰出作用的，是心理活动，特别是创作心理活动中的杰出分子。

让记忆家族中的"记忆三杰"茁壮成长吧。

前面我们稍详细地阐述了创作心理"四大家族"的性质、内涵和运行机制。这也就是对于创作心理建构和运行机制的阐述。这四大家族，即四大心理丛，是创作心理的四根支柱，是"心理网络"中四个主要的"纲"。如果以"支柱"比之，这四根支柱是支撑着互相联系、互相牵制的各种类、各方面的构架；如以"网络"视之，则这四个"纲"牵连着各类"目"，使它们互相支援又互相制约，成为一个有机的整体。这"四大家族"之间，也是互相联系、互相制约的。意识家族、情感家族和记忆家族，不断充实着自我家族，使"自我"不断成长，不断向着具有自我意识、自我特色和艺术型的自我发展，也是为自我创作心理的建造不断地添砖加瓦；意识家族不断地丰富、加强、装备其他各个家族；情感家族则在情感上丰富、发展其他各族并赋予感情特色，——既是成为情感型的，又是具有独具特色的情感的；记忆家族是一个源头水、储藏库、信息库，它不断供给各种各类的营养以充实其他各"兄弟家族"，没有它的源源供给，其他各家族就是无源之水，必将枯竭。至于"自我"家族，它既要不断从其他各族吸取养分以充实和发育自身，又要在方向上、特色上、性质上导引、确立其他各家族的发展模式。它要既取之于其他各族，又用之于其他各族。

一位预备作家，或者一位作家，总是在不断地分别发展这四个家族，又综合地发展它们，以此来丰富、发展、提高自己的创作心理。但不同的是，有的人是自觉地进行的，有的人是不自觉地进行的。自觉与不自觉，自然会带来快慢高低优劣的差别。一位优秀的作家，总是高度自觉地来培育自己的创作心理"四大家族"的。最突出的例证是鲁迅和托尔斯泰①。自觉地培育这四大心理丛的作家，总是通过不断学习（广泛地掌握知识）、深入思考，不断进行艺术学习与探索，广泛而深入地了解自然、历史、社会、实际，不断从事艺术实践等重要途径来发展和提高自己创作心理的四大家族。由此，他们不仅发展和充实了自己的创作心理，而且促进了自己的艺术再觉醒和人生再觉醒，从而实现了创作道路上的"艺术变法"，使自己一次又一次地攀登艺术高峰，取得新的创作成就。

---

① 本书多次以鲁迅和托尔斯泰为例证，阐明创作心理学方面的各种问题。这些材料都说明了他们是怎样不断地充实、发展和提高自己的。

第九章 创作心理：建构因素和动力系统

　　文学创作本身就是一种创造性劳动，这是它在本质上与一般劳动和工作不同的地方。因此，它的基本的品性首先属于创造的领域。

　　创造，是人的一种特殊的能力。创造力是人类在亿万年的劳动中逐渐锻炼培养出来的一种高智慧、高能量的活动。当人从事创造的时候，全部体力和智力都处于高度紧张的状态；在全部创造过程中，人的才能和智慧都集中起来发挥作用，他的全部心理活动都达到紧张程度和高水平。因此，具有创造力的人，包括那些天才人物，正在创造活动中紧张工作的人，往往在某些方面会显得迟钝。这种不同程度的情况的出现，反映了注意力过度集中的状况。

　　创造力的因素很多，包括天赋（遗传因素）、生理原因、社会原因、个人才能潜力的发掘、个性特征，以及历史、民族、文化的影响，环境和社会的临时性条件的作用，等等。但如果将这些因素的作用集中到某个个体身上，像聚焦似的来透视创造力在个体身上的因素和结构，我们可以说，创造力的构成因素主要有这样几项：观察敏感性、记忆保持性、思维灵活性、独立思考能力、创造性思维、创造性想象、创新意识[1]、无意识活动水平和灵感爆发力、直觉思维与灵感思维能力和一般

---

[1] 这七项指标均据王极盛著《科学创造心理学》（科学出版社1986年出版）。王极盛在研究过程中，曾向中国科学院学部委员进行调查，提供了大量有关数据。关于创造力发展水平与创造力有关要素，他根据调查制定了相关系数表（第368页），并指出："除中国科学院学部委员中年时代、老年时代创造力发展水平与观察力敏感性发展水平、老年时代创造力发展水平与记忆保持发展水平的相关不显著外，学部委员青年时代、中年时代、老年时代以及一般科技工作者青年时代、中年时代的创造力发展水平分别与记忆保持、思维灵活性、独立思考能力、创造性思维、创造性想象、创新意识的相关都达到了显著水平。因此，他们认为除观察力敏感性外，记忆保持、思维灵活性、独立思考能力、创造性思维、创造性想象、创新意识作为创造力的基本要素是适宜的。"（第367页）这说明，他列举这种创造力指标是有实际根据的。

的坚强心理品质。

在这10项基本因素中，更为重要的因素是：观察敏感性、记忆保持性、创造性思维与直觉思维、灵感思维、灵感爆发力和一般的坚强心理品质。

从另一角度观察和分析，我们还可以得到另一种对创造力的分析与评价。这就是：一般创造力与特殊创造力，组成完整的创造力①。前者包含：（1）认知风格，即智力、能力、知识水平、一般文化素养等组成的一种创造性风格，也包含10项因素中的前8项因素；（2）运用创造方法的能力。这一项专讲创造的思想、方法和运用方法的能力。这两项依赖于训练、创造活动、一般实践和个性特征，即包括先天条件和与之相结合的后天习得与培养。后者（特殊创造力）包含：（1）必要的技能。无论何种创造，都有一定范围的技能要求，技术创造不必说，科学创造需要本学科的实验技能、运算技能等，文学艺术创作则需要艺术技巧（它们有一定的基本方法、程式、技术等）。（2）特殊才能。在自己创造范围内的特殊才能，如技术才能、思辨才能、表演才能、绘画才能、叙述才能等。也还有一般的、总体的特殊才能。这些，也取决于先天素质，正规或非正规的教育、训练和社会实践。（3）创造动机。动机是一种巨大的、内在的动力体系。没有动机的发动，就不会有创造行动。因此，动机的发动水平，影响到创造能力的大小和创造力的发挥。这取决于：① 态度；② 对自己动机的理解。这两项决定条件的具备则依赖于：内在动机的最初水平，即它的发动力如何、内驱力如何、能量如何（这一切取决于社会因素、时代因素、个人因素等），社会环境的影响和减少，外部影响的能力。这种对于创造力的分析，不是对于直接的创造力因素的分析，而是对它作横向的分部解剖，以明其结构。

无论是第一组十项指标，还是第二组所作的三个组成部分的剖析，都具有一种组合方式，形成一种综合力量。这里会有许多复杂的机制和变异因素。

文学艺术创作作为一种创造活动，是在这种创造力的结构范围内的；但是，它作为一种特殊的创造，特别是作为具有巨大情感性的创

---

① 关于这种对于创造力的分析，我们在本书第二章中已经简括作了介绍，并且绘图说明。这里对此作了较详细的说明。

造，又与一般创造、科技创造条件多有不同，有不少重大的、突出的特点。文学艺术创作受人的心灵的影响极大，它的心理作用力更大于科学创造中的心理因素，它所受到的社会和环境因素的影响也远远大于科学创造和其他创造活动。

因此，我们对于文学艺术创造力的构成因素、结构和运行机制，还必须在上述一般创造力研究的基础上，作专门的、特殊的探讨。这是我们研究的重点和特点。

根据文学创作的特点，我们可以把文学创作力的因素列为：（1）观察的敏感性；（2）记忆的保持性——特别是形象记忆和情绪记忆的保持性；（3）"两面神思维"和形象思维；（4）独立思考能力——特别是对社会与人生的独立思考能力；（5）创造性思维——主要表现为艺术性的创造性思维；（6）创造性想象力特别是重建性想象力；（7）创新意识——对人生评价和艺术创新方面；（8）无意识活动水平和灵感爆发力；（9）创造动机的爆发力——特别是创作冲动的爆发力；（10）直觉思维和灵感思维能力；（11）一般的坚强心理品质；（12）表达能力——不仅是一般的表述，而且是艺术地表现的能力。

文学创作力的这12项因素，不是一般地、单独地存在着。这是一个极为复杂的组合、一个极为复杂的运行过程，也是一个复杂的合力。它们在总体上是动态的、不断进行着的建构过程。其组合与合力，也都是在运行过程中形成的。如果说，创造力是一个复杂的过程、复杂的组合，那么文学创作力是一个更加复杂、更为多变、更加在不断运行过程中建构的体系，其组合方式的不同和形成合力的不同，也比一般创造力更甚。这里的基本原因就在于文学艺术创作涉及人的情感、心灵，涉及人这个复杂丰富多变的世界，涉及人与人之间的关系和他们的命运；它所面对和"处理"的对象主要是人，是人与人之间的关系；他自己也是一个感情丰富热烈、思维复杂深沉、心灵浩瀚深邃的人：无论从表现的主体来说，还是从被表现的客体来说，都是丰富的、复杂的、特异的、多变的。这自然决定了表现这一切的文学创作力巨大而深刻的特殊性。

在这里，重要的不仅是这些创造力因素，更重要的还在于它们的组合方式，在于它们的结构，以及这种组合、结构所形成的合力和合力效应。这里会有许许多多，简直可以说是无穷无尽的不同组合、不同结构。人的个性有多少种，创作心理和创作能力的结构就会有多少种。不过，我们可以就大体言之，将其划分为若干种类型，"容许"各个大的类型中有多种多样的差别。当然，这种划分也只是一种大体的划分，只具有相对的意义。

特别需要指出的是，这种创作力因素的组合，不是一种静态的自动凑合，也不是多种因素互相游离着，而后再组合起来，它是一种动态形成的过程，在形成的过程中不断进行组合，因此是一个建构过程。当然，也不是在"真空"中，在无其他条件下进行的过程。它们是在主体的整个生活过程中形成的。作家、艺术家在"种系发生"（人类共性、社会性、民族性、阶级阶层性、区域性和历史、文化）的基础上，在具体的情境下，进行着自己的个体发生史（过程）。在这整个过程中，他既接受先天的、集体无意识的遗产和根基，又在自己的个体发生的基础上接受，并补充、充实、发展个人心理、自我和创作个性。在这整个过程中，完成作家、艺术家完整的心理过程，形成他的定形心理构架、他的"自我"，包括智力、才能、趣味、修养、思想倾向和风格的形成，也包括作家、艺术家特有的生活观察力和艺术观察方式，记忆力的培养锻炼和记忆方式的特质培养（侧重发展形象记忆、情绪记忆），无意识活动的特性和能力，灵感发生力的发展，动机激发的力度、特征。总之，是整个生活和全部生活过程中的条件刺激、信息先经过主体的心理格局和自我的心理"块"的选择和过滤，再经由心理溶液的"化学反应"和酿造，最后沉淀到主体的创作心理中，形成一种创造力、一种艺术的创作力。

在这样一个复杂的主体客体双向交流作用的过程中，有几个变量，决定了自我个性即创作个性的形成和特征：（1）种系发生体系中的变异（不同民族、不同国家、地区、时代历史、文化等）；（2）个体发生中的变异（这是千差万别、千人千面的，每个个体都经历着自己不同的生活）；（3）个体对客观世界［包含在（1）（2）两项中的多种客观刺激］的"进入"的反应和"出自"。这三个变量不仅是在具体情况上绝不相同的，而且三者互相之间还发生着"交叉感染"。

由于是这样一种极为复杂、变量充塞的发展过程，所以在最后结果和客观效应上，就形成了种种不同的创作个性，不同的创作心理和艺术思维的类型。关于这种类型的划分，可以有种种标准和分法[1]，然而我们却只将它分为如下四种：（1）"情感—理智"型；（2）"理智—情感"型；（3）中间型；（4）兼有型。这种划分，以情感与理智为基本依据，因为文学艺术的基本性质就是一种心理—情感活动（自然，它们有着社会基因），理智处于基础、导引的位置。所以如何"处理"情感、理智的结构关系，在创作心理、艺术思维中情感—理智如何发生交流渗透的流变关系，就成为类型划分的基础。按此标准划分，"情感—理智"型，是以情感丰富活跃为特征的，但理智的作用仍是基础，不过它往往仍以情感形态或升华为情感表现出来。体现于创作活动中，就是艺术思维、艺术构思和艺术表现以及作品的性质，都是情感性的。第二种类型（"理智—情感"型）的不同表现就是第一种类型中以情感出之的，都代之以理智即可。第三种类型是两者均不突出，或时有转换，是为中间型，第四种是兼而有之，情与理兼长并美[2]。

不能在四种类型中分出高低优劣来，它们只有气质、风格的不同，而没有质地的差别。每一种类型都有自己的水平发展。每一种也都可以

---

[1] 尼采将作家、艺术家分为两种类型，即"酒神型"（旁观型）和"日神型"（参与型）。荣格根据内外倾原则（人的性格分为两种基本类型：外倾性格和内倾性格），把人分为八种性格类型，他认为作家、艺术家大都属于其中的两个类型："内倾感觉型"或"内倾直觉型"。米尔和克莱兹赫墨则分为"天性类"（雪莱）和"造作型"（华兹渥斯）。康·卡夫卡分为三类：（1）同情感适应良好的创作个性（莫扎特、拉斐尔）；（2）沉着稳健的创作个性（歌德、达·芬奇）；（3）落拓不羁的创作个性（贝多芬，波特莱尔）。乔·伊文又分为四类：（1）"迟缓的外向型"——追求强大的形式和强烈的事实感，以戏剧性和技巧见长（米开朗基罗）；（2）"迅疾外向型"——偏爱感性美，情调和宗教狂迷（波提切利）；（3）"迅捷的内向型"——区分主次，对节奏对比敏感（弗朗西斯科）；（4）"迟缓的内向型"——沉着，喜欢直观性、直接性和理性的单纯，流露忧郁（胡斯）。梅拉赫依据巴甫洛夫学说，分为三类："理性型"、"主观—富于表情"型和"分析—综合型"。（据《文艺理论研究》1985年第二期）以上分类各有所据，各有例证，然而也都各有缺点，难于将所有作家、艺术家纳入其框架。这里列举多种分类，以供参考。

[2] 我们也许可以尝试着对古今诗人、作家作这样的类型划分：杜甫——"理智—情感型"，李白——"情感—理智型"，鲁迅——"两者兼有型"，郭沫若——"情感—理智型"，茅盾——"理智—情感型"。白居易可试定为"中间型"。如以宋代诗人为例，则可否考虑这样划分：王安石——"理智—情感型"，苏东坡——"情感—理智型"，此外，姜白石、周邦彦、李清照等皆可入之，而欧阳修、辛弃疾则可入"理智—情感型"。陆游或可入"中间型"，黄庭坚则为"理智—情感型"。——这都只是举例以明意的尝试，未必准确，只提供参考而已。

在艺术的总体上发展到高水平。

根据以上所述，我们可以总括起来，绘成两个图表，以"形象"地描述创作心理的构成和运行机制。

创作心理在前创作阶段①的发展与运行图如图9-1所示。

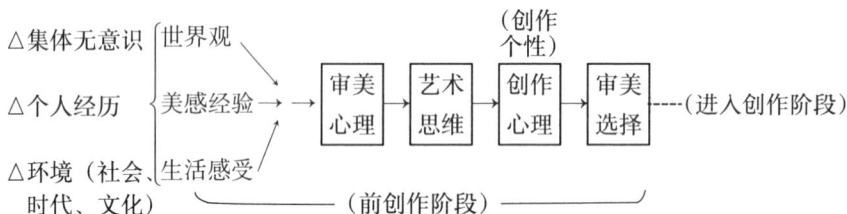

图9-1　创作前"创作心理发展、运行"示意图

图9-1中前项为"集体无意识""个人经历""环境（社会、时代、文化）"三个基本因素，它们决定了主体的世界观、美感经验和生活感受，它们集中汇合，形成总体审美心理，发展成为艺术思维、创作心理。这些形成创作个性和艺术气质。当这些因素活动时，表现为审美选择的行动。这时，就进入创作心理的运行阶段，进入具体的创作活动阶段了。这些我们将在第二编第十一章"走向创作的创作心理"和第三编中讲到。

如果我们把前创作阶段和创作阶段的酝酿过程作为一个统一的过程，按照发展顺序和作用性质以及"能力"内涵与结构的关系，则可制作图9-2。

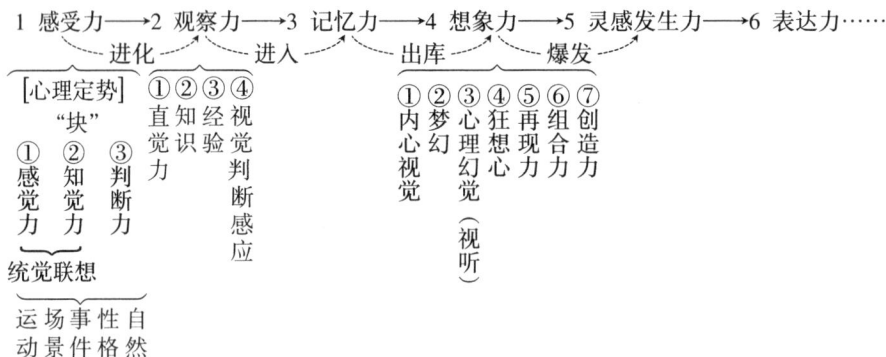

图9-2　从"感受"到"表达"历程示意图

---

① 前创作阶段，即总体上尚未进入创作阶段；不同于创作前阶段，它是总体上已经进入创作阶段（已从事创作），但在一个具体的创作行动中，处于前期阶段。

图中"1"是主体的"感受力"，它反映了主体的心理定势、已有的心理"块"，这些心理"块"决定了主体感受力的性质和水平，其中包括下面几项（主要的），感受的对象中突出的和重要的是图示下面的运动、场景、事件、性格和自然的种种景象等。"2"为"感受力"转化而来的"观察力"，它因"1"项的性质和水平而具有自己的性质和水平，它是创作心理的观察哨，又是摄像机，它活动的主要凭借是图9-2中所示的四个方面。"3记忆力"在"记忆家族"中已经详说过。"4想象力"是创作心理的主要心理杠杆，它凭借多种能力基础来进行活动，发挥作用。它是创作心理的主干部分，是创作的主要羽翼。"5灵感发生力"在前面诸项心理活动的基础上发生作用，在创作活动的构思阶段发挥作用，在以后的阶段中还将发挥作用。当进入创作活动（进行写作）的阶段，就是"表达力"发挥作用的时候了。在这个阶段，又会有创作能力的其他方面来发挥作用。

第十章 作家的"黄金储备"

—— 生活艺术的足迹、刻痕与储存

创作心理已经形成，艺术创造力已经组合而成，"文学创作力宝石"像珍珠一般"结"成了，它将如何发出光芒和发出亮度如何的光芒？这一切，就决定于整个生活过程和心理过程的储备量和储备质地的高下了。最好的是一种"黄金储备"：量的充实足称最好的储备——"黄金储备"；储备的质量有如黄金。

许多作家并不是事先就立志当作家或有志向着作家的目标努力的，他们往往是由于某种需要、某种机缘甚至是偶然的机会而创作了第一篇成功的或不很成功的作品，因而走上了作家之路。但不管是何种原因，不管是多么偶然的机缘促成了此事，它都有着内在的必然性：有着多种储备。就像所有创造性劳作一样，作家不是只要从事了这件工作，就可以从事这件工作；当然，事后的训练和培育是可以有收效的，但却不能为无米之炊。

根据我们在前面关于文学创造力的分析、关于文学创作动力系统和结构的阐述，综合起来可以提出这样几个方面的主要储备。

一、生活信息与艺术信息的储存

生活信息是创作主体在开始创作之前的所有生活经历之所得。有人在这期间积存了大量的生活信息，反映着丰富的、广阔的社会现象，这是创作的基本储备。但是，仅仅有这项储备是不够的，一位社会学家、一位历史学家或经济学家也会有这种储备。重要的和具备特色的是艺术信息的储备，即一方面是直接的艺术习得中所掌握的艺术的本质、艺术创造的规律和艺术技巧等方面的信息，另一方面是从生活信息中所"提炼"和"观察"到的艺术信息，——或者是生活本身的"艺术型信息"，或者是生活中适应于艺术表现的社会信息。艺术信息在这里表现为向生活信息的"进入"和"提取"，生活信息在这里则表现为向艺术信息的"纳入"和"提供"。它们之间不仅进行着双向的信息与能量的交换，而且进行着本质性的渗透、影响和改造。这实际上成为一种生活信息的艺术处理、加工的过程，也是艺术信息的生活化过程。这是一种酿造的过程、一种酶化的过程，所靠的是心理溶液中的酵母的"发酵"作用；而在酶化过程中，生活信息和艺术信息也酿造成心理溶液了。（就像鲁迅所比喻的：用油浸芝麻，芝麻又变成油）

当然，我们在这里还只是单独地就创作主体活动来叙述这一过程的。事实上，这个过程中，个体是作为历史之子和社会一员而存在、而活动的。历史的应力和社会的动力，在他的身上都会发生作用，在他的酶化、酿造过程中都会参与其事。一个作家走向创作之路，常常受到历史、时代、民族命运的促进、推动和催化。辛亥革命和五四运动之于鲁迅，五四运动之于郭沫若，1924—1927年的革命之于茅盾，20世纪20年代前后的中国社会状况之于巴金，都表现了这种时代的作用力。四川成都封建大家族和它所属的、所依附的封建制度，湘西凤凰县的封建、落后、封闭的社会状况和湘西的自然风光与文化风貌，分别养育了巴金和沈从文。历史的、社会的、时代的、文化的诸般条件，都参与了这些作家走上创作之路以前的内心酶化与酿造工作，参与了他们的文学的心理溶液的酿制过程，并且其自身的"液汁"也融汇进去，成为这种文学心理溶液的内涵了。"一个社会处于上升阶段，社会刺激人们追求对象性的、此岸的自我实现。"[1]中国在五四运动之前和五四运动之后，两次出现大批作家，群星灿烂，就有着深厚的社会基础。其间，也表现出"社会"参与"文学个体"的"文学心理溶液"的酿造情形。另外，同时代人也作为一种社会力量、社会存在，参与了这项"心理工程"。任何人都是与他的同时代人一起成长的。他不仅在别人这面"镜子"中照见自己、认识自己（通过对照、鉴别），而且常常会受别人帮助、推动以至照别人的榜样来塑造自己。"文学共同体"常常是作家成长的条件。而且，这也带有文学艺术的特性，即文学艺术总是社会性的、群体

---

[1]　科恩：《自我论》，佟景韩译，生活·读书·新知三联书店，1986，第86页。

性的活动，容易和必须产生群体。鲁迅之成为作家，与他的"五四"时代那些文化领域中的灿若明星般的友人们的促进是分不开的。他的《呐喊》序言，直接说明了金心异（钱玄同）的催促，如何使他进入文学创作酝酿，而开手写了第一篇小说《狂人日记》。托尔斯泰和高尔基的走向创作，也同他们各自所属的那个时代的进步文学集团分不开。

因此，我们对于作家的"黄金储备"的第一项内容的研究，应当是"文学创造力生理—心理—社会学"研究。

作家在酝酿成长的过程中，一般也都在青年时代，经历一个"狂飙跃进期"[1]。正是在这个时期，受到社会、时代潮流的冲击，社会心理和同时代人的影响，狂飙之起和狂飙的内涵与素质也与此有关。"五四"的狂飙、"文化大革命"的狂飙和"四五"的狂飙，都铸造了各自的一代青年、一代作家的心理定势，酿造了他们的特殊的心理溶液，以后又产生了他们的具有时代风貌、历史内涵和个人特色的作品。

二、一般心理能量和创作心理能量的储存

在前面诸章节中，我们阐述了在成长过程中的预备作家，如何按常规形成自己的心理能力和锻炼，培养自己的特殊的、艺术型心理能力。作为一个动态的、建构的过程，这种形成和培养能力的过程实际上也是一个储存心理能量的过程。无论是一般心理能力，还是创作心理能力，都是在"工作"中形成和发展的，具备了一点儿能力，就会进行一分工作，发挥这分能力的作用，从而一方面促进了器官、机能的发展，提高了能力，另一方面也储存了信息和能量。鲁迅曾经长期积存了他的来自祖国沉沦、家族没落、家庭衰败、个人遭际不幸和奋斗失败的痛苦与寂寞，这成为他的心理素质的特殊状态，是他的创作心理的一种特殊溶液。这方面的"能量"一再积贮、一再增添，最终在别人的一触之下一发不可收。——能量释放出来了，创作心理运行起来，而在这种特殊心理能量释放的过程中，也就灌注于作品中，也就是这种特殊的心理溶液结晶于作品中，成为作品的特殊素质和风格：反映了历史与时代精神的深沉的痛苦和难耐的寂寞。茅盾在写作《幻灭》《动摇》《追求》三部曲

---

[1]　参阅本书第二编第八章之"一、'自我'家族"。

之前，在大革命从发生到失败的过程中，从自身的经历中，积存了大量的特殊心理感受，主要是失望和追求的心情。许多活生生的人和事成为情绪记忆，进入他的创作心理之中，久而久之，积存了大量的心理能量，终于在特定的条件下发而为文，创作出了成功的作品。巴金对于封建家庭的腐朽和罪恶的记忆，对于在其中受苦的青年灵魂的痛苦和哀伤的记忆，是典型的形象记忆、情绪记忆，长期在作家心理中沸腾着的是苦痛、仇恨与愤怒。这些心理能量的积蓄，烧灼着他的心，必欲释放出来才痛快。因此发而为文，倾泻而下，一气呵成，迸发着热情的火花。

新时期文学中的一代骄子，那些被称为"知青小说"作者的"知青作家"们，那些属于他们这一时代的其他许多青年作家，还有在20世纪80年代涌现出来的年青文学之鹰，以及在新时期重生的一代中年作家，都各自在自己生活的那个时代条件和社会环境下，在自己的特殊生活经历中，积蓄了大量的心理能量，痛苦、悲愤、沉思、求索、期望，而且压抑、浓缩、再造、反刍，使心理能经受高压和锻造，一旦有了社会条件得以释放能量，作品和作品中的思想与情感便迸发而出了。

三、审美渴求的积聚

文学创作是一种审美活动的结晶，又是一次审美活动的过程。审美要求是它的内在动力。任何一次真正的创作，都是一次美的追溯、美的回忆和美的追求。在创作过程中，要表现主体的审美经验，又要美丽地去表现生活，使之成为一种审美对象。因此，创作在总体上同时是一种审美渴求的满足。所谓渴求，是一种需要、一种要求，也是一种心理能量要求满足的活动。因此，只有内心的审美要求积蓄多了，才会产生这种渴求，也才会有创作的动力、动机。这种审美的渴求，可以是思想的，也可以是情感的、心理的；可以是社会的、时代的，也可以是个人的（但其中间接地、隐蔽地反映着时代和个人的要求）；可以是欢悦的，也可以是悲痛的。《红楼梦》的作者曹雪芹，曾经很好地描述了他的追求美的创作动因。他要颂扬那些他所爱、所敬的一群女性，也要悲悼她们的哀伤苦痛的不幸命运。他看见过美、经历过美，他更经历了美的被损害、被杀戮和被践踏，看到美的消逝。

悲为美，悲更具有审美的促动力和审美的价值。因此，悲常常成为最有能量的审美力量。忧患意识是中国作家的"恒常意识"和"普遍意识"，它常常成为创作的动因和作品的美的核心因素。而忧患便是大悲。审美的渴求，常常是对于悲的倾诉、表现、重温和对于悲的成因的追溯和消与防的追求。

艺术习得是审美要求聚积的根本助力。人们总是在艺术欣赏过程中不断积累内心的审美愉悦，从而也积累了审美要求。这种审美要求又进一步推动欣赏主体去追寻美，追求审美的满足，并使审美主体不断从客观世界中去发现美、追寻美。于是，两方面结合，就不断累积着新的审美要求，使一个审美主体逐渐走向创作主体。

一个自觉的审美主体、创作主体的形成，是创作心理、创作能力形成的最具特色的成果。这是一位作家的"黄金储备"中的重要部分；因为作为自觉的审美主体，不仅具有审美态度、审美情趣去看待生活、看待社会和人生，而且能够用这个眼光来审视自己的作品，不仅是在创作结束时对作品的审视，而且是在创作过程中对正在进行中的创作的审视。如果发现"不妥"，发现有违艺术原则或者不完全符合美的原则，就可以立即修正。有的作家在走上创作之路和作家之路时，已经是一个比较成熟或相当成熟的自觉的审美主体，具有自己的审美态度、审美情趣、审美选择、审美理想的系列审美意识，因此能够以一个自觉审美主体的姿态和方式来处理自己的生活信息和艺术信息的储存，并以此审视自己的创作过程、创作方式和创作成果，从而取得比较理想的效果。然而，也有的作家在走上创作之途时，缺乏这种审美的自觉性，因而在尔后的道路中，始终未能踏上一个自觉的审美主体的征途，未能做艺术的征服者、美的征服者并取得比较理想的艺术收效。他们可能非常努力追求这个理想，但是理想之"鸟"终不飞来，不是别的原因，就是他们没有取得这种审美主体的自觉性、自主性。虽然努力，然而没有选中目标、走对路径，终致失败。也有不少艺术跋涉者，虽然在这方面准备不足，开始时未免隔靴搔痒，有点不得要领，然而体味到个中"奥秘"，知道在锻炼审美自觉性上下功夫，终于日有进展，直至豁然开朗，取得了审美主体自觉性的主动权。有人常常表现为"山重水复疑无路"，忽然"柳暗花明又一村"，有了突破，进入新的真正的艺术天地。

审美主体取得了自觉性，就会在世界的美和美的世界中不断痛饮美的"甘泉"，从而不断增加审美能量的积存，审美的渴求也就更为热烈、迫切而且强有力、层次高了。

创作心理的各种能量——知觉力、记忆力、想象力、灵感发生力、无意识活动等，都为这种审美能量所加强，而且充实以美的素质，附着美的氛围。

四、艺术创造思维能量的积蓄

这里不是指一般的思维和思维能力，也不是指一般的思维水平、思维能量，而是指一种由于具备某种思维水平、能力和素质而产生的思维能量。它是创作心理的一种能量，也是创作力的一种能量。这种思维能量应该是一种思维优势的表现，或者说足以形成一种思维优势。这种优势表现为：形成和保持心理定势的能力（这一点我们在以前的章节中已经讲过了）。这种心理定势，就是一种心理格局、一种心理"块"，就是"自我"，它足以使一位作家以一定的心理优势去获取、吸收、掌握、内化客观世界的一切生活信息和艺术信息，不断按原有定势和格局发展、提高自己。但是，这种优势又需要同另一种优势相结合，具有打破既有定势的能力和向新的定势逐渐转化的能力。这后一种能力，保证了作家在思想上与艺术上的不断发展。打破既有思维定势，不仅有能力、见识问题，而且有勇气和胆量问题。它表现了一位艺术家的胆识和风格。能打破，方能转化：在打破的基础上，又吸收新的东西、新的素质，向一种继承旧质、发展新质的新的定势发展。这表现为一种新的艺术再觉醒、人生再觉醒，在艺术家身上常被称为艺术变法。作家、艺术家中的大师，在他们漫长的创作生涯中，都形成几个大的具有明显区分界线的思想艺术阶段，鲁迅、托尔斯泰、契诃夫、高尔基、罗曼·罗兰及许多画家、音乐家都是如此。这种阶段划分和艺术变法，都反映了他们思维定势的改变：旧思维定势的打破和新思维定势的形成。这是基础和特征。

思维能量的另一重要方面是艺术思维的能量。这表现为思维的"艺术归化"力，即思维素材、客观现实所引起的思维，虽然带有多种性质如日常生活性、功利性、逻辑性、物质性等，但是在作家的特殊思维能量面前，却总是能在种种性质之外增加一种艺术性思维，并且在不排斥其他思维性质的前提下进行"思维归化"，使之趋向于或归化于艺术思

维。浔阳江头的歌女、夜月、秋风、芦荻、琵琶声和歌女的不幸身世，不仅成为白居易遭贬谪的遭遇的"同病"，而且构成并归化于他的艺术思维，产生了《琵琶行》的艺术思维、艺术手法、艺术氛围。国家的腐败、人民的流离、社会的动乱和自身的飘零，都归化于杜甫的整体艺术思维之中，化而为《三吏》《三别》和其他长短诗篇；李白与其处于相同的社会与时代，在思想的本质趋向上与杜甫是一致的，但是他的个性不同、创作心理不同、艺术思维不同，月光、故乡、山川和仙成为他的艺术思维定势的组成部分、血肉不分的成分，它把那些同样作用于杜甫的世界、社会与人生，织进了自己独特的艺术世界中，添进了仙、月光、山川和故乡，使一切都归化于他自己特有的艺术思维、创作心理，给世界和自己的作品以特有的风采。屈原的艺术归化力独具特质，南国香草美人、天界太阳月亮，诸般事物，都归化于他爱国、忧民、忠君的思维定势之中。这些大师们都表现了一种强大的思维归化能力。

此外，思维过程的艺术性、思维的艺术构思趋向（在思维过程中，自然地趋向艺术构思，一般的思维过程成为艺术构思的过程），该种思维优势的一体化，也都构成了一种思维能量。

思维能量不是单独发生作用的，而是与其他心理能力、心理活动结合，组成一种"能量系列"，共同发生作用的。无意识、灵感、直觉、创作心理的"四大家族"，等等，都会与思维能量一起协作，发挥综合的作用，构成创作心理的和创作力的动力系统。

五、情感积累

这一点我们在本书第二编第八章中已经说明。情感的积累，对于文学艺术创作来说，是"黄金储备"的重要的不可或缺的储存。没有情感，也就没有艺术和艺术思维，没有创作心理。许多艺术大师、文艺理论家、美学家论述了情感在艺术创作中的巨大的、重要的作用。这些论述告诉我们在创作心理形成过程中情感积累的重要意义和作用。一位作家的成长过程，就是情感积累的过程，就是由一般人（具有一般情感的人）变成一个"情人"（具有丰富情感的人）的过程。在情感积累过程中，重要的是能够领略世界之情、人生之情、人之情，能够取这些"情"来丰富自己的"情"，又能以己之情度人之情。在屈原、杜甫、李白的诗歌中，在李清照、辛弃疾、姜白石的词作中，在郭沫若、闻一多、艾青的新诗中，在鲁迅、巴金的小说中，在朱自清、冰心、徐志摩、许地山的散文中，……都饱含着一种内在的、各种不同类型的情。这些情不是他们造出来的，而是他们长期积累得来的。厚积薄发，情文并茂。情淡如水，文薄如纸。钱锺书曾经论述"为情造文"和"为文造情"的区别，深刻地阐述了情的艺术意义。托尔斯泰更对艺术作了"情感化"的定义。为了艺术作品中的这个"情"，作家、艺术家在形成自己的创作心理的过程中，一定要积累自己的情感。情感积累就是艺术积累，就是创作心理积累，就是"黄金储备"的一个重要部分。

情感积累（包括我们在本书第二编第八章中所说到的那些方面的积累），也是一种心理的和情感的能量积蓄，是一种势能的积蓄。情满于山、情感难遏、情如波涛，都形容出一种情感势能和心理势能。它是推动主体奔向创作的一种内驱力，也就是在创作过程的启动阶段的创作冲动、创作冲击力。它是创作活动的第一动力。情感积蓄量是这个"第一力"的主要内涵、主要动力因素。

这是作家"黄金储备"的重要部分。

10

创作心理学（下）

彭定安文集

彭定安/著

东北大学出版社

·沈 阳·

第十一章 走向创作的创作心理①

　　创作心理研究，包含创作心理构成和创作心理运行两个部分。前者是历史的形成过程和结果，后者是现时的运行过程和结果。在结束了创作心理的形成过程和结构形态之后，我们就应该进入创作心理运行机制的探讨了。不过，创作心理的运行，又可分为创作前的酝酿、构思和实际创作（写作）两个阶段。前一阶段是为创作阶段打基础、作准备的，其中包括文学创作的特质和创作心理的关系以及文学构思等内容；后者则是写作的整个活动过程了。在这一章里，我们研究、探讨的还只是前一阶段的问题，因此称为"走向创作"；创作的过程，从严格的意义上说还没有真正开始，还是在进行准备，是前创作阶段，但它对于下一阶段起决定性的作用。对于这一阶段的活动和问题，除了构思问题人们注意和进行过许多研究之外，其余的问题还不大纳入创作领域和创作心理范畴中来探讨。因此，我们特列一章来做一些探讨，并就几个有关问题提出一些意见。

一、文学的四个世界与作家的主体性

　　我们在讨论文学创作之前，首先要思考一个问题：什么是文学？什么是文学创作？文学创作同作者、同读者是什么关系？也就是说，首先要弄清文学的性质和创作的性质。

_____

① 走向创作阶段，介于创作心理成型和运行之间，本应单列一编，但因其篇幅较短，为了保持各编之间的平衡，也因"走向创作的创作心理"既是前段之尾，又为后段之首，故将它并入创作运行编，以其为首、为酝酿阶段。

（一）文学的四个世界及其结构

文学，应该说是一个四极结构的世界，而不是一个自我封闭的自足体系。文学所涉及的这四个世界，决定了文学创作的性质、文学作品的性质。因此，我们探讨它们的性质和发展规律，就要分别对这四个世界及其相互关系进行了解和研究，要在这个四极结构的宏观世界中来观察、认识文学和文学创作，并揭示它们之间的关系和互相渗透、影响、牵制的发展规律。

文学的四个世界是：

（1）客观世界。它包含宇宙、自然界、人类社会和人以及一切客观现实。这是一个广袤无垠、纷繁复杂的世界，它是创作的客观基础，没有这个客观世界，也就没有文学世界。我们称它为"世界Ⅰ"。

（2）作家的主观世界。这是作家的心灵、心理、自我的世界，包含他的创作心理。它是客观世界的反映，但又对客观世界做出反应、做出评价，而且做出自己的"修改""想象""改造"，形成一个在作家的心灵世界中的客观世界。它是以客观世界为基础的，但又不是复制客观世界。我们从它既看见客观世界，又看见作家的主观世界。我们称它为"世界Ⅱ"。

（3）作品的世界。这是人（作家）所创造的世界，它是客观的，又是主观的，它是"第二自然"。在这个作品的世界里，我们看见了客观世界，又看得见作家的主观世界，同时也看见反映这两个世界的第三世界——作品里的世界。因此，我们称它为"世界Ⅲ"。

（4）读者世界。这是文学欣赏和接受的世界。没有读者世界，也就没有文学世界。首先是无人来欣赏和接受作品；其次，作家只对自己的作品来说是作家世界即"世界Ⅱ"，此外他也是读者，是读者世界中的一员；再次，作家总是在读者世界的选择、推动和影响下去创作——写什么、如何写、写的效果如何等，都取决于读者世界；第四，更为重要的是，读者世界是参与艺术创造的，只有有了读者的参与，文学创作才算完成。这一切属于一门新兴的学科——接受美学。其中有许多关于读者参与创作的学问，也有关于这个世界如何影响前面三个世界的问题探索。这个世界，我们称它为"世界Ⅳ"。

这四个世界不是彼此分离、孤立存在的，而是互相渗透、互相影响、互相"撞击"的，它们组成了一个完整的文学世界。在 "文学世界"这个系统中，它们是分属的四个子系统。在这个大系统中，它们有着不同的有序结构，人们对其提出了种种理论解释，由此说明它们的关系和运行机制。这些说法确定了不同的文学观和创作观。我们大体上可以列出五种说法，它们是：

第一，"作品中心项横向结构"。它的模式是：

现实（世界Ⅰ）→作家（世界Ⅱ）→作品（世界Ⅲ）→读者（世界Ⅳ）

第二，"作品中心项纵向分支结构"。它的模式是：

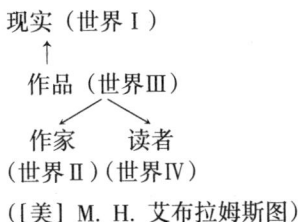

现实（世界Ⅰ）
↑
作品（世界Ⅲ）
作家　　读者
（世界Ⅱ）（世界Ⅳ）

（［美］M. H. 艾布拉姆斯图）

第三，"世界、作家、作品、读者循环作用结构"。它的模式是：

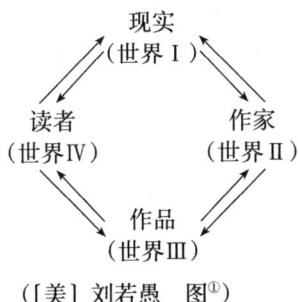

现实
（世界Ⅰ）
读者　　　　作家
（世界Ⅳ）　（世界Ⅱ）
作品
（世界Ⅲ）

（［美］刘若愚　图①）

第四，"作品中心项纵横向结构"。它的模式是：

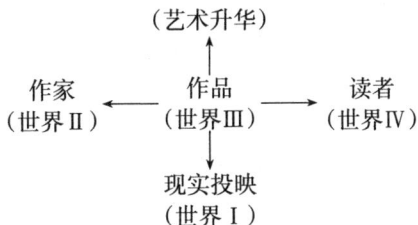

（艺术升华）
作家　←　作品　→　读者
（世界Ⅱ）　（世界Ⅲ）　（世界Ⅳ）
↓
现实投映
（世界Ⅰ）

---

①　刘若愚把"作品"同其他三要素之间的三重单向联系改变为包括四个阶段的循环往复的圆周运动，而每个阶段中又都含有反应和逆反应的双向关系。"在第一阶段，宇宙影响作家，作家做出反应。出于反应，作家创造出一部作品，这是第二阶段。当作品触及读者，就立即影响他，这是第三阶段，读者对世界的反应，被他阅读作品的经验所修正。"（刘若愚：《中国文学理论》，芝加哥大学出版社，1975，第9-10页。转引自杨正润：《西方文艺座标系初探》，《文艺研究》1987年第4期）

第五，"作品中心项、四子系统复杂结构"。它的模式是：

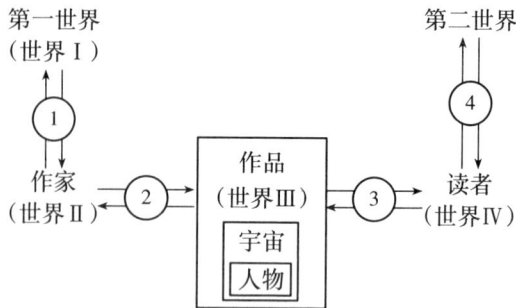

〔[美]凯萨琳·休谟 图①〕

这五种模式，反映了五种文学观、五种文学理论、五种文艺学流派。在每种模式中，作家、创作活动和作品处于不同的关系和结构中，因而性质也有差异②。

按照第一种观点，文学的世界Ⅰ、世界Ⅱ、世界Ⅲ、世界Ⅳ依次发展，一项决定和影响下一项。这是一个"自然"发展的过程。这个过程中后一项似乎只受前一项的影响。第二种看法的观照下，从现实到作品，然后作品流向读者并回返影响于作家，结构关系比第一项复杂了。

---

① "休谟认为，围绕着作家的是一个世界，这就是作家之外，而又有意识或无意识地冲击着他的一切事物，这个世界既反映、也形成他的价值观，作家并从中吸取创作的材料，休谟称之为'第一世界'，围绕着读者的是另一个世界，休谟称之为'第二世界'……'第一世界'和'第二世界'都是经验世界。此外，休谟认为作品中还有第三个世界，这是作家通过幻想虚构的，她称之'宇宙'，在'宇宙'中还可以再划分出一个层次，即'人物'，根据这些观点，休谟得出了她自己的文艺座标系统。"（杨正润：《西方文艺座标系初探》，《文艺研究》1987年第4期）

② 这里的几种图式，被称为"文艺座标系"。20世纪50年代初，美国文学和文艺理论家艾布拉姆斯在他的名著《镜与灯》中，首先提出了他的文艺坐标系。在他的坐标图中，"世界"作"宇宙"。他的"宇宙"的概念代替了沿用已久的"自然"概念，它包括"人和行为，思想和感情，物质的事物和事件，或超感的本质"。

　　艾布拉姆斯在四要素中，把作品放在中心项的地位。他的另两个要素称"艺术家""观赏者"。著名美籍华裔学者刘若愚（詹姆斯·刘）的图式中，则称此二者为"读者""作家"。我们在图式中，这四要素统称作"作品""作家""现实""读者"。以上诸家的"文艺座标系"之设立，都是对文艺实现过程进行的宏观研究。

　　对文艺学进行总体观察。我们在这里移用这些图式并修订各要素的称谓，主要的目的却在揭示各要素之间的结构关系，并从这种关系中来探索和确定创作过程的内涵与性质，特别是确定作家在其中的作用和地位。

　　以上诸图式分别取自徐贲：《观念与方法》，《江海学刊》1985年第5期；杨正润：《西方文艺座标系初探》，《文艺研究》1987年第4期）

第四种以创作的结果（作品）为中心项，考虑到它对作家和读者的关系和影响、对现实的投映和艺术上的升华。第三种则评价了四个相关项的多方多维影响。它实际上考虑到了四项之间的循环影响。也许，我们不妨设计右侧图式：

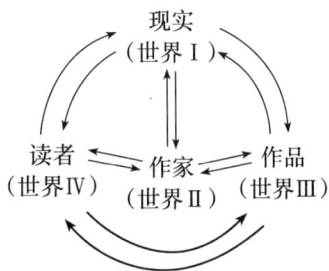

现实（世界Ⅰ）
读者（世界Ⅳ）　作家（世界Ⅱ）　作品（世界Ⅲ）

　　文学的四个世界，实际上是这样循环影响的，这表明了文学并不是一个自我封闭的体系，文学与现实和读者有着双向渗透影响的关系，文学作品也不是一个既成的、凝固的、已经定型完毕的存在，它在与现实和读者的关系中，处于变异（价值和作用）之中；作家也不是一个自我封闭的、已经完成定型的孤立的存在，而是一个受到另外三个世界交叉影响的社会存在。在这种理解观照下的文学创作，其性质就是广泛而深刻的了。创作，不再是作家这个创作主体的个体活动。社会、历史、文化因素不仅在创作心理形成的过程中起着重大的作用，而且在创作中也是重大的因素，表现在对于创作动机的养成和性质上、创作主旨和立意的确立上、技巧风格的选择和形成上。创作，也受到读者的重要影响，作家自觉或不自觉地接受读者的"指挥"，至于作品的命运更是受到读者的裁决了。从总体上看，文学和文学创作，也就是一个社会存在、社会事业了。

　　从这一点出发，我们可以说，文学和创作在本质上是现实主义的，它同"现实—读者—社会"这三位一体的"对象—源泉—动力—评价体系"处于密不可分的关系中，它又是这个体系中的一个组成部分。无论作家在创作时处于一种什么样的主观状态，无论是自觉还是不自觉，他和他的劳作都处在这样一个庞大的、不可逃脱的"命运之网"中。至于作家作为社会的一员，作品作为社会的产品和社会存在，当活动于世间（指作家）和问世之后（指作品），更在这个"命运之网"的控制和影响之下了。这种本质上的现实主义，自然是通过种种不同的创作风格、创作原则和创作分析表现出来的，因此而有文学上的各种主义。但是，不管什么主义，这种本质上的文学的现实主义，仍然是它的基本性质。当然，有的"主义"和有的作家是尽力想要摆脱这种命运的，变成个人的事业，心灵、情感的抒发，以及自我的实现，在作品中也许会只有自我，而不见社会情状。但是，在本质上，隐蔽地、曲折地、间接地还是闪射着、透露着、渗透着现实的"精灵"。就是被称为或自我标榜为"反现实主义"的种种主义，在本质上又何尝不存在一个这样的现实世界、人间社会的"精灵"，它的"反"本身，它的"摆脱"本身，不就是一种现实社会的反射吗？这里倒没有证实一切文学皆现实主义的意思，而只是说明文学的性质和创作活动的性质，是脱离不开现实、社会、读者这个大系统的，它始终处在如前面的图示所标明的命运的循环圈中。这自然并不排除，在主观上、在"立场"上、在思想上和艺术上，有非议、排斥、反对现实主义的创作流派和文学观念。

文学的这种性质，自然决定了它的生产者（作家）和它的生产与生产过程（创作与创作过程）的性质。至少需要明确的是：创作活动本身和创作的过程，不是一个个体的活动和过程，而是一个社会性的、群体性的活动和过程，许多复杂的内外因素作用于它，影响它的发展和性质。创作心理的活动，是在这样一个复杂大系统的框架中运行、活动和发生作用的。它是个人心灵的活动，又不仅仅是个人心灵的活动；它是"自我"的"表演"，又不仅仅是"独角戏"的"演出"，它是作家这个创作主体的主体性的表现，但它又受到其他几个世界的主体性的影响和决定。它不是一个主体的自我封闭、自我满足、自我实现的活动。

（二）创作的性质：现实与镜与心理

依据上一节所述对于文学的理解和由此而来的对于创作的理解，关于创作的性质和这个创造性活动同人的心理（作家的创作心理）的关系，便有多方面的理解了。

创作是对客观世界的反映，这是一种最古老、最基本的理解。它并没有过时。文学创作的最初根源和最终结果是对现实的反映，它确是现实的一面镜子。这是它的不可更易的本性。问题不在这个命题，而在对于"镜子"作了过于"朴素"的了解和解释，并要求作家和他们的创作充当这种只是"如实再现生活"的一面镜子。

这里至少忘记了一个最基本的事实：这面镜子又是什么性质的呢？它是怎样、又会是怎样来反映现实的呢？这面镜子实际上不是别的，而是人，是作家，是作家的主观世界，是他的心灵、他的创作心理。当我们一涉足这个领域，一个复杂的人的心灵世界就摆在我们面前，使我们不能简单粗暴地对待它了。如果我们提出这样的命题，应当是正确的：

文学和创作是人的主观世界对客观世界的反映和反应。这里便有四个子系统：（1）客观世界这个庞大的子系统；（2）人的主观世界这个深邃奥妙的子系统；（3）反映——主观世界对客观世界的反映活动这一主客观双向活动的系统；（4）反应——主观世界对于客观世界的刺激、"进入"所做出的接受性、选择性、吸收性、抵抗性，内化的和排斥的反应活动系统。这四大子系统的循环影响渗透的关系，这四个活动体系和体系的活动，是何等丰富、何等复杂、何等奥妙的活动和过程，这自然就不是"一面镜子"可以解释的了。创作心理研究，正是从主观世界和反映、反应这两个活动体系的综合活动中，来研究文学是如何反映客观世界的。

文学创作是作家的自我表现。这是一个很响亮的口号，也是一个很好的然而有争议的命题。问题在于"自我"和"表现"。关于"自我"的觉醒与诞生，我们在前面已经作了阐述，把它放在一个广阔和深厚的主客观、内外部背景下来观察和分析。关于"表现"，我们在前一节谈及文学的四个世界时，已经述及创作过程的社会、历史、文化背景和读者世界的"产前"影响与"产后"再创造的作用。这样，作为"自我表现"的文学创作，就不是一个孤立的"自我"的单纯的"表现"了。在明确了这个基本概念之后，我们自然可以同意：文学创作是一种自我表现。这一点，正可补充前述两个命题的不足和缺陷，强调了和看重了"自我的"和"自我表现"的作用和意义。对于文学及文学创作的时常片面的见解和要求，往往由于忽视了它的自我表现这一面和对于自我表现性质的误解而产生。创作心理研究，就是要探究这种自我表现的性质、过程和心理运行机制。

按照马斯洛关于人的需要层次理论，自我实现是最高的层次[1]。有一种理论认为，文学创作是一种自我实现。这无疑是正确的。一般来说，劳动、生产就是一种自我实现，而且可以说是人类比较高的自我实现，更何况文学创作是一种创造性劳动。作为自我实现的文学创作，同

---

[1] 马斯洛关于人的需要的等级层次是：生理需要（空气、水、食物、住所、睡眠、性生活）→基本需要（因缺乏而产生的需要，如安全与保障、爱与归属等）→发展需要［存在的价值或需要，如被他人尊重、自我尊重、自我满足（有意义）、乐观（轻松）、个人风格（丰富、单纯、秩序、正义，完成、必要、完善）、活跃、美、善、真］→自我实现。自我实现是最高层次。（弗兰克·戈布尔：《第三思潮：马斯洛心理学》，吕明、陈红雯译，上海译文出版社，1987，第57页）

心理活动的关系就是十分直接、十分密切的了。这里所说的自我实现，应该包含着两方面内容：一方面是作为社会关系的总和的人，在社会生活所产生的需要中，要在文学创作中来得到实现的部分，这产生了创作的动机、目的、宗旨和艺术上的许多要求、愿望；另一方面，一个心理的"自我"的要求在文学创作中实现。一般来说，前者是理性的、明显的、物质的，后者是感情的、隐蔽的、精神的；前者更多的是有意识的、功利的、有明确目的和思想的，而后者更常常表现为潜意识的、非功利的、没有明确目的和心理的。但两者是互相沟通、渗透、影响的；对于文学创作来说，往往后者更能起到趋向艺术成就的作用，前者则担当监护的职责。当然，这不会是绝对的、鸿沟相隔的。这种自我实现的不同——内容不同、性质不同、两种需要的结构比不同，形成了创作活动、性质和结果（作品质地）的不同。因此，所谓文学创作是一种自我实现，不是像有的人所说是一种纯心理的要求实现、能量释放，是一种无目的、不自觉、非理性的活动和过程。其中自然有这种成分；但不是全部，也不是单独运行、孤立地发生作用的。

还有一种论点认为，创作是一种心理抒发。创作的这种性质是存在的，正是这种心理抒发的需要、心理能量的释放，不仅使文学创作产生动因，而且使文学创作取得成就和成功。往往这种心理抒发的要求和心理能量的释放，是文学的艺术成就的重要原因。这是因为这种抒发的要求是一种"本能的"、真挚的、具有强大内驱力的能量，能够引导至艺术的真情实感的境界。当然，值得辨明的仍旧是那需要抒发的心理内涵的性质和成因：它不是个人的自我产物，而是社会的自我、历史的自我、文化的自我所"分泌"出来的艺术的与创造的"心理汁液"。只有这种要求抒发的心理，才是文学创造的艺术乳汁。

文学创作是一种情感升华，是移情。这也是谈论过很多的。作家内心积蓄情感的转移、升华和表现，不仅仅形成了文学而促成了文学创作和成为作品的重要的具有特色的组成部分。这一点我们在前面的"'感情'家族"章节中已经谈过了。需要指出的是，弗洛伊德认为情感就是性意识和性压抑所造成的需要（比如他用来解释和评价达·芬奇的绘画、莎士比亚的戏剧），则是不对的、不能接受的。

不过，弗洛伊德所说的替代性满足，却是我们可以易其内涵而接受的命题。我们自然难于同意弗氏所说的"性压抑说"，而是认为这是一种情感的、心理的要求通过艺术创作来得到替代性满足。比如对祖国、故乡或亲人、情人的怀念，用创作的情感抒发来得到替代的满足，或者对于生活中的某种需要的不得满足、某种遗憾的存在，对于社会制度的揭示和社会理想的追求，都用艺术创作来得到替代性满足：以创作中的事实来改变真实。

最后，我们要谈的是，创作是一种变态心理的表现问题。这一点，或有不少人不能同意。这里的问题只在于，如何理解变态心理和心理变态问题。变态，就是非常态；但变态不等于病态。精神病患者都具有变态心理，心理变态是他们疾病的心理根源。但是，文学艺术家的变态心理，数量上没有越过健康者的限度，在性质上不属于病态的范畴。他们的变态，只表现在对待客观现实、社会生活的一些现象，他们的心理反映和反应不同于常人，或者是唤醒（激发）的强度高，或者是反应的强度高，或者是表现的形式更热烈、更特别，或者是理解、看法和反应与众不同。他们对于客观现实的反映，还常常是形象的、想象的、幻想的，"进入"和"出自"都表现出心理上的特色[①]。

通过这些关于文学的性质和文学创作性质的简略叙述，我们可以多维、多角度来观察它们，从而看到创作本身和创作过程是一个多么复杂的过程，有许多子系统参与其事。我们决不能用"现实—镜子—反映"这样简单的、线性因果关系的观点来看待它，而必须用复杂的眼光来看待它，多维地、多角度地而又综合地探索它的规律。本书从创作心理的角度，以创作心理为聚焦和中心，来集中地观察、探讨"各路大军"（子系统）分别的和综合的、整体的作用，并探寻其中的规律。

（三）创作的三"统一"

如果我们暂时"斩断"文学和文学创作同外界的联系，只把它们看作一个内部活动过程，那么我们对创作性质可以确定为三个"统一"：（1）知情意的统一；（2）真善美的统一；（3）知情意与真善美的统一。

知情意是人的心理的统一过程和心理整体。知情意的统一，就是人的自我内心生活的一致。在这里，主要是情与志的一致。情感产生于人的生活（外在）和心理（内在）的刺激与反应中，反映了人对待客观世

---

① 这个问题比较复杂，这里暂且提及一下，以后再详加讨论。

界的态度；它同人的受到客观生活控制、种种需要决定的意志常处于矛盾之中。情与志的矛盾，往往反映了情感与理智、外在需要（世俗的需要）同内心需求相矛盾。"情感倾向过去，理智倾向未来。"在这种矛盾中的创作，往往使作品陷于两种不同的境况，或者是一种"违心之作"（违情之作），或者是一种不自觉流露了一点儿真情的矛盾之作。知与情的矛盾则常常反映于思想（认知）只是一种模糊的抽象的存在，是观念化的；而情感则是生动的、活泼的、具体的、形象化的。刘勰在《文心雕龙·体性篇》中说的"情动而言形，理发而文见"，是情与理、理与知的一致，但当二者出现矛盾时，"情动而言形"，理却未能发或发而文不见，则往往是"理"并未真正说透，认知并未达到真理或透彻的地步。知情意的统一，也就是我国古人所说的"心"与"物"的统一。"心"是内在的世界，"物"是外在的世界，两者的统一就是思想情感与生活的统一。知情意的和谐统一，才产生审美的感受，才能产生美的创造。

真善美的统一在文学创作中是指如实地反映了现实的面貌，并且揭示了它的发展规律和本质，达到了真理的认识，而且又作了美丽的描述，揭示了美的本质，也给予了美的表现，表现中显示了美。

知情意统一和谐的一个完整的人、完整的人格，表现在文学艺术创作中便是它的真善美的统一和谐。知情意与真善美二者达到和谐统一，就是内外、主客观的统一，形成了一位艺术家的完整而和谐的心理特质、性格和创作个性，表现在创作中就是作品的高度和谐统一。

我们在这里只是从结果的体现上来概述了三者的统一，而没有涉及（越过了）如何达到这种境界的过程和它的各种主客观条件。不过，我们的主要目的，也只是概述这种作品最后达到的理想结果，借此说明创作心理、创作过程中会必然涉及的范畴，以明确我们探讨问题的范畴，明确在这里涉及的系统甚多，不是简单的、孤立的事物和过程的演进，而是极为复杂的、汇合的、整体的系统发生与发展。

（四）文学的四个主体性的作用与结构

文学的主体性是一个辩证的观念、一个复合的观念。文学的四个世界，都有各自的主体性。客观现实是不以人的意志为转移的大千世界，它有自己独立自在的生生不息、发生发展的规律，它是一个主体，一个客观存在的主体——自然主体；连人也是这个自然主体的一部分，是它中间的一个最高产物。自然主体的主体性就表现在它不依赖人的主观而自在、自为地发展。从认识论的角度说，人是客观世界的认知主体，它把客观世界作为认知的对象、认识的客体来对待，通过实践来接触它、了解它、认识它、改造它；同时，在这个过程中也改造自己，改造自己的认识和认识能力。从文学创作方面说，人（作家）自然是一个创作主体，是认知主体、情感主体、意志主体，他要根据自己的知情意来描述、反映客观世界。主体的意识、创作心理"决定"客观世界的面貌：或者真实地、深刻地反映了客体的本质，揭示了规律、揭示了美，或者相反而歪曲了客观世界。作家的主体性就是认识的主体性、了解的主体性、艺术表现的主体性，也就是实践的主体性和改造的主体性。不过，他的这种主体性并不是主观性，更不是主观决定性，他处在前面所说的四个世界的循环影响圈中。离开这个圈，他的主体性也就丧失了，他本身也不存在了。创作的主体性，是在这个"循环圈"中，循着客观规律，发挥自我的主观能动性，去艺术地表现世界，也表明自我，达到知情意、真善美的统一的。

作品是作家创造的第二个自然，是世界Ⅰ、世界Ⅱ之外的第三个世界（世界Ⅲ）。它虽然是世界Ⅰ尤其是世界Ⅱ的产物，但是它一旦问世，就像一个婴儿诞生之后一样，它就独立自主地存在和发展了。这是它的独有的主体性。作品问世后，就依自己的质地品性（这是创作主体所赋予的），有着自己的命运了，不为作家所左右了。这种作品的主体性自然也是有限度的，不是绝对自由的。夸大这种主体性是不符合实际的，但不能否认它的存在。

作品的主体性，还表现在作品中的主体——人物形象——的主体性上。它表现在创作过程中，就像一个胎儿和婴儿，并不完全听命于他的父母，而有着自己发展的途径和命运一样。人物形象为作家所设计、所想象、所描画，但是他却在诞生过程中有着独立自主的性格，或生或死，或优或劣，都按照自己的性格发展下去，越出作家规划的范围，摆脱作家的牵制和安排，独自走自己的路。这个人物是一个真正的活的人物，有自己的性格和命运的人物。但这是就好的创作情况而言的，在不良创作情况中，人物的命运是完全听命于作家的主观意志的，丧失了主动性的，这是没有性格的人物、没有主体性的人物，是作家手中的玩偶。不过，形象的主体性并不是主观自生的，也不是自在自为的，它是客观世界的本质和规律的反映，也是作家这个主体世界赋予的生命。它是世界Ⅱ对于世界Ⅰ的体认、观察、认知、掌握的结果和主观反映，也是世界Ⅱ的一种创造：它的性格基础，它的前提条件和各种素材，都是作家主体作用的创造。总之，形象主体的主体性，是在自己"领地"、自己世界里的主体性，再有本领的人物也飞不出这个范围。这样说，丝毫也不影响形象主体的主动作用。

读者的主动性，表现在对世界、对作家的影响，也表现在对作品命运的影响。读者并不能改写作品，但是他们会选择，会化为己有，会进行再创造。读者对于他们心目中的作品的面貌、人物的面貌，以至环境、自然景色，都注进了自己对生活、认识、情感、思想的理解、补充、发挥和发展，也就是再创造。当然，读者世界的这种再创造，这种主体性是在作品提供的基础上发生和发挥的，而且也受到世界Ⅰ的制约；因为读者世界本身就是反映着世界Ⅰ的。

这样，我们看到，四个世界都有自己的主体性。这种主体性是宝贵的，是起着重要作用的，而且对于另外三个世界都发生影响、产生作用。但是，它们的主体性都有自己的限度，都不具备绝对的自由，而是有条件、有牵制、有"舞台"的表演。但又不是傀儡戏，而是在客观条件和规律下的自主的表演。

我们所要讨论的是创作主体（作家）的主体性，这是创作心理学研究的重要部分。但是，这个世界的主体性，离不开其他三个世界的主体性的作用，而且创作主体性的作用，既受到其他三个世界的影响，又影响其他三个世界。我们在这个前提下，才能正确认识和分析创作的规律和创作心理的运行规律。因此，我们在这里先把四个世界的主体性问题作一简要叙述。创作活动，就是在这样一个四种世界的主体性各自发挥作用、释放能量的环境中，在四股作用力发生作用的"场"中，产生它的效应的。它绝不是一个被动的、封闭的活动体系和机制，也绝不是完全主动的、天马行空式的活动体系和机制。它是自由的，当它认识了这四个世界的主体性和发展机制的"必然"的时候。我们在这种前提下对于创作心理和创作活动的探索，就正是为了这种真正的创作自由的获得。

二、创作心理的最初体现：运行方式与构思过程

什么是文学创作？从创作心理来说，就是创作心理运行的过程。它分为两步，现在我们加以阐述的是第一阶段——走向创作的阶段。这是创作心理的最初体现，但仍是前创作阶段。

（一）创作心理：创造因素的“集结点”

美国美学家卡尔·R. 豪斯曼（Carl R. Hausman）指出，凡是创造性作品，一般都具有四种特殊的背景关系，它们是：“（1）作品的社会和文化的条件；（2）个人状况和历史状况；（3）艺术家所选择的艺术形式及其所继承的传统；（4）媒介方式。”[①]他还特别指出：“创造者的意识作为一种创造的动因，在四种因素的支配下行使着他们的创造力。”[②]豪斯曼在这里列举的四个背景中，社会、文化和个人的经历状况，正是我们在第一、二编中阐述“自我”和创作心理的形成时所提出的根源、背景。这很自然。因为创作心理的运行，就是创作的过程，两者具有共同的背景是情理中事，它们本是同一个事物的两个活动表现。豪斯曼所列后两项背景，则是创作活动的特有因素，但与创作心理也密不可分：艺术家选择何种艺术形式来表现，取决于他的创作心理的状况。即使同是作家，在文学的诸多形式中，更愿意选择或更善于运用何种样式、体裁，也是与他的创作心理相联系的。托尔斯泰擅长于长篇小说，巴尔扎克、罗曼·罗兰也如此；契诃夫、莫泊桑是短篇小说大师；屠格涅夫则是中篇小说的圣手。中国作家中，鲁迅是短篇和中篇的圣手；巴金则以长篇更为见长；茅盾短篇写得也不少，但以长篇、中篇成就为高。这都反映了作家在选择艺术形式时创作心理的作用。（当然，还有一个因素，即作家所继承的传统。这一项作为创作的背景，影响所及，方面甚广，不限于对艺术体裁的选择。）最后一个背景是“媒介方式”。所谓“媒介方式”，就是“创造者和媒介材料的相互作用”，豪斯曼认为这是“最重要的”背景，因为它是“所有各种因素的内部集结点”[③]。艺术家

---

① 朱狄：《当代西方美学》，人民出版社，1984，第380页。

② 同上。

③ 同上。

选择什么媒介材料——泥、石、油料、颜色、音符或语言、文字，决定于社会、文化背景和个人成长经历背景在创作过程中如何发挥作用。画家的创作，自然是在绘画创作中去运用体现它的社会影响、文化素养、传统继承和个人的种种经历；而作家则自然是在运用语言文字中，在描述、表现社会生活的场景、发展和人物命运中去体现一切文学创作背景。因此，媒介材料就成为作家、艺术家创作背景的相关因素中最重要的因素和"内部集结点"了。豪斯曼还认为，"在艺术创造中媒介材料的束缚是最严格的部分，因为这要从属于物理规律的力量"[①]，集结点正表现了"严格束缚"的一面，什么样的社会、文化、个人、艺术传统的决定的、影响的作用，都不可能越过材料（媒介）的特性来发挥作用。这是他的英雄用武之地。当然，这里问题不仅在于材料所属的物理性质，还在于材料的物理——社会性质。尤其是作家所使用的材料（媒介）——语言文字，其社会性、其社会作用与效应对于创作的影响都是十分重要、十分突出的。

如果说材料是外在的、客观的相关因素的内部集结点，那么创作心理就是相关因素的内在的、主体的内部集结点了。同样道理，从创作主体来说，不管什么样的社会、文化背景，什么样的个人经历背景和传统继承以及媒介材料，都要集中于和通过创作心理来发挥作用。第一、二、三项因素实际上还是创作心理形成的渊源和组成的主体化、内化了的内涵。所以，豪斯曼认为，"创造者的意识作为一种创造的动因，在四种因素的支配下行使着他的创造力"[②]。创造者（作家）的创作意识，就是他的创作心理的集中表现和在活动中的具体体现。在这里，它作为一种创造的动因，受到四种背景因素的支配。这四种因素支配着他，影响、决定创造者（作家）如何使创造力和创作心理有效运行。从另一方面说，也就是四种因素都只有通过它们所支配的创作心理、创作意识，才能发生和发挥作用。创作心理不能"接纳"，不能"发生"，它们也就无由、无能、无地"进入"和"发挥"，因此，创作心理就成为四种背景的内部集结点。作为背景——远程背景（间接背景，在创作心理的形成中所起的作用）和近期背景（直接背景，在创作活动中所起的

① 朱狄：《当代西方美学》，人民出版社，1984，第380页。

② 同上。

作用）的四种因素形成的创造力和创造心理所具备的"自在"创造力，都在四种因素的支配下发挥它们的创造性和创造力作用。在这个意义上，创造者的意识就不仅仅是一种"创造动因"的作用和地位了，它不仅是动因，而且是动力，更主要的还是创造的主因素，是创造诸因素发挥作用的"场地""渠道""集结点"。

《当代西方美学》还介绍了美国文学家约瑟夫·马戈利斯在《创造是文化和生物的交叉》一文中的观点。马戈利斯指出，人除了生物本性外，还有第二本性即文化本性。而作为"非常复杂能力组合的多种多样的艺术技巧，是人的生物本性和社会文化模式之间的相互渗透和交叉，并经由个体化之后才取得的一种历史性的成果"[①]。他所说的"复杂能力组合的多种多样的艺术技巧"，正是创作心理的组成部分。他所说的"生物本性和社会文化模式之间的相互渗透和交叉"，同我们在前面关于创作心理的"生物—物理—心理—社会—历史—文化"的形成链条的论述也是完全一致的，它在基本精神上也与前述豪斯曼的文学创作四种背景因素相一致。因此，创作心理和创作心理的运行即创作，是受到生物性和社会文化之间相互渗透和交叉的决定和影响的，而所谓这一切的"个体化"的成果，又正是创作心理。

这些关于创作心理、创作能力以至创作动因、艺术技巧的性质的论述，都说明创作心理运行的过程，不是仅仅创作心理自身单独地、自我满足地活动，而是涉及客观现实、历史、文化等许多系统的复杂过程。在我们叙述创作心理活动的初始阶段，就阐明这一宏观景象和性质，对于我们分析和揭示创作心理的运行规律是必要的、有益的。

（二）创作的四个层次、四种心态

我国古代美学和文艺创造学的传统理论，对于艺术创造提出过四个基本范畴：（1）虚静；（2）神思；（3）感兴；（4）物化。这四个广泛的、深邃的范畴，涵盖的内容和范围很广，因此含义也极为丰富。在这里，我们只把它们作为创作的发展过程和创作的四种状态、创作主体的特殊心态来解释和运用。

首先，从创作心理运行发展过程和创作过程来看，虚静表示创作主

---

① 朱狄：《当代西方美学》，人民出版社，1984，第382页。

体的创作心理能量积蓄和"黄金储备"量都达到了"饱和程度"，要求释放、形成动因了，即将进入创作过程的预备阶段了，于是进入一种"虚静"状态，就是静下来，排除其他意念、意象（"虚静"），沉思默想、凝神静思，审视内心形象、审查各类素材、检查记忆编码、组合人物形象、酝酿创作主旨，等等，实际是外在虚静、内心（创作心理）活跃。其次，进入神思阶段。就是《文心雕龙》中所说的"神与物游"："寂然凝虑，思接千载，悄焉动容，视通万里"。这时候，虚静阶段的思虑已结成艺术构思的草图，创作心理的运行已结晶成艺术形象的雏形。围绕着它，创作心理的各种机能继续"有计划、有目的、有步骤"地运行，注意集中，记忆开启，想象飞动，意绪起伏，各种场景的、事件的、细节的、人物的预计和构想，都飞扬活跃，进行调整组合，形成新的艺术结晶。再次，便进入感兴的阶段了。神思所得，灵感显现。"标举兴会，发引性灵"。[①]思绪活动的结果，产生了质的变化，灵感之生，人物形象活起来了，生活场景完整化了，事件故事整合了，创作思虑具有了"灵气"。最后，乃进入物化阶段。物化，指把前述三阶段的收获（即整个艺术构思）付诸物化形态：用语言文字把人物、事物表现出来；同时，也可以说是创作主体（作家，世界Ⅱ）与创作对象（客观世界，世界Ⅰ）处于整体合一的物化境界。

同时，我们也可以把这四种概括作为四种创作心态来看。虚静，指进行创作构思时的精神状态；神思，指艺术想象的特征；感兴，指艺术构思过程中的灵感现象；物化，指艺术构思中艺术家和创作对象之间那种物我不分、融合统一的状态。[②]这里所指的是艺术构思过程中的四种心态，可以说是狭义的创作心态概括。我们还可以将其作为总体创作心态来看。虚静，反映一种沉思默想、趋向内心的创作状态；神思，反映一种思绪飞扬、意态摇曳的创作状态；感兴，指感发兴动，触物触景生情生意的创作心态；物化，则反映一种心神合一、物我合一的创作心态。这四种创作心理活动的基本形态，概括划分了创作心态的主要状貌，或沉静，或飞扬，或感奋，或融合，既是心态的一种表现，又是作品的一种特殊色彩。

---

① 颜之推：《颜氏家训·文章》，上海书店出版社，1986。

② 张少康：《中国古代文学创作论》，北京大学出版社，1983，第5页。

在这四个创作心理活动阶段，创作心理会有不同然而是相连的活动机制和活动形态。作为四种创作心态，无论是狭义的还是总体的，也都有不同的心理活动机制、运行形态。因此，在正式阐述创作心理活动状况之前，先把它们作一概述是很有必要的。因为这是创作心理活动的范畴、内外控制因素和影响力，是支配、投射"集结点"（创作心理）的诸多子系统。只有明确它们之间的关系、纠葛、牵扯、渗透和交叉的状况，我们才能更好地对集结点即创作心理的活动机制和运行过程及其性质、功能作更科学的探索。

（三）"日神"与"酒神"：两种创作特色与创作个性

我们不能也不必要在这里详细讨论创作的总体特色及创作个性的产生和发生作用的过程，而仍然只是概括、简略地说明这种对于创作特色和个性的基本划分，以便探讨"走向创作"时，创作心理的活动性质与情况。

"日神"和"酒神"，这是尼采对于艺术冲动、艺术性质，也涉及创作特色的一种归纳。尼采"用日神的名字统称美的外观的无数幻觉"，认为美的外观基本上是人的一种幻觉。造型艺术是典型的"日神"艺术。"酒神"状态则是"整个情绪系统激动亢奋"，是"情绪的总激发和总释放"。音乐是典型的"酒神"艺术。梦，是日常生活中的"日神"状态；醉，是日常生活中的"酒神"状态。"日神"和"酒神"都植根于人的至深本能，都是属于非理性领域的。[①]

我们在这里只是借用尼采的范畴来标举作家、艺术家的两种基本的创作特色和创作个性。"日神"状态是创作主体内在动力的发动和心理能量的释放，它促使人们进入"白日梦"的、幻觉的状态，去形成美的外观，想象构思出艺术的生活现实，赋予客观以美的、艺术的外形。"日神"偏重于理智、理性。"酒神"是另一路"神"，它是创作主体情绪迸发和释放，"醉"态狂放，心神飞扬。"酒神"是偏于情感、情绪的。两者确实都植根于人的至深本能，发自心理的深处，但是它们并不都是非理性的领域，而是皆属理性领域，但其中有非理性领域，而且一

---

① 尼采：《悲剧的诞生　尼采美学文选》，周国平译，生活·读书·新知三联书店，1986。

偏于理性，一偏于情感（理性色彩不浓，但不是完全非理性）。

这样两种创作特色和创作个性，一者近于"虚静"心态，一者近于"神思"状态。它们都会在走向创作的过程中，在创作主体的活动过程中表现出来，灌注于酝酿的、思虑的、构想的过程中，形成创作心态的特殊性质，形成特殊的创作色彩，表现特殊的创作个性。

在综述了创作心理活动时的种种心态表现、特色和个性表现，以及它们的性质、活动机制与表现同几种背景因素的关系之后，我们就可以正式进入创作心理活动的具体分析了。有如一幅画，我们提供了一个"前景"中"活动"的景象和人物的总体背景，它帮助我们全面、准确地观察分析对象。让我们开始吧。

三、"构思学"（文学构思的心理学）

从构思开始，真正的、具体的创作过程就开始了。创作心理也就同时进入具体的、"活生生"的运行过程。构思的开始，是一个心理能量积蓄的过程，是生活积累（包括形象积累、感情积累、记忆积累）的过程。"水到渠成"，一切积累之"水"已经冲击而至，创作之"渠"就成了。所以，构思是一个开始，也是一个结束。它是前一阶段——对于一次具体的创作来说，是"最近的前一段"；对于整个创作心理来说，是"远程的前一段"（即此前一切过程和阶段均在内）的结束，也是下一阶段的开始。构思是创作活动的真正的开始，但仍然是预备阶段的开始，而不是创作行动的开始。它主要的行动方式还是"思"，是内心活动，是心理机能的发挥。自然，也辅之以为了记录、整理、起草而做的少量的笔记。

有的作家的构思活动，往往开始有一个预备阶段，思绪在不自觉的、无意识的、零星的思维、情感、心理活动中自行聚合、分离、整理，终于略有头绪，才进入实际的构思阶段。也有的则是在一开始就正式进入构思阶段的。一个"非作家"（"前作家"）在创作第一篇作品时，往往更在不自觉的过程中经历了一段"前构思"阶段，待有了"眉目"才正式进入构思阶段。

构思，是文学创作的关键一步，它承前启后、承上启下，在创作过程中，是一个由预想到实现的过渡阶段与中介。文学构思过程中，创作心理发挥着重要的作用。构思的过程是一个复杂的心理活动过程，在这个过程中有许多心理活动机制在发生作用。当然，没有任何一位作家是按照文学构思学来进行构思的，也没有一个文学构思会表现为典型的构思活动，把一切构思过程中的心理活动机制都调动起来进行工作，也不会是每个构思过程的环节都按序经历的。这种构思过程只会在理论上存在，而不会在实践中出现。然而，我们在理论上确实可以，也应该进行抽象概括，使构思的心理过程理念化、程式化。这样，可以使我们对于构思的过程、构思过程中的心理活动与心理机制了解得更清楚，认识得更深刻一些，从而更好地把握构思活动，更好地在这个过程中发挥创造性。

（一）构思的性质

构思是创作活动的真正的开始，以前的种种积累、各项准备、长时间的酝酿，到这时起了一个质的变化，创作的欲望开始发动并正式进行工作了。构思，首先是作家的主观对于客观现实的积极作用。它表现在两个方面：作家对于生活的观察和记忆；作家对生活素材的加工。作家对客观现实生活进行观察、剖析和记忆，特别是进行思考、有了一定的看法、形成了一个意念、凝聚为一个主旨。高尔基指出："主题是从作者的经验中产生、由生活暗示给他的一种思想，可是它聚集在他的印象里还未形成，当它要求用形象来体现时，它会在作者心中唤起一种欲望——赋予它一个形式。"[①]作家从生活的暗示中，或对生活的体验中得出一种思想，产生一个创作的主题，于是构思的核心就出现了，它将调动和聚集作家的内在一切"储蓄"来筹谋未来作品的内容和形式。

作家对于客观生活的积极作用还表现在接续的工作中：他对现实生活的加工、改造、制作，构成一幅完整的图画。

这里，我们看到构思中主观和客观两者之间不可分割的关系：现实生活——基础；主体心理——关键。现实生活的基础作用，既表现于素日不断地积聚生活素材、人物形象，更表现于"积久而发"的状态中，它积蓄既厚、一旦迸发时的那种"第一推动力"，它把"构思"运动推上轨道。这表现为一种"闪电"现象。

---

① 高尔基：《论写作》，人民文学出版社，1957，第5页。

构思是闪电。朝朝暮暮在空中积聚着电。当它弥漫于大气中达到极限时，一朵朵白色的积云便成为暖昧的阴云，于是在云层中，这浓密的电就迸发出第一道闪光——闪电。闪电之后，几乎立刻倾盆大雨就落到地上。

构思和闪电一样，产生在一个人的洋溢着思想、感情和记忆的意识里。当这一切还没达到那种要求必然放电的紧张阶段以前，都是逐渐地、徐徐地积累起来的。那个时候，这个被压缩的、还稍微有些混乱的内心世界就产生了"闪电"——构思。[1]

构思是闪电的比喻很是确切：首先，它是生活的积蓄，好比电在大气中积聚一样。这种积蓄不是机械的增加，不是普通的堆砌，而是一种能量的积蓄。其次，当它积蓄到一定限度时，它就迸发了。最后，这种迸发是闪光，带来雷、雨、电，有声有色、有气势、有新的物质产生，并且产生一种势能、一种效应、一些新的物质，好像闪电产生臭氧、净化空气一样，好像电产生能量和其他物质的力量一样。这里，逐渐地、徐徐地积累的过程是必要的，一定的数量、一定的时限是必要的；压缩、运动、摩擦、撞击是重要的，同时要达到一种紧张的、迫切要求放电的阶段和程度。

难道没有积聚不够，或者没有达到紧张阶段，就投入构思的情况吗？——恐怕是存在的，而且可能还不少。那么，这就不是完成了积蓄，没有达到极限，没有形成紧张，压缩和运动、摩擦和撞击也不多甚至尚未产生，因此不是要求放电，不是迸发、闪电，而且勉强地敲击出一星半点火花。以后的情况，自然会是勉力构思、强行写作、艰难成篇、卒无所成了。

正因为构思是这样一种产生机制，因此触发是重要的。一个偶然的震动、意外的邂逅、巧遇、刺激，都能产生触发。"谁知道一次邂逅，一句记在心中的话、梦，远方传来的声音，一滴水珠里的阳光或者船头的一声汽笛不就是这种刺激。"[2]

如果积蓄要求长久、压缩，那么触发则是短暂的、一闪而逝的，它要求立即抓住。

---

[1]　康·帕乌斯托夫斯基：《金蔷薇》，李时译，上海文艺出版社，1959，第38–39页。

[2]　同上书，第39页。

构思的关键则是创作主体的心理。心理在构思过程中所起的作用是多方面的。创作主体的各种心理能力，会在各种类型、各个水平层次上，对各种素材进行种种感受、反映、反应、反射、内化的加工、制作、改造的工作，形成自己的情绪、情感、思想、意识、意象、意念，制成各种各样的半成品、初级心理产品，形成种种形象概括、情感概括、概念概括，形成内心视象、内觉、内心基础。在这个复杂的过程中，心理的各种功能都发挥各自的和综合的作用。它在总体上表现为创作主体的心理溶液对于生活素材的溶解、酶化、酿造作用。创作主体的创作心理的关键作用，正表现在这里：它把素材的面貌改变了，溶解了，在溶解之后则形成多种情感的、思想的、心理的、艺术的结晶，描绘了客观世界，同时又表现了主观世界。同游秦淮河，同写秦淮与秦淮之游，朱自清、俞平伯写出了不同的《桨声灯影里的秦淮河》。《钦差大臣》的素材，在普希金和果戈理的心理溶解之后，终会写成不同的作品。就是同一位作家对同一个题材，在心理溶液的溶解度不同的情况下，在结晶发生变化之后，作品的思想和艺术面貌也会发生很大的变化。托尔斯泰写《安娜·卡列尼娜》和《复活》，在初得素材、初步设计时是一个模样，在构思过程中产生了种种变化，最后几经修订变成完全不同的面貌。

作家心理溶液的这种加工制作过程，有时表现为自觉程度很高的行动，有时则是自发的，有时是在构思阶段进行、在写作阶段实现。但有不少作家是熔构思与写作过程于一炉，那心理溶液的溶解过程同结晶过程以及将结晶颗粒形成艺术晶体的过程，都在一块儿同步进行了。那些自称不构思、不写提纲、提笔就写的作家，便是这样生产作品的。——但事实上，他们并没有取消任何一项心理活动过程，只不过熔三者于一炉，只不过一切在潜意识中进行罢了。

我们研究、分析这样一个心理溶解过程，对于构思的规律探讨是很重要的。一个成功的构思，往往并非完全依靠基础深厚，而更为关键的则是主体的心理溶解功夫和结晶的性质与水平。

从这个溶解的过程来观察构思过程就会发现，它是一个心理能量产生、积蓄的过程，是一个心理折射的过程。在前述诸种心理功能发生作用，进行溶解、加工、制作的过程中，会产生各种心理能量，并且进行整合，形成系统，产生心理势能，从而强化创作冲动。比如，意象在这个过程中，会经过内觉到形象概括和概念概括，直至发展成为典型形象的雏形。想象也会在这个过程中活跃地进行检索、追忆、复现、改造、重新组合。在这一系列过程中，每个系列都会产生心理势能，最后总体上又会形成一种势能。

这种种心理势能的形成，都会要求释放。

构思由此也就会成为创作的实质性开始。

在这个过程中，社会历史文化条件成为文学构思的宏观背景。任何作家，无论是自觉还是不自觉，甚至那些公开声明文学不反映现实只是纯粹自我表现的作家，也都逃不脱这个背景的控制。但这也是支持。只要是成功的文学作品，都会直接或间接地、公开或隐蔽地，以各不相同的方式，反映它的生长地的整体背景。俄国批判现实主义的灿烂群星，从果戈理到契诃夫，在自己的作品中共同展现的正是俄国19世纪的社会历史文化背景；中国五四运动时期产生的以鲁迅为代表的新文学的灿烂群星，同样共同反映了中国20世纪20—30年代中国现代社会产生过程中的社会历史文化背景，包括那些从鸳鸯蝴蝶派到新感觉派、新月派等文学派别在内的各个流派，无不如此。海明威的作品反映了欧洲、美国在第一次世界大战后的社会背景，卡夫卡、福克纳都在自己的作品中提供了他们所生活的那个年代的资本主义世界的社会历史文化背景。

但是，构思内容和形态的巨大而深刻的差别，却在于作家不同的创作心理、不同的创作个性。也就是说，他的心理溶液将题材溶解后，会形成不同的结晶。法捷耶夫说："作家的才力、修养、智力发展的趋向、气质、意志以及其他的个人特征，在选择材料时都起着重大作用。"[1]特列涅夫指出："伟大的作家永远是这样的：他们描写自己，而面向我们。"[2]科瓦列夫在他的著作中还引证了B.A.瓦格涅尔所举的例证，说明对待同一个典型人物，不同的作家会有不同的态度。科瓦列夫指出："同是博学多识、爱好推理和分析、意志薄弱和无所作为的性格特征，在L. H. 托尔斯泰笔下是彼埃尔·别霍夫，在冈察洛夫笔下是奥勃洛莫夫，在契诃夫笔下是古老贵族家庭的主人公（《樱桃园》），在高

---

① 高尔基：《苏联作家谈创作经验》，中国青年出版社，1959，第48页。
② 《最后的会面》，《三十天》1936年第8期。转引自科瓦列夫：《文学创作心理学》，程正民译，福建人民出版社，1983，第63页。

尔基笔下是波尔甘诺夫（《瓦莲卡·奥莲索娃》）。"①

这就是大体相同、基本性质一致的社会历史文化背景和在这个背景下产生的类同的典型，在不同作家的笔下，产生了不同的品性、气质、面貌和他们的生活与行动。

这种被法捷耶夫称为"写作的第二个时期"阶段的工作，就是要发挥自己创作心理的特质，发挥创作个性的特质，来组合事件和形象。法捷耶夫描述这时期的工作时说：

> 这时你就要开始做一件非常紧张的工作，即从意识中的大量印象和形象挑选出最有价值的材料，选出需要的，抛掉多余的，沿着这个方向浓缩事实和印象，以便尽可能全面地和清晰地表现出、传达出在意识中愈来愈定形的作品的主要思想。②

这是一个检索记忆、调动形象积蓄、进行重新组合的过程，是一个想象飞动的过程。这是作家完成自己的"心理实验"的过程，也是作家进行"内心创作"的过程。③所谓心理实验过程，就是在构思时进行悬想、推测，以构成形象的内涵和外形，特别是他们的心理状态。作家在构思中要不断地"以己之心度他人（形象）之意"，这时会进行一种心理的自我实验，或者用自己的心理为依据、或者推演形象可能出现的心理。果戈理说，他常常把自己的心理（往往是不好的方面）"转到了自己主人公身上"④。而车尔尼雪夫斯基在研究托尔斯泰的创作时指出："应当承认托尔斯泰的天才所具有的心理分析的力量是我们所发现的托尔斯泰伯爵作品的特色，而这种心理分析是经常的自我反省、不倦的自我观察的结果。"⑤

作家在构思过程中，都不得不进行这种心理实验的过程，而在这个

---

① 《最后的会面》，《三十天》1936年第8期。转引自科瓦列夫：《文学创作心理学》，程正民译，福建人民出版社，1983，第64页。

② 高尔基：《苏联作家谈创作经验》，中国青年出版社，1959，第49页。

③ 科瓦列夫在《文学创作心理学》中说："作家的再现完成着心理实验的过程⋯⋯""A.库普林在观察契诃夫形成形象的内心创作过程时⋯⋯"。（第125页）

④ 果戈理：《作者自白》。转引自科瓦列夫：《文学创作心理学》，程正民译，福建人民出版社，1983，第62页。

⑤ 车尔尼雪夫斯基：《〈童年〉和〈少年〉、〈列·尼·托尔斯泰伯爵战争的故事集〉》，《古典文艺理论译丛》（第5册），人民文学出版社，1961，第165页。

过程中创作心理所发挥作用的性质和水平，决定了形象的内涵、深度和水平。

A.库普林所描述的契诃夫形象形成的状态，是有趣而典型的内心创作过程：

> 我想，他总是从早到晚，甚至可能在夜里做梦和失眠时都完成着看不见的、然而是顽强的、有时甚至是无意识的工作，斟酌、辨别和记忆的工作。……在生动的谈话中间可以发觉，他那专注而好意的目光突然变得呆板而深沉，仿佛深入内心某个地方，洞察在他的心中发生的某种隐秘而重要的东西。这时，安东·巴甫洛维奇就提出古怪的以出人意料而令人惊奇的问题，这问题完全与谈话不沾边，所以就令许多人感到难堪。[1]

作家在构思的过程中，就是要进行这样一种心理活动，以形成一个写作的整体计划和形象的核心以及形象核心的核心行动。这正是一种内心的创作过程。它使用内觉资料，启用内心基础，用内心视觉来"看"，用内心语言——一种特殊的、形象性的、决断的、跳跃的有时甚至没有语词的语言——来描述和思索。

（二）构思的基本内涵

文学构思的基本内涵、基本要求，类似于科学研究的计划和创造的一般过程，主要是四个步骤、四个方面：（1）提出课题任务；（2）对未来成果（作品）的规划；（3）解决课题的方法、手段和步骤；（4）取得成品后的验证、验收、检验。但是，文学构思在这个基本相同的基础上，有着很多很突出的特点。首先，文学构思的过程中，贯穿着情绪性、形象性和故事性，并且对事件、人物都要求有典型性。其次，文学构思在确立主旨之后，有几个主要方面是必不可少的：故事情节的发展线索；形象核心与形象体系；结构设计——故事情节与情节之间、人物之间、人与情节之间、环境与情节、人物之间等等，各个方面的特定的有序结构的安排；整体艺术风格设计；展示情节、人物性格的方式、方

---

[1] 《回忆契诃夫》，转引自科瓦列夫：《文学创作心理学》，程正民译，福建人民出版社，1983，第125页。

法、技巧与顺序；语言设计；提纲。

这是一个"典型范式"，但不是必用"药方"。作家们常常运用自己的范式来构思，其形态是多种多样的；有人根本无所谓构思的"物化形态"，甚至没有成型的内在构思，而是在写作过程中，逐步来完成这个构思阶段的内容：他们是构思、写作，毕其功于一役，写作完成之时也就是构思实现之时。但是，这并不妨碍，更不证明，构思是不存在的，构思的内涵的基本要求是不必要的。事实上，无论什么形式的构思，都包含着这里列举的构思内涵的基本方面。

尤其不可或缺的是形象。形象记忆 ——→ 形象 ——→ 概括 ——→ 形象基础 ——→ 形象核心 ——→ 形象群体 ——→ 形象设计，这是构思全过程中基本的、核心的内容发展的路径。作家在构思时，不能不启用自己的形象储蓄，利用其形象记忆——形象概括和形象基础，然后确立一个形象核心和核心形象，由此更确立形象群体并明确他们之间的关系和发展线索，这样才能形成一个整体的和具体的形象设计。这样，作品——未来的作品，才算是有了基础、有了核心，可以凭借、围绕着它，发展成千上万种生活与人生的戏剧。那些千古流传的小说名著，成功的一个主要原因就在于它是以一个核心形象（或一两个核心形象）为主体，又形成一个形象群体，来发展整个作品的。

（三）潜构思

如果我们把构思的过程加以分段排列，那么主要有以下几个阶段和发展序列：

1. 积蓄 ——→ 2. 触发 ——→ 3. 酝酿 ——→ 4. 推敲 ——→ 5. 成型

当然，每位作家的每次构思过程，并不总是按照这个序列和阶段发生、发展和形成的，实际情况比这要复杂得多；而有时候又会简单得多，但在总体上、理论上，构思发展的脉络是这样的。

文学构思是创造性劳动的一种，作为艺术的创造，它的重要的和具有特征性的方面是潜构思的存在。潜构思的特性是它的活动的潜在性。这有两种表现，或称两种方式。

第一种表现是：作家在正式构思之前，在构思过程中，都存在潜意识的、直觉的、灵感爆发式的以及内觉水平的构思活动，其活动方式是这些属于"潜"字辈的心理活动，自动地、非意识化地、潜在地、跳跃式地（非逻辑推理）进行所取得的成果，不断地经前意识区进入意识区，成为一种显意识活动；而意识则取之为素材，进行显意识的种种心理活动：思考、抽象、概括、内心语言化或者形象飞动、进行分化组合、创造新的形象；或者内觉形象转化、"上升"为外觉形象，等等。总之，在有意识地进行构思时，上述五个阶段中，这些心理的"潜"字辈的活动，都在自动地进行工作，供给成果、原材料，既推动构思的进行，又补充构思的内容：构思从中获得素材、灵感、形象，获得力量。

特别值得提出的是，这种来自潜在领域、潜在心理活动的材料、灵感，差不多总是（如果不说是全部的话）非常有益、非常可取，具有艺术素质的。这是因为，它们都是心理机构自动工作、自行加工的产品，是真正来自心灵的东西，是拌和着作家的血和肉、喜和悲、痛苦和欢乐的。它们是作家在从幼年到成年的整个生活经历中留下的刻痕、潜记忆、进入下意识的各种素材的自动"泛起"，是曾经最触动感情、留下深刻印象、难于忘记的那一部分生活的印痕。因此，它们也就总是带着情绪性、形象性、活动性。所有这些品性又在总体上构成了它们的艺术素质，是宜于文学艺术表现的，是富有文学艺术情趣和质地的。

如果我们把意识领域的构思活动称为"第一战场的第一主力"，那么我们可以把这方面的构思活动称为"第二战场的第二主力"。它们往往是感情的、形象的、活动的、无意识的、直觉的、灵感式的。因此，构思的艺术水平和作品的艺术素质与艺术成就往往来源于此，或者说，这第二战场的第二主力往往能够扮演构思和作品中生动活泼有力的艺术活剧。托尔斯泰的《战争与和平》中潜藏的那些家庭故事，在索菲娅、娜塔莎、老罗斯托夫伯爵等人物身上寄寓的他的亲人（父亲、母亲、姨妈等）的性格和"事迹"，都是潜存于他的记忆、心理和情感之中的，在构思时，不断在"第二战场"活动，自行加工、提炼、制作，然后又自动地以"第二主力"的身份进入构思，成为构思中的宝贵材料的艺术颗粒、艺术设想。鲁迅的《孤独者》和《在酒楼上》，分别隐入了他自己的难忘的往事和自己心灵深处的情感、思想，因此，在构思时自然会潜入"战场"，成为艺术颗粒与乳汁，而促成两篇名作的问世。

如果我们把作家的生活进入心灵的部分称为心理的溶液，那么这部分溶液是最深处的、最浓郁的、最美好的溶液，而潜构思的过程便是结晶的过程；进入定型构思中的便是这种结晶过程所产生的晶颗粒。

潜构思的第二种表现则是更进一步的潜意识构思活动，它不是零碎地、片断地、部分地形成心理溶液的晶体颗粒，而后进入显意识的构思领域，是在潜意识中成块地、自发地进行构思活动，关于事件的、情景的、场面的、人物形象的都有，然后作为构思的"预制件"进入显意识，足可作为构思蓝图的构件，装备"构思大厦"。

这种构思"预制件"，往往成为后来作品中精彩部分的基础，也是在写作时最顺畅流丽的部分，一泻而下，水到渠成。其原因也在于，它是作家生活中的"珍珠"，是饱含着作家情感之汁液、形象之色彩的部分，是潜意识中自行组建而成的。

以上两种潜构思的表现，我们可以统称为构思的潜在活动，是构思的活力所在。

另一种潜构思的表现是，整个构思活动都是潜在地进行的，其中，无论是显意识的构思活动，还是潜意识的构思活动，都是以潜隐形式进行和完成的。它的总体特点就是潜隐性的。它在整个构思活动中，显意识的活动不明显、不突出，主体似乎没有给予多少注意、指令、追求和控制，一切顺其自然，一切在自动进行。这就是那些宣称自己"没有构思""不构思""提笔就写"的作家们的构思状况。很显然，这里并不是"没有构思"或不进行构思，而只是构思活动是隐形的、潜在的，它的构思活动的诸过程（包括积蓄、触发、酝酿、推敲、成型）都是如此，许多工作甚至全部工作都是在潜隐形式下进行的。一般来说，这种创作情况都是在主体不自觉的状态下完成了或进行着构思活动，形成了心理结晶颗粒或心理"预制件"之后开始创作的。所谓"提笔就写"，似乎是不经意、无特别状态，事实上，何时提笔，在作家的心理上还是有一种特别状态的，还是在他感觉可以提笔（即感觉到成熟了）时才去动笔的。而这时候，也就是心理结晶颗粒或"预制件"已经大体形成的时候。此外，在动笔之后，这种创作与构思毕其功于一役的创作心理仍然在进行构思的活动。

潜构思值得重视，就因为它是最具艺术素质的构思活动。由于我们前面所述的种种原因（即心理功能的种种潜隐活动），使得创作构思进入优势状态。为了获得潜构思的任何一种形态，创作主体是可以通过努力创造条件的。这就是：（1）尽量从生活中吸取有用的东西，并用心理溶液去溶解它，成为潜隐的意象、内觉和各种深沉的记忆；要像那些著名作家用各种语言表述的，做到"收集生活垃圾中的珍珠"，"在生活中挖掘美的矿藏"，"做一个按照自己心灵旨意生活的人"。总之，要使生活的素材不断经过主体的心理的咀嚼、消化、吸收、改制，并进入生活的积蓄。

（2）主体不断对心理发出指令或暗示，通知它工作，同时还可以创造心理潜隐工作的条件和环境，比如幽静优美的自然环境，安静平稳的心境，不断获得新鲜的刺激，等等。这种构思中的心理操作，是可以推动潜构思进行的。

这可以说是构思活动中最有活力的部分，是最有创造性的部分，也是最需要和可以进行创造力发动的部分。

你愿意一试吗？这是创作心理学研究中可以提供"优化创作选择"的有机部分之一。

现在，我们对构思活动来进行分解阐释。此处，诸项在潜隐构思中也存在，只是不明显、界线不明而已。构思，就一般的状况（共性）来说，可以分为若干具体阶段。

（四）构思的预备：创作动机　创作冲动

动机是一种心理需要的表现，是人的内驱力。这种需要不是凭空产生的，而是从外部和内部接受了种种刺激，唤醒和激起的程度达到一定水平，便成为一种内在要求、内在需要，在心理上成为促进行动的动机。动机的发动达到强烈的程度，便成为冲动，不写不行，欲罢不能、欲止不可，像一股水流积蓄湍旋，终于冲决阻遏喷泻而出。动机达到冲动的水平，便是创作的最佳起步；否则，一般水平的动机，对于创造力和艺术动力的调动也是一般化的，难以成为创作的最佳发动。

冲动是对刺激的反应。刺激的大小与强度，决定了动机的发动水平。刺激则是多方面的，它们是动机——冲动的动因与根源。这里包含着非常广阔的方面，有社会的、时代的、历史的、个人的、文化的、文学艺术的。社会的又包含着政治、经济、社会心理、社会审美需要等，个人的又包含家庭的、爱情的、婚姻的、友情的、经济的、生活的等多方面的原因。这些原因表现为内外刺激。这种刺激的性质和强度，直接影响动机的发动程度和以后的力度表现。这些刺激也可以纳入前面所说的"四个世界"的框架：世界的刺激是基本的方面，它是基础，其范围之广泛涉及世界的一切。基本的是自然与社会两大系统。不过，这一切世界事物与现象，是否构成刺激特别是能否成为创作动机的动因，主要的不在对象的性质，而在主体（作家）自身感受能力的性质和水平。贝多芬以"头上的星空"、托尔斯泰以路边的牛蒡草为创作动机的刺激物，显然带有他们自身的极大特色。这与他们心理中的"相似块"有着很大的关系。一般地说，海、月夜、高山大河、小桥流水、雷鸣闪电、社会动乱、悲欢离合、生离死别、爱情、痛苦悲伤或欢乐愉悦的记忆等，常常成为创作的动机因素。不过这只是一种"常规表现"，事实上不仅它们的刺激本身在主体身上的反应（"动机回报"）因人而异，就是它们能否构成创作动因也是因人而异的。"世界Ⅱ"（即创作主体）自身的内驱力的发动，这是内因。它的表现，一是对"世界Ⅰ"的各种刺激的反应，二是自身心理能量的积蓄所产生的力量。这方面自然往往离不开"世界Ⅰ"的刺激，但有时（或常常）是这种刺激比较隐蔽、间接，有时是"次生刺激"，即初始刺激产生后引起的反应又成为刺激；或者是初始刺激或"反应刺激""碰撞"了心理"块"中的某个信息编码，引起"电路联通"，从而引发了刺激和"自我"的唤醒（激起），于是产生创作的动机。这后面几种情形，就带着很大的主观性，以至作家本身就是主体的刺激源了。许多作家常常不能说清是因为现实的某项具体刺激而引起创作动机的发动的，这种情形常常就是内部刺激或次生或次生而又次生的刺激引起的。这些都应视为"世界Ⅱ"创作动机的产生契机。贝多芬说，他在"头上的星空"之外的另一个创作动机之源就是"内心的道德法则"。这是在总体上自我内心的动机发动了。

"世界Ⅲ"（即作品的刺激），分两个方面。一种是别人的作品，包括文学艺术所有形式的作品在内的刺激；刺激源可以是整部作品，也可以是一段情节、一个画面、一个旋律、一个形象。这里，我们不妨将范围扩大至所有的文化载体（包括哲学社会科学、自然科学的一切著作和各种符号载体，如录音、录像等）。它们也常常可以成为动机的刺激源。贝多芬说过，康德的哲学著作是启动他的创作灵犀的重要刺激源。有不少作家的处女作（也许是并未发表的）常常是对于某个喜爱作品的模仿。鲁迅的《狂人日记》之于果戈理的《狂人日记》，曹禺的《雷雨》之于奥斯特洛夫斯基的《大雷雨》，都有着创作动机被触发以至"养成"创作动机的作用。（自然，鲁迅、曹禺的这两部名作都不是前面所说的模仿之作，而是自己的独立创造，但是，另两部外国作品的促成具体创作动机的因素却是不可忽略的①。）另一种作品刺激，就是一种"自我刺激"了。或者是因为某部作品写得成功了或比较顺畅，而想再次写这种作品和这么写作品，因而成为一种刺激；或者是因为写得不成功甚至失败，想要再尝试一次、"偏要这么写"，也因而成为一种刺激；当然还有因为如此写了，又引起同类的新刺激便想继续写而成为一种动机因素。系列小说的产生往往如此。"世界Ⅳ"（即读者世界）影响创作动机是经常发生的，是作家创作动机的一个刺激常数。只是在很多情况下，作家自己未必觉察到。读者对作家的影响，是以社会审美的形态发生作用；有时甚至是常常以"读者口味"的形态出现，这就是接受美学中所说的"期待领域"：读书界、文学界的期待（有时反映为"畅销书""受欢迎作品"的形式），总是推动作家起心动念去创作某种作品，而形成创作动机因素。在"世界Ⅳ"中一支不可忽视的力量是文学界读者，特别是作家同时代人中的作家，尤其是那些文坛巨子们。他们或者以自己的作品、或者以自己的言谈，督促、指导、引发、影响了作家的创作，构成一种动机的触发、引发力。托尔斯泰受当时俄国文学的影响至为深刻，屠格涅夫、高尔基也是如此。别林斯基、车尔尼雪夫斯基和杜勃罗留波夫作为伟大的民主主义革命家、文艺批评家，对于俄国批判现实主义伟大作家群所发生的影响和作用，则是从文学界、批评界这一面充分而深刻地反映了"世界Ⅳ"对作家创作的影响。鲁迅受到钱玄同的催逼而写的《狂人日记》和因孙伏园的约稿的推动而写的《阿Q正传》，都是中国文学史上同时代人的活动成为创作动机的触发因素的著名事例。

我们前面分别说明了四个世界的作用，但是，事实上它们是互为作用、"交叉感染"的，是形成一个整体而且你中有我、我中有你地发生作用的。这种作用因人而异，并不是某种因素只有某种作用。作用发生之后的反应，表现为动机发动的作用力，也有着非常不同的表现形式，或大或小、或短暂或长久，不但不是千篇一律，不是模式化的，而且是因人因时而异的。这种作用，有的表现在总体动机上，有的则表现为具

---

① 关于果戈理的《狂人日记》与鲁迅的《狂人日记》在创作上的渊源关系和两者的比较研究，详见拙作《鲁迅的〈狂人日记〉与果戈理的同名小说》（载《纪念鲁迅逝世百周年学术论文选》）。

彭定安文集 ⑩
创作心理学（下）

体动机。

创作动机的性质和作用多种多样。有的表现为创作的最初动机，即创作主体第一次提笔创作所受到动机的冲动。这是第一次创作冲动，是文学创造力的第一次开发。它有着很重要的意义和作用。它的文学意识也许不是很强的，但它却是第一次把自我推上创作之路。有人第一次冲动就获得成功，作品成为成名之作。鲁迅的《狂人日记》便是如此。但有的作家却不是如此，托尔斯泰的第一篇作品是《童年》，它虽然获得了成功，但不是他的作品中最优秀的篇章。高尔基的第一篇小说《马卡尔·楚德拉》也获得成功，使创作者被推上了文学之路，但是它不是高尔基作品中最好的作品。我们所说的动机，也包括总体动机，就是说，一种力量、一种认识推动某个主体立志献身文学，创作文学艺术作品来达到自己生活的总目的。这种总体动机，表现为一种强大的、持久的、稳定的创作冲动力，它同一个人的世界观、人生观的联系是很紧密的，简直就是它们的内涵和特质。许多文学大师正是如此。鲁迅在青年时代就立志以文学来救国救民，认为文学是能够改造人的精神，使人觉醒奋起、卓然而立，使国家民族因人立而得复兴。托尔斯泰的文学创作动机也很强大和持久，一开始就面对文学选择，决定是否以它为自己毕生的事业这一课题。其文学创作的动机所形成的冲动是强劲之波。有的作家，一开始由于某种具体原因、具体动机而走上创作之路，但并没有明确的观念，以文学为手段来实现自己的人生目标。这样的冲动，就属于总体动机的范畴了。

我们所说的动机，一般地说，主要是指具体动机，即一篇具体作品的创作动机。它是一篇作品之创作的主要动因；它的性质、强度、水平，影响和决定一篇作品的成败。我们可以说，作品的成败，总是能够从动机中找到其原因或原因的基因的；或者说，从作品的失败之处，可以逆推到动机中的"失败之危机因素"，而成功之作也可以从作品中找到其"成功之母"。一篇勉强之作，其动机的性质既缺乏冲动力，又甚少兴趣，因此在创作过程中也缺乏乐趣，这些便都是"失败之基"。一篇勉力写成的作品、一篇赶任务之作、一篇为了某种目的而又没有创作冲动的作品，都是这样种下了失败的或不够成功的根苗。在这种情况下之所以仍能写出作品来，往往靠了技巧的帮助。那么，这就是"作"出来的作品而并非"写"出来的更不是"流泻而下"之作了。但是，如果是受到创作冲动的冲击，非写不可、不写简直难以忍受，那么就具有了成功的最早基因了。想一想郭沫若写《地球，我的母亲》的情景，就可以想象到，创作冲动可以是一种何等强劲的冲击力。也有的作家说，他的作品是被"挤"出来的，只是有人邀约甚至催逼，才去写、才写出来。鲁迅的《狂人日记》和《阿Q正传》两篇不朽之作，竟都是应邀被催之作。但鲁迅之所以能成功，根本原因在于他久已积蓄于胸了，尤其是已经有总体的文学创作动机，这是强大的总体的和内部的创作推动力，即总体创作冲动，也是创作冲动的强大的文化背景和心理基础；再者，对于要表现的主题、生活素材、人物形象也都久蓄于胸了。这是具体的创作动机。这种动机一方面表现于、蕴藏于他的心理活动和机能之中。正是他的创作心理的内涵和结构，他的表象的储存（如他的表弟阮久苏得了迫害狂病）、对于封建家庭制度下的牺牲者的记忆、记忆库中的储存，特别是形象记忆、情绪记忆之丰富，他的知、情、意的统一状态中的对于封建制度、封建文化的痛恨，对于辛亥革命中农民的表现和深深的同情，如此等等，都成为他的创作心理的一种储存、内涵和能力。这些积蓄和它们在内心的活动逐渐积累，成为一种心理能量，一种急欲喷薄而出的心理能力、心理需要。这两个方面构成了强劲有力的创作冲动。这个冲动本身便是成功之母，而上述两个方面的各种细节上的动因和积蓄，也都分别既是创作动机的构成，又是成功的因素。许多作家的创作经验谈中，都反映了这种道理。如果我们从创作动机方面去分析，便可总结出创作动机（创作冲动）的作用力和意义。

创作动机有单纯动机和复杂动机之分。有的作者只在一种单纯的动机下动手创作。有的作者则有着复杂的甚至很复杂的动机，在创作时，种种动机起着不同的作用。不过，在复杂动机中，有的是直接的动机，有的是间接的动机因素；有的是主要的，有的是次要的，有的则起着核心的作用。

动机还会在创作过程中，处在动态的变异的发展中。这时，简单的动机也可能逐渐增加一些动机因素，而复杂的动机系统又会在发展中发生变化，或减或增或调整主次关系。

在创作动机中还有几种具有特色的状态。有的动机是潜意识发动的，因而是潜在的、隐蔽的，主体并无感动和觉察；有的则是有意识的。有的动机是创作主体的一种自我补偿的需要，有的则是出于自我抒发的需要。创作动机中的潜意识成分，是值得特别注意的。由于是潜意识，所以连作家本人也往往没有觉察到这种动机因素的存在，或者因为是潜在的因素，所以为作家所不愿说。这样，我们关于创作动机中潜意识因素的作用，就很难举出实例了。而且，如要举例，不免是一种分析与推测，而难于获得确证。但是，我们可以肯定，创作动机中的无意识因素是存在的，它的作用是不可忽视的。弗洛伊德在这方面最早做出了成绩。他首先提出了潜意识问题，并且探索了潜意识与文学艺术创作的关系。他指出了潜意识的存在（被压抑的意识和愿望，过去的"剥夺"在潜意识中存留的遗痕，性的不满足也造成潜意识中的未被意识到的性要求，等等），或者是转移，或者是升华，或者是抒发，都可成为文学艺术创作的动机、动力和内涵。他用这种观点分析了达·芬奇和莎士比亚。他的功绩在于提出了潜意识、其作用与作用力，以及它的内涵中的性意识、性要求；但他的缺点和失误也正在这里。他过分夸大了潜意识的作用，也过分夸大了性的作用和作用范围。我们可以避开他的失误，只取其可取之处——有用的和科学的内核：潜意识确实是创作的动机内涵，这种内涵中确实有时（请注意这个"有时"）含有性意识和性要求。

还有一点需要指出：弗洛伊德的理论主要是指作家、艺术家的总体创作动机，而不是具体的创作动机（即在具体创作活动中对某一具体作品的创造的实际"操作"）。我们在本书中和在此处主要谈论后者。

在创作动机中，有三种情况起着值得注意的作用：一是文学格局、文学潮流和文学的（包含世界文学的、区域文学的、国别文学的、地区文学的和民族文学的）社会倡导对于作家创作某种作品的推动作用。它们作为外在的艺术刺激和社会刺激，内化为主体的创作需要、创作动机，有的创作主体自觉地、主动地接受这种刺激，化为自己的创作动机；有的则是被动地、自发地接受和循着它的方向去创作①。二是自我实现的需要作为文学创作动机的重要作用。自我实现是一种高层次的需要，有着丰富的文化内容，作家、艺术家一般都具有强烈的这种需要。由于他们的艺术型心理使然，他们的这种需要常常就是文学创作，用艺术形式表现某种对象，表达某种情感、某种思想的需要。三是创造的需

---

① 这种情况有两种类型，比如某个时期某种题材的或某种风格的作品特别受到社会的欢迎和好评，或者受到奖励，因此：（一）有些作家便自觉自愿地创作类似的作品；（二）有些作家不自觉受到这种潮流的影响，无意识地创作了类似的作品。

要。人都有创造的潜能，这是人性的遗传、远古意识的内涵。人的开发程度不同，开发领域也不同。作家、艺术家就是在文学艺术领域开辟了创造的能力之源。在适当的条件下，他们会受到触动，创造的冲动引起文学创作的需要。不少作家尤其是文学青年在开始创作时，这种创造的需要所促成的创作动机，常常占有一定的比重。

动机从启动到形成一种力量，特别是形成一股冲击力（冲动），有一个发展过程：从启动到趋向成熟。在这个过程中，可以由主体有意识地培育，促其发展、成熟。这是一种"自我"意识的活动，内省动机的启动、性质和内涵，有意地推动它的定向发展，培养最初的萌芽，增加内容，补充材料，调动表象，使动机趋向成熟，直到成为一种冲动。托尔斯泰的创作生涯中，这种自我培育动机使其成熟成为冲动的事例最为明显，且有他自己的详细的记录，这就是他的日记和创作笔记。在托尔斯泰夫人的日记中，也有着有意义的特殊的记录。托尔斯泰著名的不朽长篇《战争与和平》、《安娜·卡列尼娜》和《复活》，最初的动机起因，都是比较微小的闪念和一点故事的因由，或来自自己生活中的遭遇，或是听来的一段故事；可是，当"一闪念"在心中闪现而又被捉住之后，他便不断地扩展、补充、深化、酝酿、酶化这最初的酵母，经过一段自我培育，使它的内涵扩充深化，已远非最初之所想，于是一般的"动机"一闪，终于成为一种不可遏止的创作欲望、一种强有力的冲动。

当动机经过自我培育而趋向成熟、形成冲动之后，就走向构思阶段了。于是，作家、艺术家转向冷静、沉思和追索，逐渐走向创作的第二个阶段。

这种自我培育的过程，在心理活动方面，正是一种心理能量的积蓄过程，也是一种心理能力的压缩、浓缩过程。在动机启动之后，表象在心里游荡，初无秩序，目的性不明确，但逐渐变得有序和目的明确起来，记忆的检索也开始了。当有符合前者需要的，迅速"提取"，进入思维的有序结构中，注意的重心也转移过来了，情感、情绪的跃动也有了内在的重心，思维的活动也绕着重心转，常常会表现为日思暮想、朝于斯暮于斯、剪不断理还乱、拂而不去推而不离、难弃难舍。这就是一种最佳"酝酿状态"、最佳"酶化"过程了。有时，会在这过程中感到若即若离、若明若暗、欲捉还飞、欲近又远，是一种迷离恍惚、朦胧游弋状态。这往往更具有一种诱人的力量，使人弃之不得，必欲得之而后罢。同时，也常常会在这个过程中，心头感到一种美滋滋、甜丝丝的滋味。这些都构成一种心理能量，而这种能量既欲发出又不能发，是"引而不发"状态，因而形成积蓄、压缩的态势。这是相反相成的。积久乃发，便成冲动。冲动冲击而出时便成构思，于是再转入沉静思索之途。

在进入构思阶段之后，冲动之力仍然存在，它与构思形成互促互补的、交叉穿插的情形。

必须说明的是，创作动机不管来自何方，无论多么复杂，不管性质如何，不管情形怎样，都要通过"心理"（"创作心理"）这个通道出来，才是最佳动机状态。就是说，一切动机的因素，不管社会的、时代的、历史的、政治的、经济的、道德的，还是生活的、爱情的、事件的，抑或是情感的、理性的、无意识的，都需要"心理化"，成为一种心理需要、心理能量，才是真正的、最佳动机化的创作冲动。所谓"心理化"，就是外在的变成内在的，理智的变成情感的，意识的变成潜意识的（由意识领域沉入潜意识，成为"自发"状态），理念的变成形象的，日常的、世俗的、功利的变成审美的。总之，一切社会的、政治的、道德的，都变成一种审美心理的，一种心理的内涵、心理的需要。社会责任感也不是外在的，而是一种内在的心理要求。这时，创作的要求——用审美形态来表达的要求，就成为一种内心的要求、心理的需要，迫切、冲动，急欲投入行动。这就是一种创作冲动了。这时，一是积蓄已久的心理能量要求释放，"重压在心，不发不能"；二是种种心理的积能要求补偿，心理活动中对象生长的种种情感、事件、人物命运方面的、主体在观照它们时所感受到的种种阻遏、障碍、抑制、不满足，等等，都要求补偿。这形成一种"心理落差"，产生出一种心理能量，也是要求释放、要求满足的。第三，这两项"积蓄"同时还形成一种创造的需要、一种表现的需要；它们还加强了已有的创造需要，这样，抓几方面的聚合、凝结，便形成一种有力的创作冲动了。这里有许多条"线"，构成尔后出现的构思的"线索"、创作的"线索"，最后也就成为创作成功的心理的、情感的、思维的、情节的诸种线索了。鲁迅的小说，毫无疑义，是在社会化、政治化、道德化、理念化的高强度创作目的下创作的，从总体动机到具体动机都是如此。总体上说，他就是要以文学来救国救民，来唤醒民众，要"画出压在大石底下几千年的当代中国人的活的魂灵"，要倾诉他们的不幸，揭露他们的愚昧、落后和冷漠，促进他们的觉醒和奋起。"哀其不幸，怒其不争"，诉其苦难，促其抗争。在具体的作品上，也都各有其具体的目的和动机。但是，鲁迅的高超和伟大，就在于他不是"停留"在这些上面，他也不是止于此，而是这一切都化成了他的情、他的心、他的爱和恨、他的哭与笑，甚至他的生与死。这就是他的心理的内涵，情感的汁液，思虑的主旨，思维的重心。事件、情节、人物形象，都充满着他的心理溶液。表达这些就是他的心理的需要、补偿的需要、自我实现的需要和创造的需要。他写狂人：内心有一种强烈的需求和呼号要发出，结束这几千年的人吃人的历史！"救救孩子！"他写阿Q，因为"阿Q的影象①在我心头已经有了好多年了"；他写《孔乙己》时，孔乙己可怜的、灭亡的命运和形象在他心中已经储积了几十年，无限的同情和哀痛久蓄于心；《祝福》中祥林嫂的形象也是久久萦怀已有几十年；至于《在酒楼上》中的吕纬甫和《孤独者》中的魏连殳，其形象中就深深隐埋着鲁迅自己的内心隐秘和痛苦，隐藏着他的"自我"的身影。这些，虽然无论是作品的整体还是人物的形象，无不蕴含着深厚的社会、历史、文化内容，蕴含着深邃的思想、道德、伦理价值，蕴含着复杂的社会生活提炼后的精粹形态，但是，作品和人物形象的这种社会—文化含量，丝毫没有使作品带有理性化、概念化、抽象化的痕迹，而是饱含着、深藏着情感性、形象性、主体性。这原因，就是他在创作的动因中，就已经使动机心理化了，动机之中蕴藏着高度的"社会——文化——历史——心理"含量。这种"心理含量"积蓄到一定程度，心理能量积存到一定的水平，就形成创作冲动，创作心理全部调动起来、活跃起来，成为一种强劲的冲击力，冲破了心理"阈限"。以此为"临界点"，创作冲动的冲击力，挟带着创作主体奔向创作之路，首先是奔向构思阶段。这种情形，借用一位诗人的诗句来描述，就是：

> 而你的创作热情
> 在那里找到了
> 最佳临界点
> 喷发成无比灼热的火焰②

---

① 现在通常写作"影像"。——编者注
② 陈敬容：《致一位女作家》，《人民日报》1987年5月29日。

那里，就是"心理"，就是"四个世界"的一切内含都汇合溶化于其中的"心理溶液"。当到达最佳临界点，一经触发，创作热情便如灼热的火焰般喷发而出了。这定会把作家引入最佳创作状态，把作品引上成功之路。

（五）创作构思的启动

当越过临界点的创作冲动把创作主体带入构思阶段之后，创作构思的机制就启动了，心理"电路"接通，创作心理全面活跃起来，投入构思的活动。

创作构思的启动，是信息的刺激和反应的激活表现。各种各类信息量在构思的预备阶段不断地增加，刺激度也不断加大，这正是预备阶段各种动机因素产生作用的表现。这些刺激，必然引起心理的各种反应，或者接纳而引起"相似块"的活动和"接应"，一方面"进入"，另一方面"进出"，或者是新的刺激引起新的反应；对于各种动机因素，都作为一种内外刺激在心理中引起分类储存和分类检索的活动，调动起感知、认知、表象、记忆、注意、情感、思维等心理活动，心理的种种反应又收集起来，定向集中，向确定的主旨聚集，为构思准备材料和心理能量。

构思也是记忆"储存"的"溢出"。当创作冲动的激活水平已经达到临界点时，记忆的检索已经开始颇久，回忆之波翻滚，许多回忆之泉奔涌而出，于是不断溢出"心理"的"堤防"，供构思之用。有的作家有时会因为听来的故事而得到创作启发和冲动，就需在触动之后调动生活储存、记忆储备，让它溢出记忆库，来作为构思的素材。果戈理的《钦差大臣》的故事是从普希金那里听来的，托尔斯泰从朋友科尼那里听来了《复活》的最早的故事模型；但他们在听来之后、构思之前，都必须大量调用自己的记忆储备，否则只有一个干瘪的听来的二手材料、故事梗概，怎么能进入构思、进行创作呢？他们在构思这两部作品时，自然地，都检索大量记忆，形成记忆之波，让它们溢出记忆之库，来形成构思之流。

构思，也是作家"心理溶液"的饱和与结晶。当构思阶段来临，作家的心理进行构思活动时，他的"心理溶液"达到饱和状态，经过构思主旨的搅拌，不断活动、运行，当沉静下来时，便按照构思的定向定构

的"配方"凝聚、结晶，形成构思的框架。

在这个过程中触发是重要的，也是多样的；可以是自觉的，也可能是无意识的；有久蓄而偶触的，也有纯是偶发的；有整体性的，也有从局部开始的；有一个事件、一个形象、一个梦、一幅画、一句话、一枝花、一个景象或一个人的触发，也有一本书、一个故事、一个思想、一个意念、一个闪烁而过的思想火花……没有触发，不能触发"机缘"，但是，没有触发之后的刺激的高强度、高水平的激起、唤醒和反应，没有记忆的"溢出"，没有"心理溶液"的结晶，也是不行的。触而即发，发而即止，没有背景支援，没有后继材料，没有记忆之波的涌起，没有"心理溶液"的整体参与，实际上就成为触而不发了。

（六）构思的动机类型与心理机制

构思是接续创作冲动的阶段性工作，因此它有一个动机类型的表现。大体地划分，有这样几种类型。

1. "内心动机"型（内驱力型）

这是作家的兴趣、情感、思维造成的内心冲动。它的内部发动力是一种内在力，是强劲的力，冲击力较大。这往往是作家内心活动的自然结果，是他的"心理溶液"自行结晶所达到的结果。在构思正式发动之前，作家的心理活动已经逐渐自动地走向构思。心理能量的积蓄也达到了必须释放的程度。应该说，在一般情况下，这种内驱力动机型创作冲动，是高质量、高水平的（就其心理激活水平和心理机能发动水平来说，非指社会、政治、道德和文化水平），是符合审美规律的要求的。像鲁迅《野草》中的许多篇章，就是在这种创作冲动下写作的，所以《野草》是鲁迅的散文文学作品（不包括他的诗作和杂文文学作品）中艺术质量最高的作品。他的小说中的《孔乙己》《在酒楼上》《孤独者》也可以说是这种动机类型。

2. "外部刺激动机"型（外促力类型）

它的主要特点是先受到外部的刺激（包括特别重要的触发），然后做出反应、调动储备、检索记忆、搅拌"心理溶液"，形成创作动机，促起创作冲动之波。鲁迅的小说《狂人日记》《阿Q正传》，托尔斯泰的

《复活》《哈泽·穆拉特》是这种类型的动机。这种动机类型的特点是，最初由外部发动；其优劣成败的关键是外部刺激对内在心理能力激活水平和主体的"内部储藏"的量与质。鲁迅和托尔斯泰以及果戈理作品的成功，就在于原来的储藏深厚和激活水平高。

3. 内外结合型

这是由外部刺激和内驱力共同启动的动机，有时会有主次之别，但两者都是结合的。一般情况下，这种内外结合型的动机发动是比较多的。因为作家生活于现实世界中，"自我"与"现实"不断地进行信息和能量的交流与交换，自然会不断发生内外交叉的刺激，引起创作动机的启动。

当进行构思时，心理活动进入一个新的阶段。创作心理的活动，进入活跃期。构思过程中，心理机制大体循着这样的过程和顺序向前发展：①刺激发动 ——> ②心理郁积启动 ——> ③调动生活储存 ——> ④检索记忆编码 ——> ⑤信息和心理能量释放 ——> ⑥想象活跃 ——> ⑦意向指导 ——> ⑧灵感偶现或爆发 ——> ⑨思维活动（一般思维和创造性思维） ——> ⑩物化形态的出现（构思草案、写作大纲、提纲等的草拟）。

当然，必须指出，这是按一般状况"理论上"的排列，事实上，第一，除了①～③项和第⑩项的序列一般比较固定之外，其他项并非总是顺序活动的，它们往往交叉汇合、动态发展。第二，每一项各有特色，但也并不总是单独活动，而是整体地、综合地发挥作用的。第三，它们在活动过程中常常"顺序颠倒""难分先后"，同时也常常会是这一阶段起了作用，在另一项活动为主时，它又再次发生作用。这也表现出一种"前后倒错"的现象。总之，情况是极为复杂的。这里只是根据各类项目的存在，按照一般情况，理论性地排列而已。

不过，有一点需要强调，这十项心理机能的活动和活跃，是构思的重要条件。越是各项活动齐全和活动得积极主动的，构思效果就越好。这是创作心理在"正式"活动中的"第一仗"。它是带有关键性的。

这十项心理活动，综合起来是两项内容、两步工作、两种目的，这就是通过选择和集中，来达到提炼和虚构的目的，使主体对于客观现实的认识、对于自己已有的认识进行再认识、认识深化和再组合的过程。首先是选择，即对已经提取出来的材料和检索的记忆进行提炼，选择符合主旨的、符合构思要求的，而剔除相反的材料；然后是集中已选的材料，进行再认识、再组合的工作。前者是认识的深化，后者是情景和人物的虚构。这一过程，细分之便是先为追忆，次为将材料进行逻辑概括（再认识的理性方面）和形象概括（再认识的形象方面），两者又是互相交叉、互相推动的。接着便是想象，进行虚构，设计"草图"，这是认识与形象的再深化和重新组合。在这一过程中，不断地分析、组合表象，进行逻辑思维和形象思维方面的共同工作。主题的确定，故事情节的发展，人物性格的确定和形象的安排，形象的各种组合（环境、场景、人物形象各自的组合和它们相互之间的组合），以及艺术风格的设想，等等，都在此时确立下来。最后，一个构思草图就整体地呈现出来了。有的作家会在此时写成大纲或详细提纲，以物化形态把艺术构思固定下来。

在整个构思过程中有一个基本原则，即整体性原则。就是说，把握对象的整体，又整体地把握对象，并且整体地考虑构思。首先在心理各项活动的基础上，对所有提取出来的材料，既要把握其整体，虽然是局部地和分步骤地进行认知和思考的；然后要整体地去把握对象，即对个别的、局部的、分散的、零碎的材料，不管是事实还是形象，都把它们组合起来、汇总起来，形成一个整体来把握它们；最后，进行艺术构思的具体安排时，要从总体上去考虑，要考虑整体结构，像对待一幅画、一幢建筑一样，有整体的安排，考虑它的整体的、有序的、系统的结构。从内容到形式、从语言到风格、从人物到事件，都有整体的、系统的考虑。每一个系统都是这个整体中的一个组成部分，不是孤立的、单独的、游离的存在。

（七）构思的动力类型

在构思过程中，除了在构思的预备阶段创作动机以动力的形态推动构思并进入构思之外，构思本身既借助于前阶段进入的动机能量，自身又产生一定的能量，而构成一种为构思具体服务的动力，这是构思动力。它有几种类型。

1. 联想式

这是一种基本构思活动形态。一个触发引发了创作冲动所积蓄的能量。进入构思后，联想的心理功能活跃起来，往事、场景、自然风光与社会环境、人物形象等一起飞动起来，浮想联翩，由一事而联想起另一事，然后更有横向、纵向、发散、聚敛地发展；由一个人而想起另一个人，再及其他人；由一个人的一件事而连及他的另一事或另一个人的类似的事。如此不断，滚雪球似的发展。这是联想式构思动力类型。托尔斯泰的《复活》的构思即是如此。《安娜·卡列尼娜》的构思也表现了联想式构思特点。《托尔斯泰夫人日记》中记了这样一段事：

> 列夫·尼古拉耶维奇方才向我介绍了他是怎样构思小说的。他说："我坐在楼下书房里，仔细端详着袍袖上的白色花边，美极了。于是我想，人们是怎样想出各种各样的花样，装饰和绣花的呢？存在着妇女活计、妇女时装和女人思虑的一个整个的世界，女人所赖以生存的就是这些东西。这该是非常愉快的。所以我明白，女人会爱这些并从事这些活动。当然，现在我在构思安娜（即构想小说）……不料这花边使我想出了整整一章。安娜失去了从事这方面妇女生活的乐趣；因为她孤自一人，所有女人都不理睬她，没有人同她谈论日常的、纯女人圈内的事情。①

这里，托尔斯泰由袍袖上的花边，想到妇人的生活和她们在这种生活中的心理、情趣和寄托，由此想到小说构思，想到安娜·卡列尼娜失去了这些，失去了妇女的生活，更由此构思了"整整一章"；但又不仅仅止于这一章。事实上还涉及对安娜·卡列尼娜的整个生活、心理和失去"妇女的生活"后的痛苦、这种痛苦的"女性意义"和它的深沉的心理负担。

2. 思维"自动化"

思维的发展有收敛式、发散式和创造性思维。创造性劳作，文学艺术的创作要多方位地发挥这些思维功能。在构思时，思维在提炼和虚构材料的基础上，一环扣一环地发展下去，时而发散、时而收敛、时而跃进，心理活动能力之一的思维自动地向前滚动、向前发展。鲁迅关于《狂人日记》的构思没有任何直接的叙述，但我们从他的分别的记述

---

① 《托尔斯泰夫人日记》，1873 年 11 月 20 日记，张会森、晨曦译，中国社会科学出版社，1983，第 540 页。

中，可以得其蛛丝马迹。他在给许寿裳的信中说：

> 《狂人日记》实为拙作，……。前曾言中国根柢全在道教，此
> 说近颇广行。以此读史，有多种问题可以迎刃而解。后以偶阅《通
> 鉴》，乃悟中国人尚是食人民族，因成此篇。①

他又曾说到中国常以革命者为疯子，世人歧视，或以此而迫害
他②。作品中又有许多虚拟的狂人的妄想，其中不乏真实生活的升华和
概括，也有他自己有见于此时的痛心疾首之情。如此等等。此中有理论
的、文化的、历史的、情感的、心理的、形象的，原都积蓄于心。因钱
玄同的催逼而进入构思，于是这些心中之所思所感涌起，发散、收敛、
聚合、凝练、想象，在一触之下，思维像"多米诺骨牌"似的"自动
化"发展下去，形成构思。

3. 自动接续

这是一种潜意识活动状态。所谓自动，意指没有意识的明确指令，
潜意识自动地在进行工作。英国诗人和文艺批评家赫伯特·里德
（1893—1968）说，艺术家的本领"在于能使心理的最深境界的本能活
动具体化"③。构思中的自动接续的动力类型，就是一个触发"击中"
后，发动了心理最深境界的本能——潜意识，它就无"意识指令"地自
动工作，接续进行，使构思逐步具体化。托尔斯泰的著名小说《安娜·
卡列尼娜》的构思的"第一击"，就是在半睡半醒状态中，潜意识活动
自动进行的。他写道：

> 那回也和现在一样，是在午饭后，我躺在一张沙发上，抽着
> 烟。当时是在沉思，还是和瞌睡作斗争，现在记不清了。忽然间在
> 我眼前闪现出一双贵妇人的裸露着的臂肘，我不由自主地凝思着这
> 个幻象。又出现了肩膀、颈项，最后是一个完整的穿着浴衣的美女
> 子的形象，好像是在用她那忧郁的目光恳求式地凝望着我。幻象消
> 失了，但我已经不能再摆脱这个印象，它白天黑夜追逐着我，我应

---

① 《1918年8月廿日致许寿裳》，载《鲁迅全集》第11卷，1981，人民文学出版社，第353页。
② 如将民主主义革命家、宣传章章太炎称为"章疯子"，以抹杀他的言论，攻击他。
③ 《现代美学论著》，转引自赫拉普钦科：《作家的创作个性和文学的发展》，满涛等译，上
海译文出版社，1982，第2页。

该想办法把它体现出来。《安娜·卡列尼娜》就是这么开始的。[①]

作家在构思初起时往往在多种情态下，向某一因素的击发而引起构思的萌动，接着便自发自动地接续下去，逐步成型了[②]。

（八）构思种类

构思有几种类型，它与动力类型有联系，受到它的影响；但是，更多地决定于作家的艺术思维习惯、创作心理结构和运行状况，以及具体作品的动机状况与素材性质。一般地可以分为几种：

（1）理性式。它是从生活中提炼出主题之后，对作品作理性设计，故事情节、人物性格、主次关系、发展线索等都理性地考虑周详。茅盾的小说创作，常常是这种理性式构思的产物。他的文学回忆录中，详细地回顾了他的小说的细致的理性思考。如关于《子夜》，他的初步提纲是非常细致的，有对于社会情状、人物形象和人际关系的理性分析，有通篇结构的设计：几大部分，每部分写什么、怎么写都有较具体的规划。[③]

鲁迅的《阿Q正传》在通篇的立意上也有很强的理性因素。[④]

（2）情感式。情感受到触动而进入构思，在构思过程中，又不断地充满情感地思考构思内容，有的就是情感一动，发而为文，有个大体的"情感安排"就动笔创作了。这种构思往往满含情感，足以动人，但理性的思考不足，主题的提炼、各种发展都不够。然而运用得好，也不致总有此缺点。鲁迅的《孔乙己》《伤逝》《孤独者》《在酒楼上》都可以从作品"逆推"出其创作构思是情感式的。这些小说的情节均不复杂，但是情感丰富、内容深刻，是充分的"言情"小说。萧红的《呼兰河传》，不同于她的《生死场》，也是情感式构思的产物。它甚至可以说缺

---

① B.伊思多明：《晚霞中，回忆录》（手稿）。转引自康·洛穆诺夫：《托尔斯泰传》，李桅译，天津人民出版社，1981，第192-193页。

② 作家航鹰曾告诉我，一次，在旅顺开会，一家出版社的编辑向她约稿，指定要她在会上所谈、正在写作的这部小说。她则说："我另给你一篇。"于是脱口而出一个故事、一种构思，这就是后来的小说《红丝带》。航鹰说，她事先从未考虑，只在说出"另给你一篇"后才"编"起来的，这是比较典型的自动接续。

③ 《〈子夜〉写作的前前后后——回忆录（十三）》，《新文学史料》1981年第四期。

④ 《〈阿Q正传〉的成因》，见《〈华盖集〉续编》。

乏长篇小说常规的结构，故事的发展围绕着几个中心人物——祖父、团圆媳妇等，但毋宁说是围绕着作者的一腔深情——孤独的、寂寞的、怀念的、痛苦的、怜惜的深情展开。

（3）激情式。一段激情如飙风急流冲击过来，使创作主体没有准备、无须准备，激动之余，稍一思索，便即动笔。信笔所至，构思随之。这种激情式构思，往往会取得成功。它也往往是未经思索的、无意识的、灵感式的。不过，它往往适用于短小的作品，如诗歌、小品等；长篇作品，则很少是激情式的。或为激情所动，启动构思，但随后仍需进入前述的思维自动化过程。

（4）触发式。因为某一触发，而感兴启动，意欲创作。这种构思往往是触发之后，顺着触发之事、之情、之人，继续发展下去，进行构思，直至触发之事与情尽开，兴尽而止。它不同于托尔斯泰见路旁牛蒡草而写《哈泽·穆拉特》，不同于屠格涅夫见边境酒店少女而创作《春潮》。这两种情况都是以触发为契机，触发之后便进入新的构思。触发只是一种点化的、触动的作用，并不构成整个构思的内涵。

（5）积蓄式。一种感情、感应久蓄心中，在生活中，不断加深印象、加浓感情、加厚心理积累、加深思维深度，长期在他心中进行构思酝酿，在以后，遇某种触发而进入正式构思。在正式构思中，又运用长积久蓄的素材、人物性格与形象的酝酿和心理能量。鲁迅的阿Q形象，在写《摩罗诗力说》中，就已经种下根苗，并有了概念的和形象的概括，以后在辛亥革命中又再次添加了生活的感受、历史的内涵，直到五四运动，更新添了文化背景。这是一个长久的酝酿——构思过程。托尔斯泰的《战争与和平》的构思，也经历了长久的、非常丰富的、不断发展的酝酿构思过程。

因此，一般地说，积蓄式构思过程，总是构成长篇的构思方式。但也有的短小的作品，一种意念、意象、情绪、思想久蓄胸中，未曾明确和成熟，直到有一天偶遇而得，形成一种艺术构思，这是久蓄突发、厚积薄发。

以上是按照构思的性质而作的分类。如果按照构思的方式来划分，还可以分为五种。

（1）总体构思。这是对整个作品的总体规划，对作品做了一个总体性的设计。作品的主旨、故事、情节、发展线索及结构等，都有大体的构想。

（2）概略构思。只对写什么、怎么写有个什么样的故事框架，有几个什么样的人物，大致是什么样的，有个大体的、简略的筹谋，有一个总体的比较模糊、不够定型的构思。不少作家采用这种构思方式。他们有一个总的思想与情感汇合成的意念，蓝图不清晰，就着手写作了。一边写，一边再丰富、发展、明确构思。

（3）技巧构思。这是对于作品的艺术构思的重要部分，它所关注的是为了完成构思，采用什么样的艺术手段和如何来使用这种手段。对所要运用的艺术技巧都有一个预定的设想。对于语言的风格也有所规划。比如，鲁迅对于自己的小说创作，就有一个明确的技巧构思。托尔斯泰也是如此。

在技巧构思中，许多作家都对自己的作品应该形成什么样的独特风格，在总体上如何来发挥技巧，有一个总体考虑。

（4）拟态构思。对于未来的作品的"仪态"作一个拟议中的构思，好像对一个人，要求他有什么样的仪表、风度。这种拟态关乎整个作品构思，但它的特点是，只就仪表制定出一个总方案。这往往对于形成作品的特色有很好的作用。海明威对于如何写《老人与海》便事先有类似这种构思，因而获得成功。①

（5）具体构思。这是详细的从总体到细部、从思想到艺术、从结构到语言、从技巧运用到拟态确定，都做出了规划。这种构思是具体的、细致的、周详的。它往往就成为写作的提纲。茅盾的《子夜》便做出了这种构思。

最后，从构思落实的具体方法来分，可分为若干类型：

（1）腹稿。有详有略，主要是腹稿在胸，未形诸笔墨。有的腹稿相当详尽，写作依腹稿进行。

（2）写作大纲。比较粗略，是轮廓性的。

（3）详细提纲。

（4）不定型纲要。

---

① 《海明威谈创作》中说："《老人与海》本来可以写一千多页那么长，小说里有村庄中的每个人物，以及他们怎样谋生、怎样出生、受教育、生孩子等等的一切过程。这些东西别的作家作得非常拿手非常好。……所以我试图去做别的事情……删去没有必要向读者传达的一切事情。"（第50页）

（5）无提纲，仅有一种大体的想法。一般来说，中篇、长篇都是有详细提纲的。

（九）补漏与发展

在有了构思（不同类型）之后，在进入创作活动中时，构思还会不断地补充、调整、修改，故事自身的逻辑性、人物命运的发展规律和人物性格的发展趋势，往往打破原来的构思，高明的作家会依据这种情况，不断修改自己的构思，进行补漏、填空、纠错；有的更加以发展。从而不仅使构思得到发展和提高，而且使作品写作越来越明确，越来越好。许多长篇巨著，都是在这种过程中，不断改进了构思，也改进了作品的写作的，从而也提高了作品质量。

歌德的《浮士德》，巴尔扎克的《人间喜剧》，托尔斯泰的《战争与和平》《安娜·卡列尼娜》《复活》，都是如此。①

附：

《〈战争与和平〉序（草稿)》

一八五六年，我着手写一部带有某种倾向的中篇小说，它的主人公当是一个携眷回国的十二月党人。我不由自主地从一八五六年转到一八二五年——我的主人公处于迷途与不幸的时代，而把开始写了的搁置下来了。但就是在一八二五年，我的主人公也已经是一个成年的有家室的人了。为了了解他，我需要转到他的青年时代，而他的青年时代正值俄国的光荣时代一八一二年。我又一次开始抛弃了我已经开始写了的，开始从一八一二年写起。一八一二年的气息和音响我们还能亲切地感觉得到，它们现在离我们毕竟是如此遥远，我们能够平心静气地对它加以思考了，可是甚至在这第三次我也抛弃了已开始了的，但已不是因为我需要描写我的主人公的青年时代的初期，相反的，在那个伟大时代的半历史性、半社会性、半虚构的具有伟大性格的人物之间，我的主人公这个人物已退于次要地位，而居于首位的却成了那些使我感到同等兴趣的当时的男男女

---

① 详见《歌德自传》、《托尔斯泰传》和《西方古典作家谈文艺创作》。这里仅摘采托尔斯泰关于《战争与和平》的创作思路、主旨发展过程的一段草稿，以为例证。

女老老少少了。我第三次回过头来了，……。如果只描写我们在与波拿巴法兰西斗争中所获得的胜利，而不先写我们的失败和他们的屈辱，那我觉得问心无愧。在阅读关于一八一二年的爱国主义的著作时，谁不体验到那种隐秘的但不愉快的惭愧和疑惑的感情呢。如果我们胜利的原因不是偶然的，而实际上是在于俄罗斯人民和军队的性格，那么，这种性格在我们遭受挫折和失败的时代就应当表现得更为鲜明。

于是，我从一八五六年回溯到一八〇五年之后，这时我决意已不是让一个，而是让我们的许许多多男女人物经历了一八〇五、一八〇七、一八一二、一八二五和一八五六年的历史事件。我不能在这些时代中的任何一个时代预见到这些人物的关系的结局。无论我任何企图从一开始就构思这部小部的开端和结尾，但我确信这是我无法做到的，我决定依从自己的习惯和力量来描写这些人物。我仅仅是竭力使小说的每一部分具有独立的线索。[①]

---

① 摘自段宝林编《西方古典作家谈文艺创作》，春风文艺出版社，1980，第644–645页。

第三编

在创作的"沙场"上搏击

创作心理研究,最基本的范畴就是在创作过程中心理的运行过程、状态、机制和规律,向来的创作心理研究也多是这个基本范畴的研究。这自然是有道理的,因为创作心理研究的重点正在于此,创作心理的本质、运行规律也正是在这种活动过程中才显现出来。不过,从创作心理的整体活动来看,这是"后果",如果只局限于此,就没有弄清其"前因";而"前因"既缺,"后果"也就难于彻底弄明了。创作心理研究,如果只顾及这个"后果"范畴的研究而未追溯"前因"之形成,也就难于究明"后果"的真正本质与运行机制。我们在前面两编中,基本上想要探究的就是这"前因"的内涵和性质。现在我们要探究的,就是"后果"的种种问题了。

创作,的确是一场紧张的、艰困的战斗,当然也是一场饶有兴味的、富有情趣的创造性劳动。在这种战斗和劳动过程中，创作主体会动员起自己的全部注意力、调动自身的全部创造能力，发挥全部心理能力，来从事战斗和劳作。这确实是一场搏斗。创作心理在这种临战状态下，是怎样活动、怎样运行的呢？有什么规律性，有什么好的需要发挥的"能量"，有什么不好的需要避免的弊害呢？创作的成败得失，与这种创作心理的运行有何关系呢？这都是我们要探究的。"养兵千日，用在一朝"，我们前面的诸种探索，都是为现在的研究铺平道路，而现在的研究也是在前面的各种研究基础上进行的，是它们的继续、深入和发展。

让我们步入战场，"观看"战斗，看创作心理如何在"沙场"搏斗，如何在搏斗中显示自身的本质和运行规律，如何克敌制胜吧。这本身也是一种搏斗。"沙场"搏斗者胜败如何？我们对搏斗者的经验和教训的探索这场搏斗的胜败又如何？让我们在搏击中去寻觅吧。

第十二章　创作心理运行的总体过程与机制

　　创作心理的临战时期，就是文学创作的具体创作时期或叫写作期。作家在写作之前的酝酿构思时期，事实上也已经进入创作期了，只是还没有动笔写作，所以我们前面称它为"走向创作"，现在算是已经"走到"创作面前，走上"战场"了。从整个创作过程来说，这是创作心理的活跃期、实现期、完成期（就创作心理在某一具体作品的创作过程来说）。在这个阶段，创作心理连续地、正式地实际运行了（在构思阶段还是零碎地、间断地、非正式地运行），创作能力也在此阶段具体体现了，创作动力系统全部运行起来了，创作目的在实现过程中，创作动机既起着原动力的作用，又是整个创作过程中创作心理运行不息的动力源。作家的心理也需要在这个过程中逐步得以实现。因此，创作过程绝不是一个简单的过程，而是一个多系统综合地、整体地运行的复杂过程。在这样一个过程中，各个子系统都发挥作用、产生效应，它们之间又会产生综合的、整体的"合力"作用和"合力"效应，从而产生创作效应、创作功能和在作品中体现其效果。正是这种复杂的因素在起着复杂的作用，产生复杂的互相渗透、彼此影响、交感作用的效应，而且有许多隐蔽的、潜在的、无意识的力量、作用和效应，有在创造活动中必然产生的种种心理活动的复杂过程，发生多种作用的不稳定因素，因此，带来许多文艺创作方面的不可知论、神秘感和"无可说处"。甚至引起人们对在这方面的任何探索和答案的怀疑，认为一切都是无根据的妄说，不可信、无意义，创作就是创作，成功与失败各人心里明白，但谁也说不清楚。因此，研究不仅是多余的，而且是可笑的甚至是有害的，只不过是一些学究们、不懂文学艺术的人在那里瞎说乱道、姑妄言之罢了①。但是，事实并非如此。既然在创作过程中，在创作心理运行中，涉及社会的、自然的、物理的、心理的、生理的种种活动，而它们又各自有其研究的体系、已经有达到一定科学水平的成果和相当部分的科学结论，综合其成果、经验，来探索创作心理的活动过程和机制，自然未尝不可以得到一定的成效。自然，难免会有推断和猜测，也不可避免地会有不科学、不合实际的地方；但是，真理总是在猜测推动下，在克服非科学的过程中前进的。一定程度上的收获，也就是一定程度上对于创作奥秘的揭示，对于了解创作规律，提高总结和运用创作经验的自觉性，以利于文学创作和培养作家，是有一定意义的。

我们在本编将提出几个范畴，通过对它们的探讨，来提纲挈领地探究创作的奥秘。

一、创作心理运行过程的基本性质和总体态势

我常常忘记世界——在甜蜜的静谧中，
幻想使我酣眠。
这时诗歌开始苏醒；
灵魂洋溢着抒情的激动，
它颤抖，响动，探索，像在梦中，
最终倾泻出自由的表现来——
一群无形的客人朝我涌来，
是往日的相识，是我幻想的果实。
于是思想在脑中奔腾、澎湃，
轻妙的韵律迎面奔来。
于是手指儿忙着抓笔，笔忙着就纸，
刹那间——诗句就源源不断地涌出……②

---

① 据笔者所知，有相当一部分作家持此种态度。理论与实践缺乏对话，这对双方都是不利的。不可否认，我们在这方面的研究还不免浅陋，这是过去怠慢的过错；现在不必因其浅陋而转过头去，重要的是共同来建设理论。

② 普希金：《秋》。转自康·帕乌斯托夫斯基：《金蔷薇》，李时译，上海文艺出版社，1959，第126页。

普希金的这首诗形象地描述了创作的过程，它体现了创作过程中的心理活动状况：幻想、想象、梦、思维、情感，往日的记忆，现时的想象，一齐涌上心头，奔腾澎湃的思想、感情和形象，灵魂的激动和颤抖，甜蜜的寂静、酣眠和苏醒，以至手与笔的运行，诗句的涌出，有过程、有形象、有动态，有内容和形态。这是一幅完整的、生动的创作过程和创作心理活动的形象描述。它是形象的诗句，但蕴含着理论的内核。创作心理就是这样运行的。我们且来分析这种思想与情感、心理与生理的运动过程。

　　这个过程是一个劳动生产过程，也是一个创造过程，是一般生产和创造性活动交叉、融汇的过程。"劳动首先是人和自然之间的过程，是人以自身的活动来引起、调整和控制人和自然之间的物质变换的过程。……为了在对自身生活有用的形式上占有自然物质，人就使他身上的自然力——臂和腿、头和手运动起来。当他通过这种运动作用于他身外的自然并改变自然时，也就同时改变他自身的自然。他使自身的自然中沉睡着的潜力发挥出来，并且使这种力的活动受他自己控制。"[1]马克思在这里论述的是一般劳动生产，它同样适用于文学创作这种生产劳动。它属于精神劳动领域，而马克思的论述能够概括它的基本品性。在这里，创作也是人和自然之间的一种活动、一种物质变换过程。不过这是自然、物质进入了人和人的思想、心理之中，产生两者之间的变换过程，同时，又是人用精神生产和精神产品（文学作品）来改变自然的过程。在这个过程中，人也必然会使自身沉睡着的潜力发挥出来，即把自己的文学创造能力发挥出来。普希金所说的情感、思维、想象、幻想、灵感、手和笔的运动等，都是这种潜力的发挥。这就在原则上规定了文学创作的一般生产和一般劳动的基本性质，说明它的基本性质同人类所有的劳动是一致的。这就在根本上消除了它的不可知性和神秘感。当然，这不仅是一种不同于一般物质生产劳动的精神劳动，而且是不同于一般精神生产劳动的特殊的精神生产劳动。

　　首先，它也是这样一种劳动，"劳动过程结束时得到的结果，在这个过程开始时就已经在劳动者的表象中存在着，即已经观念地存在

---

① 马克思：《资本论》第一卷，人民出版社，1975，第201-202页。

着。"①作家的劳动结果——作品，在写作过程开始时，就已经在他的表象中存在着，就已经观念地存在着，也就是已经在构思或提纲中存在着了。这里实际上就包含着一种创造性的劳动。其次，更重要的是，文学创作这种劳动，还需要运用创造性思维，运用想象、幻想、灵感、直觉、形象。这些特征性心理活动在文艺创作中特别活跃，也特别重要。所有一切我们在前面说到的关于"创造"的内涵和心理能力，在创作活动中都调动起来和活动起来了。这就是文学创作的一般品性和一般面貌。应该说，在这个范畴中，它还是"一般化"的；是"规范化"的，是可知的，能够明确描述它的活动过程和规律、机制和性质的。但是，再进一步探究时，事情就复杂得多了。

康·帕乌斯托夫斯基在《金蔷薇》中描述创作的过程时说："应该给予你内心世界以自由，应该给它打开一切闸门，你会突然大吃一惊地发现，在你的意识里，关着远远多于你所预料的思想、感情和诗的力量。"②获得自由的内心世界，像打开了闸门一样，突然涌出连自己都没有预料到的思想、感情和诗的力量。这时，整个创作心理，就是紧张的、丰富的、活跃的、变动的，就不那么单纯、规范、安分和易于认识与把握了。"创作过程在它自己的过程中，还要获得新的性质，而变得更加复杂、丰富。"③这样，事情就更为复杂了。创作过程既然是一个特殊的精神生产过程和创造过程，那么自然会产生出"再生质"：原生质在活动过程中产生的新质。

> 创作过程和自然界的春天相似。虽然阳光的温暖是不变的，但它能消融残雪，使空气、泥土和树木温暖。大地上充满了喧嚣声、汩汩声、水滴和雪水的潺潺声——万种春信，虽然，我再说一遍，阳光的温暖是不变的。

> 创作也是如此。思想本身是不变的，但在写作的时候，会引起新思想和新形象，概括和词藻的漩涡，急湍，瀑布。所以时常有人对自己写的东西感到惊异。④

---

① 马克思：《资本论》第一卷，人民出版社，1975，第201-202页。
② 康·帕乌斯托夫斯基：《金蔷薇》，李时译，上海文艺出版社，1959，第36页。
③ 同上。
④ 同上。

这是一段关于创作活动的很好的带着浓厚理论色彩和形象的描述。确实，创作过程中，人的意识的活动和心理各种机能的活动，就像万物在春天的阳光中一样，欣欣向荣、生机勃勃，不断产生新的东西。我们就是要研究这种"春天"到来的契机和条件、内容和规律、因素和机制。

二、创作力激发的三个因素

当作家投入创作过程之后，首先要调动自己的创作心理的各种能力，激发自己的创造力。这里需要三个因素的配合：环境、条件、意志。人总是生活于一定的环境之中，人的心理也总是在一定的环境中活动。这正表现出人的本质是社会关系的总和这一规定性的作用。环境的意义主要的在于社会环境。社会性的大环境的性质和状况如何，以及作家在这一环境中所处的地位如何，在宏观上决定了作家创作心理活动的总方向和基调。无论作家是否感觉到这一点，他的创作心理都是在这个总方向和基调所确定的轨道上活动的。我们只要想一想那些古今中外的文学大师和他们的创作，就可以明了这一点。歌德、席勒、巴尔扎克、普希金、果戈理、托尔斯泰、契诃夫、罗曼·罗兰、高尔基、鲁迅等等，无不如此。

自然环境对于创作心理活动的影响也是不可忽略的。环境幽静、优美，气候宜人，风光旖旎，以至春夏秋冬四季的不同，风朝雨夕气候的差别，也都影响到作家创造力的激发程度。这就像运动员对自然环境的选择一样。作家对环境的选择性，常常表现出一种个性心理的特质。对环境的适应是因人而异的，而环境确实影响到作家创作心理运行和创造力发挥。普希金把秋天视为自己的创作季节。"秋天来了，这是我喜爱的季节……我的文学创作的时期开始了。"[1]秋天是一个宜人的季节、收获的季节，无论处在地球上哪个地区，秋天都是好的。所以许多作家喜欢秋天，喜欢在秋天写作，常常是在秋天的创作容易获得成功。当然，一般地说，作家的创作并不能挑选季节，而是同他的创作激情来到的时候相连。但是，毫无疑问，季节对于创作心理活动是有影响的，因此对

---

① 引自普希金给普列特尼约夫的信。转引自康·帕乌斯托夫斯基：《金蔷薇》，李时译，上海文艺出版社，1959，第125页。

于创作也是有影响的。这可以从生理学上得到科学的说明。当然，也有的作家愿意在春天写作。我国古诗词中，咏春吟秋的数量是很多的，成功之作中也有相当大的数量是描写春天风物和当时心境的。作家对于季节的选择性，是同自然环境在不同季节中的状况相关的。对季节的选择性，也同时是对环境的选择性。

作家的创作习惯还反映在对写作时间、地点的选择性上。托尔斯泰只在早晨工作，卢梭和狄更斯也习惯于早晨写作。但是，陀思妥耶夫斯基和拜伦都喜欢在晚间写作。福楼拜和鲁迅的深夜写作是出名的。福楼拜在他的位于塞纳河畔的书房里彻夜写作。他的终夜明亮的灯光甚至被塞纳河上的渔夫们当成了"灯塔"，从哈佛尔到卢昂的海轮，溯流而上时，船长们"以福楼拜先生的窗户"为目标。鲁迅无论是住在北京故居的"老虎尾巴"，还是在上海的"且介亭"，总是伏案挥毫，从深夜到天明。

安徒生喜欢在森林中构思他的童话，年轻时的契诃夫能在拥挤而嘈杂的住宅窗台上写作。[1]有的作家非安静环境不能写作，而有的则无论在何处都行。

所有这些习惯，都不是完全无关紧要的细节，它们总与创作心理活动有着密切的关系。环境和习惯，从客观和主观条件上，影响到创作心理发挥其能量的作用。许多作家只是没有注意及此或者虽注意到但不究其原因罢了。"个人身上的心理物理系统的动态结构。这决定他适应环境的独特方式。"[2] "个人的性格、气质、智能和体格等比较稳固而持久的结构。这决定其特有的适应环境的方式。"[3] "总括一个人行为的一切细节的最适宜的概念。"[4] "每一个人的具有特征性的、反复出现的行为模式。"科尔伯[5]这些关于个性的定义，固然都是就个性的整体而言的，但显然也都包括日常生活和心理活动的"细节"在内。写作习惯所反映的正是作家的心理个性和创作心理的个性，是他们适应环境的一种特殊方

---

① 康·帕乌斯托夫斯基：《金蔷薇》，李时译，上海文艺出版社，1959，第132页。

② 阿尔波特语。

③ 埃森克语。

④ 麦克里兰德语。

⑤ 科尔伯语，均转引自伯恩、埃克斯特兰德主编《心理学原理和应用》，韩进之等译，知识出版社，1985，第413页。

式和性质。因此，对于它与创作心理活动的关系，也是值得注意的因素。

影响创作心理活动的第二个因素是条件。这里指客观和主观两方面的条件。客观条件包括除环境之外的一切客观因素。比如说经济条件，常常是作家的创作受到影响的重要因素，这一因素影响到（有的甚至是严重影响到）作家的创作心理活动。巴尔扎克和陀思妥耶夫斯基都受到经济条件的重大影响。巴尔扎克因为债务逼迫而日夜写作，为还债而创作成了他的生活的主要内容。在这一点上，经济条件仿佛促进了他的创作心理的活动，是一种动力。而陀思妥耶夫斯基则相反，为还债而写作，使他不得不总是仓促写成作品，其作品不能完全体现自己的创作构思和艺术思维，总是草草结束，连他自己也不得不慨叹"想得远比写得好"，"由于贫困，我被迫为金钱而匆忙写作，所以接二连三地失败。"康·帕乌斯托夫斯基谈及陀思妥耶夫斯基的这种不幸状况时，感叹地写道：

> 债务逼着他这样做，虽然当他坐下来写作的时候，他常常意识到作品还没成熟。多少思想、形象、细节都白白地放过去了，就因为它们浮现在脑际时，已经为时太晚，不是小说已经写完了，便是在他看来，已经无可挽救了。[①]

思想、形象、细节这些创作心理的宝贵产物，都被金钱吞噬了；还有多少可能会有的产物被它压抑而至消逝了呢？在历史上，经济条件对于作家创作心理活动所产生的影响，是十分值得注意的。杜甫便是突出的一例。宋代的词人、音乐家姜夔（白石）终身寄人篱下，虽无生活之虑，却生活在别人的荫蔽之下。经济条件对杜甫和姜白石的创作都产生了深刻的影响。一个被促使走向人民，一个被抑制而疏离了人民。这在他们创作心理上的投影，是很值得剖析的。除此之外，还有许多条件，如人际关系、居住的地方（江南北国、水乡泽国、山域林区等）和房舍、家庭状况，如此等等，也都影响到创作心理的运行。常与作家、艺术家在一起过从切磋（直接的或间接的），是不少作家创作顺畅和发展的重要条件；陶渊明的乡村隐居，大有利于他写出"采菊东篱下，悠然见南山"的诗句。鲁迅在北京时期的孤寂的处境，冷寞的家庭生活，也

[①]　康·帕乌斯托夫斯基：《金蔷薇》，李时译，上海文艺出版社，1959，第136-137页。

深刻地投影于他的创作。……所有这些，都是条件对于创作心理活动的重要影响。

主观条件，则是作家自身的知识结构、世界观、人生观、审美观及一般心理品质等。这些条件是组成创作心理的整体文化背景，也是促进和激发创作心理活动的条件。它们的性质和含量，给予创作心理活动以重要的、不可忽视的影响。如果把创作心理活动比作人的意识之流的流泻，那么我们不妨统称为"文化背景""文化素养"的这些主观条件，就如清泉细流，如果能够不断灌注以量多质高的"泉水"，就能使意识之流既旺且畅，由此而"灌溉"了创作和作品的"田园"。

第三个因素是创作主体的意志。这主要是自身的奋发、坚持与刻苦。创作心理是一个客观存在，也是一种主观能力。无论是哪一方面，它都需要主体的努力，要奋发有为而去调动甚至是逼迫创作心理能量的激活与释放，要求在无论何种情况下都能坚持、前进、搏斗，要求不怕艰难困苦，知难而进。这种意志和心理品质上的差异，常常使创作心理水平相似的作家发挥水平不一样，创作成效也不相同。这也同运动员在竞技场上的情形类似：水平相等但心理素质不同的运动员，胜败各异，胜利属于那些意志坚强、能够控制自己的心理向有利于获取胜利的方向发展的运动员。

在进行创作的时候，作家的注意力和意志都强化起来，他的创作意识统治着他自己，而且作品也"生活在作家的意识中"①。

这才是创作心理活动的最佳状态，是创作获得成功的条件。

已经存在的，不等于现实的。能力是一种潜在的能量，需要激发、开掘和释放。对于创作心理来说，它的潜在能量的激发和释放，首先是在总体上、宏观上的这三种因素的综合作用在掌握着它，它在这个"舞台"上和张力"场"中活动、运行，发挥它的创造作用。

三、创作心理的总体活动与"三要素"活动形态

创作心理在前述"舞台"和张力"场"中开展活动，在总体上，它

---

① 康·帕乌斯托夫斯基在《金蔷薇》中说："只有当作家正在写作的时候，作品才开始真正地、全力地生活在作家的意识中。"

的活动有三个方面。第一，是创作心理的本体活动。这是创作主体（作家）的创作心理自身开展的活动，如追忆、想象、注意、运用直觉、激发灵感、思考、推理、判断等等。他运用这些心理能力，通过这些创作心理活动，来构筑作品，逐步实现构思，也修改、突破构思。这种本体活动，是基本的、主要的创作心理活动。第二项创作心理活动则是悬拟活动。这是一种"以己之心，度人之腹"的心理活动，即运用自己的心理活动，来悬拟、推测别人的心理活动：构建作品中人物的心理活动。这是创作心理的本体活动所产生的结果。作家在此时进行着双重的、双层的心理活动：在心理本体活动的基础上，"拟人"地进行别人的心理活动。这是作家、艺术家的一种特殊本领、一项"特异功能"。他沉入一种想象的、幻觉的境界之中，他生活在自己制造的"别人"的意识中，进行着一种"熟悉的陌生人"的心理活动。果戈理之写波普理希钦、鲁迅之写"狂人"，都用第一人称的日记体裁。他们"逐日"为狂人写下了自己的日记，悬拟着他们的狂悖心理和在这种心理状态下狂人对事物、景象、人物等的反应和态度，更用狂人的语言表述出来，形成文字。在这个创作过程中，一直进行着既是沉迷的又是清醒的心理悬拟活动。即使不是这种以"我"的自白形式来创作，而是以第三者的叙述方式描写，也同样需要这种悬拟心理活动。莎士比亚描写李尔王的狂态、汉姆雷特的心态；陀思妥耶夫斯基描写变态人的心理状态，他们的白日梦心态（如《罪与罚》中的拉斯科尔尼柯夫）；以至于托尔斯泰细致地描写刻画比埃尔、安德莱·保尔康斯基公爵、娜塔莎（《战争与和平》），安娜·卡列尼娜（《安娜·卡列尼娜》），玛斯洛娃、聂赫留朵夫（《复活》）等人的细微而详尽的心理活动，也都无不需要沉浸于一种悬拟的心理活动之中。

这种悬拟心理活动是作家的"人格化"特性。在文学史上流传着许多关于著名作家在创作过程中进入悬拟状态的故事，作品中的人物已经成为他自身的人格化身，彼乐我乐、彼哭我哭、彼病我痛、彼死我伤。巴尔扎克因为自己作品中的人物死亡（他的悬拟中的死亡）而哭泣；托尔斯泰因为笔下人物的不幸而哀伤；福楼拜甚至当写到爱玛·包法利服毒临终的情节时，自己也感到了中毒的种种症候，而去求医。"这是一种禀赋，作家以强烈的力量，使自身与人物合成一体，亲身极其痛苦地体验作品人物（按照作家的意志）所遭遇的一切。"①

这种人格化的悬拟活动，是创作心理的一个重要的、不可缺少的功能。作家创作水平的高低，很重要的、基本的因素之一，就是这种悬拟的心理功能。托尔斯泰笔下的人物（比埃尔、安德莱公爵、娜塔莎、安娜·卡列尼娜、玛斯洛娃等），《红楼梦》中曹雪芹笔下的宝、黛，陀思妥耶夫斯基笔下的拉斯科尔尼柯夫，鲁迅笔下的"狂人"与阿Q，曹禺笔下的繁漪，都无不是心理活动具体、详细、性格化的，因此人物是栩栩如生、如见其人的。而这一切都只不过是作家的悬拟心理活动的结果罢了，是作家创作心理中"悬拟心理能力"所开出的艺术之花。

韦勒克和沃伦在《文学理论》中，很有意思地提出了"作品本身的'心理学'问题"。他指出，戏剧和小说中人物的心理活动，"在心理学上具有真实性"。也就是说，人物的心理活动规律和表现，是符合心理学规范的。因此他提出，"一个作家可能有意识地、也可能朦胧地持有一种心理学理论，有时它看来就符合于一种人物或一种情境的。"就是说，作家是在一种心理学理论的指导下来进行人物心理活动的悬拟的，或者说，他所悬拟的人物的心理活动是符合某种心理学理论的。他举了一系列例证：汉姆雷特是属于"忧伤沉郁的多血质者"，《皆大欢喜》中的贾克斯属于"黏液质的阴郁所引起的矫揉造作的忧伤"类型，商迪则可证明患有洛克（J. Locke）所说的"语音联想症"，司汤达《红与黑》中的于连·索列尔则被人用特哈西（D. A. de Tracy）的心理学术语加以说明。②他还指出："鲁迪安·拉斯柯尼哥夫的动机和感情则被人用一种具有临床心理学特点的方法加以分析。普鲁斯特无疑地有一套关于记忆的心理学理论，甚至对他自己作品的组织，他的理论也具有重要性。弗洛伊德式的心理分析往往被小说家们有意识地采用，如艾肯（C. Aiken）或弗兰（W. Frank）就这样做。"③我们在这里还可以做一点补充，比如鲁迅在《狂人日记》中对狂人的心理描写，是符合心理学上描述的迫害狂病人的症状的；而他的历史小说《补天》（《不周山》），他自

---

① 康·帕乌斯托夫斯基：《金蔷薇》，李时译，上海文艺出版社，1959，第132页。

② 有关这些例证的论述，分别见L.B.坎贝尔、O.J.坎贝尔和H.德拉克罗瓦的有关论著。（见第八章注释）

③ 韦勒克、沃伦：《文学理论》，刘象愚等译，生活·读书·新知三联书店，1984，第89页。

己就声明是"描写性的发动和创造"的，是"取了弗洛特（即弗洛伊德）说，来解释创造——人和文学的——的缘起"①。这是运用并符合一般心理学理论和弗洛伊德的心理学理论。此外，我们也还可以分析《雷雨》中的繁漪、《子夜》中的吴荪甫、《家》中的觉新等形象，证明他们是符合一般心理学或性心理学（特别是其中的性压抑与无意识活动）的理论的。这些说明了，成功的作品、文学大师和杰出作家，总是能够成功地、依据心理学原理和规律地去悬拟人物的心理。反过来说也可以：如果能够依据心理学规律和原理来悬拟人物心理，作品就能够达到最佳水平。

这就证明了一点：创作心理在创作过程中进行工作和实际运行时，悬拟的心理活动及其水平是非常重要的，对于作品起到了关键作用。作家在创作沙场上的搏击，很重要和很关键的一个环节，便是这悬拟的心理活动。《文学理论》中称之为"作家成功地使他的人物的行为带有'心理学的真理'"②。这一点对于作家取得创作的成功是重要的。

然而，正如《文学理论》中所提到的，这里马上又会遇到几个问题：第一，作家是否一定要掌握心理学理论，按照这种理论来创作自己的作品，特别是据此以悬拟人物心理？第二，即使作家具备了心理学的理论装备，他"能否真正成功地把心理学体现在他的人物和人物的关系之中"③？第三，就算做到了第二点，即作品具有了"心理学真理"，那么，这种"真理"、这种人物心理在心理学上的合规律性，是否就具有艺术上的价值呢？

关于第一点，我们可以说，一定的心理学知识或较高的心理学素养，对于作家观察生活和人物、剖析他们的心理，对于在创作时较准确、较生动、较合理地悬拟和表达人物的心理、人物群体的心理纠葛与关系，都是有好处、有帮助的。文学作品的"心理学上的真理"性，往往能够使作品达到或有助于达到在生活上和艺术上的真实性；反之亦然。有的文学作品把人物写假了，缺乏说服力和可信性，其重要原因之一就是人物的心理活动和受心理活动支配的实际行动缺乏心理依据，不符合人的心理活动规律；如有违反心理活动的基本规律的情况，那就成

---

① 引文分别见《南腔北调集·我怎么做起小说来》和《故事新编·序》。
② 韦勒克、沃伦：《文学理论》，刘象愚等译，生活·读书·新知三联书店，1984，第90页。
③ 同上书，第89页。

为败笔和笑话了。至于成功的例子，前面所列举诸文学大师之所为与成就，便都是确凿的、具有说服力的。

至于作家能否成功地在人物和人物关系中体现心理学规律，则有两个方面的问题。第一，那些心理学和规律究竟怎样才算成功地被体现了？在《文学理论》中，就提出了两种情况：许多伟大的艺术恰恰在不断地违反心理学准则；戏剧或小说中吸引人的情境，比写实性的心理动机更为重要。比如"意识流"小说，就并不是把"主观的实际内心变化过程'真实地'重现出来"，就是说并不追求人物心理活动和行动的"心理学的真理"，而只不过是"把意向加以戏剧化的一种表现方法"，"这种表现方法似乎不能说是科学性的或甚至是'写实性'的。"①比如，福克纳的名著《喧哗与骚动》，运用意识流手法来描写、叙述，只不过是运用这种表现方法来体现班吉是什么样的人、勃洛姆太太又是什么样的人，其中很难说都符合某种心理学准则。

第二，至于符合"心理学的真理"是否就具有艺术上的价值，则主要地要看作品本身是否具有艺术上的价值，是不是一个艺术创作。"心理学的真理"可以使作品更具有艺术上的真实性、可信性，具有艺术上的魅力，但两者之间并不能画等号，即不是"心理学的真理＝艺术价值"。因为在艺术创作中按"心理学之图"来索取艺术上之"骥"是不行的，艺术作品不是心理学讲义。

但是，毫无疑问，悬拟的人物心理活动，必须符合人的一般的、基本的心理规律，符合心理学上共通的、公认的、一致承认的基本规律②，否则就会违背常理、违背生活，也就是不真实的了。因此，"在某些情况下，作家在心理学方面的识见似乎提高了作品的艺术价值，这是可以肯定的。"③

---

① 韦勒克、沃伦：《文学理论》，刘象愚等译，生活·读书·新知三联书店，1984，第90页。

② 心理学的派别甚多，自古至今，分庭抗礼。现代心理学更是学派林立，所以，很难依据某一种心理学说，来定文学作品的是非，肯定或否定它是否具有"心理学上的真理"。但是，自古至今，心理学的研究总结了一系列人的心理活动的基本范畴、基本规律，它们是举世公认的。

③ 作者在这里加了两个限制条件：一是"在某些情况下"，二是"似乎"，以此表示了一种保留态度。但笔者认为，心理学方面的识见，对于提高作品的艺术价值，肯定是有帮助的、有益的。至于写成了心理学讲义或演释心理学规律，那是作家的水平问题，而不是心理学识见的责任。

同时，作家的心理学知识，也会帮助他在生活中和创作中去观察、体验、感受、分析、整理和表达人物的心理素质、心理活动和心理规律，使对人物的心理表达更深刻、更入情入理。因此，它应该是作家的一项重要的艺术创作准备，是创作能力的一个内涵，是在进行悬拟的心理活动时的一种理论指导、规范参照系和艺术价值的添加剂。《文学理论》指出："只有当心理学上的真理增强了作品的连贯性和复杂性时，它才有一种艺术上的价值——简而言之，如果它本身就是艺术的话，它才有艺术的价值。"[①]所谓增强作品的连贯性和复杂性，就是说，使作品中人物的心理活动、心理规律具有连续性、一贯性，但又不是直线的、单一的、苍白的，而是包含着心理活动各种能力和机制（感觉、知觉、表象、记忆、想象、情感、思维、意志、个性等）的复杂运行过程；同时，也使作品中的人际关系和情节发展，具有了个性的和群体的、社会的心理依据、心理表现、心理纠葛和心理发展，从而成为一个心理复杂系统，使作品具有了复杂的内涵。《汉姆雷特》《战争与和平》《安娜·卡列尼娜》《罪与罚》《约翰·克利斯朵夫》《阿Q正传》这些名著的状况，便都是如此。

因此，总括起来说，心理学知识和装备及其运用，对于作家来说，是必不可少的，是有益的；"心理学的真理"，对于一部作品来说也是必要的、有益的。但它们又不是必须遵循的不二法规，也不是束缚作家手脚的绳索，相反，它们是助力和风帆，会推动作家的合理想象，扬帆驶向艺术之海。关键在于符合生活的规律和艺术的规律。如果来自生活的实际，而又符合艺术创造的规律，那么作为成功的艺术表达的方式、方法是有益的，有助于人物心理与性格的表现，即使违背了心理学的准则，缺乏"心理学的真理"，也仍然是可信的，是有艺术价值的。心理学家在这里不会"挑剔"而加以排斥，倒是自然会去总结和反映这种心理现象，补充、修改和提高自己的学说内涵。因为心理学规律，也是来自生活、来自人自身的心理活动。

创作心理在创作时的总体活动的第三个方面，就是创作心理的预测活动。这种预测，是对于事件、事态的发展，人物的心理的、命运的发展，从心理的角度所做出的预测，是一种推理、推断。中心的活动是对

---

① 韦勒克、沃伦：《文学理论》，刘象愚等译，生活·读书·新知三联书店，1984，第91页。

于人物心理的预测，他的心理不仅决定了他的未来的行为内容和方式，而且决定了他的命运；同时，他的心理的未来发展，也决定了事件、事态的发展。这种心理预测，自然也是一种心理悬拟。但它是"非现实"的，因此也是非行动性的，是比较简要、比较模糊、不够稳定的。作家在创作时，都对他笔下的人物做出了明确或不够明确、细致或大略的心理预测。

莎士比亚笔下的李尔王、汉姆雷特，在他们最早的心理活动中，就种下了以后的悲剧命运的深刻心理因素。

当然，这三个方面的创作心理总体活动，不是孤立地发生的，而是浑然一体，整体性进行活动的。但是，它们有区别、有分工，有不同的活动领域和不同的作用与效应。然而，它们又是互相渗透、互相影响和互相制约的。在原则上和总体上，创作心理的活动是包容悬拟与预测活动的，但后两者有它们的特殊性，有其相对独立性。本体活动在总体上牵制着另两项心理活动；但是，后两者的独立活动，也充实或者改变（局部地）本体活动的内涵和轨迹。悬拟心理活动时，受到预测的制约，不免在预测的范围内悬拟；但悬拟的心理活动，构成了自己的性格趋向和活动规律，它"有权"改变和修正预测的前景，如果两者产生矛盾的话。

在广阔的背景上说，作家在创作时，心理预测的内容还应该包括作家对读者心理的预测。这包括三个方面：对读者（具体地说应是自己所属的那一部分读者）的审美心理的预测、对读者对于自己作品可能有的心理反应的预测，以及自己对这些预测的反应的自我预测。这些都会影响到作家创作心理的运行，并投影于作品身上。有的作家在自己的作品中直接与读者对话，有些作家则只是在预测后，依据自己的测定采取艺术措施。

创作心理的总体活动的三个方面，三个"项目"，构成了创作心理临战状态时的整体活动。构思的实现，创作意图的实现，创作心理的逐级开展，都在这三个领域中、都以这三种方式来进行活动。这是创作心理在这个阶段的总体形象、总体作用。我们所说的具体的创作阶段（即创作心理的临战时期）的活动就是这三项活动的总和。创作，就是这样构成和实现的。

这样三项总体性心理活动，在进行时主要凭借的心理要素是什么呢？最主要的是：思维——情感——想象。在创作心理范畴中，我们不妨如此说，思维是它的灵魂，情感是它的关键和特征，而想象则是它的主要方式与手段。这与科学创造和其他创造都不同。思维，包括在创作阶段的全部思维活动和以前与当前所产生的思想，是创作过程中的灵魂。席勒说："美是自由沉思的产物。"①巴尔扎克把文学艺术表述为"借助于思想来表现自然"。②他还说："写书之前，作家应该已经分析过各种性格，体验过全部风尚习俗，跑遍整个地球，感受过一切激情；或者，这些激情、国土、风尚、性格、自然和精神的偶然现象，——都在他的思想里面出现。"③雨果也说："诗存在于思想中，思想来自心灵。"④这里所说的思想，还只是指作家的思想主旨——对于文学的功用的个人思想性认识和目标体系、对于作品的思想性的认识，也包括每部作品中所包含的思想倾向和思想内容。这些自然都是重要的。没有思想和没有思想原则的作品是不存在的。不管作家的主观状态如何，不管他是否重视思想的意义和作用，是否有意识地、自觉地把思想追求放进自己的构思和创作活动之中，作品之中都会有思想内涵，也总会有一定的思想倾向。无论作家自觉与否，他都是在表达一种思想，他的创作都是在一定的思想指导下进行的。他的创作心理，是在思想的指导下运行的。所有这些——作家的指导思想和用这种思想指导创作，创作过程中所要表达的思想和这种思想在作品中的贯彻、表达，等等，都是一种思维活动，是作家在创作过程中的思维。这种思维活动，就是创作心理活动，是这个活动的首要部分和重要部分。

所谓创作心理活动中的思维活动，还包括在创作中，作家的创作心理为了实现构思，为了通过实际材料的安排和文字表达，通过想象等活动，进行种种思维，既思考用什么（素材、人物行动、人际关系、事件和情节）来表现（这里有选择、剔除、夸张、优化等机制），又思考如何来表现（这里有对于方式、方法和技巧的选择与运用等）。这些思维活动是多元、多维、多层次的。这是创作心理活动和创造活动的具体表

---

① 席勒：《美育书简》，徐恒醇译，中国文联出版公司，1984，第83页。
② 《〈驴皮记〉初版序言》。转引自段宝林编《西方古典作家谈文艺创作》，春风文艺出版社，1980，第318页。
③ 同上书，第319页。
④ 同上书，第366页。

现。思维的导引、监护、整合、选择、优化等作用，都在这种活动中表现出来。

但是，文学作品的思维、思想，不能赤裸裸地表现出来，不能逻辑地呈现。托尔斯泰特别强调情感在艺术创造中的作用，他说："艺术起源于一个为了要把自己体验过的感情传达给别人，于是在心里重新唤起这种感情，并用某种外在的标志表达出来。"①这里提出了艺术的情感原则：基础是情感，目的是传达这种已经体验过的情感，在创作时就是要唤起以前的情感体验，重温这种情感，并且情感地把它表现出来。托尔斯泰还说："艺术活动是以下面这一事实为基础的：一个用听觉或视觉接受他人所表达的感情的人，能够体验到那个表达自己的感情的人所体验过的同样的感情。"②这说的是以己之情、体人之情的一种情感活动和心理能力。无情则无文学。文学创作过程就是一种情感活动的过程，一种化思想为情感、化情感为艺术的过程。因此，在创作过程中，思想需要情感化、需要情感体验和情感地表现。

同时，思维活动在创作过程中也不可能孤立地进行。它必然地要和其他心理功能，同情感活动、想象活动、记忆活动连接起来。只有这样，它才能起到导引、监护、整合、选择、优化等作用。

第三个要素是想象。这是创作心理基本的、主要的方式和手段。亚里士多德早在公元前三百多年就提出了艺术创作中的想象问题。他说："想象不同于感觉和判断。想象里蕴蓄着感觉，而判断里又蕴蓄着想象。显然，想象和判断是不同的思想方式。"③在这里，亚里士多德把想象和感觉、判断、思想都沟通起来，界定了想象，又指明了它同其他心理活动的渗透关系。莎士比亚很早就概括了想象在艺术创作中的作用和力量："诗人的眼睛在神奇的狂放的一转中，便能从天上看到地下，从地下看到天上。想象会把不知名的事物用一种方式呈现出来，诗人的笔再使它们具有如实的形象，空虚的无物也会有了居处和名字。"④此外，

---

① 托尔斯泰：《艺术论》，陈宝译，人民文学出版社，1958，第46页。

② 同上。

③ 《心灵论》三卷三章。转引自段宝林编《西方古典作家谈文艺创作》，春风文艺出版社，1980，第21页。

④ 《仲夏夜之梦》第五幕。转引自段宝林编《西方古典作家谈文艺创作》，春风文艺出版社，1980，第82页。

关于想象的论述还有很多。总之，想象是创作心理在创作活动中所使用的主要的手段、主要的心理能力，其他心理活动则大都因它、为它或配合它而进行活动。

以上所说的三要素的活动，也是互相结合成为一个整体，共同进行工作，为创作服务的。它们在活动中有四种基本动态"模式"。

（1）思维
情感 ⟩——→想象模式。它的基本活动是想象，它受思维与情感的支援。或是思维指导想象的活动趋向、轨迹和归宿，或是思维在形象概括中发生作用。想象与思维本是交叉关系，你中有我、我中有你。在有意想象中，必然有思维的积极参与。在思维活动的基础上，有意想象在思维的指导下正确地运用表象，这是它的活动基础。由于思维的参与，想象借助思维的间接性和概括性而有了目的性、计划性和预见性。想象在对表象进行加工、组织、改建的过程中，也一定要取得思维的抽象、概括、推理、判断等能力的帮助。总之，想象因得到思维的参与而得到活动的基础，得到指导和强化。作家在创作活动中，不停地大量地进行想象，都要以思维的积极活动为基础，而对于想象中的人和事的发展趋向、活动本质与规律以及它们的未来前程和远景，也都有思维的帮助。这实际上就是创作中的形象思维和逻辑思维相结合的一种具体表现、具体活动过程。

情感在想象活动中所起的是促其活跃的作用，也在情感想象、情绪记忆和情感概括中参与形象的创造和"造型设计"。想象得另两个要素之助，激活度更高，活动中方向更明确、意向性更强、情感度更高。想象好似插上了翅膀和安上了定向盘，得到推动、促进、强化和指导。

（2）想象——→思维
情感 模式。它的基本活动也是想象，但与前面所述不同，不是想象得他力之助，而是想象帮助、推动思维与情感的活动。其活动方面有二：一是想象通过思维和情感来实现它的活动；二是想象强化思维和情感的活动。前者是想象自身在活动，但它一方面通过思维来实现，就是一种逻辑性想象，进行分析、推理、判断式的想象，这不限于人物或事件的发展命运与轨迹，也还涉及对它们的本质和规律性想象的分析；另一方面，想象还通过情感来得到实现，这就是它在情感活动中参与其事，想象人物的情感波动状况与路径，在主体的情感活动中想象飞扬。思维和情感因得想象之参与而更活跃、更开展，更有成效；想象也因有思维与情感两个活动领域，而得到实现、体现的路径。这也就表现为情感与思想的想象化，因而也活跃起来，奔腾、跳跃、变动，成为创作心理活动的"疆场"与内涵。而基本的形态，在这种模式中则是想象的情感化、思想化。至于后者，即想象强化思维与情感的作用，表现在对思维的作用上，想象的过程实际上就是形象思维的初级活动过程，因此它的活动加强了创作的整体思维活动；同时，想象的活动也丰富和发展了思维的材料和内容，想象的参与使思维活跃起来，也使想象得到了充实，而且想象的渗透使思维具有创造性，——创造性思维的一个重要特点就是想象发挥作用。想象的活跃也使情感丰富起来，不是空洞的、浮泛的"情感性"，它提供丰富的表象材料，以充实情感，使情感活动具有了实际意义和内容；想象也带动情感之波，激扬它"扬波起澜"。想象在思维和情感活动中的这些作用，在创作心理进行活动时，在创作活动进行中，使思维和情感好像插上了翅膀，积极地构筑故事、情节、人物活动的图画，产生种种景象和场面，文学作品的内容一步步、一层层铺陈出来，形成艺术的构建。

（3）情感——$\begin{cases}思维\\想象\end{cases}$模式。这里的基本活动是情感。它的基本作用是使思维和想象都情感化，灌输情感以至激情于思维和想象之中，使思维和想象都不同于科学创造的思维和想象。它们不仅具有浓厚的情感色彩，而且具有情感因素的作用，是一种情感思维和情感想象。

（4）思维——$\begin{cases}情感\\想象\end{cases}$模式。思维在这里对情感和想象都起到指导作用。这里，思维是积极活动的中心项，它参与情感和想象的活动，使它们具有目的性、明确性、思想性、预见性，总之，使之理性化。在这个过程中，既有形象的思维，又基本上是逻辑思维。这是创作过程中思维发挥作用的重要环节。作品的思想面貌决定于此。

以上所说的四种创作心理"三要素"的活动组合与活动模式，在具体的活动中是互相渗透、互相交叉的，也是以一个整体在活动的。一方面，四种组合和模式时而同时活动，时而有所侧重，时而配合"作战"，活泼积极、生动活跃、丰富多样；另一方面，它们又形成一个整体，以一个心理活动的大系统进行活动，各子系统在这一大系统中统一活动，各个发挥自己"分内"的积极性并且"支援"其他方面，形成心理活动的统一意志、统一行动、统一作战。

这实质上就是创作过程中的整体思维过程，是形象思维和逻辑思维相结合的活动过程，也是进行创造思维的过程。创作心理在这个过程中发挥它的作用，积极创造艺术作品。

我们所描述的，是创作心理的一个总体活动的状貌和三要素活动的形态，这里已经显露了创作心理活动的运行机制。不过，还是总体性的描述，因此还比较笼统、比较模糊、比较一般。我们需要进一步揭示它的具体运行机制。

第十三章　印象──意象──形象

（本章及以下第十四、十五两章，总叙创作心理的运行机制。为了阐释的方便与清晰，特辟三章分述。）

我们在前面探讨了创作心理的运行和过程的总体机制与状况，这提供了一个共性的和普遍的基础。在这个基础上，我们才好进行具体的创作心理运行机制的探讨。为了能够更好地进行探讨，也为了更好地结合创作实践，我们不打算完全做学理式的、"规范化"的研讨，而是提炼出几个问题来探讨。

所谓创作心理的运行机制，主要指的是思维的、情感的、直觉的和审美的选择机制与组合机制。这两方面是紧密结合着的，是一而二、二而一的关系。选择的机制，贯穿于整个思维过程中，贯穿于形象思维和逻辑思维过程中，也贯穿于整个创造过程中，是它们的根本机制。莫里斯在《开放的自我》中说得好："生活就是面临抉择。"[①]"人通过自己的选择来建立各种不同的活动系统类型，而这些活动系统就是各种文化。"[②]人的生活（"生活"包括了人的一切！）就是抉择，也就是说人的创造，人的思维、意识、情感等都是一种抉择，这是人的活动的基本机制。有什么样的生活──广义的、宏观的、共同的生活和个体的、具体的、狭义的、微观的、个别的生活──就会有什么样的人；而有什么样的人，就会有什么样的选择──吸取和抛弃。所以说，人通过选择来建立自己的活动类型：作家、艺术家由于自己的特殊的生活经历，形成了一个特殊的自我，这个自我有一个特殊选择机制（包括它的标准、目标体系和方式、方法等）。这种选择经过长期的活动，造就了特殊的活动

---

① 莫里斯：《开放的自我》，定扬译，上海人民出版社，1965，第3页。
② 同上书，第6页。

系统类型：属于文学艺术系统的创造类型。这当然也就决定了它的特殊的系统文化。在这种特殊的活动系统类型和特殊文化背景的基础上，产生了人的创造活动。正因如此，人的创造活动，也是一种在既有基础上的选择。这种选择长期活动的结果，必然带来人的潜力的开发的不同状况，——其结果就是已开发潜力和尚存潜力的不同状况；这也就带来了人与人之间的种种差异。莫里斯说："如果人的潜力和差别得到尊重，自我创造的方法必然是多种多样的。"[①]这种多种多样，也就是选择的多种多样。选择的多样性，也就带来了创造的目标和实现的方法的多样性。

这都在基本的条件上，决定了活动机制的不同和多样性。莫里斯还有一句话说得很好，"要使我们自己投入创造活动，我们必须认识我们自己。"[②]

我们要研究文学艺术的创造，研究创作心理的活动机制，就必须认识我们自己。这有两方面含义：第一，认识作为作家、艺术家的"我们自己"，了解文学艺术创造与其他种类创造有什么根本的不同，它的选择机制是怎样的；第二，认识作为作家的"我自己"，了解我自己是什么样的，是如何进行选择、如何进行创造的。

我们在前面阐述一般心理活动的过程时，已经介绍了人怎样通过感觉、知觉得到印象。印象是感知的遗痕，它以表象的形式存在，作为表象记忆，刻印在记忆的"屏幕"上。表象首先是直观的，但既然为认识主体所把握感知，就带有一定的概括性和主观性。它是经过选择的，既经过感觉在大千世界、纷繁事物中的选择，又经过在"首选"之后的"再选"——对某一具体事物的具体形象的选择。当作家进入创作过程时，就向记忆库进行检索，"调阅"积存的印象，取其可用、欲用者而用之。但是，并不是直接的应用，而是经过一番琢磨、经营、改造、制作的。这是思维对于表象的加工，是一种酶化的过程。在这个过程中，作家运用自己的各种"心理能"，包括记忆、情感、思维、想象、直觉等，对表象进行加工，加进了自己的意念、主旨、感情、思想，使之成为客体经过主体加工的新的产品——第二自然的一种材料和因素。这就

① 莫里斯：《开放的自我》，定扬译，上海人民出版社，1965，第7页。

② 同上书，第4页。

是意象①。这里完成了第一步工作：从印象到意象。其图式如下：

印象（表象记忆形态）$\xrightarrow{\text{〔心理加工〕}}$ 意象

在"——→"所示的过程中，创作主体（作家）对"调用"表象进行加工，形成了意象。"在心理学中，'意象'一词表示有关过去的感受上、知觉上的经验在心中的重现或回忆"，"它的功用在于它是感觉的'遗孀'和'重现'。"②这包括两个层次的意义：一方面，它是感觉、知觉留在心中的经验，属于过去；另一方面，实际上是"进一步地"，它又是这种经验在心中的重现和回忆，属于现在和未来。这是一个动态的过程，也是一个主体加工的过程。韦勒克和沃伦用"遗孀"来描述意象属于过去的经验（记忆）的属性，更主要的是标明了意象同感觉的亲密关系，其中有感觉、有表象记忆，也有"象"，它是来自客观的，是客观事物的印痕；他们又用了"重现"，既表示意象同过去的关系、同客观事物的关系，又表示了主体所做的加工，进行重新建造的工作，有主观、有意念，有"意"，它是主观的，是主体对客观事物的刻痕。美国意象派诗人和诗歌理论家庞德（E. Pound）对"意象"做了如下的界定："'意象'不是一种图象式的重现，而是一种在瞬间呈现的理智与感情的复杂经验'，是一种'各种根本不同的观念的联合'。"③庞德明确了这种主体加工的内涵和性质是灌输以理智的与感情的复杂经验，是各种不同观念的输入。这些——感情、理智、观念的进入，与印象拌和、搅匀、调整、组合，就是一种加工的、酶化的过程，就是一种重现与重建。庞德在表述的过程中，使用了一系列颇带关键意义和标示特殊状况的附加语，这就是"瞬间"、"复杂经验"和"根本不同"与"联合"。它们说明，经营"意象"的过程，是迅疾的、短暂的，是运用了过去的经验（过去的材料、记忆）的，这些经验又是复杂的；"意象"是许多观念的联合，而这些观念又是根本不同的。

这样，"意象"就是高于"印象"的，是重视对客观进行了有意的

---

① 关于"意象"，我们在第一编第二章第三节"意象的生成与功能"中已做详细阐述。这里结合创作过程，结合这个过程中创作心理的活动机制，再做一些具体的解说。

② 韦勒克、沃伦：《文学理论》，刘象愚等译，生活·读书·新知三联书店，1984，第201—202页。

③ 同上书，第202页。

加工的，它是心与物的融合统一，是心与物互相作用、彼此渗透的产物。它既是物的能量对主体的释放与刺激，又是心的本质力量的客观展开。因此，这也就是文学创作过程中的"心与物游"的初步，是作家的"意匠经营"的初步，既是形象思维的初步活跃，也是逻辑思维的初试锋芒，同时还是形象思维与逻辑思维的初级结合。

这里，还需要作一个重要补充：这里所说的"意象"，并不只是指视觉上的，虽然一般印象中它常常被看作视觉的，它也确实以视觉印象为主、视觉印象处于重要地位；但其他各种印象，也是可以构筑、经营成"意象"的。《文学理论》指出："这种重视和回忆未必一定是视觉上的。""心理学家与美学家们对意象的分类数不胜数。不仅有'味觉的'和'嗅觉的'意象，而且还有'热'的意象和'压力'意象（'动觉的''触觉的''移情的'）。还有静态意象和动态意象（或'动力的'）的重要区别。"[1]此外，还有一种"联觉意象"："把一种感觉转换成另一种感觉，例如，把声音转换成颜色。"[2]这就扩大了"意象"的经营范围，增强了"意象"经营的力量。

作家、艺术家就是这样开始他们的"经营"的，创作心理就是从把印象经营成意象而开始进行形象思维与逻辑思维的，构思也就在这中间得到体现。这是创作心理的第一类运行机制。在这个初试锋芒的第一次小战役中，作家从表象、印象开始他的"意象经营""匠心独运"。托尔斯泰在路边偶见牛蒡草的花朵，他的视觉把花的形象输入脑里，留下了表象的刻痕，并且激活了他的思维；它像哈泽·穆拉特，要写哈泽·穆拉特，要这样写他，要用牛蒡的形象和精神式描述他，诉说他的命运。这是从印象开始，经过匠心经营，而成"意象"。表象和印象都是视觉的，但印象也有初级的选择：取牛蒡而不取其他花草，取牛蒡的"苦难"形象而不取其他；而当形成"意象"时，已经是"非视觉"的，而是"哲理的"，是知觉和思维的。托尔斯泰的心——心理定式、心理格局与物——牛蒡的形象融汇了、合一了。这是托尔斯泰关于小说《哈泽·穆拉特》的最早的创作心理的运行。鲁迅见到他的表弟阮久荪的迫害狂的形象，他的印象很深，留下了刻痕在心里。以后，他创作小说

---

[1] 韦勒克、沃伦：《文学理论》，刘象愚等译，生活·读书·新知三联书店，1984，第201页。

[2] 同上。

《狂人日记》，迫害狂阮久荪的印象出现了，但对他的回忆和重建，鲁迅加进了自己的主观意念：一个反封建的先进战士被周围保守落后反动的环境迫害致狂了。形象是基本类似的，但是内涵彻底改变，它被加工过了、提高了，增添了社会的、历史的、文化的内容，于是形成一个"狂人"的意象。他是鲁迅的"心"与"物"（阮久荪）的交融的产物。无论是鲁迅还是托尔斯泰，都在"印象"之中注进了感情和理智的经验，加上了各种不同的观念，并使它们联合起来。在这一过程中，进行了多种选择——筛选、扬弃、保留、吸取、加工、注入、组合。

由此可见，在这个过程中，作家要运用自己全部的创作心理的能力，要释放积蓄的心理能量，使出"浑身解数"。他的文化背景和这种背景文化的素养，一般知识及其结构，世界观、人生观，艺术素养和水平，审美情趣、审美理想、审美选择，艺术技巧，都是进行活动、对印象进行意匠经营的基础、材料、方式和趋向。这些在总体上构成艺术思维、创作意识和艺术个性。作家的心理能力和创作能力，感知力、观察力、记忆力、想象、直觉、思维、情感、意志等，也都在这种意匠经营中展开活动，发生作用，加工对象，酶化对象，使之成为有内涵、有特色、有个性的意象。这在总体上就形成了主体的创作心理的活动。它循着构思的路径，接受创造性思维的选择机能的考验，逐步展开了构筑艺术作品的活动。

不过，意象还不是终点，而是一个过渡点。它还要向形象（艺术形象）过渡。意象还是对印象的初级加工，主体的创作还是初级的，也许还没有开始真正意义的创作。影像还是简略的、模糊的，还要再进行加工，才能成为形象——艺术形象。在这个过程中，创作主体（作家）自然还会继续运用情感与理智、观念与记忆来进行深一层的意匠经营；但是，最重要的、最关键的，是运用了想象，是想象的积极参与。这引起了质的飞跃：艺术形象产生了。想象给"意象"插上了翅膀，使之飞跃。想象自然不是抽象的存在，想象是一种心理能力。它凭借作家记忆库中储存的记忆表象（包括形象记忆、情绪记忆、词-逻辑记忆、运动记忆、长时记忆中的各种形象等）和各种各类符号记载的信息（材料），运用记忆检索、"注意"情感活动，运用我们前面所说的"四大家族"的力量，来创造新的形象、形成新的理念。这是一个独立的、活跃的、主动的、创造性的心理过程。

必须指出，经过想象创造出来的形象，对于作品的艺术形象来说，还只是一个"潜在形象"。它不仅需要补充、加工、提高，而且需要表达，物化为文字所描述的形象。在这里，仍然有一个发展的序列。"潜在形象"，当它从"意象"经过加工脱颖而出时，它是具有一定的清晰度的，这是必不可少的；但是，它还存在着一定的模糊性。就人物形象来说，它的外在形象需要进一步组合、明确化、定型化，它的内在秉性包括性格特征、思想风貌、道德规范、语言习惯、行为准则等，也要清晰、明确。这需要创作主体的进一步加工、经营，主要手段仍是想象，但是更突出地增加了思维活动，是形象思维与逻辑思维的进一步展开和结合。这更使人物形象具有了"神"——"灵魂"的内在品性和风度的外在体现的结合。人物形象一旦有了"神"，就活起来了。这里的活动和发展系列为：

"潜在形象" ——（加工）——→ 艺术心性 ——→ "神"（艺术形象）
（清晰——模糊）　　　　　（清晰）　　　　　（活起来）

托尔斯泰在酝酿和创作《复活》时，对于玛斯洛娃这个形象的构想，就经过了这样的阶段。他设计了种种外形，这外形体现着她的内在灵魂，反映着她的经历。几经变化，他规定了、形成了这个女主角的外貌，它不仅是一个人的外在形象，而且反映了她的身世、经历、社会地位和思想状貌，由此而得其"神"。

关于人物形象的发展，还有另一个发展序列：

（1）单体活动 ——→ 群体活动 ——→ 人际关系、公共关系 ——→ 个体关系到系统关系 ——→ 情节发生

（2）人的活动 ——→ 环境 ——→ 单系统 ——→ 多系统

（3）静态 ——→ 动态 ——→ 人与人的动态关系
　　　　　　　　　　　　 人与环境的动态关系

（1）图是人物形象的人际关系发生、发展的系列，作家在创作过程中，会由想象个体的活动发展到群体，再进入人际关系和公共（社会综合）关系，个体关系也向系统关系发展，由此便产生了人间的纠葛（人事的、经济的、伦理的、情感的、心理的），产生了情节。这是一种人物的社会系统质表现、发展、展示的过程。

（2）图则标示人与环境的关系。人物活动于一定的环境中（大环境与小环境），受环境的制约又改变环境（作用于环境）；这个人—环境的关系，是由单系统（家庭—家族或其他小环境）向多元系统（社会系统）发展的。《复活》中的玛斯洛娃活动于贵族的乡间庄园、妓院、监狱、充军路上，她的经历、生活、思想、性格、命运，都在这环境中发生和发展。《孔乙己》则主要活动于咸亨酒店——它象征着一个社会。海明威的《老人与海》中的老人，活动于一个把社会背景、社会状况退隐了的"抽象的""象征性"的大海之中。

人与环境、人与人的由静态到动态的发展，从时间和空间上体现了（1）（2）两图所示的发展状况。这便是（3）图所示。

在（1）（2）（3）图所示的自然的、社会的、个人的、情感的、心理的各种关系的发展过程中，文学作品的内容和艺术风貌得到了展示。在这个创作过程中，创作心理会展开主动、积极、多样的活动。创作心理的结构、能力、能量都会受到考验。大师们是怎样在这个复杂的过程中活动的？他们的创作心理进行了怎样的工作和怎样进行工作的？而我们自己又是怎样的呢？在比较中我们不仅会体察到规律性的现象，而且可以进一步认识我们自己，认识我们的创造力和创作心理。"要使我们自己投入创造活动，我们必须认识我们自己。"

第十四章 有机结合、首尾相接的"三怪圈"

这个题目有点儿怪,是吗?什么是"怪圈"呢?说起来很简单,也很有趣。"所谓怪圈就是指这样一种现象,我们在某一个等级系统中逐步上升(或者下降),结果却意外地发现又回到了原来开始的地方。"①请看附注中的 M. C. 埃舍尔著名的一幅画,它巧妙地表现了这种周而复始、自相缠绕的怪圈②。它在数学、绘画、音乐中都有,在思维中也存在。"怪圈"的内在含义也是在有限中包含无限的概念。它不仅是一个

---

① 乐秀成编译《GEB:一条永恒的金带》,四川人民出版社,1984,第4页。

② 埃舍尔(Escher)是当代杰出的画家,他创作了一系列富有智慧的图画,它们体现了奇妙的悖论、错觉或者双重的含义。他的《瀑布》(如图)中,画面中央有瀑布倾泻而下,推动了水轮,水汇集于池中,顺着水渠滚泻而下,一级一级下降,但是,最后水却又流到了上面的瀑布口!这就是周而复始的怪圈。另一图《画画的双手》:左手画右手,右手又在画左手,弄不清究竟谁画谁,却又是互相都在画。近代西方音乐鼻祖巴赫举世闻名的主题乐曲《音乐的奉献》则表现了音乐上的怪圈:当最高音部演奏主题时,协奏不住地进行变调,变调则使听众有一种不断增调的感觉,在转了几圈之后,似乎离开原调已经很远了,但是最后又回到了原来的调上。这种首尾相接的变调,这种音乐上的怪圈,可以使升调过程无限地进行下去。(乐秀成编译《GEB:一条永恒的金带》,四川人民出版社,1984,第4-6页)另外,笔者从孩子那里听到这样的故事:"从前有座山,山上有座庙,庙里有两个和尚,大和尚对小和尚说:'从前有座山,山上有座庙,庙里有两个和尚,大和尚对小和尚说:"从前有座山……"…………'"如此循环往复,可至无穷。这是叙事上的怪圈,也许不妨称为"文学怪圈"。

采自乐秀成编译《GEB:一条永恒的金带》

注:【取《GEB:一条永恒的金带》《瀑布》】

原图说明:M. C. 埃舍尔(版画,1961)

瀑布一泻而下,汇集到池子中,然后顺着水渠往下流去。可是拐了几道弯之后,突然又回到了瀑布口。真是不可思议!可是在画面上却表现得明明白白、天衣无缝。这就是怪圈。

圈，而且是以一种有限的方式来体现无限的过程。[①]人的思维的怪圈也是如此：在思维的过程中，也常常发生错综复杂的层次，它们自相缠绕，自我相关，形成一种怪圈。我们用思维来探索思维，即"思维"思维"思维"自身。这就是一个绝妙的思维怪圈。值得注意的是，这个思维怪圈"很可能在思维过程中起着关键性的作用"[②]。这是因为念头、希望、想象、意识、意志这些思维现象，都离不开怪圈。"这是思维结构的不同层次间的相互作用。上面的层次是靠底下的层次来支持的，但是又返回来影响和控制底层的活动。因此我们理解自己思维过程的关键在于了解我们大脑内部层次之间的自相缠绕。"[③]这就是说，在头脑的思维中，不同水平层次上的思维，是分隔开和层垒式地逐级上升的、前进的；但是，处在最上层的或高层次的某个"层面"上的思维，又会反过来影响下层或底层，在本质上互相缠绕和自我相关了，也就是首尾相接了。我们的心理现象中，也存在着许多这样的怪圈。本来是"情感的"，但是发展着、发展着，又成为"理智的"了；而且，就是那一开始的"情感"，也受着"理智"的影响和控制。但是，反过来说也可以。问题在于，情感中就含着理智，在向前发展中，情感在增长，理智也在增长，渐渐地，不知何时，情感消失而变成理智了。但这理智中却又包含着感情。比如爱国主义的情感，从屈原到陆游到文天祥到鲁迅，在他们的作品中都有着集中的、高昂的、优美的表达。这都是情感的充分的表现，但何尝不是理智的传达呢？关键也就在这里：怪圈首尾相接了。

创作心理中，就存在着这种心理的、思维的怪圈。"东边日出西边雨，道是无晴却有晴"，"剪不断，理还乱，是离愁。别是一般滋味在心头"，"两个泥人儿，打碎了重新捏，你中有我，我中有你"，这些描述都很好地表现了心理中的这种怪圈。情感—理智、意识—无意识、模糊—清晰，就是如此。然而，正是它们的这种你中有我、我中有你，这种自我相关和自我缠绕，构成了创作心理的微妙机制和良好效应。

---

① 乐秀成编译《GEB：一条永恒的金带》，四川人民出版社，1984，第7页。

② 同上书，第18页。

③ 同上书，第149页。

一、情感—理智怪圈

情感—理性—非理性—情感……，这种状况是循环往复、以至无穷的。

我们在这里把情感与理性（理智、思想、观念等）作为不同的范畴来研究。情感是对于事物的直接体验和态度，它直接、迅速、敏捷，反应快速而且热烈，它是外在的；但理性却是间接的感受，是运用概念进行过思索、考虑的，它反应慢却冷静而深刻，它是"内向"的。这是两个性质不同的心理过程、心理活动。同理性相对的还有非理性。理性是理智的、自觉的、克制的，也是自知的；而非理性则是本能的、自发的、自动盲目的、不自知的，它往往通过直觉、欲望、本能、灵感、意志等形式表现出来。这样，理性在两个方面区别于情感和非理性。情感有时候也表现出非理性性质，比如极度恐惧时会有一种本能的躲避和逃遁行为；极度愤怒会产生非理智暴力行为；极度的哀痛会发生失去理智、直觉的反应，有的一下子神经错乱、丧失理性。因此，情感—理性—非理性，是在三个不同层面上活动的心理能力，它们反映了不同层次的心理活动水平。

但是，在另一方面、另一种情况下，无论情感还是理性与非理性，都有各自的水平发展，都会发展到高水平上，即高层次的理性、非理性与高层次的情感。这有两个层次上的意义：一是普遍意义上的，二是个体意义上的。前者是指在普遍的、与群体比较的意义上处在高层次上，如高尚的情感、深刻的思索及高文化含量的非理性。后者则是指在某个人的身上，其自身的情感、理性与非理性的内涵中，有的是层次较高、非低级本能、非动物本能的。

人既是情感的动物，又是理性的动物。人的感情是在社会生产、劳动、交往过程中产生、发展起来的，其中包含着深刻的理性成分，人对亲人的爱、对他人的爱、对祖国的爱、对事业的爱，其中都蕴含着理智、理性，反映人对亲子关系、人伦关系、社会关系以至祖国与事业的深刻认识和理解。那么，这就又是理智、理性了。我们可以称为情感化了的理性。同样，理性中也蕴含着深刻的情感，情感的升华和结晶便是理性。我们对于祖国和事业的深刻的了解、认识，便会产生强烈的爱国感情。这样，理性又是理性化了的情感了。因此，情感与理性（理智）在人的心理活动中是统一的。理性无疑对人类的进步、对社会的进步起到了很重要的推动作用。它既是人类进步的结果，又是人类继续进步的动力。而在理性获得长足进步基础上产生的情感，又是高级的、复杂的情感了。比如人类的爱的感情，便是随着人类社会的不断进步，随着人类理性的不断增长而不断丰富、扩展、深化和提高的。这时候的情感，较之人类此前的理性水平或人类现有的其他低层次的理性，又是更高层次的东西了。

同样，人类理性与非理性，在人的意识活动中也是统一的。在人类的思维中，都有非理性的思维活动及其功劳存在，意念、直觉、灵感都在这种思维中发生作用，在一定条件下还会起到关键的作用。因此，非理性思维不是荒诞的、卑下的、无益的。没有非理性思维，思维会是刻板的、呆笨的、缺乏生机的。第一，非理性不是荒诞的、盲目的、无价值的，它与理性是统一的，它们共同创造了人类的智慧之果、意识之花、心理之能；第二，非理性的直觉、灵感、无意识，有时还在人类的意识活动中、创造活动中起到了关键作用。因此，我们在一定范围、一定程度上还可以说，高层次的非理性高于低层次的理性。

总之，情感与理性，理性与非理性，其间的界限是相对的，不是绝对的；它们之间的高下之分，也是相对的，不是绝对的。而且，它们是互相渗透的、互相关联的，是首尾相连的，是一个怪圈体系中的三个因素。

至于单从创作来说，托尔斯泰指出："艺术起源于一个为了要把自己体验过的感情传达给别人，于是在自己心里重新唤起这种感情，并用某种外在的标志表达出来。"[①]这里又存在着感情在创作过程中的三级心理运动过程：先是体验过某种感情，然后是重新唤起已有的感情经验，最后是表达这种感情。三级过程中的全部心理活动也是用感情这根线贯穿起来的。

托尔斯泰对于艺术活动的这种看法，可取之处在于：突出了感情在艺术活动中的地位和作用；可以说，在他的界定范围内，没有感情也就

彭定安文集 10
创作心理学（下）

---

① 托尔斯泰：《艺术论》，陈宝译，人民文学出版社，1958。转引自段宝林编《西方古典作家谈文艺创作》，春风文艺出版社，1980，第515页。

没有艺术。他说："艺术作品的主要特征：艺术家所体验过的感情。"①
这就抓住了艺术的最根本的特点；但是，这并不是说，艺术活动中是没有理智的、理性的，更不是说艺术排斥理性、理智。且不要说"重新体验过去的感情"和把这种感情表达出来，这中间就需要、就会有理性、理智的作用；就是在原来体验着某种情感时，也有在体验和产生某种态度时，渗透着理性与理智的活动。比如我们在愤怒和欢乐时，便会发生这种情况。在表达感情的过程中，我们也同样要对感情进行分类、剖析以及思考如何来表达它。因此，即使托尔斯泰那样强调情感的意义，却也提出要"生动地思考"，"特别生动地思考着关于那只是跟爱相结合的现在的超越时间空间的生活"。②不仅如此，如果说这里的"思考"还是指直接对"感情""跟爱相结合的生活"的思考，那么托尔斯泰的另一段话就是直接指理性、理智了。他在《文学的规则》中第一条就写着："任何一部作品的宗旨应该是效益——道德。"（在五条规则中，唯有这一条打着重点，可见他重视的程度）。在第二条中他又写道："作品的主题必须是崇高的。"当他谈到文学创作时，他又写道："我认为，第一，写作必须只在要表达的思想如此缠绕着你，自你获得这思想以来，不把它表现出来就不让你安静的时候。"③当他同高尔基谈创作，批评高尔基在自己的剧本中"自己的话说得太多时"，他指出："无论在什么地方真理都会自己显露出来。"④道德、真理、主题（题旨）——这些主要的理智、理性表现，都是托尔斯泰艺术观中的核心，是贯穿全过程的。这同前面关于感情在艺术中的地位和作用的阐述是否矛盾呢？并不矛盾。感情并不是空洞的抽象物，它蕴含着道德、真理，作家在表达感情时，必须思考它、剖析它，达到道德的认识和结论，达到对真理的具体的认识和体验，在创作中则把它们凝聚为主题。这样，在心理活动过程中，感情与理性就渗透融汇于一体

---

① 托尔斯泰：《艺术论》，陈宝译，人民文学出版社，1958。转引自段宝林编《西方古典作家谈文艺创作》，春风文艺出版社，1980，第521页。

② 《托尔斯泰最后的日记》（1910年1月25日）。转引自段宝林编《西方古典作家谈文艺创作》，春风文艺出版社，1980，第529页。

③ 致作家列·尼·安德列耶夫（1908年9月2日）。转引自段宝林编《西方古典作家谈文艺创作》，春风文艺出版社，1980，第560页。

④ 高尔基：《关于列夫·托尔斯泰》。转引自段宝林编《西方古典作家谈文艺创作》，春风文艺出版社，1980，第556页。

了。托尔斯泰正确地强调了艺术活动中感情的特殊地位，但并没有否定理性的必要性和重要地位。

波兰著名美学家和社会学家斯坦尼斯拉夫·奥索夫斯基在《美学基础》[①]中指出："在文学当中，亦即在使用概念材料的作品当中，这不仅同情感状态有关，而且还同理智的经验有关。一部作品的深刻、新颖而又富于独创性的思想不仅具有知识的价值，而且还会大大增加作品的美感魅力。"[②]这就是说，不仅情感是文学创作的相关因素，理智也是，因为文学作品本来就是使用概念材料来创作的；而且，思想、理性也同样可以增加文学作品的魅力。这里，从作品的创作手段、媒介到作品的内涵和作品的效果（艺术魅力），都与理智有关；理智、理性都参与其事，并发挥作用。理智的——理性的心理活动，也贯穿于创作的全过程。

这样，我们便看到，在文学创作过程中，在创作心理的活动中，感情和理智、感性和理性，是互相缠绕的，它们在三个层次上互相关联：（1）在感情的体验过程中，理性发生着作用；（2）在感情的表达中，需要理性进行工作；（3）感情需要思考、分析、凝聚、提炼，结晶为理性的主题。

托尔斯泰在创作中，自然是按照他自己所说的去办，要表达一种自己曾经体验过的感情；但是，恰恰也是他，在创作过程中，对于自己作品的主题思想、人物思想性格、情节的选择、组织作品的整体结构作了十分认真、细致、深入的研究与思考，进行了不断的、大量的理智的和理性的工作。当然，可以说是带着感情的理性的工作。

作家在创作时，在感情表达方面有三个内容：一是自己体验过的感情；二是作品中人物的感情和对这种感情的体验——这是在自己内心里，对自己创造的别人的感情的体验；三是对自己体验过的感情和对人物的情感态度。在这三个方面，作家在创作时，一般都会经过体察、分析、思考，并得出一定的理性的结论。这是理性参与活动的内容和表现。但是，无论怎样细致、深刻，也不会穷尽、结束这种分析，而是会在无意识中让理性继续工作。这就为直觉、灵感、非理性的活动留下了

———————————

① 斯坦尼斯拉夫·奥索夫斯基（1897—1936），波兰著名美学家、社会学家。《美学基础》是他的第一部重要著作，出版后曾多次再版并介绍到外国。该书由于传勤译，中国文联出版公司1986年出版。

② 奥索夫斯基：《美学基础》，于传勤译，中国文联出版公司，1986，第270页。

余地，创造了活动的天地。就是在前面所说的理性的分析过程中，事实上也会有非理性心理活动的作用。有的作家在有的时候会并不经过前述那种明确自觉的理性分析过程，在他的自我感觉中，是不自觉地、直接地、一触即发地进入了感情的表达过程，而且表达过程中也不曾进行理性的种种活动。这里，实际上就是容许了非理性（直觉、欲望、意志和灵感）在那里活动了。潜意识与非理性在这时候便大显身手了。

值得注意的是，这种非理性的各项心理活动的参与，对文学创作的好处不是一般的填漏补遗，而是进行了必不可少的、关键的工作。而且，往往是这种非理性心理活动（潜意识、直觉、灵感等）起到了关键作用。这在创作心理中的表现就是特别顺畅流利，水到渠成，"下笔如有神"，不自觉地、不经琢磨地一气呵成。在这里，事实上都是非理性心理活动和能量在发挥作用。

但这"神来之笔"并非来自"神力"，也非"命运""天才"，这是一种心理的变化和特殊表现、特殊力量。这是自觉变成了不自觉（自发），意识沉潜入前意识和潜意识，理性变成了非理性，有意的、琢磨的、推敲的变成了随意的、自然的、无为的……这些都是一种成熟的表现：心理活动和能力成熟了，就以非理性的、自发的、本能的形态出现了。就像优秀运动员能够"本能地"、"随意地"、自然地、无须理性指导地去迅疾做出高难动作一样，也像成熟的汽车司机、技术工人迅疾地对情况变化做出反应和进行现场处理，虽是未经思索、非理性地、本能地处理的，但正确无误。这种能量和效应的产生，看似无意识，但实际上，大脑在这中间自发地进行了迅速的大量的计算、营运、推理、判断等工作，就像电子计算机的自动工作一样。因此，在这里，理性是以非理性形态工作的，而非理性之中蕴含着理性。这样，三者就完全处于首尾相连、三位一体的"怪圈"之中（见图14-1）。

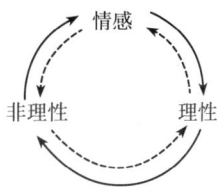

图14-1 情感、理性、非理性"三位一体"怪圈图

在这个怪圈中，每一项都可以是头，也可以是尾。这种怪圈运动和作用表现在作家的创作活动中有几种模式：一种是"情感起点"，如托尔斯泰所说，是为了表达一种自己体验过的感情以使读者也感受同样的感情；第二种是"理性起点"，是因为一种思想、一种感触启动了创作

的机缘；第三种是"非理性起点"，心中有一种模模糊糊的、莫名其妙的、不自觉的触动，只是感到要写出来、要表达，就提起笔来开始了。但不管是何种性质的"起点"，终将向另两极发展，特别是需要非理性的参与。这种进入和参与，往往都是不知不觉的、无明显界限的。我们可以列为这样三种图式：

（1）"情感 ——→ 理性 ——→ 非理性"；

（2）"理性 ——→ 情感 ——→ 非理性"；

（3）"非理性 ——→ 情感 ——→ 理性"。

每位作家情况不同，创作方式、方法和创作心理活动状况也不同。拿中国现代作家来说，也许可以这么分类：郭沫若、巴金——（1）型；鲁迅、茅盾——（2）型；曹禺——（3）型。

总结上述各个方面，我们能够得出什么结论呢？在创作心理活动上，在创作上，我们可以总结出这样几条：

（1）创作时，在创作心理的整体活动中，要有主要的、重要的、关键的"情感——理性——非理性"三位一体、首尾相连的统一的、综合的作用。

（2）三者是彼此渗透的，从不单独地、孤立地进行活动、从事工作。

（3）如果说情感是特征，理性是灵魂，那么非理性就是关键；但它的关键作用，是在情感与理性的基础上发生的，而且在发生作用时仍然有情感与理性参与，受到渗透、调剂、制约和引导。

（4）有非理性的参加，创作心理活动是顺畅的、痛快的、卓有成效的，因为是排除了外界干扰的，排除了意识的强制的，是自发的、本能的、自然的。

（5）理性有时是情感的升华，有时是情感的积淀；非理性有时是情感沉入潜意识领域，有时是理性地沉入潜意识领域，但有时是刺激直接地、不自觉地进入潜意识。因此是转化为不自觉的自觉、转化为非理性的理性。其中隐含着理性的内核。

文学创作最需要这种"非理性化了的理性"①和"情感化了的理

---

① 这种非理性化了的理性，有两种情况：一种是一般的、浅薄的、简单的理性成分进入潜意识，这是低层次的，如动物本能和人的一般生理本能、日常生活中的普通心理本能等；另一种则是高层次的，它是人们在文化储备深厚、各种素养都达到高水平时，部分成熟的理性意识进入了潜意识领域。

性"。创作心理活动，也以这种"怪圈"的活动为最佳。

当然，作家不是等待或会有天赐这种非理性化的理性和情感化的理性，也不是在它们面前无能为力和无所作为；而是可以在符合规律的前提下，发挥自己的主观能动性。他可以通过广泛多样深入的活动（各类社会实践），接触各种事物和环境，以增加刺激频率、幅度和数量，增加信息量，在这个过程中，会自然地有一部分信息（社会生活的、人物的、审美的等等）直接进入潜意识或前意识，被储存起来（参见"意识"家族中的图式）。在一定条件下，它们会由潜意识进入前意识，由前意识进入意识。

这是"冰山"部分，它丰富阔大，也就为进入前意识和意识的"材料"作了丰富的储备。作家要有广阔的生活面、丰富的生活经历，经历更多巨大而深刻的事变，参加重大而广泛的斗争和各类实践，其意义和原因即在于此。这可看作一种心理的自发过程。

作家还会因为这种潜意识和前意识中的积蓄增多而增加进入意识的信息量；更可以由于意识的、情感的、理性的东西丰富阔大，又加心理酝酿长久，进而积淀、沉入潜意识（非理性领域）的东西越多，在达到一定量时，它所产生的能量会要求释放，会自动释放，于是便在创作中发挥作用。就像事物的、文化的各类积淀越多越久，进入传统的、非理性的、无意识的（然而是高水平的）东西越多越好一样。

作家、艺术家在创作时，还可以有意识地为这种非理性的意识"释放"创造条件，比如加强酝酿和记忆（增强活动）、增加"勾引"刺激、增加心理其他活动的带动以及创造幽静的、舒适的环境等，以减少客观干扰，减少记忆的"腐败"和干扰等。这实际上也就是发挥心理功能的过程，是开发创造力的过程。

二、意识—潜意识怪圈

这个怪圈的内容，我们在"意识"家族中，在上一节中，都已经涉及，并且已经作了主要的说明。现在，只是就创作心理运行过程中的动态和机制来作一些说明。

创作，自然是一种意识的活动，即使把文学创作看作感情的表达，它也还是具有意识活动的性质。波兰著名美学家和社会学家斯坦尼斯拉夫·奥索夫斯基在《美学基础》中曾经说："伟大艺术的吸引力之一就在于它产生自伟大的情感，它是由伟大的人物创造的，通过这些作品我们可以接触到但丁、米开朗琪罗或者贝多芬的精神，这些作品是他们所感受到的情感的真实表现。""虽然我们对于创作者的生平一无所知，但是作品本身却可以成为创作者的伟大之处的证言；尽管不了解创作者，我们却可以把他的作品看作他的不平常的精神状态的表现。"①这就是说，艺术作品是创作者的情感、精神、品德等的表现，这都是创作者的意识的表现。因为它（作品）表现了创作者的意识，所以我们即使不了解作者的生平，也能通过作品了解他的意识。而意识，在这里，即在文学创作的过程中，意味着什么？科林伍德在《艺术原理》中研究意识时指出，"意识活动把印象转变成观念"②，"意识并不是某种与思维不同的东西，它就是思维本身；但是，意识还不是理智水平的思维"③。"意识是绝对基本和原始形态的思维。"④在创作中、在作品中，意识——情感、理智、精神、思维等，都是存在的，起着重要的作用。这是作家在创作过程中自觉性的表现，是目的性、能动性、主体性的表现。这种意识活动，既把印象转变成观念，但只是处于基本的和原始形态的思维，还不是理智水平的思维。因为"理智的作用就在于把握或建立各种关系"。意识处在感觉、印象和思维（理智）之间，是一个过渡阶段，也可以说是一个中介。科林伍德把"感觉的生命历程"分为三个阶段："（1）第一阶段是单纯的感觉，它处于意识水平之下；（2）第二阶段是我们逐渐意识到的一种感觉；（3）第三阶段的感觉，我们除了意识到它之外，还把它与别的感觉联系起来。"⑤如果我们以意识为中心来观察这三个阶段，就会明确"意识"在其中的不同水平发展：第一阶段在意识水平之下，第二阶段在意识水平之上，第三阶段则进到理智、思维水平了（因为把诸种感觉连起来了）。这样，意识在创作中处于一种逐渐发展、逐渐渗入、逐渐提高的过程。直到进入理智、理性、思维的阶段时，它就转化为高级意识思维了，起了质的变化了。但是，事实

---

① 奥索夫斯基：《美学基础》，于传勤译，中国文联出版公司，1986，第269页。

② 科林伍德：《艺术原理》，王至元、陈华中译，中国社会科学出版社，1985，第221页。

③ 同上书，第222页。

④ 同上书，第223页。

⑤ 同上书，第220页。

上，这三个阶段，正如科林伍德所说，"它们的本质关系不是时间上的而是逻辑上的"①，同时，也不是梯级上的而是逻辑上的。就是说，在创作心理的活动过程中，意识循着上述路径一级一级发展了，但另外又有一路或几路意识分别在三个阶段作自身的水平发展，直至发展到高水平。

这样，第一阶段中的感觉、印象是非意识的，它们处于潜意识或前意识之中；第二阶段虽然在意识上面，但它是一个"逐渐"的过程，它有一部分还在潜意识与前意识之中，而另外一些部分则在意识水平上面，这是一个动态的过程；进到第三阶段，就处于意识阶段的高级水平了。因此，第一、二阶段都是存在潜意识和前意识活动的。

从"意识"家族部分的图示可以看出，在创作过程中，潜意识在几个方面发生作用。这就是：（1）在感受过程中，就有一部分感觉、印象、信息直接进入前意识；（2）大部分进入潜意识的，又有一部分滞留在潜意识领域中；（3）一部分进入意识领域的，有的又会由于"过剩"而沉入潜意识或前意识，有的由于主体的选择和过滤而流入前意识或潜意识。这些在意识领域之外的储存，在创作中会发挥它们的积极作用。鲁迅在1916年接待、照顾患了迫害狂病的表弟阮久荪时，显然只是作为一段生活中不得不办的事情来办了②，并未在意识中留下什么特别深刻的印象；但是，当他在读史中发现中国人尚是一个"食人民族"时，当他形成一种历史观念即"懂得道教文化就懂得中国的大半"时，他形成了一个惊心动魄的见解：礼教吃人！而当他要借艺术的形式来表达这个思想时，又受果戈理《狂人日记》的启发，决定以表现狂人的艺术手法来表达主题。这样，当他着手创作时，阮久荪的迫害狂的心理表现和行为就以潜意识中的形象记忆发挥作用了。而他的医学知识，也让他能够使人物形象、心理活动更连贯和更复杂。无论是过去的印象还是已有的医学知识，相对于《狂人日记》的创作意识来说，它们都是前意识和

---

① 科林伍德：《艺术原理》，王至元、陈华中译，中国社会科学出版社，1985，第220页。
② 《鲁迅日记》1916年10月：
　　"三十日　昙。上午得久孙信，廿四日发。午后往警署。晚又往警署。久孙到寓。"
　　"三十一日　晴。……下午久孙病颇恶，至夜愈甚，急延池田医士诊视，……旋雇车送之入池田医院，并别雇工一人守视。"
　　[11月]"六日　雨。……黎明起，赴池田医院将久孙往车驿，并令蓝德送之南归。"

潜意识，是以这两种身份出来帮助创作的。鲁迅写《阿Q正传》时说，阿Q的影像在他的心里已经存在很多年了。也就是说，以阿桂①为主的农民的、小镇游民的、"破脚骨"、"街檀"的影像在他的心中存在多年了，其中，有的是在意识水平中的，是思考过、同其他印象联系起来的，而有的却是潜存于前意识和潜意识之中的。许多作家都是如此，早年的记忆储存在潜意识中，在构思和写作时奔涌而出，前来助战。高尔基、狄更斯、马克·吐温的流浪少年的生活和记忆，夏绿蒂·勃朗特姊妹童年少年的艰难生活和孤儿院里孤苦无依的苦难记忆，托尔斯泰在雅斯纳雅·波良纳的生活的印痕，屠格涅夫在家庭庄园中的生活和对于母亲的恶劣记忆，以及海明威之于海、捕鱼、狩猎，毛姆之于逃遁，卡夫卡之于梦与死亡，萨特之于12岁就"失却了对于上帝的信仰"，乔治·桑的自幼便感受人间的不平，塞缪尔·贝克特之于压抑……都是在潜意识中留下了深深的刻印，而在意识上升、投入创作时，这些早年的潜存，现实生活的沉痛，都从潜意识领域进入意识，听从调遣，甚至主动作战了。它们生机勃勃，带着往日的风情、童年的旧痕、少年的梦幻、生活的血丝，带着感情的帆、情绪的风，奔来、涌进、渗入，使意识不断接纳"新客"，前意识不断迎送素材，而且是形象化的、情绪化的、自然而然的。

在这个从感觉到知觉、表象记忆的过程中，意识支配着感觉，"意识是一家之主，是它支配着感觉"，进行"感觉的驯化"，然后又在"驯化"的过程中和"驯化"之后进行感觉的选择，即选择所得的印象，有的暂留痕迹，有的就潜存入潜意识了。而暂留的遗痕在一段时间后，也会再作为筛选掉的信息，进入记忆，留待后用。"在感觉之流里，总体感觉领域的一种样式总是被另一种样式所取代。"而被取代的感觉——

---

① ["外姓人家住在新台门里的也有好几家"] "其一是阿有。他姓谢，是有名的阿Q的老兄，他以给人春米为业，……。阿桂本来也是做短工的，可是他不能吃苦，时常改卖旧货，有时受了败落人家的委托，有的就不大靠得住，这样就渐渐的降入下流，变成半工半偷的生活了。"（周遐寿：《鲁迅的故家》，上海出版公司，1952，第98-99页）

情感经验，又会沉入记忆。①在这个过程中，意识作为一个主宰、一个支配者，不断地选择、排列、整理，留下现时要用的，排遣目前无用的进入前意识和潜意识；在过了一段时间之后（用科林伍德的话说是"在一段难以确定的时间之内"），又会有新的信息、新的感觉、新的印象前来冲击、排挤、挤压原有的意识领域中的储存，而使它们进入潜意识领域。这样，我们看到意识的主宰作用表现在全过程中，它与感觉是一种不断发展、流变的关系：（1）选择感觉；（2）驯化感觉；（3）修正感觉（"思维解释感受物"）；（4）支配感觉；（5）分析、调遣感觉；（6）分派感觉（确定其在意识、前意识与潜意识中的地位）；（7）（进入创作过程之后）挑选感觉印象的痕迹；（8）"重新构造出原先的感觉"②；（9）想象组合（下阶段心理活动，另行阐述）。

在这个不断变化发展的过程中，有意识的自我不是为感觉、印象、情绪、情感、理智、思维记忆所支配，而是支配这一切。而无意识（潜意识）则处于不断储存又不断释放的过程之中，它不断与意识交换着信息与能量，接受意识的输入和意识调用（输出）；至于前意识，则在这一过程中，不断发挥它的中介作用、桥梁作用。这样，我们看到，情

---

① 参阅科林伍德：《艺术原理·意识对感觉的修正》。科林伍德在本节中，先后论述意识与感觉的关系并指出：

"意识是一家之主，是它支配着感觉。由于感觉受到这样的支配，它被迫接受意识在注意领域中给予它的任何位置，不论是焦点位置还是边缘位置，感觉于是不再是印象而是观念了。……因此，一个有意识的人虽然不是自由地决定他会有什么样的感觉，但是它却是自由地决定他要把什么样的感觉置于他意识的焦点上。"（第214页）

"意识的自由并不是在两可之间选择的自由，那是一种更高程度的自由，它只有当经验达到理智水平时才会出现。"（同上）

"这种感觉的驯化产生了进一步的结果。我们逐渐能够随意使感觉（包括感受物）长久化。"（第216页）

"一阵愤怒过去之后，在我们的实际感觉中留下了愤怒本身的一段消退的痕迹；随后，在一段难以确定的时间之内，我们的这种愤怒就被淹没在其他种类的感觉之下了。只要任何这样的痕迹保留下来了，注意就可以把它挑出来，并且通过一种类似的过程在观念形式中重新构造出原先的感觉。"（第217页）

"印象与观念之间的区别相当于真实感受物与想象感受物之间的区别，并且我们断定，这也意味着经过思维解释的感受物与专一思维解释的感受物之间的区别。这里，我们把印象与观念之间的区别理解为相当于纯粹感觉与受到意识修正的感觉之间的区别。这种修正有两种后果，其一是意识支配了感觉，其二是意识使感觉长久化。"（第219页）

② 科林伍德：《艺术原理》，王至元、陈华中译，中国社会科学出版社，1985，第217页。

感、理智（理性）、非理性、意识、潜意识、前意识、本我、自我、超我，处于一种互相渗透的对应关系之中，这种关系如图14-2所示。

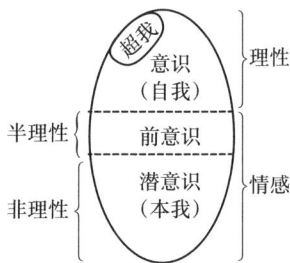

图14-2　意识—情感—理性—非理性互渗与对应关系示意图

正像情感在创作心理活动过程中的作用一样，潜意识在这个过程中，也发挥着它们的巨大的、关键的、不可或缺的作用，这正是文学创作的特点和优点。它在与意识的不断交流中，发挥自己的作用。它不是脱缰的野马，更不是无羁的天马，它是在同意识的携手共进中活动的。在这样一个过程中，潜意识——前意识——意识三者处在循环渗透、转变、流动的不停的动态过程之中，恰如一开始的怪圈图所示，它们各有一定的区域，但其内涵却是不停地在变动。这变动不居的内涵在活动中无形无迹、无始无终地改变着自身的性质，其作用都在为创作服务。这种变动着的怪圈模式、平常是意识的一般活动模式，其速度是缓进的，其幅度是宽泛的，其频率相对低一些，而其过程更带自发性，意识的作用较小。在创作过程中，在创作心理活动时期，怪圈的活动速度加快、幅度缩小（相对集中）、频率增高，过程带着更高的自觉性，意识（创作意识）在起着选择、修改、重建、折射、表达等各种作用。其中，意识的作用固然是重要的、不可少的、居于领导地位的，但是，更有关键意义的、更有特殊作用的和更具独特色彩的却是潜意识。直觉思维和灵感的出现，神来之思、神来之笔，都与潜意识的活动、内涵和性质有关。潜意识的储存量，其性质、水平、特色都在此时发挥作用，表现出关键的和特殊的意义。

当然，潜意识达到高水平，不是一日之功，它是创作主体以往全部经历的结晶、全部心理过程的凝聚，是我们前面所论述的一切过程、项目、内容的总体结果与具体体现的一个方面。

请问，你是怎么走过来的？你是怎样形成了一般心理和创作心理的？你的心理复合体是怎样的一个"模式"？你的记忆库中储存了多少、什么性质、什么品位的信息？等等。这都是往昔活动、经历的结果，是既已形成于昔时，便难改于今日的。你不免要受到它的约束、限制。但是，它却是可以改变于来日的，只要你的生活、实践及由此而引起的思想、情感、审美态度与情趣发生改变。

这里，我们还只是阐述了意识与潜意识的"怪圈"式活动机制。

关于潜意识在创作中的重要的、特殊的作用，我们还将在后面详细阐述。

三、精确（清晰）—模糊怪圈

文学作品写出来之后，是清晰的；作家在创作时，他的意识是清醒的，在酝酿构思时自然也是清醒的——在创作意识上、在写什么（什么体裁、什么题材、什么人、什么意思等）上、在如何写上，意识都是清醒的。他们决不会不知道自己在何所事事、所为何来、如何从事、劳作有何意义。在这一切问题上，作家的意识都是清醒的，所想所为和所追求的，也都是清晰的。没有这种清醒和清晰，是不可能进行创作的。作家在创造过程的四个基本阶段中，意识都是清醒的，对每个阶段的主要内涵、意图、意念也都是清晰的。

但是，在这中间却又留着模糊[①]。无论在哪个阶段都留着一定的或相当的模糊天地。一般地说，在所有的创造过程中，都存在着模糊。但是，这两种模糊性却有着重大的不同，主要表现在三个方面：（1）模糊的量的区别；（2）模糊的性质不同；（3）模糊的作用不同。科学创造和一般创造虽然也都有模糊性存在，但是它存在的领域远不如在文学艺术创造中那么宽广，在每个阶段都同样存在，而且"占领"的面那么广泛。一般地说，科学创造、技术创造及其他创造，在第一阶段、第二阶段模糊性较大，而在后两个阶段就较清晰了；但是文学创作却并非如此，它的情况复杂得多也更多变。科学创造与一般创造相比，模糊性的作用不同，作用的范围较文学创作要小，而且它是让模糊性逐渐由模糊向清晰发展的。当然，模糊性在创造开始都同样存在，这是认识对象的性质所决定的，也是主体认识的能力所规定了的。而且，这个时期的模糊性还具有推动主体去追求、去创造的积极作用。认识上和创造上的前

① 认识的模糊性问题，是哲学、美学、文艺学、文艺心理研究中的一个热门话题。尤其是在文艺心理学包括创作心理学方面，越发把模糊性说得"神"了。它成为一大法宝。但是，有些论述只谈了它的存在、作用，即描述了它的模糊，却并未作科学的说明，还模糊以模糊，终竟是模糊。故本节多有讨论，并引用了调查材料。

进过程，就是不断克服模糊，使自己从模糊向清晰发展的过程。但是，在这中间，文学创作与一般创造就不同了。虽然科学创造和一般创造在这过程中，仍然会保留一定的模糊性，但较之文学创作却差得远，而且作用力也远不如在文学创作中那么大。这是因为，文学创作过程中，无意识的作用、情感的作用、形象的作用和可变性都要大得多，而无意识、情感、形象都是流变性大、边缘不清晰和性质不确定、"性情"不稳定的。这里便留下了很大的模糊天地。还有，在具体的创作过程中，即本书所说的"创作心理的临战状态"中，在表述的过程中，文学创作也是一方面不断地克服模糊性，而另一方面又在另一些地方存在或保留着模糊性。这种模糊性对于文学创作，不是有害而是有利的。

在"验收"（或"检验"）的过程中，区别也很大。科学的创造，在产生之后，在进入社会之后，无论是创作主体自身的"验收"还是接受对象的"验收"，都是客观、标准稳定、结构清晰、见解统一的。但是，文学作品却不是这样，它涉及世界Ⅳ，这是一个历史的、文化的审美过程，涉及一个流变的发展的人群、社会大系统，无论是水平接受（横的）还是历史接受（纵的），都有着巨大的差异和变动。这涉及艺术接受的许多范畴。"诗无达诂"，"一千个读者就有一千个汉姆雷特"，概略地表述了模糊性拥有多么广阔的天地。

在这里，实际上形成了一个发展路径，其过程是：模糊性 —— 精确性（清晰性）—— 模糊性。这个认知过程的逻辑发展状态，实际上既是人类认识世界的总体发展过程的表现，也是人类个体的具体认知过程的表现。前一个过程不是我们在此所要讨论的。仅就后一过程而言，我们在具体的一次认识过程中，先是模糊的，然后逐渐进到精确性（清晰）以后，又会在高一级的层次上再度进入模糊认识的领域，然而这却是在更高的层次上把握和认识对象了。因为，当我们获得精确认识之后，再进一步深入认知时，就又会进到模糊性了。为什么会是这样呢？

第一，我们的所谓精确认识，实际上是把永恒地、不断地变化的事物放在静止中来观察、认知并加以描述的。比如我们说某汽车时速80千米，这是就它的平均速度作静态表述时的精确说法；事实上，在一个小时之内，汽车的速度几乎每分钟以至每秒都是在80千米这个时速的上下浮动的，在有的时候和区段浮动的幅度还要大一些（比如大于时速100千米或小于时速50千米），有的汽车驾驶人几乎每时每秒都在调整速度。因此，如果要精确地描述其速度，倒是要用模糊的表述：时速≶80千米（时速大于、小于或等于80千米）。如要再精确表述，就得再模糊：大于、小于、等于，有时大至100、90千米，有时小于79、75、70、65、60……千米。事实上，要再精确化，就是每一千米都可以列为一个速度值；如要再精确，每一千米还可以分为每500米、每×米来描述汽车在行进中的时速。这不是越精确就越模糊吗？在这里，精确与模糊之间就是一种辩证的关系了。事实上，驾驶人在掌握车速中，并不以精确的但却是固定的时速值为标准，而是以随时掌握的、模糊的、动态的时速值（总体上是模糊的）为标准的。这不是反映了精确与模糊之间的流变的、不确定的、互相渗透的、互相转化的辩证关系吗？

第二，所谓精确（清晰）认识，也是把事物孤立起来，单独地、切断了与其他事物的联系来描述或表示的。如果还用汽车时速来作比，事实上汽车的时速是受到公路的条件、车的流量、人的流量，沿途的各种情况、风速、气温，司机的身体、技术、心理情况等条件的制约的。说某车时速多少，是排除了这些因素，只就车的标准时速而言的。这是抽象的、孤立的、片面的描述。它虽然是精确的，但却是脱离实际的，不总是符合事实的。那么，只有把以上所述各种条件（事实上远远没有列举详尽，而且每个因素都是一个子系统，又有许多条件、因素在起作用）都考虑进去进行描述，才是真正精确的。然而，如果在描述中把上述几乎可以说是数不尽的条件都列举出来的话，那就是一个极不确定、极其模糊的表述。这里又同样是由精确向模糊发展的。

但是，我们看到，这种模糊却比精确更为准确、更为清楚、更为合理，也更为科学地描述了对象，表述了我们的认知。这样，这第二次的模糊，就是比精确处于更高层次的认知了。这里不是形成了一个怪圈吗？先是模糊，然后逐渐精确，而后不断地精确化，但同时又是一个不断模糊化的过程。最后，竟在不断精确化的过程中，到达了模糊的境界！

不过，这里我们还可以列出一个中间环节，即中介，那就是"混合层"，就是精确与模糊共存的阶段、地段、介质。它不仅是中间性的、混合性的，而且是每时每刻在变化、发展的。它是定性与定量的结合、自然

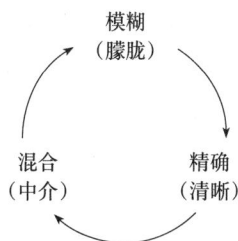

图14-3　模糊思维与精确思维互渗与混合示意图

科学与社会科学的结合，是模糊性与精确性的结合。这样，我们可把这个精确—模糊怪圈用图14-3表示。

图14-3所表示的就是人类（主体）与世界（客体）处于一种认知关系中的历史结构——认知场，就是思维（主体）对连续的、整体的、系统的运动对象（客体）的认知和反映[①]。这正反映了"模糊认识和精确性的对立转化是人类思维机制形成和发展的内源动力"，说明模糊化认识是在人类智力由低级向高级的无限发展过程中的中介、杠杆、必经领域，是思维的"活性"特征在人的整个认识活动中的积极表现[②]。

至此，我们还只是论及人类的一般认知过程中模糊性认识的地位和作用、模糊性认识与精确性认识的辩证发展关系。我们还需要深入到审美认知、审美反映和文学创作过程中去。这里有许多重大的特点。

文学所处理和反映的对象，不像科学技术创造。后者是物质实体，是自然的、物质的、无生命的，或者是有生命的但却属于物理的、生理的和一般心理的运动；而前者是人的感情、意志，是形象，是自然的变幻或变幻着的自然，是社会的变化和发展，是活动着的、世界上最复杂的人，是人的心理——主要是人的社会心理、变态心理、特殊心理，是人的命运和事物的连续性的、变动性的、大系统的运动发展，不是孤立起来、排除特殊条件和割断系统关系的认知和反映。因此，文学对象的"模式"更大、更广、更深，更复杂、更多样、更多变，它带着宇宙、世界、社会、生活和人的全部色彩和丰富性，要求"原样地"或者是如实地（不管采取什么形式，包括变形、歪曲和荒谬，但在本质上都是真实的）对对象予以再现、呈现或表现。

对象和对对象的认知、反映的这种特殊性，决定了文学表现的特殊性，这就是：在模糊认知和精确性的不断互相渗透、转化的一般辩证规律的总体形式下，它的模糊性更多、更大也更深刻。因此，它对认识、创作主体（作家）思维的活性激发也更大更深，对他们的特殊智能（艺术地把握对象，以审美态度去对待对象）的要求也更高——处在人类智力由低级向高级发展的无止境的过程中的高水平层次。在这里，对个人

---

① 参阅李晓明《模糊性：人类认识之谜》："模糊性是相对于主客体具体认知关系的历史结构——'认知场'而言的客观特性，是对象连续运动在思维活动中的辩证投射。"（第5页）

② 李晓明：《模糊性：人类认识之谜》，人民出版社，1985，第4-5页。

的独创性的要求也更高，同时给个人发挥独创性的天地也更宽广；从时代范围来说，无论是人（杰出作家）还是作品（不朽作品），其出现的历史偶然性也都更大；对一般作家和作品来说，环境和个人的偶然性也更大。这一切，如果在总体上我们把它作为一个认知对象系统（即文学艺术系统）来对待，那么它的模糊性也更大、更广、更深刻①。

文学创作的模糊性，还由于这样三个因素的存在而更为加强。它们是：（1）情感；（2）想象与幻想；（3）语言。这三种因素在创作过程中，都不仅表现在手段上，还表现为内涵。

第一，情感因素是文学表现的对象，而且是主要的、关键的、具有特征性的内涵；它也是创作主体（作家）在创作过程中所必备的主观素质和创造条件；它还是作品对欣赏者所要特别激起的内涵，是创造的目的之一。这些我们在前面情感怪圈中都已经阐明过了。这同科学创造是很不同的。科学创造除了作为动机的推动力和作为事业心、爱好、兴趣所表现出的情感（爱好之情、献身之情）外，情感并不作为内涵和创造手段进入创造过程，相反，它还要排除情感（如对于自己的意见的坚持以致不考察客观的真实等）的干扰。作为成果，它所要达到的目的和激起对象的心理活动的也不是情感，而是理智；不是要对象去体验自己体验过的情感，而是要对象了解思维逻辑的活动过程和逻辑思维的成果，是抽象的、概念的了解和把握。

① 美国悉尼·胡克著《历史中的英雄》（王清彬译，上海人民出版社1964年版、1986年第三次印刷）指出："文学界的伟大人物，像其他文化领域中一样，经常是成群地出现的。某些历史时期无疑比其他时期更容易容纳一些天才，即是说：更鼓励天才的产生，或者说：对天才更敏感些。这些时期使天才有勃兴的可能，而对比较平庸的人也是一样给予鼓励。可是这些时期产生的这些天才，比起一块肥土上的滋长花朵来，情况并没有什么两样；肥土上既苗长名贵花朵，也同样滋生普通杂草，因此并不能把肥土看作花朵的创造源泉。"（第21页）这就是说，客观历史条件一样，但"名贵花朵"的生长与否，就看各个个体自身的条件了。这里有着广阔的个人发展天地，有着偶然性的广泛作用。因此是有不小的模糊性的。

该书还指出："在艺术和文学领域中，具有独特形式和风格的新创作的产生，在下述意义上很明显的是个人的业迹——尽管他的一切都有赖于他的文化，但相信个别的艺术家和作家没有生过，而他的业绩能被另外一个人干出来，那简直是荒谬。拉斐尔的雪斯汀殿中圣母像而没有拉斐尔其人，贝多芬的奏鸣曲和交响乐而没有贝多芬其人，这是不可想象的。另一方面，在科学界，任何一个科学家的大部分成就将被同行中其他个人获得，这是十分可能的。"（第24-25页）这个论断是符合艺术史和科学史的。艺术家创作的独特性、个体性、历史偶然性要大于科学的创造。

情感的活跃性、多样性、不稳定性、无规范性、多变性和个体性，都凝聚为它的总体上的模糊性。

第二，文学创作的重要手段之一是想象和幻想。它贯穿于创作的全过程，是创作的主要法宝。而科学创造，虽然也以想象为必不可少的手段和杠杆，但它运用的想象，主要是在创造的酝酿和开始阶段，以及创造过程中的某些关键环节，而不是全过程；而且即使在发生作用时，也只是在关键问题上的激发，而不是全面的；当问题解决后，在阐述和表达的过程中，则主要是运用逻辑思维，而基本上排除想象了。幻想在科学创造中的作用与想象相同，只是应用范围更窄小了，作用是很大的、往往是关键性的，但是并不总是存在的，而且是一种引领的、触发的作用，在"入门"之后就要抛弃幻想而予以逻辑的阐述和记录了。幻想在文学创作中的作用却完全不同，它是主要手段，是贯穿全过程的，而且在幻想引领"入门"之后，创作主体还要继续运用幻想，循迹而发，展开、演绎、生发，作更多更细的幻想，幻想之花盛开，艺术之果才能丰收。而且，在表现构想的过程中，也要不断地运用幻想。在进入读者世界后，作品的主要魔力也在于激发幻想、引起幻想，从中取得审美愉悦、美感享受，而不是逻辑力量的吸引和思维习得。

幻想与想象，其应用空间是极广阔的，其内涵是变动不居的，其性质是多变的，其形态是千万种类的，因此模糊性也就更大了。

第三，文学的主要表现手段——语言，就更是模糊的了。当然，它应该是精确的，但它是精确地去描述模糊，或者说是模糊地描述精确。如"大海——它笑了""白发三千丈""千里江陵一日还……轻舟已过万重山"，以及"中等个儿""黑红脸蛋"等，以至小说、诗歌中的整体描写、叙述都是这种"模糊——精确——模糊"或"精确——模糊——精确"辩证地发展的动态模式。这中间，模糊性的范围和作用就更广、更大了。

我们总括以上所说的内容，可以说：（1）文学的对象，作为主体（作家）的刺激物，是活性更强、模糊性更大（它反映的是对象的变化、发展、系统，侧重其感性、心理、形象）的激活信息；（2）在认知和反映过程中，充满了而且激发着、发挥着，而不是抑制和排除智能的活性机制，把对象的（世界Ⅰ）和主体的（世界Ⅱ）心理机制激发起来，加以认知与表现；（3）在表现过程即创造过程中，它要求而且追求同对象的完全彻底的契合，也就是不仅反映对象的本质，而且反映本质显露的全部丰富性（内在的和外在的）。因此，它的模糊性中带着一种整体的、"原始状"的完整性、丰富性，在它的对象（读者即世界IV）面前，它所呈现的是"对象原体"（即世界 I）的原貌性的状貌（即非抽象的、非概括的、非公式化的；当然，不是完全的、无遗漏的反映），这就使它能够更深刻、更激活性地刺激对象（读者），使他们感知、认知对象（作品），从中得出自己依据作品提供的基础所能得出的一切认知和感受，它们可能是作家提供的，但也完全可能是创作主体（作家）所未曾感到、认识到的。这不仅反映了文学作品的丰富性，更重要和可贵的是反映了文学作品的模糊性中所深含着的事物自在的精确性，也是人们去认知、感受它的精确的可能性（条件）。这正是文学不同于并优于科学的地方。因此，模糊性在文学创作中，更是人类智能发展——人类认知和感受客观世界（包括自然、社会和人自身）——的介质、杠杆，更具有活性特征。

这样，我们就不能简单地和绝对化地把文学创作的心理过程和心理状态的第一个特点归结为艺术家对于自己描写对象在概念上和认知上的模糊性。因为，在这里，不是模糊性单一地成为特征，而是模糊性与精确性互相渗透、同时并存，在运动中此消彼长。模糊性必然要向精确性发展，而达到一定的精确程度后，又会向模糊发展，但这不是回到原处，而是在更高层次上的反映。"各种模糊思维形式和语言表达在人们交往活动和知识交流中，更具有广泛、完美和高效的特征。它们不仅加速了信息传递，使人们之间能彼此迅速沟通，而且能够有效地引起对方表象的集合，赋予认识或表达的丰富性和生动性。"[1]这种模糊性是高层次上的、非原初的。这正表现了模糊性在认识之网上的"纽结"作用，即收敛与散发的作用，引导、过渡的介质作用。高层次的模糊是通过精确这个基础来的，同时它又不会停止于模糊，它还要再前进，进到新的高一层次的精确，然后进到更高一层次的模糊。因此，"明晰精确的认识是来自对模糊认识的抽象、扬弃。（达到第一阶段、低层次的明晰精确——引用者）明晰兮模糊所伏，模糊兮明晰所倚，模糊性寓于精确性

403　第十四章　有机结合、首尾相接的『三怪圈』

---

① 李晓明：《模糊性：人类认识之谜》，人民出版社，1985，第6页。

之中，贯穿于人类认识的一切过程之中。精确认识不是绝对精确，而是模糊程度较小，是模糊认识的特殊表现……"①

在文学创作中，这种模糊与精确的彼此渗透、同体共存现象，更为广泛、浓重。文学创作的构思阶段可能是模糊的，也可能是精确的，但无论何种情况，在创作过程中，绝不是仍在模糊中，"以其昏昏使人昭昭"；而是不断地追求精确描写和表现，尽量精确地去表现自己的认知、感情、感受和目的，处在一种由模糊向精确的发展过程中。但是，这种过程又是一种向更高一层次模糊性的"进军"，要实现精确地描述模糊认知和感受。许多诗词的描述是夸张，小说中的风景描写、自然现象描写、人物形象刻画，特别是心理表现，更加如此。意识流手法、现代派的许多心理描写，都是由一般现实主义手法的精确描写进入更深入人的内心活动、心理状态的精确层次，但描写出来的状况较之现实主义的具体的真实面貌，却更为模糊和不确定了，但这在另一种意义上却又是更确切了。总之，文学创作的过程是模糊性与精确性的辩证统一的发展过程，单独拿出一方面来作为它的"第一特征"是不符合实际情况和不科学的。②

"……在作家、艺术家进行反映的过程中，即实际创作（即写作）过程中，在心理活动上，也是存在着一定的模糊性。……"但这不是对描绘对象在认知和概念上的模糊性，而是更多地表现在对对象的形象、状貌、发展路径和具体行动规程、趋向等方面，存在一定的模糊性。正是这种模糊性，给作家、艺术家在创作时发挥想象、幻想作用，产生和发挥灵感的作用以空隙和天地。在这里，偶发性和灵感起着很大的作用，而客观事物、人物性格和生活自身逻辑的发展规律，也在发挥着它们的主动性。但同时我们又必须看到，无论是作家、艺术家的灵感、想象发挥作用，还是客观的一切发挥它们的主动性，其作用与意义，也正是由模糊性向精确性、清晰性发展，是填补欠缺和"漏洞"，是解决模

---

① 李晓明：《模糊性：人类认识之谜》，人民出版社，1985，第29页。

② 请参阅拙作《论创作心理的特征并非"模糊性"与"直捷性"》，《社会科学辑刊》1986年第4期。该文指出："但是，作家、艺术家总是在这种追求精确与清晰的过程中进行创作的。因此，与其说创作心理的特征是其对描绘对象在认知与概念上的模糊性，不如说是由这种模糊性向清晰性、精确性不断流变、转化的过程。在前述创作心理发展的三个阶段中，这种过程是不断向前发展的。"以下正文引号中的文字即引自此文。

糊性的"作梗"。这里，阻力变成了动力，缺陷得到了补充，模糊性起到了积极的作用。

但是，很明显地，在这里，模糊性仍是非固定的、流变着并且改变着自身性质的过程，而不是凝固的、恒定的本质特征。

当然，我们还可以指出创作中的其他模糊性的存在。比如，创作构思和主题思想上的模糊性，对人物形象的本质及其社会意义的认识上的模糊性等。但是，这种模糊性是在整体上基本明确的前提下才存在的。同时，某种程度上的模糊性可以给作品留下暗示性、象征性、隐喻性，这是含蓄和蕴藉，能够给读者以审美的充足活动余地。但是，这种模糊性是有界限的、有量度的，而且它要具有引导欣赏者按一定方向去想象、进行再创造的"定式"。这又是一定程度的明确性。这也就说明，这种模糊性是与明确性结合着的，处于辩证地统一的状态中。显然，这不是作为事物的"第一个特征的状态"。

"文学作品的语言，也显然往往是模糊的……而这种模糊也是为作家的精确表述艺术意图服务的。它仍然不能够成为对描绘对象在知解与概念上的模糊性特征。"

在本书作者所收到的《创作心理调查问卷》的答复中，所有答复了这个问卷的作家，都对"您同意创作心理的特征就是它的模糊性吗？"这一问题作了否定的回答。只有贾平凹同志填了"同意"二字；但是，在这一组四个题目的最后一题的答复中，他又写上了"是的"。这个题目是："这种模糊性是不断改变的，是在由模糊向清晰、明确转化。您也一直在为这种转化而努力，对吗？"对这个问题的肯定答复，等于补充和订正了对前题的答复；也就是说，作家所肯定的"创作心理的模糊性"是后题所描述的那种在转化的、与精确和清晰辩证统一、互相结合的模糊性，而且他在创作中是为这种转化而努力的。还有程乃珊同志，她虽然在答复中打了"√"号，但是，却在紧接着的"是整体模糊吗？……还是在上述诸项中的某几项、某一项模糊"问题中，在"故事情节、人物性格、创作目的"三项打了"√"号，说明她的实践经验不是整体而是部分模糊，而另几项她却未打"√"号的则是："主题……对生活的认识、把握等。"这说明她在这几方面是明确的，这正说明不是对描写对象在认知上和概念上处于模糊状态。

那些直接给予否定答复的作家的具体表述，是这样的（依收到答复的先后为序）：

叶楠："是由模糊到明确的过程。"

萧乾："创作心理人人各异，每个人的每篇文章也各异。我觉得联想力很重要，能看出事物与事物之间无形的联系。"

航鹰：同意模糊性"只在写作中、计划对人物性格的把握上、对生活本质的评断上表现出来"。在问题"但是，这种局部模糊性作用很大，它是想象活动的天地、灵感出现的领域、施展才能的场所，对吗？您有这方面的体验吗？"之下答复说："同意。/我常常是形象大于思想。/我的心理活动很丰富，但它们究竟是什么，并不大清楚。/小说写出后，我大多不清楚主题什么的。"对问题的答复是："我不大做这种努力，或者不是自觉地认真地做这种努力。"

鲍昌："有模糊性的一面，但不完全是。"对问题"您的创作模糊性表现在哪方面？"的答复："直觉地观察生活时，突兀地到来灵感时。"/"很少整体模糊，多是某一部分模糊。"/"主要是在写作构思时。""局部模糊性的作用确实很大，因为它完全是感性的，对于艺术形象的表现很需要。""就我来说，总是努力使模糊性逐渐明确起来，然后再写作。因为我不想写模糊作品，不想把模糊性直接体现在作品中。"

张抗抗："我从1980年开始就想写《隐形伴侣》这个内容的小说。生活积累很多，人物也很熟悉，但我还不知道到底会写成个什么东西。正因如此，它给我提供的活动天地就很大，它让我从多方面去探测、实验，直到它那些模糊的部分渐渐被看清，看不清的部分也有了固定的模糊性（亦即多义或是永久困惑）。"

"这是一方面。另一方面，模糊性既然存在了，就说明它有存在的必然性。在它尚未具备条件向清晰转化时，万万不可强求，否则会得到生涩的果子。真不如先让它模糊下去。由模糊到清晰应有一个自然的过程。"

路翎："我认为，创作心理特征的模糊性的说法不很明确。在写作过程中，形象未完全动时，是有未理解性、对复杂对象未认识性的，它是有模糊性的，但其中也总有着对现有形象的直觉的明确的地方，即明晰性的。克服未认识的，而达到对形象的认识，想象力、知识力、灵感都活动。但说创作心理的特征是模糊性，是不完全的。创作心理的特征是对对象的艺术性及复杂性认识的寻求。作品是要达到描写复杂形象的。但作品不能达到形象模糊性。""正是这样，模糊性是要改变的。但艺术的复杂形象是存留的。"

邓刚：同意创作心理的特征是模糊性，但划去了"是整体模糊"。"完全同意以上的问号。构思的轨迹太清晰，简直就无法想象和发挥。"

韶华："我创作中的'模糊性'很少。每一部作品在写作时都比较明确，主题、故事、人物、情节，都是想得很具体、经过精心设计的。'神来之笔'有，不多。"

徐光耀："只有真正想通了（明白了，清晰了），才可能出现精彩的文章。如果有意模糊，那也是作者意识分明的安排。没有想通，而借口模糊勉强瞎写，只能出现败笔。我个人，在想也想不清楚的地方，总是没有信心写好的。我宁可回避它。""上面已经说了，在写作过程中，我一直在尽力克服模糊性"。

叶文玲：同意在"某几项"上的模糊；同意"创作心理、创作活动只存在一定的模糊性"。

从以上诸位作家的创作实践经验看，证明创作心理的运行，是模糊—精确的辩证发展过程。作家们对于这一点是一致肯定的。

以上，我们就创作心理的"情感——理性——非理性"、"潜意识——前意识——潜意识"和"模糊性——混合——精确"三组活动机制进行了分析和阐述，这种特点反映文学创作心理运行的特殊性，它不同于科学创造心理的运行，也不同于一般心理的运行。它运行于这三类"怪圈"之中。正是这种怪圈中各类心理活动和心理能力的互相渗透和辩证发展，决定了文学创作心理和文学作品的特色。

我们对三组怪圈是分别叙述的，但是，事实上它们是有机地结合在一起活动的，它们是一个整体，是一个人的心理复合体，是作家的创作心理的完整形态。而且，它们之间是有着对应关系的。

第十五章　创造的心智活动过程

　　创造的心智活动过程，是一个非常复杂的过程。我们在前面对它作了扼要的、分别的记叙，现在，我们来对其作一个整体的、客观的描述。所谓创造的心智过程，从文学创作的范围来说，就是创作心理的活动过程。作家在创作时，它的全部心理能力、全部心智，都是以创作心理为核心，围绕它来活动的——展现自己的能力、发挥自己的作用。

　　创作过程（写作过程）是一个创造性的活动过程，但又不同于一般的创造过程，它自始至终存在着、运用着、发挥着形象的想象作用。其他心理能力，都像众星捧月似的供它调遣，为它服务，输送营养给它，释放能量给它，传输信息给它，表象、记忆、注意、情感、思维、意志都奔走在它周围。在这个过程中，创作的活动要一步步把构思中的朦胧的、大而化之的、轮廓性的计划加以实现。如果是详细具体构思（有计划、有提纲），那么就是逐步使它更明确化，并逐步付诸实现。形象的设计、情节的结构、主题的体现、故事线索的发展、人物关系的发展等等，都要在创作过程中得到发展、提高和实现。

　　在这个过程中，心智的主要活动是思维与想象的互相结合的发展。思维在这里主要是指总体意图、构思（可能是明确的，也可能是不够明确或不明确的）的进行和发展，不断地调整故事、人物、情节发展的方向，随时并且深入地思考作品的整体和局部、细节的发展，如何展示其自身的本质，如何体现作家自己的意图、意念、意象（以上两者是互相结合、表里一致的），并随时思考如何运用艺术技巧来具体表达这一切。这些思考可能是有着明确构思意图的，思考按照这个构思作局部调整来向前发展，有如建筑师的按照设计蓝图进行修建；但也有的是"随写随想、随想随写"的，这虽无明确的整体构思，但是在心里有一个朦胧的、整体的（表现为混沌状态的）意图或意念，它是指导创作进行的"总指挥"，实际上在不自觉的、模糊的、潜意识的状态中，随时指导着作品内容、情节按目的发展。这种调整很像人走路或汽车驾驶人开车时随时调整方向一样，虽有明确的或总体的却是模糊的意向，但并无明确、鲜明的意识，只是在"冥冥"中、潜意识中好像自发状态地进行调整，实现指导。

这实际上是作家在创作活动中的逻辑思维活动。它表现为两方面：一是总体方向上的指导；二是局部的、细节的调整。

有的作家在创作时，有明确意识、详细提纲。他们在写作时，思维以提纲和明确的创作意图为指针，逐步地用故事、情节、人物活动来体现内心所要表达的东西，而且通过思考不断地提高、深化这些要表现的东西。比如巴尔扎克、托尔斯泰、茅盾，都是这样的。他们有详细的写作构思和提纲，而且按照这个提纲来实现自己的意图。

巴尔扎克在《〈人间喜剧〉总序》中写道：

《人间喜剧》这个基本意思，在我的脑海里，最初像一个美梦，像一种不能实现的计划，我对它反复思量，又让它飘然远引；又像一个幻想，它微笑着，露出一张女性的脸庞，但马上又展翼振翅，飞回奇幻的太空。可是这个幻想，也像许多幻想一样，却化为现实，它发号施令，它有束缚力量，非听从它不可。

描写一个时代的两三千个出色的人物不是一件容易的工作，因为归根结底，这就是一个时代呈现出来，也是《人间喜剧》所包括的典型人物的总数。这一群人物、性格，这许许多多生活，需要有一些框架（请别见怪这个词儿）和一些画廊。因此，我把我的作品分为私人生活、外省生活、巴黎生活、政治生活、军事生活、乡间生活……这都是为人熟知的场景。在这六个部分里胪列着构成这个社会的通史的全部"风俗研究"，……《私人生活场景》描写童年、少年以及他们的过失，而《外省生活场景》却表现热情、盘算、利欲和野心的时代。跟着就是《巴黎生活场景》，它们使人看见一幅表现趣味、恶习以及一切肆无忌惮的行为的图画，这些事物是同时汇合了大善与大恶的大都会所特有的风俗激发起来的。这三

个部分各有它的地方色彩：巴黎和外省，这种社会的对照提供了无限的资料。不仅仅是人物，就是生活上的主要事件，也用典型表达出来，有在种种方式的生活中表现出来的处境，有典型的阶段，而这就是我刻意追求的准确。……我的作品有它的地理，正如有它的谱系和它的家族，它的场所和它的物产，它的人物和它的事件一样；正如它有它的盾徽，有它的贵族和市民，有它的手艺者和农民，有它的政治家和花花公子，有它的军队一样。总之，有它的整个社会就是！

在这三个部分里把社会生活描写了之后，就必须刻画那些概括了几个人或所有人的利益，可以说超越常轨的例外的存在，因此我写《政治生活场景》。这个广阔的社会图画结束和完成了，不是必须写出处在最猛烈的状态中的社会，或者为了防御，或者为了征服，而离乡背井的社会吗？因此就写《军事生活场景》，……最后，《乡间生活场景》有几分像一个长昼的日暮，……在这一部分里，有最纯洁的性格，以及秩序、政治、道德的伟大原则的应用。

这就是作品的第二部分"哲学研究"屹立其上的人影杂沓、悲剧喜剧并陈的基础，种种效果的社会作用都在这里罗列出来，思想引起的破坏也通过感情一一加以描绘，并且这个部分的第一部作品《驴皮记》，可以说用一种颇有东方色彩的奇幻作为环子将《风俗研究》同《哲学研究》联系起来，我们在这里看见生活本身正在同一切热情的根源——欲望——交战。

在这个部分之上，就是《分析研究》，……这个部分只发表了一部作品：《婚姻生理学》。

从现在起再过一些时候，我还要写两部这类著作。先写《社会生活病理学》，然后再写《教育界的解剖》以及《德行专论》。

……

这个计划同时包括社会的历史和对它的批评，对它的弊害的分析以及对它的原则的讨论，我觉得这个包罗万象的计划允许我把它今天发表时所用的名字"人间喜剧"作为这部著作的名字。这是不是野心呢？还是作得恰当呢？这就是这部作品完成之日，留待读者判断的事情了。①

这是一个庞大周到的计划，关于整体和分部的内容、主旨、思想、特征，关于作品所要具有的"品格"，所要描写的人物、表现的历史内涵和情感特征，特别是关于历史的深刻性、社会的广阔、人物的社会性。对于这一切批评、对于它们的弊害分析和原则讨论，以及如何来表现这一切，等等，都有考虑和规定。这个计划充分说明作家对于其描写对象，绝不是在认知上和概念上是模糊的；恰恰相反，在认知上和概念上是明确的。但是，在对生活的认识和把握、对社会本质的细部的揭露，对人物的性格面貌和外形特征的具体规定、对故事情节的安排，以及这一切发展轨迹和互相之间的结构网，等等，却又是模糊的。这里留下了作家充分发挥自己的创作才能的广阔天地。无论是在构思期间和写作前的全部时间里的活动，还是在创作过程中的"充填"、补充、发展和表现，作家都要运用思维来进行工作。我们从巴尔扎克的《〈人间喜剧〉总序》中，明显地看到他的思考痕迹，这是他的思维的活动，而且主要是逻辑思维的活动。而在写作阶段，显然同样需要运用思维，也主要是用逻辑思维来实现这个思维的结果——艺术的构思的。其一，是以这个构思（它本身就是思维和思维的材料）为指导纲领和线索，来实现（写作）自己的作品。这个纲领和线索，始终在隐隐之中指导着创作过程中的其他一切心理活动。其二，它一直监护着计划的执行、构思的实现和写作的进行，看哪些背离了蓝图，便加以调整和纠正。其三，顺着故事、人物性格、社会事件自身的逻辑，创作作品内容，实现创作计划。在这个过程中，也要运用逻辑思维来推测、判断哪些是既符合自己原有的创作蓝图，又符合生活和人物自身的发展逻辑的，即要进行判别，发现问题要随时调整。其四，在这个过程中，还要不断地丰富、发展，特别是优化原来的设计、思考、构思。在这个过程中，思维——这里主要说的是逻辑思维，需要进行经常的、不断的、深入的、细微的活动，这是创作过程

---

① 《〈人间喜剧〉总序》（1842年8月）。转引自段宝林编《西方古典作家谈文艺创作》，春风文艺出版社，1980，第298-305页。

中心智活动的重要的、不可或缺的方面。①

托尔斯泰的被称为批判现实主义高峰的长篇小说《复活》，其故事情节是从一个朋友那里听来的②，最初叫《科尼的故事》，托尔斯泰不过是想写成诱惑者在被诱惑者面前的忏悔的故事；可是，后来却突破了伦理道德的狭隘性，而写成一部从广泛的社会背景上，以道德、法庭、监狱等领域为重点，全面深刻地揭露资本主义社会虚伪、残酷、罪恶本质的长篇巨制。在这个过程中，托尔斯泰进行了深入的、认真的甚至是痛苦的思索过程。思维（逻辑思维）在这个过程中发挥了重要的作用。

托尔斯泰从1887年接触到这个故事并构思作品，直到1899年12月18日的日记写上"完成了《复活》，……总算脱了手"③，中间经过了十二年之久。这期间，一个司法案件的故事，在发展中逐渐被压缩为整部小说中的一段情节，而小说的全部内容却大大地扩展了。托尔斯泰在1898年10月完成全书前给巴·阿·布朗热写信，把自己创作《复活》的工作称为"专心从事于自己的艺术活动"，"简直整个人从头到脚都被工作吞噬进去"④。这个把他整个人从头到脚都吞噬进去的"艺术活动"，就是他的创作活动，是他的创作心理活动的过程，而我们看到，在这个过程中，理智、理性、逻辑思维，为了描写对象在认知上和概念

----

① 当然，这里是以长篇巨著为例来说明的，它们的酝酿构思时间有时长达数年数十年之久，创作（写作）时间有时也长达数年数十年之久。在这样长的时期，逻辑思维的活动，如本章中所说的四种活动，自然是会有的，而且是活跃的、重要的。然而，短篇小说、散文呢？诗歌呢？应当承认，在这些文学样式的创作中，上述表现是不如创作长篇小说那样全面、那样典型的。但是，不典型、不全面，不等于不存在。那些短小篇幅的作品，的确有时是未经思索、挥笔而就的，而且也是成功的。但是，第一，确实也有不少成功的、优秀的、杰出的短篇名作，是经过作家的苦心经营才成功的。比如说短篇小说大师契诃夫的有的小说，鲁迅的有的小说，便是如此。第二，更重要的是，一挥而就也好，未经思索也好，只有一点触动就写也罢，都只是说明临战状态（写作）时的状况，而不能概括更不能否认以前的状况。事实上，在挥笔之前，在"未经思索"之前，作家、艺术家是自觉或不自觉地思索过的，是有过许多积累的，只不过是意识状态不明显，是隐在的罢了。总之，短篇创作虽然不会和长篇巨制经过同样程度的思维过程，但是，要有这样的阶段（较简单、较短暂）是肯定的。

② 托尔斯泰从检察官阿纳托利·费奥多罗维奇·科尼那里听到了罗萨丽雅·奥尼的案件，他很激动，希望科尼"按照年代次序"，"照它原样"写下来。科尼未写。托氏便请科尼"让出了这个情节"。

③ 贝奇柯夫：《托尔斯泰评传》，吴均燮译，人民文学出版社，1959，第497–498页。

④ 同上。

上的明确性，托尔斯泰做了艰苦的努力和深入的工作。这是托尔斯泰当时思维活动的主要轨迹的记录：

情节妙极，好得很，我很想写。[①]

陈述学说和写科尼的故事的材料已经隐约地积蓄了起来。[②]

散步的时候，关于科尼的中篇小说想得很多很多。一切都很清晰很妙。——1. 他并不想占有她，但他这样做了，因为他觉得必须这样。在他想象中她是很迷人的。他微笑，他又不由得想哭。2. 来到教堂，黑魆魆地，白色的衣裙，接吻。3. 老侍女拿了钱，但是眼里带着忧愁。4. 老侍女是宿命论者，卡秋莎孤零零地。5. 她看见他坐火车经过，要投到火车底下去，但却坐了下来，感到胎儿在转动。6. 他问姑母说：她在哪儿。在地主的下房里。生活得很糟，与一个奴仆有勾搭，她不能不勾勾搭搭，因为她被激起了性欲。7. 他激动地问道："您竟撵走了她？她哭得很凶吧？而我有罪过吗？"等等。试着去满足ambition（功名心），糟透了，不合乎性格，到国外——在巴黎——荒唐——糟透了。只好读书，讲究奢侈，打猎，玩牌，等等。鬓发斑白了——苦闷。[③]

试着写科尼的故事，但是写不好。[④]

……已经明确了科尼的故事的外表形式。必须从开庭（法庭）的情景写起。立刻写出法律的欺骗和使它正直不阿的必要性。[⑤]

---

① 给苏菲娅（1888年5月12日）。

② 贝奇柯夫：《托尔斯泰评传》，吴均燮译，人民文学出版社，1959，第495页。引文除注明出处者外，均转引自段宝林编《西方古典作家谈文艺创作》，春风文艺出版社，1980，第549–552页。

③ 《日记》（1890年2月11日、16日）。转引自中国社会科学院外国文学研究所、外国文学研究资料丛刊编辑委员会编：《外国理论家、作家论形象思维》，中国社会科学出版社，1979，第114–115页。

④ 《日记》（1890年2月21日）。（以后，在22—23日两日仍然记下了同样内容的日记。说明：第一，不满意；第二，在苦苦地思索、追寻。）

⑤ 《日记》（1890年6月18日）。转引自贝奇柯夫：《托尔斯泰评传》，吴均燮译，人民文学出版社，1959，第495页。

〔由于又加了聂赫留朵夫主张废除土地占有制的新的主题，写作碰到很大困难，素材必须改造，这使托尔斯泰停了数年未过问此小说。〕

　　决定不再写下去了。我把小说的艺术基础全部重新检查了一遍。整个要不得。如果还要写的话，必须全部从头来过，写得更真实点，不要杜撰。①

　　动手写《复活》，但深信它一定很糟，重心不是放在应该放的地方，土地问题又分散减弱它的力量，可是这个问题自己也是软弱无力的。我想把它放弃了。将来如果要写的话，就得从头写起。②

　　……要讲人们对自身所作的残忍的欺骗——经济的、政治的、宗教的……要讲婚姻，要讲教育。也要讲专制制度的可怕。一切都已成熟，想讲得很。所以无暇再胡诌我在《复活》里已经说开了头的那些艺术的蠢话了。③

　　刚才我正在散步，忽然很清楚地懂得了我的《复活》为什么写不出来的原因。开头写得不对。这一点我是在思考那篇关于儿童的小说——《谁对》的时候才懂得的；当时我明白了那篇小说必须从农民的生活写起，明白了他们才是目标，才是正面的东西，而另外那一些——只是阴影，只是反面的东西。想到这个，我就连带地也明白了关于《复活》这部书的道理。应当从它开始。我马上就想动笔。④

在这十几年的过程中，托尔斯泰一直在为《复活》构思和构思修改

---

① 《日记》（1894年6月14日）。转引自段宝林编《西方古典作家谈文艺创作》，春风文艺出版社，1980，第550页。

② 《日记》（1895年10月13日）。转引自段宝林编《西方古典作家谈文艺创作》，春风文艺出版社，1980，第551页。

③ 《日记》（1895年10月28日）。转引自段宝林编《西方古典作家谈文艺创作》，春风文艺出版社，1980，第551页。

④ 《日记》（1895年11月5日）。转引自贝奇柯夫：《托尔斯泰评传》，吴均燮译，人民文学出版社，1959，第496页。

与实现而深入思考。这里的摘录记录了他的这一段思想历程，这是一个思维（逻辑思维）的发展过程，思维目标就是对于对象在认知上和概念上的明确性，是对于社会本质、人的社会性的深刻的、准确的揭示。起初，托尔斯泰只是将其作为一个反映诱惑者与被诱惑者之间关系的一般性社会故事来设计，在1890年2月11日和16日两天关于这个故事的七条构思，已经形成了这样一个有头有尾的完整故事框架。就这时候的立意和创作目的来说，已经完成构思，只等实现了。所以，作家高兴地写道："一切都很清晰很妙"。但是，十天之后，已经在创作中来完成这个故事了，他感到不满意，接连数天都写下了这个自我感觉。到6月，他在外形上确定了作品的模式，并决定从法庭情景写起。于是接触到法律的虚伪性问题，主题开始深化。以后又接触到土地制度问题——这是农奴制俄国当时的根本社会问题，也是托尔斯泰一生主要考虑和致力于解决的问题。主题更进一步展开和深化，于是，作品的思想开始转化。而作家却感到在新的主题面前要重新考虑了。他停下笔，一停便是好几年。1894年，他通检过去所写的，感到是杜撰，对新的展开的内涵又还模糊。他要深入考虑，追求明晰。他感到"必须从头来过"。继续思考的结果，他抓住了"人们对自身所作的残忍的欺骗"这个核心，要涉及经济、政治、宗教、婚姻、教育，目标对准专制制度。而且，要把农民作为正面力量来表现。这样，他就抓住了俄国社会对立的两极，抓住了俄国的根本、俄国社会的本质。

托尔斯泰在这十几年中所经历的正是一个运用逻辑思维，深入在认知上和概念上把握对象，并达到本质的认识的过程。这个过程既是一个构思不断深化的过程，又是一个实现构思的写作过程。构思——创作是互相交叉、渗透地进行的。作家的心理活动，表现了突出的思维活动、心智活动的特色。

值得提出的是，托尔斯泰在创作其他作品如《战争与和平》《安娜·卡列尼娜》时，也同样经历了这个过程。在构思创作这两部作品的过程中，同《复活》一样，作家进行了巨大的、细致的、长期的思考，逐渐深化主题，深化对历史、对事件、对人物的理解和剖析，在"人物的构思"之外，又加上了"历史的构思"，使《战争与和平》由写战史到"写人民的历史"，展现了一个时代的历史面貌。《安娜·卡列尼娜》则由写一个风流贵族少妇的私情的普通故事，深化到成为展示整个俄国社会生活的程度，使作品由一部带有私生活色彩的小说变成尖锐的揭露社会问题的小说。

> 《安娜·卡列尼娜》这本书，从最初命名为《两段婚姻》《两对夫妻》的描写一个"不忠实的妻子"的小说，变成了一部很大的社会长篇小说，用鲜明而典型的形象反映了俄国生活中整整的一个时代，包含了作家对农奴改革后俄国生活中形形色色现象所提出的尖锐而激动人心的反应；最初的题材被放在当代各种最重大的社会问题的背景下来加以思考领会。[①]

这正表现了托尔斯泰作为"思想的艺术家"（屠格涅夫语）的特色。这特色就是在构思与创作过程中不断深化自己对描写对象的认识、理解、解剖和表达，逻辑思维在这里发挥了巨大的作用。

从托尔斯泰的创作过程中我们可以看到，他的创作心理在这个过程中活动的机制，主要的一面是思维（逻辑思维）的紧张而活跃、丰富而深入的活动。这种思维活动的主要内涵是分析深化题材、人物、"关系"这三个方面的对象：题材挖掘、取舍、加工，解剖分析它的本质、历史地位、发展趋势；人物主要与次要的地位，他们各自的性格，性格所体现的社会本质，他们各自的和互相的命运；"关系"——三者之间的关系、事件与人物的关系、人物与人物的关系。这构成了一个错综复杂的网，一个社会—作品—人物的结构网。这一切都是围绕着作家的主题思想、创作意图活动的。同时，这个活动本身又不断扩展、深化原有的主题思想、创作意图，这是一个辩证的认知和理解的发展过程。

在这整个心理活动过程中，作家的思维（逻辑思维）的能力、思想的才能发挥着重大而关键的作用。

当然，也有作家的创作习惯与此不同。他们不但没有写作提纲，也不写创作笔记，而且没有什么成型的构思。他们只是一点因由、一点触动、一个感受、一些想法，就提笔"步"上创作之路。

阿历克赛·托尔斯泰与列夫·托尔斯泰恰好相反，"假如在他面前

[①]　贝奇柯夫：《托尔斯泰评传》，吴均燮译，人民文学出版社，1959，第309页。

摆上一令洁净的上等质量的纸，便能写作。"①他不进行什么构思活动，也不写什么提纲。"他曾坦白地说过，他坐下来常常不知道要写什么。在脑子里先有一个生动的细节。他从这个细节开始，而这个细节像一条魔术的线似的逐渐引出全部故事来。"②高尔基也是不酝酿构思，不写提纲的。他在《我的创作经验》中说："提纲我从来没做过。提纲是在创作过程中自然形成的，主人公自己把它造出来的。"我国作家孙犁也说自己是无构思、无提纲的，"我的写作习惯，写作之前，常常是只有一个朦胧的念头。这个念头，可能是人物，也可能是故事，有时也可能是思想。写短篇是如此，写长篇也是如此，事先是没有什么计划和安排的。"③

这是作家的一种写作习惯，而在本质上是另一种思维运行方式和创作心理运行方式；但它并不证明构思和实现构思的思考、逻辑思维的运用是多余的，或可有可无的。问题在于他们的思维运行方式不同，而不在于运行机制不同。

首先，他们在创作之前，已经有了两项准备工作：一个是总体准备，一个是具体准备。所谓总体准备，是他们的生活的、思想的、情感的、艺术的、心理的、创作理论和创作技巧的准备，即完整地形成了作为作家的创作心理，完成了我们在前面两编中已经述及的全部生活的过程（作家的"生活学"）、全部心理过程（作家的心理复合体的形成）和全部储备（作家的"黄金储备"）。这些，形成了他们的作为创作基础的创作意识、创作心态，对于社会、历史、人生，对于艺术，对于人的总体看法，即世界观、人生观、艺术观。这实际上是他们的人生觉醒与艺术觉醒和创作心理的结晶。这个结晶体闪闪发光，映照和折射着人生百态、社会形象。因为是通过作家特殊心灵结晶的映照和折射，这里就有着作家自己的感受、情感、思维和见解。它们是作家无论怎样"无准备"、坐下来就写、信笔挥毫，也会在冥冥之中发挥作用，牵其神、引其气，指挥他的笔，导引他的行为，决定作品的总精神、总面貌，决定作品的灵魂的。这实际上就是一种大构思（战略构思）的框架，是思

---

① 康·帕乌斯托夫斯基：《金蔷薇》，李时译，上海文艺出版社，1959，第137页。

② 同上。

③ 《致阎纲信》。转引自余秋雨：《艺术创造工程》，上海文艺出版社，1987，第44页。

维在长期的生活和思考过程中形成的结果。只是作家并没有自觉意识到或者不肯、不愿意去自觉意识到这一点，而宁愿让它以一种"隐形魂灵"的状态存在罢了。这是一种特殊的心理状态，一种心理运行的特殊方式。但是，在长期的生活和思考过程（它也可能一直在隐形思考中进行）中，心理活动、思维活动是一直在进行的，没有这种生活——思维积蓄，作家是难为无米之炊、难汲无水之泉的；临渴掘井，在提起笔来写作之后，在挥毫过程中，临时左思右想、拼拼凑凑，是不可能创作出艺术品来的。[①]事实上，无论是高尔基、列夫·托尔斯泰还是孙犁，都不可能没有前述诸种储备和准备，这从他们的传记和他们自己的创作经验谈中都可以看得很清楚。高尔基在谈到自己最早的创作冲动时，曾写道：

> 我想狂叫，说玻璃工人阿那托里，——……——假如不去帮助他，那么他就会毁灭了；说卖淫妇苔丽莎是个好人，她虽然是一个卖淫妇，但是玩弄了她的那些大学生们并没有见到她的好处，那是太不公平了，这也正像大家没有见到讨饭的"马奇蔡"老太婆，比

---

① 有些作家宁肯让自己保留着隐形心灵结晶体的状态，宁肯让它在冥冥之中活动，发生作用，保持着一种模糊的、潜意识或半无意识状态。这样，更有利于创作，使它处于一种自然流泻、顺畅而下、天然形成的状态，作品也更自然去雕饰，无斧凿之痕。这是有道理的，是符合创作心理的运行规律的。前述诸作家之那样表述其创作状态，正是说明了这种创作心理的活动形态。但他们只是在构思运行、提纲写作等具体方法的范围内来说这个问题。他们没有也不可能否认自己在生活中没有做好思想、情感、艺术和技巧的准备，而是空空荡荡坐桌前、提笔涂鸦得万言。事实决非如此。

余秋雨在《艺术创造工程》中，列举了上述高尔基等人的例子时指出："艺术家在创作的时候，并不是把预先装得井井有条的东西一一列出来，而是边执笔边创造，边挖掘。"（第45页）这里，否认预先的"装得井井有条"的必然性是对的（但并非井井有条就是不好，或井井有条就是填满塞足，不给发挥创造力以余地。这在事实上是做不到的），但如果认为事先的储备及冥冥中的思考和思考结果（结晶）也没有就不对了。那还能"挖掘"什么？创造的内涵和条件之一，就是挖掘。后面，作者指出，利用很长时间思考作品提纲的普希金，"当一种已经诞生的创作思想还没有在他脑子里成熟，给自己找到和谐而完整的发展的时候，有时就得一连写上好几年"，因为作家在追求内在成熟而不是外在完满。他说："等，就是提高创作思想与物化形态怡然契合；等，就是等总体感受和个性选择取得协调。"（第45页）这是对的。而"创作思想""总体感受"就是思想，就是思维的结果，这就是总体准备和总体构思（战略构思），而且在等的过程中，并非"守株待兔"，而是要思考、追溯、寻求，才会有最后的"一旦获得"的。

起年青和见多识广的产婆雅科武莱娃还更聪明的情形一样。[1]

这里的叙述虽然简略，但是不也已经构成了一种构思的概略吗？一个总的设想、总体认识和主题是明确的。同时，也表明高尔基在思想、情感、情绪上的创作准备，在创作冲动方面的准备，都是很充足的。

我们在前面所述及的我国当代作家对于自己的人生觉醒、艺术觉醒的表述（见《调查问卷》的答复），便也是这种总体准备。

从这些记述中看得很清楚，他们在提笔创作之前，已经形成了自己的创作心理，形成了自己的创作意识，形成了一个创作的自我、一个作家的心灵，同时，也形成了自己的艺术总体观念和审美心理、审美情趣、审美理想，而且完成了情感积累、形象积累、内心语言积累等。这些，不就是创作的充足准备吗？没有这一切，怎能创作?! ——这些，都是实证的材料。

第二，除了上述人生与文学艺术的储备作为背景而存在之外，还有一种中等范围的文学与创作的准备。这就是在平常的生活中，比较定向地和比较集中地积累储存了事件的、人物的、思想的与情感的素材。一种非构思形态的构思活动在潜意识中进行，逐渐由模糊向清晰发展。托尔斯泰说过这样一段话：

> 生活的洪流由许多现象所构成。艺术家应该将这些现象加以概括，并赋予它们以生命。艺术与照相的区别就在于此。创作时，概括的过程与赋予生命的过程是同时发生的，但是这是两个截然不同的过程。
>
> 艺术家汲取现象——他通过眼、耳、皮肤把周围的生活接收过来，生活在他的身上留下痕迹，就像鸟儿在沙滩上走过留下痕迹一样。"……这里特别重要的是总的意向——观察的角度、毅力和经验。概括的过程，即对所观察的现象加以综合的过程，在绝大多数情况下都是不自觉地进行的。这仿佛就是创作前的准备。这是艺术家总的工作中最难和最重要的部分。在这里，他溶化在生活的洪流之中，溶化于集体之中；他是一个参加者。
>
> 一旦创作时刻来临，感受过的现象的痕迹，便会像盘子里的盐

---

[1] 高尔基：《我怎样学习写作》，戈宝权译，生活·读书·新知三联书店，1950，第48页。

那样凝聚起来。①

阿·托尔斯泰很正确地把这两个阶段称为"概括的过程"和"赋予生命的过程"。他正是把"概括的过程"看作创作前的准备，并且指出"这是艺术家总的工作中最难和最重要的部分"。这就是说，生活的过程和思考生活的过程，为作家做好了创作前的准备，完成了最难和最重要的工作。一旦进入创作，虽然没有提纲，一切都是成熟的，它们就会自动地像盘子里的盐似的凝聚起来了。

第三，就是那种一点想法、一个念头、一个故事触动或引发了创作的情况了。这些，虽然并不那么完整，虽然朦胧，但它却是一个"核"、一个"胚胎"，它蕴含着巨大的能量和完整的生活"完形"。它既包含着前述总体准备的内蕴，又有具体事物的内涵。前述高尔基的"想狂叫"的内容就是如此。在"核"裂变中，在"胚胎"发育中，一切就都会发生、发展了。

在创作（即实现）的过程中，这"核"的裂变、"胚胎"的发育不是别的，就是一边构思、一边写作，逐级、逐步、交叉地进行。在"空间"区段上，是一章一节一段；在时间区段上，是一天一时一分以至一秒，通过迅疾而即时的思考得出成果、结论、意见、意念，又迅疾而及时地化为环节、性格、语言、对话、场面、形象，以物化形态（语言和篇章）表现出来。这里，不是没有构思，更不是没有思维，而是化整为零了，是由朦胧逐步明晰了，是"占领"一个思维"高地"后又"占领"另一个，相延、接续、承继，连绵不断，逐步生发。思维在其中始终起着一种导引的、指示的、调整的和协调的作用。高尔基说的"自然形成"，"主人公自己把它造出来"，就是这种过程。这是把构思和实现（写作）的过程融为一体了（但是在具体进行中，又始终在浑然一体中交替运行、分别活动的）。因此说，这只是一种特殊的创作心理和创作中的心智运行方式，而不是取消了必然存在的创作心理运行和心智运行的机制。

这实际上是一种十分融洽的逻辑思维与形象思维的结合。连理枝在

① 《阿·托尔斯泰全集》，第一三卷，第292-293页。转引自中国社会科学院外国文学研究所、外国文学研究资料丛刊编辑委员会编《外国理论家、作家论形象思维》，中国社会科学出版社，1979，第157页。

生长中互相绵连渗透，同时吸取雨露、阳光、水和养料，然后开出艺术的并蒂莲。由于这种状况是在冥冥之中分散地进行的，而作家又往往不明确这一点（不去自我反思或不去明确体验和表述），所以常常不免产生神秘感和令人有神秘之感。事实上，冷静肃穆而又活跃欢腾的思维之神和逻辑思维之神，一直在辛勤工作，浇露输氧、贯气注神，给艺术之花的盛开施以滴滴甘泉[①]。

第四，在初稿写成之后，作家在修改过程中，仍然会调整结构、修改内容、修饰语句，这些工作的过程是一种思维（逻辑思维）活动的过程；这种工作的目的，是达到表现自己的"念头""想法""触动"的思维内涵。——它们在经过了整个写作过程之后，像已经裂变的原子核和已经发育生长的胚胎一样，已经丰富、发展、成长了，非复初时模样，不是朦胧的主观意念，而是客观的物化形态了。当然，有的作家写完后不修改或很少修改，那么，就是在写作过程中已经完整体现了那个已经发育成长的胚胎中的思维内涵了。

总之，在创作的心智活动过程中，思维（逻辑思维）进行着紧张的活动，无论是有详尽提纲还是仅凭一个念头来写作，都是如此。

但是，创作心理活动是一个完整的心智活动过程。作家在紧张地苦苦地思索（即思维活动过程），不同于科学家的是，他们主要的手段是想象（而不是演绎、归纳、推理、判断），他们的主要材料是形象（而不是概念）。想象飞扬，思接万里，情通四海，沧海桑田，自然变化，兴衰枯荣，世事变迁，悲欢离合，命运升沉。这一切，给予作品以丰富的、深沉的、引人的故事、情节、人物命运，产生了艺术的生命。不过，这种想象又是受到前述的思维的导引和规范的，是既补充、发展思维，又为思维服务的。这是逻辑思维与形象思维的具体结合的过程。鲁迅对于孔乙己作为科举制度的牺牲品的悲剧的一生，有一个揭露制度本质和人物命运悲剧的总体思维和概念，但这一切又体现于他的外在形象中。他在《孔乙己》中描述道：

---

① 现时常见一些研究创作心理的作品，用神秘诡谲之语，生花美妙之笔，形容、描述创作心态，头头是道，但其止于一种客观描述和客观肯定。这种描述或者是准确的，但未细致剔出心理运行的具体机制和内涵。终究未明究竟。这于启发、促进研究是有益的；但科学的探究与解释却嫌不够。

他身材很高大；青白脸色，皱纹间时常夹些伤痕；一部乱蓬蓬的花白的胡子。穿的虽然是长衫，可是又脏又破，似乎十多年没有补，也没有洗。

最后，孔乙己穷困潦倒的模样是这样的：

他脸上黑而且瘦，已经不成样子；穿一件破夹袄，盘着两腿，下面垫一个蒲包，用草绳在肩上挂住；……

祥林嫂的悲惨命运的体现。她的末路上的形象是这样的：

五年前的花白的头发，即今已经全白，全不像四十上下的人；脸上瘦削不堪，黄中带黑，而且消尽了先前悲哀的神色，仿佛是木刻似的；只有那眼珠间或一轮，还可以表示她是一个活物。①

那个"渗透了一切"似的对一切都已经无望、无所谓，连死也是如此孤独的魏连殳，模样儿同一般的死人也是不一样的：

这回我会见了死的连殳。但是奇怪！他虽然穿一套皱的短衫裤，大襟上还有血迹，脸上也瘦削得不堪，然而面目却还是先前那样的面目，宁静地闭着嘴，合着眼，睡着似的，几乎要使我伸手到他鼻子前面，去试探他可是其实还在呼吸着。②

一个潦倒的、失意的、情感上受到较深的挫折的，然而还没有完全失去对于人和人世的信心与情感的吕纬甫，他的形象就是这样的了：

细看他相貌，也还是乱蓬蓬的须发；苍白的长方脸，然而衰瘦了。精神很沉静，或者却是颓唐；又浓又黑的眉毛底下的眼睛也失了精采，但当他缓缓的四顾的时候，却对废园忽地闪出我在学校时代常常看见的射人的光来。③

看得出来，这些人物形象的描绘，都是从里向外和由外向里地来描绘的，心态和形象是里外一体的，后者体现前者，前者决定后者。我们

---

① 鲁迅：《彷徨·祝福》。

② 鲁迅：《彷徨·孤独者》。

③ 鲁迅：《彷徨·在酒楼上》。

可以想见，这些人物的形象：眼、手、足、头发，以及这一切组成的神态，作家都不是随意勾画的，而是有意地通过外形来体现他们的内心和命运。这里有作家对于人物的命运的、思想的、情感的理性分析，也有在这个基础上对于人物形象的想象，而这种想象又是依傍着对人物的理性分析、体现着这个分析的。一方面是逻辑思维的冷静的思考与分析，另一方面是形象思维的表象的活跃与活动。在写作的过程中，二者交叉渗透地同时进行。这是心智的紧张活跃的运行。

托尔斯泰笔下的安娜·卡列尼娜，定稿中的形象同初稿中的形象完全不同。作为一个上流社会的"私生活"小说中的对丈夫不忠实的妻子，作家赋予她外表上和行动上的充分的感官刺激。她是美丽的，然而整个精神气质是风骚的。但是，在定稿中，安娜主要不是外表的漂亮，而是精神气质上的美——她端丽温雅，内心丰富，感情真挚。

正如托尔斯泰自己所说，他是"想象出一个妇女的典型"[1]。"世界上不曾有过安娜·卡列尼娜。托尔斯泰把她召唤出来并把她引入生活。她向我们走过来了，充满着美和魅力，充满着内在的精神财富"[2]。托尔斯泰主要依据他对于《安娜·卡列尼娜》这部小说所要表达的主题思想和总体创作意图——"家庭小说"和"人民小说"和"心理小说"的结合——，依据生活的原型——普希金的女儿普希金娜、邻居 A.C.比比可娃，等等，来想象安娜·卡列尼娜这个形象的。他是根据自己的思想的成果、思维活动的结晶，把安娜召唤出来的，又用想象把她如此引入生活，使其充满着美和魅力，带着内在精神财富"向我们走过来"，——实质上是作家用思想和想象，用两者的结合，把她引入生活，推动着她向我们走来。

这样，无论是鲁迅，还是托尔斯泰，还是其他重要的作家，他们塑造的不朽的人物形象都是思维⟷想象、逻辑思维⟷形象思维交叉渗透同时进行活动的结果。在这个心理活动过程中，其他一切心理活动（感觉、知觉、表象、记忆、情感、意志、注意、直觉、灵感等等）都被调动起来了，形成了一个心理活动整体；这些心理活动，也是围绕着它们来进行的。我们前面所说的心理的"四大家族""三个怪圈"，也都

----

① 《索菲娅·安德列耶夫娜·托尔斯泰娅日记（1860—1891）》。转引自康·洛穆诺夫：《托尔斯泰传》，李桅译，天津人民出版社，1981，第192页。

② 同上书，第202页。

是围绕着它来活动的。

特别重要的是，这种活动的目的和终极任务又是围绕着创造典型人物来进行的。首先是思想的开掘——通过思维活动，作家开掘自己的思想，又由此来开掘作品中人物的思想，并且赋予他们主体性，由此人物自己又会循着作家所奠定的思想基础、性格基因和思想脉络，去发展和开掘自己的思想；其次是想象，作家张开想象的翅膀，以直觉和灵感为双翼，在思维定式——作家的思维定式和人物的思维定式——的导航和护航下，振翅展翼，上下翱翔、盘旋飞舞，各种活动的形象和形象的活动都奔涌而出；最后是思想凝聚与形象凝聚汇合，融通、渗透、结晶，形成典型。

依据本编前面所说，我们看到：作家的生活——→创作心理阶段，同创作活动的阶段，有一个相对应的关系。从这一关系中，我们可以理解创作心理活动过程同它的形成过程的关系。它具体地反映了创作过程中的"心"与"物"的关系，也反映了创作心理活动的过程中，如何交融着生活、心理、物、人等等的错综复杂的关系。

我们还是用图15-1来示意：

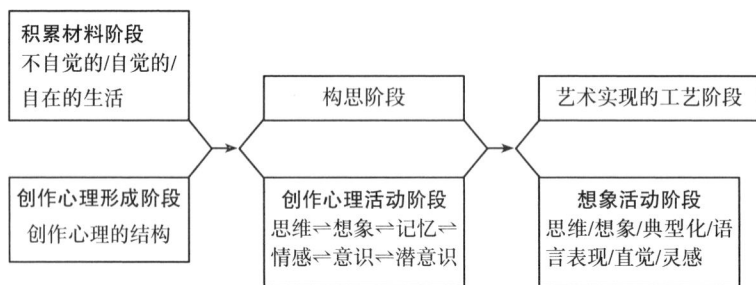

图15-1　创作过程中"生活—心理—物—人"的复杂交融示意图

第四编
在创作王国里飞翔

　　创作是一场搏击，但也是一次在创造的天地里愉快的飞翔。创作主体在创作沙场上搏击时，又同时是在飞翔。在创作中飞翔和在创作的天地里飞翔，作家凭借什么？——凭借"十魔"的力量，凭借创造"创作心态的十个最佳境界"，这是他的美好的天地，这是他最有力的"创作魔杖"。但我们不是把问题推向神魔世界——神秘的不可知世界，而是引向可溯、可解、可控的领域。我们在这一编里，将阐述创作"十魔"和创作心态"十佳"，以宏观而又具体的方式来探讨、追索创作心理运行的机制与轨迹。

　　让我们走进这片创造的心灵世界吧。

第十六章 创作"十魔"

创作，仿佛凭着神助和魔力，得到实现，取得成功。谁也不知道，连作家自己也说不清楚，何处得灵机，艺术花盛开。神助＋魔力＋天才＝作家、艺术家＝创作才能＝艺术上的成功。古今中外，多少人、多少作家、艺术家用动情的妙笔，优美地、激动地、神秘地描写了这个似乎不可究诘的现象。

他们顶礼膜拜，高唱颂歌：神灵附体，魔法无边，才使得艺术在一个人的身上得以实现。古希腊哲学家德谟克里特（约前460—约前370），赞颂"神圣的天才"、"神圣的心灵"和"疯狂式的灵感"，认为它们是艺术之母、艺术成功之源。以后，一代接一代的人，在"灵感"这个名词中，贯注了神力和魔法的内涵。

然而，这一切都已被证明了是一种美好的想象，寻求解答而终未能做出解答的逃遁，把创造力付给了"神"，给予了"天才"，而弃置了人和凡人。但这是一种幼稚的误解（古代）和巧妙的逃遁。艺术创作是人的创造，不是神的赐予、魔的施法。但是，创作中的神魔现象，确实是存在的。问题在于，我们把这神与魔的力量归于谁？——是天上的神灵和他们的魔法，还是地上的人群和他们的力量？现在，我们当然可以毫不犹豫地指出：是人群和他们的力量。

然而需要分析：什么是魔力？它是怎样产生的？它真是不可究诘的吗？我们应当怎样认识它和利用它？

魔有根，亦有源。它不是天纵，也不是魔怪，但却有魔力。创作是凭借这种魔力的。有它乃能成，无它无艺术。

那么，这"魔"是什么？是怎样造成的？又怎么发挥它的作用？我们这里且列举十项，概括诸种魔力来作探讨，是为创作"十魔"。

我们所说的"魔"，不是神魔、魔鬼、魔法，也不是"魔症"（疯狂），而是神奇的力量和迷恋挚爱其事即入魔的意思，有如白居易所说的"诗魔""书魔"，鲁迅所说的"摩罗诗人"中的"摩罗"。不过是沿袭一点历史说法的因缘，而形容它的力量的巨大而神奇、它的作用面之广而深入、它的性质之难于言明和影响力之隐蔽。我们现在分而述之，把它分为几个范畴来作探索，是为了有一些确定的命题和范围，以免笼统而混沌地寻觅，难免"雾迷津渡"，不知所从。这"十魔"，是我们常常提及的，可以看作创作的魔力潜能的主要方面、主要体现。我们且先从这儿深入吧！

一、"魔 I"：创作冲动

在原始艺术阶段和真正的艺术产生之后的一段时期内，艺术活动都是带着神魔性的，是同巫术同在的。我们的祖先在艺术活动中，认为与神同乐与魔同在，借神力以赐福以降魔，请神敬神颂神拜神求神，用艺术（音乐和舞蹈，以后又有了诗歌以至发展成原始的戏剧表演——迎神表演）来娱神，并在艺术活动中得神力之助，与魔抗争、搏斗，驱魔逐鬼。同时，在那时的人们看来，他们的艺术活动都是有神魔附体的，他们甚至自觉到了这种神魔的附体，真的如醉如痴如迷如狂，进入心理的以至生理的无意识状态，做出自己平常做不出的事或做了之后而自己"醒"来却无记忆的事。这一切，正是产生以艺术能力、创作才能为神魔之力的事实的依据——一种事实渊源、一种认识上的根源。

这种反映，自然是一种幼稚的、非科学的、迷信的表现。但是，它却说明了一种情况：人类在最早从事艺术活动时，是带着冲动进入活动的，在活动的过程中也处在一种冲动状态中。这是一种创作冲动。

在原始人的艺术活动中，自然也有以休息、以娱乐、以求爱等为目的的艺术活动。这种性质的艺术活动，也是为一种创作的冲击力所激励而投入的；整个活动过程，也一直处在冲动状态中，不断地产生和爆发创造力。

人类从自己的童年时代起，就培养了这种艺术的创作冲动意识和力量。它作为集体无意识的一种内涵而遗传给人类的每一分子。同时，它还作为一种传统、一种人类的远古意识和记忆刻痕、一种行为规范而确立了人类在艺术活动（特别是艺术创造）中必须有创作冲动，或者说必须会产生创作冲动。因此，也就可以推见，必须有创作的冲动，必须在一种冲动状态中投入创作，创作才能成功。许多文学艺术史的事实也证明了这一点。创作冲动的冲击力越大，创作的成功率就越大。因为，这种冲动足以启动、开发、调集人的全部创造能力和意志力。勉强的、无冲动的创作，是没有力量的，它难于调动创造力。

高尔基在生活的积累达到饱和的、满溢的状态时，在被生活的苦难挤压得不得不倾诉的时候，不自觉地进入了创作冲动状态。"当我讲我所读过的许多书的时候，我愈来愈想些方法，使得我所讲的不完全正确，改变了我所读过的东西，还再根据自己的经验添加一些什么东西进去。我之所以这样做，是因为生活的事实和文学，在我的心中已经融合成为一个统一的整体了。"①这就是在不自觉的创作状态中的不自觉的创作，他在讲述别人的故事时，改变了它，增添了自己的生活经验，这是何等急迫的创作冲动！高尔基还这样描述了自己的创作冲动状态：

> 我时常觉得自己像醉酒了一样，体验了由于想一口气讲尽所有使我苦恼和使我快乐的事情而造成的那种多话和言语粗暴的狂热状态，并想为了"卸释重负"而说他一个干净痛快。我也常有非常痛苦的紧张的时候，那时候我好像一个患歇斯的里亚病的人一样，"骨鲠在喉"，我想狂叫，……。②

作家这里用了"醉酒""狂热""歇斯的里亚""骨鲠在喉""狂叫"等热烈的、强化的形容词来表达他的内在的感情。他是如此冲动，达到了"醉酒"的程度，骨鲠在喉，重负在身，他急欲一口气就讲完使他苦恼和使他快乐的事情，讲述那些他爱的和恨的人们的事情。这是一种比较典型的创作冲动状态。高尔基作为一位伟大作家，是在这样的整体创作冲动的推动下，走上文学道路的。这是他成功的基础。他的每部作品，也都是在这种创作冲动之下产生的。

鲁迅恰好是另一种情况。

他自己一再地说，他不是不得已而言之的人，没有什么主义要宣

---

① 高尔基：《我怎样学习写作》，戈宝权译，生活·读书·新知三联书店，1950，第48页。

② 同上书，第48-49页。

传，没有什么非说不可的话要说。他写小说，完全是在别人催促下写的。他说："初做小说是一九一八年，因了我的朋友钱玄同的劝告，做来登在《新青年》上的。"①又说："但我的来做小说，也并非自以为有作小说的才能，只因为那时是住在北京的会馆里的，要做论文罢，没有参考书，要翻译罢，没有底本，就只好做一点小说模样的东西塞责，这就是《狂人日记》。"②他甚至说过这样的话："我何尝有什么白刃在前，烈火在后，还是钉住书桌，非写不可的'创作冲动'；虽然明知道这种冲动是纯洁，高尚，可贵的，然而其如没有何。……至于已经印过的那些，那是被挤出来的。"③

这该如何理解？鲁迅并没有否定创作冲动的意思，他的小说也不是在毫无冲动的情况下写出的。这里，我们首先要排除鲁迅有意或无意（因为不是全面讨论问题，而是只为了说明某一个问题，故意强调了一个方面）地夸大了次要的、外在的因素，而略去主要原因的说法。④——这不免使他的阐述有了无意的偏颇。而对于他已经说到的原因，我们则可以看到，其中正含着推动创作的"创作冲动"的动力源。文学和文化界的约稿和所谓"挤"，都是一种社会的、时代的、文化与文学的需要，是作为社会因素通过某个人（如钱玄同，或孙伏园——他

---

① 鲁迅：《集外集·俄文译本《〈阿Q正传〉序及著者自叙传略》》。

② 鲁迅：《南腔北调集·我怎么做起小说来》。

③ 鲁迅：《华盖集·并非闲话（三）》。

④ 鲁迅在这种总是为了说别的问题而不是谈创作经验的文章中，出于具体目的的要求，而只是说明了某一个方面。而且，常常为了某篇文章的具体目的而故意强调一个方面。尤其像《并非闲话（三）》中所说的，主要是针对陈西滢对文学的贵族化、神秘化态度而说的，就更为强调自己创作的世俗化态度。他对于被一些人捧得神秘化、高贵化的"烟士披里纯"（灵感）、"创作冲动"等，也有意地给予讥讽，而声明自己不懂这些。这自然都非正式的艺术理论之谈，而是战斗的杂文之所需。关于《狂人日记》之作，他则只强调了钱玄同的催促，而自己的内因却未提及。对此，拙作《鲁迅评传》中曾有说明，指出：在此之前鲁迅已有了创作准备。他在解释《狂人日记》之创作时说："《狂人日记》实为拙作，……前曾言中国根柢全在道教，此说近颇广行。以此读史，有多种问题可以迎刃而解。后以偶阅《通鉴》，乃悟中国人尚是食人民族，因成此篇。"（1918年8月20日致许寿裳），并且他早已经开始要打破沉默、投身战斗了。钱玄同的约稿，只是最后的一击，像爆炸发生时的一次震荡一样。对于鲁迅在与钱玄同争辩时所说的消沉的话语，《评传》解释说："不过，这是已往生活的遗迹与回声，诉说的不是今日的消沉，预示的恰是明天的奋起。"（第181页）。总之，据鲁迅的自述，不足以证明他是无创作冲动就从事写作，而这种创作却取得了成功的。

是《阿Q正传》的催生者）来实现，而作家接受邀约，就是外力变成内驱力的表现，也就是外在推动力化成了内在的创作冲动的表现。这本来是创作冲动的因素之一。在谈到创作的准备时，鲁迅提到"仰仗的全在先前看过的百来篇外国作品和一点医学上的知识"。别人的文学作品，触动了作家的创作冲动，这也是文学史上常见的现象。《安娜·卡列尼娜》最初就是托尔斯泰受普希金的一部小说的触动而起心动念来创作的。①某种科学知识或生活知识成为创作的冲动也是会有的事，即使不是常有的事。鲁迅的《补天》之创作，就有弗洛伊德学说的推动这一因素在。总之，社会、时代、历史、科学、知识等外在的因素，可以是构成创作冲动的重要原因的一个方面。虽然与作家自己内在的、自动的、主动的发动有区别、有差别。但是，它们确实也是冲动的发动力之一方面。

至于鲁迅，他的内在的创作冲动是深厚而深刻的。他从青年时代弃医习文并在东京发动文艺运动以来，就把文学作为在革命中唤醒民众、在民族复兴上改革国民性的主要的、最有效的手段，他因此而改变了自己的人生道路。他在《呐喊·自序》中还说过："我在年青时候也曾经做过许多梦，后来大半忘却了，……。所谓回忆者，虽说可以使人欢欣，有时也不免使人寂寞，使精神的丝缕还牵着已逝的寂寞的时光，又有什么意味呢，而我偏苦于不能全忘却，这不能忘却的一部分，到现在便成了《呐喊》的来由。"过去的梦，苦于不能全忘却的记忆，这就是他要追忆、倾诉、写出的根由。这是来自生活的和自己内心的最深厚的创作冲动。事实上，不正是阿桂、"孟夫子"、看坟妇人、子京等等，都成了小说中人物，成了阿Q、孔乙己、祥林嫂、陈士成了吗？他们就是鲁迅的创作冲动的动力源。

从鲁迅的经历我们不仅看到，创作冲动是必要的和重要的，而且看到，外在的推动力要同内在感兴结合起来，要变成内在的驱动力，才能成为真正的创作冲动。

创作冲动是一种魔力，它使人不得不写，不得不抒发、抒写、宣

---

① 还有另外一个关于托尔斯泰怎样开始写作《安娜·卡列尼娜》的故事："有一回，工作之余，我又抄起了普希金的集子，像往常一样……从头到尾读了一遍……那里面有一个片断《客人们来到了别墅》。我不由自主地、无意识构思开人物和情节，……"（洛穆诺夫：《托尔斯泰传》，李桅译，天津人民出版社，1981，第193页）

泄，内在的情感、意念、思想、人物形象，在跃动、在翻搅、在冲击，使人如慕如恋、如醉如迷、如颠如痴，朝思暮想、晨昏颠倒，只想着讲出来、写出来，不计成败、不计得失，未及细想，无暇推敲，迸发而出、流泻而下。这是人的一种特殊的心理状态，是创作心理的紧张、活跃状态。好比琴弦，拉紧了，一拨而声脆音亮，手指颤动，心声随之，一曲而动人心弦；好比诗情，充溢心间，提笔挥毫，言语倾泻而出，妙趣横生，幽谷清音，自然天成，情意缠绵；又好比一幅画，成竹在胸，疏影婆娑，清风拂，细雨洒，绿如茵，心意相随，物与情融，提笔一挥而就，墨竹一幅，生意盎然，情致无限。

创作冲动是久蓄而发的，是压而弥坚、抑而更旺的。"野火烧不尽，春风吹又生"：似乎忘了、过去了，却又遇事而起、"故态复萌"。

因此，创作冲动是可以培养的。蓄积：情感，思想，意念，形象；不饱和，不到临界点、不到燃点，不去点燃它；压住它、抑制它，反而更坚强、更旺盛，顽强地要表现自己。这时，冲动来了。拿起笔，像战士在战场上拿起了武器冲向敌阵。"普希金总是花很长时间思考他的作品的提纲，当一种已经诞生的创作思想还没有在他的脑子里成熟，给自己找到和谐而完整的发展的时候，有时就得一连等上好几年。"[1]普希金等的是成熟的创作思想，等的是这创作思想和谐而完整的发展。当这些来到时，也就是创作冲动成熟时、来到时。他之所以还不动手创作，之所以要等，是因为创作的欲望还没有成为一种冲动。

要耐心等待。不要在只有冲动，而不是真正的创作冲动来到时，一"冲"即写。冲动是急躁的，等待是冷静的。按捺住急躁而耐心等待，在冷静中蓄积热情而凝集成真正的创作冲动。

托尔斯泰和屠格涅夫写了众多的作品，常常是一件事、一个人、一个故事、一段见闻触动了他们，使他们产生了一种冲动——但还不是创作的冲动，他们便思索、酝酿、推敲、想象、琢磨；写笔记，自思自省；写信，与人讨论；谈话、讲述，听取意见：这一切做得差不多了，酝酿得成熟了，真正的、完整意义上的创作冲动来到了，他们才动手创作。

---

① 车尔尼雪夫斯基：《A. C. 普希金文集》。转引自余秋雨：《艺术创造工程》，上海文艺出版社，1987，第45页。

要善于培养创作冲动。思考、讨论、分析、学习、酝酿，这都是充实、提高、培育创作冲动的种子。

冲动是一种心理状态。它充盈着思想、情绪、情感、意志、事件、细节、人物，记忆的闸门打开了，情感储存器以及信息的、能量的储存器都开放了心理的能量，达到了临界点，创作心理活跃地欲试锋芒了。这才是创作的心态形成了。创作冲动给了创作以第一推动力。

这个"第一推动力"之所以具有魔力，是因为它是一种内在的需要，是主体的实现的要求、心理的需要、情感的宣泄、意志的追求。是否有非冲动状态的创作呢？当然有。那些完全出于外在的推动、非创作因素的考虑和某种非创作的需要的追逐，以及并未成熟的创作诸因素的外在堆聚，便都是非冲动状态的创作动因。这种"冲动"下的创作往往会导致失败，除非有其他条件来弥补。[①]

当然，也有另外的情况，就是作家本已久蓄胸中，一切准备妥当了，只是还未产生冲动，这时有一个外界的、外在的动因，一促而造成冲动。这在表面看来是一种外在促动，但却是有"内应"力的，因此可以造成冲动。

可以说，创作冲动的"冲动水平"，同作品的艺术水平是成正比的。冲动水平甚至可以弥补一般文学才能水平方面的某些不足。许多作家的处女作往往成功而又带着"初出茅庐"的稚气和弱点。这说明作家在创作处女作时，总是酝酿积蓄多年，冲动水平较好，而弱点却在于技巧和艺术修养不足。但前者弥补了后者，使作品获得成功。因此，冲动水平在一定意义上也可以视为创作才能的内涵之一。

---

① 蒋子龙在谈《乔厂长上任记》的创作体会时说，他的写作冲动中有两个因素：一个是对"四化"的责任感和编辑的约稿，这是一种"逼"的力量；第二是有人告诉他，有人说："像蒋子龙那样的人是写不出好作品来的。"作家说："这又给我鼓了一把劲，我没等到伤长好，就提前出院了。"这两个重要的因素，都是非创作冲动性的，是外在的。但是，在构思过程中，作家动用了自己"材料库里的全部'干部档案'和'生活积累材料库'"。这些则是真正的创作性冲动的因素，于是作家的生活积累弥补了一开始时的非创作冲动性的推动力所造成的缺陷。"写小说也要有'资本'，这'资本'，最重要的一项就是生活积累。"它"事后"形成了良好的创作冲动。（参见《〈乔厂长上任记〉的生活账》。转引自彭华生、钱光培编《新时期作家谈创作》，人民文学出版社，1983，第24—33页）

二、"魔Ⅱ"：情绪记忆与情绪激起

情绪记忆是作家之所长，也是创作之宝。作家的记忆力是创作才能的基础，而形象记忆又是作家记忆能力之中的重要内涵。一直以来，创作研究和作家们自己对于形象记忆都是很重视的。这是正确的。但是，在创作心理的"记忆家族"中，相比之下，情绪记忆比形象记忆更重要、更有力，是作家更为宝贵的才能。这是因为，形象性固然是文学创作的基本特征，作家创作而缺乏形象记忆的储备，是不可想象的。但是，这形象进入记忆库，并不因其苍白、平静、中性，而是因其带着情感和情绪的血肉之躯，跃动着、激励着记忆主体自身的情绪。这便包含着两项重要的内涵：（1）记忆对象的情绪性；（2）记忆主体的情绪激起。一方面是被记忆对象自身的情绪（喜怒哀乐、忧愁悲伤、舒缓、热闹、幽静、雅致……），这也包含着自然景观和自然现象的情绪性（自然景观、自然现象与人的情绪心理的同构）。另一方面是记忆主体对于这些对象情绪性的体察、反映和主体自身的情绪体验。这两个方面，就使形象具有了生机和活力。而且，正是记忆主体对客观形象的情绪性体察和他自身的情绪体验，使形象记忆更为生动活泼，也更为牢固，好像是摄像机把生活和人物的活的形象摄取下来了。这种情绪记忆，自然是按照人类的情感类型分类进入记忆的。一方面是对象的情绪性表现的类型，另一方面是主体对它的观察体认。它可能准确地反映了记忆对象的情绪类型，但是也可能因为主观体认的不同，而得出不同情绪类型的感受。同时，还有记忆主体自身在这过程中的情绪体验。这种体验可能是同对象的情绪性一致的，但也可能是不一致的[①]，而更主要的是主体对之产生的主观情绪（爱或恨、喜或恶、以为美或以为丑等等）。而且，除了这种情绪激起的类型之外，更重要的是此种类型情绪的激起水平——强度指标。自然，作为情绪记忆，强度越高，记忆越牢、越鲜活，作为创作的动力和素材也更为有用。鲁迅说，他的小说作品都是过去的梦和"苦于不能全忘却"的记忆，这梦和记忆"使精神的丝缕还牵着已

---

① 比如记忆对象在当时是欢快的，但记忆主体对它的体验却是痛苦的。例如，犯罪的儿子在胡闹时的欢快和父母对之体验的痛苦。

逝的寂寞的时光"①。鲁迅曾经寂寞、沉默而且痛苦，他对孔乙己们充满了哀怜，对祥林嫂们的命运充满了愤怒，对魏连殳、吕纬甫们充满了惆怅、痛苦和哀怨，对闰土们有着满腔的哀伤和同情，而对阿Q们"哀其不幸，怒其不争"，他们的影像在脑中已经存在了好些年。在这些影像里面，既包含着对于对象情感的情绪体察和情绪记忆，又有着他自己对于他们的命运的一种情绪体验。这两种情绪记忆，充塞着他对于这些"下层社会的不幸的人们"、这些"压在石头底下有了几千年的中国人"的形象记忆，使这些形象和着血肉，滴淌着泪，带着失重的、失神的呆滞目光，佝偻着躯体，留存在他的形象记忆之中。而且，他自己的情绪经验也是饱含着这些带血和泪的情绪记忆的，其中包括曾经啮噬了他的心的痛苦、哀伤和寂寞。正因如此，鲁迅的作品才能充盈着真挚深沉的感情，才能那样长久地打动后世人们的心。②

托尔斯泰在创作时，对于《战争与和平》中的那些人物原型——那都是他的家人、亲人，他的祖父母辈、父母辈，他的姨母，他的妻子，他的其他亲人，对于安娜·卡列尼娜和吉蒂（《安娜·卡列尼娜》），对于玛斯洛娃（《复活》），对于《复活》中要写到的那些贵族老爷，特别是法庭的法官、陪审员们，都有着鲜明生动的情绪记忆，对他们的情绪和因他们而产生的自己的情绪经验都是鲜明的、生动的、深刻的、难忘的。安娜·卡列尼娜卧轨自杀，是小说《安娜·卡列尼娜》中惊心动魄的场面，是小说的情绪高峰，也是小说成功之处之一。这个场面，托尔斯泰是以在雅斯纳雅·波良纳村的邻居 A. C. 比比可娃以同样办法自杀为底本的，而这位邻居惨死后的收殓和当时的情绪状貌，作家都以现场的一分子亲身经历了，而且情绪受到很大的震动。"托尔斯泰极爱反复

---

① 鲁迅：《呐喊·自序》。

② 鲁迅在《三闲集·看司徒乔君的画》中评论画家司徒乔的绘画时，先称赞司徒乔"以他自己的力，终日在画古庙，土山，破屋，穷人，乞丐……。"然后说："这些自然应该最会打动南来的游子的心。在黄埃漫天的人间，一切都成土色，人于是和天然争斗，深红和绀碧的栋宇，白石的栏干，金的佛像，肥厚的棉袄，紫糖色脸，深而多的脸上的皱纹……。凡这些，都在表示人们对于天然并不降服，还在争斗。"后又评论道："……作者对于北方的景物——人们和天然苦斗而成的景物——又加以争斗，他有时将他自己所固有的明丽，照破黄埃。至少，是使我觉得有'欢喜'（Joy）的萌芽，如胁下的矛伤，尽管流血，而荆冠上却有天使——照他自己所说——的嘴唇。无论如何，这是胜利。"

这段评论即指出了自然景物的情绪性和画家对这种情绪性的体察，以及画家自己的情绪体验。正是这些构成了画中的情感，成为作品的"神"。

提到下面这样一种看法，那就是：一个艺术家为了达到自己的目的，必须用自己的情感体验来'感染'读者。《战争与和平》就是用它作者的那种生气蓬勃的感情'感染'了我们，它在里面尽情歌颂了美妙动人的生活。"[1]作家的情绪记忆，不仅使他的作品能够写得富有情感，而且因此能够吸引读者、打动读者、感动读者。我们常常读到那种故事并不复杂，甚至很平凡，情节也简单，人物也不多的文学作品，但是却能吸引人、感染人，其原因就是作品中有对于人物形象和情感的真实生动的描写，把情绪记忆中的活的形象移到纸上、输入作品了，同时，还把作者自己当时的情感体验和即时（创作的时候）情感，也都贯注于作品中了。于是作品就具有了感人至深的力量。鲁迅的小说《孔乙己》《祝福》《故乡》，都是如此。我们在诗歌中也能见到此种情形。屈原的《离骚》，蔡琰的《胡笳十八拍》，陈子昂的《登幽州台歌》，杜甫的"三吏"、"三别"、《梦李白》与《茅屋为秋风所破歌》，李白的《静夜思》《宣州谢朓楼饯别校书叔云》，白居易的《长恨歌》，苏东坡的《水调歌头·明月几时有》等千古绝唱，都是作家、诗人对于自己情绪的体验，既有着深刻的记忆，又有着深沉的、热烈的激起。

所谓"情绪记忆"，包含着三方面的内涵：第一，是我们前面所说的，对于当时的体察对象的情绪性的体察与认知和主体对于这种客体情绪内涵的认识和评价；第二，是主体自身在当时的情绪体验；第三，是当追忆起这些往事时，即当进行记忆检索，特别是进行创作构思时，创作主体的情绪激起水平。这又包含着两个方面：一个是对于上述两项内容的激起水平，即对对象情绪性和自身情绪感受、体验的记忆，激起到何种水平，这不仅是指对于形象和事物回忆的生动、准确、清晰程度如何，而且更主要的是对于那时的两种情绪的记忆、复现的清晰度和强烈度。如果是既清晰又强烈，那就是激起水平高。另一个激起水平是指在回忆、复现的时候，在写作的时候，亦即用语言来表述、描绘的时候，创作主体的现时情绪激起水平。这两方面是紧密联系的。只有前一阶段、前种情况的激起水平高，现时性情绪激起水平才会高；同时，也只有后者激起水平高，才会更加强化前种情况的激起水平。它们是相接续而又相互促进和加强的。

---

① 贝奇柯夫：《托尔斯泰评传》，吴均燮译，人民文学出版社，1959，第161-162页。

鲁迅在说到《呐喊》创作时，基本上谈到了三个种类、三个方面的激起水平。第一是对于新的奋起者、对于"热情者"的同感。他在《南腔北调集·〈自选集〉自序》中说："这些战士，我想，虽在寂寞中，想头是不错的，也来喊几声助助威罢。首先，就是为此。"第二是对于以往的寂寞之苦的深沉记忆，使他推想和体验到今日的前驱者的寂寞之苦。他说："……或者也还未能忘怀于当日自己的寂寞的悲哀罢，所以有时候仍不免呐喊几声，聊以慰藉那在寂寞里奔驰的猛士，使他不惮于前驱。"第三便是对于当年那些对象的直接的情绪记忆了。鲁迅概述过这种总的情绪体验。他在《集外集·俄文译本〈阿Q正传〉序及著者自叙传略》中说：

> 别人我不得而知，在我自己，总仿佛觉得我们人人之间各有一道高墙，将各个分离，使大家的心无从相印。……造化生人，已经非常巧妙，使一个人不会感到别人的肉体上的痛苦了，我们的圣人和圣人之徒却又补了造化之缺，并且使人们不再会感到别人的精神上的痛苦。
>
> ……至于百姓，却就默默的生长，萎黄，枯死了，像压在大石底下的草一样，已经有四千年！
>
> ……我们究竟还是未经革新的古国的人民，所以也还是各不相通，并且连自己的手也几乎不懂自己的足。

这是一种深沉、确切而又形象的情绪描述：既有对于对象的情绪的表述，又有自己的一种情绪体验。而鲁迅之所以要写小说，正是要打破这种情的隔膜，达到心的相通。为此，他描述、复现自己的情绪记忆，并希冀以此来打动读者，打通读者的心和情。这里，第一点是对于创作的直接激起水平；第二是对于过去的情绪（寂寞）的追忆的激起水平；第三，是对于过去的情绪体验、今天的情绪回忆和预期的总的情绪激起。

创作时的情绪激起，是创作的一个重要的成功条件。它是作家的现时情绪，似乎同情绪记忆无关。但事实并非如此。作家创作起始时的情绪激起是主要的创作动因，它来自作家的情绪记忆。刺激源正是这种情绪记忆。有时，可能是别的因素激起了创作的欲望，但写什么和怎么写的问题一提出，马上就会有情绪记忆的内涵出来，激起创作的热情，决定创作的感情内涵。

被称为俄国文学中最重要的作品之一、是"俄国人民生活的艺术编年史"、深刻地揭露了俄国农奴制度罪恶的作品——屠格涅夫的《猎人笔记》，是在一种高水平的情绪激起状态下写作的。作家在述说《猎人笔记》创作的思想情绪时写道：

> 我与我仇恨的事物不共戴天，不愿共处，为此我可能缺少足够的自持力，缺少坚毅的性格。我一定要离开我的敌人，为的是能从我所处的远方更加猛烈地攻击它。在我的心目中，这个敌人有固定的形象，有人所共知的名字：这个敌人就是农奴制度。在这个名字下面我搜集和集中了我决心与之斗争到底的一切罪薮，我立誓永远不同其妥协。①

这种仇恨的情绪笼罩着作家的心理。他的这种情绪，自然来自他以往对于农奴制度下农奴各种不幸生活的情绪记忆，其中还包含着他对于自己母亲庄园里的情况的记忆，以及给他印象极深的他母亲对农奴的残酷态度②。

刘心武在谈到《班主任》写作时，曾说："我在中学担任过十几年的班主任。对'四人帮'破坏教育战线的累累罪行，我有切肤之痛，心怀深仇大恨。""许多我教过的学生浮现在我的眼前，使我失眠，令我深思。其中就有石红、谢惠敏、宋宝琦这几种不同类型的学生。"③这里，

---

① 转引自高文风编译《屠格涅夫论》，辽宁人民出版社，1986，第140页。

② 作家的母亲瓦尔瓦拉·彼得洛芙娜·屠格涅娃为人独断专行，刚愎自用，残暴凶狠。在这个女农奴主亲自经营的庄园里，拳打脚踢、掴耳光、打脖拐都是"家常便饭"。农奴稍有过失，就会受毒打、遭流放，强制嫁娶，遣送当兵。……据他（指屠格涅夫）后来的说法，"在那时我的心灵中即已萌发了对农奴制的仇恨。"（亚·格·蔡特林《伊·谢·屠格涅夫〈生平与创作道路〉》，转引自高文风编译《屠格涅夫论》，辽宁人民出版社，1986，第90-91页）

屠格涅夫曾记述："他们好歹都得挨打，马房就在附近——我全都听得见。"他记下了一个出生于斯巴斯科耶的农奴孩子的悲惨遭遇。他的绘画技艺非常高超，但他总是"恨恨地画着，眼泪汪汪地画着……"屠格涅夫写道："这个不幸的人悲愤交加，牙齿咬得格格响。他拼命喝酒，就这样死去了。"屠格涅夫痛苦地总结道："几乎我见到的周围的一切都使我感到难堪、怂慂，最终就是厌恶。"（博戈斯拉夫斯基《屠格涅夫》，冀刚等译，上海译文出版社，1983，第9-10页）这里，一切都充满了愤恨的情绪；对象的和主体的，都是如此。

③ 彭华生、钱光培编《新时期作家谈创作》，人民文学出版社，1983，第3页。

既有对"四人帮"祸害教育、坑害下一代的罪行的总体情绪体验和情绪记忆，又有对于记忆对象的总体和具体的情绪记忆。正如作家自己所说，其中有"大量牵动我感情丝缕的人和事"。正是这种丰厚深刻的情绪记忆，引发了创作时的情绪激起。叶文玲述说道："……几十年来接触和熟悉的也都是荆钗布衣的小人物，所以他们的悲欢忧乐丝丝缕缕都牵动着我的心扉，使我难排难解，缅思无尽。……《心香》发自家乡的土地，'燃'着它后，总算还了我多年的一笔心头债。""小说中的主要人物亚女——这个来自生活的'人'，她那独特的揪我心肺的命运，使我纵然长期同结于心却不能草率命笔，一直'逼'到如骨鲠在喉时，我才一'吐'为快！"[1]作家在这里也同样谈到了自己对于故乡和那里的荆钗布衣小人物的诸种情绪的总体记忆，她是那样倾注了深情："难排难解，缅思无尽。"这又是她自己的情绪体验。她也谈到了对生活中的一个人——亚女的原型——的命运的情绪记忆和自我情绪体验："揪我的心肺。"正是这样深度的、强化的情绪记忆，才在一定饱和程度和某个具体触发下造成现时的情绪激发，它的激起水平是高的：是"逼"，是"燃"，是还一笔多年的心头债，是"骨鲠在喉"、一吐为快。

邓友梅说到了另一种情况：他的《寻访"画儿韩"》的素材，是早就有了的，那个听来的故事在当时只是"我听了一笑，毫无要写它的念头"；但是，当他听说一位书画业的朋友在下乡看儿子时患脑溢血突然死去，对这位朋友和与她相同命运的朋友之死的惋惜时，"我就想写篇东西。""拿这故事来表现我熟悉的生活，塑造我记忆中的人物，稍加改造，为我所用，一切都活了。"[2]这是初级情绪记忆，一切平常，而后遇见突发事件，情绪受到震动，连类而及，使过去的有关回忆都弥漫着类似的情绪，"改造"成（或叫"重建""复现"）情绪记忆了。由此而形成情绪激起，有了创作冲动。

这种"倒开花"的情况，在创造中也常常会出现。许多"听来的故事"能使创作成功，首先便得益于这种现时性情绪激起，而后便是以这种情绪去重建旧时记忆，使之成为情绪记忆，而储存的素材也就成为有

① 《丝丝缕缕话〈心香〉》，见彭华生、钱光培编《新时期作家谈创作》，人民文学出版社，1983，第78页。

② 《寻访"画儿韩"篇外缀语》，见彭华生、钱光培编《新时期作家谈创作》，人民文学出版社，1983，第103-104页。

用的、活的素材了。

总之，情绪记忆和情绪激起，是创作之一魔。其魔力就在于"为情造文"，而不是"为文造情"。这里的区别极大，正是艺术与非艺术的分水岭。形象性和情感性是艺术品的美感特征的两个基本构成因素；但是，艺术形象虽然是审美过程中美感的直觉性的基础，倘若没有情感作中介，接受者也就不能被感动，无从去感受艺术形象之美。《文心雕龙·物色篇》中说，"情以物迁，辞以情发"，情感不至，形象不兴；情感阙如，形象苍白。《文心雕龙·情采》指出："昔诗人什篇，为情而造文；辞人赋颂，为文而造情。"刘勰评议说，"为情而造文"，是本于性情，所以情真而采丽；"为文而造情"，是不本于性情，情伪而采滥。诗词歌赋这些所谓"纯文学"如此，小说等散文文学也是如此。只是它们的情更普泛化、多样化，会随事件、人物而融汇其中。所谓情绪记忆和情绪激起，正是这种本于性情的"为情而造文"。它是审美活动中艺术品的情感性的具体体现。从创作心理上说，情绪激起勾起昔日的情绪体验，昔日对对象的情绪记忆又沉浸于情感激活的情绪[①]状态中，这正是心理活动积极、活跃、强烈、丰富的时候，既是创作心理活跃的表现，又是促进创作心理活跃、促进创造潜能和创作能量的时期。因此，会成为一种推动创作、促进创作获得成功的一"魔"。

三、"魔Ⅲ"：想象

艺术是想象的产物，想象是艺术创造的主要手段、主要法宝。关于这一点，现在已是普遍的认识。两千多年前，亚里士多德就研究了想象，而艺术和想象之间有着不可分割的联系，成为人们的常识，也已经有了二百年的历史了[②]。两千多年来，尤其是二百多年来，人类从哲

---

① 在这里，情绪与情感有时混用。这是心理学上允许的。因为二者联系紧密，相区别的边缘不清。但本书一般均加以区别。除了在"情感家族"中指出两者之区别外，在本节，还视情绪为一种更普泛化的和"正在表现中"的一种情感状态。故本节以情绪记忆与情绪激起为中心。

② "艺术和想象之间的联系成为一种常识，至少已经有两百年的历史〔原注：把美感经验称为'想象的乐趣'的习惯，我看可以追溯到爱笛生（J.Addison，1672—1717，英国诗人、作家——译注），而'艺术就是想象'的哲学理论则出自他的同时代人维科。〕"（科林伍德《艺术原理》，王至元、陈华中译，中国社会科学出版社，1985，第141页）

学、心理学、美学、文艺学等不同的和相通的角度，广泛而深入地研究了想象。这个历史事实本身就说明了想象的重要性。现在已经可以充分肯定，人类不能没有想象，想象能力是人类的一大创造，它也给人类的创造插上了翅膀，使他们能够在创造的天地里自由地翱翔，给人类以幸福，给世界以繁荣。人类的一切创造都不能没有想象。科学创造是最求实的了，但是它也需要想象；连数学这样的严峻数字科学，在创造中也需要想象的帮助。科学家爱因斯坦非常看重想象，无论是在经验世界里，还是在逻辑世界里，他都是如此。他认为理论物理学中的发现，是发现者的想象力的产物。[①]他说："想象力概括着世界上的一切，推动着进步，并且是知识进化的源泉。严格地说，想象力是科学研究中的实在因素。"[②]爱因斯坦如此重视想象的能力，是因为科学的创造发明与发现如果只有事实、数据和实验而没有想象，就不可能成功，甚至命题的提出都会是困难的，会缺乏胆识和进步的推动力。科学史上许多创造与发现，都是想象给予了可贵的推动和帮助。

想象对于科学创造尚且如此重要，那么对于想象的产物、以想象为主要创造手段的文学创作来说，就更不必说了，其必要性和重要性也就更为突出了。

想象，是文学创作的根本性的、关键性的、决定性的能力和手段。可以说，没有想象就没有文学，就没有文学的艺术性；没有想象力内涵的心理结构，不可能是创作心理结构，没有想象力就不具备创作能力。

莎士比亚在《仲夏夜之梦》中，对于想象作了一个形象的描述：

> **提修斯：**……疯子、情人和诗人，都是空想的产儿：疯子眼中所见的鬼，多过于广大的地狱所能容纳；情人，同样是那狂妄地，能从埃古的黑脸上看见海伦的美貌；诗人的眼睛在神奇的狂放的一转中，便能从天上看到地下，从地下看到天上。想象会把不知名的事物用一种方式呈现出来，诗人的笔再使它们具有如实的形象，空虚的无物也会有了居处和名字。强烈的想象往往具有这种本领，只

---

① "对于这个领域的发现者来说，他的想象力的产物似乎是如此必然和自然的，以致他会认为，而且希望别人也会认为，它们不是思维的创造，而是既定的实在。"（爱因斯坦：《爱因斯坦文集》第一卷，许良英、范岱年编译，商务印书馆，1976，第312页）

② 同上书，第284页。

要一领略到一些快乐，就会相信那种快乐的背后有一个赐予的人；夜间一转到恐惧的念头，一株灌木便会变成一头熊。

莎士比亚借提修斯之口，对想象的功能作了一般性的描述，这种想象在人的头脑中创造了现实中、感觉中不存在的东西。"想象中的事物按原则说是不在当前的，按本质说是不存在的；这是它和感觉中的事物的区别。"①正是这种性质，充分地显示了想象的本质是认识的一种本领：它提供感觉中不存在的东西。而这一点正是艺术创作的基本品质：提供现实的感觉中不存在的东西。针对这一点，高尔基指出："文学创作的艺术，创造人物与'典型'的艺术，需要想象、推测和虚构。"②

高尔基指出了想象在文学创作中的主要功能是创造人物和创造典型。作家靠想象把分散了解的人物形象集中起来，形成一个现实中没有的、新创造的人物形象，特别是经由想象的加工而创造出典型形象来。高尔基说"这才叫艺术"③。

这样，想象就同记忆紧紧连在一起。"记忆和想象属于心灵的同一部分。一切可以想象的东西本质上都是记忆里的东西。"④作家在运用想象来进行人物性格与典型的塑造时，就是运用记忆中的材料来加工的。鲁迅说，他的小说中的人物构成，往往不是用一个人，而是用许多人拼凑起来的。他拼凑时，就是运用记忆中的材料。"想象是人们追忆形象的机能。"⑤这种追忆形象的机能，是作家、艺术家特具的心理功能。它要求作家首先有丰富的经历，留下许许多多记忆；其次，这种记忆应该是形象记忆，有众多的、种类繁多的人物形象留在记忆库里，随时准备

---

① 萨特：《想象的事物》。转引自中国社会科学院外国文学研究所、外国文学研究资料丛刊编辑委员会编《外国理论家、作家论形象思维》，中国社会科学出版社，1979，第201页。

② 高尔基：《我怎样学习写作》，戈宝权译，生活·读书·新知三联书店，1950，第6页。

③ "但是假如一个作家能从二十个到五十个，以至从几百个小店铺老板、官吏、工人中每个人的身上，把他们最有代表性的阶级特点、习惯、嗜好、姿势、信仰和谈吐等等抽取出来，再把它们综合在一个小店铺——老板、官吏、工人的身上，那么这个作家就能用这种手法创造出'典型'来，——而这才叫艺术。"（同上）

④ 亚里士多德：《记忆和回忆》一章。转引自中国社会科学院外国文学研究所、外国文学研究资料丛刊编辑委员会编《外国理论家、作家论形象思维》，中国社会科学出版社，1979，第8页。

⑤ 狄德罗：《论戏剧诗》。转引自中国社会科学院外国文学研究所、外国文学研究资料丛刊编辑委员会编《外国理论家、作家论形象思维》，中国社会科学出版社，1979，第27页。

调用；最后，要能够追忆起来。因此，想象不是一个孤立自在的心理功能，而是一系列心理功能的结果、结晶，尤其是记忆的结晶。正是在这个意义上，古希腊人称文艺女神是"记忆的女儿"。

那么，这个"女儿"在什么情况下变成"文艺女神"呢？人"在什么时候才停止应用记忆而运用想象呢？"——"那是当你以一个接着一个的问题强迫他想象的时候。"①也就是说，是在心理提出了新的课题超出记忆的范围而要求新的形象时，想象就活跃起来了。

想象需要刺激和推动。文学创作的冲动，冲动和构思中所提出的创作意图和情节、人物、事件的要求，这就是想象活动的推动力。而这种推动力同时也是一种计划与目标。想象是在它们的导引下启动和运行的。

因此，想象又不是胡思乱想、任意为之，不是天马行空、随心所欲。这种想象是有的，但这不是艺术想象。这种想象创作出来的也不会是艺术品。贺拉斯说，有的画家先在马颈上画上美人头，四肢是各种动物的肢体，再覆盖上各种羽毛，最后是鱼尾巴，这倒是想象，但这绝不是艺术。"有的书就像这种画，书中的形象如病人的梦魇，是胡乱构成的，头和脚可以属于不同的族类。"②这种拼凑的、积木式的想象，是不会构成活人的人物形象、人物性格的，更不可能创造出典型来。莎士比亚说的疯子和情人也都会想象，但他们的想象或者是无根据、无秩序、无原则的狂想（疯），或者是只限于对意中人的某些事情的想象，前者不会艺术想象，后者虽有进行艺术想象的可能，但要有前提条件（比如这件爱情的事组成了文学作品的内容）。因此狄德罗说："诗人不能完全听任想象力的狂热摆布，想象有它一定的范围，……想象的活动有它一定的规范。这就是他的规则。"③

想象的范围、规范和原则，实际上就是想象的制约因素。它受到感觉和记忆的制约。"想象就是萎缩了的感觉。"④这不是说感觉萎缩和退

① 狄德罗：《论戏剧诗》。转引自中国社会科学院外国文学研究所、外国文学研究资料丛刊编辑委员会编《外国理论家、作家论形象思维》，中国社会科学出版社，1979，第8页。
② 贺拉斯：《诗艺》，杨周翰译，人民文学出版社，1982，第137页。
③ 段宝林编《西方古典作家谈文艺创作》，春风文艺出版社，1980，第107页。
④ 亚里士多德：《记忆和回忆》一章。转引自中国社会科学院外国文学研究所、外国文学研究资料丛刊编辑委员会编《外国理论家、作家论形象思维》，中国社会科学出版社，1979，第8页）。

化了就产生了想象，而是积极地表明当想象的心理活动启动时，是没有对现实的现时的、直接感觉、新鲜感觉存在的，而是运用记忆中的、萎缩后的感觉材料。也就是说，在感觉心理活动萎缩的地方，就是想象起飞之处。没有这些，想象就是苍白的，甚至是无从进行的。

想象其实就是一种特殊的思维，因此它就必然会有思维的基本品性和符合思维的基本规律，自然也会具有思维的功能和能量。——自然也是特殊的功能和能量。这些，也都是对于想象这种思维的制约和规范，它的运行的原则和规律。同时，自然又是它的特殊的机能。高尔基说：

> 想象在其本质上也是一种对于世界的思维，但主要地它是用形象来思维，是种"艺术的"思维；还可以说，想象——这是一种给大自然的自发现象与事物以人的性质、感觉，甚至是意图的能力。[①]

想象就是用形象（记忆中的感觉萎缩后的表象）来"想"，来给予思想与性格的投射，实际上就是具体的形象思维。想象就是在这种形象思维中创造人物性格和各种典型的。这是根据抽象化和具体化结合的原则进行创造。一方面，"把许多主人公的特征的行动'抽象化'了，——分解出来了"；另一方面，"再把这些特点又'具体化'了，概括在一个主人公的身上"[②]。前者是作家创作的主旨、意图、构思，后者便是他根据两者结合的原则创造出的典型。高尔基说，浮士德、汉姆雷特、堂吉诃德等典型，托尔斯泰的普拉东·卡拉达耶夫、陀思妥耶夫斯基的卡拉玛佐夫和斯维德里加伊洛夫们，都是这么创造出来的。当然，所有其他的艺术典型，也是这么创造出来的；作家、艺术家们今后还会这么去创造自己的艺术典型。

这样，想象的制约因素，实际上是成全了艺术创造，而不仅是限制了它；想象的思维品性是它的创造力、创造能量的来源。

想象还受到情绪的制约。如果说思维是想象的定向器，那么情绪则可以比作想象的强化剂。它会启动想象的翅膀，并且会鼓动翅膀使它振翅高飞。而情绪不振，也会使想象不振。然而，情绪的内涵（喜怒哀乐）也决定想象的内涵性质。在这一点上，情绪也有定向导航的作用。

---

① 高尔基：《我怎样学习写作》，戈宝权译，生活·读书·新知三联书店，1950，第7页。
② 同上书，第8-10页。

想象的最重要的、最具有意义的功能，是"拟人想象"，是深入"别人"（自己所创造的人物）的心中去，为他的思想、情感、意志、趣味所作的想象。这是想象别人的心理，是人的心理的想象。雨果说："想象就是深度。没有一种精神机能比想象更能自我深化、更能深入对象，这是伟大的潜水者。"①这种深入，首先是自我深入，是作家对自我的了解，对自我能量的调动，然后又深入对象，像潜水者一样潜入深流。这实际上也就是对对象——人——的深入，是"潜心者"。"创造是'自我意识'的自然而然的演绎"②。作家在创作过程中正是这样先"自我深化"，然后使这个"自我意识"自然而然地用想象来演绎，向对象（人物形象）的心里深入，想象构成人物的心理活动、个性心理和表现性格的种种行为。

巴尔扎克描述过自己在观察生活、观察别人时，深入到别人的心里，"改变了自己而成为别人"。他说，他同街市上的人们混在一起，既不忽略他们的外表，又深入他们的心灵；他既抓住每一个细节，又推测和想象他们的心理。他说："当我观察一个人的时候，我能够使自己处于他的地位，过着他的生活，就如同《一千零一夜》里的法师一样，可以附在别人的身上，借别人的口说出话来。"他还描述自己在这种时候的心理活动和心情：

> 我了解这些人的行为，我袒护他们的生活方式，我感到他们的破衣披在我的肩头，我脚上穿了他们的破鞋走路；他们的欲望与困苦侵入我的灵魂，或者说我的灵魂走进了他们的欲望与困苦。这好像是一场醒着的梦。和他们一样，我也对那些虐待他们的雇主们勃然大怒，或者对那种恶毒的手段大发雷霆……。我放弃了自己的习惯，以一种道德力的狂热改变了自己的性质而成为别人的，并且把这种事情随时当作游戏来任意玩耍——我用这一切来慰悦自己。③

---

① 《莎士比亚的天才》。转引自段宝林编《西方古典作家谈文艺创作》，春风文艺出版社，1980，第370页。
② 李博（Th. Ribot, 1839—1916，法国哲学家、心理学家）：《论创造性的想象》。转引自中国社会科学院外国文学研究所、外国文学研究资料丛刊编辑委员会编《外国理论家、作家论形象思维》，中国社会科学出版社，1979，第188页。
③ 《卡因·发西诺》。转引自段宝林编《西方古典作家谈文艺创作》，春风文艺出版社，1980，第311页。

这不仅是深入到别人的心灵，而且改变了自己的性质，变成了"别人"。"他们"的灵魂侵入了我的灵魂，我的灵魂走进了"他们"的心灵。这一切，自然都不是实际发生了的，而只是在想象中发生的。这是在观察生活时"成为别人"的想象和灵魂的互入。在创作过程中，就会有这种记忆中的重现，这是在这种记忆基础上的"成为别人"的继续深入和悬想，发展了生活中的一切，并且添加上其他类同记忆。于是，人物特殊的、活生生的性格就出现了，典型性格就出现了。

作家这种观察生活和艺术表达时的拟人悬想式的想象，是想象的最重要的功能，是作家创作力的主要动力源。想象之所以能够具有魔力，正表现在这里。

当然，作家的这种悬想，也是受到他所为之悬想、深入其心灵的对象的种种性质所制约的。巴尔扎克所说的深入进去的对象，是受苦的工人们；高尔基则是为流浪汉作种种悬想。这种制约因素，也是一种"成全"因素：使作家的想象有原则、有规范、有特点，不可能是各种类型的人的拼凑。

归纳起来，想象的功能和能量作用范围，主要就是连接、补充、组合、悬想、虚构——作家通过这些手段，对记忆的素材进行加工，便成为新的质、新的生活、新的故事、新的人物和性格。这就是艺术创造。文学创作就是通过想象之魔施展这几种"魔法"，创造了艺术作品。康德说："想象力是一种创造性的认识功能；它有本领，能从真正的自然界所呈供的素材里创造出另一个想象的自然界。"[1]黑格尔则说："真正的创造就是艺术想象的活动。""想象是创造的。"[2]雪莱说："想象是创造力。"[3]想象的这种创造力和创造功能，就是凭借这几种"魔法"得来的。

不过，对想象的这种创造性"魔力"，必须作两点申说：第一，这里所说的想象，不是一般的想象和想象力，而是专指创造性想象，指艺

---

① 康德（Kant，1724—1804，德国著名哲学家）：《判断力批判》。转引自中国社会科学院外国文学研究所、外国文学研究资料丛刊编辑委员会编《外国理论家、作家论形象思维》，中国社会科学出版社，1979，第33页。

② 黑格尔：《美学》第一卷，商务印书馆，1981，第50页。

③ 雪莱（Percy Bysshe Shelley，1792—1822，英国著名革命浪漫主义诗人）：《为诗辩护》。转引自段宝林编《西方古典作家谈文艺创作》，春风文艺出版社，1980，第215页。

术想象和艺术想象力；第二，这种想象力必须以情感为中介，才能发挥它的作用。

　　所谓创造性想象，就是非消极的想象①、不是没有鉴别的想象②、不是轻浮的想象③、不是虚拟的想象。科林伍德在《艺术原理》一书中特辟"想象与虚拟"一节，区别了"严格含义"和"非严格含义"的想象，特别以"虚拟"一词来表示非严格含义的想象。他举了一个有趣的例子来作说明：假如我们饿了，于是"想象"着吃东西。（这种生活经验是许多人都有的）这种"精神会餐"是一种因为匮乏而引起的想象中的满足。科林伍德指出："这种想象性的创造和真正的艺术毫不相干，虽然它和某种名不副实的艺术有很大关系。"④科林伍德在这里指出了名不副实的蹩脚艺术品的想象，正是这种"精神会餐"式的虚拟的情境。他还说："有些艺术品向它们的观众和嗜好者们提供对事物状态的幻想的描写，以便满足他们的愿望。虚拟就是一切这种艺术赝品的主题。"⑤科林伍德在这里对"名不副实"的艺术品和"艺术赝品"的批评是完全正确和非常准确的。他用"虚拟"一词和"精神会餐"这种情境划清了艺术想象和非艺术想象的界限。这种"虚拟"情境的想象，当然也是消极的、没有鉴别的和轻浮的想象。不过，对于这几种想象，我们也还可以加以补充。比如，消极的想象，也是在追忆的基础上略增加一点儿东西，基本上是记忆的复现；没有鉴别的想象，也是不分良莠、不择优劣、不管是否符合主题的需要，一股脑儿想象出来，拼凑在一起的；而

---

① 伏尔泰（Voltaire，1694—1778，法国著名作家、哲学家、启蒙思想家）指出，想象有两种：消极想象和积极想象。前者只简单地保存对事物的印象，比记忆超出不了多少，它是人与动物所具有的。积极想象则不同，它能将意象千变万化地排列组合，把思考、组合与记忆结合起来。（见《哲学词典》"想象"一条。转引自中国社会科学院外国文学研究所、外国文学研究资料丛刊编辑委员会编《外国理论家、作家论形象思维》，中国社会科学出版社，1959，第30页）。

② 歌德说："有想象力而没有鉴别力是世上最可怕的事。"（见《慧语集》。转引自中国社会科学院外国文学研究所、外国文学研究资料丛刊编辑委员会编《外国理论家、作家论形象思维》，中国社会科学出版社，1959，第35页）

③ 黑格尔指出："轻浮的想象决不能产生有价值的作品。"（黑格尔：《美学》第一卷。转引自中国社会科学院外国文学研究所、外国文学研究资料丛刊编辑委员会编《外国理论家、作家论形象思维》，中国社会科学出版社，1959，第45页）

④ 科林伍德：《艺术原理》，王至元、陈华中译，中国社会科学出版社，1985，第139页。

⑤ 同上。

轻浮的想象，往往是缺乏思想的、缺乏郑重情感的、没有定向性追求，逐兴之所至而随意想象；等等。这些想象自然都不能是创造性的，不可能创造艺术作品，或者至多只能制造出艺术赝品。这样的想象，自然也就不会具有什么魔力，而只能创造出"精神会餐"式的非艺术情境。这是应为作家、艺术家所戒的！

创造性的想象，即艺术的想象，是为情感所激起、启动的，是受情感的定向影响和情绪导引的，是为了表现情感和为情感服务的。李博在《论创造性的想象》一书中说："创造性想象的所有一切形式，都包含感情因素。""我不相信人们可以在'抽象地'、不带任何感情成分的情况下进行创造，因为人类的本性不容许这种奇迹。"[1]这是说，想象都是在情感活动状态中活动的，想象自身都带有情感成分。按李博的说法，非文艺性的想象（一般创造）里，感情的作用是简单的；而在文艺性的想象（艺术创造）里，感情的作用就是双重的了[2]。这个"双重"的内涵就是"一道构成激情，这是艺术的材料"，也就是渗透、弥漫、裹挟于记忆中的激情，是情感激起的，是情感改造过的，充盈着情感的创作素材；"另一道则激起创造的热情，随着创造而发展"[3]。这就是情感所激起的创造艺术品的热情，它是启动的力量，又是贯穿于创作过程中的创造力量，它会随着创造的发展而发展、提高，直至创作过程结束。

"通过为自己创造一种想象性经验或想象性活动以表现自己的情感，这就是我们所说的艺术。"[4]作家在创作过程中，一方面是把过去的经验（记忆）经过一番创造性想象，黏合、连接、补充、发展、组合、重建；另一方面又在已有经验的基础上，除了进行上述活动外，还加以分析，解剖思考，在思维活动的基础上和思维的指导下，重新建设一些事实、情境和人物。正是在这个基础上、在这个意义上，许多理论家、作家、心理学家分别指出，想象就是思维，就是认识，就是深入，就是创造。

---

[1] 李博：《论创造性的想象》。转引自中国社会科学院、外国文学研究所外国文学研究资料丛刊编辑委员会编《外国理论家、作家论形象思维》，中国社会科学出版社，1959，第185-186页。

[2] 同上。

[3] 同上。

[4] 科林伍德：《艺术原理》，王至元、陈华中译，中国社会科学出版社，1985，第156页。

到这里，我们很自然地会产生这样一个问题：想象的性质、功能、能量是如此之大，艺术想象又是如此具有创造力，那么应当如何做，才算是艺术创造性的想象？是不是作家、艺术家只要照上述艺术想象的性质、原则、规范、规律去做，就可以通过想象创造出艺术品呢？从一般道理上讲，似乎是这样。然而，实践证明，事实上又恰恰并非如此。就像我们按菜谱所列出的配料单和烹调法，不一定能做出好菜来一样；也像我们普通人并不能根据医书上的内容介绍就能治病当医生一样；按上面所说的做，并不能保证我们就具有了艺术想象力、就能创作出好作品。因为这里还只是谈了认识，而没有解决实践问题。按图索骥，如法炮制，都不能成功。"运用之妙，存乎一心。"重要的是善于在创作实践过程中，科学地、合乎规律地、艺术地运用想象这个"魔"。——想象的"神性"与魔力，正表现在这里。

那么，有哪些方面在创作过程中足以"祭起"和发挥想象的"神性"与"魔力"的关键呢？

第一，发挥综合的想象力。想象包括感知的和创造的、场景的和人物的、外貌的和内心的、情感的和心理的。威尔赖特在论述想象具有"认识外界"和"营造外界"的功能时，指出其包括四个方面："第一是把事物独特化和强烈化，这是'面临的想象'（Confrontative Imagination）。第二是给事物以风格，对它保持适当距离，这是'风格的想象'（Stylistic Imagination）。第三是把个体事物当作普遍性的体现和透露，这是'典型的想象'（Archetypal Imagination）。第四是把不同的因素合并成某种统一，这是'比喻的想象'（Metaphoric Imagination）。"[①]第一种"面临的想象"，还只是对事物本身的加工，使它独特化和强烈化。第二种与事物有了距离但也站得更高了，并且赋予对象一些东西，这是整体上的加工与提高，是给予风格了。第三种更进了一步，从个别到一般、从具体到普遍，为个体注入总体性和普遍性，使之体现和透露一般，这就是个性和共性的结合，是共性通过个性来表现，因此就是典型了。最后是"比喻的想象"，是把不同的因素黏合在一起，取同去异，成为统一的个体。

---

① 威尔赖特（P. Wheelwright，1901—1970，美国哲学家）：《燃烧的泉源》。转引自中国社会科学院外国文学研究所、外国文学研究资料丛刊编辑委员会编《外国理论家、作家论形象思维》，中国社会科学出版社，1959，第204页。

以上这些不同种类的想象，虽同为想象，但各有个性、各有特长、各有功用。创造性的艺术想象，不仅要有运用各种想象的能力，而且要有能综合地运用和发挥想象力的综合作用的能力。

这时，想象就具有一定的"神性"和"魔力"了。想象之魔，显现威力了。

第二，发挥想象的融合力、平衡力。想象是感觉、知觉、表象、记忆、思想、情感、意志的黏合剂，是主体的内心与客观外界的黏合剂。通过想象的融合作用，这一切心理能力都得以融汇成为一个统一的整体，形成艺术品的结构和内涵。杜威在论述艺术的经验观时曾经说，"想象"和"美"都不合理地分享了一种"颇成问题的光荣"。他甚至说，这在"无知的美学著作里成为主要的论题"。他之所以这样说，主要是因为人们把想象的功能看成了一种"特殊的、独立自足的功能"，而想象的功能不是这样的，因此它的"光荣"是成问题的。杜威紧接着指出："想象是指激发和渗透一切创造和观察过程的一种性质……是广泛而普遍地把种种兴趣交合在心灵和外界接触的一个点上。旧的、熟悉的东西在感受中成为新鲜东西的时候，里面就有想象。"[1]杜威指出想象的功能不是"独立自足的"，这一点很正确。想象不能离开其他心理功能来发挥它的想象作用。杜威在这里还正确地指出了想象的两项功能：一是激发创造和观察的过程产生，又渗透于创造和观察的过程之中，就是说，它既作为催生力和推动力激发起创造和观察的一系列心理活动，又在这一系列心理活动过程中发挥作用；二是广泛而普遍地把主体的兴趣用于心灵和外界的接触点上，也就是说，想象作为主体的内心世界和外在世界的结合点、中介而起作用。同时，杜威还指出了想象在横向水平上，在贯穿于上述两个阶段、两个过程中的作用：把旧的变成新的，把记忆的"原料"变成新创造的形象。

鲁道夫·阿恩海姆在《艺术与视知觉》中特辟第二十三节来讨论想象。他在该节中也阐述了类似的思想，即艺术想象是"为一个旧的内容发现一种新的形式"，又是"从一个旧的主题发掘出新的概念的行

---

[1] 杜威（J. Dewey，1859—1952，美国哲学家、教育家）：《艺术的经验观》（*Art Experience*）。转引自中国社会科学院外国文学研究所、外国文学研究资料丛刊编辑委员会编《外国理论家、作家论形象思维》，中国社会科学出版社，1959，197-199页。

为"①。这也是一种结合，旧的和新的、内容和形式、把旧的主题和新的概念结合起来，以想象为中介，把它们黏接起来的心理活动。

这样，想象之魔的魔力就显现出来了：它是创作主体的激发与推动结合、内外结合（内心世界与外在世界）、新与旧结合的接触点和中介。因为在这三个结合的过程中，作家的全部心理能力，作家的创造力、感觉、知觉、表象、记忆、注意、想象、情感、理智、思维、观察力、记忆力、想象力、思考力，等等，都被调动起来了；而且，重要的是，这种诸心理能力的激发、调动和活动是通过一种心理能力来实现的，是融汇于一种心理功能之中的，它就是想象。这就是杜威所说的想象的"融合一切因素的功能"。——"想象力是结合艺术品里一切因素的能力，它把各个不同的因素造成一个整体。"②

想象的这种融合各种因素而成一个整体的能力，正是它的魔力所在。许多哲学家、心理学家都从各方面阐述了想象的这种能力。李博说："想象常常代替理性，或者如歌德所说的那样，成为'理性的先驱'"③。别林斯基也肯定想象与心灵的其他能力（主要是理智）会发生"活生生的有机的相互关系"④。科林伍德说："想象是思维活动与单纯的感觉心理生活接触的交点。"⑤让·保尔则说："想象力能使一切片段的事物变为完全的整体，使缺陷世界变为圆满世界；它能使一切事物都完整化，甚至也使无限的、无所不包的宇宙变得完整。……想象能使理智里的绝对和无限的观念比较亲切地、形象地向生命有限的人类呈现。"⑥歌德在他的一封书信中，详细阐述了想象同人的精神本质里的其他三个功能——感觉、理解和理性——的互补互渗的作用。他说，一方面，"它以记忆的方式去补助感觉，它以经验的方式为理解提供世界观，它为理性观念塑造或发明了形象"；另一方面，想象"也被它的那些亲戚引进了真理和真实的领域"："感觉给它以刻画清楚的、确定的形

---

① 鲁道夫·阿恩海姆：《艺术与视知觉》，滕守尧、朱疆源译，中国社会科学出版社，1984，第97页。

②③ 转引自中国社会科学院外国文学研究所、外国文学研究资料丛刊编辑委员会编《外国理论家、作家论形象思维》，中国社会科学出版社，1959，第186页。

④⑤ 同上书，第69页。

⑥ 让·保尔（Jean Paul，1763—1825，德国作家）：《美学入门》。转引自中国社会科学院外国文学研究所、外国文学研究资料丛刊编辑委员会编《外国理论家、作家论形象思维》，中国社会科学出版社，1979，第37页。

象；理解对它的创造力加以节制；理性使它获得完全保障，在思想观念上立下基础而不致成为梦境幻象的游戏。"歌德还说，想象愈是不断地从感觉里吸收养料，就愈是有吸引力；想象愈是和理性结合，就愈是高贵。他说："到了极境，就出现了真正的诗，也就是真正的哲学。"①

以上诸家的阐述，从各个角度、各个方面论证了想象的巨大而有效的融合力。正是这种融合力，而不是想象的独立自在的能力，使想象成为创作之"魔"。歌德的论述，具体地指明了想象与其他心理功能之间的血肉关系。从消极方面说，他指出了想象如不与其他心理能力融合，就会是轻浮的、没有鉴别的、消极的和虚拟的，因而不是艺术的、创造性的想象，它的结果就不是美；从积极方面看，歌德的论述实际上是具体地指出了想象在诸心理能力中的平衡作用。想象如果是这样融合地发挥它的创造性，那么它就是做到了高尔基指出的艺术家应该使自己做到的——"使自己的想象力和逻辑、直觉、理性的力量平衡起来"②。这种平衡，就是各心理能力与活动的整合，不使想象太自由、太过于突出自己、太过于单枪匹马，而是同其他心理能力与活动协调、统一和均衡地活动；同时，也让其他诸种心理能力扬其所长、补己之短，并且充分发挥综合能力的功用。

发挥想象的这种融合和平衡各种心理能力的作用，在这种融汇统一状态中进行想象的创造和创造的想象，作家才能使想象成为艺术的创造能力，才能发挥它的"神性"与"魔法"的作用，而真正成其为"魔"。

第三，要发挥作家"心性""神思"的作用。所谓"心性""神思"的作用，是指作家在创作时进行想象的创造活动时心中有着一个活生生的形象（人物形象、景物形象、事件情境），它是一个核心、一个磁性中轴、一个"场"，可以裂变，又足以吸引、吸收其他能量；也指作家的内心与外物、外在世界"心有灵犀一点通"，心灵与外物契合，同性相聚，相得益彰；当然，也还指作家的心灵对于外物、记忆、各种信息储存的加工。这"心性"产生"神思"，这"神思"发挥着"心性"的内涵和作

---

① 以上均见《歌德论文艺》。转引自中国社会科学院外国文学研究所、外国文学研究资料丛刊编辑委员会编《外国理论家、作家论形象思维》，中国社会科学出版社，1979，第34-35页。

② 高尔基：《和青年作家谈话》（1934），载见《高尔基文学论文选》，人民文学出版社，1959，第313页。

用，于是艺术的创造便产生了、发展了，并导向成功、导向美。

刘勰在《文心雕龙·神思》中这样描述了神思（即想象）：

> 古人云："形在江海之上，心存魏阙之下。"神思之谓也；文之
> 思也，其神远矣。故寂然凝虑，思接千载，悄焉动容，视通万里；
> 吟咏之间，吐纳珠玉之声，眉睫之前，卷舒风云之色：其思理之致
> 乎？故思理为妙，神与物游，神居胸臆，而志气统其关键，物沿耳
> 目，而辞令管其枢机。枢机方通，则物无隐貌；关键将塞，则神有
> 遁心。是以陶钧文思，贵在虚静，疏瀹五藏，澡雪精神；积学以储
> 宝，酌理以富才，研阅以穷照，驯致以〔怿〕绎辞；然后使玄解之
> 宰，寻声律而定墨；独照之匠，窥意象而运行：此盖驭文之首术，
> 谋篇之大端。①

刘勰在这里给"神思"所下的定义是"形"与"心"的结合。这和
他在"比兴"章中提出"拟容取心"的概念相类似，却各有侧重。
"形""心"结合标示了"神思"的状态与内涵，是静态的意义界定；而
"拟容取心"则是动态的描述，表明了表现对象、外物和心性活动的结
合。一"拟"一"取"，动态结缔，乃成艺术品。在这个对于"神思"
的总体概念之下，刘勰描述了神思的高超精妙、巨大深细的神奇力量——
思接千载，视通万里，吐纳珠玉之声，卷舒风云之色；描述了所以能致
此结果的创造主体的创造性活动——寂然凝虑，悄焉动容，吟之咏之，
眉展睫凝；也描述了思理、志气等心理功能的作用与配合；还描述了如
何疏藏、洗神、积学、酌理这些既是准备的条件又是实践的工作。这些
就具体阐释了"神"是如何与"物"游的，又是如何"拟容"、如何
"取心"的。这是在整体上描述了想象的整体性活动，既强调客观、外
物、世界的作用，又强调了主观、内心、心灵的力量，还强调了两者的
融合、汇流、渗透，貌接神合，融为一体。这是人的心灵、思想、心理
的一种自由状态，是想象发挥其神魔力量的原因、方式、内涵和过程。
"想象正是体现自由时的整个意识"②。

---

① 周振甫注《文心雕龙注释》，人民文学出版社，1981，第295页。

② 萨特：《想象的事物》。转引自中国社会科学院外国文学研究所、外国文学研究资料丛
刊、编辑委员会编《外国理论家、作家论形象思维》，中国社会科学出版社，1979，第
202页。

作家、艺术家在想象的基础上，能够驾驭这创作之魔，来创造真正的艺术品①。笔者在创作心理调查中发现，许多作家都指出，他们在创作时的想象活动，大多是以人物为核心来进行的。这正印证了前面关于真正实现艺术想象来创造艺术品的几项"原则"的正确性。他们正是以人物为核心、为磁力中心轴，来发挥综合想象能力，发挥想象的融合力，检索记忆、调遣记忆素材，进行黏接、补充、发展，把人物形象和群像、故事情节、场景以及其他一切素材、细节、道具组织在一起，进行合乎目的的组合与重建。

叶楠说："写作中根据人物行动想象。半梦幻状。""想象素材当然来源于储藏。"航鹰说："我会随写随想，写到某处自会妙笔生花，我进行想象活动时很兴奋，自鸣得意，但同时可以保持清醒的自我，我不大能'进入梦境'。我长期在剧院工作，我好似演员在舞台上活动，既动真情，又善于'控制'，失控的演员会叫观众'出戏'。""素材大多来自记忆库存，我有一种敏捷的本能，迅速地把风马牛不相及的感受和记忆一下子'焊接'。但这往往要有一个'兴奋点'的触发。"

---

① 这里，我们不妨引两位作家的自述作为例证。A. 这是冈察洛夫的自述"我最醉心于……'自己的描绘能力'的。"

"我在描绘的时候，很少知道，我的形象、肖像、性格意味着什么；我仅仅看见它活生生地站在我面前，我注意描得是否真实；我也看见他与另外一些人一起活动，因而我也看见一些场面，同时也就描写这另外的一些人，有时远远地跑到前面去，按照小说的计划，可是仍旧不十分清楚，如何把这些暂时还七零八落地散布在脑子里的各个部分拼成个整体。为了不致忘记，我赶紧把一些场面、性格草草地记在纸片上，我仿佛是摸索着前进，起初写得无精打采、笨头笨脑、枯燥无味（像开始描写奥勃洛摩夫和莱斯基的情形那样），我自己都常常没兴趣写了，直到眼前突然闪光，照亮了我要走的道路，我的心中始终存在着一个形象，同时还有一个基本的主题，就是它引导我前进。一路上我还无意中抓到些手边碰到的东西，就是说与它关系比较密切的东西。那时，我工作得生气蓬勃、精神抖擞，写都几乎来不及写了，这样一直到再次碰壁。然而，工作仍在脑子里进行，人物不让我安宁，总是纠缠不休，做出各种姿态，我听得见他们谈话的片断——……这都不是我虚构出来的，这一切都存在于我的周围，我要做的只是观察和思考而已。"

"譬如说，先是奥勃洛摩夫的懒洋洋的形象，在我自身和他人身上的，投入我的眼帘，而且在我面前变得越来越鲜明。当然，我本能地感觉到，俄罗斯人的基本特征慢慢地都集中到这个人物的身上去了。""但是我表达的首先不是思想，而是我在想象中所看见的人物、形象、情节。"（《迟做总比不做好》。转引自中国社会科学院外国文学研究所、外国文学研究资料丛刊编辑委员会编《外国理论家、作家论形象思维》，中国社会科学出版社，1979，第107-108页）

鲍昌指出，他运用想象时是"设身处地，如入其中，不断进行"。"有时如此（'好像进入梦境'）。""是的（'暂时对周围环境无所感受'）。""选择最主要素材，其他次要的素材以及主要素材为基准予以取舍，绝不是所有的素材都用得上，宁愿根据主要素材去创造性想象，也不随便拼凑次要的、不相干的素材。"

张抗抗说："我想象时常常离题万里，如做白日梦。想象是写作过程中一种最幸福的状态，只有想象的时候才谈得上是在创造。""想象素材来自书本、生活中细碎的印象、模糊记忆、联觉等。素材的组合，以作品中所要表现的东西（情感、情节、结构、人物性格）作为内部机制。这种机制一旦确定，它会自动工作，选择和组合它所需要的素材。"

邓刚谈到他如何组合想象时指出："我常常将两个毫不相干的事件（情节）用一种神奇的想象结合起来，形成一个合整的构思。例如《蛤

（接上页）在这位作家的这篇创作自述中，有这样几点可以提出：（一）他的想象中有一个基本的人物形象为核心、为基础；它吸引了其他材料，增加着生活中的活材料；（二）这个人物的形象风貌，活生生地在他心中，在他眼前；（三）是这个形象，还有一个基本主题，引导他前进；（四）他不断地从生活中吸取材料，然后进行想象；他不是靠思想，也不是靠凭空虚构来想象他的人物和故事；（五）在想象过程中、在写作过程中，他不断观察，也不断思考；（六）因此，他的其他心理活动，如感觉、知觉、记忆、表象、情感，也都随想象一起在活动。

B. 另一位作家是屠格涅夫，他自述道："……如果没有一个逐渐融合与积聚了各种适当的要素的活人（而不是观念）来做根据，我决不去想'创造形象'。我没有随意发明的天才，总是需要一个使我能够站稳脚跟的基地。我写《父与子》也是同样的情形。主要人物巴扎洛夫的基础，是一个叫我大为惊叹过的外省青年医生的性格，……这个性格给我的印象很强烈，同时却不太清楚，起初我连自己也不能透彻地了解它，于是我就聚精会神地倾听和观察我周围的一切，仿佛要检查自己的感觉是否真实似的。"（《关于〈父与子〉》。转引自中国社会科学院外国文学研究所、外国文学研究资料丛刊编辑委员会编《外国理论家、作家论形象思维》，中国社会科学出版社，1979，第101页。）屠格涅夫的叙述，也提出他首先有一个"逐渐融和与积聚了各种适当的要素的活人"的形象做根据，做他站稳脚跟的基地；然后，又是观察、倾听、思考，在这之后来想象创造中的人物形象。两位著名现实主义作家都提出了要有一个根据、基础——活的人物形象做"蓝本"，然后进行心与物的交流，即神与物游，取得继续丰富、明确、深化的印象，取得想象的资料，又调动其他心理能力，融合起来行动，即"拟容取心"、神思飞扬，在此过程中创造人物形象，创造典型性格。

这是两个发挥想象魔力的作家的经验之谈。这对于我们具体了解想象之魔的力之所在和探索我们应该如何做，是有一定启发的。

蜊滩》中的蛤蜊弃滩迁移的自然现象，是我很早听到的'传说'。但在后来的采访中，得知人为抢捉蛤蜊破坏生态平衡时，却一下子把蛤蜊这种弃滩现象化为有灵性地逃离，造成一种生物的有意识反抗。"

韶华指出："我写作的故事、情节、人物，可以用两句话概括：第一句，'没有一个是假的'（全部有生活根据）；第二句，'没有一个是真的'（全部经过改造、加工、想象、虚构）。""我想象的素材是从社会生活中得来的。这些是储藏在记忆库中，按创作需要取出、组合。"

刘绍棠的做法是，"以一个原型为主，以其他原型补充。"

徐光耀指出："想象一定要以生活为基础，通过想象，可以产生高度的激动，但我从不出现梦似的感觉。在精神高度集中的时候，我曾把隔壁的关门声误当作炮弹在身边爆炸。""我所依靠的，就是记忆库中的生活素材。……包括'间接生活'，如书报上读来的东西。我坚持从形象出发的原则，对素材的组合是以人物性格为线索的。"

马加指出："想象时构成现实生活中的具体环境，不是梦境。""想象时，暂时对周围环境无所感受。""素材是唤起过去生活的回忆。""根据作品主题的需要，将素材进行剪裁。"

刘亚洲强调想象的作用，指出："没有想象是不可能产生文学的。我明确地说，我的创作中想象占的比重极大。我让我的想象力像野马一样奔驰，尔后再勒住它。因为需要自制。没有自制的想象是非文学的。在想象中，我从未进入过梦境。倒是在真的梦境中，我进行过想象（为创作）。""我所有的想象素材都来自我的大脑。虽然表面上看并非取自记忆库中的储藏，但实际是这样。因为你忘却了的素材在你想象时会冷不丁地冒出来，有时甚至吓你一跳。"（这就是素材从意识进入了潜意识，而后又从潜意识中进出。——引用者）

胡万春指出："我写《骨肉》《蛙女》，都是偶然启发的，获得灵感，展开了艺术想象。边创作，边想象。对周围环境写作时不怎么感受，停笔时照样感受。"

达理指出："创作中的想象是持续不断的。每一部作品都是一个完整的世界，创作的过程其实就是构筑一个世界的过程，是在这个艺术世界里所进行的一种主动的、细腻的，并且是异常精致的琢磨过程。想象所及，几乎包括这个世界里的每个细小角落形状、色彩、气味以及每个人物的全部经历、性格特征、情感、心理和音容笑貌。创作期间，我们就生活在那个世界里，一时间几乎与现实世界隔离开来了。""想象素材想必是记忆中原有的。但实际上大量的生动的形象似乎并未曾有什么着意的'储藏'，有时几乎全凭着一种艺术的'假定性'，即理应如此或可能如此。"（这里，正有着潜意识的大量工作——过去的和现实的。——引用者）

梁斌指出："文学创作中，没有想象力，没有联想力，难以完成故事和人物的典型。但需要有个前提条件，作家必须有雄厚的生活基础。我受高尔基的影响，他在《致青年作家的信》中说，青年作家须有几个笔记本子。一个本子记录人物，一个本子记录故事、情节、景物，一个本子记录典型性的、性格化的新鲜语言，这就是作家的仓库。""当作家坐下来，运用思考时，聚精会神，把笔尖放在纸上，这时作家的笔尖就像磁石一样，运用想象力和联想力，调动仓库里的东西。这时，钢屑和铁屑向前，粘在笔上，序列而出，落在纸上，成为语言文字，柴屑草屑会落后，这只是一刹那间。这时这位灵魂的工程师将进入'梦幻'之中，你的文章会升华了！""这种情况，写长篇时，会成为连续性的。我们叫作'进入创作生活'。但是没有生活基础的人，他的笔将调动不起来，会成为光杆司令。"

莫言指出，他在想象时，"一直很清醒，从无废寝忘食之说。""耳闻目睹，亲身体验。""靠回忆过去写作。"

陈屿谈到"关于想象和记忆储存的关系"时说："这实际是虚构和实际生活的关系。没有虚构便没有艺术，而虚构是来源于生活——记忆和储藏。你的储藏越丰富，想象的天地便越广阔。离开生活的想象是胡编，检验想象的尺子是生活。"[1]

---

[1] 陈屿还举了自己创作中的一个实例：

"举一个例子，在《夜幕下的哈尔滨》里，话剧演员柳絮影的妈妈是一位隐姓埋名的老女艺人——当年红极一时的京剧演员柳云枝。我写王一民敲她的家门，她来开门，这是她在书中第一次和读者见面。为写出她那京剧演员的特征，我费尽心思去描写她的衣着长相，但无论怎么写，也很难让人捕捉到她那特殊职业所形成的与众不同的特征。我停下笔思索，这时一件往事忽然闪现出来：1979年我住在长影写电影剧本。因要借阅一本资料，往总编室挂电话。从话筒里传来的是清脆而娇嫩的小姑娘声音，她说马上就送来。不一会，她推门进来了，却是一位头发花白的老年妇女。我忙说：'您让方才接电话的小姑娘送来就行了，何必您跑来。'她听了竟微微一笑说：'那就是我。'甜甜的声音那么悦耳，使我大为惊异。这一印象非常深刻，以致一想起来那声音还在耳边响。

"我的人物出场的特征捕捉到了！我让王一民先在门外叫门，门里一声清脆的女音：'谁呀？'门开了，当面而站的是一位老太太，她身后没人，娇嫩的声音就出自老太太口中。人物与众不同的特征出来了，这里有想象，但它是来源于记忆和储存。"

金河详述了对于想象的认识、感受和创作时在这方面的体验：

"想象不仅仅是个构思问题。想象贯穿于创作过程的始终。除了有意制造的以议论为主的时空切割，写书时也置身于自己虚构的环境中，按生活的逻辑想象人物语言和情节的具体进展。这就要不断进行想象。

"我把想象的素材分两种：一种是大情节、构架；一种是细节、配件。前者可以是自己生活的经历，也可以是从书报上看来的、听来的，后者只能是从自己生活中得来的，至少是看到的。但不管是道听途说的，还是亲身经历的，我觉得好像都是早就储藏在记忆之中的。我不善于奇特的想象，在这方面很拘谨。

"前面说过，我有明确的创作意图。素材按创作意图组合，或者把被掩盖了的东西突现出来，把与意图无关的东西删刈掉。

"我是知识的崇拜者。我认为，人之高低、成败、文野、大小，知识无疑是最根本的分野。

"知识是想象的材料，是智慧的基础。"

以上来自作家、来自生活的真实材料，为我们提供了关于想象问题的实证。它们是有力的。

最后，我们还要谈一个有趣的，然而是严峻的问题：想象力的衰退与消失问题。阿恩海姆在《艺术与视知觉》中特别讲到，在儿童身上潜藏着丰富的想象力。我们在生活中也可以看到，儿童很爱想象，常常在游戏中沉浸于想象的欢乐之中，就如泰戈尔在《新月集》所说，他们在世界的海边嬉戏，用想象描绘了世界："星星同他说话，天空也在他面前坐下，用它傻傻的云朵和彩虹来娱悦他。"但是，阿恩海姆指出："这种潜在的能力，在更高的发育阶段上便逐渐消失了。"为什么会发生这种可悲的情况呢？阿恩海姆说，"发生这种变化的原因，部分是由于他们自身缺乏信心，部分是由于对他们的教育不得法，部分是由于他们成长的环境不适宜"。他指出的是教育方法问题、环境的影响问题，以及主体自身的问题。他肯定地说："当发展到成年时，只有少数人能把这种潜在的想象力保持下来。"[1]这少数人，自然包括作家、艺术家了。必须指出，这种情形在原始人、不发达的原始民族同现代人之间也是存在

---

① 以上引文均见鲁道夫·阿恩海姆：《艺术与视知觉》，滕守尧、朱疆源译，中国社会科学出版社，1984，第199页。

的。前者在某些方面的想象力高于现代人；他们的想象力，往往使现代人惊诧和欣羡。这同样是教育和环境影响的结果。现代人具有许多原始人、原始民族不可能有的想象力，但他们的文化、科学知识和复杂的社会环境，他们的人际关系与人类同宇宙、自然的关系，却使他们丧失了原始人那种天真的、幼稚的、可爱的、优美的、令人惊喜的，而且往往是艺术的想象力。

这两方面的事实——人类的童年和儿童的想象力的消失（这里应该指明，这种想象力自然是指艺术想象力，而不是一般想象力），值得引起作家、艺术家的注意。如果教育（包括自我教育）不得法，如果环境不利于发挥幻想，如果自身缺乏信心而不敢去大胆想象，那么已经获得的艺术想象力也会消失，至少会衰退、蜕化。事实上，失去想象力的作家、艺术家并不是没有的。在这里，似乎保持童心——童年的心性（赤子之心）和神思，是十分重要的。是不是这样呢？"江郎才尽"，也是"江郎"想象之才衰退了吧？

四、"魔Ⅳ"：直觉思维与灵感思维

直觉与灵感，处在同一个思维与心理领域、同一条发展线上，直觉思维的高水平发展，便迸发为灵感火花，直觉是灵感的初级形态和特殊状态；灵感则以直觉为基础和前提，并通过直觉这个"渠道""中介"来得到实现。灵感并不能全部包含直觉，直觉比灵感更丰富；而直觉也不会超越同是顿悟形式的灵感，灵感高于直觉。

直觉思维和灵感思维是目前思维科学研究中人们提出来的人类四种基本思维方式中的两大思维方式[①]。它们同另两种思维方式即逻辑思维、形象思维，既有联系又有区别，分工不同，各司其职，共同为人类的认识与实践活动、科学与艺术创造服务。逻辑思维与形象思维，显得

---

① 钱学森："我曾经讲过，思维科学的基础科学是研究人有意识思维的规律的科学，可以称之为思维学。……又因为这种有意识的思维，除抽象（逻辑）思维之外，还有形象（直感）思维和灵感（顿悟）思维，所以思维学又可以细分为抽象（逻辑）思维学、形象（直感）思维学和灵感（顿悟）思维学三个组成部分。"（《关于思维科学》，载钱学森主编《关于思维科学》，上海人民出版社，1986，第16页）

从20世纪40年代开始，国外开展了对于科学直觉的研究。我国则在20世纪80年代才开始关注这方面的研究。

更"正统"、更"规范"，也更重要；而直觉思维和灵感思维则相反。这其实是一种误解。这种误解同人们对于这两种思维方式了解得还不够，还有不少隐秘没有揭示出来有关。事实（科学家和艺术家的实践、科学与艺术创造的事实）已经证明：人类的思维往往是四种思维方式或某几种思维方式共时行动、协同工作的。逻辑思维或形象思维的工作，往往离不开直觉思维与灵感思维的工作，后者不仅是普通的"助手"，而且是有力的伙伴，甚至在某些关键的时刻起着决定性的作用。这种决定性作用，特别是在创造性工作和劳动中，比如说科学创造和文学艺术创作中，更为明显突出。可以说，如果没有逻辑思维，特别是形象思维，文学艺术创作是不可能进行的，进行了也不可能成功或不能获得理想的效果；同时，如果没有直觉思维和灵感思维，也是不行的，而且，简直就不能完成其科学创造的任务，也不能成其为艺术创造。对于科学创造来说，是不能成功；对于文学艺术创作来说，是不成其为艺术。

文学艺术创造，不能没有直觉思维和灵感思维。因此我们以它为文学创作之一"魔"。

（一）直觉思维

你相信直觉吗？

科学大师爱因斯坦的回答是："我信任直觉！"[1]而且，他在赞扬居里夫人的伟大贡献时，也肯定了这位杰出女科学家的"大胆的直觉"[2]。不仅如此，爱因斯坦对于直觉有自己的一系列见解，建立了理论，并把它融入自己的科学认识论观点体系之中。"直觉观"在爱因斯坦的理论中占有相当重要的地位，他以之指导自己的科学研究。[3]

"你相信直觉吗？"我们在生活中常常如此发问。有许多人也有这样的经验：对一个人对一件事，往往"第一印象"的直觉是基本可靠的，事后得到事实的印证。

---

[1]　爱因斯坦：《爱因斯坦文集》第三卷，许良英、范岱年编译，商务印书馆，1976，第70页。

[2]　爱因斯坦在悼念居里夫人的讲演词中说：

"她一生中最伟大的科学功绩——证明放射性元素的存在并把它们分离出来，——所以能取得，不仅是靠着大胆的直觉，而且也靠着在难以想象的极端困难情况下工作的热忱和顽强。这样的困难，在实验科学的历史中是罕见的。"（《悼念玛丽·居里》。见爱因斯坦：《爱因斯坦文集》第一卷，许良英、范岱年编译，商务印书馆，1976，第339页）

[3]　舒炜光：《爱因斯坦问答》，辽宁人民出版社，1983，第159页。

科学研究和生活经验都告诉我们：直觉是可以信赖的，是很有用的。直觉并不是浮光掠影的代名词，也并非肤浅潦草之辈。直觉之中含着深深的隐秘，包蕴着重要的学问。

如果说科学研究和科学家都对直觉给予佳评并信赖它在科学研究、创造发明中的作用，如果说在生活经验中直觉的能量也得到过印证，那么，同样作为创造之一种而又带有科学性的文学创作，同生活有着密不可分关系的文学创作，就更应当对直觉另眼相待了。

直觉是文学创作一宝，是文学创作一绝，因此对文学创作具有"神力魔法"之效。

直觉是人类最早的认识和思维能力。人类在其发展的童年时代，处在原始的、前逻辑思维阶段的时候，是只有形象、直觉的思维的。以后，人类才发展了自己的思维能力，产生了高度发达的逻辑思维能力和想象思维能力。但是，直觉思维并不是消失了，而是保留了，而且发展了。不过，它一直保持着自己独特的思维形式和思维功能。它以高于直觉而低于思维的相对独立的心理能力这种形式存在着，活动着，工作着。它又在保持自己的特殊形态、方式、功能的前提下，向高水平发展，融汇了和聚合着人类其他各种心理能力的内涵和力量，以自己的方式来进行工作。它的活动能力，反映着人类其他心理能力的发展水平。因此，直觉是积淀的智力①，又是世世代代不断在发展的智力。直觉有它的时代发展水平。人类直觉思维的范围、性质、能力、深度、细密度、准确度、复杂度，都在不断地发展，并且作为人类文化积淀的"人化形态"，以集体潜意识的形态存在于现代人类的身上；通过遗传传给每个个体以潜能形式存在着，经过个体发育的开发，而呈现效用性和智力水平。

人类的原始直觉能力与现代直觉能力有大的差别。一方面，原始直觉能力（包括现存原始民族以至低文化状态的部族居民），具有很高的直觉水平，例如他们能用形象直觉能力判断羊群、牛群或马群的数目，能判断是否丢失了某一只（匹）；他们也能运用形象直觉力去识别对象；等等。这些有许多是现代人（文化人）丧失了的能力或大大退化了

---

① 人的直觉能力中蕴含着智力，直觉能力的水平高，反映了人的智力水平高。一个儿童直觉能力的文化含量低于成年人，一个现代人的直觉能力的文化含量、智力水平也高于原始人。智力积淀提高了直觉的水平，决定其直觉水平。

的能力。另一方面，现代人又有原始人不可能有、不能想象、高不可攀的直觉能力。最典型和具有高峰水平的是现代人在科技创造和艺术创造中直觉的运用。但是，我们又不能不看到人类文化的整体性发展，人类语言、思维——逻辑思维、科学的发展，既使人类早期具有的某些直觉力丧失或退化，又使人类相应的直觉能力的发展受到抑制。儿童所拥有的直觉能力，到长大成人后往往消失，似乎是浓缩了人类思维的这种发展历史轨迹。但是，人类的科学创造力和艺术创造力却较好地保存和发扬了直觉思维能力的重要方面，尤其是文学艺术创作。作家、艺术家在这方面不同于一般人，这正是他们具有特殊才能的一个重要表现和重要指标。他们具有和掌握了直觉思维的魔力，这是他们的特长，也是他们职业上的心理优势。

能够成为作家或想要成为作家，重要的任务之一就是要形成和发展这种心理的和思维的优势。想要创造出优秀的艺术品和提高自己的创作能力，就要发展和提高这种心理优势、思维优势。

人类科学文化发展的历史，一定程度上也可以说是直觉思维不断获胜的历史，在科学创造的史册上，不时地闪着直觉和灵感获胜的金牌的亮光，科学家们也为它们唱了一首又一首赞歌。众所周知的欧几里得几何学的建立，广泛流传的阿基米德发现浮力原理的故事，牛顿创立万有引力定律，达尔文进化论的提出，特别有趣的凯库勒苯环结构的发现，门捷列夫写出元素周期表，庞加莱发明富克斯函数，直至居里夫人对镭的发现，以及爱因斯坦相对论的创立，等等，都无不显示了直觉思维和灵感思维的活跃的、巨大的、关键性的作用。这些科学史上的佳话轶事，便都是直觉思维和灵感思维的存在和威力的证明，也显示了直觉思维和灵感思维的性质和作用方式、作用条件。我们对于人类这两种奇妙的思维能力的认识和研究，是以它们为重要依据的。

因此，科学家情不自禁地对直觉唱出颂歌。爱因斯坦说："我相信直觉和灵感。"[1]玻恩说："实验物理的全部伟大发现都来源于一些人的直觉。"[2]德波罗意这样阐述："想象力和直觉都是智慧本质上所固有的能力，它们在科学的创造中起过，而且经常起着重要的作用。"[3]汤川秀

---

[1]　周义澄：《科学创造与直觉》，人民出版社，1986，第19页。

[2]　同上。

[3]　同上。

树则强调"人类的直觉能力的重要性"①。凯德洛夫把它们同创造活动相连，并指出，直觉是"创造性思维的一个重要组成部分"，"没有任何一个创造性行为能离开直觉活动"②。

据美国化学家普拉特和贝克对232名化学家的调查，83％的人有直觉出现，其中33％的人在解决重大问题时有直觉出现，50％的人偶尔有直觉出现，只有17％的人没有直觉现象。这个调查结果表明，直觉在科学创造中有重要作用③。

我国当代著名科学家对于直觉则有这样一些论述④。理论物理学研究员何祚庥说："在科学研究工作中，经常地要用到理性阶段的直觉（不是灵机一动的感想），以推进科学工作。离开了这种直觉的猜测，科学工作几乎是不可能的。"生物化学研究员徐京华说："直觉是理论科学研究不可少的推动力，因此经常出现"，"它经常推动我们去探讨一些问题"。杨纪珂教授说："……科学活动的最高级形式，就要上升到艺术的领域中去。在这个领域中，'直觉'就会对科学技术的发现和创造起着非常重要的作用。"⑤著名水利专家张光斗教授谈到他在解决葛洲坝工程中"江中岛"问题时说，他是在现场凭直觉想出挖掉江中岛的方案，推翻了以前的全部设想和设计，后经研究确定是正确的，葛洲坝工程也是照此设想做出的设计修建的。他总结说："在很长一段时间的研究工作后，考虑了各个方面，想出了一套想法和意见，似乎很周密了。后来又突然凭直觉想起了一个新的想法，虽然是一个苗头，但过去没有想到过，经过进一步研究，证明这是正确的、可行的。"直觉"往往使你得

---

① 汤川秀树：《创造与直觉》，1973年英文版，第11页。

② 转引自E. M. 凯德洛夫：《论直觉》，《科学与宗教》1979年第1期。

③ 此处统计，以及以上诸科学家对于直觉、灵感的论述，均转引自周义澄：《科学创造与直觉》，人民出版社，1986，第18-19页。

④ 这里的材料，均转引自周义澄：《科学创造与直觉》，人民出版社，1986，第20-21、290-293页。这些论述原见该书"附录·关于科学直觉的调查"，这是科学家们对这个调查的答复。

⑤ 张光斗教授关于直觉的作用，还提出了几个前提，此处略。本书在后面的章节中将予引用。

到正确的途径和方法"①。在笔者所做的对作家的调查中，有关于直觉与灵感的问题（《问卷》第10、题11题）。对于这两个问题的回答，绝大多数作家都是：相信直觉，相信灵感，在创作中得到了直觉和灵感之助②。叶楠的回答是："相信直觉。创作是个人的活动，当然直觉非常重要。""相信灵感。满意之作都得助于灵感。"萧乾说："我既相信灵感又反对把它神秘化。"航鹰指出，她的《红丝带》《东方女性》《明姑娘》创作都得到灵感之助。鲍昌指出："相信直觉，但决不夸大它的作用。对生活的判断，一般都经过反复的思考。有一部分作品，确实是直觉得来的。"对"您相信灵感吗？"回答是："当然相信。"他指出，他的获奖小说《芨芨草》曾得到灵感之助。张抗抗的回答是："我相信直觉。我认为单凭直觉也可以写出单篇的感觉派的好作品。但我自己的创作介于自觉与理解思考之间……"路翎指出："直觉的作用是经过判断思考的。对生活本质的体认、美学评价，是在直觉之后进入形象认识的，是经由人物的社会性推演的，是直觉经过形象研究而得出结论。"杨大群对自己的直觉和灵感活动作了描述和分析："当我写作时好多直觉的东西突然活跃起来，我看见它的颜色了，嗅着它的气味了。逐渐地产生了'美'的感觉而且在享受。是生活的再次感染。……理——是从这些方面逐渐推出的，明白过来的，感到有血有肉合情合理。""我非常相信灵

---

① 《科学创造与直觉》中还引用了两位年轻的博士在研究中出现直觉、灵感的情况的材料，颇为生动具体，可供参考，亦附注于此。

a. 中国科学院高能物理研究所研究生马中琪在完成博士论文《SU（N）静态球对称规范场》时，开始时遇到极大的困难，1981年除夕之夜他为此苦思冥想，夜不能寐。(苦思月余，仍有一个症结未能突破)。但是，忽然有一个念头，有一个朦胧意识到的突破点的思路出现了，在脑中跳跃。他抓住、穷追、苦思、苦索，几乎彻夜未眠。第二天，大年初一，他循此思路伏案疾书，终于确定了解决论文症结的方案。之后又进行了大量计算。

b. 中国科学院生物物理研究所研究生徐功巧在回忆从酵母中提取甘油醛-3-磷酸脱酶时说，她一连做了四次试验，都以酶不能结晶而失败了。一个月的无效的艰苦劳动，使她焦虑难眠。有一天她躺在床上，苦思冥想，直到凌晨一点多钟，突然朦胧地意识到一个突破点。她一夜不眠，穷追不舍。第二天针对问题症结，改进了试验，终于在第五次试验中获得了成功。

按：以上两材料，原见张一凡：《访我国培养的博士马中琪》，《北京晚报》1982年6月27日；胡素娟：《访我国培养的第一个女博士徐功巧》，《解放日报》1983年3月7日。

② 在具体的发挥上，各有侧重；对于总题中的子题，有的回答不尽相同，甚至相反；但有的相反的回答，在其阐述中又有相同处，可能是彼此立足于不同的概念内涵的基础上。

感，我所有的作品多少都有点灵感。"徐光耀说："我的东西凭直觉产生的多，经思考、推理而后写作的少。这是我的缺陷之一。我以为理想状态是二者紧密地结合起来。"他说，他在写作之前往往有灵感出现，使他更快地把握了对象，推动进入构思、创作阶段。马加说，他"不完全相信"直觉。但他指出："对生活的判断、认识，直觉的多些。"关于灵感，他说"相信灵感"，并指出："主题主要靠生活得来。灵感主要是在细节描写上，往往是瞬时受到启发。"刘亚洲用强调的语气指出："我绝对相信直觉。我甚至认为在创作中直觉是第一位的。我对生活的判断、对别人作品乃至自己作品的判断，基本上是凭直觉的。"关于灵感，他说："我太相信灵感了。没有生活是不可能产生伟大作品的。没有灵感也是（甚至更是）不能产生伟大作品的。我在读别人作品时，能够发现哪些是灵感的火花，哪些不是。"程乃珊对于"您相信直觉吗？""您相信灵感吗？"的回答都是坚定的："信。"贾平凹对"您对生活的判断、美学评价、生活本质的体认，是凭直觉把握的吗？还是经过思考，经由推理而得？"的回答是："直觉。"关于灵感，他回答："相信有。"

梁斌在谈到灵感问题时说："因为我自少年时代就想当作家，经常有几个人物、故事浮动在脑际，等灵感一来，有所冲动，才进行写作。猛然约稿，有时是不成功的，无动于衷。心中必须有意念萦绕，才写文章。"达理在答复中指出："相信灵感。几乎每篇作品都得到灵感之助，有时在构思时，有时在创作中，有时则在结尾处。更多的灵感是在创作过程中，常常因此得到了新的情节、人物和冲突。"莫言回答说，他相信灵感，他的灵感的出现方式是"画面出现"，他肯定了自己在写作过程中经常有"小的灵感火花迸发"，"几乎所有细节，产生于写作过程中"。胡万春在回答中，对于灵感问题说："相信，我自己常常有。"他说，他的《蛙女》就是得灵感之助的作品，他认为灵感的出现是"受外界表象的刺激"。陈屿在"关于灵感"的答复中说："我是相信有灵感的。灵感是刻苦探求的结晶，不是凭空飞来的火花。/灵感是长期的积累和偶然的机遇相碰撞而迸发出来的。/灵感来源于勤奋，灵感和思想懒惰是无缘的。"金河对于灵感问题这样写道："对于'灵感'的理解至今莫衷一是。如果把'灵感'理解为一种突然的'开窍''顿悟'，冥思苦想，费了很大劲，一种最恰当的方式、最深刻的理解、最理想的意境突然找到了，或明晰了，产生一种喜悦、轻松，有了信心、干劲，于是要马上动手写出来。这种灵感我相信。我的作品大都有灵感之助。它可以产生在生活中，也可以从别人的作品中得到，也可以从非文学的渠道得到。没有这种条件，是很难进入创作的。我总是想好了再写。把灵感说成是艺术女神附体，或者如跳大神的'来仙'，或气功来气，浑身抖动，本人没有。"

前面我们比较详细地介绍了科学家关于直觉的论述和评价，也把调查中所得到的我国当代作家对于直觉的看法简要介绍了。这样做的目的是证明一点：自然科学的创造和自然科学家都这样得力于直觉，我国作家也是这样重视直觉，足见直觉——灵感——对于文学艺术创作的重要意义。这对于我们目前的创作心理学研究不是没有意义的。因为不仅我们目前在这方面还研究得不够，而且我们相当多的作家并不十分愿意了解直觉的意义，只是从直观层面了解直觉，而未深思。这也许可以说有点像战士很重视并经常运用一种好的武器，但是不十分了解这种武器的性能和使用规律。同时，在前面所引的科学家和作家扼要的论述中，也包含着一些关于直觉的性质、能量、作用、作用条件、运行规律的论述因素和见解，这对于我们也有启发意义。

现在，我们就来综合地探讨一下直觉的性质、能量、活动规律，以及作家如何运用直觉、发扬直觉的作用等问题。

直觉是一种远古的人类意识，又是一个广泛的心理现象。从人类的发展史来说，直觉判断早于概念思维；从人的个体发育过程来说，总是先有直觉思维，而后才发展到概念思维。而且，现代人成长到成年之后，依旧保留着直觉能力并运用直觉思维。这就表明了直觉思维的广泛性和长久的生命力。同时也告诉我们，在这种发展的历史过程（人类种系的发展过程和个体的发展过程）中，直觉和思维、直觉思维和逻辑-概念思维便产生了交叉、渗透现象和互补作用，它们不是彼此排斥，更不是一方吃掉、消灭另一方，而是一方面表现了人类心理和智能的梯级性发展，另一方面又产生了各自的水平发展；并且互相结合起来，又产生了分工化运行机制和分别的认知能力。人类在长期的实践和思维过程中，形成了两大创造力的表现和成果，即人类塑造自身的两种重要方式：科学和艺术。它们形成了两种人类思维方式的两大领域：科学——思维能力、概念理念 ——→ 逻辑思维；艺术——直觉能力、直觉思维 ——→ 形象思维。这是人类意识和思维的两朵艳丽的花朵。但是，正如前面所述的发展历史和所引的科学家论述所表明的，这两大领域又是互相渗透、互换互补的：在思维中渗透着直觉，在逻辑思维中渗透着直觉思维、形象思维；在直觉思维、形象思维中渗透着概念理念、逻辑思维。

但是，这里必须着重指出两点：

（1）在创造（无论是科学创造还是艺术创造）活动中，真正可贵的，往往起关键的、决定性作用的是直觉和直觉思维，它们成为创造活动的核心和转换中枢。关于这一点，前面所引科学史上的事实和科学家、作家的论述已经表达得很清楚。为什么会是这样呢？这是因为，人类在创造过程中，平素的、正常的、规范化的、循着一定规定方向的逻辑思维、概括、推理、判断，或是形象思维、意象、想象，构建了创造的必不可少的基础，在这个基础上向前发展、突破、跃进时，往往出现（也是需要）直觉和直觉思维的"冲刺"、转换和实现。而在这个阶段过后，又是正常的、普通的、正规的逻辑思维和形象思维的出现和继续工作，联结、补充、论证发展直觉和直觉思维的成果。这样，直觉思维就成为思维的"网"上的纽结，成为核心、中介、转换中枢。因此，在创造过程中，既不是一般思维，也不是直觉思维单独发生作用，而是两者的交叉互渗、互换互补地、统一地、和谐地运行和工作，推进创造活动的发展。所谓创造力，就是两者的亲和力、和谐力。

因此，无论是科学创造还是艺术创造，都需要直觉思维的参与，需要它的力量的发挥；也需要上述两种思维的亲和力、和谐力。

（2）直觉思维在艺术创造中居于更为重要、更为特殊的地位，有着更为重要、更为特殊的作用。艺术创造也需要一般思维和概括理念，但是它的特征、特性却是直觉能力和直觉理念，没有它就不能产生艺术或没有好的艺术。这种特征和特性表现为：艺术家固然需要具有一般的逻辑思维、形象思维能力和概念、理念活动与能力，但是，他们的这些活动和能力自身既带直觉性和直觉思维色彩，又是同直觉和直觉思维相结合、相融汇的。这种特征和特性，并不是只在思维和心理活动的结果上出现，即不是在最后表现（表述）阶段上才与科学创造殊异和分道扬镳，而是从一开始便与科学性有不同的性质，在全过程中都表现出殊异性：它对对象的把握和认知的部分、方面、特性，它的把握和认知方式，它对对象的反映、加工处理和反应，直到最后表现对象，等等，也都是带着直觉性和直觉思维色彩的。作家在创造艺术作品时，不是凭借逻辑的记忆、概念的运用和演绎或归纳，而是凭借过往生活中直觉的感受，直觉的记忆运用直觉思维，凭借一种直觉的形象、内心模糊的欲求和心理能量的释放要求来进行创作。苏珊·朗格在《艺术问题》中这样描述：

> 那些真实的生命感受，那些互相交织和不时地改变其强度程度的能力，那些一会儿流动、一会儿又凝固的东西，那些时而爆发、时而消失的欲望，那些有节奏的自我连续，都是推论性的符号所无法表达的。主观世界呈现出来的无数形式以及那无限多变的感性生活，都是无法用语言符号加以描写或论述的，然而他们却可以在一件优秀的艺术品中呈现出来（……）。一件艺术品就是一种表现性形式，凡是生命活动所具有的一切形式，从简单的感性形式到复杂奥妙的知觉形式和情感形式，都可以在艺术品中表现出来。①

苏珊·朗格所言，表明了文学艺术之所以能够表现那些概念、语言、符号所无法表现的东西，是因为它是一种"表现性"形式，而这"表现性"重要而突出的特征就是对于对象的直觉感受、直觉思维和直觉表现。

这样，艺术便成为人类本质力量的另一方面的重大确证；作家、艺术家的艺术水准则标志着人类直觉水平的高度和丰度。

M. 邦格把直觉分为四大类：一是"作为感觉的直觉"；二是"作为想象的直觉"；三是"作为理性的直觉"；四是"作为评价的直觉"。②在此基础上，邦格又将其细分为10个方面，它们是：（1）对事件或符号的识别；（2）对符号意义和关系的理解；（3）解释能力；（4）表达或几何直觉；（5）形成类比的"隐喻"技巧；（6）独创性和灵感；（7）急促推理；（8）综合能力；（9）普通常识；（10）判断力、识别力或洞察力。③苏联学者则把直觉分为"概念的直觉"和"遗觉的直觉"两类，

---

① 苏珊·朗格：《艺术问题》，滕守尧译，中国社会科学出版社，1983，第128页。
② M. 邦格：《直觉与科学》，1962，第67—92页。转引自周义澄：《科学创造与直觉》，人民出版社，1986，第117页。
③ 同上。

前者以概念模型为背景，后者以形象模型为背景①。还有人把直觉分为三类：感性直觉、理性直觉和内省直觉。

这些分类各有其理由和侧重点，我们综合地观察，可以从中体认到共同的几点。这就是：第一，直觉是一种复杂的心理活动，它的活动是有几个层面的，而不是单一的、纯粹的。第二，它有时只是一种极为简单、单纯的心理现象，就像我们在日常生活中所常常发生的那样，对于人或物或事件，有一个简单的直觉印象，它确是未经深思的心理反应；但有时候，这种心理现象又是很复杂的，它包含着心理活动的知、情、意三个方面。这时候，直觉就蕴含着深邃的心理内涵了。第三，直觉有时候又表现为一种认知过程和思维方式，包含感性直观和理性直觉等各个层次，这就是直觉思维了，也就是人们常说的直觉力和洞察力。第四，直觉有时候又表现为认识的结果，即直觉以知识形态而存在。这可以叫作"直觉知识"。这在科学上表现为那些"不证自明"的公理上，在个体（单个人）身上，往往体现为"无师自通""直觉得来"。不过，无论是前者还是后者，往往有些公理、"直觉知识"，又会被寻求到或自然得到证明、验证。这又与逻辑验证的知识相同了。第五，在直觉中既包含着"初级"心理活动，又包含认识、情感、理念与思维。第六，直觉思维的活动范围中，既有科学创造，又有艺术创造。第七，直觉的这一切都带有瞬间性、直接性、过渡性和流变性等特点。无论是前述邦格分类中的四种类型及十个方面，还是苏联学者所分的两大类，它们之间都是互渗、互变的，是动态的而不是静态的，是可变的而不是凝固的。

直觉思维的这些特性，可以消除对于它的一种误解：好像直觉就是不经思索的、不经意的、类乎本能的一种心理活动。而人的、艺术家的直觉能力，也就成为一种天生的、不可究诘的、不可知的、莫名其妙的本能。神秘的观点和天才的解释就从这里产生了。这只能妨碍对于直觉的科学探讨和对直觉能力的、在一定程度上有效的自觉培养。

直觉的特点确实是瞬间显现，也确实表现出一种不经意的、不假思

---

① B. P. 伊林娜、A. A. 诸维科夫：《在科学直觉的世界中》，俄文版，1978，第120-129页。转引自周义澄：《科学创造与直觉》，人民出版社，1986，第118页。

索的状态；但是，这里表现的正是直觉的突出特点，而不是它不存在思维的活动和思维的能量。当然，有的直觉确实是如此，它既没有足够水平的思维活动和能量，也没有认知的背景，这往往是一种直观的或直感的直觉。但是，当直觉在高层次发生时，它就是理智性的，成为理智直觉了。

直觉——无论是何种层次上的直觉，都不完全是本能的、先验的。无论是科学的或艺术的活动，也无论是其中的学习、认知还是创造活动，总是直截地做出了判断和选择，未经思索和论证——证明为什么这样判断和选择，但是，这里却经历着一番这样的活动：大脑接受了对象的刺激，便迅速检索到原先在心里早已形成的相似"块"，并迅速接通长期记忆中的信息的某个索引项，形成一种直观的或直感的以至理智直觉的判别。这里，实际上有着一种迅疾的、短暂的、潜隐的思索活动，思维在直觉状态中的活动表现为瞬间的、非逻辑的、无意识的特点，但都并非没有思维活动，只是表现为一种特别状态，而这正是直觉之所以为直觉、正是直觉思维的特性和特长。

这里，涉及心理中的"块"。它在这个瞬间所起的作用是巨大的、关键性的。这种"块"是长期的实践、活动、生活所积累、形成的，它容纳了某个个体以往的全部经历和心理成果，甚至包括幼年和童年所留下的心理刻痕。这些成果、刻痕以潜意识的形态积淀于心理复合体之中，这是一种潜在的、隐蔽的灵性，认知能力、思维能力是一种潜隐灵知。当它被刺激或想象激起时，便以迅疾的、瞬间的、直截的、潜在的形态与风姿，迅速做出判别和选择。这里虽然以"本能的""先验的"形式出现，却凝聚了主体的全部生活过程和心理能力的结晶微粒。在这里，潜隐灵知的确表现出两种"特异功能"：一是迅疾地接通检索项；二是不经常规的、逻辑思维的程序，直接地、跳跃式地做出判断和选择。

这正是一种"顿悟"。

这里，表现出一种可以称为"直觉水平"的直觉能力。个体的直觉水平是有差异的。科学家的创造能力和作家、艺术家的艺术创作水平，与这种直觉水平有直接的关系。

那么，这种直觉水平值的决定系数都有哪些内涵呢？我们大体上可以列举这样一些。知识基础和素养，像一面镜子一样，它所能照见的宽度、景深、"清晰度"，决定着直觉的水平。思想基础，主要决定着直觉的深度，具有丰富、深刻的思想，所见者深，在直觉地接触对象时，也能一下子深入腠理，颇有深度地把握对象。审美经验，自然也是决定艺术直觉水平值的系数中重要的一项，具有丰富、深厚的艺术素养和审美经验，也会使主体的"心理镜头"立即"摄"下（直觉感受）对象的审美形象。总之，主体已有的"心理定式"，已有的"块"和它们的水平，综合地形成了作家、艺术家的直觉水平值。当然，直觉经验也是其中重要的内涵，在生活中、在活动中经常运用直觉感受、直觉思维，既会提高一般的直觉思维能力，也会由于历久而积累下一定的经验。这"经验"也以积淀的形式进入决定直觉水平值的系数之中。主体的全部心理能力，以及他的联想和通感能力，也都决定着他的直觉水平。这是直觉水平值系数的又一个内涵。直觉和直觉思维是这一切的综合反映和综合行动力，直觉的水平值系数统摄着这些方面。

因此，我们可以说，直觉能力、直觉思维水平是由主体的整个心理能力、整个"心理复合体"即它整个的心灵决定的，这一切的总体水平值决定了直觉能力和直觉思维的水平值，也可以说，后者反映了前者。因此，人的感觉、知觉、表象、记忆、注意、想象诸种心理能力，它的情感的性质与丰度，意志力的性质和强度，它的思维的定式和习惯，它的总体意识的性质、水平和敏感度，都对其直觉能力水平值和直觉思维能力水平值发生直接的或间接的影响。

铃木大拙博士①在《禅与心理分析》中，讲了一个佛陀的"拈花授法"，他说：

> 相传，禅的开始是在一次法会上，佛陀正在讲道的时候，他的一个弟子拿了一枝花献给佛陀。佛陀接过了它，一句话也不讲，只是拿着它遍示众人。没有人知道佛陀的意思是什么。但是当佛陀环顾众人的时候，他注意到一位名叫迦叶（Mahakasyapa）的尊者（原文作elderlymonk）对着他笑。佛陀也笑了。他说："我有一个宝贵的东西，托付给你。"禅便这样开始了。②

---

① 铃木大拙（1870—1966），日本现代禅学大师，《禅与心理分析》由他与杰出的心理分析学家弗洛姆合著，是他们的对话录和弗洛姆的学术讲演录合集。

② 铃木大拙、弗洛姆：《禅与心理分析》，中国民间文艺出版社，1986，第415页。

铃木把这情境概括为"佛陀的心灵便和其弟子的心灵合而为一了",在这个"合一"中，根据铃木的阐释，实际上是：直觉、无意识、顿悟、灵感、自由、心身一致等，在禅宗的哲学和艺术思维中，都合而为一、融汇一体了，是一体化的，是一个整体①。这种禅宗式的一体化，可以用来比喻和理解直觉能力与直觉水平的那种整体化的心灵状态。

但是，直觉能力和直觉思维，总是在一种爆发状态中出现和以爆发状态来实现的。好比一个神枪手的全部能力值、水平值，都在他扣动扳机的一刹那集中体现出来、得到验证；也好比一个跳远或跳高运动员，在紧急状况中突然遇到一个障碍，他的全部跳跃能力爆发出来，一下跳过去了；又好像一位战略家在头脑中闪现一个战略计划的设想时，他的全部政治、军事、经济、社会知识，全部战争经验、指挥经验和全部军事指挥艺术，都在这一闪中得到发挥和实现。——这些，都是以"直觉"的形态出现的，以爆发的形态实现的。

作家、艺术家也是在这种爆发状态中实现他的艺术直觉能力和艺术思维水平的。作家、艺术家的这种直觉爆发力，是他的创作具有魔力的一个很重要的方面。这种爆发的结果，往往就是一种灵感的闪现，是一种初级的灵感，是灵感火花的迸发。正是在这种直觉爆发中，直觉思维表现了它的瞬间性、非逻辑性、直截性、顿悟性、长期酝酿性和思维的渐进性的中断以至于非理性：人的精神、思维、情感，在这种直觉思维的一瞬间，实现了有意义、有价值的跃进。

主体的这种直觉爆发和爆发力度，除了前面所说的各种各类主观能力之外，外在因素方面、关键性的作用力便是刺激状况：它的刺激强度、力度，它的性质和这种性质与主体的"块"的关系——相似或相异的程度。

以上所述的内外两个方面，可以用下图来示意②：

① 铃木大拙、弗洛姆：《禅与心理分析》，中国民间文艺出版社，1986，第512页。

② 本图参考《科学创造与直觉》第125页"爱因斯坦从ε到A的飞跃图式"仿制而成，但仿制中将条件、中间关系、跃进和结果的项目都改变了。

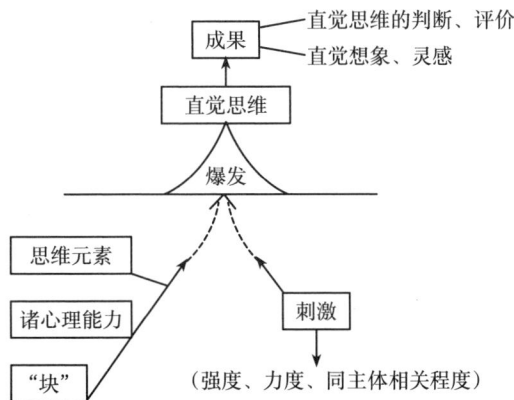

图16-1 心理内外发力产生直觉示意图

在这里，直觉爆发和直觉思维产生的条件也就明确了。主体心理"块"的性质和水平，久远的记忆，集体无意识，心理刻痕，长期的酝酿和思考，潜意识的工作，知识素养，情感积累，注意培养，以及刺激源的性质、强度、力度，等等，这些都集中起来，在主体接受刺激的一刹那，迅速地进行直觉感受和直觉思维，形成直觉爆发，得出判断、结论、评价。因此，作家、艺术家的直觉水平和直觉爆发力绝非一日之功、一时之力、一隅之得，而是全面的、长期的力量积蓄在一瞬间的显现和实现。

对于作家、艺术家来说，这种"潜隐灵知""全面久运积蓄"中，有一个最重要的东西，这就是"智力图像"。它是一种在一定程度上抽象化的、模式化了的形象，这是一种形式化、形象化的抽象，但它不是用词（逻辑）来概括、抽象的，它仍然保留着某种简略化的、概括化的图像形态。它是人脑的三种主观映象中的一种，居于"具体形象"与"概念抽象"两种映象之间，具有两者的特点，是中间形态，因此也是动态的、过渡性的，是经过人意的经营的①。作家、艺术家关于人的形

---

① 参阅《科学创造与直觉》第151-156页。该书还引述 M. 邦格的论述说："希尔伯特的多维空间并不是现实的形象的空间，它是思维所构想的智力图像空间，在物理学的直觉思维中，它起着很大的作用。"（M. 邦格：《直觉与科学》，英文版，1962，第97-98页）又引日本理论物理学家的话说："在任何富有成效的科学思维中，直觉与抽象总是相互影响的。不仅某种东西必须从我们丰富的但多少有点模糊的直觉图像中抽象出来，而且被当作人类抽象能力的成果而建立的某种概念到最后也往往变成了我们直觉图像的一部分。从这种新建立起来的直觉中，人们可以继续作出进一步的抽象。在代表物理学中，这样一个例子就是爱因斯坦相对论的四维时空世界，它虽然比牛顿力学的时空世界概念抽象得多，但是，它在今天是属于物理学家们作为进一步抽象基础的直觉图像的一部分"。（《创造性与直觉》）

象的摄入为记忆（主观映象），就是按照这样三种形态和过程形成的。具体形象：某个生活中相识的或不相识的人，在某个场合偶然一见的人，艺术作品中所见到的人，从文学描述中生发想象出的人的形象，从别人讲述中形成的某种人的模样，等等。比如，鲁迅在家族中所见到的阿桂、"孟夫子"、子京以及患迫害狂病的表弟阮久荪等人。智力图像：经过一定程度抽象的、一定思索加工的人，即内心作了一定描绘的意象、映象、影像。如鲁迅在心中所形成的阿Q的影像、狂人的影像。抽象概念：经过思索、抽象、概括、判断活动所形成的"人"的概念，它的内涵更广、更深、更丰富，但图像是淡化的甚至没有图像，如关于"阿Q＝中国民族劣根性的代表"抽象的概括的意念。这可用图16-2表示①。

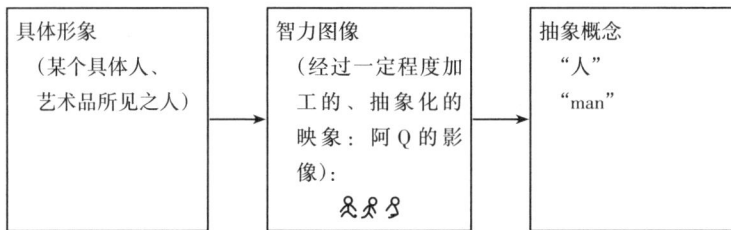

图16-2　从"具象"经"映象"至抽象概念示意图

这种经过一定加工和抽象化的主观映象，就是作家、艺术家头脑中的人物形象的雏形、基础，它本身就是形象思维与逻辑思维结合的产物，也是直觉思维的产物。在创作活动中，它也就是直觉思维的基础（潜隐灵知的一种），也是形象思维的材料、符码，所谓"形象思维是用形象思维"，可以说，实际上主要就是以这种智力图像为符码来进行思维。在思维过程中，接受逻辑思维的指导、加工，又发挥形象思维的特性、特长，创造艺术典型。符码本身、思维的进行和思维的发展，都是形象思维与逻辑思维相结合的。这正是文艺创作活动中两种思维渗透结合的情形。

在创作活动未进行之前，创作主体（作家）的头脑中储存的种种智力图像，就是他的直觉水平值系数中的主要"数据"，是潜隐灵知的主要水平标志之一。因为在直觉思维中，其状态是B；于作家、艺术家来说尤其如此，因此也尤其重要。（在逻辑思维中，其状态是C）许多成功的文学创作，正是因为这种智力图像的作用而促成了作家创作的收

---

① 本图参阅《科学创造与直觉》第152页插图，稍作改动制成。

获。托尔斯泰见到路旁的牛蒡花而促动了《哈泽·穆拉特》创作，正因为他心中有着哈泽·穆拉特的智力图像；鲁迅因孙伏园约他写《开心话》中的作品，而跃出了阿Q的形象，因为他心中有着阿Q的形象（智力图像）已经好多年；屠格涅夫在车上偶遇一个年轻的外省医生，谈话之间，直觉感到这是一个新人的形象，也是因为他心中早已有了一般的当代青年的智力图像，特别是初步形成了仍处模糊状态的虚无主义者的智力图像，他以后在直觉的基础上又进行认真深入的思考和酝酿，才形成虚无主义典型巴扎洛夫的形象，就是因为在直觉基础上进行再加工、再思考。托尔斯泰酝酿写《安娜·卡列尼娜》时，脑中出现了普希金的女儿普希金娜的倩影（心中的智力图像），这是一种直觉的选择，以后又在此基础上，根据对安娜·卡列尼娜特定形象的要求和他对这部小说主旨的深入思考，对"普希金娜智力图像"进行了改造制作，终成安娜·卡列尼娜这个典型。

同这种内心固有的"智力图像"相联系而又性质不同，但同样在直觉思维中具有重要意义的是"原型启发"。它表现为突然刺激、突然接通（外部刺激与内在"智力图像""潜隐灵知"接通）、突然闪亮（意识、映象、判别闪出）、突然明了，所以是一种"突然点破"，在心理学上被称为"原型启发"；那些起了启发、点破作用的事物，就叫作"原型"。各种实物、人物、符号都可以成为原型。科学史上这种"原型启发"发生作用的例证很多。[①]文学艺术创作中也不乏其例，前面所说的牛蒡花、阿Q、年轻的外省医生、普希金娜等都是这种"原型"，那些作家也是在这种"原型启发"的激起后，经过联想、通感以及其他心理活动和艺术思维而进入创作活动中。

最后，我们还要以凯库勒凭直觉和灵感发现苯环结构式的典型例证来综述直觉思维的特性、激活基因和各种条件。凯库勒在幼年时听过关于环形蛇的故事，对此留下深刻的印象。青年时做过审讯炼金术士的法庭陪审员，在法庭上他亲见过许多作为主要物证的炼金术的象征物——

---

① "例如传说中的古代中国的名匠鲁班受割手的丝茅草这个原型启发，发明了锯子；洗碗水上的肥皂泡使得英国技师皮金顿设计出让玻璃溶液浮在坩锅沿上制出平板玻璃而不要研磨的方法；一具抛在田沟里的旧犁使英国气象学家泰勒设计出一种轻便的锚。"（见H. 玛吉纽、D. 柏珈米：《科学英雄与人类》，依力夫译，爱迪出版社，1979，第4—5页。转引自周义澄：《科学创造与直觉》，人民出版社，1986，第129页）

首尾相接的蛇状手镯。他于1847年进入吉森大学学习建筑艺术，在那里获得了空间结构美的熏陶。在他在朦胧梦境中见到首尾相接的环形蛇的那一天傍晚，他给准备去参加晚会的夫人戴过项链（环形），而且是琢磨了好久才把项链接头扣上。那天晚上，他在壁炉边打瞌睡，炉中将熄的柴火星星点点，闪闪烁烁，像蛇的眼睛在暗中闪烁。从大背景来说，凯库勒有了新发现的那一年（1865），有机化学理论已有颇大的发展，在化合价理论方面，富兰克兰（1825—1899）、柯尔伯（1818—1884）等人进行了许多成功的努力。凯库勒的一些想法也是从富兰克兰那里得来的。在他获得新发现的那天之前，他已经进行了12个年头的苦心研究。[1]最后，终于在一个偶然的机遇与触发下，顿悟而得苯分子环形结构式的雏形，它与环形蛇的形象类似：

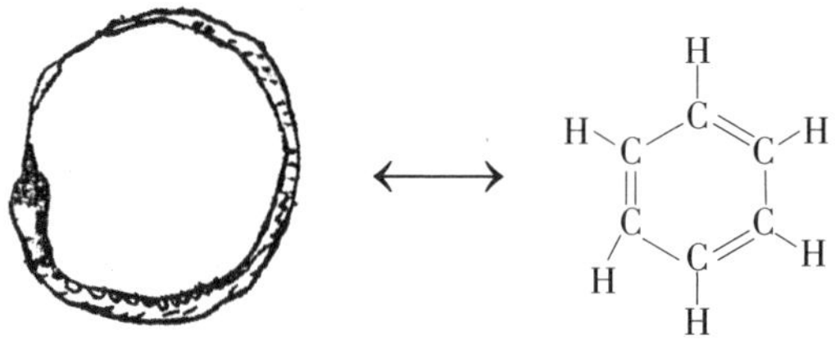

环形蛇　　　　　　　　苯分子环形结构式

图16-3　苯分子环形结构示意图

这个真实的科学发现、科学创造的故事，给我们集中提供了对直觉思维的性质、发生作用的条件、形式和特征的说明，我们将其概括为：

第一，幼年的心理刻痕，沉入潜意识中，于潜意识中隐蔽地发生作用；

第二，早年于无意中留下的记忆，也潜入潜意识中（当陪审员时所见物证炼金术象征物——首尾相接的蛇状手镯）；

第三，过去的相关因素所留下的记忆［对建筑艺术——空间结构美的学习（苯环结构是一种"分子建筑"）］；

第四，时代文化、科学背景（有机化学理论的发展）；

第五，别人的启发（富兰克兰的启发）；

第六，长时期的思索（十二年的苦心研究）；

第七，面临"直觉爆发"前的有关刺激（给夫人戴环形项链）；

---

① 此处材料均引自《科学创造与直觉》第170-172页，下图亦采自该书第173页。

第八，临场时的相关刺激（火花迸发有如蛇眼闪烁）；

第九，"直觉爆发"时的心理状态（朦胧的梦境）。

由于这九方面的条件，才形成了最后的结果：凯库勒在根特大学的书房里梦见首尾相接的环形蛇。

这个过程反映了直觉思维的基本特征：长期酝酿、思索；原有的相关基础；形象性；偶发性；瞬间爆发；无意识状态；刺激"激活""潜知"；逻辑思维中断；思维的非逻辑演绎和非理性；思维的跳跃性。这里最重要的是三点：一是长期的经验积累，包括"潜隐灵知""块"。"历史背景是重要的。现在的根，深扎在过去，而对于寻求理解'现在之所以成为现在这样子'的人们来说，过去的每一件事都不是无关的"[①]。二是对问题的长期思索。三是临场的刺激及强度。

在上述诸种条件下产生的艺术直觉和艺术直觉思维有三种形态、三种作用方式。第一种是接受第一印象（"原型启发"）之后，受到刺激、启发、激活、推动，进入创作的酝酿阶段。前述托尔斯泰受牛蒡花（"原型"）的激发和屠格涅夫受青年外省医生形象的激发而进入《哈泽·穆拉特》与《父与子》的创作酝酿，便是例子。托尔斯泰见到路旁的牛蒡花后就直觉地联想到哈泽·穆拉特并得出评断："把生命坚持到最后一息，虽然整个田野里就剩下它孤单单的一个，但它还是坚持住了生命。"[②]一个月后，托尔斯泰才动手写小说，取名《牛蒡》，后来修改、加工、延续时间很长。这期间，他研究了高加索战争时期的历史材料，调用了自己关于高加索战争的回忆，向曾是哈泽·穆拉特的监督Ｈ. Ｈ. 卡尔加诺夫作调查。这时，主人公的形象自然离牛蒡花原型的第一印象已经很远，却更大大地丰富了、深化了。屠格涅夫在接受那个青年外省医生"原型"激发之后，虽然觉得"印象异常强烈"，但是"却不太清楚"，而且"起初……不能够明白地理解他"，以后便是"聚精会神地倾听和观察我周围的一切"，检查自己感觉（直觉）的真实性，把自己的印象说给朋友听，得到他的启发，这才认清了典型的性质，"情

---

① M. 可莱因：《古今数学思想》第一册，上海科技出版社，1979，第Ⅺ页。转引自周义澄：《科学创造与直觉》，人民出版社，1986，第173页。

② 托尔斯泰1896年7月19日日记。转引自康·洛穆诺夫：《托尔斯泰传》，李桅译，天津人民出版社，1981，第334页。

477　第十六章　创作「十魔」

节渐渐地在我的脑子里形成了：冬天我写好了头几章"①。罗曼·罗兰在受到第一印象的触动启迪之后，也经过长期经营思索，才开始《约翰·克利斯朵夫》创作。

第二种是，在受到原型启发后，立即进入创作阶段。白居易的长诗《琵琶行》、鲁迅的《一件小事》等便是这种情形。

第三种是最初的直觉感受一直贯穿于创作过程中，或是有一种"磅礴的直观、直觉的能力，一种大幅度洞察生活的艺术直觉"贯穿于创作的全过程。这种艺术直觉使得果戈理的剧本《死魂灵》、曹禺的《雷雨》获得成功②。这里，实际上是原型启发所形成的第一印象始终作为导线、中心意念贯穿于创作过程中，托尔斯泰对于牛蒡花所形成的意念便是如此在《哈泽·穆拉特》创作过程中发生作用的。而像《死魂灵》《雷雨》创作中的"大幅度直觉"，则是对对象的总体把握，在直觉思维的基础上形成一个整体意念，成为创作过程中的贯穿意识、艺术旨趣，它在潜意识状态中导引、规划、经营创作的进行。

一般地说，诗歌、散文、短篇小说及其他短小作品，可能是第二种情况较多；而长篇作品，则多为第一种情况。第三种情况，更多地发生在短篇小说创作中。然而，究竟属于何种情况，同原型启发的刺激力度、强度有密切关系，同创作主体被"激活"的"潜隐灵知""块"的厚度、丰度也有极大关系。

至此，我们还可明了：直觉的思维水平同主体的全部过往的生活和活动，同他的全部的、各方面的素养有关，同他的艺术思维和艺术素质的性质与水平有关。这一切都可以在长期的活动中培养。这中间便会有必然性。必然通过偶然来开辟道路和得以实现。作家的一切"潜隐灵知"在遇到偶然的"原型启发"而爆发直觉印象、感知和思维时，这一偶然性便得以开辟道路和得到实现。直觉思维这个创作之"魔"，其所施展的"魔法"、爆发的"魔力"也不是或不完全是偶然的、无迹可寻的"魔"，而是可知的、其中潜存着必然性因素和人的主观能动性作用。

做一个出色的、优秀的作家吧，努力有意识地培养、提高你的直觉思维水平和直觉思维的爆发力！事在人为。

---

① 引号中文字均见屠格涅夫：《文学与生活回忆录》。转引自段宝林编《西方古典作家谈文艺创作》，春风文艺出版社，1980，第439-440页。

② 周义澄：《科学创造与直觉》，人民出版社，1986，第334页。

（二）灵感思维

灵感是直觉的姊妹花，也是直觉的高级发展状态。灵感之魔力，全在一个"灵"字，但它不是"神灵""鬼灵""显灵""灵魂"之"灵"，它是"灵性""灵巧""机灵"之"灵"。它曾经被确认或推测为神灵附体、神灵之力、魂灵之助①，但它确确实实是心性、技巧、机遇之灵的"神力"与"魔法"显现。它是人的一种尚未完全揭秘然而已初步认识的潜能和伟力，是一种心理状态，也是一种思维方式。灵感思维与直觉思维不可分，连理同根，花开并蒂。它们有许多共同点。那是我们在前一分节中详述了的。这里只就它的特殊的"灵性"与"神力"来作描述和阐释。

科学的创造和发明，凭依灵感的"天外飞来"似的"魔力"之助而得成功，这在科学史上已经不乏其例；科学家——那些科学的奥林匹斯山上的宙斯们，也以衷心的夸赞和科学的直觉判断，肯定了灵感的存在和作用。创造学的篇章中，也决不会遗漏灵感专章，颂词美赞、例证连篇，完全肯定了创造与灵感的不可分割。艺术创造，最早——也许可以说是从一开始，就同灵感不可分；艺术创造领域里，到处是灵感的光芒闪烁、灵感的鲜花绽开；万千艺术家，包括那些大师，说灵感、赞灵感、盼灵感、用灵感，佳话连绵、胜境诱人，艺术＝灵感、灵感＝（艺术）胜利，几成艺术创造的公式。如果说科学创造常常是灵感的"恩赐"与"邂逅"，那么艺术创造却向来被认为是灵感的必然降临与显现，是艺术作品皇冠上的珍珠，是艺术花枝上的艳丽花蕾。然而奇怪的是，倒是在艺术创造的世界里，对于灵感谈论得不如科学界多，尤其不大把它作为一种思维方式来对待。艺术家们也许是怕人说他们过于夸赞了自己的创造的特殊，或者竟是怕人揭开了个中的机密。然而，自觉地对于"魔力"的运用，肯定优于不自觉等待"神来之笔"的光临。

历经两千多年的历史，灵感一直既为人们所承认、欣羡、赞颂，又给人们以迷惘、猜测、不解。在文艺创作领域，它既是鲜花与灵气，又是梦与神。人们一面顶礼膜拜，一面又莫名其妙。

---

① 柏拉图在《柏拉图文艺对话集》中说："凡是高明的诗人，无论在史诗或抒情诗方面，都不是凭技艺来做成他们的优美的诗歌，而是因为他们得到灵感，有神力凭附着。"

不过，现在已经结束这种历史了。人类各路分兵，分头突击，四面包抄，向这个思维的、心理的、心灵的"黑洞"袭击，如今已经颇有收获了。这个"精灵"已经被人类捉住，在实验台上、在实践领域中被分析解剖、研究、追寻、解释，多种自然科学与社会科学学科在共同研究它。在哲学、美学、文学、心理学、思维科学、脑科学、创造学、文化学等学科领域中，都有它的"倩影"。功夫不负有心人，人类已有了颇为令人欣喜的收获，纵然还不能说已经全部揭开了奥秘，但已经有了一个基本的轮廓。

这意义就不仅在于认识它和理解它了，更在于在这个基础上，我们可以更好地掌握它、运用它，让它发挥作用，让它为我们服务。我们不仅早已经承认它的存在了，我们也远不止于对其状态的静态或动态的描述了，我们已经把它当作一个基本上被认识了、已经被捉住了的"精灵"，将它放进了各种学科的"笼子"，进行分科的剖析和研究了。因此，我们在这里把灵感当作一种创作之"魔"来探讨时，就不再论证它的确实存在，也不去描述它的一般状态，就是说，我们不准备说明和论证它的实在性和它"是什么"，而把侧重点放在它"怎样成为这个模样"和"我们怎样来启动它、发挥它的作用"上，我们期望能在探索作家如何发挥灵感之"魔"上前进一步。

今天，我们研究、探讨灵感问题，可以说是能够站在一个比较高的起点上了。当然，我们早已不会把灵感的出现看作神灵附体、是一种外在的神力进入体内，我们也不会再把灵感看作完全不可捉摸、不可理解的怪物；而20世纪80年代的中国学术界，也不再会连形象思维的存在都否认，甚至给戴上"修正主义"的帽子了——在那时，连形象思维尚且如此迭遭厄运，就更不必说"灵感"二字了。①可是，现在我们是在新的科技革命时代，在自然科学和社会科学交叉渗透、交叉学科和边缘学科纷纷建立的时代来研究灵感了。"古代的原始科学依靠顿悟和启示去探求复杂现象的奥秘。他们的理论是想象的，有时是凭灵感产生出来的，但这些理论很少经得起实际经验的对照检验。现代科学坚持这种检验，并且摒弃一切不可能同经验对照进行检验的理论或检验以失败告终

---

① 这好像是一场噩梦，后人似乎难于想象、难于理解，但这却千真万确是事实。我们主要不是要诅咒逝去的梦魇，而是要借此提醒我们自己：我们的研究，起步何等晚。

的理论（譬如神学或关于灵魂的观念）。"①这种依靠顿悟和灵感而经不起经验检验的理论，当然是有很大的盲目性和随意性的；进行经得起实证检验的研究，自然是很大的进步。但是，科学又曾经走到另一个极端，即完全看不到直觉、灵感的作用。我们现在重视直觉、灵感的作用（有时是关键的作用），正是弥补了这个缺陷。我们承认并且重视直觉和灵感的作用，但不像古代那样单纯依靠它们。无论是在直觉、灵感出现之前，还是在出现之后，对许多条件和工作我们都同样给予重视。这是人类认识史的一般发展状况。如果专就灵感问题来说，人类的认识、研究，正如英国学者H.奥斯本在他的《论灵感》中所说，大体上分为三个阶段：柏拉图时代，灵感等于神赐的迷狂；在18世纪，灵感等同于天才；在当代，相当一部分美学家把它等同于一种无意识的直觉。②这种归纳当然并不全面，但就其基本倾向和特征来说，是勾画了西方灵感研究的基本线索的。不过，我们现在还可以补充说，到目前为止，另一个阶段性特征已经显现出来了：追究无意识和直觉的根源和底蕴，对它作出科学的解释，从脑科学和高级神经活动学说中探寻和揭示它们的生理和物理、化学的基础及其活动规律；从思维科学揭示它们在思维活动领域的机制、内涵与规律；从心理学（包括各类各派心理学，还包括社会心理学）来揭示它们在心理活动领域中的机制、内涵和规律；此外，还从社会学、文化人类学、美学、哲学等学科的角度来追根溯源。总之，人们不再把灵感当作一种抽象的、孤立的存在物，而将其看作社会的、历史的、群体的、系统的、文化的心理活动、心理状态、创造力和创造力效应。它是被装在一个科学的"笼子"里来研究的。在这个范围中，钱学森关于灵感的一段理性的描述是很可取的，基本上勾画了一个灵感的理论轮廓，他写道：

> ……好像灵感是形象思维扩大到潜意识。所以我说，如果逻辑思维是线性的，形象思维是二维的，那么灵感思维好像是三维的。这就是说我们的中枢神经系统接受外界的信息有几种可能性，一种就像人走路，已经开步走了，脚已经踩在地上，这些反应传到人的神经系统，神经系统产生反射式的动作来控制人的肌肉。这些反射

---

① E. 拉兹洛：《用系统论的观点看世界》，中国社会科学出版社，1985，第9页。
② 朱狄：《论灵感》（译后杂记），《国外社会科学》1979年第二期。

式的动作是下意识的，根本没有进入到大脑的上层，所以人没有感到想怎么走，自然就走起来了。另外，这些信息到了人的大脑之后，是经过显意识，就是人对意识到的思维过程进行加工，然后是有意识的动作，不是反射式的动作。但是，所谓灵感，恐怕是人脑有那么一部分对于这些信息再加工，但是人并没有意识到，这在国外也称为"多个自我"即人不光是一个自我，而是好几个，一个是自己意识到的，还有没意识到的，但它们也在那里工作。那么，假设一个很难的问题，在这些潜意识里加工来加工去，得到结果了，这时可能与我们的显意识沟通了，一下得到了答案：整个的加工过程，我们可能不知道。这就是所谓的灵感。从前我也讲过，灵感、灵感，不是什么神灵的感受，而是人灵的感受，还是人，所以并不是很神秘的事。①

钱学森以科学家的严谨而平稳的叙述，深入浅出地描述和阐释了灵感的发生和性质，概括了灵感研究的最新成果。这里有几点值得注意，富有启发意义。第一，人的中枢神经接受刺激后，有时是在神经系统的反射动作下，下意识地做出反应、采取行动，并未"入脑"（比如人的行走是不自觉的）。第二，另外有一种信息则是"入脑"的，不是下意识而是显意识的行动；不是反射动作，是人对意识到的思维过程进行加工后的动作。第三，灵感不属于这两类。它是信息已经"入脑"了，并且进行加工了；但是，人自身却又未意识到这种进入和加工是人的并未意识到的"自我"在那里自动进行工作。这是一种潜意识的加工。第四，灵感的出现就是这种潜意识的加工取得了进展，一旦与显意识沟通了（好比电源接通了，"灯"亮了——引者注），一下子就得到了答案。整个加工过程我们可能不知道，但成功了，有结果了，一旦沟通，豁然开朗。此时，人意识到了，便是灵感出现。第五，灵感并非神灵之感，而是人灵之感。

由此可见，灵感既是潜意识的，又是显意识的；既是无迹的，又是有迹的；既是不自觉的工作结果，又是自觉的工作结果；既是不可控的，又是可控的；既是不可求而得之的，又是可求而得之的。灵感是这

① 钱学森主编《关于思维科学·开展思维科学的研究》，上海人民出版社，1986，第141-142页。

样两个方面不断接续、转换和经常交叉、渗透。

灵感是人的思想领域里的彗星，看似无迹实有迹，来既有踪去有迹。它具有不同于一般"平凡"星星的轨道，也具有高于它们的亮度。

在艺术思维中，在艺术创造过程中，这颗彗星的出现显得更为特异、更为频繁，也更为光芒四射。这是因为灵感与直觉、形象密不可分，灵感思维是非语言、非逻辑、非理性、非常规顺序的，是跳跃的，而这一切都与艺术思维、艺术创作的关系密切，而与科学思维、科学创造的关系更为密切；这一切正是艺术思维与艺术创作的特征、特长、"特异功能"。

据此，我们便可以探索艺术灵感的激发因素、激发机制和整个激发系统了。让我们先提供一个对灵感进行形象了解的概略图式，然后作相应的阐释：

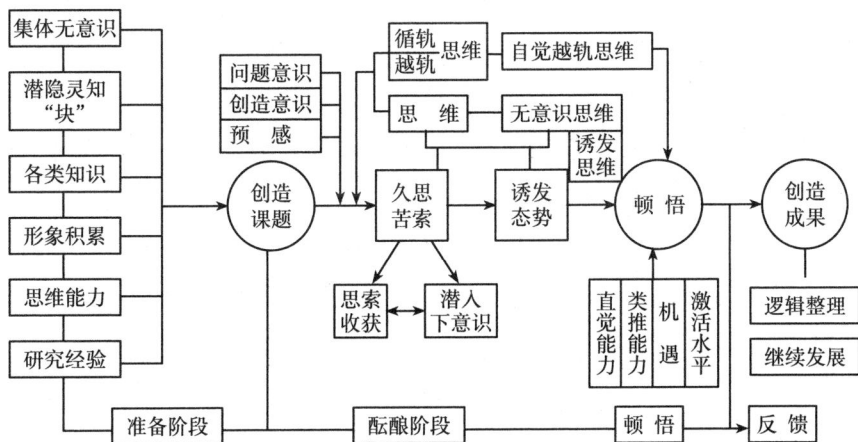

图16-4　灵感激发过程示意图[1]

灵感最早的渊源，要算是集体无意识了吧。人类在童年时代就培养了自己的艺术兴趣和艺术才能，原始艺术至今以它的魅力使现代人迷醉、流连忘返。它最好地证明了人类早期艺术才能的存在。其中，就蕴含着灵感发生的生理与心理机制，表露了人类早期艺术灵感的风貌。人类在极为幼稚的童年时代，在敬神敬祖、祈神祈祖的活动中，在巫术活动中，同时从事艺术活动，在万物有灵、泛神论的自然观和世界观的指导下，把神、人、自然混为一体，以为自己与神鬼同在，能有神灵附

---

[1]　本图参考《灵感学引论》第63页"灵感激发系统一般模式图"，加以改制而成。

体，会有天外之神降临自身，艺术、巫术、神灵在客观上、在主观上一概不分。人类在远古意识中就种下了最初的灵感观念——真正以为是神灵之力、心灵对神的感应的灵感观念，而且具有了这种意识，这种心理习惯与心理定式，这种人性。这些作为集体无意识、作为人的文化——心理积淀，通过遗传和文化传授而一代代传承接续下来，成为人的灵感产生的一种内心底蕴、一种原始本能。

　　作家的一生的生活经历，通过我们在前面所说的"作家的生活学"与"作家的艺术学"中列举的种种渠道，将生活内化、将记忆储存、将信息编码而成为自己的"潜隐灵知"、心理"块"。它们在实践中会像马克思所说的"意识"，直接表现为"理论家"，也就是成为灵感产生的内在基础、预备条件。各类知识也会以自己特有的形态、特具的能量，作为一种潜能、一种心理态势而存在并发挥它的作用。它是意识、心理"直接表现为理论家"的基础之一和重要条件，也是灵感产生的基础。灵感既然是形象思维扩大到潜意识领域的产物，其爆发力、产生率同形象积累关系极为密切；缺乏形象积累，可资利用的素材也就少了，形象思维的能力和水平也自然就低了，因此灵感爆发力也就低了。反之，就会变高。灵感思维作为思维形式的一种，自然同一般的思维能力关系也是密切的。一般思维能力水平，是灵感思维能力的水平基数，一般思维能力、逻辑思维能力都有助于灵感思维的产生和发展。研究经验——科学家的科学研究经验，作家、艺术家研究人生、研究社会、研究人的经验，都会为灵感的产生和灵感思维的进行提供重要的和具有个性色彩的基础、素材和引导力。……总之，每一位作家、艺术家，在每天的生活、学习、社会实践和艺术实践中，都在为自己的灵感的产生和灵感思维能力的发展创造条件、形成特色，独特的"灵感发生器"、"灵感思维能力综合基础"和灵感激发系统的动力源，在这个"自在"的与"自为"的生活过程中初步形成，灵感发生之时是"用兵一时"，这个生活实践过程是"养兵千日"。"千日"决定"一时"，"一时"体现和实现"千日"。这可以说是灵感思维激发系统中"准备阶段"的最初基础，可称为"战前准备""平时准备"。

　　准备阶段的第二部分则是"临战准备"了。它的标志是提出了创造课题。对于创造学的创造发明来说，是提出了解决各种科学问题的答案或方案的任务；对于艺术创作来说，是提出了形象、艺术构思、艺术主旨的课题。后者有时候是明确的、理性的，如托尔斯泰酝酿《战争与和平》《安娜·卡列尼娜》《复活》，巴尔扎克酝酿《人间喜剧》，屠格涅夫酝酿《父与子》等，都是如此。但有的是朦胧的、模糊的，是一种情感冲动、情绪躁动状态，似有还无、似明还暗，浮游飘荡，时隐时现，然而始终存在。不管是何种情形，都在心中有一个课题存在，有一个目标在追索、在探求，意欲或急于达到。

在这种过程中（甚至是在这种过程之前），对于灵感的出现，有几点心理机制是很重要的，这就是问题意识、创造意识和预感。第一，问题意识，是说在头脑中、在心理上总有各种各样的问题存在，总有一些吸引着自己又苦恼着自己的问题，使自己困惑而又迷恋、苦恼而又有趣，不愿放过、时时追索。这实际上是一种求索精神的表现。它们有时便会凝聚成一个创造课题，一个艺术构思的追寻目标，就是在创造课题形成之后，这种问题意识仍在活动，或者是由"创造课题"的母体中衍生出的子课题、支课题，或者是由它派生的、刺激而生的或撞击而出的其他种种课题。这些课题的产生，这种问题意识的活动，往往就是大脑在显意识或下意识的状况中的工作，是在为灵感的出现做实际准备、做情绪酝酿和进行心理条件的创造，同时，它们又是一个次生的、主体内在的刺激源，引发、诱导灵感的出现。对于作家、艺术家来说，这种问题意识有时在显意识状况中工作，有时在下意识状况中工作，为他的灵感爆发创设条件和情境。因此它实际上也就是创作心理的运行状态和过程，是创作心理在默默地工作。许多科学家从灵感中得到成功的突破，都与他脑中久存的问题和一般的问题意识分不开。瓦特解决蒸汽机问题，牛顿发现万有引力，凯库勒发现苯环结构，都得益于他们在脑海中不仅一般的问题意识强，而且在这意识中都有具体的关于蒸汽机、天文学、分子结构形成方向的问题长久存在。作家也是如此。托尔斯泰之遇牛蒡花而思哈泽·穆拉特，鲁迅之受约稿而念阿Q，屠格涅夫之见青年外省医生而得巴扎洛夫的形象雏形，以至罗曼·罗兰在罗马郊外见亚尔彭群山景色，感其时其地之氛围而诞生了约翰·克利斯朵夫的形象，都是因为在他们心中早有创作的问题意识存在，思索已久，酝酿有日，所以才能随遇而发。第二，创造意识。这既是指提出了课题之后，努力为创造性地解决课题而活跃着的创造意识，也是指一般的、日常的、常在的创造意识。后者更为重要，更具根本性质。它是前者的基础，前者是后者的表现。创造意识的经常的活动，既推动着显意识领域里的工作，也推动着下意识里的工作，并且用创造精神贯注于这些工作领域。这是灵感发生的重要原动力。第三，预感。它是一种心理状态、心理能力，是灵感出现前的势能状态，是灵感的前奏、预演和预告，是灵感就要出现的前兆，甚至是灵感出现的躁动，——只差一点儿了。预感，它在前述预备阶段的初阶，即从集体无意识到研究经验的各项准备以至综合的能力基础上产生，它也是问题意识和创造意识的综合功能所产生的效应。对于一位作家来说，知识量、形象储存量、实践经验（包括认知、活动和创作的经验）、问题意识和创造意识的强度，都会对他的预感的出现率和成功率、准确率产生影响。一名运动员在关键的时刻——乒乓球运动员在对方一个刁钻的或猛冲的球过来时、跳高运动员在起跳的一刹那、体操运动员在做出高难动作前的一瞬间，对情况未及思索、当机立断地做出判断、定出对策、做出种种准备，并怀着一种成功的预感而一举夺得胜利。这时，预感是他的灵机一闪，是全部智慧、经验、知识和技巧的集中的、综合的、闪电式的发挥。当他运用这一切在极短暂、极迅疾的瞬间做出反应、判断和对策时，预感就产生了：我能成功。作家在创作时，在朦胧中，也会对自己的构思、设想产生一种预感："会成功"，或者是"不妙!"而这种预感往往是准确的。

预感有时使人迷惑不解，甚至也以神灵之助（神灵暗示、启示或施以帮助）来解释。事实上，它是人的大脑在无意识中进行了大量的然而是极迅速的工作的结果，也是经验在具体环境下迅疾地发生作用。作家的预感能力和预感成功率，显然同他的全部心理能力和创作心理有着密切的关系，也同他的创作经验分不开。预感是这一切的结果和水平显现。

歌德曾经详细地谈到文学创作中的预感问题。他把作家在创作中能够甚至是准确地描绘他从未经历过的人物情境称为作家在创作中的预感。这种预感是一种创作才能，但又不是无本之木。歌德既一般地论述它，也举了自己创作中的预感为例。他说："我写《葛兹·冯·伯利欣根》时才是个二十二岁的青年。十年之后，我对我的描绘真实还感到惊讶。我显然没有见过或经历过这部剧本的人物情节，所以我是通过一种预感（Anticipation）才认识到剧中丰富多彩的人物情境的。"①他还说到拜伦，认为"世界对于拜伦是通体透明的，他可以凭预感去描绘"②。歌德还指出了预感产生的条件，"只有所写对象和作者本人的性格有某些类似，预感才可以起作用。"③歌德还指出预感是作家的才能的内涵，"预感的窄狭或宽广是与描绘者的才能范围大小成正比的。"④

但是，歌德划定了预感发生作用的范围，将其与唯心的天才论和生而知之论划清了界线。他可以凭预感知道怎样去描绘《浮士德》中主角悲观厌世的阴暗心情和甘泪卿的恋爱情绪；他在说到凭预感创作成功《葛兹·冯·伯利欣根》时，也是描写好了"人物情境"，而不是一切。他说，如果写这样的诗句"缺月姗姗来，凄然凝泪光"，就需要对自然界进行观察了。⑤他还说，《浮士德》中没有一行不带着"仔细深入研究世界与生活的明确标志"，整部诗是"最丰富的经验的结果"。但是他又指出，这种对于外在世界和经验的把握和获得，又必须同作家的内心世界结合起来，而预感则是这种结合的纽带。"不过我如果不先凭预感把世界放在内心里，我就会视而不见，而一切研究和经验都不过是徒劳无补了。"他举了一个例证：我们自己眼里如果没有光和颜色，也就对外面的光和颜色视而不见了。⑥

总括歌德的意思，计有四点：一是作家可以从预感中得到帮助去描绘世界，这是作家的特殊才能；二是这种预感是限于对人的心境、心理活动和情境等的描绘的，而不是事实、经验的一切方面；三是在用预感作用范围之外的事物，要靠作家的观察、体认、经验；四是即使是客观的观察，也要凭预感的纽带作用，才能使外界与内心世界结合，才能有收获。⑦

---

① 爱克曼辑录《歌德谈话录》，朱光潜译，人民文学出版社，1978，第33页。

② 同上书，第34页。

③ 同上。

④ 同上。

⑤ 同上书，第35页。

⑥ 同上书，第34—35页。

⑦ 莫言以如此年轻的经历，而能在《红高粱》等作品中，把他并未经历过的抗日战争写得如此成功，胜过——至少是具有不同风貌地——其他身历者的描写，即与此种艺术预感有关。当然，其基础仍在他的家世和在山东高密故乡的生活。若无此根基，预感也不能产生。一个南国出生的人是不能有莫言式预感的。

预感总是为灵感的出现开辟道路，它招引着灵感的出现。作家在预感出现后，在内心检验它的可靠性，加强和培养它，有利于灵感的出现。

如果说我们前面所讲的均是属于个体的内在底蕴、能力和机制，那么这一切都是需要有外力、外在机制的作用来推动的。这是外力对内力的触发、激流、推动和引爆。对于灵感的发生来说，这种外力刺激有几种情况：（1）景象刺激，一种景象引爆了一种灵感；（2）物的刺激；（3）书、画的刺激；（4）情境的刺激；（5）类似事物的刺激；（6）主体内心某种事物影像或意念的刺激；（7）其他刺激。这些外界刺激对于灵感发生都能起到引发的作用。这种刺激，当然要求有一定的力度和强度；但是，这种力度和强度并不是完全由客体自身决定的，它与主体的感受性紧密相连，两者处于一种函数关系中。主体一般的感受性强、需要迫切，在感受上相应地就会提高强度和力度。教堂黑灯的摆动、田野里苹果的落地、群山中的美景，这都是日常的生活现象，人人可见的，只是由于伽利略、牛顿、罗曼·罗兰有特殊的感受力、有强烈的需要，而这些现象对于他们来说，正符合主体感受性的内涵和需要，所以成了引起注意的现象，成了有力的强刺激。

因此，刺激固然是激活主体感受并引爆灵感的重要的、关键的一环，但是，这种外在刺激能否发生那么大的作用，又决定于主体的感受性——感受力的性质、内涵和水平。

作家的灵感爆发力和发生率，主要决定于他自己的全部内在条件，总括起来，就是他的创作心理-艺术思维的性质、内涵和水平。某种性质的创作心理-艺术思维，它的内涵的性质和水平就会决定作家在这个特定范围更具有灵感发生能力和灵感爆发力。鲁迅长期思考、追索救国救民的真理和道路，又经历了在东京发动启蒙运动的失败、辛亥革命的失败和"二次革命"（反袁世凯斗争）的失败，又见到章太炎之被诬为"章疯子"，社会上人们把先觉的革命者视为狂人、疯子，因此，在他的创作心理中，如何救民于水火、拯民族于危亡的忧患意识就成为其作品的核心部分。他心中由于对革命者的孤寂、群众的愚昧痛心疾首而产生的激愤情绪，也成为弥漫的惨痛之雾。这些条件就使他见表弟之狂而有所思、读果戈理《狂人日记》而产生共鸣：生活中的事件和外国的文学作品，在别人是一闪而过不留印痕的一般刺激，而在鲁迅就成为强烈刺激，引发了创作灵感了。同样，路边的牛蒡花、青年外省医生，也是随处可见的，但是，这只对托尔斯泰和屠格涅夫具有强烈刺激的作用。

在预备阶段之后，就是苦思久索阶段。这是灵感产生的关键环节。没有主体的苦思久索，就没有灵感产生的内在条件。在这个阶段中，思维分作两种状况进行活动。一种是显意识的思维，是循轨的、演绎的、循序的、理性的思维，是大脑自觉的、有意识的、有目的的工作，其成果通过久思与苦索的形态和渠道凝聚为思索的收获，为灵感的出现准备条件、创造条件；一部分则潜入下意识，这些成果是积极的，却是隐蔽的，而且正如前引钱学森的论述所说，它们仍在继续工作，产生单独的和连锁的反应与效果。另一种思维，则是下意识的、越轨的、跳跃的、无序的、非理性的思维，它是大脑在"非自我"的、不自觉的、下意识中的工作。它的成果，有的进入思索的收获之中，一部分也潜入下意识中，并且与前一种"潜入者"汇合，携手工作，共同为灵感的出现而"辛勤劳动"。它们共同召唤着灵感的产生。

灵感的产生固然必须经过久思苦索，这是必备的条件，是不可或缺的前提；但是，仅仅靠久思苦索，还是不能产生灵感的。灵感的突然产生，还必须有诱发信息形成一种整体的、内外结合的诱发态势，并在这种态势中又遇到一种诱发信息的触发才能发生。这"最后的一击"非常重要，是它的来临和作用最终激发出灵感的火花。这样，我们可以归纳酝酿阶段的过程为：（1）"苦思久索"（思维 —— 循轨思维与越轨思维 —— 自觉的越轨思维 —— 下意识思维；思维的收获 —— 进入显意识继续工作 —— 进入下意识继续工作 —— 产生单项效应 —— 产生综合效应）—— （2）信息诱发 —— （3）诱发态势 —— （4）触发。——这便是灵感在酝酿阶段的基本内涵和活动机制。

在触发之后，才会产生顿悟（灵感爆发）。在顿悟阶段，又有几个条件：首先是机遇，要恰逢其时、恰在其地、恰遇其事（人、物、景、情、境等）、恰合其需，多方面的主客观条件形成诱发态势，构成一个成熟的机遇；其次，这"最后一击"须是强烈的、具有需要的力度的，即具备应有的激活水平，这是从客观和主客观结合方面来说的条件。从主体来说，直觉能力、直觉思维水平、类推能力都是不可缺少的主观条件，无此也就没有灵感的产生。许多作家、艺术家，特别是以灵感为天才的浪漫主义诗人，认为灵感从创作主体的内部得到源泉，是具有真理性的；但是他们过于夸大了内部源泉的作用，把它看作唯一的源泉，而忽视了客观条件同样具有决定性的作用。中国古代美学理论，无论是在创作论范围中，还是在审美领域里，都强调"心"与"物"的结合、统一、和谐，即主体的心灵和客体的存在的融汇、契合，这倒是体认了灵感、灵知的这种主客体结合的真谛。奥斯本说："中国艺术是以表现'道'的普遍原则来加以评价的，艺术家的自我表现仅仅在这样一个范围内才得到承认，即他能使自己与普遍的'道'相融洽以至可以通过他本性的表现来作为一种'道'的媒介手段而起作用。"[1]奥斯本的这段表述，比较准确地概括了中国古典美学理论中在创作和接受两个方面的内外结合、主客体结合、"我"与"道"的结合的理论。这里的"道"，按照我国哲学与美学的理论界定，既可以是客观世界，又可以是客观事物的发展规律，还包括人的思想、理论、原则。如取前二义，那么这"道"就是客观世界，艺术家的"自我"与"道"的结合，就是人与物、主体与客体的结合。这一中国古典美学理论涵盖了灵感产生的理论。刘勰在《文心雕龙·明诗》中说："人禀七情，应物斯感，感物吟志，莫非自然。"他把人的情、志同"物"结合起来了，并且强调了主体的"感"，即揭示了主体的感受、感应的审美活动和审美心理的作用。灵感也要在"情"与"物"结合并产生了"感"之后才能产生。司空图在《二十四诗品·自然》中吟道：

> 俯拾即是，不取诸邻。俱道适往，著手成春。如逢花开，如瞻岁新。真与不夺，强得易贫。幽人空山，过水采蘋。薄言情悟，悠悠天钧。

此处虽然在谈诗作的自然天成与自然品性，但同时也揭示了这种美学境界获得的机缘是一种情与景、心与物的结合，产生了"情悟"（即灵感）的过程和心理活动。

袁枚在《遣兴》中说："但肯寻诗便有诗，灵犀一点是吾师。夕阳芳草寻常物，解用都为绝妙词。"夕阳芳草，只要经人解用，便生灵感，便有好诗词。这也揭示了主与客结合的灵感产生机制。在我国传统美学理论中，这种论述是很多的。艾青在《诗人必须说真话》中说：

---

① H. 奥斯本：《论灵感》，《国外社会科学》1979 年第 2 期。

"所谓'灵感',是诗人的主观世界与客观世界最愉快的邂逅。'灵感'应该是诗人的朋友,为什么要把它放逐到唯心主义的沙漠里去呢?"他用了"最愉快"三个字来形容诗人的主观世界与客观世界的邂逅,这不仅是很形象的、很恰当的,而且揭示了这种邂逅的性质和情感因素。灵感正是迸发于这种主客观世界的最愉快的邂逅中,而不会萌生于干涸的唯心主义(只看到主观世界)的沙漠中。

在顿悟而得灵感之后,便产生了创造的成果,产生了创作中的美好收获或启迪。但这并没有结束。灵感是稍纵即逝、逝而不复来的,因此要迅即抓住它,记下来,形诸笔墨,写入作品中;同时,还要进行逻辑的整理和论证,需要发展、扩充、充实、提高。这一切结果,还会发生反馈,产生单项的或综合的、孤立的或连锁的反应,产生次生的、派生的新的灵感。灵感之花连续迸发,四面喷吐。

有的论者把灵感激发系统的三过程(整理与反馈过程未列入),用王国维关于成就大事业、大学问者所必经的三种境界的论述来描述,这对于艺术创作的灵感激发是较为合适的。王国维用晏殊《蝶恋花》词说:"昨夜西风凋碧树。独上高楼,望尽天涯路。此第一境也。"这相当于灵感激发系统一般模式的初始部分,即创造性课题的形成过程。第二境界,王国维引柳永《凤栖梧》词说:"衣带渐宽终不悔,为伊消得人憔悴。此第二境也。"这是灵感产生的酝酿阶段,是形成诱发态势的阶段。第三境界是触发信息阶段,即"感兴"阶段。王国维用辛弃疾《青玉案》词来描述:"众里寻他千百度。蓦然回首,那人却在,灯火阑珊处。"[1]这种描述,对于文艺创作灵感发生过程来说颇为相合,可谓得其精神的。西风紧,碧树凋零,诗人高楼独倚,眺望天涯,心事无限,长路无尽,思茫茫情依依,表现了一种追寻形象、意念与艺术境界的景象与心境。衣带渐宽诗人憔悴,然而仍旧沉思默想、推敲吟哦,苦况堪怜。这是酝酿思索之状。猛回首,本以为还要探寻无日,但那追寻的、苦索的、朝思暮想的,就在不远处招手微笑,光芒闪烁。这是灵感突然来到的兴奋情景。作家的灵感出现过程、灵感思维过程,大体上就是如此情景了。

这就是我们对于灵感产生和灵感思维运行的四个阶段(准备——酝

---

[1] 以上均见陶伯华、朱亚燕:《灵感学引论》,辽宁人民出版社,1987,第四章至第六章。

酿——顿悟——整理与反馈，用王国维三境界说，则舍弃了第四阶段）的活动内涵、条件、机制与规律的简略描述。从这个描述中可以看到，灵感的产生和灵感思维的运行是需要具备许多主观和客观方面的条件的，是需要时间和空间方面的条件的，而且需要这些条件的机缘巧合，需要它们的综合的、系统的能力发动和作用。由此可见，灵感这颗思想领域里的彗星，艺术创作中的美的女神，是有迹可寻、有据可查、有源可溯的。因此，它不但不是神秘的，而且是可求的、是可以培养的，它的发生率和爆发力都是可以循着客观规律去培养和创造的。文章增华有日，灵气培育有方，提高创作能力，培育高水平、高能量的创作心理和艺术思维，都是可以按科学道理去实现的。神秘论、不可知论、无所作为论，都是为我们所不取的。

如果说把灵感比作思想领域里的彗星，是形容它出现的突兀和光亮的出众，那么把灵感比作知识和思维的雪崩现象，就是描述灵感出现的机制和状态了。雪崩，当皑皑白雪堆积层垒、高耸云霄、万籁俱寂时，忽然一个震动甚至一声咳嗽也使它发生，于是，一刹那间山崩地裂，万仞积雪顷刻崩塌，连锁反应层出不穷，宇宙壮观令人惊诧、感奋。灵感思维的运行和灵感的爆发与此类似。在思维领域中，表现了一种对立思维状态、思维方式的互渗互补性，这是灵感思维产生和进行的特征，它的特殊性质、特殊功能和创造性收获就是凭此而得的。细分之，有以下这些方面。

有备和无备的互补。无论知识、形象、记忆，还是思维、情感、意识，情况都是如此：有的是有准备的，主体有意或无意积存下来的；但有的却是并无准备的，好像是天外飞来的、外在的。逻辑的和非逻辑的互补。正常的、常规的按逻辑进行的思维与非逻辑的思维同时进行，互相渗透和补助。此外，规律性思维与越轨性思维、理性思维与非理性思维、显意识的思维活动与下意识的思维活动、延续性思维与思维的中断、形象性思维与抽象思维、集中思维与扩散思维、偶然性与必然性、显在势能与潜在势能等等，也都处在互补状态，在互补性活动中推动思维发展，促使灵感出现。而且，一旦"最后一击"出现，触发灵感，思维便更迅疾地在上述"互补模式"中活动，大脑紧张地进行工作，信息传递和处理极为迅速。这里进行的正是超高速的、互补性的思维活动。虽然一般在互补的两项中，前一项是基础，是大量的、主要的、常规的，后一项是补助的、小量的、次要的、突发的、超常规的，但它却是"神力"所在、关键之处，是画龙点睛之笔。它是久积后的一瞬、持续中的中断、离去后的获得、无望中的希望、黑暗中的亮光。没有这种多方面、多种类的互补性思维和思维的互补性，没有这种互补模式中的后一项，灵感就不可能产生，灵感思维也就不存在了。在文学创作范围内，这就是具体的形象思维与逻辑思维的结合，就是高度敏捷的、高效能的形象思维与逻辑思维的结合。

艺术灵感的产生和艺术思维的运行与科学的灵感思维有很大的差异。如果说科学灵感可以培育，甚至可用具体的创造法来促其实现，那么艺术灵感思维却有很大的差别。我们不能说艺术灵感思维完全不能培养，但是它的内涵、方式、方法也与科学灵感培育有明显的不同。

首先，艺术灵感多数是非判断性的，而科学灵感则相反，灵感的创造性结果几乎都是判断性的。伽利略的钟摆定理、牛顿的万有引力定律、凯库勒的苯环结构、爱因斯坦的相对论，无一不是判断性的。而艺术灵感则不同，它多数是形象性的而非判断性的。前面列举托尔斯泰、屠格涅夫、罗曼·罗兰、鲁迅的例证都是如此。这是同两者的创造目的、创造方式和思维方式不同相关联的。科学创造是通过逻辑思维（主要的、特征性的思维方式）发现定理、定律即自然和事物的发展规律和本质特征，或者是发明创造某种新的事物、某种工作方式、方法；而艺术创造则是通过形象思维（主要的、特征性的思维方式）来发现和表现社会生活的本质特征和规律，是描绘自然、事物、人物的形象。艺术创造的表现过程不像科学创造那样，以逻辑的语言来表达，而是用语言来形象地描绘。因此，科学灵感和灵感思维是"逻辑思维——灵感思维"模式，艺术灵感和灵感思维是"形象思维——灵感思维"模式；科学灵感是用它的火花、冲击力去照亮和冲开逻辑思维的道路与大门，是用灵感的甘露去浇开逻辑思维的鲜花，而艺术灵感的火花和冲击力却是照亮和冲开形象思维、艺术形象的道路和大门，是用灵感的甘露去浇开形象思维的鲜花。

由此也就带来两种灵感的第二个不同点：在灵感爆发之后，科学家的主要工作是求证，是详细的逻辑论证；而艺术灵感在爆发之后，艺术家的主要任务则是展开和表现，是详尽的、形象性的扩展、丰富、连锁反应和具体的文字呈现。科学灵感在求证之后的表述是逻辑的、思辨的、抽象的、简约的，艺术灵感在展开之后的表现则仍然是形象的、情感的、具体的、丰富的。前者是诸种思维的互补性的中断，纳入显意识、逻辑、思辨、抽象、演绎的思维范畴；而后者则是诸种思维互补性的延续和发展，是显意识——下意识、形象——逻辑、情感——思辩、具体——抽象、跳跃——演绎诸种两极思维互补的统一和谐思维的继续进行和发展。

情感性和理智性，是两种灵感的第三个区别。艺术灵感的发生基础、动因、触发、爆发和整个思维过程都具有情感性，渗透着情感因素、情感内涵、情感色彩，情感在全部过程中发生巨大的、关键的作用。但是，科学创造却不同，在它的灵感发生与思维过程中，虽然也有情感作用，但这种情感是对工作、对创造性劳动和创造目的的浓厚兴趣、高度热情、献身精神等，而不是渗透于创造性劳动对象和思维对象之中的；相反，在这个过程中，科学家要排除感情因素的干扰。

由于上述原因，还由于文学艺术创造的基本特征决定，艺术灵感的产生和艺术灵感思维的运行，创作主体的性灵起着关键性的作用，作家、艺术家的个性、人格、心理特征、创作心理的内涵与特点，他的才能的特征和潜隐灵知的内涵，都起着关键的作用，决定灵感的产生与否，灵感的特性与内涵、形式与面貌；但在科学创造中，科学家的性灵，主要在坚持实验、从事创造性劳动中发生作用，但对于他的创造目标本身发生作用的则主要是科学家的良知、智力。艺术灵感和灵感思维的成果——艺术构思、艺术想象、艺术形象，都是作家、艺术家自身性灵通过与物的结合的表现，作家、艺术家在表现灵感和灵感思维的积极的、创造性的成果时，也总是寄托着自己的性灵。而科学家则不是这样。他们的灵感的积极的、创造性的产物，都是他们的智力的结晶。刘勰在《文心雕龙·明诗》中讲"人禀七情，应物斯感，感物吟志"，陆机在《文赋》中讲"兹物在我"，司空图在《二十四诗品·实境》中讲"情性所至，妙不自寻"，袁枚在《遣兴》中讲"灵犀一点是吾师"，这里的"七情""我""情性""灵犀"都是指作家、艺术家的性灵。性灵与物的结合触发艺术灵感，而科学灵感则是思想与物的结合。

艺术灵感和灵感思维还有一个基本特点，就是它的飘忽性和模糊性。司空图所说"神而不知，知而难道""恍惚而来，不思而至"，贯休所说的"几处觅不得，有时还自来"，王夫之所说的"以神理相取，在远近之间，才著手便煞住，一放手又飘然忽去”，讲的都是这种飘忽来去和模糊朦胧的状态，科学的灵感以及其他各种灵感也都是飘忽来去、稍纵即逝和带着一定的模糊性的，但是，艺术灵感在这方面尤为经常、尤为突出、尤为重要，它是整体性的、实质性的，而且在表达过程中仍然保持着这种飘忽不定、模糊朦胧的状态，甚至在表达的结果——作品——中，也仍然保持着这种特性，诗歌（还有音乐、绘画等）更是如此。而且，这往往成为作品的艺术素质的内涵和特质，成为作品艺术性的主要成分。在科学创造成果中却绝非如此，而是以鲜明性、精确性、稳定性为主要特征的。

在总体上，作为一种思维方式，艺术灵感思维虽然同科学等其他灵感思维同属于前述相反互补的思维模式中，但它却有两个特点：第一，在这种“互补思维模式”中，在其互补双方的结构比中，它的“后项成分”即无备的、非逻辑的、非规律性的、非理性的、下意识的、潜在势能的、思维中断的、形象的、扩散的成分要比其他灵感思维中的比例高。第二，在灵感爆发后、在灵感思维取得成果之后，科学灵感和其他种类的灵感都跃出和结束这种“思维互补”模式，进行逻辑的、抽象的、常规的、显意识的、集中的和延续性的思维；而艺术创作则不同，在这后一阶段，它仍在“思维互补”模式中行进。这正是艺术创作的特征。只是这种创作过程中的互补思维同灵感思维中的互补思维也有不同之处，在它的互补成分的结构比中，前者的比重增大了。特别是，总体上是在显意识中、理性中、延续性、集中性思维中工作了。

从以上的分析中我们还可以看到，艺术灵感的培育也是有其特点的。问题意识和预感是灵感培育的重要条件；但艺术灵感的问题意识主要的不是发明、创造、发现更高的工作效率及更多的工作收获，而是如何在总体上、本质上认识生活、表现生活，如何捕捉人物形象、典型性格，如何设计事件、情节、场面、人际关系，如何用言语准确表现心与物。它的预感也主要体现在这些方面。因此，作家对灵感的“祈求”与向往、努力的方向都是在这方面，而不是其他。长期酝酿，久思苦索，是灵感出现的必备条件和基础。艺术灵感的培育，其久思苦索的特点也是情感性、形象性的，也多带着飘忽不定和朦胧模糊的特点；它的思维过程，也主要体现以智力图像为思维语言（符号）来进行的，其中渗透着情感和情绪。因此，情感积累、形象积累对于作家、艺术家培养灵感具有重要的作用。在久思苦索的过程中，有意识地发挥情感因素、形象因素的作用也是重要的。

灵感往往在思维扩散、注意力转移、心理放松、情绪松弛的时候出现。艺术灵感的出现尤其如此。这也同艺术思维和创作心理的特点紧密相关。它的形象性、同生活的紧密结合和以反映现实生活为内涵，给它带来了思维、注意、心理活动的广泛性。作家、艺术家随处随时都在工作。契诃夫说过，作家的工作就是别人不工作的时候，他仍在工作。因此，艺术灵感更易在放松、放开、休息、做其他事的时候出现。我国关于灵感有"三上"之说，欧阳修说文章多成于床上、马上、厕上。这是因为在放松、休息的时候，注意力、情绪转移，潜意识里由于长期工作而形成的心理优势却仍在紧张工作，一旦触发，灵感之光就闪现了。

自然景色对于艺术灵感的产生往往具有推动力。这是因为，人在动人、动情的景色中，心绪悠悠，轻松解脱，正是一种放松状态，易生灵感；也还因为青山绿水、草长莺飞、杨柳飘风、桃杏争艳、风雪夜归、孤城古道等，宜人、动人，勾人遐想、引人入胜，也容易触动灵机，迸发灵感。这也是颇富艺术情趣的。唐人郑棨在回答别人"近来有新作吗？"的问题时，答道："诗思在灞桥风雪中驴子背上，这里怎么能够得到？"南朝萧子显说："登高极目，临水送舟；早雁初莺，花开叶落；有斯来应，每不能已，须其自来，不以力构。"王渔洋在叙其《秋柳》诗的产生时说："一日令饮水面亭，亭下杨柳千余株，披拂水际，叶始微黄，乍染秋色，若有摇荡之态。予怅然有感，赋诗四章。"这都是自然景色启窦了灵感的例证。作家、艺术家在风景优雅寂静之处写作，以至行万里路、历名山大川，也都与培育灵感有关。

读别人的作品或欣赏其他艺术作品而得灵感，是艺术通感的作用，这也是作家、艺术家培育灵感的一个重要方面和渠道。托尔斯泰久思《安娜·卡列尼娜》的开头而不可得，一次，他偶遇大儿子谢尔盖在朗读普希金的《别尔金小说集》，他拿过书来翻阅，见到最后一章的首句是："在节日的前夕客人们开始到了。"忽然受到启发，灵感爆发了，他高喊："真好！就应当这样开头。别人的开头一定要描写客人如何，屋子如何，可是他马上跳到动作上去了。"于是，他走进书房，写下了《安娜·卡列尼娜》的著名的开篇之句："奥布浪斯基家里一切都乱了。"中国唐代大画家吴道子应裴旻将军之请在东都天宫寺的壁上画神鬼，吴道子因为画笔久废，难以动笔，他请裴将军舞剑，裴于是起舞，只见"走马如飞，左旋右转，挥剑入云，高数十丈，若电光下射"。在这情景激发之下，吴道子兴致淋漓，"于是挥笔作画，为天下壮观"。这都是其他作品、技艺经由通感引发了灵感的例证。

艺术灵感和艺术灵感思维的引发和运行与这方面的条件和触发关系紧密，因而后者是前者培育的路径和手段。此外，科学创造和其他创造性工作的灵感引发与培育的通行方法，当然也是可供参考和应用的[1]。

灵感，这个创作之"魔"，它的力之源泉和运行机制，大体就是这样了。

让我们在作家的养成过程中，在创作过程中，在提高创作能力时，更好地培育、掌握、运用这个"魔"，努力发挥它的作用吧。它是可求的，它是创作"十魔"中最具伟力的一"魔"！

五、"魔 V"：潜意识与梦

强调潜意识与梦的作用，把它们称为创作之"魔"，决无否定意识与清醒在创作中的作用的意思。它们之间不是对立和互相排斥的关系，而是互渗互补的关系。意识与清醒是创作的基础，人们对它们的作用是看到了的、给予了充分估计的，但是，对于潜意识和梦在创作中的作用，人们却注意得不够、承认得不够，因此了解得也不够，研究得更不够。这是我们把潜意识与梦提出来作为创作之一"魔"加以探讨的原因之一。但是，更重要的原因还在于，它们确实在创作中具有不可忽视的魔力。因为潜意识和梦是在隐隐之中、在不为人所知的情况下发生作用的，因此人们往往看不到它们的作用，仿佛是凭着神魔之助而获得了成功，而不知道仍是自身的能力和智慧（潜隐灵知）在发挥作用。我们之所以把潜意识和梦作为创作之"魔"来对待，还因为它们的作用不仅是潜在的，而且是在意识的高压浓缩状态中"自发"地工作的结果，是意识在潜隐状态中自动沟通各种心理"电源"而发挥作用的，更重要的是，它们的作用是非逻辑、非理性、非推理演绎性的，而是跳跃的、越

---

[1]　例如《科学创造心理学》中所说的几种方法：积极开展创造性活动；抓住灵感出现的时机；愉快的情绪；参加讨论；摆脱习惯性思维的束缚，随时准备好笔与纸。

轨的、形象的、情感的、情绪的，往往有大量潜在的"智力图像"在发生作用。综合这一切的能量，它是特别符合艺术创作的特性和需要的。事实上，许多成功的文学艺术创作都是获得了无意识与梦的帮助的。这也几乎成为规律性现象：凡是有无意识或有时候有梦在起作用的作品，大都是成功的或比较成功的。A. 埃伦茨韦格说得好："精神分析告诉我们，艺术创造是在心理的、深邃的、无意识的层次上获取营养的。艺术家比起一般人更善于自由地驾驭自己受压的内驱力，而且能在这过程中用神奇的审美次序及和谐来引导它们。可是由于意识的作用有限，无意识的协助又是绝不可缺少的。"①

因此，我们认为，潜意识与梦作为创作之一"魔"是当之无愧的，这对于我们探讨创作心理的奥秘是会有帮助的。

（一）潜意识

当然，无意识或潜意识并非"非意识"，而只是主体自身"没有意识到的意识"，是潜压在"无意识中的意识"，是"被压在精神暗处的精神世界"。它们是潜在的智能、潜在的心理能量和创造力。当主体处在高度紧张的心理活动中时，它们会突然跑出来，施展其智慧、能力，释放其能量，在下意识中发挥作用。它们从"潜在"走入"显在"，从暗处走向明处，突然照亮了精神世界，使主体自身都大吃一惊、莫名其妙，以为是来自身外的魔力帮助了他。

列·谢·维戈茨基在《艺术心理学》中指出：

> 用不着心理学方面的特殊洞察力就能发觉，艺术效果的最直接的原因隐藏在无意识之中，只有深入到这一领域中去，我们才能弄清艺术问题。②

> 艺术作品就是无意识在其中表现得最为鲜明的客观事实，它们便成为我们分析无意识的出发点。③

> ……对诗人本人来说，艺术作品乃是满足在现实生活中没有实

---

① M. 李普曼：《当代美学》，邓鹏译，光明日报出版社，1986，第420页。

② 列·谢·维戈茨基：《艺术心理学》，周新译，上海文艺出版社，1985，第87-88页。

③ 同上书，第88页。

现的愿望的直接手段。①

　　无论如何，所有的人都同意诗人在创作中是借助于转移或潜在的机制摆脱自己的无意识的欲望，把原来的激情同新的表象结合起来。因此，就像莎士比亚作品中的一位主人公所说的那样，诗人在别人身上哭诉自己的罪过。对于汉姆雷特那个有名的问题"希古巴与他或他与希古巴有何关系，他却这样为她哭哭啼啼？"兰克是这样去解释的，由演员排挤出来的大量激情同他对希古巴的想象结合在一起了，在仿佛痛哭希古巴的不幸的眼泪中，他实际上在消除他自身的痛苦。我们都知道，果戈理有一句有名的自白，他说，为了摆脱自身的缺点和不良的欲望，他就把这些缺点和欲望给了他的主人公，这样就在这些喜剧人物身上去掉了自己的恶习。②

　　维戈茨基在论述中揭示了无意识在艺术创作中的作用，揭示了无意识作为创作之"魔"的蛛丝马迹。他首先指出艺术效应即艺术之成为艺术，其原因、效果都要到无意识中去寻找。意识和逻辑思维的作用是清楚的、可见的，创作主体能够明晰地看见它并有效地控制它；但是，事实说明，仅仅看到、揭示和分析这些"明面上的东西"，往往并不能揭示艺术之为艺术的特质和根源；许多人具备了这方面的智能以至技巧，但却未能写出动人的艺术作品。问题的症结就隐藏在那个隐藏着的无意识之中了。所以，维戈茨基"两下归一"地指出了无意识的作为艺术之"酶"的作用：一般研究无意识的以艺术事实为对象；在艺术作品中可以见到无意识现象的例证。

　　那么，无意识的这种产生"艺术性""艺术素质"的"酶"化力量何在呢？无意识的艺术魔力何在呢？维戈茨基指出，原因之一就是艺术是满足在现实生活中没有实现的愿望的直接手段。也就是说，创作主体有自己在现实生活中未能实现的愿望，于是便借艺术创作这个直接的手段来加以实现。这种实现的渠道，如果我们加以分析就可以看到，存在于两个方面而不是一个方面。一方面，创作的结果——作品，自然是实现的手段了，见不到的、失去的、得不到的，他都可以在作品中见到、收回和得到，这是一种满足；另一方面，事实上，创作的过程也是一种

---

① 列·谢·维戈茨基：《艺术心理学》，周新译，上海文艺出版社，1985，第92页。

② 科林伍德：《艺术原理》，王至元、陈华中译，中国社会科学出版社，1985，第93-94页。

满足的渠道，创作主体在写作的过程中，一边把理想化为现实、把想象化为实际、把情感具象化、把情绪物化，一边使自己的情感得到抒发、心灵得到抚慰、意念得到寄托，因此也就使自己的思想、感情和愿望逐步得到满足了。写作的过程就是愿望实现的过程。

同这种现实的愿望借艺术以求得满足的机制相连而又较之更为扩展和丰富的，还有"转移"和"替代"的机制。创作主体所潜藏的意识、没有为自我认识的意识中，蕴含着愿望、意念、压抑的情绪、深埋的记忆、顽强而深匿的意志、没有满足的潜在的欲望等等，都会借艺术［创作活动过程本身和结果（即作品）］以转移和替代。——转移有几种情况：有的是言东而行西，通过写作平缓抒发了各种意愿与抑制的心理内涵；有的是把欢乐或忧愁、爱或恨，在创作活动中转移了；有的是直接转移到描写的对象中去了，有的则是情绪的、心理的变相或变态的转移，如福楼拜之于《包法利夫人》、郭沫若之于《蔡文姬》。替代实际与转移相连而又有所不同，它可能在对象身上和实践当中寻得了替代物，或者通过转移而取得替代性效果。"诗人在别人身上哭自己的罪过"，既是转移，又是替代，诗人也可以在别人（人物）身上诅咒自己的仇敌，哀叹自己的伤心事，怀念自己的意中人、悼念失去的人。诗人可以在"别人"身上转移自身的痛苦，祛除自己的缺点、恶习，消除自己的欲望。这样，艺术又成为一种净化的"化学药池"了。

值得注意的是，作家的这种"一吐为快"的潜意识内涵来自多方面：有远古的意识，有婴幼时期的印痕，有童年的痕迹，有成长的生活经历中种种记忆、压抑的欲望、有意或无意留下的痕迹，有心灵的创伤，有生活的印记，有难忘的事、难忘的人、难忘的经验、难忘的情……这些不仅"压"进了潜意识，而且带着深情挚意，含着生活的印记、情感的汁液、心理的折皱，是高压浓缩、外冷内热的，是忘记了又未曾忘记的，因此，它们都是创作主体心理中的"宝葫芦""灵犀一点"。在创作过程中，它们奔涌而至、喷洒而出，或者以原始形象出现，或者与新的表象结合，含着深深的情，带着浓浓的色，响着脆脆的往昔的余音，活跃着抹不去的形相，流泻于笔端，书写于纸上，构成情景交融的艺术品，既热烈又自然，既深刻又无雕琢之痕。

这一切便都是艺术的素质、艺术的品性、艺术"天然去雕饰"的瑰宝。无意识之为创作之魔，便如此表现出来。

因此，正如兰克所说：

> 如果莎士比亚完全看到了智者和愚人、圣者和罪人的心灵，他不仅是无意识地做到了这一点，——这也许人人都能做到，——而且还具有我们大家所没有的一种才能，即看到自己的无意识，并从自己的幻想中创造出看来是独创的形象的才能。[①]

作家的本领不仅在于一般人也许都能有的能力，即在无意识中见到别人（人物）的心灵，而且更重要的是，他有这种才能——能够"看到自己的无意识"，并且又通过幻想，把看到的无意识中的表象创造成独创的形象。这个过程就是一个完整的心理过程：无意识从潜身隐形中显现出来，进入意识中，让主体看见它，然后由主体用想象、幻想把它加以显化、强调、夸张、组合，而成为新的形象。这一切心理活动的过程，都是极迅速、跳跃式的，突发的，非逻辑、非理性的。这样一个过程，渗入于创作心理的活动过程中和整个创作过程中，迅疾而自然，思绪如飞、思考如电，难以为主体所把握和控制，只要一出现，进入意识，便幻化而又物化了，成为艺术的实在。这表现在创作过程上，就是未加思索、未经雕琢，未呼而至、不思而来，仿佛神助魔帮，这也就是直觉、灵感。因此是迅速的、不费力的、自然的、成功的，总之是"艺术的"。

因此，在意识与无意识之间，在创作实践过程中，几乎没有界线、没有阻碍，迅速过渡，稍纵即变。"无意识的东西同意识之间没有隔着一堵不可逾越的大墙。始于无意识的东西的过程往往延续于意识之中，反之，也有许多有意识的东西被我们排挤到下意识的领域中去。在我们的意识的这两个领域之间，存在着经常的、时刻不停的活跃的联系。"[②] S. 阿瑞提也指出："我们一次又一次地发现心灵是向着两个方向发展的：从低水平到高水平、从高水平到低水平。"[③]这样，意识、无意识，或者详细一点列举：处在一种不断的、循环的"魔圈"中，"一旦我们认识了无意识的东西，它就立刻不再是无意识的东西，而我们所面对的

---

① O. 兰克和 H. 萨克斯：《心理分析在精神科学中的意义》，第17页。转引自列·谢·维戈茨基：《艺术心理学》，周新译，上海文艺出版社，1985，第94页。

② 同上书，第88页。

③ 阿瑞提：《创造的秘密》，钱岗南译，辽宁人民出版社，1987，第75页。

就又是一般的心理事实了。"①因此，意识、无
意识就是处在一种时刻互变的过程中，处于一
种辩证的发展关系中。我们承认、注意、重视
无意识的作用和地位，实际上也就同时肯定了
意识的作用和地位，只是我们特别注重了意识
的无意识阶段的特殊作用罢了。

图16-5 意识的循环"魔圈"示意图

这里更为重要的是：那些无意识并非无源之水、无本之木，它们的
活的源头水，就是实践中、活动中的刺激、信息、素材，就是这些东西
在主体接受过程中纳入潜意识的那一部分，或者是被压入潜意识的部
分，潜意识在整体上又是由生活中形成的种种痕迹、记忆、愿望、情绪
产生的。这样，从产生、储存、潜在、隐藏到喷吐而出，在这整个过程
中，都有意识的成分和作用存在。因此，潜意识就不是什么无本之木、
无源之水，不是神秘的东西，也不是人不可求、不可控的或外来的、神
助的东西了。

无意识或潜意识是可知、可控、可用的。

然而，这又是有条件的。埃伦茨韦格说："艺术家从无数经验中认
识到，他可以让意识失去控制，然后便会有新的想法奇迹般地从不知什
么地方突然冒出来，并带来他久已盼望的问题的解答。这样说并不意味
着可以依靠无意识的、自然的工作方法来解决一切形式问题。我们不必
说，大脑功能的不同层次，集中的和不集中的层次之间不断地相互作
用，并在创造艺术品的共同工作中以各自的特殊方式互相配合。只要意
识和无意识之间的配合没有实现，任何靠牺牲准确的审视换来的无意识
的梦幻视觉的不当刺激，都可能造成相当的不安和焦虑。"②这里，埃伦
茨韦格正确地指出了在艺术创造过程中意识和无意识的关系：两者谁也
离不开谁，必须互相配合、互相协作，没有这个条件，就不能进行艺术
创造，或者不可能创造出好的作品来。这就是一个必备的、重要的、关
键的大前提。无意识必须在意识的配合下工作，才能发挥作用。

不过，在艺术创造领域中，意识本身又有其缺陷，而且是严重的缺
陷。也许我们可以说，意识的能力和作用就在于它的意识性，而它的缺

---

① 列·谢·维戈茨基：《艺术心理学》，周新译，上海文艺出版社，1985，第88页。

② M. 李普曼：《当代美学》，邓鹏译，光明日报出版社，1986，第423页。

点也正在于它的意识性。一切都是按图施行、按部就班的，一板一眼、一招一式，形象的描绘、情节的展开、故事的结构、人际关系的结构与发展，这一切都是意识到的、事先安排好了的，照意识的"指挥棒"运行的，那么，就必然会是呆板的、循规蹈矩的、干巴的、枯燥的。因为这同艺术创造、同艺术作品生产过程是不相容的。埃伦茨韦格提出了一个"弥散的、半无意识的审视"的创作机制问题。这既是一个审美心理问题，又是一个创造心理问题，也是一个艺术创造的原则理论问题。埃伦茨韦格指出，一方面，从艺术品的复杂结构中，我们可以看到艺术产生的复杂性：在一件伟大的作品中，我们总是不断发现以往不曾注意到的新的形式观念，甚至最简单的艺术品也具有这种复杂性，尽管表面看来其结构一目了然。[1]事实上，这种结构的复杂性背后还隐藏着更复杂的内涵——构成和产生艺术力量的内涵；从这种复杂性中，我们可以逆推出，产生过程的复杂性不是用简单明了的意识分析与追溯就能明了的，正如埃伦茨韦格所说，"这一点解释了为什么我们的意识不可能掌握艺术的许多形式过程的原因"[2]。另一方面，"有意识的注意过于准确，过于狭隘"，因此"不能完成（艺术创造）这项工作"。[3]他举了格式塔心理学家的试验来说明，人类的意识聚焦是有局限性的。"格式塔心理学家通过无数试验之后确定，我们的眼睛，或说得更确切点，我们的大脑，有一种压倒一切的需要，这就是从眼前任何杂乱形式中选择出一种准确、集中、简单的模式来。对于艺术形式的复杂结构来说，意识聚焦的这种选择性、狭窄性和准确性太缺乏伸缩性了。"[4]与此相反，"为了实现这种全面掌握，就需要放松意识注意的狭小焦点，使之扩大为某种表面上的空洞的、神思恍惚的凝视"[5]。埃伦茨韦格称这为"避免稳定的聚焦"原则，是艺术家弥散的、半无意识的审视，能够取得"漫视效果"（绘画）和"游荡效果"（视觉和听觉的）。他最后指出："促使我对无意识知觉过程进行探讨的最终是一种假设：准确和稳定的注意只存在于意识层次中，但是在较深的、通常是无意识的层次中，意

---

① M. 李普曼：《当代美学》，邓鹏译，光明日报出版社，1986，第420页。

② 同上。

③ 同上。

④ 同上。

⑤ 同上书，第421页。

识的狭小焦点扩大为一种广阔而包罗万象的审视。"[①]

埃伦茨韦格在这里主要是就视觉和听觉艺术（绘画和音乐）来展开论述的，但这些审美的原则和机制也完全适用于以语言为媒介的文学（其中也包含局部的、零星的听觉和视觉审美因素）。文学创作和文学作品同样不能完全靠意识进行和取得好的成就，因为意识注意对于文学来说也有过于准确、过于狭隘的一面，单凭它不能完成造就动人的艺术素质这项任务。而当放松意识注意狭小焦点，避免稳定的聚焦，对社会生活的广阔、复杂面，对人物性格的复杂、深刻、游移、浮动、不确定性与变异状态等施行全面掌握，由无意识前来参与，进行弥散的、半无意识的审视，那么也会取得"漫视效果"和"游荡效果"。这样的某种表面上空洞的、神思恍惚的凝视，这种无意识的弥散的把握，和在这种无意识的参与下，在它与意识的协同合作下的创作活动，就能使生产出来的艺术品不那么过于准确、过于狭隘、过于固定、过于清晰、过于聚焦，而带着一种朦胧的、宽泛的、游动的、模糊的、弥散的形态，由此而产生一种美感。这种状态本是生活原有的状态，是其"本来面目"，它本身具有审美内涵，而如其本来面目地反映（艺术的把握）又有一层艺术创造的美：这便构成了文学艺术作品的双重美。埃伦茨韦格以音乐指挥为例说明，优秀的指挥在指挥一部交响乐演奏时，"不仅能根据每一细节的毗邻部分来处理这一细节，而且能把它作为整个交响乐的结构的一个组成部分来处理它"[②]。对于文学作品来说也是如此，作家在创作时，不仅要能够根据每个细节本身和每一细节与其毗邻部分来处理这一细节，而且要能够把它作为整部作品的组成部分来处理它。这就是一种整体把握，这种把握可以避免意识的过于准确、固定、狭隘，而收整体的、游荡的、模糊的，因而也是艺术的把握之效。文学艺术的这种如生活本来面貌地反映生活，如人的本来面貌地反映人，不仅能收到审美的效应，而且可以把生活原来的面貌、原生质地的状态"和盘"呈现给欣赏者、接受者，向他们提供更广泛的选择天地、更多的审美信息，也给他们驰骋自身想象力以及抒发、移情、寄托的更大的自由天地，使他们能够得到比创造者提供的确定的、固定的、狭隘的欣赏天地之外的更

---

① M. 李普曼：《当代美学》，邓鹏译，光明日报出版社，1986，第421-422页。
② 同上书，第421页。

多的东西。——这正是艺术作品的重要的审美素质。

无意识的艺术功能就在于此。

当然，这里值得注意的是了解和掌握意识与无意识的辩证关系。文学创作一般要在总体的意识的基础上进行，而且要在具体的把握上、在细节的处理上，需要意识的固定的、准确的、定性的、明晰的把握，需要意识的分析、判断、概括；但是，这个积极的结果又会有一个消极的效应，这就是狭隘、凝固、定型。这一点，正是无意识可以弥补、缓解的两者相互结合，控制与放松互补，就足可成就艺术创造。"伟大的精神分析家、已故的厄恩斯特·克里斯（Ernst Kris）说，艺术家可以使自己的头脑退回原始状态而又不失去控制。"[①]这就正是一种辩证结合的关系，一方面头脑"退回到原始状态"即无意识状态，另一方面又有意识的控制，不过这种控制是迅疾的、隐隐的、游动的、不自觉状态的。这很像一个驾驶车辆高速行驶的司机，每一秒都在掌握着车速和行驶方向，但他的意识活动却是不断流变的、迅疾的、不自觉的，好像是凭着本能、凭着经验、凭着直觉，随时随地由大脑在无意识中做出各种测量、估算，发出指令，由手和足采取行动措施。艺术创作过程类似于此，但更为复杂和深刻，而且带有感情因素、思想因素。

当然，这种控制又必须是半无意识的，是仅仅"不失去控制"而已，如果进到明显意识的控制，就又适得其反了。就像紧张的运动员，在意识到自己的竞赛的种种条件和成败的后果时，就影响竞技状态和技巧发挥一样，汽车司机在这种情况下会变得不会开车。埃伦茨韦格转述的寓言有趣地说明了这种状况：蜈蚣在别人问它怎样控制自己的一百支脚一起运动时，可怜巴巴地想悟出答案来，结果它就不知道该如何爬动了。"这个寓言生动地说明了高度集中的意识注意不能控制艺术过程中许多并存的附加形式的原因。"[②]

当然，无意识不是无源无本的。正如前面所说，它蕴含着集体无意识、早年的意识、幼年的印痕、童年少年时的痕迹、一生经历的心理印记，诸多难忘的记忆、整个记忆的储存、无意识领域的积累、全部知识的存贮，等等，它们都有一部分在无意识领域中，都会在创作过程中作

---

① M. 李普曼：《当代美学》，邓鹏译，光明日报出版社，1986，第422页。

② 同上书，第424页。

为"潜隐灵知""心理能量"释放出来，在不自觉中迅疾地产生作用，这是压抑的愿望、情绪、印痕发生作用的渠道与形式。

因此，作家对于无意识不是无能为力的，他可以用活动、实践、学习、广泛的接触来充实、装备自己的无意识领域，使它文化化、艺术化，建立一个丰富的、深邃的、艺术的无意识区；也可以在创作时，有意识地来培养无意识活动的条件、环境、机会，调动其积极性，给予其发挥作用、释放能量的机会，在意识的否定的、明确的、清晰的分析、判断、计划形成之后，有意地促进、促使无意识出来协同工作，打破意识的狭隘性、固定性。埃伦茨韦格提出了一个如何"解放无意识"的问题。他提问说："如何打破集中审视在头脑中已形成的构思的桎梏，又如何来解放无意识的、不可言传的意象呢？"他的回答是："这里没有任何确定的良方。"①不过，他举了米开朗琪罗和贝多芬两位伟大艺术家的两种不同方式。他指出，米开朗琪罗这位艺术大师有时候以完全传统的设计开始工作，可是在创作过程中，这一设计凸出了、膨胀了，最后形成了庞然大物。斯托克斯（A. Stokes）在他的著作《米开朗琪罗——艺术性质研究》中，对米开朗琪罗雕塑的男性裸像怎么逐渐变成了肥胖的人像这一创作现象作出了解释，他"指出这些人像是双性别的无意识的象征，而这种变化，米开朗琪罗本人却没有意识到。他根据这种无意识的含混，这种理性所不能把握和使人不安的含混来解释米开朗琪罗的'可怕'"②。但是，其作品的结构宏伟、磅礴。与米开朗琪罗相同的另一位大师贝多芬，在创作上却与米开朗琪罗不同，他在创作时总是不以传统结构开头，也不让它们在衔接处冲出表面。他反复斟酌无足轻重的沉闷的音乐语汇，但是，忽有突如其来的转折使乐曲进入宽广优美的坎蒂列那（Cantilena，如歌的旋律），造成旋律和和声上的断裂。奇怪而有趣的是，贝多芬在创作过程中，首先记下的不是舒缓的主题，而是这种突然的转折产生于旋律之前，旋律只是随后在转折的两头展开。他多次修改加工那宽广的旋律，但是对这一断裂却始终不去改动。"这是一个模糊的思想指导并发展成为大规模结构的极好的例子。一支完全清楚、结构严谨的乐曲过分属于意识。一个含混的片断、模糊的形式要素

---

① M. 李普曼：《当代美学》，邓鹏译，光明日报出版社，1986，第424页。

② 同上。

更能打破狭窄的注意，在人们头脑的光滑表面上打开一个裂缝，深入无意识。"[1]李普曼借画家海因斯·科佩尔（Heinz Koppel）的话说，这是"画家的出发点与不听使唤的手段之间的矛盾"，他又称这为"意外事件"，认为他"总是十分重要的"。"看起来它来自外部，与艺术家的人格没有联系，然而正是对意识中的陈见和习惯的破坏才使他的潜在的人格得以体现。"[2]

这两位艺术大师，一个是以传统的设计开始，在创作过程中无意识突袭而入，出现突变；一个是在创作之始就记下了预期的转折，然后在沉闷的行进中突然插入预伏的转折，展开才情和艺术思维。他们的方法不同，但无意识的作用相同，都是对意识中成见和习惯的破坏，都是在无意识中展现了自己潜在的人格。米开朗琪罗是在常规活动中突现了无意识的神力，而贝多芬则是在常规活动开始以前就记下了无意识的显现，实际是灵感的爆发。由此可见，无意识作为"潜隐灵知""潜在人格"，实际是预先有久远深厚的准备与储藏的，它或者在创作进行中一面在意识控制之下工作，一面又突破意识的藩篱，"自发"地突破意识的陈见和习惯；或者是在创作开始之前，无意识就突破陈见与习惯，产生了灵感，闪现而又留存下来，然后由意识按常规展现"常规部分"，而在适当的时机，无意识和灵感的成果嵌入进来，造成转折，展示潜在人格。这可以说是无意识（以及灵感）在创作中发生作用的两种典型方式。一般作家、艺术家的创作活动大体上都属于这两种方式中的一种。

但是，不管是哪种方式，无意识的作用和作用力大小，终归取决于那"潜隐灵知"和"潜在人格"的性质、内涵与水平。它跃出与否，能量多大，作用如何，皆取决于此。因此，无意识虽然是潜在的力量，出没无定、来去无迹，但总是可以准备、可以培养、可以控制的。问题在于如何事先培育那优质的、内涵丰富深厚、水平高、能量大的"潜隐灵知"与"潜在人格"。而这一切都是由作家一生的经历、作家自在与自为的生活以及他的自我培育的程度所决定的。

有什么样的意识整体、意识发展水平，有什么样的创作心理，就有什么样的无意识。

---

[1] M. 李普曼：《当代美学》，邓鹏译，光明日报出版社，1986，第425页。

[2] 同上。

我们在这里所说的意识，可以从日本禅学大师铃木大拙所论述的"禅中的无意识"中得到颇有意义的启发。铃木大拙在他与杰出的心理分析学家弗洛姆合著的《禅与心理分析》中，专门论述了禅中的无意识。禅与无意识是密不可分的，虽然在禅学中并无"无意识"这个心理学用语。铃木大拙提出了一个与科学对立或叫对称的"对物体——也就是对世界的趋近法"，他称之为"禅的趋近法"。他指出，科学的趋近法用"客观观点来看一个物体（对象）"，主要特征"是去描绘一个物体"，"是谈论关于它的种种，围着它转"，是抓住物体"吸引我们的感官（智力）的任何东西"，并且把它"从物体本身抽离出来"。这种接触、分析、认识、把握，是植物学的、化学的、物理学的。但是，禅的趋近法却是先于科学思维的，或者是落后于科学思维的。它"直接进入物体本身，而可以说是从它里边来看它"。他拿对花的认识来作比方，禅的趋近法不像科学方法那样来分析它，把它从物体本身抽离出来，而是趋近它并且深入其中，甚至"变成这朵花，去做这朵花，如这朵花一般开放，去享受阳光以及雨泽"。他接着指出，主体一旦这样做了，花就对他"说话"了，他也就知道花的秘密了，以至它所有的喜悦、所有的痛苦，知道了"在它之内所脉动的全部生命"。也就是说，这种对花的认知是一种体认、一种感受与感应，主体既去体察、体验花的属性，又投射自己的心灵，是心与物的一种统一、结合以及达到的和谐。这里，如果去掉主观唯心主义的总体观，不是以我为花、以我代花，而是从花到我、从我到花，那么，这确是一种以和谐为境界的主体与客体统一的审美态度和审美高层次境界，这不是科学的认知，而是审美的体验。因为这种体验是总体的把握，是直觉的感受，而不是分析的、片断的、抽离的，所以是一种先科学或后科学的态度，是一种无意识状态。铃木大拙总结性地概括科学认识与禅的趋近法的不同：

> 这种认知实体或看实体的方法，也可以称之为意志的（Conative）或创造性的方法。科学的方法是把物体屠杀，把尸体分解，然后再把各部分合并，……禅的方法则是把生命按它所生活的样子来感受，而不是把它劈成碎片，再企图用智力的方法拼合出它的生命，或是用抽象的方法把破碎的片断粘在一起。禅的方式是把生命

保存为生命，不用外科手术刀去触及它。①

他举了一首"禅的诗人"之所唱：

> 让一切保留她自然的美貌，
>
> 她的皮肤未经手触，
>
> 她的骨骼未被撼摇，
>
> 无须施朱，无须敷粉，
>
> 她就是她，多么美妙！

这首诗很好地体现了上述关于禅的趋近法的精髓，这是整体的、直觉的、保持对象原貌的、保存生命的态度和方式。这正是一种艺术的、审美的态度，是艺术创作中对物、对对象、对世界的一种既超脱又深入的态度。铃木大拙指出："科学所处理的是抽象物，在其中没有活动。禅则把自己投入创造的渊源中，而饮取其中所蕴含的一切生命。这个渊源乃是禅的无意识。"他说，花是没有意识的，"是我把它从无意识唤醒"②。这种"唤醒"，就是"进入物体之内，从里面去感觉它，并自己去过它的生活"③。他说，梭罗（Thoreau）、歌德都是这样，"他们认识自然，正是因为他们能够用自己的生命去过它的生活"④。

这就是一种艺术家的、审美的态度。只有这种艺术的、审美的进入和投射，才能有艺术的、审美的输出——艺术的表现和创造。作家、艺术家所需要的就是这种整体的、直观的、深入对象、保存生命、把它从无意识唤醒、饮取它蕴含的生命以至自己过去的生活这种态度，去面对生活、深入生活、过自己的生活。这才是一种艺术家的生活和艺术的、审美的生活。在这种生活中积累的生活素材，就是艺术素材，它们在大脑剖析、编码和分类储存后，一部分进入潜意识领域，成为直觉水平、潜意识水平的基质，也就是作家、艺术家创作心理和艺术思维、艺术才能的优异的基质。这也就属于作家、艺术家自我培养和直觉水平、潜意识水平培育的方式与方法了。

---

① 铃木大拙、弗洛姆：《禅与心理分析》，中国民间文艺出版社，1986，第33页。

② 同上书，第34页。

③ 同上书，第35页。

④ 同上。

作家、艺术家的直觉能力、灵感爆发能力和潜意识的性质与水平，正可以在这种深入对象生命和把自己的生命向对象投射的过程中形成、发展、丰富和提高，这是世界Ⅰ与世界Ⅱ的交流、互渗和趋向统一与和谐，也就是一位作家或艺术家成长的、发展的过程。

铃木大拙还提出了"本能的"无意识同高度的"训练的"无意识及其相互区别的问题。他一方面指出，"意识是在进化的过程中的某段时间，从无意识觉醒的"，无意识是意识的基础，没有这个基础，意识就不能发生作用；另一方面，他又指出："意识是一种跃起。"意识的这种跃起，又会在某些方面超过无意识、高于无意识，而且会带动无意识和"指导"无意识。当然，这一切都是隐蔽地、"无意识"地进行的。这种"秘密"关系，大概就是铃木所说的"无意识同心灵的更高功能"的关联。这种关联，可以称为高度"训练的"无意识了。这样，这种无意识就不是先天的、原始的、本能的，或者不是停留在低下的、普通的水平上的了。这里，当然不仅表明水平，而且由于心灵的、人格的个性化，无意识的个性色彩也在其中体现了。作家、艺术家要提高自己的无意识水平、确立它的高尚丰富的艺术家品性，就可以从培养自己的心灵着手，然后又"训练"无意识，使它同心灵相连，成为有益的、丰厚的基础，意识得以从这个基础上跃起，由此无意识与意识在高水平上通力、和谐地协作，共同创造艺术的硕果。

铃木曾多次以击剑为例说明无意识同意识的关联和无意识的作用，以及它发生作用的特点。他说，当武士站在对手面前时，他并不想到对手，也不想到自己；既不想到对手剑的动作，也忘记了自己的技巧；他只是站在那里，"实际上只是遵从着无意识的指导"，"当他击剑，不是人在击剑，而是无意识的手中所持的剑在击"。①这种情况，在乒乓球运动员、跳高跳远运动员以及击剑、游泳运动员之中也同样存在。他们的这种无意识行动是在长期的训练、技艺达到高超地步时产生的，是有意识、训练有素的结果——升华为无意识，是自觉的思考、总结、提炼的结果——升华为自发形态。这是意识的和自觉的高级形态，它只在一瞬间完成了估量对方、体察环境、品味态势、计算种种数据以及自省内力、提出对策、设计方案等一系列工作，并在这一瞬间调动全部注意，

---

① 铃木大拙、弗洛姆：《禅与心理分析》，中国民间文艺出版社，1986，第45页。

调集全部潜力，启动能量与智力积淀；只在这一瞬间，未及思考（实际上是进行了高水平的迅疾的思考），没有意识，仿佛是自发地完成了"动作"，取得胜利、获得成果。

这是在长期训练、长期积累、长期思索和这种"培训"所取得的丰厚成果的基础上，由自觉的、意识的、知觉的、意志的上升为自发的、无意识的、直觉的、本能的高度水平。铃木说："无意识是生命的长期宇宙性进化史之结果。"①这种结果是任何人都具有的，不过有一个启动、开发的过程；而后，知识与智能的"入侵"装备了这与生俱来的本能；再后来，这种装备又高度地发展，直至前述的"升华"的程度。这样，就经历着如此三段式发展过程：

无意识Ⅰ〔直觉、自发、本能〕──→有意识〔知觉、自觉、智能〕──→无意识Ⅱ〔自觉、自发、本能〕

这种无意识是在意识的基础上产生的，又由意识等加以装备、训练、提高，因此它来自意识与无意识，又高于它们。

作家的高度训练的无意识就是这样产生的。它不是本能，不是天才，不是无可追究的，它是来有因、水有源、花有根，是可培养、可训练、可究诘、可控制的。问题在于：（1）相信这种一定程度上的科学性；（2）掌握这种发展规律；（3）体察规律并循着它的指导线索，去有意识地培养自己的无意识，确立它的性质和水平；（4）体察、自省自己的潜隐灵知、潜在自我，品味其能力与水平，自觉运用之。规律在焉，运用之妙，存乎一心。

当然，当我们说到无意识的性质和水平的意识根源时，我们是充分估计到意识的社会、历史、文化根源的。这是我们在以前诸章中阐述过的。这样，也就同时指出了无意识的社会历史文化之"根"了。维戈茨基说："只有完全置社会心理学于不顾，闭目不看现实，才敢于断言作家在创作活动中追寻的仅仅是无意识的冲动，而根本没有去完成任何自觉的社会性任务。"②

① 铃木大拙、弗洛姆：《禅与心理分析》，中国民间文艺出版社，1986，第44页。
② 列夫丘克：《精神分析学说和艺术创作》，吴泽林译，北京师范大学出版社，1986，第83页。

（二）梦

潜在的意识的潜在活动是梦。梦又是压抑的愿望"隐秘"和扭曲的实现。梦有夜梦与昼梦，有深梦与浅梦，有有意义的梦与无意义的梦。梦并不都与创造和艺术创作有关，但是有的梦确实是"创造性的"，能给创造与创作以非凡的助力。所以，我们把梦列为创作之魔的一种。

与创作有关的梦，在性质上应分为三类：第一类是习惯上所说的梦，即睡眠中的部分的意识活动，在梦中出现了灵感，解决了久思不得的课题，于梦中得佳句、得美好的构思。第二类是昼梦之一，即平常所说的白日梦，在似睡似醒中，在"光天化日"中，在人虽然处于清醒状态中，却进入一种忘记环境、忘记自己、忘记了别人的梦境之中。在白日梦中，创作主体沉浸于自己想象的、梦幻的境界之中，进行得意的创作活动，有意识与无意识交叉互补，创造美的佳果。第三类是作家在创作过程中沉浸在自己的创造性思维和艺术想象中，暂时在一定程度上忘记环境和自己，文字流泻而出，把想象中的人物、场景、故事和自己的情感、思维自然地写出来。第一类梦是最深层的，人生活在梦中，已经完全处在无意识中、自我失控中。第二类梦较浅一些，创作主体并未完全忘记自己，而是处在半清醒、半梦境状态中。第三类梦最浅，对于创作活动来说，它是最深层的，作家完全沉浸在自己的想象之中、迷醉于自己的创作之中，但是，作为梦来说，则是浅层的，主体的意识在不自觉的状态和半自觉的状态中控制着意识，又顺从着意识，是一种没有忘乎所以但又在一定程度上忘记了世事的半白日梦或大部分白日梦中。

弗洛伊德说："梦是一种（被压抑）愿望的（伪装的）满足。"[①] "它是在一种被压抑冲动的要求与自我的一种检查力量的抵抗之间妥协的结果。"[②]这是一种梦。它表现为无意识向意识的推进活动。它的推进活动成功了，梦就做成了。但是，还有另一种梦，弗洛伊德称之为"没有解决的觉醒时的生活兴趣"，"是日间某种前意识活动的继续"[③]。这种

---

① 弗洛伊德：《弗洛伊德自传》，张霁、卓如飞译，辽宁人民出版社，1986，第58页。

② 同上书，第58–59页。

③ "我们已经解释过，梦的那一无意识本能冲动与一种日间残余有关，与某种没有解决的觉醒时的生活兴趣有关，因此它便引起了这样的梦。……梦原来是一种被压抑愿望的满足；但是另一方面，它可能是日间某种前意识活动的继续。"（同上书，第60页）

梦就与创造有关了。日思夜想的创造的课题及其解决方案，朝朝暮暮追求寻觅的艺术构思的实现和某种创作难题的解决，经常地作为"觉醒时的生活兴趣""日间某种前意识活动"盘桓脑际，也许还同时作为一种被压抑的愿望而留存在无意识中，于是便造成了做这种性质和内涵的梦的充足条件，也导引了梦中解决问题的前提和心理因素。许多科学家有过在梦中解决了久未解决的难题的经验，许多作家、艺术家在梦中创造了艺术创造的硕果。不过，梦是无意识向意识的闯入，因此是匆忙的、急促的、莽莽撞撞的，同时也是模糊的、隐隐约约的、不周全的，有时甚至是驳杂的、混乱的、非理性的、违反逻辑的。梦也是意识的局部活动。因此，梦中的创造与创作只是一种冲动、一种启动、一种开始。虽然是好的、有意义的、有价值的开始，但是需要整理、补充、发展、论证（科学创作）与整合（文学艺术创作的形象、场面、情节的整合）。

梦对于创作是有用的、有益的，能够发挥很大作用，有时起到关键的作用；但是，作家、艺术家决不能依靠梦来进行创作。西方有的作家靠服迷幻药来致梦幻，以求获得梦中灵感，自然是不科学的、难有收获的。

梦是做梦人生理紧张状态造成的，也是在受到体内外的刺激的状况下产生的。梦总是形象的——它是形象记忆作用的结果，它的实现与进行也都是形象性的。梦又是做梦人对于客观世界的一种不自觉的、无意识的描绘：这一切条件，都造成了梦与文学创作的至为密切的关系。这些梦的内驱力和构成因素，使梦在文学创作中居于重要的地位。

作家真正在梦乡创作的情况是极少的，甚至是不可能的；但梦中解决一些创作中久未解决的难题这种情况却是不少。但是，更多的是作家的白日梦之一——白日梦幻、白日梦之二——沉浸于创作的情境中。这是深层的梦，又是浅层的梦；这是不完全的梦，又是真正的梦。就梦的发生和发生的内涵来说，梦中的创作（片断）是深层的；但就其无意识的统治状态来说，就生理、心理表现来说，它又是浅层的。就它的白日梦之一、之二的情形而言，这个梦是不完全的，它调动的心理能力是不完全的；就它所能见的事物及其能见度来说，是浅层的梦；但就其发掘的内心深处的隐秘来说，它又是真正的梦、深层的梦。

浅梦的之一、之二即白日梦的之一、之二，具有梦的性质，但不完全是梦，甚至不是梦，而只能说是"亚梦""准梦"，因为主体并未真正进入梦乡。但是，主体在这期间确实停止了其他的意识活动，视而不见、听而不闻、触而不觉，只有一种意识即创作的意识在活动，只有他所想象的、他所创造的境界存在，他的意识也存在于其中，或者是在类似于梦境的、深沉的幻想与想象，有着场景、形象、人物和情节的波动与发展；或者是，在不断地用文字具象化、物化想象的过程中，沉浸于自己创造的环境与人物中，并且按照既定的和已成的情境继续发展下去。在这两种情况下，无意识都在发挥着作用。

许多作家、艺术家在这种梦中创作，在这种梦中取得艺术硕果。他们的成功不仅向我们证实了梦对于创作的效应，而且启示我们：我们可以通过规律的活动来培养自己的"潜梦的意识"，来制造真正的梦，在梦中获取艺术的蓓蕾，或者制造和酿成一种准梦、亚梦的创作境界，释放心理的能量、无意识的能量，像武士、像运动健将那样，遵从无意识的指导，让"无意识的手中所持的笔"在活动，流泻而下的是诗，是心灵，是艺术的乳汁和甘泉培育着真正的艺术的花朵。

叶楠在问卷中说他的创作情形是："写作中根据人物行动想象。半梦幻状。"

这里请允许再引用一次航鹰描述自己的创作状态时之所说，"我会随写随想，写到某处自会妙笔生花。我进行想象活动时很兴奋，自鸣得意，但同时可以保持清醒的自我，我不大能'进入梦境'。我长期在剧院工作，我好似演员在舞台上活动，既动真情，又善于'控制'，失控的演员会叫观众'出戏'。"

她所说的这种既真又"假"、既兴奋动情又能自我控制的状况，实际上正是进入梦境，处于半梦幻状态，是自控中的失控。

鲍昌在回答中指出，他在进行想象时，"有时如此"（指"好像进入梦境"），是"暂时对周围环境无所感受"。

张抗抗说："我想象时常常离题万里，如做白日梦。"路翎说自己"并不好像进入梦境"，但他又说，"进入思想集中的热烈想象，（是）幻境的状态"，"暂时对周围环境无所感受"。如果是这样，我以为已经可以称为"好像进入梦境"了。杨大群具体说明了他的感受。他说，他总是在寻找好的细节，"故事好编细节难寻"，"有一个好的细节我可以不抬头地写上几天。当我一口气写完时，我才感到是坐在座位上，但不经常这样。凡是这样的，都是我和编辑、读者喜欢的地方"。这也是一种忘情的半梦境状态，在这种状态中写出的作品是比较成功的，为读者和作家自己所喜欢。徐光耀说："在精神高度集中的时候，我曾把隔壁的关门声误当作炸弹在身边爆炸。"马加指出，他在想象时，"不是梦境"，但"暂时对周围环境无所感受"。刘亚洲说："在想象中，我从未进入过梦境。倒是在真的梦境中，我进行过想象（为创作）。"他所说的是古今文学家不少人有过的"梦中得佳句""梦中进行创作"的情况，这是梦对于创作的作用的另一种状态。程乃珊则说得很肯定，"是的，不断想象，如入梦境。"胡万春说，他在想象时"如入梦境的，对周围环境在写作时不怎么感受，停笔时照样感受"。达理形容这种状态是"创作期间，我们就生活在那个艺术世界里，一时间几乎与现实世界隔离开来"。

梁斌较详细地描述了这种半梦幻状态：

> 当作家坐下来，运用思考时，聚精会神，把笔尖放在纸上，这时作家的笔尖就像磁石一样，运用想象力和联想力，调动仓库里的东西。这时，钢屑和铁屑向前，粘在笔上，序列而出，落在纸上，成为语言文字，柴屑草屑会落后，这只是一刹那间。这时这位灵魂的工程师将进入"梦幻"之中，你的文章会升华了！

但是，在问卷答复中，韶华、刘绍棠和金河三位都明确指出，他们在创作时，是并不"好像进入梦境"的。韶华说："我写作时不像进入梦境，很清醒，表现什么主题，塑造什么人物，故事怎么发展，全部经过精心设计、精心安排。写作中，偶尔跳出来的情节、细节、语言是很多的，但不占主导地位。"金河则说："我进入想象梦境的时候很少，为人物激动也很少，我总清醒地知道我在做小说，知道我的目的。"但他仍指出："进展顺利时有时对周围环境无所感受。"①

莫言说，他的《透明的红萝卜》《三匹马》《玫瑰玫瑰香气扑鼻》等作品，"皆源于梦境"。

无论是梦还是浅梦、夜梦还是昼梦，无论是前述三种梦中的任何一种梦，之所以对于创作具有魔力，基本就在于它摆脱了意识的控制，摆

---

① 关于这一点，这里还可以作一点补充：创作时的梦境，是"类梦"，是局部、浅层的、片时或短时的，同时，又是受主体潜在控制的。它并不与清醒矛盾，而是与之相辅相成。就是说，既是梦，又是清醒状态；既清醒，又时梦时醒。因此是特殊的梦。（详见本书有关论述）

脱了意识规定的轨道以及规范和狭窄的、固定的框架，由着直觉、无意识出来活动，给予灵感以放松的无拘束的产生条件；由此，作家内心喜爱的、追求的、被压抑的愿望都跑了出来，对于创作发挥巨大的助力作用。"做梦在很大程度上是（有的心理学家则说完全是）由可以满足做梦者愿望的虚拟情境所构成的，白日梦在这点上尤为明显。"①构成梦境的"虚拟情境"，正是作家"梦寐以求"的对象（人或事），当意识、超我放松了监督时，它们出现在梦境之中，为创作提供了天然的、顺畅的、发自内心的素材、情境和灵感，从而使创作获得佳果。

弗洛伊德说："创作犹如'白日梦'，是旧时儿童游戏的继续和代替物。"②维戈茨基指出，因此艺术作品就成为满足作家"在现实生活中没有实现的愿望的直接手段"③。他用心理分析学说中的激情理论来解释这一论点。这种理论认为，激情能保持意识状态，"在一定情况下也应该保持无意识状态"，两者之间存在紧密的联想性联系。总合起来就是：创作的白日梦中，既继续着人的童年时的"梦"、游戏，又激起了一种激情，其中不仅有意识，而且具有与之紧密联系的无意识。后者会带来作家内心所珍爱的东西、受压抑的愿望。它们借创作得到了替代和满足。这自然会给文学创作带来优美的、发自心灵隐蔽处的东西。

S.阿瑞提在谈到意象和内觉时，都涉及白日梦。他说："意象在白日梦里扮演了主要的角色。"④而意象正是人的初步心理创造物，带着主观的、创造的色彩，它在白日梦里正是创作的好原料。阿瑞提又说："最初的体验转变遐想、幻想和白日梦之前，它们就是内觉。"⑤"而内觉正是创作的重要资材，创作心理中的内在世界、内在基础就是以内觉为基础形成的。内觉还会进入梦中。"⑥

这样，与梦和创造都紧密相联的意象、内觉，都在梦——夜梦与昼梦——中存在，它们又正是文学创作的好"资本"。

梦、无意识（潜意识），就是这样为创作服务的。

---

① 科林伍德：《艺术原理》，王至元、陈华中译，中国社会科学出版社，1985，第139-140页。
② 《心理学研究》，转引自列·谢·维戈茨基：《艺术心理学》，周新译，上海文艺出版社，1985，第92页。
③ 同上。
④ 阿瑞提：《创造的秘密》，周新译，上海文艺出版社，1985，第63页。
⑤ 同上书，第73页。
⑥ 同上。

让我们制造自己的梦和形成自己的梦境似的创作心境吧，这是获取艺术硕果之道；但这不是寄希望于冥冥，不是靠天赐与天才。这不过是长久的思索、焦虑，长久的探索、追寻，专心致志的劳作状态，不过是久远的遗迹、长期的记忆、多年的丰富积累和一个临时的机遇所形成的态势，最后形成的结果：一种客观的境界和一种主观的心境。

六、"魔VI"：忧患意识

"前不见古人，后不见来者，念天地之悠悠，独怆然而涕下。"陈子昂的这首诗，表达了一种忧患意识。它也许可以说是作家、艺术家的一种忧患意识的比较典型的表述。这种忧患意识是普遍存在于优秀的、杰出的作家和艺术家的创作意识之中的。这种意识成为他们的创作意识的核心，促使他们取得创作的成功。

但忧患意识不是忧愁、苦痛、哀伤，虽然它们有时也会存在于忧患意识中。这是一种社会责任感、人类意识和个人的人生意识自觉的总体表现。它带着悲天悯人的色彩。我们想想那些大师吧，歌德、巴尔扎克、雨果、普希金、托尔斯泰、高尔基、罗曼·罗兰、鲁迅和作曲家、钢琴家贝多芬，以至科学家爱因斯坦，都在心田中充满这种忧患意识。这是他们在形成创作心理的过程中逐渐形成的，它随着艺术大师的创作心理的形成而形成，标志着这种创作心理的发展和成熟，体现着这种创作心理的博大精深。

在这种忧患意识发展过程中，它大而至于从人类的发展史中、从人类的整体命运中汲取它的良知良能，感受其中的欢乐与哀伤、奋斗与消沉、伟大与渺小、崇高与卑劣、永恒与速朽、生与死、友与敌、人与鬼，人类的各种遭际与情感、豁达与迷惑都融汇在一起，铸成一种混沌的、博大的、深邃的、遥远的意识，充溢于主体的心胸；它也从民族的、历史的、文化的积淀中汲取了思想的、情感的、心理的乳汁，养育了自身的思维、感情和心理的浩瀚深邃的内涵，它水乳交融地联系着民族的、人民的、历史的、文化的过去、现在和未来，思考着这一切与他自身休戚相关的对象的命运；它还从时代接受它的思想和诗情、意志和热情，这是接受前述两项的"途径"和"焦点"，三者也在这儿交叉和互相渗透。当然，中心点仍然是他自身，主体从自己的切身经历中感受人类的命运、民族的历史、文化和时代的精神。这样，一个崇高深邃深厚的受体，感受了这一切，有着许许多多千古之谜、难解的困惑、无法解脱的痛苦，无论是盛世还是乱世，人间总是充满忧伤，人类逃不脱命运的归宿，这一切既充填了那伟大的心胸，又廓大那心胸的宏伟，它困惑、思考、追索、赞颂、哀叹、吟咏，无可奈何又穷追不舍。这就是大师的忧患意识。它站得高，视野辽阔及于宇宙、世界，深邃及于历史与人心，鸟瞰着人世间，而深入于人世间。这种忧患意识是对于人类的解脱、人民的幸福、民族的发展的深切关心和执着追求，它是怀着忧患而又追求欢乐与幸福的。

因此，这种忧患意识就不仅是作家、艺术家的一种原意识，而且一切大师——文化的、科学的、政治的、宗教的大师，都无不如此。不过，他们并不都这样称谓它。伟大科学家爱因斯坦便称它为"宗教感情"。爱因斯坦说：

> 我在大自然里所发现的只是一种宏伟、壮观的结构，对于这种结构现在人们的了解还很不完善，这种结构会使任何一个勤于思考的人感到"谦卑"。这是一种地道的宗教情感，而同神秘主义毫不相干。[1]

又说：

> 如果我身上有什么称得上宗教性的东西，那就是一种对迄今为止我们的科学所能揭示的世界的结构的无限敬畏。[2]

这种忧患意识，或源于自身的穷困潦倒、失意跌宕的命运，但也可源于居安思危的心性，或更源于身在繁华乡、心系穷黎庶的高洁志向，或源于对宇宙奥秘的崇高评价，对人生真谛的彻悟。这种忧患意识就是理性意识、批判意识、人道主义意识、奋发向上意识。这是积极的，不是消极的；是向上的、奋斗的，不是低调的、颓唐的。忧患与奋发齐飞，忧患与欢乐并行不悖。

作家、艺术家的忧患意识在本质上与这种科学家的"宗教情感"一

---

[1] 爱因斯坦的信（1954年或1955年）。载杜卡斯、霍夫曼编《爱因斯坦谈人生》，高志凯译，世界知识出版社，1984，第41页。

[2] 同上书，第44页。

致，在情感上也与之相通；但是，表现形式很不相同，而且其内涵也更广泛和深邃。这是因为作家、艺术家是以救世拯人为己任的，是以观察、了解、描绘人世间和人自身为天职的，是以关怀和反映人民、民族、时代、历史的命运为志向的，而且，它要如实地反映这一切的面貌和情愫。这是与科学家大不相同的。科学家只在起点和归宿上保持着这种宏观的把握，在活动的历程中贯穿这种把握，但是他的整个行动的具体内涵却是对于宇宙、自然、世界与社会抽象的、理念的认识与规律的揭示，他们不要细节的丰富性和具体性，而文学艺术却必须把生活的原貌反映出来，呈现给广大欣赏者、接受者。它要像生活一样丰富，一样杂乱、一样混沌、一样"原始"。歌德称赞莎士比亚是一位"不易找到"的"感受着世界的人"，也是一位不易找到的能够"说出他的内心感觉"，并且能"高度地引导读者意识到世界的人"。他说，"莎士比亚是完全诉诸我们内在的感官的，通过内在的感官，幻想力的形象世界也就活起来，因此就产生了整片的印象。"①

> 他的全部书仅仅形成了一本书：一本有生命的、有亮光的、深刻的书，我们在这里看见我们整个现代文化走动、来去，……这里有大量的真实、亲切、家常琐碎、粗鄙，但是骤然间就见现实的帷幕撕开了，留下一条宽缝，立时露出最阴沉和最悲壮的理想。……抓住了现代社会肉搏。他从各方面揪过来一些东西，有虚象，有希望，有呼喊，有假面具。他发掘恶习，解剖热情。他探索人、灵魂、心，脏腑、头脑与各个人有的深渊。……②

正是因为有着这么多世俗的面貌、事件，大师们才具体地写出了人间悲剧。这使他们的心灵与作品属于整个人类，属于活的人生。

正是这种忧患意识贯穿于这些文学大师的创作之中，他们的作品才具有那么深厚感人的内容，那么崇高澎湃的气势，才带有一种不朽的因素，越过了时代的限制，越过了民族的界限，越过了文学的门槛。《汉姆雷特》《李尔王》《欧根·奥涅金》《人间喜剧》《战争与和平》《克里

---

① 《说不尽的莎士比亚》，转引自段宝林编《西方古典作家谈文艺创作》，春风文艺出版社，1980，第159-160页。
② 《巴尔扎克葬词》，转引自段宝林编《西方古典作家谈文艺创作》，春风文艺出版社，1980，第380页。

木·萨姆金的一生》《阿Q正传》，都是这种不朽的作品。它们之所以能成为传世之作，一个重要的原因就在于其具有这种含着全人类、全世界、历史全过程的忧患意识，他们描绘的历史过去了、人物逝去了；但是，他们探索的人类和历史的共性问题、他们的主要人物的忧患意识和创作主体的创作意识却至今流传在人间，他们的揭示、提示、解答和迷惑，仍然具有新鲜的意义和引人的魅力。

当然，这种忧患意识在总体上的精神一致并不妨碍、掩盖他们在每位大师心中的独特民族性和个性，不会泯灭他们在思想层次和真理性方面的差异。正是这些，使他们的作品各自占领的思想领域不同，达到独特的思想与艺术境界高度的不同。他们创造的典型人物，也有着同样的情形。汉姆雷特、李尔王、奥涅金、彼尔和保尔康斯基公爵、克里木·萨姆金以及阿Q都有他们各自的忧患意识，他们身上都体现、寄托、抒发着创作主体的忧患意识，两者同根而又有区别，且有创造者的意识与被创造者的意识的根本区别，但两者都反映了时代和民族的灵魂与命运、人类的困惑与苦恼。正是这一切之中贯穿着的忧患意识，具有"永恒的"魅力。

忧患意识作为创作之魔，是思想之魔，它的魔力主要来自创作主体的创作心理中的思想。思想的力量，塑造了典型性格的魂、灵，灌输给作品以思维的魅力、逻辑的伦理的磁性和感人的情意。

这种思想成熟了、升华了，升华为情绪、情感、情操，是情绪化了的思想，又凝聚于人物身上和心灵中，是人格化而又情感化、心理化的思想。这种力量是强劲的、坚毅的、深沉的，它有时不被当世重视，而为后世所发现与尊崇，它可能曾经甚至仍然不被多数人，而不免曲高和寡。但是，它却是具有普遍的和永恒的力量的。它是既炽热又冷峻的。人们会爱它又惧它，本应亲近它且不免有人有时会疏离它；但它永在，永葆艺术的青春。它是艺术之魔，创作之魔。

当然，这种"魔"是不会召之即来的；它也不能够做作和伪装。谁能装出一副悲天悯人的样子，谁能装出忧患意识填充胸怀的风度？虚伪必败。因此，这个忧患意识之魔，不是知道了它的存在和魔力就能为己所用的。它需要培养——非一日之功的培养。它是在深刻掌握历史、文化，民族命运、时代精神的基础上产生的，是在人民之中取得的，是用民族与世界文化装备起来的；同时，它要求与时代精神沟通、与人民命运息息相关，要求一个崇高的品德、伟大的人格、深邃的心性，要求一颗不平凡的心、一个不平凡的创作心理。它当然不是可望而不可即的，但它也不是"人人可以为尧舜"。它鼓舞人向上、求索、追寻，自我培育、自我努力，从人民和生活中汲取思想与情感的雨露。它可以有层次高低的区别；但是，却应当属于同一个系列。忧患意识是民族、人民的心灵的个体体现。希望你成为这样一个个体，那么你就可以获得这种魔力。当这个创作之魔在你心中升起，在你心灵中扎根时，你的作品，无论什么题材，无论使用什么样式，都会是不同凡响的。——因为其中鸣响着忧患意识发出的吟哦。

七、"魔Ⅶ"：悲剧心理

悲为美。悲剧更具美学价值，悲更合乎人的审美心理要求。喜剧欢笑为人们所喜爱；但悲剧的痛苦却引人深思，追寻觅索，回味无穷。鲁迅对厨川白村的文艺是"苦闷的象征"的论述给予肯定的评价；朱光潜先生早在外国留学时期（1933年）就写出了博士论文《悲剧心理学》[①]，在这本书中他肯定了尼采的《悲剧的诞生》中的观点；钱锺书先生提出了"惟食忘忧"与"写忧而造艺"的美学原则。他们都以学贯中西的美学理论武装自己，据传统审美文化、引西方美学理论，将其熔为一炉并别出心裁地提出了各有侧重而在总体上都属于悲为美的悲剧心理范畴的审美理论。这实非偶然。无论从创作还是从欣赏角度来说，悲剧心理都是重要的内涵。这里所说的"悲"，自然不只是悲哀、悲伤、悲痛、悲惨，而是包容了一切人生的、人类的苦闷、痛苦、失望、困惑，爱情的得失、死亡的不可避免、青春易逝而难再、幸福诱人而难求，如此等等，都给人一种悲的心理反映。这种悲剧心理，是人类从远古时代起就培育了的。人类起初并不认识和理解死亡，不明死的原因、不懂死是什么，只觉得人离去了、生命结束了，他们感受到一种痛苦难耐的袭击，体验到一种悲壮的情怀。巫术的礼仪、祭祀的活动都是庄严肃穆的，氛围悲壮，气势动人。长久以来的这种生活经历、礼仪陶冶和心理体验培育了人类的一种悲剧心理。人生的其他许多问题首要的是

---

① 朱光潜：《悲剧心理学》，张隆溪译，人民文学出版社，1983。

生、老、病、死，都是既使人苦恼又使人困惑的"永恒的问题"，它们也在人们的心里造成一种悲怆意境。钱锺书在《诗可以怨》中写道：

> 尼采曾把母鸡下蛋的啼叫和诗人的歌唱相提并论，说都是"痛苦使然"。这个家常而生动的比拟也恰恰符合中国文艺传统里一个流行的意见：痛苦比快乐更能产生诗歌，好诗主要是不愉快、苦恼或"穷愁"的表现和发泄。[1]

希腊有永远留在艺术与文化史的悲剧艺术。有"诗国"之称的中国的文艺传统里，在创作实践中和在美学理论中都肯定了"痛苦比欢乐更能产生诗歌"，而好诗也主要是"穷愁的表现和发泄"，人们喜欢传诵的也是吟诵有黍离之悲的佳唱。这都反映了人类的生活本身苦难多于欢乐、死亡更引人沉思；悲剧心理是集体潜意识的内涵之一，是人类远古意识的遗传，也是人类现实心理的普遍特征。

人类除了这种痛苦的侵袭之外，还有另一个基本的骚扰：唯食是忧。"民以食为天"，而民之解决"食"又难于上青天，这是一个历史的基本课题[2]。"食是忧"，其含义不仅是忧愁、忧虑，而且含有为食而筹谋、劳作、身心力求的意思，即所谓"为稻粱谋"，即使有得吃了，要得到它也是要费周折、付操劳的。"天上不会掉馅饼"的说法，主要不在说明不可能，而是嘲笑不"忧食"的心曲和行为：天下哪有这等事!?

忧食是对生活的基本关注，悲死悼亡是对生命的短暂（不是永恒的）的叹息。它们是悲剧心理的主要根源。唯其如此，悲剧心理才能成为人的普遍心理内涵和主要审美心理特征。创作从它而得益，欣赏遇它而心悦。

人类发展史是一部与自然斗争、与自身斗争的艰苦卓绝的斗争史，也是一部为食、为抵御死亡而奋斗的斗争史，这中间蕴含着永恒的、绝大的悲壮气氛和内涵，它留存于人类的心理积淀之中。进入阶级社会后，人间争斗纷纭复杂、连绵不断，饿殍遍野，血流成河，哀鸿震天，泪洒长空。这部人世的苦难史，有多少悲与苦!? 钱锺书在《管锥编》

---

[1] 钱锺书：《诗可以怨》，《文学评论》1981年第1期。

[2] "'惟食忘忧'只道着一半；唯有食庶得以忧，无食则不暇他忧而唯食是忧矣。"（《管锥编》，第240页）

中概述中国古代社会的苦况，揭示了苦恼意识、悲剧心理长期的历史根源和深厚的社会根源。何开四概括地写道：

> 但他在《管锥编》中囊括古来众作，对此作了淋漓尽致的铺陈，给我们展现出一幅中国封建社会苦难而悲壮的画图：楚臣去境、汉妾辞宫的哀怨，冻馁病老、存殁别离的苦愁，塞客衣单、孀闺泪尽的凄凉，寄人篱下、亡国破家的惨痛，……这些历代诗文中习见的内容，难道不正是阶级社会中人生痛苦的形象反映吗？所以，人类的苦恼意识绝不是什么偶然的现象，而是有其历史的必然。①

这里所列举的内容，除了具体所指之外，那些概括性的描述，如生离死别的苦愁，深闺泪尽的凄凉，以及国破家亡、逐臣去国等，事实上历史和现实中也都是存在的，只不过不同时期的社会内涵有所差别而已。因此，悲剧心理作为一种社会生活的人类心灵结晶，作为人类普遍的心理内涵，是盖有年月、积久成习的。

不过，人类的这种由苦难而来的悲剧心理素质在长久的发展中，像其他事物的发展经历一样，也会扩展、分流，逐渐有了一种不离大格的支岔分离，于是连类而及，产生浸润性拓展。从悲剧心理方面来说，一方面由于苦难而产生了悲剧心理，因此，每见人世苦难或欣赏悲剧，便觉投我心意、引起美感，而以悲为美；另一方面，又会因为向来的审美生活是如此这般，所以审美心理也就产生一种特质，在美感中竟带着悲的意蕴了。于是而至于：悲为美，美为悲。钱锺书在《管锥编》中列举了许多例证，来证明这样一条重要的美学规律：人们的审美过程中，美（感）中有悲，悲中有美（感）。这是因为，"人类的进击历程蕴含着大量的悲剧意识。这一悲剧意识又直接影响了人们的审美趣味，先是由悲生美（感），反过来又条件反射地由美生悲了。"②

这样，人类的悲剧意识、悲剧心理就浸润发展而至于其他，而至于稍稍偏离悲苦而存了。《管锥编》中指出："康德言接触美好事物，辄惆怅羁旅之思家乡"③，"心理学即谓人感受美物，辄觉胸隐然痛，心怦然

---

① 何开四：《钱锺书美学思想的历史演进》，载《〈管锥编〉研究论文集》，福建人民出版社1984，第128页。

② 同上书，第133页。

③ 同上书，第982页。

跃，背如冷水浇，眶有热泪滋等种种反映"①，"读书至美妙处，真泪方流"，"至美无类，皆能使敏感者下泪"；"文词之美使人心痛"②。这些都反映悲为美的扩展、悲剧心理的扩展，甚至与喜、爱、感动等相连了。

这样，悲之为美和美之蕴悲相结合，就更为悲剧心理在文学创作与文学接受中创造了更为重要的条件，更令人每每以悲剧美为艺术之上品了。作家的悲剧心理也因而成为创作之魔的一种了。

作为文学艺术作品的创造者，作家、艺术家的悲剧心理就是在这种人类审美共性和心理共性的文化背景下形成和占有它的地位的。作为创作主体，他们在自己的创作心理和一般心理的形成过程中，就受到这种人类审美共性和心理共性的浸染，培育了悲剧心理。一般来说，他们的敏感的心性和他们的经历，往往都有利于形成他们的这种悲剧心理；他们往往在幼小的时候，便易感受人间悲苦、世道不平，常思人生苦恼的解脱，也常惑于人类苦恼的不得解脱，他们也常从一己的遭遇而体验到人民的悲苦、民族的苦难，而筑成悲剧心理。③

诗人墨客的不幸遭遇、坎坷经历，使他们最能体认这种人类普遍社会心理的情状，而形成自己的悲剧心理，铸成其创作心理的重要内蕴；由此，他们也最能感受、体察人世的苦难不平、悲剧情状；在他们的心灵深处，潜意识和直觉思维中，都弥漫着一层悲剧心理的美的迷雾，形成他们的审美心理的美学内蕴。诗"穷而后工"，"文章憎命达"，"贾谊不左迁失志，则文彩不发，……扬雄不贫，则不能作《玄言》；钟嵘《诗品》上《汉都尉李陵》：'生命不谐，声颓身丧，使陵不遭辛苦，其文亦何至此！'韩愈《荆谭唱和诗序》：'夫和平之音淡薄，而愁思之声要眇，欢愉之词难工，而穷苦之言易好。'白居易《序洛诗·序》：'予历览古今歌诗，……多因谗冤遭逐，征戍行旅、冻馁病老、存殁别离'，……世所谓：'文士多数奇，诗人尤命薄，于斯见矣'；欧阳修《梅圣俞诗集序》：'盖愈穷则愈工，然则非诗之穷人，殆穷者而后工也。'"④这都是穷而后工的历史例证。当然，我们还可以举出许多，如

---

① 何开四：《钱锺书美学思想的历史演进》，载《〈管锥编〉研究论文集》，福建人民出版社1984，第949页。

② 同上。

③ 在我们为本书所作的问卷调查中，所得的答案，没有一个是由于欢乐愉快而形成创作意识的，诸位作家都是由于家庭不幸或社会动乱而引起对人生的思索和人生觉醒。他们对自己对人生看法的概括也全是悲剧哲理性的。详见本书第一编第一章第二节。

④ 植谭：《新论·求辅》，引自《管锥编》。

屈原之遭逐赋《离骚》而成千古名篇，司马迁服宫刑而发愤写《史记》流芳后世，曹植遭忌而诗文斐然，李后主亡国之君却成了绝代词人，唐宋两代伟大的著名诗人中，哪个不是不幸中活过来的？这"穷"而能使他们"工"，从创作心理来说，就是他们形成了深刻的、丰厚的悲剧心理，它作为心理定式、潜隐灵知，对于客观世界中的悲剧现象敏感而吸收力强，其心理"块"不断内化现实生活中的种种苦恼、痛苦、哀伤的事实而成为心理素材，既丰富了生活积累，又使他们通向人民的心，且更逐步地培养、加深他们的悲剧心理。另一方面，他们的这种悲剧心理会在创作过程中投射于作品之中，投射于对素材的加工处理之中，酶化对象，酿制美的素质，使作品深沉蕴藉、含情脉脉，以一种洞观世态、探索人生、超越死生、抒写一时一地一人之事态心理，倾诉人类千古难平难解之情意的悲剧内蕴与氛围，完成创作中的艺术追求，而成就艺术上品。这就是钱锺书着重提出和论证的美学原则："写忧而造艺。"这是文学创作的一条重要规律。钱锺书在《诗可以怨》中作了详尽的论述。

"写忧而造艺"，把"忧"与"艺"连在一起，说明"忧"能生"艺"，"艺"出于"忧"，"忧"即"艺"。这"忧"是悲剧心理，也是忧患意识，是艺术创造的重要内蕴。"愤怒出诗人"（尤维纳利斯），"艺术是由烟雾腾腾的地狱开入头脑"（马克思），都从"忧"中发现了进入艺术的道途门径。"忧"——→艺术，这是由人的悲剧心理产生的艺术路途。朱光潜在《悲剧心理学》中指出：

> 一个人一旦遇到极大的不幸，就不会再以自我为中心，他会去沉思整个人类的苦难，而认为自己的不幸遭遇不过是普遍的痛苦中一个特殊的例子，他会觉得整个人类都注定了要受苦，他自己不过是落进那无边无际的苦海中去的又一滴水而已。整个宇宙的道德秩序似乎出了毛病，他天性中要求完美和幸福的愿望使他对此深感惋惜。正是这种惋惜感在悲剧怜悯这种感情中占主导地位。[1]

作家的悲剧心理，就是这样由己及人、由己及世（界）地从一个小天地（自己的和心理的）走向大世界；通向人民、通向人类命运，由此，也就进入能为人们所普遍接受和喜爱的悲剧性的创作之中了，他的

---

[1] 朱光潜：《悲剧心理学》，张隆溪译，人民文学出版社，1983，第79页。

作品也就因为蕴含着这种悲剧心理和隐隐地或明显地笼罩着这种悲剧气氛而具有感人动人之力了。

但悲剧心理也不全都关乎"悲"。它还有一个更宽宏、更深邃、包容更繁复的思维与心理层次，这就是所思也广，所关心者众生（人类），所探索者社会、人类的历史命运与规律，心中充满恢宏的爱心和深沉悠远的感情；而且，这一切又都是同作家的知识和艺术的素养结合的，具有深厚的文化含量与背景，也同他的人生实践、艺术活动紧紧结合，还同他对于社会与人生、国家与民族的各种日常的"生命的跳动"紧紧地结合；这不是一个空疏的心田，而是一个浩瀚而深邃的胸襟：这一切构成了一个足称哲人、智者、志士、巨匠的胸襟；这便是更高层次的，并不表面关乎"悲"但在深刻意义上具有一种悲剧含义的悲剧心理。以这样的心理和创作心理写出的作品都具有悲剧意识、悲剧色彩和悲剧的感人至深的力量。前面所举的陈子昂的《登幽州台歌》即这种作品。就中国古典诗歌和散文来说，可以说屈原的《离骚》，司马迁的《史记》，杜甫的"三吏""三别"，李白的《蜀道难》《梦游天姥吟留别》，白居易的《琵琶行》，李贺的《青铜仙人辞汉歌》，汤显祖的"临川四梦"，曹雪芹的《红楼梦》，等等，都具有这种悲剧内涵与境界。在世界范围内，在散文作品中，但丁的《神曲》、歌德的《浮士德》、巴尔扎克的《人间喜剧》、托尔斯泰的《战争与和平》、罗曼·罗兰的《约翰·克利斯朵夫》、鲁迅的《阿Q正传》，以及马尔克斯的《百年孤独》、福克纳的《喧嚣与骚乱》、卡夫卡的《变形记》、海明威的《老人与海》，也都有这种悲剧色彩。

当然，说悲剧心理是创作之魔，并不是要求作家都去写悲剧、都只写悲剧，或者说只有悲剧才是美的，而是说悲为美、美为悲，两者渗透交融，具有悲剧素质和美的素质，都同样具有悲剧意识，而这是与作家自身的悲剧心理紧紧相连的。一部艺术品自然地带有一种广义上的悲剧意识。这是因为，一个作家的创作心理中必然会蕴藏着悲剧意识，如果他是心通向人民，以至通向人类、历史、文化的，如果他是以天下为己任，先天下之忧而忧、后天下之乐而乐的，如果他是关注人类命运，探索社会与人民的进步之途的。

悲剧心理，当然不是总和欢乐、愉悦、奋斗、信心相对立。相反，它们有时倒是相通相连的。创作主体心理中的悲剧意识，往往促使他去寻求人民与全人类的欢乐、愉悦，促使他满怀信心地去奋斗、追求、寻觅。这在我们前面列举的和尚未举出的众多艺术大师的身上，不是看得很清楚的吗？他们都是伟大斗士。

悲剧心理，是一个文化素养、文化素质的问题。斤斤计较、囿于身边琐事、只关心自己的卑微琐屑之心，是不可能产生悲剧心理的。庸俗的利害观充塞于他的心理，容不下别的更广大范围中的事物了，焉有悲剧心理站脚之处？但如是放眼辽远境界、关怀广大深邃的事物，探索人生究竟，寻求人类出处，就自然心胸开豁，接纳丰厚，手眼辽阔，气势恢宏，而具有一种悲剧心理了。从这个意义上说，作家的创作心理中具有悲剧意识，作家形成了一种深广意义上的悲剧心理，就会是所思者广，所关怀者众，所虑者恢宏，所怀者博大，而且其心理内涵均来自现实、来自人民、来自人生与社会现状（如果脱离这一切，"不食人间烟火"，何忧之有？何悲之生？），因此又是最现实的、立足于人生的。这样，总体创作意识就处于较高文化层次。这是创作心理的一种上境佳境。而"为忧造艺"与"为情造文"相渗透融汇，在贯注于作品中的精神气质上，也会是深沉蕴藉的（陈子昂的《登幽州台歌》，苏东坡的《念奴娇·赤壁怀古》，主要就是因这种悲剧精神气质而流传千古的），而且在创作技巧上，也由此而获得上乘路数。

此其悲剧心理是创作之一"魔"。

八、"魔Ⅷ"："两面神思维"

"两面神思维"是一种创造性思维方法。[①]爱因斯坦是"两面神思维"在科学界的一个杰出代表，他的相对论是"两面神思维"的典型表现的产物。作家、艺术家在从事文学创作的过程中，也同样具有这种思维特点，在他们的心中常常有两个面孔、两种声音、两种性格、两个对

---

① 美国精神病学家 A. 卢森堡向有创造性成就的人物作了大量调查后，经过分析，提出了"两面神思维"这个概念。他指出："两面神思维所指的，是同时积极地构想出两个或更多并存的（或者）同样起作用的或同样正确的或对立的概念、思想或印象。在表现违反逻辑或者违反自然法则情况下，具有创造力的人物制定了两个或更多并存和同时起作用的相反物或对立面，而这样的表述产生了完整的概念、印象和创造。"卢森堡认为，爱因斯坦的创造力是"两面神思维"的一个典型例证。（参阅舒炜光：《爱因斯坦问答》，辽宁人民出版社，1983，第140–146页）

立的双方出现，他们常常同时对一个人、一件事、一桩事物从两个方面而且是对立的两个方面去思索，然后又得出一个统一的、和谐的印象，或者得出某种结论或形象。这是一种思维方式，也是一种掌握对象的方法，反映世界的习惯，对世界作出反应的心理状态。同时，我们也可以说这是一种能力，包含在一个作家的创作能力之中。爱因斯坦的"两面神思维"主要表现在两个对立的概念同时存在，而且同时起作用，从而促成思维的创造性跃进。A. 卢森堡说："一个观测者能够在同一时刻既处于运动状态，又处于静止状态。"正如爱因斯坦所说："正是在这种把各种各样东西合理地统一起来的努力中，它取得了最伟大的成就，尽管也正是这种企图使它冒着会成为妄想的牺牲品的最大危险。"[①]然而，对于作家来说，"两面神思维"主要表现在对形象把握上的两极对立，同时观测与思索，又使它们合理地统一起来。

首先是对对象的思考时表现出来的"两面神思维"。作家总是——艺术创造也这样要求他——既从形象性、生动性、具体性和运动性上去把握对象，又要抽象地、概貌地、静止地、逻辑地去把握对象。这两种不同性质的把握是同时进行的，是并行不悖地在作家的头脑中出现的；但是这种两相对立的方面并不会导致认识上的分裂，而是引向认知上的统一和心理上的和谐。巴尔扎克是那样具体、生动、细致、"须眉皆见"地在市场、在街上观察人，"进到他们的内心里去""变成了对象自身"去体验、感受对象；但是，同时，他又是由此去把握世界、社会、人生，抽象地把握对象。他关于《人间喜剧》的种种详尽的、理智的、理论的分析与规划，却又是那么"逻辑""理论"。托尔斯泰由自己袍袖上的花边而想起女人的生活和这种生活对于女性的意义，又由此而想到安娜·卡列尼娜失去这种女性生活的痛苦。一个细小的形象的触发，产生了不断交织着形象、生活状况和人生意义两种思维形式的思维过程和思维方式。事实上，我们看到，这就是作家的形象思维与逻辑思维的具体运行和结合的过程。作家在酝酿、构思和写作的过程中，进行的都应是这种形象与逻辑的"两面神思维"。正是这种两极对立的思维方式，促进了思维的跃进性发展和创作的发展。创作心理也就在这个过程中发

---

① 爱因斯坦：《爱因斯坦文集》第三卷，许良英、范岱年编译，商务印书馆，1976，第185页。

挥它的机制，推进这种特殊方式的思维。许多作家往往是从生活细节、人物形象上受到触动，然后从形象和逻辑推理两个方面去思索对象；但同时也常常会在"形象"和"逻辑"的思维两个方面各自的内部，又产生对立的两极的思维。这种两极，就是相同性质的两个对立项的矛盾了。作家以从两极去把握对象的方式去深入剖析和认识对象，促进认知上的深化。

作家的"两面神思维"还表现在对作品中人物形象的思考设计上，从两个对立面去考虑。不是一元化，而是二元化和多元化而又统一和谐，都融汇于"这一个"身上。茨威格说："应当在灵魂深处发掘截然相反的东西。"[1]这是对生活的忠实的反映。因为人都是一个矛盾的统一体，有外在的矛盾，也有内在的、内心的矛盾。当然，这种矛盾的双方是对立的，不过并不总是在品质上的对立，而是在性格上的对立。不管怎样矛盾，它都是统一和谐地体现于一个具体的人身上的。人是一个矛盾体。文学创作就是要反映这个矛盾体，反映这个矛盾体的内在矛盾。这才能真正塑造出鲜明的人物性格和深刻地反映生活。那些文学作品中不朽的形象都是这种矛盾体。这正体现了作家的深刻。莎士比亚笔下的著名人物形象都是这种矛盾体，而以汉姆雷特、李尔王、麦克白尤为突出（他们的性格内部的对立并不都是品质上的，更主要的是性格上的）。曹雪芹笔下的贾宝玉、林黛玉、薛宝钗和王熙凤也都是矛盾体。人物形象性格上的矛盾，具体地体现了作家在对对象的认识和把握上是以"两面神思维"的方式去处理的。这表现了作家思想的深度——对生活、对人物认识的深度。单一的、平面的对人物的认识，往往导致对人物塑造的单一化、平面化。

作家的"两面神思维"反映了他自身的性格的复杂性。思维方式的"两面神"，这本身就是复杂性格的一个组成部分和重要体现。性格上的热情和冷静、合群和孤独，思维上的发散与聚敛，人生态度上的入世与出世，呈现出复杂的构架。恩格斯曾经充分而深刻地揭示了歌德的两重性格：

> 在他心中经常进行着天才诗人和法兰克福市议员的谨慎的儿

---

[1] 《致高尔基信（1926年12月19日）》，《三人书简》，臧乐安等译，湖南人民出版社，1980。

子、可敬的魏玛的枢密顾问之间的斗争；……歌德有时非常伟大，有时极为渺小；有时是叛逆的、爱嘲笑的、鄙视世界的天才，有时则是谨小慎微、事事知足、胸襟狭隘的庸人。[①]

决定歌德这种性格的是当时德国的社会生活和他自己的地位（远溯则可及于德国历史和德国文化），而歌德的性格则成为他的"两面神思维"的世界观、社会生活和心理的基础。当然，作家的这种性格的对立内涵，并不都能纳入歌德这样的"天才""渺小"的模式中，因为性格矛盾并不都涉及政治的、人格的品质。列宁说，托尔斯泰作为一个艺术家是伟大的，而作为一个思想家则是渺小的。这里虽然都涉及"伟大"与"渺小"，但并不关涉人格品质，也反映了他的思维方式的"两面神"风貌。一方面是艺术家，另一方面是思想家（虽然是渺小的思想家，但仍是思想家；渺小的是在解决社会问题的方案上，而不是思想的品位和文化层次上），这是两个方面，反映在创作上就是"两面神思维"。

林语堂如此描绘苏东坡的复杂性格：

> 我可以说，苏东坡是一个不可救药的乐天派，一个伟大的人道主义者，一个百姓的朋友，一个大文豪、大书法家、创新的画家、造酒的试验家，一个工程师，一个憎恨清教徒主义的人，一位瑜珈修行者、佛教徒、巨儒政治家，一个皇帝的秘书、酒仙、厚道的法官，一位在政治上专唱反调的人，一个日夜徘徊者，一个诗人，一个小丑；但这还不足以道出苏东坡的全部。一提到苏东坡，中国人总是亲切而温暖地会心一笑，这个结论也许最能表现他的特质。苏东坡比中国其他的诗人更具有多面性天才的丰富感、变化感和幽默感，智能优异，心灵却像天真的小孩——这种混合等于耶稣所谓蛇的智慧加上鸽子的温文。[②]

苏东坡的性格够复杂的了——大凡作家，也许不能都像苏氏如此复

① 恩格斯：《诗歌和散文中的德国社会主义》，载《马克思恩格斯全集》第4卷，人民出版社，1971，第256页。

② 《苏东坡传》，台北远景出版社，1977。转引自刘再复：《文学的反思》，人民文学出版社，1986，第278页。

杂，但是，也大多有其复杂性；复杂意味着丰富，并不就是坏。我们常常害怕说复杂，但基本上可以划归两方面，是基本对立的两面，但又不是绝对的品质对立。就苏氏来说，基本可以用"智能优异"与"赤子之心"来概括。他的这个思想性格的两极，就构成了他的创作心理中"两面神思维"的性格基础。

作家的性格丰富，产生他的思维的丰富性和"两面神思维"的基础。而"两面神思维"又带来他的创作和创造的人物形象的深刻性与丰富性。在"两面神思维"的轨道上思维，是深刻的、有趣的，它促使创作思维跃进。

九、"魔IX"：模糊意念

模糊意念是模糊思维的一种表现，而模糊思维则是客观世界本身模糊性的反映，也是人类认识的模糊性的反映。近年来模糊性问题成为一个热门话题，一些人热烈地谈论它，捧它，膜拜它，把它说得神乎其神。而事实上，它本身就是模糊的，其作用和力量也是模糊的，人们的论述更是模糊的，于是模糊一片，莫名其妙，只剩下在它面前搓着手，惊呼"哎哟！"的份儿了。模糊性因此也就还它一个模糊性，大家模糊着，不知所以，神秘感弥漫着，神圣感和高傲感也弥漫着，他们以模糊的形象傲视着一片模糊的人，你不懂吗？怨自己无能吧！然而他自己呢？还不是同样一片模糊！

其实，模糊性是一个科学范畴、科学命题，它本身并不模糊，却很精确（就它自身涉及的范畴说）。比如数学上的模糊论，一点儿也不排斥数学已有的精确性理论；数学的精确性也并未被排斥出数学领域。模糊性的被发现和模糊思维的出现，都不是来纠正认识和思维原有的精确性的，而是补充其精确性，使之向更精确地反映世界的高峰前进。因此，精确性与模糊性的结合和模糊性向精确性的发展，才是模糊思维的精髓。这一点，我们在前面已经详细谈过了。

模糊性问题的出现并非偶然，并非如一些猎奇者所说的那样，好像它是从什么神秘的地方跑出来吓人的神怪和精灵。模糊性的揭示，反映了人类认识能力的提高和深化，反映了人类认识史的新篇章的到来。世界万物形成了一个整体，通过无数的渠道结合成无数的系统，无数系统又互相沟通，形成各个等级的大系统。许多事物彼此之间既有差别又互相渗透，存在着无数的中间形态、过渡阶段，它们之间的边缘是模糊不清的，界限是变化不定的。而且，这个整体、这个系统，永恒地在变化着，没有什么是永恒不变的，除了"永恒不变"是不变的；此外，事物还有着本质与现象的组合，它们之间是统一的又有差异，而且会互相转化，本质的暴露和现象的显现都有其条件和形态，也都在不断地变化。这一切便都造成事物的模糊性。人类认识世界时，总要求精确，并且随着实践的深入和认识的提高，也不断地开辟了达到精确性认识水平的领域，不断地由模糊向精确性发展；但是，当人类的实践更为拓展和深入，认识能力更为提高之后，却又突破精确性，而在更高层次上进到模糊性了。但这是一种精确性与模糊性的动态的统一。人类的认识经历了这样的过程：认识自然界 —→ 认识社会 —→ 认识人类思维。这是一个不断深化的层次。而人类认识活动的过程则存在着这样的逻辑发展：模糊性 —→ 精确性 —→ 模糊性地辩证转化。思维的演进则如此发展：原始系统思维 —→ 还原论思维 —→ 现代系统思维。第一阶段以原始模糊的综合定性描述为基本形式；第二阶段以定量精确分析描述为基本形式；第三阶段以定性和定量、模糊和精确描述相统一为基本形式。[①]

在今天，人类进到新的科技革命的时代，进到人类大文化发展的时代，正是突破17世纪以来的认识和思维发展的第二阶段，进到了第三阶段的时代。正是在这个背景下，人类在认识史上明确地提出了模糊性问题和精确地（在目前所能达到的程度上）论述了模糊性。只有在人类认识史和文化史的背景下来观察和探讨认识的模糊性，才能把它放在应有的位置上，才能科学地认识它，而不是神化它和对之顶礼膜拜。

文学艺术在反映世界和对象上的模糊性是突出的，超过其他的反映形式。这是由文学艺术自身的特点所决定的。它所反映的对象和对象的特定部分，自身带有很大的模糊性，比如人的感情、思维、心理活动等。人有时自己都很难明确描述自己的这一切，而处在一种模糊状态。作为反映形式的文学艺术描写，自然更难免于模糊。文学艺术的描述还要求运用模糊的手段，以收到更好的接受效应。欣赏者也因在精确性基

---

① 李晓明：《模糊性：人类认识之谜》，人民出版社，1985，第286-290页。

础上的一定的模糊性而有了更广阔的欣赏——创造天地。模糊性——准确地说是"在精确性基础上的模糊性和不断由模糊性向精确性发展（永远处在由模糊向精确发展的途中）"的模糊性——这是文学艺术的特性，是文学艺术创作和文艺作品的特性。

在创作中，发挥和运用这种模糊性的作用就能收到期望的艺术效应。这就是为什么模糊性是创作之魔的一种的基本原因。文学创作中，对象自身的模糊性、描述模糊性对象的语言的模糊性，都是很容易想象到的；但是，从作品自身的结构和欣赏者的接受来说，这模糊性的作用力何在呢？在审美活动中，它何以会产生更多更好的美感呢？我们在前面"'魔Ⅴ'：潜意识和梦"（第四编第十六章第五节）中曾经举了贝多芬创作规范的例子。埃伦茨韦格在分析这个例证时指出：

> 多么奇怪啊，转折竟然产生在旋律之前！旋律只是随后在转折的两头展开。尽管贝多芬多次雕琢加工这宽广的旋律，可他始终都没有改动这一断裂。这是一个模糊的思想指导并发展成为大规模结构的极好的例子。一支完全清楚、结构严谨的乐曲过分属于意识。一个含混的片断，模糊的形式要素更能打破狭窄的注意，在人们的头脑的光滑表面上打开一个裂缝，深入无一意识。[1]

从审美心理来说，过于清楚、清晰、精确的思想、形象、形式，就过于属于意识，而完全排除了无意识（创造者的和欣赏者的），也就过于狭窄、过于固定、过于呆板，缺乏宽泛、缺乏流动、缺乏变化，也就缺乏艺术的流畅，缺乏美感的丰富性。欣赏者会因此而缺乏审美的情趣、寄托和抒发，移情的空间太满了，太挤了。缺乏艺术空间，因此也就缺乏再创造的余地和余裕之心。这是一位创作者的艺术素质问题，也是一个作品的艺术素质问题，还是一个满足欣赏者创造要求的问题。

当然，这里有一个界限，即绝不是越模糊越好，不应单以模糊为基本特征。而是要模糊性与精确性结合，要由模糊性向精确性发展。要在两者的结合中，在模糊性的基础上，对接受者有一个定向性引导或这种引导的意象：这才是艺术性的模糊性。

艺术创造的模糊性有三个方面：一是总体创作意念的模糊和具象意

---

[1] M. 李普曼：《当代美学》，邓鹏译，光明日报出版社，1986，第425页.

念的模糊；二是朦胧美；三是创作计划的模糊性。

（1）意念模糊。不少作家说，他的创作（包括长篇创作）是在一种模糊状态下开始的：只有一个意念的冲动、一个场面、一个形象、一个印象、一点触发，便动笔了，兴之所至，欣然命笔，一切发展、展开、情节、人物性格都没有谱，"写起来再说"，这在创作上，在总体意念上就是模糊的。不过，这并非完全的、彻底的模糊，而是在一定程度或相当大程度上的模糊。然而就是这种模糊，也有几点值得指出：第一，这个一时冲动的意念，是有根基的、有生活依据的、有心理渊源的，在这里面存在着一定的确定性。其中包括前面多次提到的集体潜意识、远古人类意识、生活经历的刻痕，以及这一切所形成的创作主体的意识、心理、潜隐灵知、潜隐自我，等等。这都是在背景上、在无意识上、在心理定式上，对隐然存在和进行着的创作计划发生作用的。它们也都是带着历史的、文化的和个人的确定性的。第二，这一念之下兴起的模糊意念，在一些方面是模糊的，比如将如何发展下去，结构如何，说明了什么，其社会本质是什么，反对的、拥护的各是什么等，难免模糊；但是，也有一些重要的、关键的具有确定性的东西：感情的性质（对所要写的人和事是爱还是恨），事件（情节）的基本点，主要人物的主要行动和性格内涵，如何写法（风格），等等。这些便是核心，它们将会在创造过程中，裂变、发展、明确化，越来越确定地生长，就像胚胎里一切都还无形，都还是模糊的，但是具有潜在确定性，在发展过程中，它定向定形地成长起来（一个婴儿的长相容貌、一棵小树的风姿形态）。第三，不管如何模糊，在逐渐进展的创作过程中，各个部分都会逐渐明确起来，确定化、清晰化以至精确化。这正是创作过程的具体内涵和实质。

（2）朦胧美。这是意念模糊始终维持的部分。它不会变，不会由模糊向清晰发展。因为它是作家在创作中对于客观对象的模糊、朦胧的相应的反映，——这本身正是准确和明确的反映，包含着精确性的内核；以及对对象的描写中，创造出的一种朦胧、模糊的境界，"道是无情却有情"，"剪不断，理还乱，是离愁。别是一般滋味在心头"，"月朦胧，鸟朦胧，帘卷海棠红"。这是一种美的意境，给予了欣赏者以确定的然而又是自由的创造天地，你不提供"线索"，他不可能创造这种天地；你如规定得太死，描述得太清晰，一览无余，他又无从创造这种天地。

这种模糊性，事实上也是模糊性与精确性的结合。所谓朦胧美，其本质不在于朦胧，而在于照生活原样和照作家的心灵原样，即未经意识的固定的界定和拢住，客观地呈现出来，让欣赏者来品味"事实本身"的面貌。

还有一种更高的模糊，即作品在总体精神上的意念的模糊、主旨的模糊。这种模糊是作品内涵丰富多样的表现，是主旨深邃的表现，好比大海深涧、崇山峻岭，不能一目了然，可以有无数理解和诠释。这根基就是生活本身的丰富、深邃和模糊，像生活一样丰富，就会像生活一样模糊，也像生活一样多样丰富可做多种诠释。维戈茨基在《艺术心理学》中分析了"汉姆雷特之谜"。他指出，伯尔纳[①]有一个精彩的说法：有的绘画，画面上蒙着一层障翳，我们想要揭去这障翳，看清画面，结果却发现，这障翳就在画面上[②]。模糊是绘画本身自在的东西。他接着指出："谜就是画在悲剧上的，悲剧是故意安排成谜的，因此必须把它当作一个不能从逻辑上解释清楚的谜去体会和理解才成。"[③]

维戈茨基大量引证了长期以来各类不同的评论家所作的相同的关于汉姆雷特的"谜"——"暧昧不明、不可思议和难以理解"，也就是模糊性。

格斯纳说，这是"一出戴面具的悲剧"。库纳·费肖尔说："我们站在汉姆雷特和他的悲剧面前，就像站在帷幕前面一样。""汉姆雷特这出悲剧真像一座迷宫。"我们老是在寻找帷幕后面的形象，结果发现：这个形象"正是帷幕本身"；歌德联系这出悲剧论述了隐晦问题，勃兰兑斯说："在《汉姆雷特》中，'普遍意义'或整体观念没有光临剧本。明确性不是莎士比亚心目中的理想……这里有不少谜和矛盾，而剧本的吸引力在很大程度上就取决于他的暧昧不明。"滕·布林克说："汉姆雷特是一个秘密，但这是一个十分诱人的秘密，因为我们意识到它不是人为地杜撰的，而是来源于事物本性的秘密。"茹柯夫斯基说："他们（指评论家们——引用者）在悲剧和悲剧的许多咄咄怪事中看到了整个人生及其不解之谜。"道顿则说得更为透彻：

---

① 伯尔纳（1786—1837），德国作家、政论家。

② 这种画面，在中国山水画中是很多的，它们是很美的。——具有一种朦胧美。

③ 列·谢·维戈茨基：《艺术心理学》，周新译，上海文艺出版社，1985，第217页。

但莎士比亚制造了一个秘密，这个秘密是一个永远激发思想而又永远不会被思想解说清楚的思考对象。因此不能设想，某个思想或某个具有魔力的句子能够解决剧本所提出的难题，或者能够突然说明剧本中全部暧昧不明的东西。不清晰是艺术作品所固有的现象，因为艺术作品注意的是生活，而不是某个课题；而在这一生活里，在这个穿越黑夜和白昼的朦胧边界的心灵的历程中，有着……许多令人无法研究和研究不出结果的东西。

最后，维戈茨基指出："但所有这些批评都认为暧昧不明的是隐藏内核的外壳，是隐藏形象的帷幕，是使人看不见画面的障翳。"[①]

在这些论述中，至少提出了四点值得注意的地方：第一，不清晰、暧昧（即模糊）是作品所固有的现象。但这需要加以解释：这里指的是优秀的、杰出的、不朽的作品，它的模糊性难于把握、难于完全说得清楚、透彻，而且又可以做出多种解释，且都说得圆通，言之成理。第二，这种模糊的本质和来源，不是杜撰，不是低能，不是无力说明，而是它关注生活，它来源于事物本身的秘密，它穿越于黑夜和白昼的朦胧边界中的心灵历程中，因此它像事物、生活、心灵本身一样丰富、深邃和隐蔽。它的模糊是对它的描绘对象的全景式的反映，是对生活的丰厚的反映，是对生活本质的反映，它的这种反映成为一种美。第三，它的秘密是诱人的，它永远激发人的思想。它让人看到整个人生，提出的是深刻的人生之谜。它本身也是诱人的、美的。第四，这种暧昧不明、模糊都是外壳，它隐藏着思想与艺术的明确内核。

这些都是模糊性的内涵、性质和界说。在此之外的模糊，则是无思想性的、无诱发力的、无丰富生活特性的，非来源于生活的不清晰、暧昧，因此是幼稚的、低劣的，不能启发人的。

简单的、低水平的说不清楚、不明晰，与像生活一样丰富、复杂、深邃的模糊不可同日而语。

这里有原则的区别，有艺术上的高下之分。

（3）创作计划模糊性。文学作品的创作计划，不可能也不应该是条分缕析，一切皆备于此的，这就没有发展的余地，也没有创造的余地。

[①] 以上所引均见列·谢·维戈茨基：《艺术心理学》，周新译，上海文艺出版社，1985，第219、221页。

直觉、灵感、无意识与梦，都无立足之地了。创作像按图索骥，作品也就索然无味了。不仅是细节上留着余地、留着模糊，就是在大环节上也是如此。

这有两方面的原因和两方面的需要。一方面，任何计划的酝酿都不可能是巨细皆备、清晰如见的，总会有一些或许多不确定、不明确、未想到的地方，这里便留着模糊，让作家在创作过程中去琢磨、补充、发展。另一方面，在创作过程中直觉、灵感、无意识和梦都会不断出现、突袭而来，冲破计划、改变计划，发展和提高计划，神来之笔，灵感显现，成为艺术创造的"救星"和彗星，给予作家以意外的收获。这是模糊性给予的艺术创造的天地。

总之，模糊意念在创作过程之始和计划实现的过程中都存在着、留存着、活跃着，好像围棋盘上的"眼"、图画画幅上的空白、音乐中的休止符，等待着发展，提供了天地；而作品——作为结果的作品中的模糊性，则像蓝天大海，像月光如水的夜晚，像白云苍狗，像春水秋风，像一切美且不确定然而又是具象的有确定意向的事物，给人以可以意会而难于言传的美。

多少千古绝唱，多少不朽巨制，都是具有这种美的。

就是这样的模糊意念，才能够成为创作之魔，为作家、艺术家所需要而必不可少。

十、"魔X"：语言—言语

语言是思想的实现。语言也是文学楼阁的建筑材料。凡是文学大师，都同时是语言大师。不过，我们向来在语言这个文学的基本表现手段上有点含混。——认识上的含混，也带来实践上的混沌。这不免影响了文学创作水平。问题主要是把语言和言语混为一谈了。事实上，科学的说法应该是：作家是运用言语来创作的。"语言"与"言语"，两词次序的颠倒，表达了完全不同的意思，这绝非文字游戏或故弄玄虚。语言（language）是人们用来进行交际和思维的手段，[①]它是符号系统，也是

① 马克思在《德意志意识形态》中说："语言是一种实践的、既为别人存在并仅仅因此也为我自己存在的、现实的意识。语言也和意识一样，只是由于需要，由于和他人交往的迫切需要才产生的。"

信息系统。它同语言集体的意识有着密切联系。它的主要本质是社会性，这是它不以个人意志为转移的共性。对它的研究是社会心理方面的。但是，语言只是交际的手段、符号系统，不是交际过程本身，也不是意识和思维本身。语言这种性质，决定了它是一个规范系统、一个知识系统，它人为地、约定俗成地确立和制定了语音、语义、语法、修辞等"法律"，人们必须遵守它，才能有效地进行思维和交际，包括文学创作在内。因此，作家掌握有关语言的知识规范、符号系统等原则，是非常重要的，是基本功，是创作才能的基础，就像建筑师和建筑工人一定要掌握建筑材料的质地、性能和使用方式、方法一样；但是，并不是掌握了这一切就可以成为一位作家，写出优秀的文学作品来。在这方面成为行家里手，可能成为语言学家、文章家，但未必能成为作家。作家对语言的掌握，还有更深层次的含义。这里，最重要的一条就是分清语言和言语，并且具有运用言语的能力。

那么，言语是什么呢？言语（parol）是用语言材料构成的，它是现实的语言、语言的实现，它又是用于思想的"建筑材料"，它是人们具体的语言运用，是现实的"说话"（或"说话"的文字记录，包括文学创作）。"因此，言语是语言符号同个人意识过程相结合的产物，而这种结合要求人进行某种创造，使语言符号获得新质。人们创造性地遣词造句，使言语在交际上和表达情感上达到最佳效果"①。所以，言语是个别性的、因人而异的，是人们能够赋予个人色彩的。作家的语言才能，主要是在掌握语言规范的基础上运用和创造富有表现力的、具有个性的言语。对于言语的研究是物理的、生理的和个人心理的。我们所说的语言的魔力，主要是指言语的魔力，或者说是语言—言语魔力。因为语言和言语虽然有差异，但又是不可分的。它们是互相联系的，又互为前提。语言是言语的抽象，言语是语言的运用。

言语作为文学作品的基本建筑材料，它的魔力首先就表现在文学作品的"八宝楼台"全靠它建设起来，没有它也就没有文学。它是作家的创作心理和艺术构思的实现和物化形态。从心理、构思到"楼台"（作品），这中间需要一个媒介才能实现从内到外、从隐到显、从抽象到具体。这个中间过程就是语言符号这个媒介发挥作用的空间，也是语言—

① A. H. 沙夫琴科：《言语的语言学》摘要，《国外社会科学快报》1987年第1期。

言语发挥魔力作用的地方。这也同时就是作家的具体创作过程，是创造力显身手的时候和地方。作家在创作过程中如何施展语言—言语的魔力呢？主要的就是认识清楚语言的这种基本功能，并能在实践中创造出具体的、系统化的、整体的言语，来实现这种功能。言语，使用语言材料又遵循语言规律，来表达作家的艺术思维、艺术构思，使它们成为价值的向导和情感的向导，成为思维的物化和人物性格的具象化，使它既能客观地描述、表现客观世界、生活状态，又能体现、表露创作主体对于客观事物的情感、剖析和评价。

这里，提出作家的语言—言语意识问题是必要的。作家的这种意识包含三个方面：第一，言语的意识。即把对语言的含混认识、理解和运用，变为语言—言语的理解，特别是明确树立言语的意识，明确作家创作作品要发挥语言这个"魔"的力量，主要就是要创造"创造性言语"，要发挥它的"魔力"作用。第二，了解、掌握和运用有关语言—言语的一系列规范、规律与知识（关于这一点下面详谈）。第三，了解、掌握和运用、发挥语言—言语的审美功能。这三个方面组成了作家的"语言—言语意识"，这是他的创作心理的主要内涵，也是艺术思维的主要内涵。这三个方面是相当复杂、丰富、宽广而深邃的，它们之间又是紧密相连而不可分的。我们过去探讨文学的语言问题，往往只局限于如何遣词造句，如何运用语言来表达，这不仅范围狭小，而且没有更好地来追究这一切要掌握什么规律、通过什么途径来实现，特别是没有从个人心理方面来进行追索。

我们现在就来进行这一工作。关于第一点，我们在前面已经着重说过了。这里从第二点开始。

说到关于语言—言语的一系列规律、规范与知识，涉及方面非常广泛，而且每一方面又有复杂的内涵。

（1）语音。这里不是指读音，而是指语言的声音效应。在文学作品中，即使是散文、小说，语音的铿锵、和谐、节奏也是很重要的。值得注意的是语音的心理效应：音响在欣赏者心里引起的愉悦感和心理反应。这里要追求的是语言的听觉表象：由听觉引起表象的出现和活动。中国古诗、散文中这种艺术效应是很好的；鲁迅的散文诗集《野草》中的篇章，散文、小说以至杂文中的某些句段，那语音的美妙和心理效应也是很好的。高尔基的《海燕》音韵之美是著名的。在这方面，作家的本领和运用之妙在于自然，在于朴素，不是雕琢追逐而成，而是天然去雕饰，从笔下流泻而出，音响扣动心弦，给人以听觉的和由听觉而及于审美心理的美感享受。

（2）语义。主要是语义用于作品中自然、准确、恰当，很好地描述了客观事物，表达了作家的思想、情感、内心活动和对于客观事物的主观态度。这里的功夫，不仅在于准确地掌握词义、语义，而且在于准确地把握了对象的形象与内涵、特征和共性，同时又能准确地掌握语言、对象两者之间的关系，能够创造性地运用。A.H.沙夫琴科所著《言语的语言学》中说："语义要素在言语中是很起作用的。如语言环境为词义的变异提供了无限的可能，增加了词的修辞特色，使词能对人的情感产生影响。"词义、语义随着语言环境的不同而产生变异和效应转换，是掌握语义的重要方面。作家的言语创造能力，如果说基础是掌握语义和准确地使用它，不如说是掌握在环境变异中词义、语义的变换和表达能力的变异。

（3）语调。一般来说，语调属于语言的语法体系，属于修辞体系，但它同时还是言语的要素。在句法语调中，简单句、从属句和附加独立成分，在各种不同的结构中组成不同的语调，产生不同的意义和情感效果。在言语活动中，表达说话人态度、情感和意愿的语调，是语法语调的实现和具体运用。语调构成作品的整个语言风格以至整个艺术风格。

（4）语法。语法的具体运用构成具体的言语。作家的作品自然必须在语法规范中使用语言，创造言语。规范化的语言，是文学大师之所以同时就是语言大师的主要标志。不合语法的言语，不能精确、准确地表达内容——不能准确地描述对象，抒写创作主体的心性；但是，文学作品却常常有越轨之笔，越出了语法的规范，却更好地获得了表达效果。萧红的《生死场》《呼兰河传》，莫言的小说，都有这种情况。桑塔亚纳说，语言是理智的符号，但是，它却能表达人的情感、对象的情感因素。有时越轨的笔触反倒能以非凡的气势、特异的色彩来表达作者的情感和环境的气氛；但是，这种"违法"是有限度的，而且要运用得当，否则语言魔力就成了邪魔、魔祟了。

（5）语序。语言的词、句的有序安排，形成一种结构，能产生表义的、社会的与心理的效应。同样，词、句在不同的序次和结构中会产生完全不同的效应。这是语言魔力的一种比较典型的表现。例如，叶芝①的《驶向拜占庭》这首诗中，有的地方用实在的普通语言形象地表达了极为普通的却引人深思的人生道理。如诗句"一个老人是猥琐的东西，一件挂在竹竿上的破衣服"。这两句话都很普通，第一句是一个普通的难于入诗的陈述句，第二句更是来自日常生活的普普通通的话，但是，把两句话按次序组织在一起，就产生了神奇的效果："前者变成了警句，后者变成了确切的比喻。"②而且，这揭示是多么深刻、形象、贴切，包含着深沉的人生哲理。一种特殊的结构，化腐朽为神奇了。

这是作家的本领。虽然叶芝写的是诗，但是在散文、小说中不也如此吗？如果作家在自己的作品中，不断使用这样的语句结构，那么表现力将如何，不是可想而知的吗？

（6）韵律。韵律并不都属于诗歌。散文、小说以及一切非诗歌的文学样式，也要求言语具有韵律感。这种韵律是内在的、潜隐的、不规则的、变化的。鲁迅的小说和杂文中即富有这种言语的韵律感。屠格涅夫的小说中，有些景物描写、人物间关系描写也富有这种韵律感。托尔斯泰的小说也是如此。我们还想指出，像福克纳的《喧哗与骚动》这样的作品中，也有着一种特殊的韵律感。

这种言语的韵律的作用，表现在叙事的韵律上，它的"主观的"韵律同对象自身的自然韵律是相应相合的。这种主客观的统一和谐，形成一种美感，成为构筑整个作品的美学形象的部分因素。这种韵律感也体现了创作主体的心理上的一种韵律。这是对于对象的韵律的感受与感应，是主体自身内部的感受性和投射活动的一种韵律，以及作家对于语言的韵律感的一种深切感受。

这种韵律感不是可以主观制造的，虽然可以主动地努力培养，它也不是在创作活动中的一种刻意的追求和雕琢；它是创作主体在形成创作心理的过程中长期积累形成的一种能力，即语感能力。这种潜隐灵知在创作过程中启动后，仿佛凭着自发力、韵律感的言语流泻而出。不过，在事后的修改中，却是可以通过推敲寻求一种言语的韵律感的。当然也要是自然地、非雕琢地，要求主体自身的思想的、情感的、心理的和对

---

① 叶芝（William Butler Yeats，1865—1939），爱尔兰诗人、剧作家。T. S. 艾略特称他"是当代最伟大的诗人，在英语中自无疑问，在我看来也是任何语言中最伟大的诗人"。
② 王佐良：《霍思曼·叶芝·艾略特》，《读书》1987年第3期。

于对象在认识上的韵律感。

（7）语感。言语都有它的语感因素。语感强的语言是表现力丰富的语言，生活中这种语言很多。作家要多选择这样语感强的语言来表达艺术构思，这是构思的物化。这就要求作家具有较强的语感力，即对于语言和言语有较强的感觉能力和感受能力。这表现在两方面：一是在生活中，对于人们语言交际中和日常的言语中各种话语的意义、表现力、特殊韵味、幽默、讽刺的感受能力；二是在创作时，在创造言语——无论是叙述语言还是人物对话——时，对于自己所使用的语言和对于各种人物使用的语言的敏锐的语感：如何选择最适合的时间、地点、人物的状态的言语。

（8）语言的形象感和诱导力。语感中最有价值的是语言的形象感，对于文学创作来说尤其如此。优秀的文学作品总是充满着形象感强的语言，尤其是在关键地方、对关键的人和事，更是运用了富有特殊色彩的形象感很强的语言。

文学语言应该是富有形象诱导力的言语。它蕴含表象的分析与综合，勾起人们的联想，刺激人们去产生想象。这种富有形象诱导力的言语，能够产生连锁反应，使作品具有深厚的意蕴。

以上罗列了一些基本的语言规律、规范和知识方面的要求。这些综合起来构成了一部文学作品的语言美学内涵，它决定着作品的艺术水平、美学价值和命运。作家在创作过程中，重要的不是追求单项的水平和效应，而是综合的水平和效应。为此，作家在平常就要培养自己的语言能力。这包括：词汇的掌握，词义和语法的掌握，语感能力、语言接受能力和接受语言诱导的能力、语言的形象感的感受力以及驾驭语言的能力等。

关于语言审美功能的追求。事实上，上述一切，其最后目的都是文学语言审美功能的追求。不过，这里是指更高层次的美学语言的追求，也是更为专门的定向追求。

在创作过程中，言语的创造实际上是内部语言向外部语言转化的过程。作家用一种内部语言反映客观事物，从事记忆和信息储存，进行思维，进行艺术构思。这种内部语言是简略的、扼要的、比较含混和模糊的，缺乏语言的规范结构，并且往往是形象性的，也往往以一两个关键词语作代表，蕴含丰富，带有象征性、隐喻性，进程是闪现的、迅疾的。比如关于一个事件的记忆和整理、构思，只是"山，火，人跑，……树倒……老人……哭泣，呼号，……水……火灭……"或者，关于一个恋人的思念"（模糊的或较清晰的面影，女性），……散步，湖光山色，谈话……亲昵，……别离，……（纷乱的事物和景象），……彳亍的人影，……"把这样的"言语系列"组合成故事情节，逐步展开，并且用连接的、延续的、规范的语言来表现，这可以说是一个相当艰巨的过程。在这个过程中，有许多直接和间接的因素发生作用，记忆、情感、思维、构思、心情、心境、各种心理活动，它们都会投影于一步步创造出来的言语中。作家要充分利用这些因素，使外部言语充分地、完满地、优美地表达内部言语。这时，前述各种语言能力，特别是它们的综合能力，就发挥着作用，决定外部言语的形成和质量了。那种"想得很好，写出来不理想"的情形，就是这种从内部语言到外部言语的转化工作未做好的缘故。

对于文学言语的审美功能的追求，还要求从再现性、叙述性的文体向表现性、体现性文体过渡，或者，在再现的、叙述的文体中自然地夹着表现的、体现的文体。叙述的、再现的，是作家站在中间，成为中隔物、中间层和叙述人，他以万能的智者的姿态向读者讲述一切，告知别人一些什么东西（故事、人物、主旨），接受者是被告知一些什么。而表现的、体现的，却是以作家作为一个感觉的和感受的主体，用言语来表现或用言语描述什么来体现他的感觉、感受、感触、感情。这样，作品不是一篇叙事文本，而是一个通过符号系统构成的信息库。符号系统（言语）是创作主体的经验、人生体验、感情体验的表现、呈现，读者可以在接受过程中不是被告知，而是在作家的言语聚合的基础上去感知对象，从世界Ⅲ（作品）进入世界Ⅰ（客观世界）和世界Ⅱ（作家心灵）。作家成为世界Ⅳ（读者）与世界Ⅰ和世界Ⅲ之间的中介、导引、诱因和创造诱因与基因（读者对作品的接受是一种创造过程和创造活动）。

这样，创作活动就不是作家用"眼睛的观点"来看——来内视并用内部语言记述，而是要用"心灵的观点"来看——来体验、体认、体察并用内部语言来表现、体现；这样，也就改变了语言的叙述性的、习惯性的、常规的程序和风格（这是具有可读性的），而成为外在形象⟷内在心灵互相接触、渗透、关联、交流、映照的流程，并且用言语来表现它（在可读性之外，更有可感性）。这也就要求作家调动一切语言手

段来表现和体现：追求语汇的丰富、语义的准确（包括准确地表现错觉、幻觉）、语音的韵律和节奏、语感的强劲、暗示性、隐喻性和局部的、整体的意象的创造。总之，不是叙述、描述、告知，而是表现，并以词汇、结构、语序、节奏、韵律、韵味、行进速度、句式变化等，综合地构成一个整体风格，一种语境、语感、语风，使读者看到、听到、嗅到、感到所表现的一切，并据此联想开去，张开想象的翅膀，进行再创造。这样，作品对于读者的阅读来说，就不是"读"，而是"感受"和创造了。作品的美学价值和审美功能、审美效应也就更丰富、更深刻了。

这样，对于作家来说，对言语的态度就不是一般的选择和遣词造句了，而是一种对于感觉对象和视野的营造。——它要求"营造物"（作品）的充实而空旷和对于对象的想象力的调动。

语言—言语就这样升级、升华为创作的主要元素，成为作品中渗透着的弥漫因素、作品风格和气质的基础。[①]

作家对语言加以"营造"，语言—言语的魔力才能发挥得更好。作家在创作活动中，就需要这样来发挥这个创作之魔的魔力，向更广阔、更深厚、更多维的语言境界进军。

---

① 关于"眼睛的观点"、"心灵的观点"以及叙述的语言与表现的语言，参阅李渝：《写实主义和先进风格（一）》《从绘画到文学——两种笔法，两种文字》，《知识分子》1986年秋季号。

第十七章　创作心态"十佳"

　　当我们结束了创作心理在运行过程中运用"十魔"的力量来创造艺术之花的探索之后，我们就应该来探索这"十魔"之主的创作主体（作家），如何发挥自身的心理素质、心理能量，以运用"魔力"和发挥"魔力"的作用了。因为，"魔"之力虽大，如果创作主体无力来驾驭它，或没有给它的活动创造一片好的心理天地，那么"十魔"就会有如束缚了手脚，不能施展，无所展其技了。这里，就提出了一个创作主体的创作心态问题。

　　作家在创作过程中，自然地会形成一种心态。这种心态的产生，是由主观条件和客观环境双相结构形成的。它是创作的"因"：作家因产生创作心态（或叫进入创作心态）开始创作；它也是创作活动的"果"：作家因进入创作活动而形成一种创作心态。但是，作家的创作心态初始的和根本的渊源还是他早已形成的创作心理和这种心理在进入临战状态（创作活动）时的状况，以及他所面对的具体的环境和条件。作家的创作心态好比竞技者（体育运动员及一切其他竞技者）的竞技状态一样，直接影响创造主体的创造活动和创造结果。好的创作心态，带来好的创作结果；反之亦然。因此，什么样的创作心态是好的，它是什么状态，如何发生作用，以及我们能否控制这种心态，都是值得研究的。

　　我们可以说，有十种创作心态是"最佳创作心态"，这是我们可以研究、可以求索、可以控制的。这是对创作心理的具体运行过程和运行机制的控制、调动和导引。

一、创作心态"一佳"："创作冲动"爆发状态

　　创作冲动是进入创作心理运行的第一步，作家因有创作冲动而进入

创作过程。这一点，我们在"创作'十魔'"中已经谈过了。创作冲动是创作动机的最活跃因素。这种冲动按照其强度可以分为若干等次。最低的，应该是一般冲动，甚至无明显冲动状态的冲动。最高的，就是冲动的爆发状态了。所谓爆发，就是酝酿已久、压抑已久、思索已久，突然爆发了，到了非写不可的状态。这种爆发，总是遇到一定的触媒而发生。爆发的形态有激烈型，也有"温和型"。郭沫若写《地球，我的母亲》是一种比较典型的爆发状态了。而鲁迅写《狂人日记》和《阿Q正传》，就是一种温和型了。从这里也许可以看出，这种爆发形态并不完全与积蓄的能量的"当量"有关，而是取决于作家的个性。

爆发也有其他形态。比如歌德写《少年维特之烦恼》，那不是久蓄胸中、积久而发，而是刺激强烈、情感爆发，不是历久性而是现时性。托尔斯泰写《哈泽·穆拉特》，则又是另一种类型的爆发了。他不自觉地积蓄了某种信息、形象（哈泽·穆拉特），突遇牛蒡花而"通电"爆发。

不管是何种情形，爆发都有两个基本条件：（1）创作主体内心的各种性质、类型、内涵的积蓄，好比积薪；（2）一种突然的触发，好比爆炸中的"点火"。是否爆发和何时爆发，往往是不可预知的，但是可以通过主观努力去"积薪"，去留心注意触媒，寻求引发。

正因为创作冲动的爆发状态是在这种条件下产生的，因此，它往往能导引创作的成功，它许久积蓄的信息、形象、素材、记忆和由于久久酝酿而产生的心理能量，都是"积薪"，而触媒则又是"雷管""引芯"，很具有引发的力量。尤其值得注意的是，那久蓄的心理能量，像压缩的气体、受阻的泉水，当爆发产生后，像点火、像开渠，便有了释放的机会和条件了。这是创作的能量。创作的自觉、创作的愉快、创作的内驱力，都由此产生了，因此是创作的最佳心态。

这种创作冲动的爆发状态一经产生，仿佛就会无意识地、自动地出现创作的构思、泉涌的文思和言语；而且，无意识、直觉、灵感也会相伴而生，创作就会很顺畅地进行了。这种爆发状态往往就伴随着直觉思维和灵感的产生：它们互相促进，互为因果。这也是创作冲动的爆发状态之所以成为最佳创作心态之一的原因。

你打算动笔了吗？不妨反思一下，是否已临近爆发状态？如果是，那么，接受这个爆发，并乘其冲击波之助，投入创作的拼搏吧。如果不是呢，如果还不到火候呢？那么，继续"积薪"，寻找更好的触媒，耐心等待和努力创造条件吧。光明就在前面。难道我们没有见过摘取不成熟的艺术之果的失败教训吗？稍一动念就提笔写作，冲动刚刚产生，积薪薄薄的就点火了，那就难免失败的苦果。

聚沙成塔、积腋成裘，期待着一个创作冲动的"爆发"吧。

二、创作心态"二佳"："强迫状态"

冲动很容易过去，爆发转瞬即逝。这可以是创造的启动和开始，冲动和爆发的开始是好的开始。但是，"升天"却要在起爆后有足够的燃料不断地燃烧和推进。作家在创作中，常常是一旦启动，即使没有动笔，却日思暮想、念念不忘、欲罢不能，长年累月，不管怎么样也抹不去它；一旦动笔，又同样是朝于斯暮于斯孜孜矻矻，锲而不舍、乐此不疲，不去想、不去写是不可能的。有人为此穷愁潦倒，有人为此遭人议论，自然也有人成功，但成功后仍然不能停止追求。这段著名的自白是相当典型的：

> 我写文章好像是顺从一种冲动。我常常是不由自主地拿起笔来写。写完了就仿佛从一个梦境中醒过来似的，觉得身上的重压去掉了，身子轻松了许多。这时候我的心才感到片刻的安静，但这样的安静并不能持续多久。一篇文章刚送出去，第二篇又不得不开始写了。好像那个推动我的力量从没有把我放松过。我疲倦，但却不能休息。好几次我忍不住要发出一声叫喊：饶了我罢！然而我并不曾被饶恕过。[①]

这种情形、这种心态，被称为"强迫状态"（obsessive state）。这本是精神病学上的一个名词，是一种精神病的症状。它，"系指某种思想、某种怀疑、某种情绪、一句谚语、一个词或一句旋律以及伴随而来的某一动作等，**总是顽固地盘踞在病人的意识中**。尽管病人想尽一切办法去摆脱它们，但还是无济于事。'强迫状态'的特点是它的固执性和

---

① 赵鑫珊：《科学·艺术·哲学断想》，生活·读书·新知三联书店，1985，第260页。

恒定性"①。

在这种"强迫状态"中，行动和行动的目的往往是非理性甚至是反理性的，是在一种固执的心理要求下进行的，因此是一种"自发"状态——不过是自觉到自发的程度，是超乎普通自发状态的状态②。在这种行动中，主体受到来自自身的另一个自我——非理性的自我、心理的偏执要求的自我的催促、强迫，去从事一种"工作"。不过，这里有三个层次：

第一，精神病患者，已经是整个人为某一种"强迫状态"所笼罩、所统制、所驾驭了，"强迫状态"的某项要求（如数数、按凸起物、偷窃等）成为他的全部心理要求，他忘记一切、丢弃一切，不懂得、不理解其他一切了。这不仅是"强迫状态"的量的问题，而且是质的问题。"强迫状态"已经使他神经错乱了，癫狂了。

第二类是正常人的某种"强迫状态"。这是浅层次的、局部的和个别的，这种心理要求只是整个心理状态的某一个局部，甚至是极小的一个角落；它虽然固执、恒定，但不动全局、"无伤大雅"，整个人是在正常状态中。因此，总体上不是非理性的，是可以自控的（在整体上是在自控状态中，在具体的"强迫状态"的要求中也可以用意志力

---

① 引自赵鑫珊：《处在"强迫状态"中的学者和艺术家》（重点是原有的），收入《科学·艺术·哲学断想》一书。在这篇文章中，作者列举了一些精神病患者"强迫状态"的症状。如连续不断地、周而复始地按平几十个橡皮制的山羊乳头状的凸起物，不断地数窗子、钱包里的钱、街上的行人等。除这种"计算癖"外，还有"称名癖"、偷窃狂等病症。这种患者内心总有一种不可抗拒的意向，要去干某一件事情，明知无意义也要去干，干完了还要干。否则就难于忍受，干了就带来快感和满足。

值得注意的是，这篇文章指出，健康人也常常处在某种"强迫状态"中，只是他们在程度上不如精神病患者那么重。

赵鑫珊更指出，科学家、哲学家、艺术家也有这种"强迫状态"。他指出，他的文章目的在于"把'强迫状态'这一精神病学的概念加以推广，推广到创造心理学领域，在精神病学与创造心理学之间搭起一座小小的浮桥，初步探索两者之间的内在关系"。又说："我认为，把'强迫状态'这个概念引进创造心理学领域是有益的。因为大科学家、大艺术家和大哲学家几乎无一例外都是一些受强迫性意向驱使的人。"（《科学·艺术·哲学断想》，第256页）这个见解是很有道理的。"强迫状态"在一般创造和艺术创作中确实有着重要的作用。本书此节即据赵文的观点，加以转述、引申和发挥。

② 赵鑫珊在他的文章中举了一个例子：他的一位朋友，每次离开房间时，必怀疑抽屉是否锁好、火炉是否灭了，明知不妥，还是要回去检查；他自己则有保持床单平整的"癖"，只要见到不平整就要弄好，客人弄乱了，人一走，立即弄平整。

来加以控制、排除）。他非癫狂，而是正常，只是表现为一种局部的、小问题上的怪癖或偏执要求。这与精神病患者相比，不仅有量的差别，而且有重大的质的差别。这种"强迫状态"，无伤大体，但也无所作为。

第三类，就是科学家、艺术家的"强迫状态"了。这种"强迫状态"是深沉的、高强度的，其固执性、恒定性并不亚于精神病患者。他们可以废寝忘食，可以视而不见、听而不闻、触而不觉，忘了环境、他人；他们也可以几年、十几年以至几十年地追求一个目标，重复一个课题，乐此不疲、乐而忘忧，好像这就是一切了。生活的一切目的、生命的一切意义，皆备于此。这颇有点类乎精神病患者。他们之中也确实有人被视为"疯子"，或被称为"怪物""不可理解的人""傻子"等。但是，他们与第一类人即精神病患者有着本质的、原则的区别。一方面，虽然他们整个身心都沉浸在某一项"强迫状态"的要求中，但是，他们的其他方面、整个人是正常的，处在理性状态中的。他们有许多不同于普通人的地方，但只是"不一般"罢了，却不是不正常。另一方面，更重要的是，他们产生"强迫状态"的动机、"强迫状态"的内涵、追求的目标、所要达到的归宿，都同精神病患者根本不同，他们是为科学上、哲学上或艺术上的某项追求、某个课题所强迫，他们立志要去夺取某个具有人生价值和社会价值、科学价值的目标，他们为一种高尚的追求和理想所"强迫"，他们的热情和固执之火为一种推动人类前进的崇高目的所燃起。如果说，在结果上，第一类人的"强迫状态"是一朵怪诞的心理之花，它不会有结果或只能结出恶果，那么科学家、哲学家、艺术家的这种心理之花却是一朵理想之花、热情之花、学术之花、艺术之花，它将结出人类文化的艳丽之花，永不凋谢。因此，作为受崇高目的的"强迫性意向驱使的人"，科学家、哲学家、艺术家的"这种意向的强弱，往往直接决定着成就的大小"[1]。

赵鑫珊列举了一些科学家、学者的例子，来说明他们的"创造性的强迫状态"：德国著名数学家康托尔（1845—1918）受"计算"这个强迫性意向的驱使，坚持研究"无穷集合"，他一生的最高使命就是思索

---

[1]　赵鑫珊：《科学·艺术·哲学断想》，生活·读书·新知三联书店，1985，第257页。

"无穷"的性质，计算"无穷"的大小。19世纪著名的苏格兰数学家兼天文学家哈密顿（Hamilton，1805—1865），也是受强迫性意向驱使，也是"计算癖"。他长年累月处在这种"强迫状态"中。后来，当他回顾四元数发现的经过时，如此写道：

> 明天是四元数十五岁生日了。一八四三年十月十六日，当我偕同哈密顿夫人步行去都柏林途径布洛翰桥的时候，它们就来到了人间；或者换言之，它们就呱呱落地，发育成熟了。这也就是说，此时此地我感到思想的电路终于接通了，而从中落下的火花就是i，j，k之间的基本方程。……我感到问题就在那一时刻解决了，智力该喘口气了，它已经纠缠了我至少十五年之久。

哲学家罗素在少年时代就开始追索人心的本质和星星何以会发光。（"我想了解人心。我想知道星星何以会发光。"）为了追求这个目标，他才没有自杀。德国哲学家费尔巴哈思索的是对上帝、大自然和人的本质的解答。[1]

从这些例证中可以看到，精神病患者受强迫性意向驱使，其目的是无意义的，其动机是不明确的，其动力是一般的、个人的、狭隘的心理满足；而哲人、学者、艺术家的追求、动机和目的，则都是高尚的、有重大人类意义和文化意义的。有"计算癖"的精神病患者，其计算是丝毫没有意义的；而康托尔和哈密顿的计算，"则是通向真理的圣殿"。因此，赵鑫珊指出："没有这种强迫性和恒定性，人类就不会有真正的进步。"这是有道理的。

最根本的、重要的是产生这种"强迫性意向"的渊源、动因和历程。哲人、学者、艺术家的强迫性意向是"人生的使命感"、社会的责任感、学术文化艺术的历史感，他们"有意识地要为人类文明作出自己的贡献"。这些，是他们一生的生活经历所育成的，是它的思想的、感情的和心理的结晶，是他们生活的最大目的、生命的最终归宿。因此，他们的动力是强大的、持续的，经久不衰、历挫弥坚，他们是以一种献身精神来服膺那"强迫性意向"的。因此，他们也是自觉地、自愿地、不仅毫无怨尤而且欢乐地、不仅不会松弛而且越绷越紧地来追逐目标的

---

[1] 赵鑫珊：《科学·艺术·哲学断想》，生活·读书·新知三联书店，1985，第257-261页。

实现。他们的最大的智力被调动起来了，他们的神经高度地紧张起来了，他们也处在高度的注意状态。

从这一切方面来说，强迫状态自然是一种最佳创造状态了。对于作家来说，在这种"强迫状态"中写作，自然是潜力无尽、思绪万千、浮想联翩、想象飞扬、灵感迸发的，因而是最佳创作心态了。

从心理上来讲，因为这种"强迫状态"是意志、愿望、理想及情感都心理化了的结果，是这一切都变成了一个潜在的"自我"，一个"本我"化了的"自我"，一个"潜意识化"了的"意识"（意识潜存入潜意识了），所以，这种创作欲望就成为最好的"内驱力"，一切都是内在的——内在的要求，内在的动力，内在的意愿，内在的构思。同时，正因为如此，那些潜隐灵知、无意识、自觉、灵感，也最容易、最"喜欢"出现，而这些"创作之魔"的降临，正是推动创作取得艺术硕果的有利条件。

因此，"强迫状态"是最佳创作心态之一。

许多作家、艺术家都是在这种"强迫状态"中创作的；许多不朽的名著，都是在作家的这种"强迫状态"中产生的。这种例证在文学史上是很多的。

作家的这种"强迫状态"不可能自发产生。它是作家人生的志趣、理想、信仰、愿望及艺术思维综合化、心理化的结果。它凝聚而成为一个强迫性意向，成为作家心中不达目的誓不罢休的愿望和要求。从这一点来说，"强迫状态"又是可求的了，可以培养，可以酝酿。

作家的这种"强迫状态"可以有"大""小""长""短"之分。巴尔扎克写《人间喜剧》、托尔斯泰写《战争与和平》、罗曼·罗兰写《约翰·克利斯朵夫》、鲁迅写《阿Q正传》等等，都是长久的、宏大的"强迫性意向"，而且是他们终身的崇高志向和艺术抱负的凝聚、结晶与体现。郭沫若写《地球，我的母亲》、曹禺写《雷雨》、巴金写《家》，就是一种具体的、短期的强迫性意向和"强迫状态"了。这种状况是一次具体的表现，但其背后也蕴含着作家内心深处根本的、宏观的、长久的意向、追求和艺术志趣。

这种"强迫状态"是发自内心的，是内驱力产生的由内而外的力量；这同那种别人催促、压任务的外在的"强迫"是完全不同的。后者是非心理化的，非"自我"的。

三、创作心态"三佳"：超越感

超越是一种飞升、一种提高、一种升华，一种内心的超脱、心理的超脱、意态的超然。这似乎有点儿虚玄，然而却是实在，是一种实在的心态，实在的世界观、人生观的活动状态，一种精神状态。但超越感不是神在云端俯瞰人世，不是和尚尼姑冷眼看红尘，也不是悲欢论者的泪眼看芸芸众生，更不是疯人狂者的浑眼看纷乱人世间。所谓超越感，是在客观上、总体上对宇宙、世界、人世、人生的整体理解和把握，是对世界、社会、历史发展规律的了解，是对人生、世界的狭隘的、卑琐的、一己的目的、追求的超越，是对自己的内心纷扰、世俗追求的超越，也是对对象（作家的创作对象）的超越——彻底的了解和把握。作家、艺术家的这种超越感，存在整体上的状态，即作家、艺术家的整个人都处在这种超越感中，成为一个真正了解世界、社会、人生的人，或者说是在这方面有自己整体的、体系性的、稳定的理解和看法，一个具有稳定世界观的人，一个自由的、自主的人，一个具有稳定的自我的人。他们立足于这一切构成的思想的、精神的土地上，看世界、看人生、看自己，超越了这一切。我们可以想见，古今文学艺术大师、文化大师、科学大师、宗教大师，都是这种具有超越感的人。老子、孔子、庄子、康德、黑格尔、歌德、贝多芬、巴尔扎克、罗曼·罗兰、别林斯基、车尔尼雪夫斯基、杜勃罗留波夫、托尔斯泰、高尔基、鲁迅，以及耶和华、释迦牟尼，等等，都可以说是这种具有超越感的人。他们的思想体系、对于世界与人生的回答各不相同，但他们的思想和心境是处在一种相同的超越感中的。

这种超越感不是超尘拔俗的，而是入世的。他们事实上站在世俗的尘土上，面对着世俗的和宇宙的、世界的课题，力求解答它们而苦苦求索。超越正是为了求索，正是在求索中实现的。

这种整体的超越感是作家观世入世的慧眼，是创作的最佳心态。他们在这种状态中观察、思考、反映生活，运用艺术规律，自然会站得高、看得远、解得深、识得透，内外统一、整体和谐、得心应手。

还有一种是在具体创作一部作品时的超越感。这种超越感是前一种总体超越感的具体表现，是前者的产物。这种具体的超越感是作家具体的最佳创作心态。

铃木大拙提出过"泰然状态"的概念。这是禅宗的概念。他的解释对于我们所说的超越感有一定的参考价值。他说，"泰然状态是同人的本性相结合的状态"。他解释说，人是未经自己同意就被抛到这个世界上来的，又将未经同意而被夺离这个世界。人虽然生活在自然中，但是必须去过他自己的生活，而不为生活所支配。就是说，人要超越生活。人处于自然之中（其实他还是自然的一部分），又要超越自然。生命有许多与生俱来的问题需要回答，"每一刻他都得回答它"，"是那思想、做梦、睡觉、吃饭、哭和笑的他，是他整个的人，来回答他"。即使是疯狂，也是一种回答。但有力的、智慧的、"克服了惊惧"的回答还是超越，即泰然。铃木说，答案可以有两个：一个是"退化到知觉还未曾觉醒的状态"，也就是退回到在知觉上还未出生的状态；另一个则是"充分的诞生"。他说，人从出生时剪断了脐带的时候起，就要不断剪断原始的脐带，这也就是"不断地诞生"。"活着就是每一分钟都在诞生"，而"当诞生停止，死亡就来临"。所谓充分的诞生，就是"发展人的认知能力，理性以及爱的能力到达一种超越自我中心的地步，而同世界达成新的和谐、新的合一"。铃木指出：

> 从心理学上来看，我们大部分人却到达某一点之后就不再诞生。有些人根本就是死胎；在生理上他们继续下去，而在心理上他们的愿望则是返回子宫、泥土、黑暗、死亡，他们是疯狂者，或近乎如此。另有许多人沿着生命的道路向前更走一步，然而，他们仍旧没有把脐带完全剪断；他们对于母亲、父亲、家庭、种族、国家、地位、金钱、神等仍旧有着共生性的附着；他们从未能充分地成为他们自己，而因此也就从未充分诞生。

这样说来，所谓诞生、每分钟都在进行的诞生，就是认知上和心理上的成长、独立，割断各种原始的、世俗的脐带，解除对从父母到地位、金钱的附着，使自己充分成为自己。这叫"充分的诞生"。这里，我们需要除去那种"禅"气味，给予历史唯物主义的"纠偏"。就是说，"充分的诞生"就是用知识，用对于自然与历史、社会、文化发展的规律性了解来武装自己，然后以自己的思想、行动去适应这种规律，并循着这种规律去改造世界、建设世界，去创造艺术。这也就是一种超越了，因为已经解除了一切的羁绊。这超越因而也就是一种献身，一种自由。

这里，我们顺便可以进一步解释一下精神病患者的"强迫状态"与科学家、哲学家、艺术家的"强迫状态"的不同。按铃木所说，疯狂者是未曾诞生或退回子宫、黑暗、死亡的人，这就是说，他们未能摆脱世俗的某一卑琐的原始羁绊。他们的"强迫状态"是退化的、未曾觉醒的、黑暗的、死亡的；而哲人、学者、艺术家的"强迫状态"则是前进的、光明的、超越的、充分的诞生和认知觉醒，因而是创造性的"强迫状态"。

但是，铃木在阐述了这种自我的诞生之后，又着重指出，必须克服"自我迷恋"。而这又是他能"从退化性结合中挣脱出来"的保证。铃木指出，克服"自我迷恋"就是认知事实，接受客观规律，"接受必然性"；而与此做法相反的人，则是那种"精神官能症的人"，他们会"强迫事实来符合他的愿望"，这是一种"自我迷恋式的全能观"。而充分发展的人，"他的自由观却是认知事实和它的规律，并且在必然律的范围内来行动，他用自己的思想与情意来了解世界，并以建设性的态度来与世界相关"。[①]

这样，克服"自我迷恋"就是超越自己，尊重事实和客观规律，并按客观规律办事，献身于它。这就是自由，自我的充分发展。

这也就是马克思主义所说的，自由是认识了的必然，由必然王国向自由王国的飞跃。

禅学称之为"泰然"，表现了它的冷清的、消极的、通达的世界观、人生观、美学观；然而我们称为超越——自由，它是热烈的、积极的、行动的，同时也是豁达的世界观、人生观和美学观。

在这种心态下的创作，也会是热烈而冷静、达观而积极、执着而超脱、自由而守规、行动而沉着的，是一种现实的态度、献身的态度、具有时代与社会责任感的态度，然而又是充分审美的态度。而且，这种态度本身就是美的。这种充满超越感的创作心态自身，就是美的，——在

---

① 以上引文均见铃木大拙、弗洛姆：《禅与心理分析·泰然状态的本质——人的精神进化》，中国民间文艺出版社，1986。

自我感觉上是美的，在创作实践上也是美的。

这种总体的超越"泰然"的心态，用之于文学创作，或者说，在创作活动中，总是保持着这样一种"泰然"、安然、超脱的心态，就是具有了超越感的一种创作心态。这种心态，可以借用陆机《文赋》中的四句诗来概括和描述：

观古今于须臾，
抚四海于一瞬。

笼天地于形内，
挫万物于笔端。

函绵邈于尺素，
吐滂沛乎寸心。

恢万里而无阂，
通亿载而为津。

在具体的创作活动中，在一次具体的创作计划执行中，这种超越感也包括对于正在处理的"这一个"创作素材、生活、人物、事件的超越，即客观的、整体的、规律性的、通达的、积极的、审美的掌握，包括对具体的"自我迷恋"的超越——我已具有的、既定的风格、艺术思维、别人对我的或毁或誉的评价议论、我的习惯性爱好与美学趣味，还包括对于人生问题的"退化性解答"的超越——金钱、地位、得失等的考虑和羁绊。这一切超越就是自由创作，就是按照美的规律来创造，也就能够按照美的规律来自由地创造，一切干扰和纷争、一切羁绊和阻滞都消逝了，无能为力了。

超越吧，去攀登艺术的高峰，去摘取艺术的鲜花。

四、创作心态"四佳"：契合感

作家在创作时，会有一种心态——契合状况。作家这时在内心有一种契合感——对题材、对人物、对事件、对当前的写作，都有一种契合感。这是一种创作的最佳心态。这种状态下的创作，能够取得好的艺术成就。这是因为，契合感的产生是由于作家对于他此时处理的素材、他对自己的艺术构思是稔熟的、喜爱的、深知的，有的曾经就是他的自在的生活——他生活于这个"生活"中，是其中的一分子、一个角色，曾经与之一起悲喜歌哭。

他对于自己的艺术构思（包括主旨、人物性格、各种艺术安排），也是熟悉已久、酝酿已久，成熟了的。一切都是契合的，不陌生、不隔膜、不勉强。这样的创作，自然会是顺畅的、鲜明的、生动的。潜意识、直觉之魔，也容易出来显其身手；因为它们本就存在于那稔熟之中了。

福楼拜说："包法利夫人就是我。"郭沫若说："蔡文姬就是我。"这是契合状态，作家和作品中人物的心是相通的。他心中充实着契合感。他们的情感体验帮助他们深刻地体验了包法利夫人、蔡文姬所体验的感情。题材只是资料，是传达情感所运用的手段，感情和心灵才是内涵。这内涵是他心与我心的融汇、契合。曹雪芹写《红楼梦》，金陵十二钗的原型就是他往昔生活中的姐妹与用人，而且是他难以忘怀的人们。他们的心是相通的，情是相通的。他们处于一种契合状态。在创作中，他与那往昔的生活、往昔的人、往昔的感情，也都是相通的、契合的。他不写就难以平静，他写就得以舒爽。这也是一种契合。托尔斯泰写《战争与和平》，书中的人物不少是他的长辈、亲人，他爱他们，理解他们，甚知他们的感情与脾性，而且一直对他们怀着美好的感情，他以这些人为原型，他与他们的心灵是契合的。托尔斯泰与他笔下的列文（《安娜·卡列尼娜》）、聂赫留朵夫（《复活》），也是处于这种契合状态的。鲁迅写《孤独者》、巴金写《家》、曹禺写《雷雨》，都是这种契合状态。因为他们稔熟这些人物和这种生活，这"物"与他们的心相容、相合，其中有他们自己的影子、亲人的影子和熟悉的人物的影子。我国有两批"五七"作家：20世纪50年代跌入困顿的作家和60年代走"五七道路"的知识青年，他们之中许多人的作品之所以成功，是因为他们写的生活就是他们过去自在的、他们在其中以参与者的身份生活过来的生活，他们曾经在生活中与这种"生活"契合，现在他们在创作中同这种生活再度契合。这使他们在创作中处于一种契合状态。他们在契合感中创作。

契合感是一种心理状态。这种心理状态是由创作主体对于他所处理的材料的主体、客体融汇一致而产生的。这是创作心理特别顺畅地开展活动的运行状态，是创作主体的各种生理的、心理的、物理的、思想的、感情的、意志的、情趣的运行机制都被调动起来进行活动的状态。因此是一种最佳的创作心态。

契合感自然不是天然自生的。我们在前面说到的情况，如托尔斯泰、曹雪芹、郭沫若、巴金的创作情况，当然是"天然的"，是他们过去的自在生活和自在生活中的亲人、朋友、熟人。但是，能够达到契合感的并非只有这种情况。我们至少还可以举出另外两种情况，可以达到契合感。这就是：

（1）经过长期的酝酿、长期的思索、长期的构思，对于内心生活、内在基础中的一切都熟透了、整合了，形成一个整体了，好像一批原材料经过多次的、长久的加工，已经成了内在的半成品，已经与主体融为一体了。这时，也就达到了主客体之间的契合。我们不妨称为"后天的契合"。

（2）即使尚未达到这种程度，那么，也仍然可以通过在构思和创作过程中的努力，主动地、有目的地去熟知材料、酶化材料，由生疏而达到契合的状况。这可以称为主观追求达到的契合。

完全自然天成的契合，毕竟是少有的，更多的情况应该是这里提到的这两种非"天然"的契合。契合感是可以通过作家主观上的努力达到的。

五、创作心态"五佳"：自由感

德国伟大的革命民主主义诗人海涅在《论浪漫派》中写道，德国的文艺女神应该是"一个自由的、开花的、不矫揉造作的真正德国女孩子，不应该是苍白的尼姑和夸耀门阀的骑士小姐"。对于世界来说，文艺女神也是如此：她应该是自由的。这种自由不仅是政治的、社会的，而且更加重要的是：它是哲学上的。这种自由的文艺女神，要求于作家的，就是他的创作自由和自由创作，就是内心的自由感——一种进入哲学境界的、自我解脱的自由感，即一种掌握了自然与社会的规律和必然的自由感。"自由是认识了的必然。"由必然王国进入自由王国，或者说，在这种向自由王国进军的途中，抑或说，自我感觉达到了一种向自由王国飞翔的感受，那么心中就产生了自由感，于是进入一种创作心理的最佳状态。"一个人应当时时刻刻努力按照自己的志向，'按照自己心灵的旨意'生活。这种生活方式里包含着最伟大的理智，因为一个按照自己的心意生活、表里十分和谐的人，永远是一个创造者，一个丰富世界的人和艺术家。"①这种人就是具有自由感的人，因为他既是努力按照自己的志向、自己的"心灵的旨意"生活的人，又是按照客观世界发展规律生活的人，在他们生活方式中饱含着"最伟大的理智"（也就是对"必然"有了认识），所以他表里和谐，富于创造力，能够使世界丰富。他是一个艺术家。

马克思在《1844年经济学哲学手稿》中指出：

> 动物只是按照它所属的那个物种的尺度和需要来进行生产，而人则懂得按照任何物种的尺度来进行生产，并且随时随地都能用内在固有的尺度来衡量对象；所以，人是按照美的规律来塑造物体。

动物只能按照它所属的那个物种的尺度和自身的需要来进行生产，它们只能这样狭隘地生产，只能同客观事物的各种不同的尺度相抗衡、相对立地生产，因此是"主观主义"的，又是被动的、不自由的。而人则根本不同。第一，人懂得顺应各类物种自身的尺度来生产，即按照对象自身的规律来生产。因此，他是主动的，但又是客观的（掌握了任何客观物种的尺度和规律）；同时，他也是自由的。第二，不仅如此，人还能按自己内在固有的尺度来衡量对象——认识、掌握、运用、改造、制作对象。正是因为有了第二个方面，所以才能有第一个方面。而这两方面的结合，就更广阔、更深刻地表现了人的生产是自由的生产。这种自由的生产，马克思称之为"按照美的规律来塑造物体"。

因此，文学艺术的创造本质上就是自由的，也是美的。美的与自由的，这是一回事。

席勒在《美育书简》中说："观照（思索）是人对周围世界的第一种自由的关系。""美是自由观照的作品"。作家的自由感，还表现在

---

① 康·帕乌斯托夫斯基：《面向秋野》，张铁夫译，湖南文艺出版社，1985，第196页。

他对对象（世界、社会、人生）进行观照时是自由的，追索着规律、本质、和谐、统一，追寻和获得美。席勒是从文学的和美学的尺度来表述这种艺术创造的自由。事实上，他所说的"自由观照"的最深刻的含义，就是对于对象既用"任何物种"的尺度来观照，而认识和把握，也用作家自己"内在固有的尺度"来衡量对象，并在认识和艺术领域"塑造物体"。由此而在观照中产生美，产生美的文学艺术作品。

　　这是作家作为一个认识的主体、思维的主体的自由状态。心中获得这种自由感，他就能科学地、审美地对待和认识对象。歌德曾经对莎士比亚赞赏有加，认为他的作品是"艺术的解放"。歌德赞不绝口地说："我初次看了一页他的著作后，就使我终身折服；当我读完他的第一个剧本时，我好像一个生来盲目的人，由于神手一指而突然获见天光。"①歌德如此称赞莎士比亚，而他认为莎氏创作的主要特点、主要的成就来源何在呢？他提出，莎士比亚的作品是"用大胆而自由的气魄创造出来的艺术作品"②。歌德在谈到自己的创作愿望时，则提出要克服自己的盲目性，冲破"讲规律的先生们的洞穴"，要解放自己的想象力。他说，"我跳向自由的空间"，要解放在洞穴里蜷曲着的"自由的心灵"。③歌德在这一边歌颂、一边自我追求的表述中，充分透露了他对于创作的自由感的重视和高度评价。

　　莫泊桑说："只要他是一个艺术家，他爱怎么样去理解、观察和构思，就由他自由自在去理解、观察和构思吧。"④屠格涅夫也深刻地阐述了创作自由的含义。他赞赏歌德关于作家要"把手伸入人类生活的深处"，并且"要能抓住他"的提法；但他说，唯独才气磅礴的人才具有这种"'抓住'生活、'把握'生活的能力"。然而他又指出，仅仅有才气还是不够的，还必须有对于环境的经常的接触、需要感受各方面的严酷的真实，需要教养，需要知识。接着，他还强调指出："需要看法上和理解上的自由，充分的自由"。他说，"在艺术、诗歌

———————

① 段宝林编《西方古典作家谈文艺创作》，春风文艺出版社，1980，第158页。

② 爱克曼辑录《歌德谈话录》，朱光潜译，人民文学出版社，1978，第138页。

③ 同①。

④ 《小说》，第164-176页。转引自段宝林编《西方古典作家谈文艺创作》，春风文艺出版社，1980，第605页。

559　第十七章　创作心态『十佳』

的事业中比任何地方更需要自由"，教养和知识的用处和力量，也在于能给作家以自由："学问不仅明智，像民间谚语所说的〔俄国谚语：学则明，不学则愚〕，它也是自由"，"知识比任何东西更能给人自由"。屠格涅夫引用了普希金的《致诗人》这首十四行诗中的句子，指出，这应该被"新进作家……当作金科玉律，背熟和牢记它"。这两句诗是：

> ……听凭自由的心灵引导你
> 走上自由之路……①

这就是说，作家要能创作出好的作品，就需要教养、知识、学问，需要经常接触环境，从而获得认识上、理解上、把握生活的自由，并由此获得心灵的自由，更由此走上自由之路。当然，作家主观的自由感未必都是正确了解生活、掌握生活本质和规律、对必然有了准确的认识而产生的；不，不是这样，有时候他是会有错误和偏差的，至少在某些局部问题上是如此。作家的认识总是承前人启后人，在过渡、发展和前进中提供自己的一份见识，其中或者会有一部分进入人类文化总积淀中，哪怕只有一丁点儿，这就了不起了。但是，虽然如此，并不妨碍他获得自由感。只要他形成了自己的体系性认识，达到自己内心的和谐一致，同客观发展有着相通性，有一定的言之成理的解释，那么，他就取得了自己内心的自由感。

作家的这种在总体上的、内心深处的自由感，是他的创作意识、才能和信心的源泉。在这种自由感的浸润、充实和激励之下，他能够满怀信心地去写自己之所见、所闻、所知、所感，把世界、生活、社会、人生的真面目和他自己的感受与认识，关于善与美的体验，奉献给读者，与读者一同悲喜忧乐，得出真与善与美的结论。

作家在这个自由感的基础上，在创作中摆脱羁绊、束缚、恐惧、畏葸而进入自由状态。歌德对动机的催促、创作的冲动、内在的需求，处于一种"强迫状态"，不是被迫的、被动的写作。他具有自信，"我能了解这个材料、这个人物，我能写好！"没有失败的畏惧，也没有畏难的

---

① 以上均见屠格涅夫：《关于〈父与子〉》（1868—1869）。转引自段宝林编《西方古典作家谈文艺创作》，春风文艺出版社，1980，第433页。

情绪；他具有一种创造的冲动："我要写好！我要突破！我要拿出新的东西！在艺术上有新面貌！"扫除了平庸的、懒惰的想法，没有凑合写出的情绪。这些束缚和困扰解除了，在这个心理领域，他获得了自由。他还要有摆脱了名缰利锁的羁绊的自由，摆脱了惧怕损伤既得利益、既有地位、既有成就的自由。如果这都是属于内在自由的话，那么政治的、社会的束缚的解除——客观上的不存在和主观上的自我解脱，就应算是外在的了。这方面客观的和主观的自由的获得，是作家获得创作时的自由感的重要条件和内涵。

当然，更重要的自由、具有更深刻意义的自由是作家在认识领域的自由：他对于自己所处理的题材、所描绘的对象、所要塑造的典型具有规律性的了解，是稔熟的、理解的、经过剖析而透彻掌握了的，而且在感情上是融洽的；掌握了它的本质，作家与之处于一种契合状态。这种状态可能是自觉的，也可能是不自觉的或朦胧的，但主体的自我感觉是良好的，沉浸在这种最佳状态中。

作家的更高的自由状态是对于宇宙、世界、社会、人生的自成体系的规律性把握，形成了自己的认知体系和总体结论，并且处于一种相对的稳定状态。这形成了他的世界观、人生观，构成创作心理的核心。在它的总体观照下，他投身文学事业，从事创作，进行一个具体作品的写作。无论是在宏观层面还是微观层面，无论是在总体的创作状态还是在具体的创作过程中，他都感到是自由的。"海阔凭鱼跃，天高任鸟飞。"

在心理上的一种自我实现状态也是一种自由状态。种种客观和主观条件的结合使创作主体得到自我实现的满足：在生活中、在事业中和在创作中。马斯洛说，自我实现的人能够"对天赋、能力、潜力等充分开拓和利用。这样的人能够实现自己的愿望，对他们力所能及的事总是尽力去完成"[1]。这是一种"精神健康"、心理健康的人，一种"充分成熟的人"，也就是一种自由的人。他的心中充实着一种自由感。

从另一方面说，这种自由感还来自对于困扰和阻力的排除、克服

---

[1] 弗兰克·戈布尔：《第三思潮：马斯洛心理学》，吕明、陈红雯译，上海译文出版社，1987，第24页。

和战胜，甚至来自对于自由的具有能力和勇气去享用，而不是使动力成为阻力，"害怕火烫着了手"。马斯洛提出过一种深刻的见解，他认为，对于处在健康发展状态的个体来说，压力和挑战有利于发展；而对于惶惶不可终日的软弱的人来说，则相反。一种人被"刺激"起激情和力量，发动了内存的潜力；另一种人则被压垮了。他甚至指出，自由、不受约束，对于有些人的发展是有益的；但对于另一种人，却成为负担，起到相反的作用了。所以马斯洛说："这就是说，我们还必须对纪律的好处、溺爱的坏处、失望的好处、艰苦的好处、挑战的好处等作进一步的研究。"①一个自我实现的人、自由的人，正是那种因压迫、束缚、困难、阻力而奋起的人，正是那种因获得自由条件而振翅飞翔的人。当他面对两种不同的环境和条件时，对于他的心理来说，却是殊途同归，都同样激起他的奋飞激扬之情和创造力。他不仅欢快，而且充满创造的激情和力量，感到一种发自内心深处的自由。自由感是他奋飞之翼的动力和燃料。因此，这种自由感也是一种强迫状态，一种超越感，一种契合感；同时，强迫状态、超越感、契合感也充实和加强自由感。

恩斯特·卡西尔在《人论》中指出，人是通过创造文化而成为"人"的文化动物，人是通过创造文化、在文化的创造过程中才成为真正意义上的人；因此，人也只有在文化活动中，才能获得真正的自由。日本禅学大师铃木大拙说：

> 禅宗的特色是：喜纯，诚挚，与自由。许多想研究禅宗的人，对自由有很大的误解。他们以为自由是纵情放任或不顾道德。但是真的自由，我愿说，是照着事物本来的样子去看它们，是去体会万有的"本来面目"。那才是自由。②

这里对于自由的解释，自有其禅家的含义；但是，他所说的自由不是纵情放任，不是不顾道德，自由是按照事物本来的样子去看它们，是体会万有的本来面目，确实是正确的。按照禅家的说法，这种本来面目

---

① 弗兰克·戈布尔：《第三思潮：马斯洛心理学》，吕明、陈红雯译，上海译文出版社，1987，第68页。

② 铃木大拙、弗洛姆：《禅与心理分析·铃木大拙博士访问记》，中国民间文艺出版社，1986，第11页。

自有其含义，但用辩证唯物主义的理解，这就是如实地反映客观事物并掌握其本质和发展规律。这就是自由。

这里自然有一个原则的分野：真正地做到了这一点，达到了这个标准，进入这个境界，在客观上确实获得了这种自由——由必然王国向自由王国的飞跃。另一种情况则是，在主观上，自己已经对客观——宇宙、世界、人生、社会——形成了一个相对稳定的、矛盾统一的、自成体系的看法，并自信这就是万有的本来面目，是事物的本质和发展规律，或者自信是在向着这个目标前进的道途之中。这时，也会进入一种自由感之中。禅宗之所云，殆即此意。所以铃木大拙濒临寂灭时，最后的遗言是："当自求解脱，切勿求助他人。"①他的内心的自由主要或根本来自自己的内心。

对于作家来说，我们这里所说的前一种来自完全掌握了客观规律的自由，是难于达到的，或者说也不必强求达到；但是，后一种自信自觉和来自内心的那种自由感，是必须有的。这既是他对于世界Ⅰ的掌握、体认和理解，又是他对于世界Ⅱ（自己的内心）的把握、体验和自省。他能够从中获取自由，能够产生自由感这种最佳创作心态。他未必是真正正确地掌握了客观的本质和发展规律；但是，他确实自信自己做到了如实地、全盘地反映事物本来的面目。这时，他不仅具有自由感，而且能把自己眼中的世界与人生真实地呈现给世人。

罗曼·罗兰说："有史以来，自由人始终很少。"但是，他认为托尔斯泰是自由的。接着，他给自由创作的作家确立了这样的定义：

> 摆脱拘束，摆脱偏见，摆脱每一种偶像；摆脱了每一种教条，无论是阶层、门第或民族的；并且摆脱了每一种宗教。一个勇敢而率真的灵魂，能用自己的眼睛观照，用自己的心去爱，用自己的理智去判断；不做影子，而做人。②

罗曼·罗兰认为，这是"比英雄主义更罕有的、比美更罕有的、比圣洁更罕有的一种自由的精神"③。而他认为，"托尔斯泰非常惊人地树

---

① 铃木大拙、弗洛姆：《禅与心理分析·铃木大拙博士访问记》，中国民间文艺出版社，1986，第1页。
② 《罗曼·罗兰文抄》，孙梁辑译，上海译文出版社，1985，第82页。
③ 同上。

立了这样一个典范。他是自由的。他始终用平稳的目光不眨一眼地正视一切人事。他那自由的判断甚至不被自己的感情所扰乱。"①罗曼·罗兰举了一个例子：托尔斯泰最尊重基督；但就是对于基督，他也是"独立不羁的"。这就是说，作家的自由，创作的自由，就是"摆脱"，摆脱一切妨碍"用自己的眼睛观照"、如本来面目地反映，描绘客观的偏见、教条以至宗教，"用你自由的理智判断真理"。你之所见、所述、所断，可能并非客观事物的面貌和真理，但你自己是真诚的、"摆脱"的，确实如本来面目一样描绘，那么你就是自由的。托尔斯泰的自由和自由感，就是如此。作家的创作心态的自由感，也是如此。

罗曼·罗兰充满激情地写道：

> ……我们必须珍爱自由之火。让我们到处追求真理，让我们在找到真理的花朵或种子的地方把它拣出来，找到了种子，就在风中播扬吧。无论它从何处来，无论它吹向何处，它将苞放萌芽。在这广大的宇宙间并不缺乏可以组成美好基础的性灵。可是它们必须是自由的。我们必须学会甚至不被我们敬佩的人所奴役。我们能给托尔斯泰之类的人物奉献的最好的敬意就是使自己成为自由，因为托尔斯泰是自由的。②

这就是作家的创作自由和自由创作，是他的自由感。但这只是一种范式的举例，证明这种自由与自由感是这种模式的，是这样理解和诠释这种内涵的。但是，决不能说，作家创作的自由与自由感仅限于此。随着时代的进步，社会的发展，历史的丰富化，人类自身能力的发展与深化，以及人类改造世界的能力的强化，自然、世界、社会、人生，在人的眼中变形变色了，被更广、更深、更科学、更全面、更深刻地揭示了，"本来面目"更为清晰了，因此，作家创作的自由和自由感，也发展了，提高了，丰富了。

人类永远处在由必然王国向自由王国飞跃的过程之中，不断向终极真理、向真正透彻揭示万有的本来面目的目标前进。作家也是如此。他用文学来做到这一点，来实现这个目标。这是人类共同向真理进军中的

---

① 《罗曼·罗兰文抄》，孙梁辑译，上海译文出版社，1985，第83页。

② 同上书，第85页。

一支特殊的队伍。谁在这途中认识了这一点，理解了这一点，就能获得发自内心的自由感。

这本身就是自由感的一个内涵。

作家的这种自由感，不是凭主观愿望所能达到的，也不是一种心理的自然的素质。它是作家的全部知识、思想，整个人格的结晶。只有具备了那种恢宏高远、深沉睿智的思想品性和崇高人格的作家，才能具有这种自由感。歌德说，作家个人的人格比他的艺术家的才能对公众的影响更大。诗人之受人尊敬，也不是因为他作为诗人的业绩，而是因为在他的作品中所显示出来的伟大的人格。[①]这伟大的人格，这创作的个性，其内涵就是对于宇宙万物、人生百态的一种摆脱了诸种束缚的自由状态。

六、创作心态"六佳"：孤独感

孤独作为一种心理现象是复杂的。一人独处，未必孤独；身处闹市、置身人群，可感孤独。这说明，孤独是一种自我意识。人类在自己的发展中，经历了自我意识发展的漫长过程。其轨迹，同人与自然和人与人之间关系的发展、变化相关。在蒙昧时期，人类曾经不识自身，也分不出自身，将其与宇宙、世界、动物界混而为一；在劳动和交往中，人类开始产生并发展了自我意识。但是，随着阶级社会的产生、分工的越来越精密化，也造成了人的异化、贬值和人的尊严丧失。不过，与此同时，人的"个人感"也在发展和提高，因为人的力量在改造自然和与人交往中越来越强。资本主义社会的生产能力和分配制度也强化了个人主义、自我意识。这种"个人感"和自我意识的增强，提升了人离群而居、离群而思的反思能力和要求。"个人生命世界的复杂化引起了各种错综复杂和矛盾的情感状态和问题，对这些情感和问题都不能简单化地去解释。例如孤独。在中世纪，人们住得比较紧密，很少互相隔绝；……人们往往把孤独理解为身体上的隔离。只有神秘主义者才把孤独当作专心侍奉上帝的条件来崇拜。个体与社会可以说是互相渗透的。""在近代，多面性较强的个人不拘一格，卓尔不群，常常自寻幽

---

① 爱克曼辑录《歌德谈话录》，朱光潜译，人民文学出版社，1978，第38页。

静。但是，同时他又会因为缺乏就近的交往或不能倾诉自己的各种苦衷而更加感到孤独。"①这里极简要地概括了在不同时代人类心灵和自我意识的发展轨迹：中世纪，人们群居在同一社区，很少隔绝，不识孤独，而神秘主义者以孤独为侍奉上帝的条件，便是把孤独作为心灵的发展水准和自我意识的增长度来看待甚至是崇拜了。孤独在这里是一个人的个人感和自我意识增强的心理优势的表现了。到了近代，人类智慧发展、能力强化，个人感自然增长，多面发展、卓尔不群者更有一种自觉的孤独之感。——于孤独中进行反思和追索，显示了自身内在的能力。但人同时也就更感到孤独的可畏而回避它了。因为他们更明确地认识自身了。现代人的孤独感更为增强。虽然居住得更密集，交往的机会更多、手段更科学化、频率更高，可以交流的信息也更多，但是人与人内在的联系却有减少。一方面，孤独感往往成为折磨现代人的一种心理症候。另一方面，因现代社会的发展、文化的发展和人自身的发展，孤独又往往是人们进行有益的思索、有益的研究甚至进行创造的物质条件和心理条件了。

这样，孤独作为一种心理现象，不仅是人们的自我意识、个人感发展的一种表现，还有消极的和积极的区别、有害的和有益的分野了。这取决于个体的文化层次和心理内涵。有一种孤独，是在个体失败受挫时出现，是在与周遭环境不适应、不融洽，与人群落落寡合，或是自我封闭的情况下产生的。这是孤立、孤单，这种孤独产生一种陌生感、失落感，产生恐惧、惆怅和阴郁。这是消极的，于人身心均不利。也有人在异国他乡、在新的环境下产生孤独感。这往往是由于文化背景不同而出现的。这种孤独感令人惆怅，令人抑郁，令人思乡念亲。它未必都损人身心，有时反倒辛苦中裹着丝丝的甜蜜味道。这倒有点儿引人进入审美意识的意味了。此时，读"等是有家归未得，杜鹃休向耳边啼""遥知兄弟登高处，遍插茱萸少一人"等诗句，听思乡的曲、观风景画，都更易感情融汇、思绪飞扬，而得审美愉悦。这已经是进入另一文化层次的孤独了。

在"个人感"增强、自我意识发展的情况下，当人意识到、感觉到自己的特立独行、卓尔不群时，他的个人感和自我意识又会进一步得到

① 科恩：《自我论》，佟景韩译，生活·读书·新知三联书店，1986，第168–169页。

强化，并会由此产生一种优越感，伴随着孤独感。这种孤独感会一分为二：一种是加强内省经验和自我意识深化发展；另一种则是孤单、孤立的感觉。但两种感觉殊途同归：都引导主体走向伙伴、朋友，走向人群。前者是怀着主体意识去投身于人群中；后者是带着不安与求友之心去解脱心灵的空虚。

还有的人孤独感萌发于成功时、胜利时，产生于盛名之下、众人鼓掌合十围困之时①。他们逃名、逃会、逃离人群，害怕热闹场，寻找清静地。这是一种对于世俗捧扬的鄙视、对不恰当（或他自己认为不恰当）评价的逆反，对自我的冷静估价，也是对于更远大深邃的未决问题、宇宙人生的无穷疑难的自觉意识。这是一种发自内心的谦虚，这种孤独是自觉自求的，是积极的、向上的，带着哲学的自觉。

更有一种孤独，主体思深意远、情满人间、心存魏阙、怀抱人民，属意家国民族人类，追求人民苦难之解脱、幸福之获取，因而常不免所念者远大、所求者高深、所怀者众广、所思者深邃，全不关注一己一家、曲高和寡、难为人知，也就常常不免孤独感萌生。这是一种与人相连、爱人而又为人者的孤独。这孤独不是脱离人群，而是与人群的特殊相连和相连的桥梁与过渡。这种孤独，也常常能使人进入审美境界。那些历代志士仁人、英雄豪杰、哲人智者，常常会有这种孤独感，常常会孤独感伴随终身。但这种孤独感却成为他们思想的"润滑剂"、心灵的"净化剂"，往往从心理上把他们引入审美状态②。

这样，我们不仅看到孤独的积极意义，而且接触到它的创造价值了。我们且进一步来探讨，但我们要以具体的方式来进行，而不一般地议论。这具体，就是大师们、哲人智者的共性：他们都是孤独的，内心深埋着一种孤独感。

为什么会如此？这种情况反映了孤独的一些什么特性？

凡大师——哲学的、科学的、文化的、文学艺术的大师们，都是孤独的，内心里有一种孤独感存在。就文学大师来说，歌德、托尔斯泰、罗曼·罗兰皆如此；高尔基、鲁迅也如此；连科学家如爱因斯坦也不例

---

① 居里夫人、爱因斯坦均有过这种体验。

② "在十七世纪的宫廷文化中，喜好孤独同审美体验联系在一起（幽静是诗神之友）……"（科恩：《自我论》，佟景韩译，生活·读书·新知三联书店，1986，第169页）。

外。李白写道："自古圣贤皆寂寞。"爱因斯坦说："千万记住，所有那些品质高尚的人都是孤独的——而且必然如此——正因为如此，他们才能享受自身环境中那种一尘不染的纯洁。"[1]他谈到自己时说："我实在是一个'孤独的旅客'。"[2]他还多次谈到他自己发自内心的宗教感。这种非宗教的、更非迷信的"宗教感"，就包含着一定程度的孤独感的因素在内。托尔斯泰在1897年6月（即在出走前不久）给妻子的信中沉痛地写道："在将近七十岁的时候，我整个心灵渴望安宁，孤独，即使不是为了完全的和谐，至少是避免我的生活与信仰及良心之间的明显的不一致。"[3]鲁迅的一生从未离开过寂寞。从童年到中年到晚年，虽然寂寞的性质、内涵和程度都不同，却总在他的心头。他的孤独感是深沉而感人的。

为什么会如此呢？首先，正如前面所说，他们总是全身心地投入一种宏观和深远的思考，宇宙、天地、世界、人类是他们思索的对象，他们自觉地意识到自己是它们的思索主体，他们以己之身，面对这广袤无垠、深邃玄妙的对象，求索千古之谜、万世之律。在无边际的空间和无起讫的时间面前，一方面，自然萌发崇高伟岸之意绪；一方面，也会油然而生孤独感。泰戈尔的诗写道：

> 在大浪滔滔的既往与未来合流之中，
> 在永恒和现在之中，
> 我总看到一个"我"像奇迹似的，
> 孤苦伶仃四下巡行。[4]

中国唐代开一代诗文风气之先的大诗人陈子昂在《登幽州台歌》中写道：

> 前不见古人，
> 后不见来者。

① 杜卡斯、霍夫曼编《爱因斯坦谈人生》，高志凯译，世界知识出版社，1984，第100页。
② 爱因斯坦：《爱因斯坦文集》第三卷，许良英、范岱年编译，商务印书馆，1976，第43页。
③ 艾尔默·莫德：《托尔斯泰传》第二卷，宋蜀碧、徐迟译，北京十月文艺出版社，1984，第951页。
④ 科恩：《自我论》，佟景韩译，生活·读书·新知三联书店，1986，第78页。

念天地之悠悠，

独怆然而涕下。

中印两位诗人所表达的就是这种面对无边际无始终而永恒的空间、时间、人类，所萌生的既崇高自信又孤独自生的心理感受和思想境界。

德国哲学家康德曾说，世界上唯有两样东西深深地震撼我们的心灵：一是我们头顶上灿烂的星空；二是我们心中的道德法则。

这两句后来被人们刻在康德墓碑上的诗句，概括了这位哲人的一生和他的思想的涵盖面与支柱：头上灿烂的星空，就是宇宙、时空和它们的永恒，是客体、对象；心中的道德法则，在人的心中，就是主体、思考者、探索者。在这种主客相对、客（体）我相对之中，也自然地萌生伟大、崇高、超越和孤独之感。德国伟大作曲家、钢琴家贝多芬在自己的笔记中，又复述了康德的诗句：

我们心中的道德法则，我们头顶上的星空。康德！！！

他重复了康德的诗句、思想、情绪和感受，从星空得到他的诗情与乐思。而他的孤独感也是深沉的，"……啊，上帝！没有妻室，算什么人生啊？——没有妻室的人，会成为这个陌生世界的牺牲品的！"

从这些哲人、大师的思想丰采中我们可以感受到，他们的这种孤独感来自深远广阔的思考：思想的对象、内涵和境界；这思考是超尘世的，又是深刻意义上的人世；是离群脱俗的，又是在本质上爱人群、为世俗的。这种孤独包含着深深的人生哲理、积极的入世精神，以及热烈而冷峻的爱的感情。

其次，从入世的一面来说，他们也是志气远大，关怀祖国、民族、人民以至全人类，既处在较高文化层次上，又处在崇高深沉的思想境界中，因而像历史上的精英人物一样，常常难为一般人所认识和理解，有时还被误解、遭反对，更常常为一般人所难于伴同和匹敌，这不免使他们感到寂寞，感到孤独[①]。

再次，也由于这种情况，他们甚至往往不为身边的人和自己的亲人所认识和理解，或者一般地不甚理解，难于进行思想、情感交流，或者

① 鲁迅描述过这种寂寞与孤独之感。

漠然视之，甚或至于反对。这种情况常常不免使他们更感寂寞，更感孤独。

第四，他们所思者深、高、远、大，走在时代的前列，总是只有比较少的几个相识或不相识者能够达到一致的水准，在互相理解或可匹敌的水平上进行对话和思想的交流与交锋，情感上的渗透与抵牾，这也不免使他们有一种深沉的、高层次的孤独心理产生。

第五，因为他们的这种经常性冥想和苦思，面对苍穹与永恒，也就常不免疏于与人交往，或者在人际交往中显出笨拙与某种程度的不同流俗以至怪癖，使人觉其孤傲独行，也自感孤独。

最后，他们的内心生活总是很丰富的，甚至常常处于内在的紧张状态中，因此也就疏于外在的生活、"世俗"的生活，常不免若有所思、心不在焉、大智若愚、神不守舍，表现出形单影只的孤独感。

这种孤独感，可以叫作哲人智者巨匠大师的孤独感，它是人的主体感、自我意识、自我实现的表现，它是人世的、爱人的、为群的、积极的，它是高文化层次的，是使人升华、超越、脱俗的孤独。

这样，这种孤独也就渗入审美领域了。本来，这种面对灿烂星空、茫茫宇宙和无常人生的思考便同时面对真与善，同时具有一种把握无限与永恒的美感，一种感受自然的伟大与和谐的美感；而且，当思绪涉及宇宙无际、人生有限、人世辛苦，以及人所面对的永恒的迷惑——生老病死、爱情等等——时，也会顿生一种沁甜、苦痛、酸涩的美感，也同时会产生我们前面提到的"悲为美"的审美悲剧心理。李白写《月下独酌》：

> 花间一壶酒，独酌无相亲。
> 举杯邀明月，对影成三人。
> 月既不解饮，影徒随我身。
> …………

描写的正是这种境界，这种深沉的孤独、寂寞与悲凉和这种心境的美感；该诗的悲剧审美效应也由这种内涵和表现而产生。

李白的《将进酒》：

> 钟鼓馔玉不足贵，

> 但愿长醉不复醒。
>
> 古来圣贤皆寂寞,
>
> 惟有饮者留其名。

所表现的也是同样的情境与心境。贝多芬在他的笔记中写道:

> 当黄昏来临,我满怀着惊奇,注视天空,坠入了沉思;一群群闪闪发光的天体在那里旋转运行,永无停息,那就是我们称之为世界和太阳的天体;此时此刻,我神游魂驰,精神超越了这些距离我们亿万公里的群星,一直向那万物之源奔去——一切造物皆渊源于此,同时它也是一切新造物的源泉。渐渐地,天哪,我就试着把我心中的一团激情转化成音响。[1]

贝多芬就在这种眺望星空、冥想宇宙的思绪浮沉、神游魂驰之中,创造了不朽的乐曲。[2]

因此,这种孤独感也是一种审美的、提高人的精神境界和净化心理的孤独感。

这种孤独感是作家、艺术家常有的、该有的一种孤独感。它不是孤单,更不是孤立,它是特立独行者在对于人群利益、人类幸福和人生问题进行思索时而自觉地、有意识地暂离热闹的人生场、纷扰的环境和繁杂的人事,所以这是一种过渡、一种渠道,它通向社会与人生。罗曼·罗兰在他的《论作家在现代社会中的作用》中针对苏联作家的写作情况写道:

> 苏联的同事们! 你们关心社会生活的良好习惯,不应该妨碍你们每个人倾注于内心的生活。在连绵不断的行动和感情的激流里,你们应该为自己保留一间单房,离开人群,单独幽居,以便认清自己的力量和弱点,集中思想,深入思考,然后像安泰那样,重新接触大地,振奋精神,以崭新的面貌去迎接未来的战斗。[3]

---

① P.Mies编《贝多芬笔记》,英文版,1974,第160-161页。转引自赵鑫珊《科学·艺术·哲学断想》,生活·读书·新知三联书店,1985,第333页。

② 据贝多芬的学生车尔尼说,贝多芬的e小调四重奏(作品第59号之2)慢板乐章,就是从夜晚对星空的凝视和默想中获得灵感而创作的。

③ 转引自余秋雨《艺术创造工程》,上海文艺出版社,1987,第19页。

正是如此：首先，为自己在生活中保留一个单间（在一段时间里）幽居静思，独处神驰，以进行自我反省和历史与现实的反思。然后，怀着所得，进行新的活动。这正是一种自创的孤独、自控的孤独，也是一种"创造性的孤独"——利用孤独来服务于创造性活动。孤独的这种创造功能，早为人们所发觉和总结，并且从许多创造者的经历和心理中得到了证实。那些大师们，以及作家、艺术家们，有时候会期求孤独，安排独处，希望静下来想一想，同人们以至家人暂离一段。这是有利于创造、有利于艺术创作的。爱因斯坦说，他自己一方面对社会正义和社会责任具有"强烈的感觉"；另一方面，他又显得对别人和社会的接触有一种淡漠。因此他说自己"实在是一个'孤独的旅客'"。但这种孤独保证了、有利于他的独思；而独思又保证了、有利于他的科学研究和深沉的思考。[1]作家、艺术家在从事创作时，往往也会进入这种自发进入或自己安排的暂时的、可控的、局部的、创造性的孤独之中。歌德说，他在创作《少年维特之烦恼》时，"特使自己与外界完全隔绝，连朋友的探访也谢绝。在内心上也把一切与这作品无直接关系的思念搁在一旁"[2]。屠格涅夫说："在写作的时候，我不要跟人们交际；我隐居在我的领地上。"他就关在一间"像农人的小屋"一样的小房里专心致志地、孤独地写作。[3]左拉说："我的生活很孤独，住在清静的区域……我尽可能地少出门。现代作家之中，只有福楼拜、龚古尔和都德那里，我是去的。我故意这样避开了一切，为的是可以安静些工作。"[4]

这种孤独中的写作和写作中的孤独，既是一种最佳的创作心态，又是在内心深处通过创作活动，同人生、同社会、同世界的联系。帕乌斯托夫斯基在《金蔷薇》中描写了这种创作心境：

---

① "在爱因斯坦的科学活动中，独思无疑是一个主导因素"；"对爱因斯坦来说，孤独保证了独思，而独思又造成进一步的孤独，这是因为爱因斯坦的独思极其深邃，在许多问题上曲高和寡，难觅知音，因而不能不使自己进一步陷入孤独"。（朱亚宗：《伟大的探索者——爱因斯坦》，人民出版社，第384、379页）

② 歌德：《歌德自传：诗与真（上册）》，刘思慕译，人民文学出版社，1987，第623页。

③ 巴甫罗夫斯基：《回忆屠格涅夫》。转引自段宝林编《西方古典作家谈文艺创作》，春风文艺出版社，1980，第440页。

④ 《自叙传》（1876）。转引自段宝林编《西方古典作家谈文艺创作》，春风文艺出版社，1980，第599页。

屋子里很寂寞。只有我一个人。旁边便是千百里阔的海。海滨沙丘过去，便是宽阔的沼泽和低矮的树林……附近一个人也没有。不过只要一燃起灯火，坐在桌前信笔写来，孤独之感便立刻消失了。我不是一个人。我可以从这一间湫隘小屋里和千万人，和全世界说话。我可以向他们倾述各色各样的故事，惹他们发笑，使他们悲哀，引起他们的沉思和愤怒，爱情和怜悯，可以拉着他们的手，像向导似的在生活之路上指引他们。生活，虽然是在这里，在这四堵墙里创造出来的。但它却能冲向宇宙。①

在"斗室"之中，四堵墙创造了一个独处的环境，并且造成孤独的心理；然而，作家的心同时又飞向或通向人群、社会、世界、宇宙，内心充实、情感澎湃。创作心理在孤独中得以进入最佳状态，一方面"孤独"地面对着自己想象中的、自己创造的世界，同那个想象中的"第二自然"同命运共呼吸，同那里的人物一起歌喜悲哭；另一方面，又面对现实的世界，同人世间、同社会与世界相通相连，并接受这个现实世界的反馈，而影响了对于"第二自然"（世界Ⅲ）的加工、评价和塑造。这就是作家在创作时，创作心理活动的孤独又不孤独的辩证过程。马斯洛心理学描述过这种心理：

心理健康的人是非常独立的，但同时他也乐于与人相处，他对独处有一种健康的欲望，这与适应性很差的人的那种病态的、偷偷摸摸的、令人害怕的独处是极不相同的。有时在别人看来他们十分淡漠，不易接近；因为虽然他们乐于和他人在一起，但他们并不需要别人，他们完全依靠自己的能力。他们的能力常常如此优越，以致他们实际上感到被他人拖了后腿。他们既是社会上最有个性的成员，同时又是最合群、最友好的成员。②

这种心理状态——心境，就是一种两重性的、互相对立而又统一的创作心态。他既不受客观的干扰，能够保持孤独感，以崇高恢宏的心态观宇宙察世情评人生，又以人间一分子、合群的友好成员的心态与社会

---

① 康·帕乌斯托夫斯基：《金蔷薇》，李时译，上海文艺出版社，1959，第168-169页。
② 弗兰克·戈布尔：《第三思潮：马斯洛心理学》，吕明、陈红雯译，上海译文出版社，1987，第31-32页。

相通、与生活相连。这既能超越，又能食人间烟火；既是出世，又是入世。

塞缪尔·贝克特是一个孤独的艺术家，他也相信孤独与艺术之间有着必然的因果关系。他说："对于不愿作表面文章的艺术家，对友情的摈弃不仅是合乎情理的，而且是必要的。因为心灵上唯一有所进展的可能是在感觉的深处。"①贝克特正是从心理角度来谈孤独和艺术创作的关系的：孤独（甚至摈弃友情来求得它），有助于深化自己的感觉，心灵在感觉向深处发展时得到进展，有利于艺术创造。从这个意义上讲，孤独确实是有利于艺术创造而应为作家、艺术家所珍爱的。

孤独之有利于艺术创造，还由于在寂静孤独中，心理形成一种"空筐"，既无人世的纷扰，又无心绪的烦恼；既无杂事的干扰，又无俗情的冲击，它足以充填深沉的思绪、澎湃的感情、活跃的形象，而且由于安静，脑神经得以在平静中无纷扰地进行工作，直觉、无意识、灵感等创造的积极力量和宝贵能量都得以更好地发挥作用，各种机制运行顺畅，预期的效果也就容易获得了。被阿瑞提看作在"创造力的发生过程中扮演了极重要角色"的意象，其产生的机制就同孤独的关系颇为密切。阿瑞提指出：

> 意象的发生是心灵的一种普通的功能，它能自发地产生。假如能使自己静下来不活动、减少或排除外界的刺激，产生起来就更容易些。安静、孤独、黑暗和冥想也都有助于它的产生。②

孤独之有助于创造力的发挥，有利于创作，其重要原因就是有助于意象的产生，这本身就是一种创造力的发挥；同时，意象的产生也有利于同意象紧密联系的想象、直觉思维和灵感思维的出现和发挥作用。（参阅本书第一编第二章第三节"意象的生成与功能"）

孤独还是作家、艺术家自我反省、自我总结，因而也是自我发现的条件和情境。鲁迅说过，"不在沉默中爆发，就在沉默中灭亡"。这沉默是孤独，是孤独中的沉思；这爆发与灭亡的含义是多方面的，包括自我

---

① 朱子仪编译《西方文坛的神秘人物塞缪尔·贝克特》，《书林》1987年第3期。

② 阿瑞提：《创造的秘密》，周新译，上海文艺出版社，1985，第58—59页。

发现、自我奋起和自我灭亡。意大利著名影星索菲娅·罗兰喜爱寂寞，她说："在寂寞中，我正视自己的真实感情，正视我真实的自己。我品尝新思想，修正旧错误。""我孤独时，我从不孤独。我和我的思想做伴，我和我的书本做伴。"①

不过，我们必须补充说明：从艺术创造的角度来说，孤独是有利于它的一种心理状态；但是，却不能认为凡孤独就与艺术创造相通。这不是一个双向的心理通道，而是一个单向的通道。也就是说，孤独心理状态还需要同其他心理活动和机制相结合，才能是艺术创造的有利心境，是文学创作的最佳心态之一。

作家、艺术家的这种孤独感和孤独心性（或一定程度上的孤独心性，或心灵某一隐蔽角落存在的孤独心性），往往同他们在童年和少年时期的孤独生活与孤独心情有着密切的联系。许多作家的童年、少年时代是如此。就我们前面提到的作家来说，鲁迅、高尔基、屠格涅夫等都是在寂寞孤独中度过童年、少年时代的，都是难于忘怀他们在这个敏感时代的寂寞时光的。也许我们可以说，正是这种孤独的童年和少年生活促使他们耽于沉思冥想、富于想象力和内心生活丰富，以及从文学艺术和书籍中寻求心之伴侣和解脱。俄国伟大作家赫尔岑就是这样，他没有年岁相近的同伴，常常处于孤独寂寞之中。当时，他给人写信说："又是孤独，又是书本。只有书本作我的伴侣。"苏联作家绥拉菲摩维奇在回顾自己少年时代的寂寞时说："我小时候常常生病，是个脆弱、娇惯的孩子，所以学习成绩不好，伙伴很少，外表的生活也很单调，一直待在母亲身边，我身上只有幻想特别发达，四周围是军旅的环境，精神空虚，男女家庭教师所给予的通常是些为了进学校所必需的一般表面知识，这样，我那时的生活是与世隔绝的、孤独寂寞的。"②这段记述，不仅说明了作家少年时代是寂寞孤独的，而且反映了正是由于这种孤独，带来了他喜欢幻想的心性和培养了他的幻想能力。这正是创作动力系统中的一个因素。同时，这种寂寞孤独心理也颇富审美情趣，因而是有利于作家的创作心理成长的。

当然，也有狭隘的、世俗的、离群的、出世的孤独，这种孤独与孤

---

① 转引自赵鑫珊、周玉明：《孤独感与人类文化创造》，《书林》1986年第1期。

② 《世界文学》编辑部编《苏联作家自述》，中国文艺联合出版公司，1984，第38页。

单、孤立相连，是消极的，是会导致失败的。它不是创造因素，也不是创作的最佳心态。歌德在谈到作家不要孤独时说道："一人独处不好，单独一个人在那里写作尤其不好；想要作品成功，就必须有他人的参与和启迪。我能写成《阿喀琉斯》和其他一些叙事瑶曲得感谢席勒，是他鼓励了我写作；如果我能完成《浮士德》的第二部，你也可以算上一份功劳啊。这话我已讲过多次，但还必须反复讲，以便你了解。"[1]这里所说，同前面所说孤独地关起门来写《少年维特之烦恼》取得成功，并不矛盾。前者说的是作家要同社会联系，与同时代人相连，从那里取得各种帮助，如席勒之帮助他写《阿喀琉斯》、阿克曼之帮助他写《浮士德》第二部；而后者则是说作家不能在总体上总是孤独地生活与工作，虽然在具体创作过程中需要独处，需要孤独，以排除干扰，沉浸于自己的创造之中，以进入超越的、自由的状态，进入最佳创作心态。陆机在《文赋》中说：

> 课虚无以责有，
> 叩寂寞而求音。

这就是对孤独有利于创作、为最佳创作心态之一的准确的描述。它从认识论、辩证法、心理学和文艺学诸方面简要而又明确地写出了"孤独"的作用机制。

总之，孤独心理是复杂的。从宏观上说，有感受宇宙、世界、人生之奥秘，探索其真谛、困惑于难解永恒之谜中、痛苦怅惘于难脱的人类的缧绁中，而产生的心胸博大深邃的孤独感，这是哲人志士大师巨匠的孤独，是哲学的、高文化层次的孤独，是通向人类、通向智慧、通向创造的孤独。但也有另一种孤独，是社会制度造成的孤独，反映了人际关系的紧张与痛苦。在西方社会弥漫的、长期以来盛行的、如今发展到极端的个人中心主义、个人享乐主义所造成的被称为现代孤独感的，便是这种孤独感。它也是渗透于全社会的、宏观的、总体上的孤独感，它的社会效应和人生效应是与前一种孤独感相悖的。

也有具体的、一段时间的、微观的、个体的孤独感。有的是主体自生自求自创的，有的是被动跌入的。前者是心灵的休憩所、思想的活跃

---

[1] 艾克曼：《歌德谈话录》，杨武能译，四川文艺出版社，2018，第392页。

领域、创造的有利天地，后者则是痛苦哀伤的不幸境遇。诗人学者哲人所赞扬的、希求的、沉湎于其中的孤独感，是前者。无论是宏观的、总体的，还是微观的、具体的，都是如此。他们也会有后一种孤独，但不会持久，或被消融于前者；或者，两者并存。歌德说："天才，是在孤独之中。"指的是前一种。他又说："人自处于孤独是不好的，孤独地工作尤其不好。"是指后一种。但歌德又说，在进行具体工作时，要"多么清静的生活环境，才能得心应手地把它整体表现来"，要"特使自己与外界完全隔绝"。这又是暂时的、自求自控的孤独，并非心灵的孤独，这是创造、是艺术创作的手段和良好环境与心境。

我们这里所说的、所赞许的孤独感，是创造因素、创造心境的孤独感，是哲人的、文化的、内在的、宏观的孤独感，通向人类、人世间，通向创造、献身、热情的孤独感。只有它才是创作的最佳心态。

那种外在的、失落于人群的、孤单或孤立的、无依的、惆怅痛苦的孤独感，则是于人不利的、伤神戮心的心灵的病苦。

七、创作心态"七佳"：灵感流星迸射

我们曾经把灵感比作思想领域的彗星，如果是指一个大的启示、大的获得，那么，我们这里所说的灵感流星，就是指小的启示、小的收获了，它是一个好的情节的出现、一个人物的典型动作表现、一个好的场面设计、一段带劲的对话，以至一句话的创造、一个词语的选择等等。它们是随时出现的、不断出现的，并且产生连锁反应现象。总之，像天空的流星一样，在创作心理运行过程中不断地迸射。这种灵感流星的出现使写作计划、艺术构思不仅得到逐步的、较好的实现，而且突破了计划，超出了原构思，得到意外的艺术佳果。灵感流星不断地在创作心理运行过程中出现，艺术佳果美卉就不停地镶嵌在作品中，把它装点得美轮美奂，具有吸引人之姿，令人喜爱。这种灵感流星的不断出现，也不断地鼓舞着作家的创作情绪，使他心情欢快、意志舒畅，心理处于一种既昂扬又沉静、既稳定又活泼的状态中，因此成为一种最佳创作心态。对于读者来说，在读到这些灵感流星产生的佳果美卉时，也感到特别兴奋，感受到双重的审美愉悦——作品本身的美和作家能如此表达给人的审美快感。"拍案叫绝"正是

形容这种最佳欣赏状态的。

鲁迅曾经说，他在写《哀范君三章》时，"忽将鸡虫做入，真是奇绝妙绝"①。这就是一种灵感流星闪现的表现。托尔斯泰在他的创作笔记中，多次记录了这种在创作的具体过程中、在小的艺术处理上灵感流星的出现推进了创作的情形。

在调查问卷中，也有不少作家指出，他们在写作过程中经常不断地出现这种灵感流星。

这种灵感流星的迸射闪现，对于创作计划的实现，对于艺术构思的成功，是十分重要的。可以说，如果没有它们的出现，总的艺术战略计划是不可能实现的。因此可以说，如果把"大灵感"比作"战略灵感"，那么灵感流星便可以比作"战术灵感"了，就像战略核武器和战术核武器对于战争计划实现和战略思想实现的重大作用一样，这种"战略灵感"和"战术灵感"对于创作计划和艺术构思的实现，也具有重大的作用。

我们可以说，没有灵感，就没有艺术品。没有灵感流星，艺术品也同样创造不出来。它既是艺术思维、创作心理的产儿，又是它们的催化剂。它在创作过程中是一颗颗迸击的信号弹，鼓励创作的进军作一次次地进击，夺取一个个艺术阵地；它在作品中，又是一朵朵艳丽的花，装点了艺术园地，是一颗颗闪烁的流星照亮了艺术的星空。它是绿地上的点点红花，是棋盘上散布的"眼"，是长河上的点点白帆。

灵感流星自然不是偶然出现的。它有着主观和客观的原因和条件。在主观上，它要求对于生活的稔熟、众多人物形象和各类素材的记忆、广博的知识和情感的、思想的、心理的各种积累。灵感流星就是这种广博深厚的"生活积淀"的结晶、升华；它要求严肃的、紧张的工作。它们是燃料。在客观上，这种灵感流星的迸射，要求各种类型的信息的、形象的刺激、启发和推动，要求艺术构思在实现过程中的客观启发，也要求环境的安静或适宜。比如有的作家，在安静的写作场所、在风景秀丽的地方、在幽静的环境里，或者在风和日丽的春日、在金风送爽的秋天、在风晨月夕，能够不断地迸发灵感流星。

我们所说的灵感流星的迸射，就是创作才能的具体体现。因此，一

---

① 见《鲁迅全集·集外集拾遗·哀范君三章》注。

切才能所要求的积累，一切才能得以发挥的条件，都是进射灵感流星所需要的。

库普林创作时，表现才华横溢，非常轻松，常常是"不假思索"就下笔如行云了。这中间就布满着灵感流星。他这种创作才能如何得来的呢？他的灵感流星的出处何在呢？康·帕乌斯托夫斯基指出："如果缺少丰富的生活素材，仅靠天才是不能持久的。"库普林在离开团队时，感到自己"既无科学知识，又无生活知识"，于是便"怀着贪婪的心情……，一头钻进了生活和书本之中"。库普林毫不犹豫地投身于生活之中，"他走遍了整个俄罗斯，改换了一个又一个职业。他研究了这个国家，了解它的一切特点，喜欢同普通人一起过同样的生活，询问他们，观察他们，记住他们的语言和土话。"这样，库普林成为一个饱经风霜的人，"成了了解本国人民的行家和本国人民的描写者"。所以，他从不感到题材缺乏、灵感枯竭，一切描写都是生动有趣的。"在广泛深入国家生活的过程中，作家逐渐成熟了"。[①] 这些可以说是事前为灵感流星的出现准备的土壤、创造的条件。

另外，在写作的时候，也会创造"现场"条件，促使灵感流星出现。康·帕乌斯托夫斯基在《金蔷薇》中说："在写作的时候，会引起新思想和新形象、概括和词藻的旋涡，急湍，瀑布。所以时常有人对自己写的东西感到惊异。"普希金说，"灵感是人严肃地工作时的心理状态"，"灵感是一种敏捷地感受印象的情绪，因而是迅速理解概念的情绪"。柴可夫斯基说：灵感是"犍牛般竭尽全力工作时的心理状态"。这些都说明，灵感流星的出现要靠专心致志的工作，靠敏捷地理解概念、感受印象。

灵感流星还有一个重要的、经常的来源，它也许可以称为"次生动力源"，这就是作家在创作过程中所创造的环境、情节、场面，特别是他所创造的人物形象、人物性格所引起、触发的灵感流星。在既经创造出来之后，它们就有了自己的性格、自己的意志、自己的发展规律，也就能自生自长地生发出种种事件、行为、表现、情节。这些都可能产生灵感火花、灵感流星，从而生发、展开或纠正原来的艺术构思。普希金曾慨叹达姬雅娜同自己"开了个玩笑"，居然结婚了；托尔斯泰笔下的

① 康·帕乌斯托夫斯基：《面向秋野》，张铁夫译，湖南文艺出版社，1985，第178页。

安娜·卡列尼娜卧轨了，玛斯洛娃不愿同聂赫留朵夫结婚，都是在写作过程中生发灵感流星的结果。

作家创造出来的人物，是第二自然，是"世界Ⅲ"。这是一个新的、既生之后就独自存在的世界，是第二主体即形象主体，它产生了自己的主体性。它源自创作主体，却在"出生"之后并不依赖主体，而是按照自己的主体性生存和发展。尊重这个第二主体，意识到并运用这个主体的主体性去创造自己的艺术品。这是作家、艺术家的一项才能，或说才能的一个方面，并且是重要的方面。它的重要性就在于，按照它自身的规律发展、创造，就可能获得灵感流星产生的"次生动力源"，就可能产生更多的灵感流星，创造一个最佳创作心态。

在这种总体创作心态特别是这种次生动力源的发动下创作，灵感流星的迸发往往是不经意的、无意识的、直觉的，是超计划的、计划外的；因此，它们是生动的、活泼的、可爱的，带着艺术的韵味和气势，是艺术创作的有利状况。

这种灵感流星自然是稍纵即逝的。它需要及时抓住，赶紧记录，否则就一去不复返了。在对调查问卷的答复中，许多作家都提到这一点：在写作中，小的灵感是经常出现的，这推动了创作；但是，它们是稍纵即逝的，一不注意，放过了，就再也想不起来、找不回来了。这可以说正是灵感的特性、"脾气"。我们必须尊重它这一点，才能让它更好地为我们服务。

根据上面所说，我们自然可以明了：灵感流星也是可以培养的，可以为它的出现创造条件的。这基本上包含三个方面：（1）主观条件和努力，如前面所说；（2）对于对象主体的尊重和按照它的规律去创作，开发、利用"次生动力源"；（3）创造利于灵感流星出现的环境。

下面是对调查问卷的答复。

萧乾说，他的灵感来了因未及时记下而又失去的情况"很多"，"所以随身（及床畔）必须有个小本本"。鲍昌说："大多是稍纵即逝的，颇有一些因未及时记下而忘了的。"路翎则说，"灵感稍纵即逝"，但是可以"经过研究再找回来"，"未及记下又失去，大半努力研究再找回来"。邓刚说，有过得而复失的情况，"而且颇为懊悔"。刘绍棠说，灵感得而复失的情况"很多"。马加也肯定了这种情况，"稍纵即逝。"胡万春的情况是，"有的，当时受触动，因手头正有旁的创作，过了多时，淡忘了。"达理说："事过境迁，灵感就再难激发了。"莫言说，"有过"得而复失的情况。金河则说："有时当时未记下过后又忘了。但不久，遇到类似的刺激，又重新唤起了。"

但是，有三位作家情况却比较特殊。杨大群说："我认为灵感来了永远不存在即逝的问题，只要真的是灵感。有虚的不是灵感。""我永远没有消逝过灵感，我有补充灵感的本领。因为我靠灵感写作。"刘亚洲也说："我的灵感不是稍纵即逝的，每当我脑海中跃出一个灵感时，我并不用及时记下，因为它属于我，逃不了。"程乃珊说："小的会，大的不会。"

看来，把灵感分为大、小是有道理的。不会"即逝"的是那些大的灵感——关于构思的、关于人物性格的、关于重大情节的，等等；而小的则难免逝去了。

作家们在回答中，还详细地说明了自己灵感出现的状况、条件和性质。航鹰说："灵感有多种情况。《明姑娘》：在盲人家里见到盲女织的树叶形毛衣，立即想到盲人热爱大自然的绿。《宝匣》：一天黎明前忽然坐起，因梦见去世多年的外祖母的一个小匣，立即想到如果小匣里盛满过期票证，以票证兴衰写社会经济生活……"鲍昌说："（灵感的出现）什么样的情况都有，在案前凝思时，户外散步时，乃至开会走神时都有。"张抗抗回答说："不一定。有时在很专心思考的时候，有时却在毫不相关的场合，包括朋友们谈话。"路翎说："（灵感出现）在精神好的时候，多努力的时候，多思维的时候，多研究人物、情节的各个角度的时候。"包玉堂则是在"新环境里，心情愉快时"。韶华说："我在对生活的总体把握：本质认识，都不出现灵感。在写作时，故事情节、细节常出现灵感。"刘绍棠说，他的灵感出现于这样的时候——"回忆，念旧，感慨。"杨大群说："我的灵感出现分两方面，一是反思我所经历的生活；二是间接生活的刺激。"徐光耀说："灵感多是在写作最紧张的时候奔涌而来，她可以使你改变方向。也有时是对一件事放心不下，思想老在追踪着它的时候，突然光临了。也有时是劳动之后的闲暇、松弛，受到外界一件事物的触动，于是来了。"马加的回答是，"经常在清晨醒来非常安静时出现。"刘亚洲说："我的灵感大部分是在我想东西时才应召而来。平日我没有工夫去呼唤它们。"胡万春详细地作了答复，他说："平时多思。构思时，头脑一片混沌。必须经过虚静，'水静以鉴，火静则明，是也'。只有静，才能澄清记忆表象，受外界一时刺激，于是想象开始，表象发生剧烈的运动。此即灵感。"对于灵感在什么情况下发生，他说："静心寡欲时。"达理说："平日，常常在读一部好书，看一场好戏，聆听一首好曲子时出现，甚至立即就会产生一种创作冲动。"金河说："随时可以出现。读书时，与人谈话时，看报纸、杂志、电影电视、绘画时，骑车在街上走时，在乱哄哄的农贸市场上，在会议室里……总之，乃是可以接受到外来信息的地方。时间也不定。"

关于灵感是否可以培养的问题，作家们的意见就不一致了。大多数作家同意灵感可以培养的说法，并且有的作家说明可以和应该如何培养；但有少数作家则持相反意见，有些则避而未答或说"没有试过"（刘绍棠），可能是存疑或有一定保留吧。让我们看看他们的具体答复。

鲍昌说他"相信"灵感可以培养；但他在创作中"基本上不去人为地培养灵感"。杨大群说："灵感可以在长期努力注意中培养。想多和写多了就有灵感了。"邓刚谈到了他具体地培养灵感的做法，"在业余创作时，我经常用突闪的灵感来构思和创作。专业创作之后，我就有意识地'培养'。写作之前，我坐在写字台前，反复背诵我构思中较得意的句子（情节），就像用扇子搧炉火似的，不一会儿，炉火燃烧起来，我的心胸陡地热情奔涌，一些美好的句子和情节不知怎么成串成串地跑出来。"韶华说："灵感是可以培养的，培养灵感的温室是生活的库存。"

杨大群强调了对灵感的培养。他说："我认为一个作家是一个不倦地培养灵感的人。如果不能培养灵感，他的创作就枯竭。我是不断地反思我所经历的生活，认识、分析我所经历的生活。我在嚼着生活的味。另外，我大量读古今中外名著，甚至资料性的书刊，我最喜欢读人物传记和回忆录。这就是我培养灵感的方法。"

徐光耀则列举几项说："我相信，劳动出灵感，多思出灵感。写得多，灵感就多；不写，灵感就很少光顾你。"

程乃珊："我的灵感在音乐中培养，在想象中培养。"胡万春对于能否培养灵感的问题，回答说："行。"办法即他在前面所说的"经过虚静"。达理说："灵感可以培养。平日应训练艺术的敏感性，思维的联想性。"

但是，另有几位作家不同意灵感可以培养的说法。叶楠说："灵感不能培养。说能培养的话，应该说是在自然中、人群中滋养的。它不会枯竭。"航鹰说："我以为无法人为地培养灵感但天赋强的人经过知识的提高，可以倍加提高或增多灵感的来临和质量。这是自然形成的。我以为人为地'培养'灵感似乎不自然。"

张抗抗说："如果说培养，我不大同意。但灵感可以引发，比如反复思考和揣摩会达到顿悟。顿悟便是灵感的一种比较高级的形式。还有积累，积累到一定程度，由量到质地变化，也会产生灵感。"

刘亚洲说："我没有培养过我的灵感。我认为灵感是不能培养的，就像聪明人并非培养出来的一样。毅力可以培养、练就，天才则不行。将才可以培养，而帅才则不行。干部可以培养，而领袖则不行。"[1]

看来，这里存在一个对于"培养"的概念如何界定的问题。如果指"从无到有"地培养出灵感来，自然是不可能的；但是，如果界定为"本来存在，只是一种潜在的能力、意识、储存、火花、'前灵感状态'，经过主观的努力，或客观条件的给予，于是而显现'曝光'，爆发或顿悟"呢？应该是说得通的吧。

八、创作心态"八佳"：无意识状态

关于创作心理的无意识运行，无意识在创作过程中的作用，我们在"意识"家族和创作"十魔"中都已经谈过了。这里所说的则是一种创作状态，它包括无意识的活动和无意识在创作中发挥作用时的状态；但是却不限于这种状态，它还包括整个创作过程中自我在创作时的整体状态的一种心理活动状况。它是整体的创作心理活动状态和创作时的整个心理状态。这种心理活动的总状态，处于一种最佳状态时，就是一种无意识心态。也就是说，在创作活动中，整个心理的运行——感觉、知觉、表象、思维、情感、注意、回忆、想象……，都处于一种无意识状态。

这当然是一种特殊的意识状态，而并非真正的没有意识的活动。作

---

[1] 这里的"领袖"指英雄。

家在创作之前，一切都稔熟在胸了；一切都酝酿成熟了，甚至是熟透了，像成熟的果子；一切也都在艺术构思中安排妥帖了；而且这一切也都进入潜意识状态中了。它们会不请自来，蜂拥而至、喷涌而出。创作的冲击是爆发状态，心理处于长久的或具体的"强迫状态"，并且生起了超越感、契合感。这时，你拿起笔来，铺开纸，写起来了，字、词、句，形象，场面，情景，人物性格、对话，人与人的关系，一切一切，都流泻而出，仿佛不假思索，仿佛无所用心，自动地、畅快地、一步步地写了下去。这就是一种无意识创作状态。

这种无意识是意识的结晶、升华，是思想、情感、形象、想象长期酝酿的结果，是水到渠成，不是无源之水。这时候，多种思维的、心理的、情感的"线路"都拉起来了，结成网络系统了。只要总"开关"一打开，总枢纽接通了，一切都通了，活跃起来了。因此，这种无意识不是没有进入自觉意识，而是早已到达意识，越过了自觉意识，是"后自觉意识"或"自觉意识后"。如果从意识角度来划分，那么在它之中，一部分是曾经体验的东西储存在个人无意识之中了，它在创作时，是会出来发挥作用的；另一部分则是稔熟的意识、"自觉意识后"意识，它们是意识的，但以无意识状态存在。它们在创作中也同样出来发挥作用，而且是重要的作用。前者既会单独发挥作用，但更多的是与后者一起发挥作用。

这也是一种心理的放松状态，却是在紧张之后和在紧张之中的放松状态。在这种放松状态中，心理处于一种平衡的、优势的、顺畅的状态，它十分有利于直觉、想象的活跃，有利于形象思维的活跃，也有利于灵感思维的活跃，由此而产生灵感流星迸射的效应。这种状况，很像我们说到过的技艺娴熟的武士舞剑、击剑，也像高技能的运动员在运动场上处于最佳竞技状态的情况：他们是无意识的，然而又是有意识的。如果他们有意识，他们就会紧张，顾忌甚多、考虑种种，怕敌手、怕失败、怕失败以后的种种后果，于是他们就陷入谨小慎微的境地，而不能发挥自己的技艺。对于作家来说，在创作进行时，如果也是这样诸多思维、众多顾忌，那么，他们始终陷于意识之中而不能自拔，就不会进入审美的状态、创造的状态，最后只有等着失败了。但是，如果放松了，摆脱这一切了，他们就自由了，超越了，解放了，轻松了，一心只与对象处于契合状态中，他们也就从意识的紧张中进入无意识的轻松之中了。唐代一位禅师说："当一个人是他自己的主人，则不管它身居何处，他都忠实于自己的行为。"铃木大拙指出："这样一个人乃是我所称之为的真正生活艺术家。"①所谓"自己的主人"，就是自己掌握了自己，使自己处于一种自控状态，一切杂念皆除，一切非创作领域中的思考都已消逝，"忘记了一切"，成为自己的艺术创造的主人。这才是真正的艺术家，真正的艺术家的创造活动，最佳的创作心态。

九、创作心态"九佳"：迷狂状态

创作往往进入一种迷狂状态；但不是完全的迷狂，而是一定程度的迷狂，或者只称作非常态亦可。总之，创作心理进入深度的、完全的投入时，创作的主体性得到充分发挥，作家也就进入可以称之为迷狂的状态中了。

迷狂状态，这是人类在初始阶段进入审美领域时的常态。无论是游戏娱乐式的歌舞，训练的、重温式的狩猎舞，祭神祭鬼的巫术礼仪，还是求爱的歌舞交欢，都进入和处于一种迷狂沉醉状态。原始人或者因为认识幼稚和迷信，以为被祭祀的鬼神与之同在，虔诚地进入一种迷狂状态，或者以与异性欢欣的共同歌舞而至如醉如痴、如癫如狂，不觉手之舞之足之蹈之；或者以为鬼神附体，或饮酒，或服迷幻药（植物），或以心诚情移等原因而进入迷醉状态，在迷乱中狂欢雀跃，并进入审美状态。

迷狂是一种审美态度、审美愉悦：忘掉一切，丧失自我，享受和沉醉于眼前的一切欢乐和活动。这是一种自我陶醉、自我进入。

由于长期的陶冶和积淀，迷狂便成为人类的一种审美心态。习惯成自然，一进入审美，就失去常态。

然而，在以后的历史时期内，在人类进化的途程中，由于迷信成分的去除，巫术礼仪的改变，愚昧无知的褪去，审美活动与巫术祭祀宗教迷信脱离，迷狂状态——迷狂的深度、表现形式以及内涵，都有了改变，然而在一定程度上仍保留下来了。因此，在人类以后的艺术活动——

---

① 铃木大拙、弗洛姆：《禅与心理分析》，中国民间文艺出版社，1986，第39页。

艺术创造、艺术欣赏和艺术娱乐——中，仍然存在着一定的迷狂。但是，情况有了很大的变化：第一，只在一定程度上沉浸其中，并不完全失去理智；第二，受理智的制约、控制和指导；第三，表现为时醉时醒的状态；第四，对于创作来说，在进行过程中是时醉时醒，"醒时沉醉静时歌"，而且有时在醉中有醒、在醒中有醉。

应该说，这种一定程度的迷醉是一种创作心态的良性表现、佳优状态，因为它是超越感、契合感、自由感的一种融汇表现状态，是创作主体对对象的融入和挚爱，是创作心理的活跃飞扬。如果没有这种心理投入和沉醉，创作就不免"隔"、不免"阻滞"。李白写《将进酒》，写"对影成三人"，苏轼写"我欲乘风归去"①，写"夜来幽梦忽还乡"②，都带有沉醉迷狂性质；辛弃疾写"问云何玉兔解沉浮？"和"只疑松动要来扶"③，都是一定程度上的迷狂状态：是酒醉也是心醉，是酒不醉人人自醉。这种迷狂状态，表现为创作主体对于客观事物的幻视幻听幻觉，但实际上是主观情绪与心理的外射和借客观事物体现，然而，又在创作时重新体验这种情绪、心境，并用语言表达出来，在创作过程中也

---

① 苏轼《水调歌头·明月几时有》：

　　明月几时有？把酒问青天。不知天上宫阙，今夕是何年？我欲乘风归去，又恐琼楼玉宇，高处不胜寒。起舞弄清影，何似在人间！　　转朱阁，低绮户，照无眠。不应有恨，何事长向别时圆？人有悲欢离合，月有阴晴圆缺，此事古难全。但愿人长久，千里共婵娟。

　　苏轼在题下注明："丙辰中秋，欢饮达旦，大醉。作此篇，兼怀子由。"

② 苏轼《江城子·乙卯正月二十日夜记梦》：

　　十年生死两茫茫。不思量，自难忘。千里孤坟，无处话凄凉。纵使相逢应不识，尘满面，鬓如霜。夜来幽梦忽还乡。小轩窗，正梳妆。相顾无言，惟有泪千行。料得年年肠断处，明月夜，短松冈。

　　在题下，苏轼注明："乙卯正月二十日夜记梦。"

③ 辛弃疾《木兰花慢·可怜今夕月》。

　　可怜今夕月，向何处，去悠悠？是别有人间，那边才见，光影东头？是天外，空汗漫，但长风浩浩送中秋？飞镜无根谁系？嫦娥不嫁谁留？　　谓经海底问无由，恍惚使人愁。怕万里长鲸，纵横触破，玉殿琼楼。虾蟆故堪浴水，问云何玉兔解沉浮？若道都齐无恙，云何渐渐如钩？

　　题下注云："中秋饮酒，将旦，客谓前人诗词有赋待月无送月者，因用《天问》体赋。"

辛弃疾《西江月·遣兴》：

　　醉里且贪欢笑，要愁那得工夫。近来始觉古人书，信著全无是处。昨夜松边醉倒，问松："我醉何如？"只疑松动要来扶，以手推松曰："去！"

就进入这种幻觉与主观体验之中，从而进入一种境界、创造一种境界，两者是一致的。

韦勒克、沃伦所著《文学理论》中提到的小说家的"逼真的意象""听觉想象力""视觉意象"，都带有幻觉的性质，幻视、幻听，"看见"事实上不存在的事物，像是儿童，像是迷狂。书中指出，儿童充满奇想幻觉，原始人处在"前逻辑的心态"，他们"把现实世界和充满着自己的希望和恐惧的幻想世界搅混在一起"；但是，小说家却有普遍存在于儿童中的这种"逼真意象的能力"，"艺术家比其同时代的人更为原始，也更为文明"；"前逻辑的心态存在于文明人之中，但只有诗人，或通过诗人的帮助才能达到"[①]。这就是说，小说家、诗人（亦即作家）具有与儿童、与原始人相同的处于幻觉中的迷狂状态，这是原始的，但又是更为文明的——是一种高级的心理能力，不过是把一种低层次的心理能力在文明社会中、在高度发达的文化背景下高度发展了。

另有一种迷狂，是在描写对象的状态时发生的，如福楼拜写包法利夫人服毒时沉入幻觉中，以致自己也病了，想象中的砒霜的味道使得他又呕吐又胃感不适。狄更斯在写《董贝父子》时，写到小孩的死亡，他沉迷于这种想象中的悲痛，以致整晚都在街上走来走去，为孩子的死亡而哭泣，把双眼哭红了。而当他写到可笑的人、可笑的事的时候，他会扮出可笑的样子，又吹口哨、又挤眉弄眼、又发笑，简直使自己变成故事中的人了。这些不都是一种迷狂状态吗？而正是这种状态，使他们能够把那些事件、人物、情境写得真切、生动、感人。也有的迷狂状态是对创造活动、创作活动的整体性迷狂，是暂时的"失去理智"，只知有"它"（创作、创造），不知其余，废寝忘食，忘乎所以。歌德写《少年维特之烦恼》、郭沫若写《地球，我的母亲》，便是这种比较典型的状态。郭沫若是这样记述自己的写作状态的：

> 那天上半天跑到福冈图书馆去看书，突然受到了诗兴的袭击，便出了馆，在馆后的石子路上，……赤着脚踱来踱去，时而又索性倒在路上躺着，想真切地和"地球母亲"亲昵，去感触她的皮肤，

[①]　艾略特语，转引自韦勒克、沃伦：《文学理论》，刘象愚等译，生活·读书·新知三联书店，1984，第79页。

受她的拥抱。——这在现在看起来，觉得是有点发狂，……①

郭沫若在写那首名诗《凤凰涅槃》时，也有类似的情况，他"伏在枕上用着铅笔只是火速的写，全身都有点作寒作冷，连牙关都在打战"②。他在总结自己作诗的经历时曾经这样描述那情状："我在一有冲动的时候，就好像一匹野马；我在冲动窒息了的时候，又好像一只死了的河豚。"③这些都是比较突出的迷狂状态。柴可夫斯基形容这种状态是，"简直会忘记一切，变成一个狂人，每一个器官都在战栗着。"④

这是一种沉醉、癫狂、歇斯底里状态，是比较典型的迷狂状态甚至连科学家在创造过程中也会出现这种感情泛滥、心旌摇荡的迷狂状态。爱因斯坦在创立狭义相对论时，当思考几年突然灵感出现之后，他在五个星期中聚精会神写作论文。他说："这几个星期里，我在自己身上观察到各种精神失常现象。我好像处在狂态里一样。"⑤

我们由此可知，迷狂状态中的创作，创作主体是全身心地投入的，是与对象契合的，是进入对象的内心里去了的，是内心感受和外在表现都极热烈、活跃、丰富的；也是创作冲动强劲、创造力飞扬的状态。故此，它成为创作的一种最佳心态。

由此可知，这种迷狂状态是可以培养的，是可以用主观努力来促成的。这就是创造上述各种条件，就是给予一切充足准备，使创作心理形成迷狂状态的态势。

作家的所谓"酝酿"，应该就是为了创造这种态势，以它为酝酿的内涵和目标。

作家、艺术家的这种迷狂的清醒、清醒的迷狂，还表现了作家、艺术家对艺术创造的执着、着迷和无比激情与愿望。人们常常称这种对于艺术创造的着迷为"瘾""累""病""癖""痴"，实际就是情结。这种对于艺术的心理情结，在具体创作活动过程中，常常会形成一种迷狂状态。奥地利著名作家卡夫卡过着一种双重生活：白天是一个沉默寡言、抑郁守本分的小职员，晚间便沉浸在自己的创作心理活

---

① 郭沫若：《郭沫若论创作》，上海文艺出版社，1983，第204-205页。

② 《我的作诗经过》，《沫若文集》第一一卷，第148页。

③ 郭沫若：《文艺论集·论国内的评坛及我对于创作上的态度》，人民文学出版社，1979。

④ 转引自陶伯华、朱亚燕：《灵感学引论》，辽宁人民出版社，1987，第6页。

⑤ 里沃夫：《爱因斯坦传》，李容、吉洪译，商务印书馆，1963。

动的天地里，处在迷狂的状态中写怪诞的人的变形，写奇怪的死亡，写人的异化。他写人的精神世界里的混乱，也反映了自己被这个混乱世界弄乱了的思想和情结，最终使自己也陷于精神的混乱中。陀思妥耶夫斯基也有同样的情况。荷兰著名画家凡·高则拼命作画，在一种迷狂的状态中作画，在离生命的结束期不远时疯狂地作了大量的画。这些画成为其死后的名作、传世之宝，而他自己则在贫病与癫狂中、在幻觉出现时、在濒临疯颠时，用子弹结束了自己的生命。他是疯狂地作画，作画而至疯狂。这成为他的作品成功的条件和原因，因为在这种创作心态中，一切束缚、牵挂都摆脱了，真的自由了，潜意识"肆无忌惮"地发挥它的作用，灵感、自觉也充分发挥它们的作用，作品便取得成功了。

我们不妨说，文学创作的热情、爱好和才能，其素质往往就带有一定的病态或非常态，这是因为文学艺术的创作才能和素质本身就是充满热情和激情的，是冲动性、迷狂性的，同时，在这种才情发动时，也带有这种性质。一次，巴甫洛夫在分析一个青年病人的症状时，询问病人写的诗歌质量如何，并提出要由权威人士作出鉴定以便弄清病人有无文学素质、创作才能。他认为，"如果他有文学素质，那么才能把他推向这个方面，而他又不可能实现它，不可能贯彻它。"他还说："如果有才能，那么这是天才走上真正道路的常见的斗争。他天生的感情可能把他推上这条道路，而他（病人——钳工——作者）必定憔悴。"[1]从巴甫洛夫的诊断中可以看出，这个病人的文学素质、文学创作才能的情感素质和心理素质与一般人不同，为了贯彻和实现它，在特定的情况下，会产生极端的或突出的形式，即以迷狂和精神病态的状况出现。巴甫洛夫认为，这是"天才走上真正道路的常见的斗争"；但如果不是由于文学素质、文学才能的促使，那么便是精神病患者。这是从生理学、心理学和高级神经活动角度提出的颇为有趣和有力的论证，它说明了文学创作才能的情感、思想与心理的特质。这种特质导致它在发挥作用进行创造活动时，会出现一种迷狂状态，一种变态——非常态。这同它的情感素质、沉浸于艺术创造活动时的幻视、幻听、幻觉和全神贯注、忘乎所以，都是有关的。

---

① 见《巴甫洛夫医学星期三论文集》，转引自 A. 科瓦列夫：《文学创作心理学》，程正民译，福建人民出版社，1983，第109-110页。

当然，这不是提倡作家、艺术家都去发疯，真正完全疯了，成了精神病患者；否则是不能进行正常的、有意义的文学艺术创作的。但这种情况说明，当作家摆脱了世俗的羁绊、抛却了许多人世的纷争与干扰，现实中妨碍艺术生长和艺术创作的种种因素的作用被充分抑制时，他们似乎进入迷狂状态，或被人视为迷狂疯癫，意识的守卫者"撤岗"了，潜意识无阻通行，直觉敏锐地无拘束地活动，灵感不断出现，直觉思维和灵感思维活跃地进行工作；这一切，促成了艺术的成就，虽然创作主体此时不免被视为怪诞的人。

作家、艺术家所需要的是在清醒控制潜存着并于无声中施行影响下的迷狂状态。

韦勒克和沃伦在《文学理论》中，将作家分为"两种相对的'心神迷乱'和'心神专一'的类型"。他们认为，原始诗人、巫师、浪漫主义诗人和超现实主义诗人都属于"心神迷乱"型；而那些受过职业训练的职业性诗人，文艺复兴时期和新古典主义时期的诗人，则是心神专一的"制造者"，制造者类型主要是指"受过基本训练的、有熟练技巧的、有责任心的工艺型作家"。这是两种极端性质的表现；但是，作家却可以做到既是"制造者"，又是"心神迷乱者"：

> 他们把心神迷乱时获得的对生活的幻觉与有意识的、精心的安排结合起来，以表现这种幻觉。①

他们列举的这类融两种类型于一体的大作家的代表人物有：弥尔顿、爱伦·坡、詹姆斯、艾略特、莎士比亚、陀思妥耶夫斯基。我们可以说，所谓"制造者"就是凭着一定的生活经验、所掌握的一定的素材，凭着艺术技巧、写作经验等，制造出了文艺作品，而没有动心、动情、动意；但"心神迷乱型"就大不相同了，他深深地动心动情动意，身心入迷，整个心灵投入创作，是内心的种种潜在的东西都迸发出来了。这才是真正的创作。而如果再把"制造者"的一切"制造"条件、本领用上，就是完整的创作、成功的创作了。

韦勒克、沃伦还引用了鲁苏（L. Rusu）所提出的分类法，即把艺术

---

① 韦勒克、沃伦：《文学理论》，刘象愚等译，生活·读书·新知三联书店，1984，第80页。

家分为三类："交感型"（即在创作中表现出自然流露欢欣雀跃的情绪）、"心神混乱型"和"心神平衡型"。但他们指出，"交感"和"混乱"这一正一反的命题，"提示了一种综合的、最伟大的艺术家的类型，这种类型的艺术家终能战胜心魔，使内心紧张状态达到平衡。"①这种战胜心魔、达到平衡的类型，同前面的既是"心神迷乱者"又是"制造者"的类型在本质上是属于同一个类型的，他们都是伟大的作家。被列为这种综合的、最伟大的艺术家同前述的既是"制造者"又是"心神迷乱者"的伟大作家基本是一致的，他们是：但丁、歌德、莎士比亚、巴尔扎克、狄更斯、托尔斯泰、陀思妥耶夫斯基。

他们都是两相结合、达到心理平衡的作家，都是伟大的作家。从他们身上我们可以看到并感觉到应该如何对待迷狂状态、控制迷狂状态和运用这种状态来达到艺术创造的目的。

十、创作心态"十佳"："顶峰经验"

"顶峰经验"，是心理学家马斯洛的一个有意义的发现。他在研究"自我实现"的人时，确定了一批调查对象，他们都是心理健康而且坚强、在事业上有重大成就的人。马斯洛发现，这些自我实现的人都报告说，他们有过他所说的"顶峰经验"。所谓"顶峰经验"，就是"处于最佳状态的时刻，感到敬畏、强烈的幸福、狂喜、完美或欣慰的时刻"②。这还只是对顶峰经验一般状态的描述。据马斯洛揭示，人处于顶峰经验状态时，是他的潜力发掘得最好的时候，是他的能力发挥得最好的时刻，是他的全部智能、潜隐灵知、技能都得到发挥并处于最佳状态的时候。"可以把顶峰经验比作一台发动机，突然间所有的气缸都工作起来了，它运转极好，产生了从未有过的力量。"③这是对于内驱力的发动、发掘和发挥。在这种状态下，从事创造的人表现出超常的智慧和能力，具有超常的能量，各方面表现都超过以往任何时候。"处于顶峰状态的

---

① 韦勒克、沃伦：《文学理论》，刘象愚等译，生活·读书·新知三联书店，1984，第81页。

② 弗兰克·戈布尔：《第三思潮：马斯洛心理学》，吕明、陈红雯译，上海译文出版社，1987，第60页。

③ 同上书，第61页。

人会比平时更有决断力，更坚强，更专心致志，更能经受得住别人的反对，对自己更有把握"，"会比平时更有自发性，更善于表达，并有一种超脱了过去和未来的感觉"①。他们的心境也处在最好的情况中，"在这些感到强烈幸福的时刻，怀疑、惧怕、禁忌、诱惑和软弱都不存在了——局促不安的感觉也一同消失了。"②从这些全面的表现看来，顶峰经验确实是人的力量发展到顶峰的状态，是创造力最强劲和具有冲击力的时候，是能够取得从未取得的成绩的时候。马斯洛认为，所有人都会有自己的顶峰经验。但是，可想而知，具有创造才能的人、达到了自我实现水平的人，他们的顶峰经验出现的频率和效率都会更高，其创造性也更高，特别是，他们处于顶峰经验状态时的活动目的和价值也都是更高的。

对于作家、艺术家来说，许多人都有过这种顶峰经验。他们在这种时候，总是创作才能得到充分而完美的发挥的时候，也是处于创作心态"十佳"中的其他状态的时候，灵感迸发飞扬，潜意识充分发挥作用。许多作家、艺术家的不朽之作在这种状态中诞生。文学史、艺术史上对此多有记载。

从心理学角度来讲，顶峰经验是人的心理全面处于最佳状态的时候，一切心理机制都在最佳状态中运行、发挥作用，一切心理障碍都不存在或被排除和克服了。在这种状态中进行创作的作家，心情舒畅、思维清晰、文思泉涌，下笔如有神。自然，这时创作效果会是最好的。威廉·詹姆斯称这种经验为"神秘经验"，弗洛伊德则称它是"大洋般的感受"。这样不同的称谓和描述，从不同角度揭示了顶峰经验的状貌和内涵，也证明了它的确实存在。问题是：在什么情况下会出现这种神思飞扬的"顶峰状态"？它的主客观条件是什么？马斯洛的解释是，"顶峰经验又由多种原因造成：倾听伟大的音乐，体育上的卓越成绩，一次完美的性交，甚至也可以是跳舞。看来似乎每一次真正卓越、完美的经验，或者朝完全的公正或完美的价值前进了一

---

① 弗兰克·戈布尔：《第三思潮：马斯洛心理学》，吕明、陈红雯译，上海译文出版社，1987，第61页。

② 同上。

步，都往往会产生顶峰经验。"①这里提出了两方面条件：一是客观方面的条件；二是主观方面的体验；或者，是两者的结合，而两者都包含在内。这里所列出的具体条件，包括性体验在内，都确实可以同意是产生顶峰经验的主观或客观条件。但是显然，此处所列是很不完全的，好像带着颇大的随意性，或者仅是一种随便举例的性质。事实上，这种条件是可以不计数地甚至可以说是无限地列举的，因为它是因各人心理品质、生活状况、为之奋斗的目标体系不同而千差万别的。对于文学艺术创作来说，更加如此。不过，根据事实，根据心理学的实验所得和理论推断，我们也许可以提炼几个主要的可供参考的方面。——这里自然只限于文学创作。

（一）强烈的创作冲动

处于我们在前面所说的创作冲动的爆发状态时，可以说是创作的顶峰经验时刻。由于冲动而至于爆发，首先便是创作心理中蕴藏的心理能量，头脑中储藏的形象、情节、画面、事件、纠葛，都迸发出来了，释放出来了；全身的能量也都调动起来了，创作活动也成为一种移情、一种宣泄、一种创造，而催人努力。人被投入创造的、追求目标的、发挥潜能的兴奋、欢乐、如意、幸福的创造状态。心理是迸发的，心情是愉快的，创造力是最佳发挥状态。

由于冲动、爆发，创作主体的各种矛盾（内部矛盾和外部矛盾）都处于谐调状态、矛盾统一状态。前面所说的各种对立的、分歧的力量之间，在"场"中形成一种能力平衡，各自发挥自己的作用，以牵制对方，对方亦复如此。于是，矛盾推动发展，两种力量的驱使、争斗，推动了创作能力的发展。

矛盾越是尖锐，创作的成就就会越高。——当然是在得到统一的和谐的处理之后出现。

冲动是顶峰经验的前提和贯穿始终的力量。冲动产生于强烈的愿望、久蓄的情意、顽强的意志、追求的热情，也产生于必欲得之而后快的心理。这些都可以成为创造的能力。"创造即动机"，这是创造学中一

---

① 弗兰克·戈布尔：《第三思潮：马斯洛心理学》，吕明、陈红雯译，上海译文出版社，1987，第61页。

派的观点。它把动机与创造联系起来了，这是有道理的；至少是在创造的发生学方面和动力系统中，肯定了动机——冲动的力量和作用。而冲动的力度、坚韧性和持续性，便能导致顶峰经验的出现。克尼洛（G. F. Knelle）所提出的创造心理的五个阶段（观察、准备、潜伏、放射、证实），我们既可以视为某一具体创造（或创作）的全过程的概括，也可以视为某一个体（创作主体）的一生创造全过程的概括。如果作如是观，那么一位作家的写作的一生，也不妨分作这样五个阶段；若按克尼洛的说法——"放射"阶段是创造过程的顶峰，那么我们也可以推见，在一位作家一生五阶段中的"放射"阶段，也就是他达到顶峰经验的阶段。对作家来说，这就是创作的黄金时代。从文学史上看，作家的这个顶峰经验阶段可以出现在不同年龄段和不同创作时期（早期、中期、晚期），而并不一定都在最后的年龄段和创作的晚期。他们这种顶峰经验的出现，是由于前几个阶段——观察、准备、潜伏时期大量的积蓄和压抑，最后形成冲动而造成的。歌德的《浮士德》，托尔斯泰的《战争与和平》，陀思妥耶夫斯基的《罪与罚》，高尔基的《克里木·萨木金的一生》，罗曼·罗兰的《约翰·克利斯朵夫》，鲁迅的《阿Q正传》、《野草》和《坟》，茅盾的《子夜》，巴金的《家》，曹禺的《雷雨》，等等，都是在这种创作心理发展过程中，在创作期的分段中，由于种种条件而创获了顶峰经验，从而创作出来的。

（二）完美的契合

这是多方面的契合：主体和客体的完美契合——主体的认知和客体的表现、主体的感情和客体的表现与结构、主体的愿望和客体的给予等达到契合状态，创作主体的构思同题材的内涵契合，艺术思维的独特内涵、创作心理的独特结构同对象达到完美契合；环境（自然环境和社会环境、大环境和小环境）同主体的愿望、爱好、兴趣的契合；在创作过程中，创作主体（作家）的情感、爱憎、心理同描绘对象（作品中的人物）的完全契合——内涵一致性的契合，以及内涵虽不一致但在描述中表现的主观意图和表达的结果完美地契合，如此等等。如果达到这种全面的、整体性的、高质量的契合，即我们在"创作心态'四佳'"中所说的"契合感"状态，甚至在全面、整体和高质量方面比这还要高，那么作家就是在一种舒畅、愉悦、幸福、浮想联翩、神思飞扬、势如破竹、所向披靡、奔流直下、高屋建瓴、无所顾忌、无所阻遏、形象迭出、景象纷纭、佳句联袂、灵感不断的情况下创作，他怎能不经历着一种顶峰经验？

从以上描述中我们可以看到，无论是冲动还是契合，都不是无源之水、无本之木，而是长久的积蓄、筹谋、思考、准备、酝酿和潜藏的结果。因而是可以经营的，可以由作家经过有意识的培养而逐步成长、累积、酿制，最后爆发的。这是一种思想、情感、意志、事实的积蓄过程，一种心理能量的积蓄过程。前面所说的文学大师的顶峰经验的获得和传世之作的产生，都经历了这样一个过程。只是有的是自觉培养的，有的是自发达到的。即使是前者，也并非在完全自觉的状况下自我筹谋，也就是说，不是在心理学的明确意识下，在自我实现的自觉性指导下向"顶峰经验"这个目标进发的。

当我们了解到这种状况和顶峰经验的内涵、机制与意义时，我们就可以在更高水平的自觉性基础上，去期望和获取顶峰经验，创作更高水平的艺术品了。

（三）爱的力量

情爱是推动人们去创造、去夺取更高的人生与艺术目标的动力。它促使人向上，奔向至美、奔向真与善；使人更爱人、理解人、善与人处；使人最大限度地发展、发挥自己的能力和潜力，达到自我实现的高度；使人充满激情，想象力与幻想、潜意识和灵感发挥"神力"，梦也来助一臂之力（爱心如梦，梦中得佳意）。这都是促成顶峰经验的条件、内涵和顶峰经验出现的表现。

这种情爱，自然首先是男女之间的爱。这是情爱的主体部分，是最有力最活跃的部分。这部分关涉性，以性为基础，但决不仅仅限于性欲，决不以性欲目的达到为最高鹄的和完满内容。爱欲是它的补充并居于更高层次，两者都能促成创造，但后者更有力、更充实、更面向理想和未来。

情爱更可以拓展到其他伦理和社会感情范围。亲子之爱、同胞手足之爱、挚友之爱、同志之爱等等，都不妨纳入情爱范畴。

所有这些情爱（尤其是男女之间的情爱，特别是爱欲）能够燃起热情之火、智慧之光，开辟才能之源，使如洪水决口，释放心理之能，有若原子裂变。这种巨大的力量、深沉的内驱力和良好的心境，最能够促成顶峰经验的出现。许多作家、艺术家在爱心蓬勃，处于爱的浪涛之中时，往往能够获得顶峰经验，创作出优秀的作品。无论是爱的满足和享受，还是爱的丧失和失恋的痛苦，都是如此（尤其是后者）。但丁的《神曲》，蔡文姬的《胡笳十八拍》，歌德的《少年维特之烦恼》，便都是在这种状况下产生的名作。

歌德晚年恋爱，屠格涅夫也如此，这促成了他们的力作的产生；毕加索晚年得识雅克林并与之结合，促成了他后期百多幅名作的产生（许多幅作品就是雅克林的画像）。

（四）创作个性的充分发挥

正如我们前面所讲，创作个性是作家的全部人格。只有创作个性得到充分发挥，即整个人格和整个人全部融入、投射，创作才能得到最好的发挥，契合状态才能得以出现，创作心理才能处于最顺畅的、最佳的状态——顶峰经验出现。

顶峰经验的出现，必然是创作个性的充分发挥；创作个性的充分发挥，也会带来顶峰经验的出现。

顶峰经验有两种情况：一种是短期出现一次性创作体验，比如在写某一部作品时，或写某一部作品的某一期间，出现顶峰经验，取得艺术上的成就；另一种是在某个时期（一般在中年或晚年，也有少数出现在青年时期）出现顶峰经验创作，这是一个时期的心理体验，时间较长，作品也许不止一部。但不管是哪种情况，都是长久积蓄、一朝爆发的。

我们还要介绍调查问卷中我国当代作家对于自己的"最佳创作心态"的描述。这是一种综合性的、总体的，然而又具有个性的描述。在这些综述中，自然各自会包含前述"十佳"心态中的某几项或某一项。这是来自作家的实证材料，弥足珍贵。

叶楠：

季节没影响，但需要孤独。完全孤独，又太可怕了，写作困难。在家中写和在写作场所一样。最好的时刻是早晨、黄昏，白昼也可以。深夜不行。

灵感是脆弱的。写作要求政治、家庭环境安定。压抑、悲痛、狂喜，均不适于写作。

航鹰：

"最佳状况"是脑子跟不上笔，文字会自己迸发，追也追不上。

我的小说一旦开头，自己似有惯性，人物自己跑起来。

至于"灵感"，总体"灵感"很重要，但我以为边写边有"小灵感"随时相伴是幸福的。例如《寻根儿》，一直写到尾声，不知为什么我写男主人公"丢了自己的脚后跟，只能踮着脚尖走路"，这个提前未想到的构思，却为众报刊文章称赞。

张抗抗：

创作心态最佳状况是对自己所要写的东西充满自信，没有疑虑。写作时感到轻松（不是情感轻松，是创作情绪的轻松）。

我认为，每个人的潜意识无时无刻不在支配、制约自己的行动，但潜意识往往不能认识。创作心理的模糊性就含有很多受潜意识而非显意识支使的成分，是源于人的一些基本欲望（并非完全指性意识），例如贪欲、残忍、好斗，还有后天无意识。但作者不可能**直接**去**表现自己**的潜意识，而只能不自觉地流露潜意识。这只是**评论家研究作品**和作家应该关心的问题之一，否则就不能真正了解一部作品。当作家对自己（不是作品中的人物）进行心理分析，明白了一部分潜意识的时候，他就已经进入理性的范畴了。

路翎：

以我的作品、长篇小说《战争，为了和平》（中国文联出版公司出版）为例，我曾到朝鲜前线，接触到志愿军的英雄主义与朝鲜人民的无畏精神，艰苦牺牲中的奋斗，受感动于其中的崇高的情操，有一些人物的影子，这是我的创作的素材。这些人物经过我的思索、想象（日常的和写作时的）而逐渐成熟起来。我喜欢描写人物的性格——各类性格及各个侧面的，在接触到志愿军军人时注意过，在后来也思索，同时，也将对社会各种生活的观察与这联系起来。我在考虑战争描写的全局和局部上努力注意知识、理论，也努力注意具体的细节。我的创作方法是将影像的直觉转为形象的感性的和思维的，是有形象、形态的思索的。

杨大群：

我这个人创作本着这样一条道路：投师不如探险。我愿意作品有争议，它能使我不断地思考。比如（若）没有当年《西辽河传》的争论，哪里会有十部的《关东演义》。如果没有本来打算写上下两部的《关东演义》的争论、限制，哪里会有十部《关东演义》。有人说愤怒出诗人，我的感觉是愤怒写小说也不错呀。因此我说，创作最佳心态，是在激烈的刺激中产生的，不是这种刺激就是那种刺激。比如我心中非要把日本帝国主义和东北军阀的勾结、残害人民、什么是伪满洲国告诉给后一代，我不写这一件事是死不瞑目的。这样我才能调动我的生活、我的人物、我的故事、我的灵感，甚至潜意识才清楚。我觉得一个作家不想到自己的民族，不想到自己的读者，只是在那里写谁也看不懂的东西，不行。如果我没有对"民气"的直觉，我没法写出我的人物、故事来。我喜欢通俗，因为广大群众喜欢。我追求艺术，因为艺术才是文学的生命！但我不排外，我咀嚼之后再吸收。

徐光耀：

坚持从生活出发，从人物出发，是我的两条基本原则。叙事文学（小说、戏剧、电影、叙事诗、报告文学、传记文学……）必须塑造人物形象，力争塑造成典型。创造人物是这类文学的最终目的。没有形象的文学，是不可理解的。没有人物而能长久流传，也是不可理解的。

在创作过程中，人物形象能在头脑中活起来，活到可见、可亲、可触，是我的最大愉快。有了一个以上这么活的人物，我便觉得可以无往不胜。灵感也有点势利眼，她特别乐意在这种时候来锦上添花。生活激活人物，活的人物可以带动你去串联更多生活，深化和丰富构思。加上灵感赶来帮衬。这就是我曾经历的最佳状态。《小兵张嘎》的创作曾出现这种情况。在这种状态下写作，简直是轻松愉快的。

马加：

生活是创作的基础，思想是灵魂。生活细节是艺术的翅膀。要有生活，也要有灵感，还要有艺术才华的表现。要不断努力，坚持写作。创作的最终目的是塑造人物，塑造典型。

我是学教育心理学的，半意识、潜意识、下意识，在心理中是存在的；但创作靠这个并不行。写东西要以丰富的生活为基础，不是光凭想象能办得到的。

刘亚洲：

我从未经历过创作心态的"最佳状态"，倒是反复经历"最不佳状态"。但由于我有直觉、有灵感，因而在"最不佳状态"中写出来的东西也是可读的。当中国作家远离了运动和他们常常表现出来的那种狂妄的、自命不凡的"使命"感（干涉社会）的时候，才会有所谓"最佳状态"。

第五编

创作心理运行踪迹

在前面三编中，我们从创作心理的形成过程、结构和运行机制、规律等方面，从创作心理活动的动力系统、各种状态和"魔力"之源等方面，阐述了创作心理的各个方面。我们已经从史的方面和活动的方面，从它的历时性特征和共时性特征两个方面，探讨了它的性质、内涵、结构、活动机制、活动规律和活动状态。现在，我们还要把创作心理当作一个活动的实体和整体性的活动，来观察它在运行中的状况、机制和规律。我们跟踪它，记录它活动的轨迹，摄下它在活动中的主要状貌，形成一个体系性的"运行踪迹"，这样，从实践中、从实际运行中来看它如何显示其性质与品性，从而更进一步探讨、阐明它的性质、特征、内涵、结构和运行机制与规律。这可以说是逆向推论，从实体和结果中来看它的源头，也是从实践中来对创作心理作一番检验。同时，我们还可以把这种"运行踪迹"当作一个实验场、实验活动，一方面看一看作家创作心理的状况、性质、内涵、能力、水平；另一方面，可以从实践中来观察和理解创作心理，并了解一下创作心理的运用。

第十八章　创作活动的"三相"过程

　　文学创作活动，从整体上讲，是创作心理的全面活动，由这种活动产生了艺术品；但如果分解地观察，我们至少可以发现它的三个过程。或者说，我们至少可以从三个过程中来描述它的运行过程、揭示它的运行机制。这三个过程是：（1）创作的双重变换过程；（2）在两种心理活动张力场中的创造过程；（3）创作过程中的张力效应。

一、创作的双重变换过程

　　文学创作的活动，以形象为主体。它的思维过程也以形象思维为主体。创作心理的活动过程主要是表象、形象、想象的活动。因此，我们可以把形象看作创作心理活动的中心项。如果以形象为中心项来观察创作心理活动过程，那么，我们就可以看到，创作的活动过程是一个以形象为主的双向、双重变换过程。就是说，创作主体首先是接受了生活中的物象的刺激，形成了表象，然后经过主体的经营、改造，成为含有主观成分的、反映了主体特色的意象，再经过更多思维的、情感的、审美的加工，最后成为一种意象（意象形象）。这是一个变换过程，是由外到内、由客体到主体、由表象（形象）到意象的变换过程。这最后的意象——"意象形象"（简称"形象Ⅰ"）比表象、也比意象概括的内涵更广泛、更丰富、更复杂、更深刻、更系统，因而更高。对于来自生活的表象来说，它已是经过心灵经营制作的，是主客观相融汇、心物合一的产物，是非原始状态的。如果把这一从外在物象刺激、主体接受到经营成象的过程按序列表，就可以更清晰地看出它的发展、变换过程和各阶段的特征：

　　①形象（外在的物象）——→②表象（意象，精神的形象、主体的映象）

—→③形象（主体一定加工后的表象）——→④残象（经筛选后留下的形象，记忆形象）——→⑤意象（经过艺术构思加工后的形象、有定向的意向性）

自然，这是一个内在发展的过程，是创作心理对形象（物象）的加工过程。这就是平常所说的形象酝酿过程、艺术构思过程。

这是第一个变换过程。它处于准备阶段、酝酿阶段、构思阶段。

当创作开始时，就进入第二个变换过程了。这就是从内在形象到外在形象（作品中的形象）的变换过程，也就是具体的创作过程。这是从"意象形象"到"物化形象"的过程。创作心理在这个变换过程中，要运用形象的组合、创造性想象，运用直觉思维和灵感思维对"意象形象"进行再一次经营加工制作，并把它具体化、生动化、活动化，即赋予生命，再用文字把它描述、表现出来。这不仅是一个形象转化过程，而且是一个创造过程，是前一个变换过程的继续、发展和提高。由于我们前面说到的"魔"的作用和十个最佳创作心态的活动，它会引起一个质的变化，成为一个被符号体系记录下来的生命。如果接续前文，下面便是：

⑥意象形象 $\xrightarrow{\text{经营、加工、改造}}$ ⑦物化形象（形象Ⅱ）

这是从形象Ⅰ到形象Ⅱ的创造性的变换。把这个双重变换过程用一个图体现，便是：

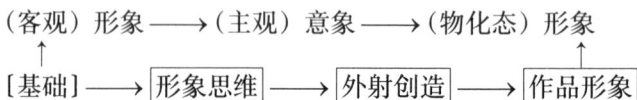

（客观）形象 ——→ （主观）意象 ——→ （物化态）形象

[基础] ——→ 形象思维 ——→ 外射创造 ——→ 作品形象

在这个双重变换过程中，创作心理进行了两次意向性加工：第一阶段内化的加工和第二阶段外射的加工。这两个阶段都是创造性的创作心理的性质、内涵、水平，都在这两个过程中经受检验。一位作家的创作才能、创造水平，就在这中间照见面目了。

罗曼·罗兰写《约翰·克利斯朵夫》前后花了十年时间；而约翰·克利斯朵夫的形象，在他心里诞生和出现得则更早。早在青年时代，有一次当他在霞尼古勒散步时，"突然那个未来的强大的欧洲人'约翰·克利斯朵夫'出现在他的面前。"①罗曼·罗兰曾经详细描述他在夕阳群

---

① 茨威格：《罗曼·罗兰传》，姜其煌、方为文译，湖南人民出版社，1984，第20页。

山荒原的环境中"看见"约翰·克利斯朵夫形象的情况：

> 顿时涌起。起先，前额从地下冒起。接着是那双眼睛，克利斯朵夫的眼睛。其余的身体在以后的年月中逐渐而从容地涌现。可是我对他的幻象是从那一天开始的。我在法纳司古所记的笔记中曾写下这件事。这是那序曲开始的几声和弦，以后所作的交响乐则跟我的生命一起成长，中间也有个别音符的变化、和声的变幻、节奏的更动和意想不到的变调——但都是根据霞尼古勒主题。[1]

罗曼·罗兰写出了约翰·克利斯朵夫形象的成长过程：这个形象如何从生活中来到他的心里，如何在一次散步时"灵感显现"出现了第一次（第一个）形象，以后，就同他的生命一起成长，而不断地吸收、酝酿、内化，使他丰满起来，活起来，直至提笔创作时将他描绘出来，使他行动起来。

二、在两种心理活动张力场中的创造过程

文学创作过程，是一种思维活动和活跃的过程；但这个过程不是单相的、线性思维过程，而是在多相对立的两种思维方式的张力场中进行的思维。这两种对立的思维双方，对立得越严重，说明双方的力量越强劲，张力也就越大，那么产生的创造效应也就越好。这种情况，就要求作家的思维方式和思维能力高水平发展。只有几种思维方式都发达，它们才能在创造中发挥各自的能力。

这种思维能力的表现主要有几个方面：逻辑思维与形象思维，理性思维与直觉思维、灵感思维，发散式思维与聚敛式思维，求同性思维与求异性思维，一般性思维与创造性思维。这些思维方式都有其共性，然而也都存在着原则性的差别，从而造成张力，形成一种思维场。艺术创造、文学创作就是在这种思维的张力场中进行和发展的，而且，正是因为存在这种张力，才推进了艺术创造的发展。在这种思维发展过程中，总体的矛盾的对立统一就在思想与艺术、精确与模糊、意识与无意识、有目的与无目的之间进行。

---

[1] 《罗曼·罗兰文抄》，孙梁辑译，上海译文出版社，1985，第208-209页。

逻辑思维运用分析、推理、概括、判断，进行抽象的思维活动，要求概括、精确、意识清晰、目的明确，要求从思维过程中求得理性的判断、规律性的认识和对对象本质的揭示。这种思维过程是聚敛式的、求同性的，是理性的。但是，形象思维则相反，它是整体地、直觉地、形象地、具体地把握对象，它带有很大的模糊性、无意识性、无目的性，它从思维过程中希求得到感性的、形象的把握，虽然也要求得到规律性的认识和对对象本质的揭示，但它是以发散式的、求异性的方式进行，它直接通过形象、直觉去达到目的，是非理性的。

显然，两种思维之间进行着尖锐的斗争。但是，作家这个创作主体却可以通过创作心理活动，在创作实践中把两者统一起来，达到和谐的运行发展，从而推动创作，取得艺术成果。个中的奥秘就在于作家特殊的思维方式和心理状态。作家在自己的创作心理成长过程中，如我们前面阐述过的，逐步地形成了自己特殊的心理能力、心理状态，它注重形象、注重情感、注重直觉，它的潜意识中潜存着大量的形象记忆、情绪记忆，它直觉水平高、潜隐灵知敏锐而富于形象与情感，它"完成了"作为一个作家所需要的生活的、情感的、形象的"原始积累"。这形成了他的心理定式、思维习惯、思维"模式"。这一切，我不妨都让它包容在"形象思维"这个概念里。

但是，作为一个一般的认识个体、一个心理个体，作家又不可避免地有与一般人相同的心理共性。逻辑思维能力是他在心理成长和个性发展中必然发展起来的能力，聚敛式的、求同的、理性的思维也是他在思想发展中必然获得和产生的能力。这些思维能力、心理能力，不仅单独地发展着，而且受到前面所说的总体的"形象思维"的浸润、渗透和影响，因此它在共性之外也带有自己的特点，而不完全等同于一般人。同时，它也浸润、渗透和影响总体的"形象思维"。这就产生了它们两者之间最初的渗透与结合。这样两种思维方式的"初恋"是因人而异的。除了两者结构比的差异之外，更主要的是各自内涵、结构、性质和水平的差异。

作家、艺术家除了这种与一般人相同的总体逻辑思维能力的发展之外，作为一种特殊的思想家，他们在自己的思维能力发展过程中，事实上还在一种特殊的情况中，以特殊的方式发展着自己的逻辑思维、理性思维、理论思维能力。而且，这种思维能力的发展，不仅推动他们向思想家或思考者的方向发展，还推动着他们的形象思维的发展。两者的汇合与合作，便能把一个创作主体推向高层次的作家、艺术家的水平线上。如果从总体形象思维的角度说，创作主体这是发展了一支与形象思维能力相"敌对"的力量，但这个"敌手"的产生，作为思维内部的对抗力量的出现，却又促进、推动了对方（总体形象思维）的发展，提高了它的思维的逻辑性、理论性和思想性。这是相反相成的。大凡文学艺术大师也往往是思想家，就是这个道理。

此外，还有值得注意的是，在总体的"形象思维"中，也包含理性的、逻辑的、归纳的、聚敛的、精确的、清晰的、抽象的、概括的思维和心理活动等另一思维方式的因素在内。不同的是：它们在活动中所占比重小、成分少，发生作用的过程是迅疾的、瞬间的、稍纵即逝的，而且明确的意识性差、目的性差，往往以形象概括、情感概括、直觉思维、灵感思维的形态出现。

这样，两种思维方式在"初恋"时期和基础上，互相矛盾而又互相推动地发展，互相区别而又互相渗透地发展，从而形成了最早的结合、最早的统一，形成了一个和谐一致的思维整体和心理复合体。这就是创作心理的总体。

需要特别指出的是，童年的心理记忆（尤其是压抑、不幸），早年的记忆，生活中的痛苦与哀伤，曾经受到它的甚深刺激的事件、人物，不能忘怀的人物，印象深刻的环境（自然风光、社会环境），等等，都往往带着形象、场景，带着情感，带着声音、形态和颜色，进入记忆，特别是沉入潜意识，成为自我的特色部分。《文学理论》中说："在爱伦·坡那里，潜意识和意识之间的差别惊人地分明；潜意识提供排遣不去的谵妄、苦难和死亡的主题，而意识则将之发展为文学。"[1]爱伦·坡有他的代表性：作家的心理状态大都是如此，在潜意识中储存着排遣不去的人事，且都带着、蕴含着人生的种种苦难。它们成为形象思维的素材源。当作家创作时，当创作心理运行时，这些排遣不去的会自动跑出来，以无意识形态、直觉形态、灵感形态出现并"工作"，使创作心理发出光芒，使主体自身都感到惊异。而当这些出现之时和出现之后，总

---

[1] 韦勒克、沃伦：《文学理论》，刘象愚等译，生活·读书·新知三联书店，1984，第85页。

体的"逻辑思维"就前来协助、加工、导引，从而"将之发展为文学"。这就是两种思维的结合，就是两种心理能量在张力场中的矛盾统一的工作。"文学家是联想（'机智'）、断想（'判断'）和重新组合（以分别体验的因子组成一个新的整体）的专家。"①如果我们以"联想（'机智'）"为"总体形象思维"的代表，以"断想（'判断'）"为"总体逻辑思维"的代表，那么创作活动、创作心理活动的主要内涵就是将两者"重新组合"。作家是这种组合的专家、能手。这种重新组合的能力，就是创作才能的重要方面。洛斯（J. L. Lowes）指出："创作能力在它发挥到极致时，是有意识和无意识兼而有之，……麇集于脑海（即无意识的'深渊'）中的意象所经历的形变是无意识的，而对这些意象的控制是有意识的。"②这段话说得很准确，概括了意识和无意识，实际上是形象思维与逻辑思维在创作心理运行过程中的和谐统一。

这里所说的"联想"与"断想"的"重新组合"、"有意识和无意识兼而有之"，俄国伟大文艺批评家别林斯基称之为"创作的直接性"，他对此作了具体而又理论化的论述。这种"创作的直接性"我们不妨叫作"创作才能在创作活动中的直接表现"或"创作心理的整体在创作活动中的直接表现"，关键在于"直接性"：在张力场中，对立的两极直接结合，直接在矛盾中互相推动、向前发展。这种"创作的直接性"包含着多方面的矛盾统一关系，它是指"作家把认识生活方面的活跃想象力和艺术实践方面的敏锐表现力结合在一起，让它们在整个创作过程中间携手并进"③。这是指认识生活和表现生活的统一，这里包含理性认识和感性表现，概括、抽象化和具体、形象化的矛盾统一是两者在创作实践中直接统一起来。这也还指创作的无目的和有目的、创作的自觉性和不自觉性的统一。别林斯基指出：

> 创作是无目的而又有目的，不自觉而又自觉，不依存而又依存的：这便是它的基本法则。④

---

① 韦勒克、沃伦：《文学理论》，刘象愚等译，生活·读书·新知三联书店，1984，第85页。

② 同上书，第86页。

③ 王元化：《文心雕龙创作论》，上海古籍出版社，1984，第284页。

④ 同上书，第295页。

创作的冲动往往不是有目的的冲动，不是先有了目的才去创作的，而是有了形象的、情感的以至某种理念的冲动才去创作的。但是，创作在总体上是有目的的，作家如何成为作家、他的创作心理成长、形成过程中的理性因素以及他作为社会一员的社会感受、人生观和世界观，都决定了他的创作是有一个总目的的，是一个有目的的行为和心理活动，同时，在具体的一次创作过程（写某篇作品的过程）中，他有时也是有具体目的的，如表现某件事、描绘纪念某个人、表述某个理念、抒写某种情感，等等，在这种范围内，创作是有目的的。但是，创作无论在总体上或具体的一次创作过程中，又常常是从未想到目的的，表现为无目的的状态。目的、宗旨、主题，常常是事后由自己甚至由别人（评论家）总结出来或指陈出来的。在这个范围内，它又是无目的的、不自觉的。但这种矛盾又都统一在创作的直接性之中了。这正是文学创作的主要特点。这里，自然还包括思想与艺术、感性与理性、知与情的矛盾统一，它们也在创作的实践中直接地结合在一起了。

这就是创作在两种矛盾的心理活动的张力场中进行的情景，它们是联想与断想、知与情、思想与艺术、无目的与有目的、不自觉与自觉的重新组合，在创作实践中的直接结合。总之，是形象思维与逻辑思维的结合。以上诸项是它的内涵。

每位作家在这个"创作的直接性"即"创作才能"方面的表现，是不相同的，这正是他们不同的创作个性的差异表现。他们有的是自觉地、成功地、合理地将两者结合的；有的则相反；有的则偏于一边，偏执倾斜；有的是"艺术型"，有的是"思想型"，有的则是"思想–艺术型"。

三、创作过程中的张力效应

这里所说的是在创作过程中非心理性的一些两极的共相结构造成的张力场和在其中产生的张力效应。这也是创作过程中的一种矛盾统一的状况。

文学创作无疑是平日积累的结果：生活素材、情感、意象—灵感等的积累，产生了创作的动机、冲动、计划，产生了要求释放的心理能量；但这种平日积累不仅有一个量的发展过程，而且有一个质的转变的关键即飞跃的过程，这就是一朝触发。平日积累（久蓄、久思）——"一朝触发"。这既是矛盾的又是统一的，两者均不可缺。这里，便又有必然性与偶然性的矛盾统一。前者是必然的发展，后者是偶然的实现。没有前者便没有后者的基础，没有后者便没有前者的实现。必然性通过偶然性来开辟道路，也通过偶然性来表现。必然是偶然的交叉。这里，必然性固然是重要的、不可忽视的，但偶然也同样应该受到重视，而许多人恰恰是在衡量的天平上看轻了偶然性。马克思指出："如果'偶然性'不起任何作用的话，那末世界历史就会带有非常神秘的性质。这些偶然性本身自然纳入总的发展过程中，并且为其他偶然性所补偿。但是，发展的加速和延缓在很大程度上是取决于这些'偶然性'的，其中也包括一开始就站在运动最前面的那些人物的性格这样一种'偶然情况'。"[1]这里论述的是偶然性在历史发展进程中的作用；但同时完全适用于文学创作。在平日积累的基础上，作家萌生了创作的冲动、构思、计划，但这些东西的形成（必然性），是由许许多多偶然性（生活中的各种对于主体是无意识的、无关的、无意义的种种事实、人物，在日常生活中所遇、所见）组成和促成的。这是必然与偶然的一层表现。偶然与必然相结合的另一层含义是：文学作品中的事件大都是带有必然性的，按生活的逻辑来说是必然的，按作品中的描述来说也是必然的，即反映了生活的必然，写出了生活的必然；但是，又不是作品中的一切事件和事件发生的一切因素都是必然的，如果是这样，让偶然性不发生任何作用，那么，作品就成为宿命论的生活观的翻板，一切都是事先决定的、不可更动的，因而是不自然的、不生动的，无变化、无出奇制胜之处的了。

必然和偶然的对立统一还有一层含义，就是作家在写作时，或者有详细的、较详细的计划、提纲，或者只有一定的打算、筹谋，他按照这个事前的考虑去进行创作，这是按照既定安排创作，带着必然性；但是，又时时会有大的或小的偶然的设想闯来，或有一些涉笔成趣的闲笔，这些都是事先没有考虑到的，是临时的、偶然的发现。它们不仅补充了必然的事先安排，而且发展了它。许多成功的作品都如此写成，而过细的事先安排反致失败。

① 《马克思致路·库格曼》，《马克思恩格斯选集》第四卷，人民出版社，1972，第393页。

必然性与偶然性的统一，还表现在细节的真实性、生动性，可以和应该有许多出自创作时的临时的意念闪现、灵感火花迸发，而不是也不必出自总体计划的必然性。这种偶然性和必然性的结合，不仅不会影响计划的实现，妨碍艺术构思的体现，相反，它还会使偶然地、临时地产生的细节丰富、发展了原计划、原构思。"文艺作品中这类偶然性细节[①]不是从作品主旨中必然引申出来的，正如现实生活中某些偶然现象不是建立在牢不可破的必然性上一样。尽管这类偶然现象在现实生活中不是主流，而是占据次要地位，但它们却是现实生活的属性。作品要保持现实生活形态的细节真实性，就不可能完全排斥它们。"[②]在这里，创作中主旨、计划、总构思同细节、具体表现之间的矛盾统一关系，就表现在一方面作家必须在作品中描写从主旨引申出来的细节，另一方面又不必、不应该一切细节都从主旨中引申出来。如果这样，作品就呆板了，不自然了[③]。

　　此外，还有殚精竭虑与自然抒发、静思与激情、间接性与直接性、紧张与松弛、苦与乐的矛盾统一。殚精竭虑才能得到理想的艺术表达，但它有时是以偶然触发的灵感形态、以自然抒发的形态出现的。后者是前者活动的结果，是前者活泼的体现。黑格尔说得好："许多真理我们深知是由复杂异常间接思索步骤所得到的结果，〔可是它们〕却毫不费力地直接呈现其自身于熟悉此种知识的人的心灵之前。"[④]由殚精竭虑而达到的熟知，就能使真理、灵感、自然抒发之情与意，毫不费力地呈现于熟悉它的人的心灵之前。

　　静思与激情、间接与直接，也是如此。

---

① 指车尔尼雪夫斯基指出的《死魂灵》中的这样的细节："乞乞科夫在到玛尼洛夫家去的路上，也许碰到的农民不是一个人，而是两个人或三个人。玛尼洛夫的村落，也许坐落在马路左边，不是右边；梭巴开维支所称呼的唯一正直的人，可能不是检查官，而是民事法庭庭长，或者副省长，等等；《死魂灵》的价值一点也不会因而丧失，或者因此而沾光。"（王元化：《文心雕龙创作论》，上海古籍出版社，1984，第270页）

② 王元化：《文心雕龙创作论》，上海古籍出版社，1984，第270页。

③ 关于此点，王元化在他的《文心雕龙创作论》中，提出刘勰的"闲"字，很好地作了说明。刘勰指出："常弄闲于才锋"（《养气篇》）、"人兴贵闲"（《物色篇》）、"思闲可赡"（《杂文篇》）。王元化指出，这"都是用来表示文学创作中的自然性"。不过他指出"闲"字代表自然性又是"非常朦胧的说法"。（第268页）

④ 同上书，第285页。

紧张与松弛的矛盾统一则表现为，整个创作过程是各个方面包括心理方面的紧张，但是，一定时候、一定程度的松弛却能使思维扩散，使紧张进行的心理活动一方面是松弛状态，一方面是在无意识中自动地进行，于是灵感出现，意外的艺术之花绽开。

苦与乐则属于创作主体的心情。整个创作过程是苦苦的思虑、苦苦的追求、苦苦的琢磨、苦苦的奋斗，但是苦后的收获是欢乐的果。苦与乐在这里也统一了。

这些都是在创作过程中各种对立方面在创作心理于心理张力场中进行整合而取得的矛盾统一的效果。所谓文学创作，是形象思维与逻辑思维的结合，其内涵和它的结合过程与机制就是如此。

第十九章 作家的"心理溶液"①与作品的"静的属性"②

　　每位作家都有自己特殊的心理溶液。它就是组成作家创作心理的"原汁"。作家的创作过程就是这种心理溶液结晶的过程，而作品自然就是心理溶液的结晶体了。有什么样的心理溶液，就会有什么样的结晶体。有什么样的创作心理的心理溶液，就会有什么样的艺术作品的结晶体。因此，我们从作家的心理溶液就可以顺向地推测到他的作品的状况和性质。不过，文学作品的结晶过程在根本上却又不同于物质的结晶过程，这不仅因为创作过程和文学作品的产生是一个精神生产的过程，而且是一个创造的过程。在这样的过程中，心灵的作用特别重要，而心灵在发生作用时，其创造的性能又特别突出和重要，它们都影响到结晶的过程和结果。在这样的精神生产和创造活动过程中，有许多不定因素、流变因素、临时性因素、偶然的因素、来去飘忽的因素，这就是直觉、灵感、无意识与梦这些领域的活动所产生的效应，还有从内心语言到外在言语的转换，等等。所有这些方面的作用、活动状况及效应，我们在前面都已经详细阐释过了。这里，只就"心理溶液"──→作品结晶体的对应关系和线性发展逻辑来揭示一下创作心理活动踪迹，算作"综合示踪"的内容之一。

　　作家的心理溶液是他的一生的经历所形成的，好比流泉，它的来源

①②　康·帕乌斯托夫斯基在《面向秋野》中说："创作过程类似结晶过程。在结晶过程中，饱和溶液（这种溶液类似作家储备的印象和想法）可以生成……晶体（……就是一篇完整的艺术作品），……"（第1页）维戈茨基也在《艺术心理学》中提出意识是结晶体，而"心理学的任务是研究溶液本身"（第12页）；又说："在艺术作品中以存在的形式表现出来的静的属性就是以感性的艺术形象的形式所表现的物质化了的、客观存在的心理活动和由之调节的艺术活动的静的属性"（译本前言第2页），据此，提出"心理溶液"与作品的"静的属性"的概念。

是地下亿万年地质形成过程所产生的。作家经历了什么样的生活，就会有什么样的心理溶液。当然，主体对这个"生活"的感受、感应和内化状况如何，又会反作用于这种客观"生活"的灌注；但主观的感应仍是以客观"生活"为基础、为源泉的，它不可能离此而独立自在地生长。正是因为这个原因，生活在大体相同的时代、历史条件下甚至小环境相似的作家，会形成不同的心理溶液，写出不同的作品。在这方面，鲁迅同周作人大体相同的生活经历和根本不同的心理溶液与文学作品，是最明显不过的例证了。

作家的心理溶液并不是一劳永逸的，也不是凝固不变的。它是不断流变、不断更新的。在原有的基本内涵的基础上，它会不断剔除旧的成分，注进新的成分。这是随着时代、历史、社会的变迁而变迁的，也是随作家自身的变迁而变迁的。——作家自身的变迁，有随着时代、历史、社会的变迁而变迁的一面，也有他自身内部发生的变迁。这就是作家的思想、艺术和作品分期的依据。作家心理溶液基本内涵的变化是其思想、艺术和作品分期的基础，实现其人生再觉醒与艺术再觉醒。

那么，作家心理溶液的内涵有哪几个基本方面呢？康·帕乌斯托夫斯基在《面向秋野》中概述作家的"品格和特点"的主要方面时指出：

> 然而在文学创作中，毕竟还是有一些为全体作家所共有的特点。这就是寻找典型的、有特色的事物的才能，对人类心灵最复杂的运动加以概括，使之显得明晰的才能；这就是时时刻刻重新发现生活，仿佛初次见到它一样，发现每个生活现象（不论它多么微小）的异常的新颖性和重要性的才能；这就是感受一切色彩的敏锐的观察力，就是用语言进行描绘，从而刻画出清晰可见的事物；不是平铺直叙，而是活生生地表现人们的实际情况、行为举止和心理状态的能力；这就是了解语言的巨大潜力，开发原封未动的语言资源的能力；这就是感受和表达洋溢在我们周围的诗意的能力。①

帕乌斯托夫斯基在此段之后申明，这绝不是"同作家的使命有关的那些品格和特点的完整'清单'"②。这是对的。事实上，不可能提出这

① 康·帕乌斯托夫斯基：《面向秋野》，张铁夫译，湖南文艺出版社，1985，第2页。
② 同上。

样一份完整的清单，因为心灵的深邃和奥妙使我们做不到这一点，而且有的作家恰恰是"单纯的"，即在基本要求的范围内，他欠缺颇多，但是他某一方面突出，特征鲜明且有活力，却成为一位优秀的作家。有的作家"少作"出色，而后来的作品却未再超过他早期的甚至是第一篇作品；若从创作心理的发展和心理溶液的内涵来说，前后相比，自然是后期更丰富、更成熟，而前期却不免显得单纯、幼稚甚至浅薄。那么，为什么会发生后期不如前期的情形呢？它是不是证明了创作心理的发展、心理溶液的发展不重要，甚至是无所谓的呢？不！这恰好说明了它们的重要性。不过，这种重要性不在于一般的发展，而在于合乎规律的、有特色的发展。创作心理的心理溶液是一种特殊的心理溶液，绝非一般心理溶液，也不是科学创造、技术创造以及其他一切创造的"创造心理"的心理溶液。它的特殊性就在于，它要求在无意识、直觉、灵感等方面，在心理生活的特殊性方面，在生活对心灵的刻印方面，在掌握生活的原貌方面，都有特出的、鲜明的、丰富的内涵。"少作"（以至处女作）之好，在于创作它时作家的心理溶液具备这些条件，虽然在理性的、理论的、知识、思想的条件方面不免单纯而幼稚以至浅薄，但是这些特殊成分弥补了这方面的缺陷。而后来虽然欠缺的方面补上了，充实了，发展了，但是，那些特殊成分却淡薄了、失去光彩了，甚至有些东西已经使用尽了，已经不复存在了。此谓"江郎才尽"，正是由于心理溶液中那些看不见、摸不着、理不清、说不明的无意识状态或下意识中的溶液成分少了、尽了。由此也可以知道，作家的早年生活对于他是特别重要的。"三大觉醒"期是关键期。

当然，更重要的是启示我们：培养心理溶液，要合乎创作心理的特征和发展规律，离此而发展，便不是发展、提高创作心理的心理溶液，而是别的溶液；而且成长起来的可能不是一位文学家、艺术家，而是一位学者、理论家、科学家。艺术家的丧失和科学家的获得，并没有是非得失之分，也没有高低优劣之别，只是确实存在特色的差异、内涵的区别。这是从另一方面对创作心理的心理溶液的性质、特征、内涵和作用的证明。

那么，创作心理的心理溶液究竟有哪些方面呢？前面所引帕乌斯托夫斯基所列举的，虽非直接表述这个内容的，却间接反映了它。我们可以从中演化出对心理溶液内涵的理解。心理溶液最大的、最基本的内涵，就是作家通过自身的经历和感受、感应，产生对生活的真谛、人生的意义以至对人的理解，这种理解所酿造的心理汁液，以及其中对历史、时代、社会、文化的内涵的理解所酿造的汁液，是心理溶液的基本内容。作家的这种心理内容，同他对于集体无意识的开发（我们不妨称为集体无意识的觉醒）①水平有关；但更同他的童年生活所造成的体验、压抑、不满足的欲望（主要是社会的）所酿成的"童年生活酿造"思想、情感、心理的汁液有关。我们想一想海明威所说的作家的最好的准备是童年的苦难吧，还有萨特关于童年的深沉的话语，就可见"童年心灵汁液"的意义与作用了。

鲁迅的生活经历酿造了"寂寞"的心理汁液，屠格涅夫的生活经历酿造了"痛恨"（农奴制）的心理汁液，托尔斯泰则追寻"幸福"的心理汁液，歌德却推崇"爱"的、浓郁的心理汁液。

心理溶液还包含对生活印象，人物形象，各种生活场景、事件、活动状貌以至琐碎细节的记忆和"咀嚼"之后所产生的心理汁液，包含对人类心灵的了解、体验和判断所制造的汁液，对宇宙、世界、社会、人生的理解与感受的心灵汁液；也包含对上述一切所产生的在理解基础上酶化而生的情感的汁液、思想的颗粒。心理溶液中最富特点的溶液是沉入无意识的种种内容所隐蔽酿造的"化学液体"，还有直觉印象的储存。这些是文学创作的特色基因。我们还可以列举由这些所产生的作家的感觉能力、感受水平、观察力、想象力、灵感爆发率和爆发力及艺术表达力的"心理溶液"存在状态，以及语言能力的这种存在状态。

创作心理的心理溶液由这些成分所组成，在一定的"压力""温度""湿度""震动"等条件下，就结晶为文学作品了。

文学大师们都拥有一种丰富的、深厚的、多品质的文学心理溶液。他们不朽的、杰出的作品，就是这些溶液的结晶。我们从文学史和文学传记中可以看到这种情况，找到十分充足的例证。

作家创作心理的"心理溶液"，是他的艺术品的原料加工剂，是酵

---

① 人类创作心理的集体无意识：人类在原始时代，就有了改造自然的活动，有了按照自己的愿望、意志、预想来创造新事物的活动，由此产生了创造心理，以后产生了原始艺术，其创作心理就得以突出的发展。由此，经几万年、几十万年历史积淀，而成为一种本能、天赋才能，一种创作心理的原始素质，但仍需个体开发。它视后天条件、主观努力而定。

母，又是加工器——各种心理能力的原动力。因此，作家对于自己创作心理的心理溶液的内涵、性质特别是独具的特质的了解，是十分重要的。这是一种自我了解、自我掌握，是进行成功的创造的第一步：只有正确地、准确地掌握了自己心理溶液的特质，才能正确、准确地确定题材、体裁、创作主旨和风格。选择得当，符合心理溶液的特质，才会获得成功。对于一位预备作家来说，既要明确这种心理溶液的性质和发展趋势，又要注意培养具有丰富含量的这种心理溶液。对于一位已有成就的作家来说，亲自体验自己的心理内涵，更自觉地掌握其特质特性，顺其所长地选择题材、体裁和风格，也是很重要的。而且，他们还需要不断丰富和发展这种溶液，使之不断具有新的质地和品性。由此便可形成艺术创造上的新发展。

第二十章 从作品"三态"到创作心理(逆推)

有什么样的创作心理的心理溶液,就有什么样的结晶体——作品。同样,从结晶体(作品)也可以推测出心理溶液的状况。这是一种逆推。从这种逆推中,我们可以看到心理溶液的作用和意义。我们不可能就一切作品的无限形态来做这项工作。我们只能就作品的主要的、优秀的形态来逆推,而且只能选择突出的作品共性来探讨。我们选择了这样三种作品的共性形态:(1)"空筐结构"①;(2)"三意"(意象、意蕴、意境)基调;(3)朦胧美。作品这三种优秀的、上乘的共性形态,使作品具有隽永的魅力、长久的吸引力,给接受者以巨大而又有界定的创造空间。

一、"空筐结构"

这是文学艺术作品的最佳状态:它以自己的内容和形式,形成了一个既有一定规范、一定界限、一定内涵,又有无限辽阔深邃空间的结构;既给接受者以定向的、肯定的、情感与思想的导引,又给他们以无限启迪的结构。它形成了一个"空筐",接受者可以填进自己的思想、情感、心理,从中进行自己满意的创造,得到启迪、寄托、宣泄、移情的美感享受。但这"空筐"又并非空洞的、虚空的,真的像筐一样,任你装进什么都可以。它本身既有指向性,又有选择性。而且,它在性质上既有思想与艺术的固定性质和诱导的意蕴,又有接受者驰骋幻想的广

---

① 抽象的数字是一个"空筐",里面可以装各种物品。艺术作品也向我们提供了一种"空筐",其中可以装进人们的各种感受。音乐、诗歌、小说、绘画,都有这种"空筐"。(赵鑫珊:《科学·艺术·哲学断想——艺术世界的"空筐"结构》,生活·读书·新知三联书店,1985)

阔余地。这就是接受美学中所说的"空白"和"未定点"。沃尔夫岗·伊塞尔指出："文学的本文也是这样，我们只能想见本文中没有的东西；本文写出的部分给我们知识，但只有没有写出的部分才给我们想见事物的机会。的确，没有未定成分，没有本文中的空白，我们就不可能发挥想象。"①第一个系统研究"阅读现象学"的波兰哲学家罗曼·英伽顿认为，"文学作品的本文只能提供一个多层次的结构框架，其中留有许多未定点，只有在读者一面阅读一面将它具体化时，作品的主题意义才逐渐地表现出来。"②这里提出的作品的"空白""未定点"就是一种"空筐结构"，这是读者发挥想象、进行欣赏创造的诱导力量和天地。也许可以说，"空白""未定点"的表述还不够贴切，因为它们并未表明"空筐结构"的积极意义。事实上，"空筐结构"的"空白""未定点"是一种结构性的空白和未定点，亦即积极的、有机的空白和未定点，它像围棋中的"眼"、国画中的"空白"、音乐中的"休止符"、风景中的"空阔蓝天"。它们是整个结构的有机组成部分，而且是其他部分的补充、发展和有意味的形式。"空筐结构"的审美价值正在于此。它给接受者以海阔天空的联想余地、想象空间，但又不会是漫无边际的遐想、不着边际的胡想。李商隐的"相见时难别亦难，东风无力百花残。春蚕到死丝方尽，蜡炬成灰泪始干"，无论是思想、感情还是艺术意蕴，都是有确定的范畴和定向性的；但是，这种难诉的情绪却可以各有不同：不同的离别与相见、不同的东风百花残的景象和对它的不同感受与反应，春蚕丝尽与蜡烛成灰，每个人也都会有不同的实质性的与情绪性的联想，它们与每个人不同的生活经历、情绪体验相关。这是一首短诗。至于长篇巨著如《战争与和平》《约翰·克利斯朵夫》或屠格涅夫、陀思妥耶夫斯基的小说，或曹雪芹的《红楼梦》，它所造成的"空筐结构"就多了，既有总体性的又有枝节性、局部性的。歌德的《浮士德》，其"空筐结构"内涵之丰富，在前引他的写作提纲中可以充分看到。

这种"空筐结构"，既然是结构性的，因此是具有生命力的，是有机结构的。

---

① 沃尔夫岗·伊塞尔：《阅读过程的现象学研究》，见汤普金斯《读者反应批评》，第58页。转引自张隆溪：《二十世纪西方文论述评》，生活·读书·新知三联书店，1986，第198页。

② 张隆溪：《二十世纪西方文论述评》，生活·读书·新知三联书店，1986，第196页。

阐释学提出，接受者并不是一张白纸，以空白的头脑去接受，而是以"先有"（Vorhabe）、先见（Vorsicht）、先把握（Vorgriff）的东西为基础来理解和解释作品的。接受美学的理论体系中也提出了"接受屏幕"和"期待领域"的理论范畴。这都是从接受者的方面提出的"事先"的要求，而且是向作家提出的，其要求趋向是指向作家的。这就引出了一个问题，就是作家的作品形成的"空筐结构"如何同这些"事先"的要求契合？只有两者契合，"空筐结构"的那些"空白""未定点"才会既被接受又为接受者所填充。因此，"空筐结构"就不是一个完全主观的东西，不是作家自以为"空"了，就成功了。这里的关键仍在"结构"。即整个作品的框架，在整体结构中形成了自然的"空白""未定点"，它又是与其他部分有机相连的，不是孤立存在的。"空"是在"实"中。这就是中国古典美学理论中所说的虚实结合了。好比一座中国式园林，本是一个整体，何处有空园虚景，与整体结构是有机结合在一起的。这样的"空筐结构"才是一个"空"的"实体"，才可能同读者的先有、先见、先把握，同他们的"接受屏幕""期待领域"趋于一致或完全契合，至少是有某些方面、某几点接近。

也许会有人提出，一首诗、一部乐曲以至一幅绘画，形成"空筐结构"是比较好理解的、容易的，尤其是音乐，它用更为抽象的符号，并不叙述某个具体事实，更是如此。但一部短篇小说或长篇小说呢？应如何理解它的"空筐结构"呢？这里确实有差别。不过差异只在于内容、形态的不同，而不在于有无之间。一部小说记叙了具体的人和事，它如实地、详尽地、生动地描述、剖析、评议生活的状貌，它的长处在于能够像生活那么丰富地反映生活，能够把生活原貌（当然不可能是全部）"和盘托出"。这样，生活中原本存在的"空筐结构"，就会被高明的作家自觉或不自觉地"移置"于小说中，自然形成了艺术作品中的"空筐结构"，会在作家并未意识到的情况下，具有"空筐结构"。生活是丰富多彩、纷繁复杂的，古往今来，多少诗人、学者、智者、哲人、宗教家、艺术家从中摘取或形成自己的见解和观点体系。这都是生活中原本存在的"空筐结构"赐予的。小说的"空筐结构"即从此而来。所以，它可以更广泛、更丰富、更多样、更复杂。一部《战争与和平》，多少社会、人生、人性的大问题蕴含其中，形成思想的、社会的、艺术的"空筐结构"，让人们去思索，得到启示，得到回答，或产生更多的问题。其中有许多问题是生活中自然存在的，虽然托尔斯泰自己并未意识到，但因为他把生活原貌描绘出来了，于是把生活中的"空筐"也带进来了。一部《红楼梦》，仁者见山、智者见水，有见色宅者，有惊死亡者，有羡锦衣玉食、女性环绕者，也有叹呼啦啦大厦倾者，"空筐结构"也很多。莎士比亚的名剧《汉姆雷特》《奥塞罗》《李尔王》至今评说不一，解释纷纭，足见其中"空筐结构"之多。

"空筐结构"作为结晶体，反映了作家的心理溶液的内涵和性质。它是"空白""未定点"之本与源。只有在心理溶液中具有了形成"空筐结构"的汁液、素质、颗粒，它才能形成。

二、"三意"（意象、意蕴、意境）

它同"空筐结构"的关系密不可分。可以说，后者正是由前者组成的。意象，指经过主体加工、酿制、酶化了的形象，它来自生活，是具象的，但其中含着主体的意念；意蕴指言外之意、弦外之音、题外之旨；意境则是整体的审美境界，不仅含着意象、意蕴的"霰"，而且如迷雾、如霜天、如露华，遍布全局，形成了整体审美环境和审美内涵。这些自然组成了"空白""未定点"，给欣赏者以种种想象的启示和诱导。"三意"中的"意"均在创作主体身上。此意非他意，就是主体自身之意——他的思想、感情、意志、愿望、心理、审美情趣；但又不是孤立自在的，而是与客体在具体情境中融汇、结合的，并对客体进行了加工、酿制，产生了酶化效应了。这种意象、意蕴、意境对于诗歌和音乐来说，也是较易理解的。至于小说这种叙事文学，其"三意"则可以散在具体事件的描述中，也可以存在对于一个人物、人物群、人际关系以至它们的一个或几个场面、行动中，也可以散见于对自然风光、社会环境的描述中。作品在总体上还会由这些因素和其他条件构成整体的意境。

"三意"的形成，是文学作品艺术水平高下的主要因素。而"三意"之能够形成，则主要在作家的"意"——"意"的多少、深浅厚薄、质量高下，主要是文化含量和艺术含量的多寡。而这些，又主要决定于心理溶液的内涵、性质和水平。优秀之作，都是"三意"丰厚的，而于此逆推，也可知作家的心理溶液的状况。

三、朦胧美

首先要指出，这"朦胧"不是无知的迷雾笼罩，不是不理解的昏花，也不是无从索解的哑谜。它是在高知识水平上更深追求时的迷蒙，是在高深理解基础上的更深的疑惑，也是已经索解但更求新解深解时的问号，是说得清又难明说，是解不透，是剪不断、理还乱。这种朦胧，正是"空筐结构""三意"境界造成的。它美在动人情、启人思、引人入胜，诱人更上一层。庄子说："至精之道，窈窈冥冥。至道之极，昏昏默默。"此之谓也。"美感并不是一个定量概念，美感微妙极致处，往往就是含蓄、混茫、朦胧之境。"① "这'朦胧'是精确之后、螺旋式上升的'朦胧'"，它"并不是低级、无知的含糊层次，**它是精确的升华，是长期艰苦地向精确化目标挺进之后得到的最高报偿**"。②

从更广大的意义上讲，人类对于宇宙、世界、人与人生的认识，仍在朦胧处，仍有朦胧处，虽然是在不断地由模糊向精确、由朦胧向清晰发展，不断地开辟和增长了精确的、清晰的领域，但是始终留有模糊和朦胧，它是必然存在的。因此，朦胧之为美，有人类认识论上的根源；而美的朦胧，更有它的启人思绪和情愫的作用。

当然，这种朦胧美是一种高的艺术意境，不是作家缺陷造成的一般的"说不清道不明"。它是在作家阐述得明晰后仍然留下的朦胧，是他已经求索得很深、有了一定的或相当深度的解答之后的更深一层的朦胧，是在已经创造了许多美的因素构成了相当的或较多的审美境界后的朦胧。

这种朦胧美是高度的美，诱人的美，美不胜收的美。

它的出现，要求于作家的是：心理溶液中就酿制着这种高度美的因素，方能有这种美的结晶。

从这里的阐述中，我们看到创作心理的另一个踪迹：它如何能够形成"空筐结构"、"三意"境界和朦胧美。

---

① 赵鑫珊：《科学·艺术·哲学断想》，生活·读书·新知三联书店，1985，第427页。
② 同上书，第429页。

第二十一章 创作的"工艺规程"

如果我们把文学创作看作一项工程或某种产品的生产过程，那么，它应该有一个工艺过程和工艺规程的。事实上，文学创作也的确有这样的过程和规程。

它有几个主要的步骤，每个步骤又有它的具体行动过程。像一个产品一样，一部文艺作品就在这一步步具体劳动过程中逐步形成，直至最后"成型"。但是，我们又必须郑重指出，虽然确实存在这样的文学作品创造的工艺过程，然而从来没有一部文学作品是在典型的工艺过程中生产出来的。而且，也可以说，没有一个作家的创作是按照这样的工艺过程进行的，也没有作家会考虑用这样的工艺过程去进行创作。也许可以说，许多作家并不知道或不理会这种工艺过程。既然这样，我们探讨这个创作的工艺过程还有什么意义呢？

首先，我们应该承认，这样一个工艺过程是确实存在的，它是创作规律、创作心理的活动规律的反映。既然是一种规律性现象，我们了解它、掌握它，就是必要的了。我们了解这个过程是一回事，我们在实践中是否亦步亦趋照章行事，则又是另一回事。许多生产行动，还有医疗行动、创造行动，尤其是军事行动，都有它们的"工艺过程"，而行动者们也是从来很少在实践中完全按照这种理论化的工艺过程去办的，实践也不允许他们这样做。但是，从事这种活动的人，了解这种工艺过程又是很有好处的。这样会使他们在理论上了解和掌握这种规律，从而形成一种理论自觉，使他们在实践中能够有能力去处理种种问题，成为一个自觉的实践者，而不是盲目的行动者，不至于在成功或失败时，都不知道原因何在。了解文学创作的工艺过程，对于文学创作，对于作家的意义也与此相同。

其次，了解这种创作的工艺过程，可以帮助作家在从事创作时，事前检查准备工作、酝酿工作的状况，以免疏漏，也有利于事后总结创作的过程和创作的得失。

最后，这种了解，作为一种理论体系中的一个组成部分，可供准备当作家和欣赏文学作品的人更好地、更带自觉性地去做准备，去欣赏和接受作品并做出审美评价。

那么，我们可以把文学创作的工艺过程概括成哪几项呢？

文学创作的工艺过程，应该包括一部作品从潜意识中的动因起到作品修改完毕的全过程。"只有当作家正在写作的时候，作品才开始真正地、全力地生活在作家的意识中。"①这个作品在作家的意识中生活的过程，就是创作的工艺过程和工艺规程所涉及的时间区段与空间了。既然是作家意识生活的过程，也是创作心理生活的过程，活的、流变的因素就很多了。因此，这个工艺过程和工艺规程也总是只具有相对意义的。

我们在前面谈到过创作的三个阶段，也分别叙述各个阶段中创作心理的活动状况。这里，我们只把创作过程作为一个"作品产儿"将其从开始到结尾以及结尾以后的全过程归结为"受孕""怀胎""胎教""分娩"的生产过程和"欣赏"（二度创造）过程来作一个综合的叙述，如图21-1所示。

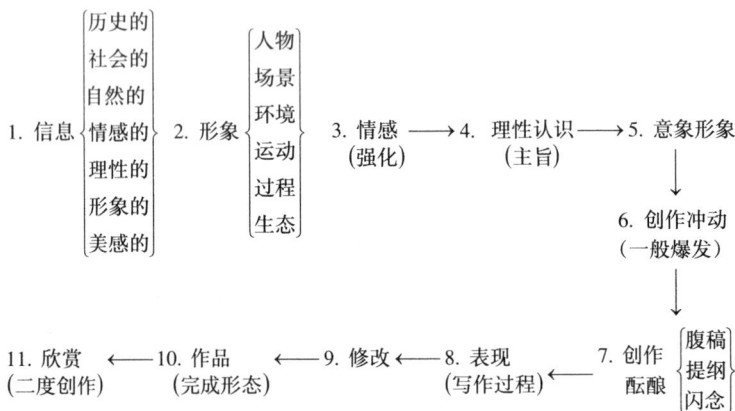

图21-1 "文学作品的接受、创作、欣赏"循环示意图

这是一个完整的过程。我们按照接受美学的理论，把欣赏也纳入文学创作过程中，读者用理解、阐释、揣测、悬想、发展、补充来参与文

---

① 康·帕乌斯托夫斯基：《金蔷薇》，李时译，上海文艺出版社，1959，第48页。

学作品的创造。事实上，接受者的这种参与创造不限于这11项程序，而是在以前的诸程序中都有积极的参与，这就是以社会心理、社会审美情绪及社会生活对作家的影响的形态出现的间接影响。在11项程序中，第1项可以称为"受孕"过程；第2～7项是"怀胎"过程；第8～10项是"分娩"过程，"胎教"过程则贯穿"怀胎"与"分娩"两个过程中。所谓"胎教"，也许是一个不很确切的比喻，其意思主要是指创作心理在情感、理性、意象、创作酝酿和表现等方面的细致体现，尽量使之深化、提高，成为思想性和艺术性高的作品。这里的所谓"教"，主要就是思索，是把自己的思想、感情、意志、认识、心理都灌注于其中，形成作品的灵魂。

这些过程和规程都是抽象的、空洞的，其内容就是创作心理活动及这种活动的内容、性质和水平。我们发挥创作心理的作用，或者检验创作心理的水平，就是通过对这个过程的了解来实现的。

这是一个完整的规范化的过程。正如前面已经讲过的，任何作家写作品，都不会按此规程进行。但是，我们也需要明确，虽然实践过程如此，但各个程序还是会在冥冥之中大体经历着，只是有的颠倒了次序，有的缩短了时间与行程。在这个变换形态和方式的实际进行的创作工艺过程中，创作心理的行程显示出其或优或劣、或高或下的品性。

附编　健康的一般心理品质：创作心理发挥作用的基础

我们探讨的本是文学的创作心理，而不是一般心理。但是，后者不仅是前者形成的基础，与前者有机联系在一起，而且它也是创作心理发挥作用的基础。如果具备一个健康的、坚强的一般心理素质，那么优秀的创作心理就能够充分发挥作用。

我们既不能脱离一般心理品质来谈创作心理的产生、形成和发展，也不能离开它来谈创作心理的运行和发挥创造性作用。这不仅因为两者是一个完整的有机体，而且一般心理是母体、是基础，一般心理控制着创作心理。

作家的一般心理品质，是一个重要的但一般都被忽视的问题。一名运动员若临场惊慌，或缺乏自信，即使有很高的技艺，也难免失利甚至必然失败。这是一般心理形态的弱点、缺点造成的不良结果。作家也同样存在这个问题。创作心理的内涵、性质、特征和水平，构成了他的创作才能。创作才能要在前述的创作工艺过程中得到发挥；但是，他必须具有一个健康的、坚强的一般心理状态、心理能力，有了这个基础，创作才能才可以充分发挥出来；有时甚至一般心理能力的坚强健康，在某种程度上可以弥补创作才能的不足。

那么，一般心理能力主要有哪些方面呢？我们可以举要者而言。

（1）自信心。对自己的诸种能力，对创作，对作品，具有自信心。创作时自我感觉总是良好的。这会使创作心理在没有阻遏的情况下顺畅地进行。

（2）抗干扰能力。创作会遇到各种干扰，如：社会的、政治的、经济的、社会审美活动的、家庭的、个人的以及整个环境的。干扰纷呈，大可至于是沉重的打击，小可以是言语口角、声光烦扰，但不管何种干扰，"我自岿然不动"。这种抗干扰能力对于创作来说，是十分重要的；否则容易半途而废、功亏一篑，或者思绪紊乱、无法写作。这种抗干扰能力，有时还涉及道德范畴，如不受地位、金钱的影响，不为别人的引诱所动等。

（3）自控力。能够自己把握自己，不致走偏走歪，也能够保持心理的平衡，喜怒哀乐，日有所侵，当然不能心如枯井、不生涟漪，但是却能自我控制、自己解脱，保持创作的正常状态。

（4）顽强的坚持性。无论何种情况，心理上没有衰退的感觉，总是顽强的、战斗的，坚持干下去。这种坚持力同自控力、自信心是相联系的，它们总是结合在一起，形成一种合力，强大得足以抵抗种种干扰、障碍、负效应和挫折、失败。

（5）勇气和胆识。敢于提出高任务、高目标，敢于设想大题材、大题目，敢于碰它们、驾驭它们，同它们"搏斗"，即使遇到挫折也不灰心，勇气不减、胆识倍增。作家的勇气和胆识，自然也涉及政治、经济、社会等因素，但从心理品质上讲，优秀而有胆有识的作家，是敢于碰硬的，不畏葸、不退缩。在创作上、在艺术追求上勇攀高峰，勇夺险关隘道。

（6）乐于努力工作。在工作中总是有一种乐趣，有一种乐此不疲的精神和兴趣：与懒惰无缘，同勤奋相伴，在心理上本质地属于乐于工作型，即使在受挫、失败、遇到不幸、迭遭攻击时也乐于工作，并能够找到条件允许的适当的工作可做，有事业能够从事。

（7）长时间集中注意力。在从事一件工作时，坚持不懈，按照工作的要求，需要集中注意的时间有多长，就能保持多长时间的注意力。有的作家几年、几十年地集中心力于一项创作而无旁骛，如歌德写《浮士德》，从开始到结尾，长达六十年。

长时间地保持注意力，对于文学创作是十分必要的心理品质。所谓创作上的"力有不逮"，固然是指才能、才力不够，但也包含精力不够和注意力分散。

（8）一般思维能力和优良品质。能够有所成就的人，都在思维能力上有其特点和长处。比如广泛性思维、辐射型思维、聚敛式思维等等，既偏于某种类型，有其特长，又能具备其他思维能力，"一专多能"。对于作家来说，在思维力方面，除了我们在前面已经说到过的"两面神思维"的突出优势之外，对于文学创作来说，也还有些必备的品质。比如，为了便于思考，善于在无关事物中找出相关性和在相关联的事物中进行"切断"，便是一项重要的、有用的思维本领与优秀品质。又如，选择的机敏与决断力、思维的刻苦性等，也是思维优良表现的指标。

（9）自我开发力。人都具有人类共有的潜在力量，但需要开发。体格（遗传）是纵向的、历史的、血缘的开发；环境是横向的、时代的、自然的开发；社会的开发是集群的开发。但必须有自我的开发，没有这一内在开发，三项外在开发都是无能为力的。"要使我们自己投入创造活动"[1]，进行自我开发，决定于意志、力量和方法，也决定于其他心理品质。作家必须自我开发，不仅开发一般创造力，而且开发那些属于艺术气质的创造力，如意象、内觉、内视力、直觉、灵感、潜意识等。自我开发是一种持续性的工作，不是一劳永逸的。只有继续不断地开发，才能继续不断提高创造力，提高创作才能。

（10）心理能力的爆发力。创作需要爆发力，一般心理能力也需要爆发力。在遇到客观上的需要时，在考验来临时，正如一名运动员在运动场上遇到强手和难关时一样，就需要爆发力，一触而爆，能量大大释放，冲击力猛然增长，全部创造能力都迸发出来，凭着自我指令，集中起来、组合起来，一下子能够跳过原来达不到的高度，能够举起原来未曾举起的重物，能够做到原来做不到的事情。作家在投入一项创作之前或创作之始，首先就要引爆这种一般心理能力，然后才是对于创造力、对于创作才能的开发。当然，这两个过程不是截然划分、泾渭分明的，而是互相渗透的。但究竟是不同层次、不同性质的两种心理能力。作家不能忽视了此项心理能力的开发和运用。愿你有一个好的一般心理能力的爆发力！

我们在这里列举了十项心理能力，它们对于作家创作心理的活动机制，对于创作的进行和取得成功，具有宏观决定和内在影响的作用。如果没有很好地培养这种一般心理的成长，那么优秀的创作心理也不能充分发挥作用，或者优胜于此，而失败于彼。这是很令人扼腕而甚感悲哀的。

我们在这里只是极为简短扼要地列举了一些影响创作心理发挥作用

---

[1] 莫里斯：《开放的自我》，定扬译，上海人民出版社，1965，第4页。

与效能的一般心理的主要内容，不仅有挂一漏万之嫌，而且从发展史和顺序来说，是"本末倒置"的：本来应该是先谈一般心理，而后再探讨在它的基础上产生的创作心理。这是顺理成章的。但是，我们现在却是在最后，在附编中来简单说明它的作用了。这不是没有缘由的。主要原因在于：一般心理问题是属于普通心理学的，而创作心理研究却属于创作心理学。它们分属两个学科，本应分别研究。因此，分而述之，而且把一般心理放在最后来谈，也就是合理的了。

总之，在附编中，我们只是指出，一般心理状态对于创作心理的影响是很大的、有机的、不可忽视的；我们不能因为注意创作心理而对一般心理弃之不顾。在作家的自我培养中，倒是普遍忽视这个领域里的问题的，因此，我们就借此机会向作家们提醒：请注意锻炼你的一般心理能力，让它健康成长吧！目的仅止于此，也就点到为止，而未展开了。

借此一点概要的说明，希望探究创作心理的人——作家和理论工作者，都注意及此。

结束语　愿你建设一个高质量的创作心理

　　我们的理论跋涉，到此结束了。创作心理研究，在我国还处在一个开始阶段。人们对它还缺乏认识，它自身的理论觉醒也还很不够。因此，这本作为在这个领域里垦荒性质的书，就不免既要为引起人们的重视而立论，又要为理论的初期建设而工作。这使得跋涉者的足迹显得有些零乱而杂碎。但是，这也使这本书涉及的领域宽广了，讨论的主题增多了。我们既探讨了创作心理形成、发展的过程，又论述了它的内涵、性质和建构；既谈论创作心理的运行机制、制约因素，又研究它在临战状态是如何发生作用的。讨论形成过程，又广泛涉及诸种条件和发生机制，论述建构及各方面的表现和影响；研究临战表现，类乎创作论；归纳综合显示踪迹，则近于阐述创作过程。在各个部分，为了申述明晰，所举之例，涉及不少文学作品，这又有点儿文学批评的味道。总之，在"创作心理学"的总名之下，林林总总，涉及文学领域里的众多问题。西方20世纪的文学批评舍去了价值判断，而着重研究作品的创作过程、作品的结构、作品的语言形态、作品在读者中引起的心态反应和意义诠释以及作品本身的意识等。这就消灭了文学理论同文学批评之间的界限，在一定范围内拓展和深化了理论和批评。创作心理学作为研究作品的创作过程的一门学问，本应属于文学批评的范畴，而且是深层的文学批评，因为它深及作家的创作心态，发掘他的内心深处甚至无意识领域；同时还从语言学的角度，研究作品的语言形态与意蕴。这样，创作心理学除了以作家的创作心态为对象之外，又以创作心理的产物——文学作品——为基本事实与研究对象。它把作品看作作家有意识编织的、为了引起审美反应的刺激因素系统。这就使创作论、作家论、文学批评、文学理论结为一体，统一地从创作心理这个角度去作探讨了。

　　这从理论上说，难免有芜杂之嫌；而从阅读上说，也许增加了它的可读性。

在这样一个比较多样化的论述角度下，为了理论阐述和展开，不得不广泛地涉及多类理论观点，有些是同一体系的，有些却是不完全一致甚至是对立的；但我们把它们都纳入自己的体系，以"为我所用"的态度，加以援引、阐发或改制。这是一种尝试，或者未尽妥当，但是，任何理论建设都需要吸收各方面的理论营养。在这一点上，或许可以请求体谅吧。

对于一个跋涉者来说，这是一个艰难的历程；对于一个探索者来说，这是在大海里的寻觅，是对"黑洞"的探测。所言未必都很正确而可取，但是对于作家来说，肯定不会造成"蜈蚣忘行"的后果；对于初学者和文学爱好者，或可为一些参考的资料，佐餐的粗粝之食。

理论的发展，总要有一些铺路之石，需要攀登的台阶。愿这本不算太薄的书，充当这样的角色吧；而在我自己的跋涉中，它也是自助的一砖一石。

关于作家创作的奥秘，还可以作深入的探究，这对于更自觉地催生优秀作品是会有用处的。创造学的发展和效用，已经在创造这个领域，为揭示创造和奥秘作了有益的工作，取得了成效，将为人类的创造力开发作出贡献；那么，属于创造学分支的创作心理学，自当同样有这种期望，虽然文学艺术的创造带有更大的特点、更多的不确定因素和更强的随意性。

作家的创作过程丰富、曲折而且隐蔽，许多事情他们自己也难于说清楚。而且，他们中也有许多人怀疑对这个过程的研究和说明，以为纵使不是痴人说梦，也是理论归理论，实践自实践吧。那个关于蜈蚣研究自己几十只脚如何动作而至于不会行走了的寓言，也会令人不愉快地想起：所谓科学的说明，也许会使作家不知道如何写作了吧。但在中国目前的艺术理论里，似乎更多的还是不理会的多——无论它正确与否和是否结合了实践。也许应该说，这是一个令人遗憾的现象；但它更主要的还是反映了艺术理论自身的落后。

因此，改变之途不是停歇了这方面的研究，而是加深这方面的研究，使它能够结合创作实践和解决实践中的一些问题，以使其得到发展。

这本书是本着这样一个目的来写作的。它除了理论探讨和论证之外，还尽力试图从理论与实践相结合的方面来加以阐述。

但是，结果如何呢？效果又如何呢？这只有等待实践的检验了。

这是一次跋涉的结束，但不是跋涉全程的终了。

更好的理论前程在前面招手，呼唤人们努力前进。

1987年8月4日于

北戴河中国作家协会创作之家终稿

1987年9月10日第一次通阅毕

1987年10月17日修改毕